TAVOLA DELLE VITE DE GLI ARTEFICI.

Descritte in questo Primo Volume della Terza Parte.

A

Andrea del sarto pittore 149
Andrea da Fiesole scultore 107
Andrea Contucci scultore, & architetto, 116
Andrea di Cosimo pittore 225
Antonio da s. Gallo architettore 55, 315
Antonio da Carrara scultore 110
Alfonso Lombardi scultore 175
Antonio da Correggio pittore 16
Amico Bolognese pittore 215

B

Bramante da Vrbino architettore 27
f. Bartholomeo pittore 35
Baccio da monte lupo scultore 126
Benedetto da Rouezzano scultore 123
Baldassar' Peruzzi Sanese, scultore, architettore, & pittore 137
Batista Ferrarese pittore 181
Bastianello da Vdine pittore 183
Bartholomeo Bagnacauallo pittore 213
Baccio d'Agnolo architettore 279
Bastiano Veneziano pittore 340

C

Cronica Fiorentino architettore 96
Cicilia da Fiesole scultore 110

D

Domenico Puligo pittore 103
Domenico Moroni pittore 263
Dosso Ferrarese pittore 180

F

Francia Bigio pittore 118

Francesco Mazzuoli pittore 230
Francesco Torbido detto il Moro pittore 256
Francesco Monsignori pittore 259
Francesco Moroni pittore 265
Francesco da i libri pittore 271
Francesco Granacci pittore 275
Falconetto architetto 267

G

Giorgione pittore 12
Giuliano da san Gallo architettore 55
Guglielmo Mancilla pittore 89
Giouan Francesco detto il fattore, pittore 145
Girolamo santa Croce Napolitano scultore 179
Giouan'Antonio Licinio pittore 183
Giouanni da Vdine pittore 183
Giouan'Antonio Sogliano pittore 189
Girolamo da Treuigi pittore 195
Girolamo da Cotignola pittore 216
Girolamo Mazzuoli pittore 237
Giouan'Francesco Caroti pittore 251
Giouanni Caroti pittore 255
Giouanni da Cast. Bolognese intagliatore 286
Girolamo da i libri pittore 271
Giouan'Antonio Milanese intaglia. 292
Giulio Romano pittore, & architettore 324
f. Giocondo Veronese architettore 244

I

Innocenzo da Imola pittore 217
Iacopo Palma pittore 239

L

Lorenzo di Credi pittore 150
Lionardo da Vinci &c.
Lo-

TAVOLA DE GL'ARTEFICI

Lorenzetto Lotto pittore, & architettore   233
Liberale Veronese pittore   249

M

Mariotto Albertinelli pittore   142
Maturino Fiorentino pittore   197
Marco Calabrese pittore   228
Mattheo dàl Nassaro pittore   288
Marmitta intagliatore   291
Marcantonio Bolognese intagliatore   294
Maso Finiguerra intagliatore   294
Michel'Agnolo Sanese intagliatore   178

P

Pier di Cosimo pittore   20
Pellegrino da Vdine pittore   183
Pomponio da san Vito pittore   188
Polidoro da Carauaggio pittore   197
Pietro paolo Galeotto intagliatore   292
Pastorino da Siena intagliatore   293
Perin' del Vaga pittore   348

m. Properzia de Rossi Bolognese scultore   171

R

Raffael del Garbo pittore   47
Raffael da Vrbino pittore, & architettore   164
Raffael da monte lupo scultore   126

S

Siluio da Fiesole scultore   109

T

Torrigiano Fiorentino scultore   51
Timotheo da Vrbino pittore   111

V

Vincenzo da san Gimignano pittore   111
Valerio Vincentino intagliatore   285

IL FINE.

TAVOLA DE' LVOGHI
DOVE SONO L'OPERE
DESCRITTE
In questo Primo Volume della Terza Parte.

ANCONA.

A fortezza. Antonio
da s. Gallo 318
s. Agostino. la tauola
dell'altar maggiore.
Mariano da Perugia 242
vna tauola d'vna N. Don.
a mezzo della chiesa. Loren. Lotto 242

ANGHIARI

vn cenacolo a olio in una compagnia.
Sogliano. 191
vn deposto di croce in vna cōp. Puligo 106

AREZZO.

Duomo. la finestra di vetro de gli Albergotti, il Priore 93
le finestre di vetro per chiesa. il medesimo
le volte dipinte a fresco, il medesimo
la cappella di s. Matteo. Antonio di Donnino 222
s. Francesco l'occhio grande di vetro. il Priore 94
la tauola alla cappella della Concettione, il medesimo
Vescouado. il choro di noce dietro a l'altar maggiore. Giuliano di Baccio d'Agnolo 284
Badia. la testa d'un Christo. f. Barthol. 40
il Crucifisso sopra l'altar maggiore. Baccio da Monteluppo 127
pitture del resettorio. Giorgio vasari 284
fornimento di dette pitture. Giuliano di Baccio d'Agnolo 284

s. Domenico. la finestra di vetro della cappella maggiore, il priore 94
s. Girolamo, l'occhio di vetro, il medesimo
Madonna delle Lagrime. l'occhio grande di il medesimo
chiesa de gli spadari. l'occhio grande di uetro, & altre finestre. il medesimo
la fortezza. Antonio da s. Gallo. 60
la casa di M. Piero Astrologo. Andrea Sansouino 122

ASCOLI.

La fortezza. Antonio da s. Gallo 320

BAGOLINO.

Vna tauola. il Moro 257

BARDOLINO.

Pieue. vna tauola. Liberale Veronese 251
s. Thomaso Apostolo. vna tauola. il med.
s. Fermo. vna tauola alla capp. di s. Bernardo. il medesimo

BIBIENNA.

S. Maria dal Sasso. vna tauo. f. Paulino 41

BOLOGNA.

S. Petronio. mod. della fac. Baldass. Per. 140
vna resurrettione di marmo. Alfonso 176
la storia di Iosef. Properzia 179
due

TAVOLA DE LVOGHI

due Angeli di marmo in detto luogo.
la medesima
vn quadro alla cappella della Madonna, Girolamo da Treuigi 195
la cappella della Madonna. Bagnacauallo, Amico, Girolamo Cotignola, Innocenzo da Imola 214
vna tauola a olio, alla cappella de Cac
cianimici. M. Vincenzio Caccianimici 238
vn san Rocco alla cappella de Monsignori. Francesco Mazzuoli 234
s.Domenico. la Predella del sepolcro
di s. Domenico di mezzo rilieuo.
Alfonso 176
vna tauola, vicino al Choro 195
la Misericordia. vna N. Donna col figlio in braccio, & altre figure. Gio.
Antonio Boltraffio 11
s.Gio. in monte. la tauola di s. Cecilia,
nella cappella della B. Elena. Raff-
el da Vrbino 76
Madonna del Baracone. due angeli di
stucco, che tengono vn padiglione.
Alfonso 176
s. Michele in Bosco. il disegno della
porta della chiesa. Baldassar Peruzzi 140
la sepoltura di Ramazzoto. Alfonso 176
la cappella di Ramazzotto. Bagnacauallo 214
la tauola dell'altar maggiore. Innocen
zio da Imola 217
la tauola alla cappella di s. Benedetto.
Cotignola 216
le storie intorno alla chiesa. il medesimo
il capitolo Innocenzio da Imola 217
s. Iacopo. vna cappella. Bagnacauallo 214
vn'altra cappella, & tauola. Innocenzio da Imola 217
s. Saluadore in Lauro. due tauole. Treuigi 195
vn Crucifisso. Innocenzio da Imola 217
il Refettorio. Bagnacauallo, & Biagio
Bolognese 214
s. Margherita, monasterio di monache. vna tauola. Francesco Mazzuoli 235
Spedale della Vita, la morte di N. Don
na di stucco. Alfonso 176
s. Ioseppo. i dodici Apostoli di terra
nella naue di mezzo. il medesimo
vna tauola. Cotignola 216
la Madonna del Popolo. i quattro san

ti di terra ne' cantoni della uolta.
il medesimo
i Serui, la tauola della Nunziata. Inno
cenzio da Imola 214
in casa di M. Bartholomeo de Gianni.
vn quadro d'una N. Donna. Francesco Mazzuoli 235
la facciata de Teofamini. Treuigi 195
vna facciata dietro alle case de Dolfi.
il medesimo
in casa il Conte Gio. Batista Bentiuogli. vn quadro d'una Nunziata. Baldassar Peruzzi 140
in casa il Conte Vincenzio Arcolani.
vn quadro. Raffael da Vrbino 77

BORGO S. SEPOLCRO.

La compagnia di s. Croce. vna tauola.
il Dosso 208

CAMALDOLI.

La tauola dell'altar maggiore. Giorgio Vasari 283
Ornamento di detta tauola. Giuliano
di Baccio d'Agnolo 283

CASTRO.

La fortezza. Antonio da s. Gallo 319
il palazzo del Duca, & la zecca, il medesimo 319

CIVITA CASTELLANA.

La Rocca. Antonio da s. Gallo 59

CASAL MAGGIORE.

s. Stephano. vna tauola. Francesco Maz
zuoli 236
s. Domenico. la cappella maggiore.
Gio. Francesco Caroti 253

CITTA DI CASTELLO.

s. Agostino. vna tauola. Raffael da Vrbino

OVE SON L'OPERE.

bino
s. Domenico. vna tauola d'un Crucifisso, il medesimo
s. Francesco. vna tauola d'uno sponsalizio di N. Donna. Raffael da Vrbino   66
s. Saluadore dal Lauro. vna tauola nella cappella de Busolini. Francesco
Mazzuoli   234

CARPI.

Disegno, & modello del Duomo. Baldassar Peruzzi   141

CORTONA.

Pieue. la finestra inuetriata della cappella maggiore. il Priore   91

CREMONA.

Duomo. le storie della Madonna sopra gli archi di mezzo. Boccacino
Cremonese   136
s. Antonio. la facciata. Camillo Cremonese   136
s. Agata. alcune tauole, & i partimenti delle volte. il medesimo
s. Gismondo fuor di Cremona. piu pitture, il medesimo

FAENZA.

Duomo. vna tauola. Dosso, & Batista   181

FERRARA.

Duomo. vna tauola. Dosso   181

FIESOLE.

Duomo. vna tauola di marmo. Andrea da Fiesole   108
s. Girolamo. la tauola di marmo. il
medesimo
s. Francesco. vna tauola della Concettione di Nostra Donna nel tramezzo. Pier di Cosimo   25

s. Domenico vna tauola. il Sogliano   190
la compagnia della Assunta. vn Crucifisso di legno. Andrea da Fiesole   109

FIORENZA.

s. Maria del Fiore. il ballatoio della Cupola. Baccio d'Agnolo   281
s. Giouanni. tre statue sopra la porta
verso l'opera. Francesco Rustici   11
s. Maria del Fiore. vn Apostolo di marmo. Andrea da Fiesole   108
la testa di Marsilio Ficini. il med.   109
vn s. Gio. Euangelista di marmo. Benedetto da Rouezzano   124
il s. Gioseppo, all'altare di s. Gioseppo. Lorenzo di Credi   131
compagnia di s. Zanobi. vna tauola.
Mariotto Albertinelli   44
compagnia del Nicchio. il segno, che
si porta a processione. Andrea del
Sarto   163
Nunziata. la storia a man sinistra di s.
Filippo. Andrea dal Sarto. nel Cortile   152
la natiuità di N. Donna. & la venuta
de Magi in Betlehem a mā destra.
il medesimo   153
lo sponsalizio di N. Donna nel cortile
a man destra. Francia Bigio   219
il quadro dell'Assuntione di N. Donna. il Dosso   205
la facciata con le grottesche della Chiesa. Andrea di Cosimo   225
la N. Donna col figliuolo in grembo,
& s. Ioseppo nel chiostro sopra la
porta per andare in chiesa. Andrea
del Sarto   164
vn mezzo tondo nella cappella degli
Scali. il medesimo
in testa dell'Orto due storie. il med.   166
in nouiziato al sommo d'una scala,
vna Pietà. il medesimo
vna Pietà, & una Natiuità, in una
camera del Conuento. il medesimo
la storia de' Martiri. nella cappella de
Giocondi. Antonio di Donnino   272
il Crucifisso sopra l'altar maggiore.
Antonio da s. Gallo   58
il modello del conuento. il Cronaca   100
la tauola nella cappella de Giocondi.
Puligo   105
la tauola della cappella de Tedaldi.
Pier di Cosimo   23

TAVOLA DE L VOGHI

vna tauola d'un s.Michele,che pesa l'anime. Antonio del ceraiuolo. 104
la tauola sotto l'organo grande.f.Bartholameo 39
vna tauola d'una N.Donna.Pier'di Cosimo 21
l'ornamento dell'altar maggiore. Baccio d'Agnolo 280
il ciborio del sagramento sopra l'altar maggiore. Giuliano di Baccio d'Agnolo 284
s.Maria Nouella.le spalliere del choro nella cappella maggiore.Baccio d'Agnolo 280
ornamento dell'altar maggiore.il medesimo
ornamento dell'organo, il medesimo
la tauola dell'altar maggiore. Domenico del Grillandaio, Dauitte, Benetto, & Francesco Granacci 276
vna sepoltura del Minerbetti. Siluio da Fiesole 109
la sepoltura d'Antonio Strozzi. Andrea da Fiesole 109
vn mezzo tondo sopra la porta della libreria.Fran.Bigio 221
s.Lorenzo s. Damiano di marmo nella sagrestia nuoua. Raffael da Montelupo 128
alcuni capitelli, trofei, fregiature di maschere di marmo in detta sagrestia. Siluio da Fiesole. 109
la tauola della cappella d'Ottauiano de Medici.f.Bartholomeo 41
vna tauola nella cappella de Ginori,il Dosso 206
vna tauola a man sinistra entrando.il Sogliano. 190
s.Brancazio, la visitatione di N.Donna in vn tondo. Mariotto Albertinelli 45
Vn s.Bernardo in fresco, & vna santa Catherina da Siena nella capp. de Rucellai.Francia Bigio. 219
vna Trinità. Raffaello dal Garbo 49
s.Marco, il Crucifisso sopra la porta del choro.Baccio da Monte lupo. 127
vna tauola nel mezzo della chiesa a man sinistra f.Bartholomeo 37
vn'altra a dirimpetto, il medesimo 38
il s.Vincenzio sopra l'arco della porta per andare in sagrestia. il medesimo
nel refettorio pitture,il Sogliano 193
nel nouiziato.vna tauola nella cappella.f.Bartholomeo 40

s.Spirito. la tauola della cappella di Gin'Capponi.Pier'di Cosimo 27
due angeli nella capp.di s.Nicc.Francia Bigio 219
due tauole sotto la porta della sagrestia. Raffael del Garbo. 49
il campanile.Baccio d'Agnolo 181
la sagrestia. il Cronaca 99
la cappella del sagramento. Andrea dal Montesans. 118
la tauola de Dei.il Rosso 206
vna tauola d'una Pietà. Raffael del Garbo 49
vn'altra d'un san Bernardo, il medesimo
tre tauole.Iacopo di Sandro. 169
Badia.la porta,& il vestibulo. Benedetto da Rouezzano. 125
pitture nel resettorio.sogliano 191
la cappella di s.Stephano. Benedetto da Rouezzano 225
vna tauola d'un s.Bernardo, nella cappella di sernardo del sianco.f. Bartholomeo 37
or san'Michele, la N.Donna in grembo a s. Anna col figliuolo. Francesco di Giuliano da san Gallo 62
vn san martino,in habito di Vescouo, il sogliano 190
s.Gio.Euangelista di bronzo. saccio da Montelupo 137
vn s. Bartholomeo in vn pilastro. Lorenzo di Credi 131
s.Iacopo tra fossi. tre tauole. Andrea del Sarto 151
vna tauola.Francesco Granacci 277
vna tauola d'un Crucifisso. Antonio del Ceraiuolo 104
vna tauola,f.Bartholomeo 41
vn Crucifisso.Giulian'da san Gallo 58
s.Iacopo sopra Arno. la tauola della Trinità.sogliano 58
s.Iacopo in campo Corbolini. la sepoltura di M. Luigi Tornabuoni. il Cicilia da Fiesole 110
il carmine.la sepoltura di Pier'soderini nella cappella maggiore.sene detto da Rouezzano 124
s.pier'maggiore. vn quadro. Francia sigio 219
vna tauola d'una Assunta. Francesco Granacci 277
vna Nunziata a man destra entrando. Francia sigio 219
vn crucifisso di legno.Baccio da Montelupo 127

OVE SON L'OPERE.

vna tauola a man ritta entrando. Raffael del Garbo. 49
s. Trinità. vna tauola d'vna N. Donna, con s. Girolamo, & s. Zanobi. Mariotto Albertinelli 45
Cestello. vn s. Rocco, & s. Ignazio, nella cappella di san Bastiano. Raffael del Garbo 49
il primo chiostro. Giulian da san Gallo 56
storia nella facciata del resettorio. Raffael del Garbo 49
vna tauola. Puligo 105
vna tauola d'vna N. Donna s. Giuliano, & s. Niccolò. Lorenzo di Credi 131
s. Maria Nuoua. vna cappella nel cimiterio, doue è un giudizio. f. Bartholomeo, & 35
Mariotto Albertinelli 37
s. Apostolo. la porta di marmo. Benedetto da Rouezzano 124
la sepoltura di M. Oddo Altouiti. il medesimo
la tauola della Concettione. Giorgio Vasari 124
s. Catherina da Siena, due tauole. suor Plautilla 173
il cenacolo nel resettorio, la medesima
vna tauola nella sala del lauoro. la medesima
la compagnia dello scalzo. nel cortile due storie Francia Bigio 220
vn Crucifisso. Giulian da s. Gallo 58
& altre storie di s. Gio. Batista. Andr. del Sarto 151
vna tauola. Lorenzo di Credi 132
spedale di s. Mattheo. alcune figure. il medesimo
s. Friano. vna tauola, il medesimo
vna tauola d'vna N. Donna a sedere con quattro figure intorno. Pier di Cosimo 25
Monasterio di s. spirito, in su la costa a san Giorgio. due quadri. Sogliano 191
s. Appollonia. la tauola dell'altar maggiore. Francesco Granacci 277
vn Crucifisso di legno. Raffael da Montelupo 128
s. Luca, la tauola dell'altar maggiore. sogliano 193
s. Bastiano dietro alla Nunziata. vna tauola d'vna N. Donna, s. Bastiano

dal bellico in su. Andrea del sarto 168
la compagnia di santa Maria della Neue. vna tauola su l'altare. Andr. del sarto 154
monasterio di s. Francesco in via Pentolini. vn quadro, il medesimo 155
s. Chiara. vna tauola, d'una Natiuità di Christo. Lorenzo di Credi 132
vn quadro d'una s. Maria Maddalena in penitenza, il medesimo
le murate s. Gismondo Re in un quadro. Raffael del Garbo 49
vn. Crucifisso di legno. Baccio da Montelupo 127
s. Giuliano, la tauola dell'altar maggiore, & un'altra. Mariotto Albertinelli 44
Monasterio di s. Giorgio, la tauola dell'altar maggiore. Francesco Granacci 278
s. Felicita. vn Crucifisso di legno. Andrea da Fiesole 109
s. Iob. vna tauola dell'altar maggiore. Francia Bigio 219
la compagnia del ceppo, il segno, che si porta a processione. sogliano 192
spedale del Tempio. vn s. Giouanni. sandrino del Calzolaio 193
s. Gioseppo da s. Nofri. Baccio d'Agnolo 281
s. Godenzo. vna tauola. Andrea del sarto 154
il Tabernacolo allo sdrucciolo d'or san Michele. Andrea del sarto 153
il Tabernacolo sul canto della via de Ginori. sogliano 191
il Tabernacolo sul canto delle murate. sandrino del Calzolaio 193
il Tabernacolo sul canto dietro a Serui. Francia Bigio 219
il Tabernacolo sul canto di s. Giouannino, alla porta a s. Pier Gattolini, il medesimo 220
il Tabernacolo alla coscia del ponte Rubaconte, uerso le mulina. Raffael del Garbo 49
il Tabernacolo sul canto di uia mozza, uerso santa Catherina. Domenico Puligo 106
Innocenti, la tauola della cappella del Pugliese. Pier di Cosimo 24
loggia dirimpetto a gli Innocenti. Antonio da s. Gallo 65

** In

TAVOLA DE LVOGHI

In palazzo del S.Duca, la tauola della cappella delle stanze nuoue. Raffael da Vrbino 77
in guardaroba. vn quadro di papa Leone, il Cardinale Giulio de'Medici, & il Cardinale de Rossi, il medesimo 78
la sala grande. il Cronaca, & 100
Lionardo da Vinci, & 9
Giulian da s. Gallo, 56
Michel'Agnolo, &
Baccio d'Agnolo 280
restauratione di detta sala. Giorgio Vasari 101
palagio degli Strozzi. il cronaca 98
le lumiere di ferro su canti. Niccolò Grosso 98
in casa di Francesco Benintendi. vn quadro d'un s. Gio. in tela. Raffael da Vrbino 83
in casa di m. Lelio Torelli. un quadro. f. Bartholomeo 40
in casa m. Lodouico capponi. vn quadro, il medesimo
in casa m. Mattheo Botti. un quadro di un s. Giorgio armato, il medesimo
in casa m. Alessandro de Medici. vna tauola. il medesimo
in casa m. Chrìstoph. Rinieri, un quadro. il medesimo
in casa il Signore Sforza. Almeni Perugino. un quadro. Pier' di cosimo 24
in casa Giorgio Vasari. vn quadro. il medesimo
in casa il cardinale Niccolini. vn quadro. Puligo 105
in casa m. Filippo de l'Antella. un quadro. il medesimo
in casa m. Filippo Spini. un quadro, il medesimo
in casa m. Gio. Gualberto del Giocondo. il medesimo
in casa m. Baccio Barbadori, un quadro. Andrea del sarto 153
in casa m. Lorenzo Borgherini. vn quadro. il medesimo
in casa m. Pier' del giocondo. vn quadro. il medesimo
in casa gli heredi di m. Ottauiano de Medici. tre quadri. Andrea del sarto 153. & 161
in casa m. Zanobi girolami. un quadro. il medesimo 154
in casa m. Giouanni oddi. vn quadro. il medesimo
in casa Giouanni di Paolo mercia-
io. vn quadro. il medesimo
in casa Andrea Santini. vn quadro. il medesimo
in casa di Nizza legnaiuolo. vn quadro. il medesimo
in casa m. Alessandro Corsini. un quadro. il medesimo
in casa Gio. Battista Puccini. un quadro. il medesimo
in casa m. Zanobi Bracci. un quadro. il medesimo
in casa Lorenzo Iacopi. un quadro. il medesimo 158
in casa m. Giouanni Dini. un quadro. il medesimo
in casa m. Filippo saluiati. un quadro. il medesimo 166
in casa m. Nicolò Antinori. un quadro. il medesimo
in casa m. Alessandro de' Medici. un quadro. il medesimo 167
in casa m. Giouanni Borghini. un quadro. il medesimo
in casa il s. Mandragone. un quadro. suor Plautilla 173
in casa gli heredi di monsignore della Casa. un quadro. il Rosso 207
in casa Antonio Fedini. vn quadro. suor Plautilla 173
il palagio de' Gondi dirimpetto à s. Firenze. Giuliano da san Gallo 58
il palagio de' Bartholini su la piazza di santa Trinita. Baccio d'Agnolo 280
la casa de' Lanfredini lung'Arno. il medesimo
la casa de' Nasi, su la piazza de Mozzi. il medesimo
la casa de' Taddei il medesimo
la casa de' Borgherini in borgo santo Apostolo. il medesimo
la casa de' Montaguti nella via de' Serui. Domenico di Baccio d'Agnolo 284
la Cittadella, tra la porta al prato, & la porta s Gallo. Ant. da s. Gallo 318
la facciata de' Gondi in borgo Ogni santi. Andrea di Cosimo 225
la facciata de' Lanfredini. il medesimo
la facciata de' sartini da s. Michele di piazza padella. il medesimo
la facciata de' Guidotti nella via larga. il medesimo 226
la facciata de' Panciatichi alla piazza degli agli. il medesimo

l'arme

OVE SON L'OPERE

l'arme dell'Imperadore, & quella del Duca Aleſſandro appiccate alla cittadella. Raffael da mōtelupo — 128
l'arme ſul canto de Pucci, di Papa Leone X. Baccio da monte lupo — 127
l'arme de Pucci ſopra la porta di s. Baſtiano, allato alla Nunziata. il Roſſo — 205
la facciata de' Buondelmonti, ſu la piazza di ſanta Trinita. Iacone — 169

Fuor di Firenze.

San Franceſco al monte. vna tauola. il Sogliano — 190
due quadri. il medeſimo
la chieſa, & ſuo modello. il Cronaca — 99
monte Vliueto. la tauola nella cappella del paradiſo d'una reſurrettione di Chriſto. Raffael del Garbo — 48
Certoſa. il capitolo. Mariotto Albertinelli — 43
s. Salui. la tauola dell'altar maggiore. Raffael del Garbo — 49
il cenacolo del refettorio, & l'arco di vna volta. Andrea del ſarto — 133
Caſtiglioni. una tauola. Lorenzo di Credi — 132
palagio in camerata, fuor della porta a Pinti Giuliano da s. Gallo — 58
palagio del Poggio a Caiano. il med. — 56
la facciata d'una ſala, quando a Ceſare ſon preſentati i tributi di tutti gli animali. Andrea del ſarto — 161
vn'altra facciata. Francia Bigio — 200
la uolta della ſala. Andrea di Coſimo, & Francia Bigio — 220
s. Miniato al monte. il campanile. Baccio d'Agnolo — 281
palagio de' Borgherini, ſul poggio di bello ſguardo, il medeſimo — 281
Arcetri. una tauola a Marco del Nero. Thomaſo di Stephano — 132
Mont'ughi. vn tabernacolo d'una N. Donna. Gio. Franceſco, detto il Fattore — 146
a Baroncelli. una tauola. Andrea del ſarto — 160
fuor della porta a Pinti. un tabernacolo ſul canto. il medeſimo — 159
Valembroſa. vna tauola alle celle. il medeſimo — 162
Gambaſſi. vna tauola. il medeſimo — 162
Rouezzano. vn tabernacolo. Francia Bigio — 220

Luco monaſt. vna tauola. Andrea del ſarto — 162
vna viſitatione di N. Donna in chieſa a man ritta il medeſimo

FVRLI.

Duomo. la tauola dell'altar maggiore. Rondinello — 242
vn quadro d'vn san Baſtiano. il medeſimo

GAMBASSI.

vna tauola. Andrea del sarto — 162

GENOVA.

s. Stephano. vna tauola d'una lapidatione di s. Stephano. Giulio Romano — 328
palagio del principe d'Oria, & ſue pitture. Perino del Vaga — 361
s. Franceſco. vna tauola. il medeſimo — 363
s. Maria di Conſolatione. una tauola d'una Natiuità di Chriſto. il med.

GRADOLI.

il palazzo del Reuerendiſſimo Cardinal Farneſe, Antonio da s. Gallo — 314

IMOLA.

Innocenti. la cappella di macigno. Andrea da Fieſole — 108

LIVORNO.

La fortezza. Antonio da s. Gallo — 64

LORETO.

il modello della chieſa. Bramante — 31
ornamento della cappella. Bramante, & Andrea dal monte sanſauino — 110
vna tauo. a olio a man ritta. Lore. Lot. — 142
hiſtorie intorno al choro, il medeſimo

** 2   Lucca

TAVOLA DE LVOGHI

LVCCA.

s. Martino. vna tauola d'una N. Donna s. Stephano, & s. Giouanni, & vn' Agnoletto. f. Bartholomeo 39
s. Romano, due tauole, il medesimo 40
s. Paolino, il modello. Baccio da Montelupo 127
s. Fridiano. vna cappella. Amico Bolognese 215

MANTOVA.

Duomo vna tauola. Girolamo Mazzuoli 238
s. Giouanni. vna tauola, il medesimo
frati de zoccoli. la Conuersione di s. Paulo a man sinistra, il medesimo
s. Lodouico, & s. Bernardino sopra il pulpito. Francesco Monsignori 260
vn quadro grande di tela, nel refettorio, il medesimo
s. Domenico. cenacolo del refettorio. f. Girolamo Monsignori Veronese 262
l'altare del Rosario, il medesimo
vna tauola d'un Christo morto. Giulio Romano 335
s. Benedetto, il cenacolo del refettorio. f. Girolamo Monsignori 262
la Madonna delle Gratie. la tauola di un s. Bastiano. Francesco Monsignori 261
palazzo del T. de Gonzaghi con sue pitture fuor di Mantoua. Giulio Romano 330
palazzo de Gonzaghi a Marmerolo. Giulio Romano 334
la facciata di M. Paris. Gio. Antonio Licinio 186
Pollirone fuor di Mantoua.
s. Benedetto. la tauola dell'altar maggiore. Girolamo Mazzuoli 238

MILANO.

s. Maria delle gratie. vn cenacolo nel refettorio. Lionardo da Vinci 6
la resurrettione di Christo nel chiostro. Bernardino da Treulo 16

s. Francesco. vna cappella, doue è la morte di s. Piero, & s. Paolo, il medesimo
la sepoltura de Biraghi. Agostino Milanese 127
s. Maria. la sepoltura di monsignor di Fois, il medesimo

MONTELEONE IN CALABRIA.

Duomo tre statue di N. Donna, in su tre altari. Antonio da Carrara 110

MONTE CASSINO.

La sepoltura di Pier de Medici. Francesco da s. Gallo 62

MONTE FIASCONE.

La Rocca. Antonio da s. Gallo 19

MONTE SANSAVINO.

s. Agostino. vn Chiostro. Andr. dal mon. sansauino 122
pitture del chiostro. Antonio di Donnino 122
il tramezzo, & il pergamo della chiesa, il medesimo 122
vna tauola. Giorgio Vasari 284
ornamento di detta tauola. Giuliano di Baccio d'Agnolo 284
s. Agatha. vna tauola di terra cotta. Andrea dal monte sansauino 117
la compagnia di s. Antonio, la porta, il medesimo 122

MONTE PVLCIANO.

La N. Donna fuor' della porta a san Biagio. Antonio da s. Gallo 62
s. Agostino. vna tauola d'vn Crocifisso, la N. Donna, & s. Giouanni. Lorenzo di Credi 133
un palazzo. Antonio da s. Gallo 64
la statua di terra del Re Porsenna. Andrea dal monte sansauino 122

Me

TAVOLA DE' LVOGHI

MODANA.

Duomo. vna tauola. Dosso 181
chiesa de' Serui. vna tauola d'vn s. Cosimo, & Damiano. pellegrino da modana 148
in una staternità. vna tauola d'un san giouanni, che battezza Christo, il medesimo

NAPOLI.

Monte Oliueto. la sagrestia. f. gio. da Verona 72
il choro nella cappella di paolo da Tolosa, il medesimo
vna tauola de magi a olio. Cotignola 216
vna tauola. Lionardo da Pistoia 147
la tauola dell'altar maggiore. giorgio Vasari 147
vna cappella a man destra di marmo. gio. da Nola 179
vn'altra a man sinistra. girolamo da santa Croce Napolitano 179
chiesa di capp. luogo di monte Oliueto. due statue, il medesimo 180
s. Giouanni Carbonaro. la cappella del Marchese di Vico. Giouanni da santa Croce Napolitano 179
s. Maria delle Grazie. vn s. Piero alla cappella maggiore. Polidoro 201
s. Domenico. vna tauola nella cappella del Crucifisso. Raffael da Vrbino 76
vna tauola, doue s. Stephano è lapidato. Lionardo da Pistoia 147
s. spirito de gli incurabili. vna tauola. Gio. Francesco Fattore 146
s. Angelo allato alla pescheria. vna tauola. Polidoro 201
alcuni quadri dell'altar maggiore, il medesimo
s. Aniello. vna tauola. Cotignola 216
s. Agostino. la tauola dell'altar maggiore. Marco Calaurese 228

NEPI.

La fortezza. Antonio da san Gallo 310

ORVIETO.

Il pozzo. Antonio da s. Gallo 318

OSTIA.

Nel maschio della Rocca. pitture. Baldassar Peruzzi 138

PADOVA.

s. Maria delle Gratie. il modello. Falconetto Veronese 269
porta, s. Gio. & porta Sauonarola, il medesimo
la porta Dorica al palazzo del Capitano. il medesimo
la loggia del palazzo de Cornari, il medesimo

PARIGI.

due ponti sopra la Sonna carichi di botteghe. f. Giocondo Veronese di s. Domenico 246

PALERMO.

s. Maria dello Spasmo. vna tauola di vn Christo, che porta la croce. Raffael da Vrbino 79

PIACENZA.

s. Sisto. la tauola dell'altar maggiore. Raffael da Vrbino 80

PARMA.

Duomo, la tributa grande. Antonio da Coreggio 17
la tauola dell'altar maggiore. Girolamo Mazzuoli 337
s. Giouanni. la tribuna grande. Antonio da Coreggio 17
s. Francesco de gli zoccoli. vna N. Donna, il medesimo

Nun-

TAVOLA DE␣LVOGHI

Nunziata.una tauola. Francesco Maz
zuoli 231
s.Gio.Euangelista. tre cappelle. il med
s.Maria della steccata, una uolta. il
  medesimo 235
vna cappella. Girolamo Mazzuoli 237
s.Francesco de' Conuentuali. la tauo
  la dell'altar maggiore. il medesimo
s.Alessandro. monast. di monache. una
  tauola, il medesimo
Certosa. i tre magi nella tauola dell'al
  tar maggiore. Girolamo Mazzuoli 237
s.sepolchro, una tauola. il medesimo
s.Gio. Euangelista. monast. di monache. due tauole. il medesimo
pitture del refettorio, il medesimo
al carmine. la tauola dell'altar maggiore. il medesimo
vna N. Donna sopra una porta della
  citta. Antonio da Coreggio. 17

PERVGIA.

La fortezza. Antonio da s.Gallo 320
s.Francesco. una tauola d'una Assunta. Raffael da Vrbino 65
vn'altra tauola di un Christo morto,
  il medesimo 68
i Serui. una tauola nella cappella de
  Ansidei. Raffael da Vrbino 67
s.Seuero. capp. di N. Donna. il med. 67
s.Antonio da Padoua. vna tauo. il med.
Monte Luci. vna tauola d'una Assun
  tione di N. Donna. Gio. Francesco
  Fattore, & Giulio Romano 146

PESCIA.

Pieue. vna tauola. Raffael da Vrbino 69

PISA.

Fortezza alla porta s. Marco. Giulia
  no da s. Gallo 62
Duomo. vn'Angelo sopra una colon
  na all'altar maggiore. Siluio da Fie
  sole 109
alcuni quadri della Nicchia dietro a
  l'altar maggiore. sogliano 191
tre tauole. sogliano 162
due tauole. Giorgio Vasari 192
vna tauola. il Bronzino 192

la compagnia di s. Francesco. una tauola. Andrea del sarto, & il Sogliano 191
s.Agnesa. vna tauola. Andrea del sarto 164

PISTOIA.

Duomo. la cappella di marmo del bat
  tesimo. Andrea da Fiesole 108
vna tauola a canto alla chiesa di s. Iacopo. Lorenzo di Credi 131
la N. Donna dell'humilta, il modello.
  Ventura da Pistoia 33
s.Domenico. tre tauole. f. Paolo da Pi
  stoia 41
spedale del Ceppo. vna tauola. Loren
  zo di Credi 131
s.Lucia monast. vna tauola in choro.
  suor Plautilla 175
la sepoltura del Cardinal Forteguer
  ri. Andrea del Verrochio, & Loren
  zetto 134

POPPI.

Badia. vna tauola. Andrea del sarto 166

PRATO.

La N. Donna dalla carcere. Giuliano
  da san Gallo 58

RAVENNA.

Duomo. la tauo. di santa Maria Mad
  dalena al suo altare. Rondinello 242
s.Giouanni. due tauole, il medesimo 243
s.Apollinare. una tauola. il medesimo
s.Domenico. due tauole. il medesimo
s.Francesco. due tauole. il medesimo
s.Niccolò. una tauola, il medesimo
vna tauola con la natiuita di Christo.
  Cotignola 243
Badia di Classi. la tauo. dell'altar mag
  giore. il medesimo
vna tauola di rimpetto a questa. Gior
  gio Vasari 243
ornamento di questa tauola. Giuliano di Baccio d'Agnolo 284

OVE SON L'OPERE

s.Bastiano.due tauole. Cotignola 243
lo spirito santo. vna tau. Rondinello 243
s Apollinare.vna tauo. il medesimo
la tauola dell'altar maggiore, & due
  altre. Francesco Cotignola 243
spedale di s. Catherina. una tauo. il med.
s.Agata.vna tauo. con un Christo in
  croce,il medesimo

ROMA.

s.Piero. il modello. Bramante 31
la cappella del Corpus domini. Antonio da s. Gallo. 367
le pitture di detta cappella. Perin' del
  Vaga 367
sepoltura d'Adriano vi. Baldassar' Peruzzi, & Michel'agnolo Sanese scultore 141
palazzo del Papa, la camera della segnatura, di torre Borgia, & altre. Raffael da Vrbino 69
le spaltiere di prospettiue di dette camere. s. Giouanni da Verona 72
la sala grande di Costantino. Raffael da Vrbino 83
Gio. Francesco, detto il Fattore 146
Giulio Romano 326
logge del palazzo. Giouanfrancesco Fattore 146
Giulio Romano 325
Giouanni da Vdine 351
Perin'del Vaga 351
Pellegrino da Modana 147
la uolta della sala de' Pontefici. Perin del Vaga, & Giouanni da Vdine 352
la sala de' Re. Perin del Vaga 365
s.Piero in Montorio. una capp. a man ritta; entrando in chiesa. Bastiano Veneziano 341
la facciata. Polidoro, & Maturino Fiorentino 200
il tempio nel primo chiostro. Bramante 31
la tauola dell'altar maggiore. Raffael da Vrbino 87
s.Piero in vincula. due statue alla sepoltura di Papa Giulio 2. Raffael da monte lupo 128
il palagio di s. Piero in vincula, Giuliano da s. Gallo 59
s.Maria della pace, il chiostro di Treuertino. Bramante 29
vna cappella a man destra. Raffael

da vrbino 73
vna capp. a man manca. Baldassar Per. 132
la storia della presentatione al tempio. il medesimo
le Sibille, & altre cose. Raffaello da Vrbino 133
s.Maria dell'Anima. vn s. Christoph. alla porta del fianco. Gio. Francesco Fattore 146
vna tauola d'una Nostra Donna, sant'Anna, s. Ioseppo, s. Giouan, & s. Marco Euangelista. Giulio Romano 328
la capp. & tauo. del Cardinale Nicofort. Michele Fiammingo 343
santa Maria del Popolo. vn quadro d'una Nostra Donna, Raffael da vr bino 72
vn quadro di Papa Giulio 2. il medesimo
due sepolture. vna del Cardinale Ascanio Sforza, l'altra del Cardinale di Ricanati. Andrea dal monte sansauino 119
la sepoltura d'Agostino Ghigi. Lorenzetto 134
modello della cappella d'Agostino Ghigi. Raffael da Vrbino 82
pitture di detta cappella, & tauola. Francesco Saluiati 342
Ara cœli. la tauola dell'altar maggiore. Raffael da Vrbino 73
santa Maria della Minerua. vn s. Bastiano di marmo. Michele da Fiesole 108
il cielo della cappella de' Caraffi. Raffael del Garbo 48
la statua di Papa Leone sopra la sua sepoltura. Raffael da monte lupo 129
vn quadro d'un Christo deposto di croce. Perino del Vaga 354
la Ritonda. la Nostra Donna di marmo sopr la sepoltura di Raffaello da Vrbino. Lorenzetto 134
la Trinità. vna sepoltura di marmo. il medesimo
la cappella de' Massimi. Giulio Romano. Gio. Francesco, & Perino del Vaga 365
la cappella della signora Elena Orsina. Daniello da Volterra 369
vna sepoltura di marmo in detta cappella. Bolognino. 355

Alla

OVE SON L'OPERE

alla Confolazione, tre figure di marmo 365
Raffael da montelupo 129
s. Maria Traspontina. la capp. Boccacino Cremonese 135
s. Noferi. la cappella maggiore. Baldaſſar Peruzzi 138
s. Rocco. due cappelle, il medeſimo
s. Euſtachio. vn s. Piero in freſco. Perino del Vaga 353
s. Anna. vna cappella in freſco. il medeſimo 354
s. Stephano del Cacco. vna Pietà, con un Chriſto morto in grembo alla N. Donna, il medeſimo
s. Praſſede, un quadro d'un Chriſto battuto alla colonna. Giulio Romano 328
s. Marcello. pitture nella cappella della Madonna. Perino del Vaga 355
pitture d'un'altra cappella, il medeſimo 359
s. Francesco di Paula. la cappella a mã manca della cappella maggiore, il medeſimo 355
s. Maria di Monſerrato, il modello. Antonio da s. Gallo 316
s. spirito. la porta, il medeſimo 320
s. Maria del Loreto al macello de Corbi il modello. Antonio da s. Gallo 314
s. Iacopo della natione Spagnuola. la cappella, & sepoltura del Cardinale Alborenſe, il medeſimo
pitture della detta cappella. Pellegrino da Modana 147
il s. Iacopo di marmo nella medeſima cappella. Iacopo sanſouino 147
schuola di s. Catherina da Siena. il cataletto col corpo morto, & altre coſe. Timoteo da Vrbino 114
s. Agoſtino, la cappella de' martelli. Polidoro, & Maturino Fiorentino 200
vna s. Anna di marmo, con la N. Donna in un pilaſtro. Andrea dal monte sanſauino 119
s. Euſtochio. tre figure in freſco a uno altare entrando in chieſa. Pellegrino da Modana 147
vna cappella a man deſtra. Polidoro 199
vn s. Piero in freſco. Perino del Vaga 353
chieſa de' Portugheſi alla ſcrofa. la tauola, & cappella maggiore. Pellegrino da Modana 149
s. Siluestro. vna cappella, & due ſtorie di s. Maria Maddalena. Polidoro, & Maturino 200
vna tauola. Mariotto Albertinelli 45
due quadri. vno d'un s. Piero, l'altro d'un s. Paolo. s. Bartholomeo 38
il palazzo della Vigna de' Medici, hoggi di Madama, Giulio Romano 325
il palazzo di M. Baldaſſar' Turrini da Peſcia, il medeſimo 329
caſa de gli Alberini in banchi, il medeſimo
caſtel s. Angelo. alcune camere, ſale, & logge. Perino del Vaga, Lucio Romano, & Girolamo Sermoneta 368
l'Angelo ſul torrione. Raffael da mōtelupo 128
palazzo de' Farneſi in ſampo di fiore. Antonio da san Gallo 314
palazzo di M. Bernardino Caſſerelli 134
palazzo del Cardinale Riccio da monte Pulciano, uicino a s. Giorgio. Antonio da s. Gallo 300
palazzo del Cardinale Adriano da Corneto in Borgo nuouo. Bramante 29
palagio d'Antonio Cardinale di monte, in Agone. Antonio da san Gallo 314
palagio del Veſcouo di Ceruia, il medeſimo 316
palagio di M. Bartholomeo Ferratino ſu la piazza d'Amelia, il medeſimo 314
palazzo di Marchion Baldaſſini vicino a s. Agoſtino, il medeſimo 314
palagio di Ghigi. Baldaſſar Peruzzi 139
pitture della loggia del detto palazzo. Raffael da Vrbino 82
Giulio Romano 325
Baldaſſar Peruzzi 139
Baſtiano Veneziano 340
pitture della uolta de Ghigi, in Traſtere. Raffael da Vrbino 141
vna facciata in monte Giordano. Giouan Franceſco detto il Fattore
vna facciata ſu la piazza Capranica. Polidoro, & Maturino Fiorentino 198
vna facciata di graſſigno in Borgo nuouo, i medeſimi 199

vna

OVE SON L'OPERE

vna facciata sul canto della pace. i medesimi
vna facciata nella casa de gli Spinoli. i medesimi
vna facciata verso Torre di nona. i medesimi
vna facciata per andare a l'imagine di Ponte. i medesimi
vna facciata a l'imagine di Ponte. i medesimi
vna facciata alla piazza della Dogana. i medesimi
la facciata de' Cepperelli. i medesimi
vna facciata dietro alla Minerua nella strada. i medesimi
la facciata de' Buoni auguri. i medesimi
vna facciata sotto corte sauella. i medesimi
Storie di parnaso nel giardino di m. Stephano dal Bufalo. i medesimi
Graffiti, & storie nel cortile di m. Baldassino da santo Agostino. i medesimi
vna facciata in monte Cauallo, vicino a santa Aguesa. i medesimi 199
vna facciata dietro a Nauona. i medesimi 200
vna facciata del Cardinale di Volterra, da Torre sanguigna. i medesimi
due sarbiate in campo Marzo. i medesimi
vna facciata sul canto della Chiauica. i medesimi
vna facciata vicino al Popolo. i medesimi 201
la facciata de' Gaddi a s. Simeone. i medesimi
vn'altra facciata dirimpetto a questa. i medesimi
la facciata del palazzo di m. Vlisse da Fano. Baldassar Peruzzi 139
vn'altra facciata a dirimpetto, il medesimo
la facciata del palazzo di m. Iacopo Strozzi. il medesimo
vna facciata su la piazza di s. Luigi. Vincenzio da san Gimignano 112
vna facciata in Borgo a dirimpetto al Cardinale d'Ancona. il medesimo
vna facciata de gli Epifanij. il medesimo

la facciata di m. Francesco Bonio Baldassarri Peruzzi

RICANATI.

Santa Maria del Castel nuouo. vna uola con la Trasfiguratione. Lorenzo Lotto 241
s. Domenico. la tauola dell'altar maggiore. il medesimo
vn s. Vincenzio a fresco, nel mezzo della chiesa. il medesimo

RIMINI.

Santa Colomba. la tribuna maggiore. Cotignola 226

SARONE.

Santa Maria vno sponsalitio di Nostra Donna, & altre pitture. Bernardino del Lupino 196

SIENA.

San Benedetto. il choro. f. Giouan. di Verona
il Carmine. Ornamento dell'organo. Baldassarre Peruzzi Sanese 148
la facciata de' Turchi. Capanna 144
Monte Oliueto di Chiusari. il choro. f. Giouanni Veronese 71

TRENTO.

Pitture del palagio del Cardinale. Girolamo da Treuigi 198

VENEZIA.

San Hieremia. vna facciata. Gio. Antonio Licinio da Pordenone 186
la Madonna dell'Orto. vna tauola. il medesimo
la facciata di Martino d'Anna. il medesimo 187
san Rocco. la capp. & tribuna. il medesimo

*** due

TAVOLA DE' LVOGHI

due quadri grandi nel mezzo della
  chiesa. il medesimo
vn s.Martino nel tabernacolo dell'ar
  genterie. il medesimo
sala de' Pregai. il medesimo
s.Gio.di Rialto, vn santo in una tauola.
  il medesimo
vn quadro d'un s. Bastiano, & s.Roc
  co. il medesimo
s. Stephano nel chiostro molte storie. il medesimo
la facciata d'Andrea Vdone. Girolamo
  da Treuigi   235
santo Antonio. vna tauola. Iacopo
  Palma   240
s.Elena a Lio. la tauola dell'altar mag
  giore. il medesimo
santa Maria Formosa, alla cappella
  de' Bombardieri. vna santa Barbara, s.Bastiano, & s.Antonio, il
  medesimo
san Moisè, vna tauola. Iacopo Pal-
  ma   240
scuola di s.Marco vna storia. il mede
  simo
il Carmine. vna tauola d'un san Nicolo, & altre figure. Lorenzo Lot
  to   241
san Giouanni, & Paolo, la tauola di
  santo Antonio, Arciuesco di Firenze. Lorenzo Lotto   241
in casa Thomaso da Empoli Fioren
  tino, vn quadro. il medesimo
s.Giouanni Chrisostomo. vna tauo-
  la. Bastiano Venetiano   240

VERONA

Domo. la cappella de gli Emilij. Fran
  cesco Morone   264
la cappella maggiore. il Moro
vn quadro con la storia de Magi. Li
  berale   250
vescouado. vn Crucifisso di rilieuo,
  alla cappella del palazo. Gio
  uan Batista Veronese   250
la predella di detto Crocifisso. Libe
  rale   250
Duomo vecchio, altare della compa
  gnia di s.Stephano. Gio. Francesco Caroti
santa Maria in Organo, le spalliere
  di prospettiue in sagrestia. f.Gio.
  da Verona   272

la tauola della cappella di s. Nicolo.
  Gio. Caroti   255
nella facciata prima, le figure che ui
  sono. il moro   257
vna tauola. il moro   257
la tauola della cappella de' Fontani.
  il moro   257
l'Angelo Michele, & l'Angelo Raffael
  lo. Paolo Cauazzuoli   257
la tauola della cappella de Lischi. Gio.
  da i libri   272
vna tauola alla cappella de Buonali
  ui. il medesimo
la uolta della sagrestia. Francesco Mo
  rone   265
la tauola della cappella de Conrigiu
  sti. il medesimo
le storie nella facciata del choro. il
  medesimo
i portegli dell'organo. Girolamo da
  i libri, & Francesco Morone   268
santa Maria della scala. vn quadro di
  un s. Bastiano all'altare della san-
  tificatione. il moro   257
il quadro della Madonna con santa
  Anna. Girolamo da i libri   272
vn'altro quadro d'un s. Rocco. Paolo
  Cauazzuola   257
vna tauola della famiglia de Moui
  Gio. Francesco Caroti   254
la storia de' Magi in sagrestia. Libera
  le   250
la vittoria. la tauola della cappella de
  Scaltritelli. Liberale   250
la cappella de Fumanelli sotto il tramezzo. Francesco Morone   265
l'Ancona dell'altar maggiore. Girola
  mo da i libri   272
la tauola di s. Honofrio. il medesimo
nel chiostro. una N.Donna a fresco.
  Francesco morone   269
s. Eusemia. la cappella dell'Agnol
  Raffaello. Giolian Francesco Ca
  roti   252
la tauola della cappella de' Bombardieri. il moro   257
istoria sopra l'altare di s.Paolo nel tra
  mezzo. Batista del moro   258
s. Nazzaro. vna tauola alla cappella
  di san Biagio. Fran. Monsig.   262
s. Polo. l'altar della Madona. Girola
  mo da i libri   272
una tauo. a guazzo. Fran. Monsig.
s. Anastasia. vna N. Donna, & s.Remi
  gio, & s. Nastasia. f. Girolamo Mon

signori

OVE SON L'OPERE.

Sgnori 262
figura dell'arco sopra la porta del martello. il medesimo
la cappella de' Buonaueri. Liberale 249
la cappella di s. Martino. Gio. Francesco Caroti 244
s. Girolamo. la Madonna, & l'Angelo, che l'annunzia, in due Angoli di una cappella. il medesimo 252
spedale di s. Cosimo. i portegli, che chiuggono l'altare di tre Magi, il medesimo 251
s. Vitale. la cappella de gli Allegni. Liberale 250
s. Bernardino. pitture sopra la cappella del monte della pietà. Domenico moroni 263
le pitture dentro & fuori della cappella di Niccolo da Mediti Veronese. il medesimo
la tauola della cappella de Bandi. Fra cesco Monsignori 262
la storia della purificatione sopra la cappella della compagnia della Madonna. Liberale 249
la storia de Magi, & la morte della Madonna, nel frontispizio della tauola. il medesimo 250
la predella dell'altare della compagnia della Madonna. Giouan Francesco Caroti 252
vn Christo in ginocchioni alla cappella della croce. il medesimo 253
4 quadri grandi intorno allo altare della croce, intorno all'Ancona principale. Paolo Cauazzuolo 266
il quadro, che è sopra tutti questi, do ue è Christo in croce, la madonna, & s. Giouanni. Francesco Morone 266
la tauola della cappella di s. Francesco. Paolo Cauazzuoli 267
la cappella, & la tauola del monte del la pietà. Liberale 249
i portegli, che chiuggono la detta tauola. Francesco morone 244
s. Giorgio. una tauola con un presepio. Giouan Francesco Caroti 252
la tauola di s. Giorgio. il medesimo
s. Fermo. la tauola della cappella della Madonna. il medesimo 253
s. Bartholomeo. l'altare delli schioppi. Giouanni Caroti 255
s. Giouanni in fonte. una tauola con un s. martino. il medesimo
in casa de Conti da Canossa. un qua

dro. Raffael da Vrbino 77
vna madonna sopra una casa pist anda re a s. Polo. Francesco morone 265
in Bra. vna madonna sopra la casa de Sparuieai. il medesimo
s. Lionardo in monte. la tauola dell'al tar mag. Girolamo da i libri 272
in casa m. Vincenzio de medici.. un quadro. Liberale 251
vna N. Donna sul cantone della casa de cartai. il medesimo
la facciata della casa de manuelli. il moro 257
la facciata di Torello serulna dotto re. il medesimo

VIADANA.

s. Piero. una tauola. Francesco mazzuoli 231
s. Francesco. una tauola. il medesimo
vna tauola d'una Nunziata. Girolamo mazzuoli 237
s. Maria ne' borghi. una tauo. il med.

VICENZA.

Santa Maria di Campagna. la tribunal. Licinio 185
due cappelle a fresco. il medesimo
la tauola di s. Agostino. il medesimo

VITERBO.

s. Francesco. vn quadro d'un Christo mort. o. Bastiano Veneziano 241
la madonna della Quercia. la la tauo la dell'altar maggiore. Mariotto Albertinelli 45

VDINE.

Duomo. pitture nel pergamo dell'organo. Licinio 186

VOLTERRA.

La sepoltura di Raffaello Volterrano. Silulo da Fiesole 199

*** 2 Vrbino

TAVOLA DI

VRBINO.

Duomo. vna tauola all'altar di santa
 Croce. Timotheo da Vrbino 113
la cappella di s. Martino, Timoteo da
 Vrbino, & Genga 114
la tauola di detta cappella. Timoteo
 da Vrbino 114
vna santa Maria Maddalena. il medesimo
chiesa della Trinità. la tauola dell'altar maggiore. il medesimo 113
s. Agata. vna tauola. il medesimo 114
s. Bernardino fuora d'vrbino. la cappella de Buonauenturi. il medesimo

IL FINE.

TAVOLA DE' RITRATTI
CHE SONO NOMINATI
In questo Primo Volume della Terza Parte.

A

Iolli musico 154
Alberto Duro 336
Adriano VI. 343
Agnolo Doni 68
Alfonsina 43
Alessandro Cardinale
 Farnese 72
Alessandro Medici Duca 178
Amerigo Vespucci 5
Andrea d'Oria 344
Andrea Manregas 160
Andrea della Robbia 152
Andrea del Sarto 154. 166
Andrea del Verrocchio 131
Ariosto 306
Arrigo Re 292
Antonio cardinale de monte 72
Antonio Fumanelli 265
Anton Francesco delli Albizi 343

B

Baccio Valori 344
Baldassarre Castiglioni 328
Barbarico Doge 260
Bartolomeo frate pittore 37
Beatrice Duchessa 7
Beatrice Ferrarese 281
Bembo Cardinale 306

Benedetto da Rouezzano 135
Bernardino Cardinale 217
Bernardo cardinale di Bibbiena 80
Boccaccio 71
Bonauentura sauio 72
Borbone Duca 142
Bramante 327

C

Gardinale Carrafa 239
Cardinale Lorena 239
Cardinale de Rossi 80
Carlo Quinto Imperado. 130. 377. 235. 306
Catullo 71
Caualieuino 377
Cipriano Morifini 306
Cipriano da Verona 255
Clemente Papa VII. 186. 327. 343
Conte lungo 257
Cosimo Duca 306
Cosimo Lafri 261

D

Dante 72
Domenico 71

E

Ennio 71
Elisa del Giocondo 18

F

Federigo Barbarossa 180

RITRATTI.

Federigo Bozolo	343	Marc'Antonio Colonna	343
Federigo Duca	260	Marc'Antonio della Torre	255
Ferdinando di Pescara	343	Marsilio Ficino	109
Francesco Giamberti	26	Massimiliano Sforza	17, 116
Francesco Alidosio Cardinale	217	Monsignore di Fois	116
Francesco Sforza	117. 260	Moro Duca di Milano	260
Francesco Re di Francia	80	**N**	
Francesco san Bonifacio	257	Nicolo de Lamagna	41
G		Nicolo de Lira	71
Gello Fiorentino	306	Nicolo Vespucci	127
Giouanni de Medici	306	Nincofort cardinale	343
Giouanni Cardinale de' Medici	72	**O**	
Giouan Francesco Gonzaga	260	Omero	71
Gineura de Benci	8	Orso dell'Anguillara	367
Girolamo Beniuieni	131	Ottauio Farnese	291
Girolamo Federighi	49	**P**	
Girolamo Verità	257	Pagolo papa terzo	293
Giulia Bonstanta	345	Petrarca	71
Giuliano Benci	327	Pietro Aretino	344
Giuliano de Medici	78. 115	Pietro di cosimo	26
Giulian san Galli	26	Pier Luigi Farnese	291
Giulio cardinale de' Medici	80. 164	Piero Perugino	251
Giulio papa secondo	72	Pontano	318
Giulio Romano	318	Propertio	71
Giulio della Torre	255	**R**	
Gostanza de Doni	374	Re di Francia	306
H		Ruberto Sanseuerino	121
Hercole Giusti veronese	363	**S**	
I		Sapho	71
Iacopo Fontani	257	Sauanarola	92
Iacopo Sansouino	354	Scaramuccia Zingaro	5
		Scoto	71
L		**T**	
Laura Scoppi	285	Tibullo	71
Laura Terracina	306	s. Thomaso d'Aquino	72
Leone papa x.	80	**V**	
Lodouico Domenichi	306	Valentino	82
Lodouico Sforza	7	Vberto musico	240
Lorenzo Cibo	233	Verdelotto musico	
Lorenzo de Medici	78	Vergilio	71
M		Verginio Orsini	241
Marullo	318	Vittoria colonna	343
Marco Loredano	24		
Marc Antonio Bolognese	252		

IL FINE.

TAVOLA DELLE COSE PIV NOTABILI CHE SI CONTENGONO

In questo Primo Volume della Terza Parte.

A

ABRAMO dipinto di Andrea del Sarto 166
Adriano VI. papa 316.326
Non si dilettò mai di scultura, ne pittura, inimico delli ornamenti di Roma
Agostino Ghisi 73.134.139.340
agostino milanese scultore 127
agostino veneziano 156
agostino veneziano intagliatore 301
alamanno di Iacopo saluiati 193
alari della capanna alla parte guelfa, in Firenze 98
alberini & loro casa in banchi 329
alberto duro 78.290.295
accennato nelle embleme 52
Aldo Manutio 246
alessandro antinori 128
alessandro Corsini 156
alessandro Contarini 257
Alessandro Duca di Fiorenza 128.153.164
alessandro primo cardinale farnese 313
alessandro farnese principe di parma 237
alessandro greco intagliatore 291
alessandro papa settimo 29.56
alessandro Pepoli 172
alessandro uitelli 229.283
alessandro vittorio scultore 233
alonso di Castiglia, & Alarcone 261

alfonso d'aualos 167
alfonso Duca di Ferrara 180.286
alfonso secondo duca di Ferrara 307
alfonso Lombadi scultore 175
Alfonsina madre del Duca Lorenzo 43
amerigo benci 5
amico pittore bolognese 214.225.216
ammannato scultore 102
anatomia de cauali 7
ancona, & sua fortezza 318
andrea di ceri pittore 349
andrea del ceraiuolo 104
andrea di Cosimo pittore 225
andrea mantegna 295
andrea dal monte sansauino 99
andrea nauagero 274
andrea d'Oria 284
andrea pasquali phisico 221
Andrea del Sarto 106.142.159.181.169.207.303
andrea sguazzella 158.159
andrea della valle cardinale 134
andrea Varrocchio 14.131
andrea Odone 195
anghiari castello 106.191
angiolo bronzini pittore 310
angiolo cesis 233
angiolo doni 37.78
angiolo nicolini cardinale 105
angiolo pittore fiorentino 222
angiolo della stufa abbate di cappalona 105
angiolino monaco di fiorenza 162
anticaglie in Fiorenza 43
anticaglie in casa e san galli 63
anticaglie

PIV NOTABILI.

anticaglie donate al san Galli dal Re
   di napoli   57
anticaglie nel giardino de Medici   53
anticaglie di verona disegnate   255
antonio abbaco   38
antonio bracci   162
antonio brancacci   162
antonio da carrara scultore   110
antonio del ceraiuolo   104
antonio da correggio pittore   16
antonio di dennino, & sue opere   222
antonio Floriani pittore   185
Antonio da san Gallo   32.50.121.143.
   313.367
antonio di giorgio da settignano   108
antonio lanfreri   307.317
antonio marchisi architetto   315
antonio dal monte cardinale   62
antonio de nobili   13
antonio pollaiuoli   97
antonio da pisa monaco camaldulen
   se   162
antonio de ricasoli   132
antonio del rozzo Sanese   143
antonio segni   1
antonio da Trento intagliato-
   re   334
antonio uassalio   309
antonio de uespucci   109
antonio di urbano pisano   364
apostoli 12 di marmo   108
apparato in Fiorenza per la uenuta
   di papa Leone   157
apparato in Roma per una comedia   141
apparato in roma per Giuliano de
   Medici   140
ara celi conuento   73
arazzi panni ricchissimi   85
arco trionfale di legno bellissimo   319
arciuescouo di cipri   313
arezzo in toscana   50.122.269
arguta risposta   154
ariosto   125.174.306
aristotele san Galli pittore   66.157
armeggiare, che si costuma ua in Fio
   renza   277
arno in canale thi prima ne detto disegno   2
Ascanio Sforza cardinale   119
ascoli, & sua fortezza   310
assedio di Florenza   142
aquila in roma   76
atlanta baglioni perugina   68

auersa citta presso a napoli   228
auorio abbruciato per far nero   38

B

Baccio d'Agniolo   9.58.153.280
baccio baldini   295
baccio bandinelli scultore   102.120.135.
   156.157.178.282.283.302.306
baccio bartidori   153
baccio Valori   142
badia di Fiorenza   37.191.125
badia di poppi in casenti-
   no   266
badia di praia   273
baiardo caualiere   275
baldacchino in san Lorenzo di Fiorenza   226
baldassar castiglioni   89.328
baldassar Peruzzi architettore   32.60
   138.141.142.179.198.304
baldassar turini da pescia   10.69.87.129
   282.302
baldo magini da prato   264
baldassar turini   329
ballatoio della cupola di Fiorenza   281
bardolino castello   251
barnaba dal pozzo pittore   286
bartholomeo da bagnacauallo, pittore   214
bartolomeo da bergamo   191
bartolomeo da castiglione, pittore   329
bartolomeo pittore frate de predica
   tori   35.38.68.85
bartolomeo gondi   193
bartolomeo leonichi   74
bartolomeo panciatichi   160.226
bartolomeo ridolfi ueronese, & sue
   opere   278
bartolomeo della rouere   61
bastiano da monte carlo   330
bastiano della seta pisano   161.192
bastiano veneziano, pittore   25.139
bastianello Florigorio, pittore   184
Battista bono aretino   95
battista del ceruellieri   343
battista d'osso pittore   181
battista gobbo   329
bauiera stampatore   300.305
bauiera da le stampe di Raffaello   360
beccuccio bicchieraio   162
bella inuentione d'una pittura di giorgione   235
                                      be

TAVOLA DELLE COSE

Del modo di riprendere chi troppo
  si presume 253
bembo cardinale 306
benedetto baglioni scultore 37
benedetto cianfanini 41
benedetto da maiano 35.37
benedetto pagni pittore 325.336
benedetto da rouezzano 37.124
bernardo pittore milanese, & sue ope
  re 136
bernardino da treuio architettore 28
bernardo da bibienna, cardinale 86
bernardo della buda 168
bernardo da vercelli pittore 186
bernazzano pittore milanese 182
bernia 346
bertoldo scultore fiorentino 53
benuenuto cellini scultore 178
biagio bolognese, & sue opere di pittura 214
bindo altouiti 178
bizzaria di pittura, in uno specchio 132
boccaccino pittore cremonese, bia-
  simaua l'opere di Michel'Angelo 135
bologna ritorna sotto il gouerno
  della chiesa 31
bologna scultore 365
bontà del caparra fabro 39
boto di bartolomeo pittore da farsi
  frate 361
borbone duca 201
borgo nuouo di roma 199
bramante architettore 28. 60. 90.
  91. 313
bramantino da milano 69
brenta fiume 247
bronzino pittore 50.174.191

C

Calcidonio bellissimo intagliato 289
camaldoli in casentino 283
camaldoli munistero in Fiorenza 190
cameo grande del Duca Cosimo 292
cameo di ualore di scudi 600. 287
camera di bizzarra inuentione 332
camera del papa 364
camera seconda del papa, & sue pitture 72
camera della segnatura del papa 69
camera di torre borgia 72

Camillo cremonese pittore 134
camillo treuisano pittore 158
campanile di san miniato al monte 282
campanile di santo spirito di Fiorenza 282
campo alla castellina de chianti 56
candellieri da cero pasquale 265
candiano, munistero in padoua-
  no 275
cane uiuo affronta un depinto 161
canto del giardino de pucci 127
caparra fabro 38
capitolo di san Michele in bosco 217
cappella delli Albergotti 92
cappella del cardinale alborense 147
cappella di agostino ghigi 341
cappella delli alegni 250
cappella delli Ansidei 67
cappella de bandi in Verona 262
cappella di bernardo del bianco 37
cappella di bindo altouiti 124
cappella de' bombardieri in Verona 257
cappella de buonauieri 142
cappella de contigiusti 263
cappella de cortinelli 118
cappella de dei 69
cappella maggiore nel duomo di Verona 262
cappella della beata Elena in Bologna 77
cappella delli Emilij 264
cappella de fontani 266
cappella di Francesco del giocondo 100
cappella del Re di Francia in Roma 35
cappella de sumanelli 265
cappella di gino capponi 62
cappella de Girolami in Fiorenza 278
cappella maggiore in santa maria del
  popolo 39
cappella di marmo in Oruieto 148
cappella di san Matteo in Arezzo 93
cappella de Medici in verona 263
cappella de monsignori in san Petronio 234
cappella di san Nicola, in santo spirito
  di Fiorenza 119
cappella di san Nicolo in santa Maria
  in organo 251
cappella nel nouitiato di san Marco 41
cappella d'Ottauiano de Medici 41
cappella nella pace in Roma 71

Cappella

Cappella del papa	107	chesta di Fiorenza	
capp. de pandolfini	125	castello durante	
capp. paulina	107	castello s. agniolo	
capp. in s. piero gattolini	25	castello di san Martino di Napoli	108
capp. de riui	251		
capp. delli schioppi	255	castello della pieue	386
capp. di sisto	61.21	Caterina Regina di Francia	345
capp. nella trasportina	135	caullo grande fatto da Domenico beccafumi	377
cappelletta nel palazzo del Duca Cosimo	77	cecchino de frati	41
cappelletta iu volterra	138	cenacolo del uinci in milano	6
cappellette di ponte sant' Agniolo	135	cenacolo in san salui fuori di Fiorenza	165
Capponi, famiglia di Fiorenza	48	certosa di Fiorenza	43
		certosa di Pauia	19
caprarolo, & sua fortezza	318	classi badia di Rauenna	243
carato pittore ueronese	251	claudio Francese vetraio	90
cardinale albanese	314	Clemente VII. pont.	30
cardinale d'Aragonia	346	quando fu fatto papa	141.173.232.
cardinale di carpi	76	235.343	
cardinale cesis	134	cola del Amatrice pittore	228
cardinale Farnese	134.287	colonna di Traiano	76
364		come si uuole essere con principi	141
cardinale di ferrara	134		
cardinale de Medici	87	compagnia di san Bastiano de Serui	168
mori	178		
cardinale san piero in vincola	52	compagnia, ouero fraternita detta il Nicchio	166
carlo ginori	257		
sua cappella in san Lorenzo	266	compagnia di san Zanobi. una tauola	44
carlo, & giordano Orsini	343		
Carlo Quinto Imperadore	106.718	concetto di una pelle d'uno appiccato	110
in francia	211		
coronato	161.215.287	Consaluo gran capitano	13
vittorioso	319	consiglio di f. Giocondo per mantenimento di Venetia	246
in mantoua	385		
carmine conuento in siena	142	conte clemente della pietra	174
carri trionfali per la festa di s. Giouanni in Fiorenza	155	conte lungo	257
		Cont' Vgo, che edifico sette Badie	207
carte a stampa del rosso pittore	105		
carteri, famiglia in verona	272	conti di Canossa Veronesi	
cartoni di Michel'Angelo	84.277	conuento di s. Maria della Gratia di Viterbo	45
cartone bellissimo del vinci	8		
casa de borgherini	280	Conuento de i Serui di Fiorenza	100.105
casa di giulio romano	336		
casa Medici fautrice de virtuosi	289	corniccione del palagio de' Bartolini	98
casa de montaguti	284		
casa del nero	284	corniccione del palazzo de' Farnesi	322
casa de neri in Fiorenza	180		
casa de taddei	280	corniccione corretto al palagio de gli Stozzi	97
case nuoue nella uia de serui	232		
casale maggiore	236	coronatione di Carlo Quinto in Bologna	176
casetta di cristallo donata da papa Clemente al Re di Francia	290	choro di santa Maria del Fiore, chi lo disegnò	283
casetta ricchissima donata alla Du		corpo di s. Giouanni Gualberto	124
		****	Corpus

TAVOLA DELLE COSE

Corpus Domini, cappella 367
cortile della Nunziata di Fiorenza 151.205.204
cortile del palazzo del papa 317
cortile dello scalzo 165
cortile del palazzo d'Vrbino 114
cortona, una facciata 91
corridore di bel vedere 30
corridore di castello sant'Angiolo 313
Cosimo Duca di Fiorenza 5.34.101
nozze 227.283
cosimo Bartoli 22.24
cosimo Roselli 35
cosimo da Trezzo 292
costo del modello di s. Piero di Roma 321
costume de' maestri di legname 39
creatione di Pio terzo, & morte 60
crocifisso, che parlò a s. Thomaso di
Aquino 76
cronica architetto, perche cosi detto 97.117

D

Danese cataneo da carrara scultore 275
daniello da Volterra scultore, & pittore 267.369.366
danno di molte bellissime cose di
scultura, & pittura, & strumenti
musici, per le predicationi del
Sauonarola 35
dei cittadini Fiorentini 69
diastro bellissimo intagliato 288
dimostratione di pitture simile alla
scultura di Giorgione 14
diomede Caraffa 147
discepoli d'Andrea dal monte a Sansauino 122
discepoli d'Andrea del Sarto 169
discepoli di s. Bartolomeo 41
discepoli di Giouan Caroti 256
discepoli di Lorenzo di Credi 132
discepoli di mastro Liberale 251
discepoli di Mariotto Albertinelli 45
discepoli di Piero di Cosimo 26
discepoli di Raffael d'Vrbino 87
discepoli del Sogliano 393
discorso sopra la pittura, & le parti,
che debbe hauere 85
disegno d'alzar tutto il Tempio di

s. Giouanni da fondamenti 5
disegno d'una portiera bellissima del
Vinci 33
disegno della riedificatione del Rial
to di Venetia 247
disegno d'una statua grandissima
di bronzo 7
disfida di due pittori 252
dodici Apostoli di marmo 108
domenico Boceri 106
domenico Beccafumi, pittore Sanese 144.188.192.304.360
domenico di Camei, Milanese 286
domenico Caroti, pittore 169
domenico da Coreggio gli causarno
la morte i quattrini 19
domenico del monte a Sansouino 122
domenico moroni, pittore 263
domenico poggini 293
domenico di polo gioiellieri 178.291
domenico puligo 104
domitio Calderini 245
donato giannotti 249
donato val d'Ambrini 5
donatello 35
donne illustri 172
dosso pittore Ferrarese 180
duca di Calabria 56.57
duca di Castro 152
Duca Cosimo. vedi Cosimo Duca di
Fiorenza
duca di mantoua 235
duca di milano 58
duca valentino 59.63
Duchessa Eleonora di Fiorenza 291
duomo di Cremona 136
duomo di Ferrara 180
duomo di Furli 242
duomo di mantoua 238
duomo di modona 182
duomo di Pisa 56.109.191.363
duomo di Rauenna 242
duomo di Vdine 184.186
duomo di Verona 256

E

Elena dell'olio da Bologna 77
emulatione tra'l vinci, & il Buonar. 30
enea vico parmigiano 306
epitaffio d'Antonio da s. Gallo 313
epit. ad sepolchro di Raffael d'Vrbino 88
ercole Duca di Ferrara 183
ercolani di Bologna 18
eremiti

PIV NOTABILI.

Eremiti di Camaldoli 95
errore d'architetture nel choro di s. Maria del Fiore 183
essempio raro di pudicitia 209
eternità della Republica Venetiana donde depende 246

F

Fatiano sassoli Aretino 92
fabrica di s. Piero 62. 320
facciata del caualiere Buondelmonti 169
facciata a ca Soranza di Venetia
facciata del giuditio di Michel'Angelo 367
facciata de' Gondi in borgh'ogni santi 225
facciata di santa Maria del Fiore 156
facciata de' Serui, Conuento 215
falconetto architettore Veronese 267
fatto d'arme della bastia 286
fattore pittore 87
federigo Gonzaga 329
federigo secondo Duca di mantoua 18. 163
fermo guisoni, pittore 337. 339
ferrante Gonzaga 345
figura di legno, che si snoda 40
figurino da Faenza, pittore 339
filippo saluiati 35. 156
filippo da sieana 342
filippo spina 105
filippo strozzi, il vecchio 24. 97
filippo strozzi, il giouane 167. 283
fintione, & inganno d'una pittura 163
fontana nella sala del Duca di Fiorenza 202
fontanableo in Francia 210. 211
forli città 114
fortezza in Arezzo 60
fortezza di Nepi 328
fortificatione di Loreto 121
fortificatione di Siena 141
fra Bartholomeo pittore 35. 36. 37. 38. 68. 85. 107
fra Bastiano del piombo 305
fra Carnouale da Vrbino 28
fracastoro fisico 254. 274
fra Giocondo Veronese 32. 244
fra Giouanni Angelico, pittore 37
fra Giouanni da Verona, intagliatore 72. 265. 272
fra Girolamo Sauanarola 36. 100

fra Iacopo de' Serui 164
fra Matteo de' Medici Veronese 258. 275
fra mariano del piombo 45. 140
Fra mariano de Serui 151

G

Gabriel Giolito, libraio 306
Galeazzo mondella 288
Galieno Fiorentino ricamatore 49
Gambassi castello 162
Gandolfo
Gasparro, & Giuliano Misceroni 346
Gaudentio Milanese 192
Gello Calzaiuolo Fiorentino filoso fo 148
Gerozzo di monna vanna Dini 305
Gherardo miniatore 314
Giambullari 295
Giannetin d'Oria 3
Giannozzo Pandolfini, vescouo 362
Giardino de' Medici 80
Gifera di Bramante 59
Giganti di piazza in Fiorenza 30
Giorgio caccia male Bergamasco 65
Giorgio manzuoli 273
Giorgio mantouano, intaglia stampe 234
Giorgio Vasari 14. 34. 95. 124. 163. 169. 178. 192. 235. 243. 283. 284. 311. 337. 364
Giorgione 340
Giorgione da Castelfranco 12. 289
Giouanni, padre del Duca Cosimo de' Medici 121. 335
Giouanni Bandini 306
Giouanni Barile 82. 150. 342
Giouanni Bellino, pittore 183. 340
Giouanni Boccalino architettore 122
Giouanni Borgherini 13. 167
Giouanni Buonaccorsi 349
Giouanni di Calcare Fiammingo, pit. 305
Giouanni secondo card. de' Medici 37
Giouanni Caroti Veronese 255
Giouanni da Castel Bolognese 286
Giouanni da Castel Bolognese, intagl. 13
G. euanni Caualcanti 206
Giouanni Corsaro 13
Giouanni delle Corniole 286
Giouanni Cugini da Parigi 308
Giouanni Dini 162
Giouanni Francese, miniatore 105
Giouanni Gaddi 154
Giouanni da Lione, pittore 329
giouanni Martini da Vdine 285
giouanni da Nola, scultore 179
giouanni Pollastra Aretino 208
giouanni Ricamatore da Vdine 189

**** 2 Giouan

TAVOLA DELLE COSE

Giouan'Aristori 293
giouanni da Vdine pittore 81.146.
351.
giouanni vespucci 25
giouanni antonio beltraffio milanese 21
giouanni antonio licinio pordenone 185
giouanni antonio de rubeis 292
giouanni antonio sodoma pittore 70.243
giouanni antonio sogliani 263.364
giouanni battista bentiuogli conte 140.195
giouanni battista del caualiere 307
giouanni battista doni 45
giouanni battista grassi pittore 185
giouanni battista mantouano pittore 306.339
giouanni battista della palla 39.157.
168
giouanni battista peloro da siena 143
giouanni battista puccini 150
giouanni battista ricasoli vescouo 50
giouanni battista Sozzini 293
giouanni battista Strozzi 24.101
giouanni filippo crescione 228
giouanni francesco il bologna 81
giouanni francesco Caroto 251.284
giouanni francesco detto il Fattore,
pittore 145
giouanni francesco rustici, scultore 31
giouanni francesco vetraio, pittore 200
giouan gualberto giocondi 105
giouan Iacopo caraglio 305
giouan lione pittore 329
giouan maria pittore veronese 259
giouan matteo giberti, vescouo 250.
257.328.336
giouampiero baglioni 315
Girolamo codignola 214.216
girolamo santa croce scultore 179
girolamo fiammingo 301.309.310.305
girolamo genga 114.181
girolamo lombardo architettore 122
girolamo manzuoli pittore 237
girolamo miniatore veronese 136
girolamo mosciano da brescia, pittore 308
girolamo sermoneta 367.368.470
girolamo da Treuigi pittore 195.196
361
girolamo vetra 217

Girolamo volpini 291
Giuliano di Baccio d'Agniolo 282
giuliano bugiardini 37.45
giuliano bugiardini pittore 346
giuliano santa croce, scultore 179
giuliano san galli 9.32
perche fu detto s. Gallo 57.65
giuliano gondi 58
giuliano leno architettore 32
giuliano di maiano 39.317
giuliano de Medici 10.24
giuliano orefice sanese 144
giuliano scala 165
giuliano del tasso 157
giulio bonasona bolognese 30.8
giulio cardinale de' Medici 160.342
giulio cesare scaligero
giulio clouio coruatto miniatore 273.
274.306.
giulio Medici, & sua uigna a monte
malo 325
giulio miniatore 274
giulio secondo, papa 57
quando fu fatto papa 60.72
mori 76.190.119
giulio papa terzo 30
giulio romano pittore, & giouan
francesco heredi di Raffaello di
Vrbino 325
giulio romano pittore 133.145.
163
giulio romano 18.78.87.163.302
giulio scali 305
giulio turini da pescia 20
Giuseppo saluiati da castel nuouo
di carfagnana 309
giuseppo cincio 369
giuseppo manginoli veronese 272
guardaroba del Duca Cosimo 24.43.
57.78.164
guardaroba del Duca d'Vrbino 346
guarlungo villa 124
guerre ciuili in Fiorenza
guglielmo marcialla 90
guglielmo marchese di monferrato
guglielmo milanese 365
guido baldo, primo duca d'Vrbino 67
guido baldo, secondo duca d'Vrbino 67
Gradoli luogo del cardinale farnese 304
grotesche, perche sono cosi nomi-
nate

l'Huomo

TAVOLA DELLE COSE

H

l'Huomo si deue contentare di quello, che puo 26

I

Iacopo Barazzo architettore 308
iacopo da carpi medico 83
iacopo del conte pittore 169
iacopo detto Iacon, pittore 169
iacopo frate de serui teologo 205
iacopo fucari 328
iacopo melighini computista 143
iacopo melighino architettore 143. 322
iacopo nardi 276
iacopo da pontorno pittore 86. 154. 164. 169. 221
iacopo sansouino scultore 122. 151. 157. 314. 355
iacopo di sandro pittore 157
iacopo soranzo 187
Iesuati di Verona 252
Incendio in Venetia 14. 247
Incsort Cardinale 178
Infiammati Accademici 385
Innocentio da Imola, pittore 45. 214. 216
Innocentio VIII. papa 29
Inuentione di gettare le uolte 52
inuentione di Lorenzo de Medici 157
inuentione dello sgraffiato 225
inuentione di stampe di rame con l'acqua forte 304
Inuettiui del vinci contra il pittore delle gratie 6
Inuidia del Torrigiano alla pittura del Buonaroto 35
Insolentia delli vngheri 48
Intagliare gioie d'incauo, & di rilieuo 286
Ischia Isola
Iustiniano Imperadore 72

L

Lamberto Soaue, intagliatore di stampe 305
Lapis amotica da imbrunire 91
lapis lazuli intagliato 288
Lauoranti con il Rosso a fonte Bleo 211
Lauori in fresco, & quello che egli è contrario 14
Laura Terracina 305

Lelio Torelli dottore 40
Leone papa terzo 76. 83
venne in Fiorenza 156. 231. 276. 353.
nel suo morire morsero molte buone arti 316
leone d'Arezzo scultore 292
Leonello da carpi 76
Liberale pittore Veronese 249
Libreria del duomo di siena 66
libreria di s. Lorenzo 128
Libro d'antichità di Roma, di Baldassare da siena 142
Lionardo Cigno pittore 370
lionardo del Giocondo 153
lionardo da Pistoia pittore 147
lionardo del Tasso 122
lionardo da vinci 2. 28. 581. 84. 131
lodare troppo spesso nuoce piu che'l biasimare 136
Lode del Duca Cosimo 101
lode di Lionardo da vinci 11
lode di Raffaello d'Vrbino 88
Lodouico Ariosto 180
lodouico Bellichini fisico Aretino 92
lodouico Capponi 40. 94. 146
lodouico Domenichi 305
lodouico da Parma 291
Loggia d'Agnolo Ghigi
loggia del Papa, lunga piu di 400. passi 30. 146
loggia su la piazza de' Serui 63
Loggie papali 315
Lorenzo Borghini 353
lorenzo Iacopi 161
lorenzo Lotto, pittore 241
lorenzo de Medici, il vecchio 54. 57. 99. 245. 286
lorenzo Nasi Fiorentino 66
Lorenzo Pucci Cardinale 76. 355
Lorenzetto scultore 31. 155
Luca da Cortona, pittore 69
luca d'Olanda, sue opere 258
luca Perini 305
luca pittore 249
Lucca città 127
Luciano Pallauicino 18
Luco monastero in mugello 162
Lucretia Quistella del conte Clemente della Pietra 274
lucretia Saluiati 378
Luigi Anichini Ferrarese 295
luigi Cornaro 247. 262
luigi, & Girolamo Stoppi Veronesi 259
luigi Tornabuoni 330

Luci

PIV NOTABILI.

Lucio Romano, pittore 368

M

Macello de i Corti 314. 329
Madonna del Baracane, in Bologna 176
madonna delle Carcere in Prato 164
madonna dell'Humilta, in Pistoia 33
madonna delle Lagrime, in Arezzo 208
madonna di Lonigo 364
madonna di Loreto 242
madonna dell'Orto in Venetia 186
Maddalena delli Oddi 65
Malsesine terra 254
Maniera mista di Raffael da Vrbino, da essere imitata 86
Manno orefice Fiorentino 187
Mantoua citta 146
  inondò per il Pò 335
  imbellita per arte di Giulio Romano 335
Marc'Antonio Bolognese, intagliatore di stampe 297. 299. 311. 312
Marc'Antonio Caualca 236
marc'Antonio della Torre fisico 7
Marullo Mantouano, pittore 367. 370
Marchese del Vasto 146
marchese di Vico 179
Marchione Baldassini 314. 353
Marco Calabrese, pittore 218
Marco del Nero 109
marco da Rauenna, Intagliatore 301
marco da Siena, pittore 368
marco Vagioni 11
Margherita d'Austria 227. 237. 288
maria Bufolina Romana 334
Marignole villa 48
marino Grimani cardinale 189
Mariotto Albertinelli 35. 37. 150
marmita da parma 291
marsilio Ficino sua statura 109
martino d'Anna 187
martino Campagna, & Camaldoli di Firenze 357
martino Emi, & sue opere d'intaglio 309
martino Fiandrese 254
martino papa v. 186
masaccio pittore 356
maso Boscoli, scultore 109
maso Finiguerra Fiorentino 294
maso porro Cortonese, pittore 95

Mascherata di Carnouale 22. 270
Matteo Botti 78
matteo scultore 102
Maturino pittore 238. 298
Mauro Lonichi abbate 266
Mazzati arciprete Veronese 274
Medaglie, chi prima introdusse buon modo di farle 176
Memoria d'Andrea del Sarto leuata uia 170
Michel'Angelo Buonaroti 9. 10. 32. 38. 53. 60. 64. 73. 226. 282. 288. 304. 346
michel'Angelo tolse la protettione di Sebastiano Venetiano 341
michel'Angelo Sanese, scultore 178
Michele Maini, scultore 108
michele san Micheli 28. 258. 270
michele da san Michele, architettore 317
michele del Nasaro 186. 288
michele pittore, Fiammingo 309. 343
michele di Ridolfo, pittore 193
Michelino 286
Minerua, conuento in Roma 48. 354
Minij in libri da choro, in monte Oliueto 250
miracolo del Sacramento dipinto nel palazzo del papa 73
mirandola, terra fortissima 32
misericordia, Conuento fuor di Bologna 16
modana citta 18. 148
modello del duomo di Carpi 141
modello della fabrica di s. Piero 141. 322
modello del palazzo d'Agost. Ghigi 139
modello d'un palazzo al Re di Portogallo 118
modello d'un palazzo per il Re di Napoli 57
modello di s. Piero, mutato dopo la morte di Bramante 32
modello d'un Tempio a otto faccie 33
modello presentato dal s. Gallo al Re di Francia 59
moglie di Raffael d'Vrbino 87
molza 346. 364
monaci di mont'Oliueto in Genoua 328
monache della crocetta 191
mondragone Spagnuolo 273
monete di papa Giulio II. & Leone x. 31
monte Cauallo 140
monte Giordano in Roma 146
monte Ianicolo 329

monte

TAVOLA DELLE COSE

Monte Lione città in Calabria 110
Monte Luci, munistero in Perugia 146
Monte Mario 76
Mont'Oliueto di Chiuf. 72
Mont'Oliueto di Fiorenza 48
Mont'Oliueto di Napoli 272. 147. 179. 216
Monte Pulciano 131
Mont'a s. Souino 121
Mont'Vghi villa 146
Moro Duca di Milano 286
Morte di Papa Aleffandro vi. 60
Morte del Magnifico Lorenzo vecchio 59
Morte di Raffael d'Vrbino 87
Mofca da Settignano fcultore 128. 318
Mufeo del Giouio 258
Murate monache in Fiorenza 127
Mutio Camillo dal Monte 122

N

Nannocchio pittore 169
Narbona in Francia 342
Nafcita di Raffael d'Vrbino 65
Nero da Stampatori, & d'Auorio abbruciato 38
Nicolo Antinori 167
Niccolò Acciaiuoli, dottore 366
Niccolò Auanzi Veronefe 288
Niccolò Capponi, morì in Carfagnana 109
Niccolò Grofsi detto Caparra 109
Niccolò Mafini da Cefena 75
Niccolò de' Medici da Verona 263
Niccolò Soggi, pittore 164
Niccolò Veneziano riccamatore 360
Nobili per l'ordinario fono di miglior ingegno, che i plebei 32
Noftra Donna del Vinci 4
Noftra Donna delle Lagrime d'Arezzo 63
Notomia d'uno appiccato 110
Nouitiato di s. Marco 21. 40
Nozze del Duca Giuliano, & del Duca Lorenzo 226
Nuntiata di Fiorenza 231
Nuntiata di Parma 231

O

Opera piu bella di Raffael d'Vrbino 73
Opere di Antonio da fan Gallo varie 314
Opere d'architettura in Arezzo 95
Opere di Bramante in Roma
Opere della Concordia, & della Difcordia 225
Opere di Enea Vico 307
Opere di Falconetto 269
Opere di Giorgione 14
Opere di Polidoro in Napoli 202
Opere del Roffo, fono ftampate in Roma 308
Opere minute del Vega 369
Opinioni ftrauaganti di Piero di Cofimo, pittore 25
Orlando fiacco, pittore
Oruieto città 128. 129. 318
Ottauiano de' Medici, & Aleffandro fuo figliuolo 40. 153. 162. 163. 346
Ottauiano pittore 230
Ottauio Duca di Parma 239

P

Pace, Chiefa in Roma 342
Pagolo Emilio Veronefe 290
Pagolo Gauazzuola, pittore 266
Pagolo papa terzo, fa feguitare la fabrica di s. Piero 134. 143. 286. 319
Pagolo Ramufio 258
Pagolo Romano fcultore 134
Pagolo da Terra Roffa 167. 191
Pagolo da Verona ricamatore 49
Pagolo Vccello, pittore 86
Pagolina Cappella 330
Palazzo d'Andrea d'Oria 187
Palazzo d'Agoftino Ghigi 86
Palazzo de' Bartolini 98. 280
Palazzo a s. Biagio in Roma 335
Palazzo de' Caffarelli 14
Palazzo de' Cornari in padoua 269
Palazzo de' Fantucci 214
Palazzo di Farnefe in Roma 322
Palazzo di Gio. bat. dal'Aquila 82
Palazzo di s. Giorgio 29. 139
Palazzo de' Gondi 58
Palazzo al monte a Sanfouino 63

Palazzo

PIV NOTABILI.

Palazzo del Papa	31
Palazzo di s. Piero in Vincoli	59
Palazzo del Principe d'Oria in Genoua	361
Palazzo alla rustica di mattoni	31
Palazzo in Sauona	59
Palazzo in Trasteuere	73
Palazzo de' Tringhi in Vdine	186
Palazzo del Vescouo di Troia	82
Palladio architettore	272
Palermo città	110
Palma Venetiano pittore	239
Papa di bronzo in Bologna	61
Papa Giulio secondo, quando fu creato	29
Papa in Oruieto, fuggito di Roma	360
Papa Leone venne a Fiorenza	266
Papi del Dominio Fiorentino	316
Papo Altouiti	209
Parma città	17
Parma, & Piacenza fortificate	317
Pastorino da Siena, pittore	95. 295. 366
Pauimento del duomo di Siena	367
Pauimento condotto da Fiorenza a Roma	81
Pellegrino da Modana, pittore	198. 314
Perdonone pittore	289. 362
Perdonone, terra nel Friuoli	195
Perugia città	94. 320
Piazza Capranica	148
Piazza di santa Maria Nouella	157.
Pierino del Vaga	81. 90. 146. 191. 287. 305. 314. 349. 350
prese donna	356
Piero Astrologo Aretino	122. 209. 233. 202. 335
Pietro Bembo	269. 344
Piero Carnesecchi	105
Piero di Cosimo, pittore	20. 21. 150
Piero della Francesca, pittore	69
Piero della Gatta abbate, pittore	69
Piero de' Massimi	364
Piero de' Medici sbandito di Fiorenza	43. 53. 54
Piero Nauarra	315
Piero Perugino, pittore	45. 65. 81. 48. 131
Piero Quirini, heremita	67
Piero Rosselli, scultore	39
Piero Soderini, Gonfaloniere	9. 60. 62
Piero Vettori	170
Piero da Volterra, pittore	138
Pier Francesco Borgherini	124. 157. 277
Pier Francesco de' Medici	127
Pier Francesco da Viterbo, architettore	317
Pier Luigi Farnese	314
Pier Maria delle Pozze	35
Pietro Pagolo Galeotto, orefice	292
Pieue di Cortona	91
Pigritia dipinta	254
Piloto orefice	356
Pio Papa quarto	30
Piombo officio, dato a Sebastiano Venetiano	306
Pisa rimessa in libertà	60
Pistole di Plinio ritrouate	246
Pittori, scultori, falegnami, facilmente si fanno architettori	279
pittura di Lorenzo di Credi	131
Pittura di Giotto	366
Pittura d'vn san Piero in prigione	74
Pitture a olio in muro	345
Pitture su la pietra	345
Poeti honorano gl'huomini co' loro scritti	180
Poggibonzi terra	58
Poggio a Caiano, suo modello	56. 63. 220
Poggio Imperiale	58. 60
Polidoro da Carauaggio	81
vita	167. 198. 201. 202
Politiano	245
Pompeo Colonna Cardinale	83. 186
Ponte su le barche, per l'assedio di Pisa	61
Ponte della Pietra, in Verona	245
Ponte a Sieue rifatto	132
Portoghesi loro chiesa in Roma	147
Pozzo in Oruieto molto commodo, & artificioso	38
Prausilla monaca	173
Presco di s. Giocondo	249
Propertia de Rossi	172
Proposta di Pierino del Vaga	356
Prospero Colonna, col campo a Parma	

Parma	131		
Prospero Fontana, pittore	217		
prospettiua d'vna Comedia	140		
prouerbio Toscano	344		
prouolo, pittore	270		

Q

Quarant'otto imagini celesti	352

R

Raffaello del garbo, pittore	5
raffaello del colle dal borgo, pittore	181.208.329.339
raffaello del garbo	47.49
raffaello da monte lupo	318.368
raffaello da monte lupo, scultore	127
raffaello d'Vrbino	60.61
vita	64.67.68.69.73.84.143.299.305
raffaello d'vrbino imparò l'architettura da Bramante	31.32.33
raffaello d'Vrbino insegnò prospettiua a fra Bartolomeo	37
raffaello d'vrbino fornì vn quadro di fra Bartolomeo	39
raffaello di Sandro, prete	358
Raimondo dalla Torre	254.274
Razzi panni ricchissimi, & loro valore	83
Re di Francia manda per Andrea del Sarto	158.159
re Francesco di Francia	11
re di Pollonia	305
re di Portogallo	128
refettorio di Cestello	49
Reggio citta di Lombardia	13
Religiosità di f. Bartolomeo, pittore	35
Ribelli di Fiorenza dipinti vituperosamente	168
Riccio pittore, Sanese	143
Ridolfo grillandaio	45.349
Rinuccio Farnese	314
Rocca di ciuita castellana	59
rocca d'Hostia	138
rocca di Montefiasconi	60.315
Rondinello pittore	242
Rosso giugni	293
Rosso pittore	204.205.207.208.209.210.213.308
Rotella stupenda del Vinci	4
Rotonda Tempio in Roma	217
rouina de' Borghi di Fiorenza	265
rouina del corridore di bel vedere	30
rouina di molte case in Fiorenza	67

S

Sacco di Roma	115.141.201.233.368
Sagrestia di s. Lorenzo	109
sagrestia nuoua di san Lorenzo	128
sagrestia di s. Maria in Organo	265
sagrest. di s. Spirito in Fiorenza	99.127
Sala della Cancellaria di Roma dipinta in 100. di	
sala grande del Consiglio in Fiorenza	9.100.280
sala del Duca Cosimo	101.102
sala de Dugento	280
sala di s. Marco di Venetia	101.282
sala del palazzo di milano	101
sala del castello di Napoli	101
sala del poggio a Caiano	161
sala grande de i Re	386
sala del Vaticano	101
Salai milanese	8
Sannazzaro poeta	246
san martino castello di Napoli	108
sandrino del calzolaio, pittore	293
santi scarpellino	95
santi l idi dal Borgo	190
sauignano villa da prato	35
sauonarola predicatore	36.71
sargiano conuento de' zoccoli	391
scala chiesa in verona	272
scale del palazzo del Duca Cosimo	101.252
scaligero auttore	245
scalzo fraternità	229
scaramuccia zingaro	5
schizzone pittore	112
schuola di s. Marco in Venetia	240
scimiotto, ouero bertuccione del rosso pittore	206
scorno fatto ad Alfonso Lombardo da una gentil donna	177
scoto teologo	71
sdegno del Francia pittore	220
sdegno tra michel'Agnolo, & fra Bastiano dal piombo	347
sebastiano della seta, pisano	363
sebastiano serlio Bolognese	143.398
seditione nata in Firenze per il sauonarola	36
segno da compagnia	191
sepoltura di Baldassar da pescia	128
sepoltura de' Biraghi	127
sepoltura del Cardinal forteguerri	134
sepoltura de' Cornari	270
sepoltura di don Pietro da Toledo	180
sepolt. di Leon x. & Clemente vii.	135

***** se-

TAVOLA DELLE COSE

Sepoltura de' Minerbetti	109
sepoltura di monsignor di Fois	127
sepoltura di Papa Giulio secondo	60.128
sepoltura di Pier soderini	124
sepoltura de gli Strozzi	109
serezzana	165
serui conuento di Bologna	217
serui conuento in Fiorenza	105
sforza almeni	24
sgraffiato in pittura sua inuentione	225
siena citta, & suo sito	143
siluio cardinale di Cortona	91
siluio Cosino scultore	309
simone Botti	78
simone Vespucci	117
simulacro d'un Lione del Vinci bellis.	5
sinibaldo Gaddi	190
siuiglia citta in Spagna	54
sofonisba da Cremona	174
solo lauori le sue opere, chi le sa fare, volendone honore	367
solosmeo scultore	169
spedale della vita in Bologna	176
spettacolo spauentoso fatto in Fiorenza	22
spilimbergo castello	186
spirito santo munistero in Fiorenza	
staggio da Pietra santa, scultore	191
staggio sassoli, pittore	92
staggio da Pietra santa, scultore	363
stampe di Raffael d'Vrbino	300
stampe di rame	294
statua di Carlo V.	180
stanze nuoue nel pal. del Duca Cosimo	178
statua di papa Leone x. nella Minerua	129
steccata chiesa in Parma	217
stendardo del castello di Fiorenza	216
storia dipinta di Niccolò Piccino	9
storia di s.Giouambattista nel cortile dello scalzo	151
storia di santa Maria di Loreto	121
strada Giulia, quando fu fatta	31
strumento d'una lira del Vinci bellis.	5
studiolo, o scrittoio del Duca Cosimo	35

T

Tabernacolo sul canto di via mozza	196
Tabernacolo a san Iob in Fiorenza	219
Tabernacolo a marignoll.	105
Tabernacolo delle murate	193
Tabernacolo da Or s Michele	153
Tabernacolo fuora di porta a pinti	159
Tabernacolo nella Rotonda restaurato	87
Tabernacolo a Rouezzano	319
Tabernacolo a Taddei	191
Tabernacolo al ponte a Rubaconte	49
Tabernacolo di Treuertino in Roma	355
Taddeo Taddei	66.191
Tauola d'Andrea del Sarto in s.Gallo	151
tauola in arcetri a marco del nero	132
tauola bizzarra del Rosso	209
tauola di chiaro, e scuro in s.Lorenzo	41
tauola di f.Bartolomeo, ch'andò in Francia	37
tauola in s.Iob in Fiorenza	219
tauola del duomo d'Vrbino	113
tauola mandata allo Imperadore	6
tauola della transfiguratione, opera di Raffaello	83
tasso intagliatore	363
Teatri, & Amphiteatri	269
Tedaldi loro cappella	23
tempio della madonna in Pistoia	34
tempio della N.Donna della Carcere	58
tempio a monte Pulciano	62
tempij dua nel lago di Bolsena	316
teologi ritratti	71
testa di papa Clemente di marmo	178
Terni, & Narni hanno tra loro inimi citia antica	
Tiberio Crispo castellano	128.368
Timoteo Giusti Veronese	271
Timoteo da Vrbino, pittore	111.113
Titiano pittore	139.177.187.305.308.368
Tofano Lombardino	338
Tommaso Barlacchi	307
Tommaso del Caualiere Romano	174
Tommaso Cambi, Fiorentino	147.116
Tommaso Laurati, pittore	347
Tommaso Paparelli, pittore	329
Tommaso Sertini	225
Tommaso di Stephano	132
Torello Saraina Veronese	225
tornata de' Medici in Fiorenza	62
Torre Borgia in Roma	53.86
Torrigiano scultore Fiorentino	52.53.54
Torrione tondo in Roma	61
Toto del Nuntiata, pittore	350
Tre Archetti alla fabrica di s.Piero	315
Tribolo scultore	109.121.179.318
Troppa diligenza nel dipignere di Lorenzo di Credi	132
T. palazzo di Gonzaga	330

V

Valentino	21
Valerio Vicentino	233.286.290
Valuerde Anatomista	309

Val-

PIV NOTABILI.

Vallombrosa Badia 165
vanità d'Alfonso Lombardi 176
varallo 148
varie opinioni chi fusse piu eccellente Michel'Angelo, o Raffaello di Vrbino 345
varij effetti, che fanno e benefitij nelle persone 344
vasi pretiosi in s.Lorenzo di Fiorenza 290
vccelliera in Roma 139
vccelli ingannati per vna pittura 262,272
vercelli citta 148
verese pittore 310
verginio Orsino 21
vernice fa dando alle pitture 255
vero modo di ritrarre alli sforzati
verona di sito simile a Fiorenza 249
vetri, come si lauorino 92
vetriate in Arezzo bellissime 93
vescouado d'Arezzo 92.184
vescouo di Tornai 274
vescouo de' Tornabuoni 208
vesalio Anatomista 309
vettoria chiesa in Verona 272
vgo da Carpi nuouo intagliatore di stampe 79.303
vicenza citta 186
viedana terra 231.237
vigna di madama gia de' Medici

vincenzo Caccianimico 234
vincenzo Ercolani 77
vincenzo da s.Gimignano, pittore 81.111
vincenzo de' Medici, veronese 251
vinci sua uita da L. insino a 12
visentina Isola nel Lago di Bolsena 316
vitello signore 315
viterbo 341
vitruuio commentato 28
vitto di Piero di Cosimo 254
vlisse da Fano 132
volta della sala de' pontefici 352
volte a botte di macigno in santo spirito 117
volte di getto, & di stucco 33
volte del vescouado d'Arezzo 93
volterra citta 109

Z

Zaccheria da Volterra, scultore 129
Zanfragnino 248
Zanobi Bracci 160.161.162
Zanobi Girolami 159
Zanobi poggini, pittore 162.193
Zecca vecchia in Roma 317
Zelentino 314
Zoccoli conuento in Parma 87

IL FINE.

DELLE VITE DE SCVLTORI PITTORI, ET ARCHITETTORI,

Che sono stati da Cimabue in quà,

SCRITTE DA M. GIORGIO VASARI PITTOR, ET ARCHITETTO ARETINO.

Primo Volume della Terza Parte.

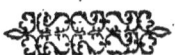

PROEMIO.

ERAMENTE grande augumento fecero alle Arti della Architettura, Pittura, & Scultura quelli eccellenti Maestri, che noi habbiamo descritti sin qui, nella Seconda Parte di queste Vite; Aggiugnendo alle cose de' primi, Regola, Ordine, Misura, Disegno, & Maniera; se non in tutto perfettamente, tanto almanco vicino al vero: che i Terzi, di chi noi ragioneremo da qui auanti, poterono mediante quel lume, solleuarsi, & condursi alla somma persezzione, doue habbiamo le cose moderne di maggior pregio,

& piu celebrate. Ma perche piu chiaro ancor si conosca la qualità del miglioramento, che ci hanno fatto i predetti Artefici, non sarà certo fuori di proposito, diehiarare in poche parole i cinque aggiunti, che io nominai: Et discorrer succintamente donde sia nato quel vero buono; che superato il secolo antico, fa il moderno si glorioso. Fu adunque la regola nella architettura, il modo del misurare delle anticaglie, osseruando le piante de gli edificij antichi, nelle opere moderne. L'ordine fu il diuidere l'un Genere dall'altro, si che toccasse ad ogni corpo le membra sue; & non si cambiasse piu tra loro il Dorico, lo Ionico, il Corintio, & il Toscano: & la misura fu vniuersale si nella Architettura, come nella Scultura, fare i corpi delle figure diritti, & con le membra organizati parimente; & il simile nella pittura: Il disegno fu lo imitare il piu bello della natura in tutte le figure, cosi scolpite, come dipinte, la qual parte viene dallo hauer la mano, & l'ingegno, che raporti tutto quello, che vede l'occhio in sul piano, o disegni, o in su fogli, o tauola, o altro piano, giustissimo & a punto; & cosi di rilieuo nella Scultura: La maniera venne poi la piu bella, dall'hauere messo in vso il frequente ritrarre le cose piu belle; & da quel piu bello o mani, o teste, o corpi, o gã-
be

be aggiugnerle insieme; & fare una figura di tutte quelle bellezze, che piu si poteua;
& metterla in uso in ogni opera per tutte le figure, che per questo si dice esser bella
maniera. Queste cose non l'haueua fatte Giotto, ne que' primi Artefici, se bene eglino haueuano scoperto i principij di tutte queste difficolta; & toccatele insuperficie,
come nel disegno, piu uero, che non era prima, & piu simile alla natura, & così l'u-
nione de' colori, & i componimenti delle figure nelle storie; & molte altre cose, de le
quali à bastanza s'è ragionato. Ma se bene i secondi agomentarono grandemente
à queste arti tutte le cose dette di sopra, elle non erano però tanto perfette, che elle finissimo di aggiugnere all'intero della perfezzione. Mancandoci ancora nella regola,
vna licenzia; che non essendo di regola, fusse ordinata nella regola; & potesse stare
senza fare confusione, o guastare l'ordine. Ilquale haueua bisogno d'vna inuenzione copiosa di tutte le cose, & d'vna certa bellezza continuata in ogni minima cosa,
che mostrasse tutto quell'ordine con piu ornamento. Nelle misure mancaua vn retto giudizio, che senza, che le figure fussino misurate, hauessero in quelle grandezze,
ch'elle eran fatte, vna grazia, che eccedesse la misura. Nel disegno non v'erano gli
estremi del fine suo, perche se bene e' faceuano vn braccio tondo, & vna gamba diritta; non era ricerca con muscoli con quella facilità graziosa, & dolce, che apparisce fra l uedi, & non uedi; come fanno la carne, & le cose uiue: Ma elle erano crude,
& scorticate, che faceua difficoltà a gli occhi, & durezza nella maniera. Alla quale mancaua vna leggiadria di fare suelte, & graziose tutte le figure, & massimamente le femmine, & i putti con le membra naturali; come a gli huomini: ma ricoperte
di quelle grassezze, & carnosità, che non siano goffe, come li naturali, ma artificia-
te dal disegno, & dal giudizio. Vi mancauano ancora la copia de' belli habiti, la
varietà di tante bizzarrie, la vaghezza de' colori, la vniuersità ne' Casamenti; &
la lontananza, & varietà ne' paesi: & auegna che molti di loro cominciassino come Andrea Verrocchio, Antonio del Pollaiuolo, & molti altri piu moderni, a cerca
re di fare le loro figure piu studiate, & che ci apparisse dentro maggior disegno; con
quella imitazione piu simile, & piu apunto alle cose naturali: nondimeno e' non v'e-
ra il tutto ancora, che ci fusse l'vna sicurtà piu certa, che eglino andauano inuerso il
buono; & ch'elle fussino però approuate secondo l'opere de gli antichi, come si vide
quando il Verrocchio rifece le gambe, & le braccia di marmo al Marsia di casa Me
dici in Fiorenza, mancando loro pure vna fine, & vna estrema perfezzione ne'piedi, mani, capegli, barbe, ancora che il tutto delle membra, sia accordato con l'antico, & habbia vna certa corrispondenza giusta nelle misure. Che s'eglino hauessino
hauuto quelle minuzie de i fini, che sono la perfezzione, & il fiore dell'arte; harebbono hauuto ancora vna gagliardezza risoluta nell'opere loro;& ne sarebbe conseguito la leggiadria, & vna pulitezza, & somma grazia, che non hebbono, ancora
che vi sia lo stento della diligenzia; che son quelli, che danno gli stremi dell'arte, nelle belle figure, o di rilieuo, o dipinte. Quella fine, & quel certo che che ci mancaua,
non lo poteuano mettere così presto in atto, auuenga, che lo studio insecchisce la maniera; quando egli è preso per terminare i fini, in quel modo. Bene lo trouaron poi dopo

PROEMIO DELLA TERZA PARTE

po loro gli altri, nel veder cauar fuora di terra certe anticaglie, citate da Plinio delle piu famose il Lacoonte, l'Hercole, & il Torso grosso di Bel Vedere, cosi la Venere, la Cleopatra, lo Apollo, & infinite altre; le quali nella lor dolcezza, & nelle lor' asprezze con termini carnosi, & cauati dalle maggior bellezze del uiuo; con certi atti, che non in tutto si storcono, ma si vanno in certe parti mouendo, & si mostrano con vna graziosissima grazia. Et furono cagione di leuar via vna certa maniera secca, & cruda, & tagliente, che per lo souerchio studio haueuano lasciata in questa arte Pietro della Francesca, Lazaro Vasari, Alesso Balduinetti, Andrea dal Castagno, Pesello, Hercole Ferrarese, Giouan Bellini, Cosimo Rosselli, l'Abate di san Clemente, Domenico del Ghirlandaio, Sandro Botticello, Andrea Mantegna, Filippo, & Luca Signorello; I quali per sforzarsi, cercauano fare l'impossibile dell'arte con le fatiche, & massime negli scorti, & nelle vedute spiaceuoli: che si come erano a loro dure a condurle; cosi erano aspre a uederle. Et ancora, che la maggior' parte fussino ben disegnate, & senza errori; vi mancaua pure vno spirito di prontezza; che non ci si vide mai; & vna dolcezza ne' colori vnita; che la cominciò ad vsare nelle cose sue il Francia Bolognese, & Pietro Perugino; Et i popoli nel vederla, corsero, come matti a questa bellezza nuoua, & piu viua: Parendo loro assolutamente, che e' non si potesse giamai far meglio. Ma lo errore di costoro dimostrarono poi chiaramente le opere di Lionardo da Vinci, il quale dando principio a quella terza maniera, che noi vogliamo chiamare la moderna, oltra la gagliardezza, & brauezza del disegno, & oltra il cōtraffare sottilissimamente tutte le minuzie della natura cosi a punto, come elle sono; con buona regola; miglior ordine; retta misura; disegno perfetto, & grazia diuina; abbondantissimo di copie, & profondissimo di Arte; dette veramente alle sue figure il moto, & il fiato. Seguito dopo lui ancora che alquanto lontano, Giorgione da Castel Franco; Il quale sfumò le sue pitture, & dette vna terribil' mouenzia alle sue cose, per vna certa oscurità di ombre bene intese. Ne meno di costui diede alle sue pitture forza, rilieuo, dolcezza, & gratia ne' colori fra Bartolomeo di San Marco; Ma piu di tutti il graziosissimo, Raffaello da Vrbino, il quale studiando le fatiche de' Maestri vecchi, & quelle de' moderni: prese da tutti il meglio; & fattone raccolta, arricchi l'Arte della Pittura di quella intera perfezzione, che hebbero anticamente le figure d'Apelle, & di Zeusi, & piu, se si potesse dire, o mostrare l'opere di quelli a questo paragone. La onde la natura ve stò uinta ai suoi colori, & l'inuēzione era in lui si facile, & propria quāto puo giudicare chi vede le storie sue, le quali sono simili alli scritti; mostrandoci in quelle i siti simili, & gli edificij, cosi come nelle genti nostrali, & strane, le cere, & gli habiti, secondo, che egli ha voluto; oltra il dono della grazia delle teste, giouani, vecchi, & femmine, riseruando alle modeste la modestia, alle lasciue la lasciuia; & ai putti hora i vizij ne' gli occhi, & hora i giuochi nelle attitudini. Et cosi i suoi panni piegati, ne troppo semplici, ne intrigati, ma con vna guisa, che paiono veri. Segui in questa maniera ma piu dolce di colorito, & non tanta gagliarda Andrea del Sarto: Il qual si puo dire, che fusse raro, perche l'opere sue sono senza errori. Ne si puo

esprimere

esprimere le legiadrissime viuacità, che fece nelle opere sue Antonio da Correggio sfilando i suoi capelli con vn modo; non di quella maniera fine, che faceuano gli innanzi a lui, ch'era difficile, tagliente, & secca: ma d'vna piumosità morbida, che si scorgeuano le fila nella facilità del farli; che pareuano d'oro, & piu belli, che i viui; i qualiresTano vnti da i suoi coloriti. Il simile fece Francesco Mazzola Parmigiano; il quale in molte parti, di grazia, & di ornamenti, & di bella maniera lo auanzò: come si vede in molte pitture sue, le quali ridano nel viso, & si come gli occhi veggono viuacissimamente, cosi si scorge il batter de' polsi; come piu piacque al suo pennello. Ma chi considererà l'opere delle facciate di Polidoro, & di Maturino, vedrà le figure far que' gesti; che l'impossibile non puo fare; & stapirà come e' si possa, non ragionare con la lingua ch'è facile; ma esprimere col pennello le terribilissime inuenzioni, messe da loro in opera con tanta pratica & destrezza; rappresentando i fatti de' Romani, come e' furono propriamente. & quanti ce ne sono stati, che hanno dato vita àlle loro figure co i colori ne morti? Come il Rosso, Fra Sebastiano, Giulio Romano, Perin del Vaga. Perche de' viui, che per se medesimi son notissimi, non accade qui ragionare. Ma quello, che importa il tutto di questa Arte è che l'hâno ridotta hoggi talmête perfetta, & facile per chi possiede il disegno, l'inuenzione, et il colorito, che doue prima da que' nostri Maestri si faceua vna tauola in sei anni, hoggi in vn'anno qsti Maestri ne fanno sei: & io ne so indubitamête fede, & di vista, & d'opa: & molto piu si veggono finite, & psette, che nõ faceuano prima gli altri Maestri di cõto. Ma qllo, che fra i morti, & viui porta la palma, et trascêde, & ricuopre tutti è il Diuino Michel Agn. Buõ. il qual nõ solo tien il principato di vna di qsle arti, ma di tutte tre insieme. Costui supera, & vince nõ solamête tutti co storo, c'hâno quasi che vintogià la natura, ma quelli stessi famosiss. antichi, che si lo datamête fuor d'ogni dubbio la superarono: & vnico si triõfa di qgli, di qsti, et di lei: Nõ imaginâdosi appena qlla, cosa alcuna si strana, et tãto difficile; ch'egli cõ la virtu del diuiniss. ingegno suo, mediate l'industria, il disegno, l'arte, il giudizio, et la grazia, di grã luga nõ la trapassi. Et nõ solo nella Pittura, & ne' colori, sotto il qual genere si cõprêdono tutte le forme, & tutti i corpi retti, & non retti, palpabili, & impalpabili, visibili, & nõ visibili: ma nell'estrema rotõdità ancora de' corpi: & cõ la pũ ta del suo scarpello, & delle fatiche di cosi bella, & fruttifera piãta, son distesi gia tã ti rami, & si honorati; che oltre l'hauer pieno il mõdo in si disusata foggia de' piu saporiti frutti, che siano; hãno ancora dato l'vltimo termine a queste tre nobiliss. arti cõ tãta, & si marauigliosa persezzione: che ben si puo dire, & sicuramête, le sue sta tue in qual si voglia parte di quelle, esser piu belle assai, che l'antiche. Conoscêdosi nel mettere a paragone, teste, mani, braccia, & piedi formati dall'vno, & dall'altro; ri manere in qlle di costui vn certo fondamêto piu saldo, vna grazia piu iteramête gra ziosa, et vna molto piu assoluta psettione, cõdotta cõ vna certa difficultà si facile nel la sua maniera: che egli è ipossibile mai veder meglio. Il che medesimamête si puo credere delle sue pitture. Le quali, se p auuêtura ci fussero di qlle famosiss. Greche, o Roma ne da poterle a frõte a frõte paragonare: Tãto resterebbono ĩ maggior pregio, & piu

honor.ue

PROEMIO DELLA TERZA PARTE

honorate; Quanto più apparifcono le fue fculture fuperiori à tutte le antiche. Ma fe
tanto fono da noi ammirati que' famofiſsimi, che prouocati con fi eccefsiui premij, et
con tanta felicità, diedero vita alle opere loro. Quanto douiamo noi maggiormente
celebrare, & mettere in cielo quefti rarifsimi ingegni, che non folo fenza premij, ma
in vna pouertà miferabile fanno frutti fi prezioſi? Credafi & affermifi adunque,
che fe in quefto noftro fecolo, fuſſe la giufta remunerazione, fi farebbono fenza dub
bio cofe più grandi, & molto migliori; che non fecero mai gli antichi. Ma lo hauere
a combattere più con la fame, che con la Fama, tien' fotterrati i miferi ingegni: ne gli
lafcia (colpa, & vergogna di chi folleuare gli potrebbe, & non fe ne cura) farſi cono
fcere. Et tanto bafti a quefto propofito, effendo tempo di horamai tornare a le
Vite; trattando diftintamente di tutti quegli, che hanno fatto opere
celebrate, in quefta terza maniera; Il principio della
quale fu Lionardo da Vinci. Dal quale
appreſſo comuncière-
mo.

Il fine del Proemio.

LIONARDO DA VINCI PITT. E SCVLTOR FIOR.

VITA DI LIONARDO DA VINCI PITTORE, ET SCVLTORE FIORENTINO.

Grandissimi doni si veggono piouere da gli influssi celesti, ne'corpi humani molte volte naturalmente; & sopra naturali taluolta straboccheuolmente accozzarsi in vn corpo solo, bellezza, grazia, & virtù; in vna maniera, che douunque si volge quel tale, ciascuna sua azzione è tanto diuina, che lasciando si dietro tutti gl'altri huomini, manifestamente si fa conoscere, per cosa (come ella è) largita da Dio, & non acquistata per arte humana. Questo lo videro gli huomini in Lionardo da Vinci, nel quale oltra la bellezza del corpo, non lodata mai à bastanza, era la grazia piu che infinita in qualunque sua azzione: & tanta, & sì fatta poi la virtù, che douunque l'animo volse nelle cose difficili, con facilità le rendeua assolute. La forza in lui fu molta, & congiunta con la destrezza; l'animo, e'l valore sempre regio, & magnanimo. Et la fama del suo nome tanto s'allargò, che nō solo nel suo tempo fu tenuto in pregio, ma peruenne ancora molto piu ne' posteri dopo la morte sua.

Veramente mirabile, & celeste fu Lionardo figliuolo di ser Piero da Vinci: Et nella erudizione, & principij delle lettere, harebbe fatto profitto grande, se egli non fusse stato tanto vario, & instabile. Percioche egli si mise a imparare molte cose, & cominciate poi l'abbandonaua. Ecco nell'abbaco egli in pochi mesi, ch'e' v'attese, fece tanto acquisto, che mouendo di continuo dubbi, & difficultà al maestro, che gl'insegnaua, bene spesso lo confondeua. Dette alquanto d'opera alla musica, ma tosto si risolue a imparare a sonare la Lira, come quello, che dalla natura haueua spirito eleuatissimo, & pieno di leggiadria. Onde sopra quella cantò diuinamente all'improuiso. Nondimeno, ben che egli a sì varie cose attendesse, non lasciò mai il disegnare, & il fare di rilieuo, come cose, che gl'andauano a fantasia piu d'alcun'altra. Veduto questo ser Piero, & considerato la eleuazione di quello ingegno, preso vn giorno alcuni de suoi disegni, gli portò ad Andrea del Verrochio, ch'era molto amico suo, & lo pregò strettamente, che gli douesse dire, se Lionardo attendendo al disegno, farebbe alcun profitto. Stupì Andrea nel veder il grandissimo principio di Lionardo, & confortò ser Piero, che lo facesse attendere, onde egli ordinò con Lionardo, ch'e' douesse andare a bottega di Andrea. Ilche Lionardo, fece volentieri oltre a modo. Et non solo esercitò vna professione, ma tutte quelle oue il disegno si interueniua: Et hauendo vno intelletto tanto diuino, & marauiglioso, che essendo bonissimo Geometra, non solo operò nella scultura facendo nella sua giouanezza di terra alcune teste di femine, che ridono, che vanno, formate per l'arte di gesso, e parimente teste di putti, che pareuano vsciti di mano d'un maestro. Ma nell'architettura ancora fe' molti disegni così di piante, come d'altri edifizij, & fu il primo ancora, che giouanetto discoresse sopra il fiume d'Arno per metterlo in canale da Pisa, a Firenza. Fece disegni di mulini, gualchiere, & ordigni, che potessino andare per forza d'acqua: & perche la professione sua volle, che fusse la Pittura, studiò assai in ritrar di naturale, & qualche volta in far medaglie di figure di terra, & adosso a quelle metteua cenci molli interrati, e poi con patienza si metteua a ritrargli sopra a certe tele sottilissime di rensa, ò di panni lini adoperati, & gli lauoraua di nero, & bianco con la punta del pennello, che era cosa miracolosa, come ancora ne fa fede alcuni, che ne hò di sua mano in sul nostro libro de' disegni; oltre, che disegnò in carta, con tanta diligenza, & sì bene: che in quelle finezze non è chi vi habbia aggiunto mai, ch' n' ho io vna testa di stile, & chiaro scuro, che è diuina, & era in quello ingegno infuso tanta grazia da Dio, & vna demostratione sì terribile accordata con l'intelletto, & memoria, che lo seruiua, & col disegno delle mani sapeua sì bene esprimere il suo concetto: che con i ragionamenti vinceua, & con le ragioni consondeua ogni gagliardo ingegno. Et ogni giorno faceua modegli, e disegni da potere

LIONARDO DA VINCI

tere ſcalicate con facilità monti, & forargli per paſſare da vn piano a vn'altro & per via di lieue, & di argani, & di vite moſtraua poterſi alzare, e tirare peſi grandi, & modi da votar porti, & trombe da cauare de'luoghi baſsi, acque: che quel ceruello mai reſtaua di ghiribizzare, de'quali penſieri, & fatiche ſene vede ſparſi per l'arte noſtra molti diſegni; & io n'ho viſti aſſai: oltre, che perſe tempo fino a diſegnare gruppi di corde fatti con ordine, e che da vn capo ſeguiſsi tutto il reſto fino a l'altro. tanto che s'empieſsi vn tondo, che ſene vede in iſtampa vno difficiliſsimo, e molto bello, & nel mezzo vi ſono queſte parole *Leonardus Vinci Accademia,* & fra queſti modegli, & diſegni ve n'era vno, col quale piu volte a molti Cittadini ingegnoſi, che allhora gouernauano Fiorenza moſtraua volere alzare il tempio di ſan Giouanni di Fiorenza, e ſottometterui le ſcalee, ſenza ruinarlo, & con ſi forti ragioni lo perſuadeua, che pareua poſsibile, quantunque ciaſcuno poi, che e'ſi era partito, conoſceſſe per ſe medeſimo, l'impoſsibilità di cotanta impreſa. Era tanto piaceuole nella conuerſazione, che tiraua a ſe gl'animi delle genti. Et non hauendo egli, ſi puo dir nulla, & poco lauorando, del continuo tenne ſeruitori, & cauallì, de'quali ſi dilettò molto, & particularmente di tutti gl'altri animali, i quali con grandiſsimo amore, & pacienza gouernaua. Et moſtrollo, che ſpeſſo paſſando da i luoghi, doue ſi vendeuano vccelli, di ſua mano cauandoli di gabbia, & pagatogli a chi li vendeua, il prezzo, che n'era chieſto, li laſciaua in aria a volo, reſtituendoli la perduta libertà. La onde, volle la natura tanto fauoriflo, che douunque e'riuolſe il penſiero, il ceruello, & l'animo, moſtrò tanta diuinità nelle coſe ſue, che nel dare la perfezzione, di prontezza, viuacità, bontade, vaghezza, & grazia, neſſuno altro mai gli fu pari. Vedeſi bene, che Lionardo per l'intelligenza de l'arte cominció molte coſe, & neſſuna mai ne finì, parendoli, che la mano aggiugnere non poteſſe alla perfezzione dell'arte ne le coſe, che egli ſi imaginaua, conciofia, che ſi formaua nell'idea alcune dificultà ſottili, e tāto marauiglioſe, che con le mani ancora, ch'elle fuſſero eccellentiſsime, non ſi ſarebbono eſpreſſe mai. Et tanti furono i ſuoi capricci, che filoſofando de le coſe naturali, atteſe a intendere la proprietà delle erbe, continuando, & oſſeruando il moto del cielo, il corſo de la Luna, & gl'andamenti del Sole. Acconcioſsi dunque, come è detto, per via di ſer Piero, nella ſua fanciullezza a l'arte con Andrea del Verrocchio. Ilquale faccendo vna tauola, doue ſan Giouanni battezzaua Chriſto, Lionardo lauorò vn'angelo, che teneua alcune veſti; & benche foſſe giouanetto, lo conduſſe di tal maniera, che molto meglio de le figure d'Andrea ſtaua l'Angelo di Lionardo. Il che fu cagione, ch'Andrea mai piu non volle toccar'colori, ſdegnato ſi, che vn fanciullo ne ſapeſſe piu di lui. Li fu allogato per vna portiera, che ſi haueua a fare in Fiandra d'oro, & di ſeta teſſuta, per mandare al Re di Portogallo, vn cartone d'Adamo, & d'Eua, quando nel Paradiſo terreſtre peccano: doue col pennello fece Leonardo di chiaro, & ſcuro lumeggiato di biacca vn prato di herbe infinite con alcuni animali, che in vero può dirſi, che in diligenza, & naturalità al mondo diuino ingegno far non la poſſa ſi ſimile. Quiui è il fico oltra lo ſcortar de le foglie, & le vedute de rami, condotto con tanto amore, che l'ingegno ſi ſmariſce ſolo a penſare, come vn'huomo poſſa hauere tanta pacienza. Euui ancora vn palmizio, che ha la rotōdità de le ruo

te de la palma lauorate con si grande arte, e marauigliosa, ch'o altro, che la pa
tienzia, & l'ingegno di Lionardo non lo poteua fare. La quale opera altrimé
ti non si fece: onde il cartone è hoggi in Fiorenza nella felice casa del Magni
fico Ottauiano de Medici donatogli non ha molto dal zio di Lionardo. Dicesi che ser Piero da Vinci essendo alla villa fu ricercato domesticamente da
vn suo contadino, ilquale d'un fico da lui tagliato in sul podere, haueua di
sua mano fatto una rotella, che a Fiorenza gne ne facesse dipignere, ilche egli
contentissimo, fece, sendo molto pratico il villano nel pigliare vccelli, e ne le
pescagioni, & seruendosi grandemente di lui ser Piero a questi esercizij. La
onde fattala condurre a Firenze, senza altrimenti dire a Lionardo di chi ella si fosse, lo ricercò che egli ui dipignesse suso qualche cosa. Lionardo arre-
catosi vn giorno tra le mani questa rotella, veggendola torta, mal lauorata, &
goffa la dirizzò col fuoco: & datala a vn torniatore, di roza, & goffa, che ella
era, la fece ridurre delicata, & pari. Et appresso ingessatala, & acconciatala a
modo suo, cominciò a pensare quello, che ui si potesse dipignere su; che hauesse a spauentare chi le venisse contra; rappresentando lo effetto stesso, che
la testa gia di Medusa. Portò dunque Lionardo per questo effetto ad vna sua
stanza doue non entraua se nò egli solo, Lucertole, Ramarri, Grilli, serpe, Far
falle, Locuste, Nottole, & altre strane spezie di simili animali: Da la moltitudine de quali variamente adattata insieme, cauò vno animalaccio molto orribile, & spauentoso; ilquale auuelenaua con l'alito, & faceua l'Aria di fuoco. Et quello fece vscire d'una pietra scura, & spezzata, buffando veleno da
la gola aperta, fuoco da gl'occhi, & fumo dal naso si stranamente, che pareua monstruosa, & horribile cosa affatto. Et penò tanto a farla, che in quella stanza era il morbo degli animali morti troppo crudele, ma non sentito da
Lionardo, per il grande amore che portaua all'arte. Finita questa opera, che
piu non era ricerca, ne dal villano ne dal padre; Lionardo gli disse, che ad o-
gni sua comodità mandasse per la rotella, che quanto a lui era finita. Andato dunque ser Piero vna mattina a la stanza per la rotella: & picchiato alla por
ta, Lionardo gli aperse dicendo, che aspettasse un poco: & ritornatosi nella
stanza acconciò la rotella al lume in sul leggio, & assettò la finestra, che faces
se lume abbacinato, poi lo fece, passar dentro a vederla. Ser Piero nel primo
aspetto non pensando alla cosa subitamente si scosse, non credendo che quel
la fosse rotella, ne manco dipinto quel figurato che e' vi uedeua. Et tornando col passo a dietro, Lionardo lo tène; dicendo, questa opera serue per quel
che ella è fatta: pigliatela dunque, & portatela: che questo è il fine, che dell'o
pere s'aspetta. Parse questa cosa piu che miracolosa a ser Piero; & lodò gran
dissimamente il capriccioso discorso di Lionardo: poi comperata tacitamen
te da un merciaio vn'altra rotella dipinta d'un cuore, trapassato da vno stra-
le, la donò al villano che ne li restò obligato sempre mentre che e' visse. Appresso vendè ser Piero quella di Lionardo secretamente in Fiorenza a certi
mercatanti, cento ducati: Et in breue ella peruenne a le mani del Duca di
Milano vendutagli 300 ducati da detti mercatanti. Fece poi Lionardo vna
N. Donna in vn quadro, ch'era appresso Papa Clemente v i i. molto eccelle
te. E fra l'altre cose, che u'erano fatte, contrafece vna caraffa piena d'acqua
cõ alcuni fiori dentro, doue oltra la marauiglia della viuezza aueua imitato
la

LIONARDO DA VINCI

la rugiada dell'acqua sopra, si che ella pareua piu viua che la uiuezza. Ad Antonio Segni suo amicissimo fece in su un foglio un Nettuno condotto così di disegno con tanta diligenzia, che e' pareua del tutto viuo. Vedeuasi il mare turbato, & il carro suo tirato da' caualli marini con le fantasime, l'Orche, & i noti, & alcune teste di Dei marini bellissime. Ilquale disegno fu donato da Fabio suo figliuolo a M. Giouanni Gaddi, con questo Epigramma.

Pinxit Virgilius Neptunum: Pinxit Homerus
Dum maris undisoni per uada flectit equos.
Mente quidem uates illum conspexit, uterque
Vincius. ast oculis, iureque uincit eos.

Vennegli fantasia di dipignere in un quadro a olio una testa d'una Medusa con una acconciatura in capo con uno agrupamento di serpe la piu strana, e strauagante inuentione, che si possa immaginare mai: ma come opera, che portaua tempo, e come quasi interuiene in tutte le cose sue rimase imperfetta. questa e fra le cose eccellenti nel palazzo del Duca Cosimo insieme cō una testa d'uno Angelo, che alza un braccio in aria che scorta dalla spalla al gomito venendo inanzi, e l'altro ne va al petto cō una mano, è cosa mirabile, che quello ingegno, che hauendo desiderio di dare sommo rilieuo alle cose, che egli faceua andaua tanto con lombre scure a trouare i fondi de piu scuri, che cercaua neri, che ombrassino, & fussino piu scuri degl'altri neri per fare del chiaro mediante quegli fussi piu lucido: & infine riusciua questo modo tanto tinto, che non vi rimanendo chiaro haueuon piu forma di cose fatte per contrafare una notte, che una finezza del lume del di: ma tutto era per cercare di dare maggiore rilieuo, di trouar il fine, & la perfettione dell'arte. Piaceuagli tanto quando egli vedeua certe teste bizzarre, o con barbe, o cō capegli degli huomini naturali che harebbe seguitato uno, che gli fussi piaciuto un giorno intero, & se lo metteua tal mente nella Idea, che poi arriuato a casa lo disegnaua come se l'hauesse hauuto presente. di questa sorte se ne vede molte teste, & di femine, e di maschi, & n'ho io disegnato parechie di sua mano con la penna nel nostro libro de disegni tante volte citato come fu quella di Amerigho Vespucci, ch'è una testa di vecchio bellissima disegnata di carbone, & parimenti quella di Scaramuccia Capitano de' Zingani, che poi M. Donato Valdanbrini d'Arezzo Canonicho di s. Lorenzo lassatagli dal Giambullari cominciò una tauola della Adorazione da Magi, che ve fu molte cose belle massime di teste. Laquale era in casa d'Amerigo Beci dirimpetto alla loggia de i Peruzzi, laquale anche ella rimase imperfetta come l'altre cose sua.

Auuenne, che morto Giouan Galeazzo Duca di Milano, & creato Lodouico Sforza nel grado medesimo l'anno 1494. Fu condotto a Milano con gran riputazione Lionardo al Duca, ilquale molto si dilettaua del suono de la lira, perche sonasse: & Lionardo portò quello strumento, ch'egli haueua di sua mano fabricato d'argento gran parte in forma d'un teschio di cauallo cosa bizzarra, & nuoua acciò che l'armonia fosse con maggior tuba, & piu sonora di voce. La onde superò tutti i musici, che quiui erano concorsi a sonare. Oltra ciò fù il migliore dicitore di rime a l'improuiso del tempo suo. Sētendo il Duca i ragionamenti tanto mirabili di Lionardo, talméte s'innamorò de le sue virtù, che era cosa incredibile. E pregatolo gli fece fare in pittu fa vna tauola d'altar dentroui vna natiuità che fu mandata dal Duca a l'Imperatore. Fece ancora in Milano ne' frati di s. Domenico a s. Maria de le Grazie vn cenacolo, cosa bellissima, & marauigliosa, & alle teste de gli Apostoli diede tanta maestà, & bellezza; che quella del Christo lasciò imperfetta; nō pensando poterle dare quella diuinità celeste, che a l'imagine di Christo si richiede. Laquale opera rimanendo cosi per finita, è stata da i Milanesi tenuta del continuo in grandissima venerazione, & da gli altri forestieri ancora, atteso che Lionardo si imaginò, & riuscigli di esprimere quel sospetto che era entrato ne gl'Apostoli, di voler sapere chi tradiua il loro maestro. Perilche si vede nel viso di tutti loro l'amore, la paura, & lo sdegno, o vero il dolore, di non potere intendere lo animo di Christo. Laqual cosa non arreca minor marauiglia, che il conoscersi allo incontro l'ostinazione, l'odio e'l tradimento in Giuda senza che ogni minima parte dell'opera, mostra vna incredibile diligézia. Auuenga che insino nella touaglia è contraffatto l'opera del tessuto, d'una maniera che la rensa stessa non mostra il vero meglio.

Dicesi, che il priore di quel luogo sollecitaua molto importunamete Lionardo, che finissi l'opera; parendogli strano, veder talhora Lionardo starsi vn mezzo giorno per volta astratto in consideratione, & harebbe voluto, come faceua dell'opere, che zappauano ne l'horto, che egli non hauesse mai fermo il pennello. Et non gli bastando questo, se ne dolse col Duca, & tanto lo rinfocolò, che fu costretto a mandar per Lionardo, & destramente sollecitarli l'opera, mostrando con buon modo, che tutto faceua per l'importunità del priore. Lionardo conoscendo l'ingegno di quel principe esser acuto, e discreto volse (quel che non hauea mai fatto con quel priore) discorrere col Duca. Largamente sopra di questo gli ragionò assai de l'arte, e lo fece capace, che gl'ingegni eleuati, talhor, che manco lauorano, piu adoperano, cercando cō la mente l'inuenzioni, & formandosi quelle perfette idee, che poi esprimono, & ritraggono le mani, da quelle gia concepute ne l'intelletto. Et gli soggiunse, che ancor gli mancaua due teste da fare, quella di Christo, dellaquale non voleua cercare in terra: & non poteua tanto pensare, che nella imaginazione, gli paresse poter concipere quella bellezza, & celeste grazia, che douette essere quella de la diuinità incarnata: Gli mācaua poi quella di Giuda, che anco gli metteua pensiero, non credendo potersi imaginare vna forma, da esprimere il volto di colui, che dopo tanti benifizij riceuuti, hauessi hauuto l'animo si fiero, che si fussi risoluto di tradir il suo signore, e creator del mondo: purche di qsta seconda ne cercherebbe, ma che alla fine nō trouando meglio, nō gli mancherebbe qlla di ql priore, tanto importuno, & indiscreto. La qual cosa mosse il Duca marauigliosamente a riso, & disse, che egli hauea mille ragioni. E cosi il pouero priore cōfuso attese a sollecitar l'opera de l'orto, & lasciò star Lionardo. Ilquale finì bene la testa del Giuda, che pare il vero ritratto, del tradimento, & inhumanità. Quella di Christo rimase, come si è detto, imperfetta. La nobiltà di questa pittura, si per il componimento, si p essere finita con vna incomparabile diligenza, fece venir voglia al Re di Francia, di cōdurla nel Regno: onde tentò p ogni via, se ci fussi stato architetti, che cō trauate di legnami, e di ferri, l'hauessino potuta armar di maniera, che ella si fosse condotta salua; senza considerare a spesa, che vi si fusse potuta fare, tā

to

lo la defideraua. Ma l'effer fatta nel muro, fece che fua Maeftà fene portò la voglia; & ella fi rimafe a'Milanefi. Nel medefimo Refettorio, mentre che lauoraua il Cenacolo, nella tefta doue è vna paffione, di maniera vecchia ritraffe il detto Lodouico, con Maffimiliano fuo primo genito, e dall'altra parte la Ducheffa Beatrice, con Francefco altro fuo figliuolo, che poi furono amendue Duchi di Milano, che fono ritratti diuinamente. Mentre che egli attendeua a quefta opera, propofe al Duca fare vn cauallo di bronzo di marauigliofa grandezza, per metterui in memoria l'imagine del Duca. Et tanto grande lo cominciò, & riufcì, che condur non fi potè mai. Ecci chi ha hauuto opinione (come fon varij, & molte volte per inuidia maligni, i giudizij humani) che Lionardo (come dell'altre fue cofe) lo cominciaffe, perche non fi finiffe; perche effendo di tanta grandezza in volerlo gettar d'un pezzo vi fi vedeua difficultà incredibile, e fi potrebbe anco credere, che dall'effetto: molti habbin fatto quefto giudizio; poiche delle cofe fue ne fon molte rimafe imperfette. Ma per il vero fi può credere, che l'animo fuo grandiffimo, & eccellentiffimo per effer troppo volontarofo fuffe impedito, & che il voler cercare fempre eccellenza fopra eccellenza, & perfezzione fopra pfezzione ne fuffe cagione, talche l'opra fuffe ritardata dal defio, come diffe il noftro Petrarca; & nel vero quelli, che veddono il modello, che Lionar. fece di terra grande, giudicano non hauer mai vifto piu bella cofa, ne piu fuperba: il quale durò fino, che i Francefi vennono a Milano con Lodouico Re di Francia, che lo fpezzarono tutto. Enne anche fmarrito vn modello piccolo di cera, ch'era tenuto pfetto, infieme có vn libro di Notomia di cauagli fatta da lui per fuo ftudio. Attefe dipoi, ma con maggior cura alla notomia degli huomini, aiutato & fcambieuolmente aiutando in quefto M. Marc'antonio della Torre; eccellente filofofo, che allhora leggeua in Pauia, & fcriueua di quefta materia, & fu de'primi (come odo dire) che cominciò a illuftrare con la dottrina di Galeno, le cofe di medicina, & a dar vera luce alla notomia: fino a quel tempo inuolta in molte, & grandiffime tenebre d'ignoranza. & in quefto fi feruì marauigliofamente dell'ingegno, opera, & mano di Lionardo, che ne fece vn libro difegnato di matita roffa, & tratteggiato di penna, che egli di fua mano fcorticò, & ritraffe con grandiffima diligenza doue egli fece tutte le offature & a quelle congiunfe poi con ordine tutti i nerui; & coperfe di mufcoli i primi appiccati all'offo, et i fecondi, che tengono il fermo, & i terzi, che muouano, & in quegli a parte per parte di brutti caratteri fcriffe lettere, che fono fatte con la mano mancina a rouefcio, & chi non ha pratica a leggere non l'intende, perche non fi leggono, fenón con lo fpecchio. Di quefte carte, della notomia degl'huomini n'è gran parte nelle mani di M. Franc. da Melzo, gentil huomo Milanefe, che nel tempo di Lionardo era belliffimo fanciullo, e molto amato da lui, cofi come hoggi è bello, & gentile vecchio, che le ha care, & tiene, come per reliquie, tal carte infieme con il ritratto della felice memoria di Lionardo, & chi legge quegli fcritti, par impoffibile, che quel diuino fpirito habbi cofi ben ragionato dell'arte, & de mufcoli, & nerui, & vene; & con tanta diligenza d'ogni cofa. Come anche fono nelle mani di Pittor Milanefe alcuni fcritti di Lionardo, pur di caratteri fcritti con la mancina a rouefcio, che trattano della pittura, & de'modi del difegno, e colorire.

rite; costui non è molto, che venne a Fiorenza a vedermi, desiderando stampar questa opera; & la condusse a Roma per dargli esito, ne so poi, che di ciò sia seguito. Et per tornare alle opere di Lionardo. Venne al suo tempo in Milano il Re di Francia, onde pregato Lionardo di far qualche cosa bizarra, fece vn lione, che caminò parecchi passi, poi s'aperse il petto, & mostrò tutto pien di gigli. Prese in Milano Salai Milanese, per suo creato, il qual era vaghissimo di grazia, & di bellezza, hauendo begli capegli, ricci, & inanellati, de' quali Lionardo si dilettò molto; & a lui insegnò molte cose dell'arte, & certi lauori, che in Milano si dicono essere di Salai, furono ritocchi da Lionardo. Ritornò a Fiorenza, doue trouò, che i frati de' Serui haueuano alloggato a Filippino l'opere della tauola dell'altar maggiore della Nunziata; per il che fu detto da Lionardo, che volentieri haurebbe fatta vna simil cosa. Onde Filippino inteso ciò, come gentil persona, ch'egli era, se ne tolse giù: & i frati perche Lionardo la dipignesse se lo tolsero in casa, facendo le spese a lui, & a tutta la sua famiglia. Et così li tenne in pratica lungo tempo, ne mai cominciò nulla. Finalmente fece vn cartone dentroui vna nostra Dòna, & vna S. Anna, con vn Christo; laquale non pure fece marauigliare tutti gl' artefici; ma finita, ch'ella fu, nella stanza durarono due giorni d'andare a vederla gl' huomini, & le donne, i giouani, & i vecchi, come si và a le feste solenni, per veder le marauiglie di Lionardo, che fecero stupire tutto quel popolo. Perche si vedeua nel viso di quella nostra donna, tutto quello, che di semplice, o di bello, può con semplicità, & bellezza dare grazia a vna madre di Christo: volendo mostrare quella modestia, & quella humilta, che in vna vergine contentissima d'allegrezza del vedere la bellezza del suo figliuolo, che con tenerezza sosteneua in grembo; & mentre che ella có honestissima guardatura abasso scorgeua vn S. Giouanni piccol fanciullo, che si andaua trastullando con vn pecorino; non senza vn ghigno d'una s. Anna, che colma di letizia, vedeua la sua progenie terrena esser diuenuta celeste. Considerazioni veramente dallo intelletto, & ingegno di Lionardo. Questo cartone, come disotto si dirà, andò poi in Francia. Ritrasse la Gineura d'Amerigo Benci cosa bellissima: & abbadonò il lauoro a'frati, iquali lo ritornarono a Filippino, ilquale sopraueniuto egli ancora dalla morte non lo potè finire. Prese Lionardo a fare per Francesco del Giocondo il ritratto di Mona Lisa sua moglie; & quattro anni penatoui lo lasciò imperfetto, laquale opera hoggi è appresso il Re Francesco di Francia in Fontanableo, Nellaqual testa chi voleua veder quanto l'arte potesse imitar la natura, ageuolmente si poteua comprendere, perche quiui era no contrafatte tutte le minuzie, che si possono con sottigliezza dipignere. Auuenga, che gli occhi haueuano que' lustri, & quelle acquitrine, che di continuo si veggono nel viuo: & intorno a essi erano tutti que' rossigni liuidi, e i peli, che non senza grandissima sottigliezza si possono fare. Le ciglia per hauerui fatto il modo del nascere i peli nella carne, doue piu solti, & doue piu radi, & girare secondo i pori della carne, non poteuano essere piu naturali. Il naso con tutte quelle belle aperture, rossette, & tenere si vedeua essere viuo. La bocca con quella sua sfenditura cò le sue fini vnite dal rosso della bocca con l'incarnazione del viso, che non colori, ma carne pareua veramente. Nella fontanella della gola, chi intentissimamente la guardaua, vedeua battere

LIONARDO DA VINCI

roi polfi: & nel vero fi può dire che questa fufsi dipinta d'una maniera, da far tremare, & temere ogni gagliardo artefice, & fia qual fi vuole: vfouui ancora questa arte, che essendo M. Lifa bellifsima, teneua mentre, che la ritraeua, chi fonasse o cantasse, & di continuo buffoni, che la facefsino stare allegra, per leuar via ql malinconico, che fuol dar fpesso la pittura a' ritratti che fi fanno. Et in questo di Lionardo vi era vn ghigno tanto piaceuole che era cofa piu diuina, che humana a vederlo, & era tenuta cofa marauigliofa, per non essere il viuo altrimenti.

Per la eccellenzia dunque delle opere di questo diuinifsimo artefice, era tanto cresciuta la fama fua, che tutte le pfone che fi dilettauano de l'arte, anzi la stefsa città iteraintera difideraua, ch'egli le lafciafse qualche memoria. e ragionauafi per tutto, di fargli fare qualche opera notabile, & grande, donde il pu blico fufse ornato, & onorato di tanto ingegno, grazia, & giudizio, quanto nelle cofe di Lionardo fi conofceua. Et tra il gonfalonieri, & i cittadini gra di fi pratico, che essendofi fatta di nuouo la gran fala del configlio, l'architet tura dellaquale, fu ordinata col giuditio, & configlio fuo di Giuliano s. Gal lo, & di Simone Pollaiuoli detto chronaca: & di Michelagnolo Buonarroti, & Baccio d'Agnolo (come a fuoi luoghi piu diftintamente fi raggionera) laquale finita con grande preftezza fu per decreto publico, ordinato, che à Lionardo fufsi dato a dipignere qualche opera bella: & cofi da Piero Soderini Gonfaloniere allora di giuftizia, gli fu allogata la detta fala. Perilche volendola condurre Lionardo, cominciò vn cartone alla fala del Papa luogo in s. Maria Nouella, dentroui la ftoria di Niccolò Piccinino Capitano del Duca Filippo di Milano, nelquale difegnò vn groppo di caualli, che combatteuano vna bandiera, cofa che eccellentifsima, & di gran magifterio fu tenuta per le mirabilifsime confiderazioni, che egli hebbe nel far quella fuga. Perciochè in esfa non fi conofce meno la rabbia, lo fdegno, & la vendetta ne gli huomini, che ne' caualli: tra quali due intrecciatifi con le gambe dinanzi non fanno men guerra co i denti, che fi faccia chi gli caualca nel combattere detta ba diera, doue apiccato le mani vn foldato, con la forza delle fpalle, mentre met te il cauallo in fuga, riuolto egli con la perfona, agrappato l'afte dello ftedardo, per fguficiarlo per forza delle mani di quattro, che due lo difendono con vna mano per vno, & l'altra in aria con le fpade tentano di tagliar l'afte: mentre, che vn foldato vecchio con vn berretton roffo, gridando tiene vna mano nell'afta, & con l'altra inalberato vna ftorta, mena con ftizza vn colpo, per tagliar tutte a due le mani a coloro, che con forza digrignando i denti, tentano con fierifsima attitudine, di difendere la loro bandiera: oltra che in terra fra le gambe de' cauagli v'è dua figure in ifcorto, che combattendo infieme, mentre vno in terra ha fopra vno foldato, che alzato il braccio quanto può, con quella forza maggiore gli mette alla gola il pugnale, per finirgli la vita: & ql lo altro con le gambe, & con le braccia sbattuto, fa ciò che egli può per non volere la morte. Ne fi può efprimere il difegno, che Lionardo fece negli habi ti de' foldati variatamente variati da lui: fimilei cimieri, & gli altri ornamen ti; fenza la maeftria incredibile, che egli moftrò nelle forme, e lineamenti de' cauagli: i quali Lionardo meglio ch'altro maeftro fece, di brauura, di mu fcoli, & di garbata bellezza. Dicefi che per difegnare il detto cartone fece

b

vno edifizio artificiosissimo che stringendolo s'alzaua; & allargandolo, s'abbassaua. Et imaginandosi di volere a olio colorire, in muro, fece vna composizione d'una mistura si grossa, per lo incollato del muro: che continuando a dipignere in detta sala, cominciò a colare; di maniera, che in breue tempo abbandonò quella vedendola guastare. Haueua Lionardo grandissimo animo, & in ogni sua azzione era generosissimo. Dicesi, che andando al banco per la prouisione, ch'ogni mese da Piero Soderini soleua pigliare; il casfiere gli uolse dare certi cartocci di quattrini: & egli non li volse pigliare: rispondendogli: io non sono Dipintore da quattrini. Essendo incolpato d'auer giuntato, da Piero Soderini fu mormorato contra di lui; perche Lionardo fece tanto con gli amici suoi, che ragunò i danari, & portolli per ristituire: ma Pietro non li volle accettare. Andò a Roma col Duca Giuliano de' Medici nella creazione di Papa Leone, che attendeua molto a cose Filosofiche, & massimamente alla alchimia, doue formando vna pasta di vna cera, mentre che caminaua faceua animali sottilissimi pieni di vento, ne i quali soffiando, gli faceua volare per l'aria: ma cessando il vento, cadeuano in terra. Fermò in vn ramarro, trouato dal Vignaruolo di Beluedere; ilquale era bizzarissimo, di scaglie di altri ramarri scorticate ali adosso con mistura d'argenti viui: che nel mouersi quando caminaua tremauano; & fattoli gl'occhi, corna, & barba, domesticatolo, & tenendolo in vna scatola, tutti gli amici, a i quali lo mostraua, per paura faceua fuggire. Vsaua spesso far minutamente digrassare, & purgare le budella d'un castrato: & talmente venir sottili; che si sareb bono tenuto in palma di mano; E haueua messo in vn'altra stanza vn paio di mantici da fabbro, a i quali metteua vn capo delle dette budella; & gonfi andole, ne riempieua la stanza, laquale era grandissima; doue bisognaua, che si recasse in vn canto chi v'era, mostrando quelle trasparenti, & piene di vento, dal tenere poco luogo in principio, esser venute a occuparne molto, aguagliandole alla virtù. Fece infinite di queste pazzie; & attese alli specchi: & tentò modi stranissimi nel cercare olij per dipignere, & vernice per mantenere l'opere fatte. Fece in questo tempo per M. Baldassarri Turini da Pescia che era Datario di Leone: vn quadretto di vna N. Donna col figliuolo in braccio con infinita diligentia, & arte. Ma o sia per colpa di chi lo ingessò, o pur per quelle sue tante, & capricciose misture delle mestiche, & de colori, è hog gi molto guasto. E in vn'altro quadretto ritrasse vn fanciulletto, che è bello & gratioso a marauiglia, che oggi sono tutti e due in Pescia appresso a M. Giulio Turini. Dicesi, che essendogli allogato vna opera dal Papa, subito co mincio a stillare olij, & erbe per far la vernice; perche fu detto da Papa Leo, oime costui non è per far nulla, da che comincia a pensare alla fine innanzi il principio dell'opera. Era sdegno grandissimo fra Michele Agnolo Buonaroti & lui: perilche partì di Fiorenza Michelagnolo per la concorrenza, con la scusa del Duca Giuliano, essendo chiamato dal Papa per la facciata di S. Lorenzo. Lionardo intendendo ciò partì, & andò in Francia, doue il Re hauen do hauuto opere sue, gli era molto affezzionato: & desideraua che colorisse il cartone della S. Anna: ma egli, secondo il suo costume, lo tenne gran tem po in parole. Finalmente venuto vecchio, stette molti mesi ammalato; & vedendosi vicino alla morte, si volle diligentemente informare de le cose cato liche,

LIONAR. DA VINCI

liche, & della via buona, & santa religione Christiana, e poi cõ molti pianti, Confesso, & contrito, se bene e' non poteua reggersi in piedi; sostenendosi nelle braccia di suoi amici, & serui, volse diuotamente pigliare il santissimo Sacramento fuor del letto. Sopragiunseli il Re, che spesso, & amoreuolmẽte lo soleua visitare: perilche egli per riuerenza rizzatosi a sedere sul letto, contando il mal suo, & gli accidenti di quello mostraua tuttauia quanto auea offeso Dio, & gli huomini del mondo; non hauendo operato nell'arte, come si conueniua. Onde gli venne vn parosimo messaggiero della morte. Per la qual cosa rizzatosi il Re, & presoli la testa per aiutarlo, & porgerli fauore, accio che il male lo allegerisse; lo spirito suo, che diuinissimo era, conoscendo non potere hauere maggiore honore, spirò in braccio a quel Re, nella età sua d'anni 75. Dolse la perdita di Lionardo fuor di modo a tutti quegli, che l'haueuano conosciuto; perche mai non fu persona, che tanto facesse honore alla pittura. Egli con lo splendor dell'aria sua, che bellissima era, rasserenaua ogni animo mesto; & con le parole volgeua al sì, e al no ogni indurata intenzione: Egli con le forze sue riteneua ogni violenta furia: & con la destra torceua vn ferro d'una campanella di muraglia: & vn ferro di cauallo, come se fusse piombo. Con la liberalità sua raccoglieua, & pasceua ogni amico pouero, & ricco; pur che egli hauesse ingegno, & virtù.
Ornaua, & honoraua con ogni azzione qual si voglia disonorata, & spogliata stãza: perilche hebbe veramente Fiorenza grandissimo dono nel nascere di Lionardo: & perdita piu che infinita nella sua morte. Nell'arte della pittura aggiunse costui alla maniera del colorire ad olio, vna certa oscurità: dõde hanno dato i moderni, gran forza, & rilieuo alle loro figure. Et nella statuaria fece pruoue nelle tre figure di bronzo che sono sopra la porta di s. Giouanni da la parte di tramontana fatte da Giouan Francesco Rustici, ma ordinate cõ'l Consiglio di Lionardo; Lequali sono il piu bel getto, & di disegno, & di perfezzione, che modernamente si sia ancor visto. Da Lionardo habbiamo la Notomia de' caualli: & quella degli huomini assai piu perfetta. La onde per tante parti sue si diuine, ancora che molto piu operasse con le parole, che co' fatti, il nome, & la fama sua, non si spegneranno gia mai. Perilche fu detto in lode sua da M. Giouanbatista Strozzi cosi.

Vince costui pur solo
   Tutti altri: & uince Fidia, & uince Apelle:
Et tutto il lor uittorioso stuolo.

Fu discepolo di Lionardo Giouanantonio Boltraffio Milanese persona molto pratica, & intendente, che l'anno 1500 dipinse nella chiesa della misericordia fuor di Bologna in vna tauola a olio con gran diligẽzia la nostra Donna col figliuolo in braccio, s. Giouanni Batista, & s. Bastiano ignudo, e il padrone che la fe fare ritratto di naturale ginochioni, opera veramente bella, & in quella scrisse il nome suo e l'esser discepolo di Lionardo. Costui ha fatto altre, opere, & a Milano, & altroue: ma basti hauer qui nominata questa che è la migliore. Et così Marco Vggioni, che in S. Maria della Pace, fece il transito di N. Donna, & le nozze di Canagalilee.

GIORGIONE DA CASTELFRANCO
PITTORE VINIZIANO

Giorgione da Castel Franco Pittor Viniziano.

NE medesimi tempi, che Florenza acquistaua tanta fama, per l'opere di Lionardo, arrecò non piccolo ornamento a Vinezia, la virtu, & eccellenza un suo cittadino, il quale di gran lúga passò i Bellini, da loro tenuti in tanto pregio, & qualunque altro fino a quel tempo hauesse in quella città dipinto. Questi fu Giorgio, che in Castel Franco in sul Treuisano nacque l'anno 1478. essendo Doge Giouan Mozenigo, fratel del Doge Piero, dalle fattezze della persona, & da la grandezza de l'animo, chiamato poi col tempo, Giorgione. Il quale, quantunque egli fusse nato d'humilissima stirpe, non fu però se non gentile, & di buoni costumi in tutta sua vita. Fu alleuato in Vinegia, & dilettossi continuamente de le cose d'Amore, & piacqueli il suono del Liuto mirabilmen

GIORGIONE

bilmente, è tanto, che egli sonaua, & cantaua nel suo tempo tanto diuinaméte, che egli era spesso per quello adoperato a diuerse musiche, & ragunate di persone nobili. Attese al disegno, & lo gustò grandemente; e in quello la natura lo fauorì sì forte, che egli innamoratosi delle cose belle di lei non voleua mettere in opera cosa, che egli dal viuo, non ritraesse. Et tanto le fu suggetto, & tanto andò imitandola: che non solo egli acquistò nome d'hauer passato Gentile, & Giouanni Bellini, ma di competere con coloro; che lauorauano in Toscana, & erano Autori della maniera moderna. Haueua veduto, Giorgione, alcune cose di mano di Lionardo, molto fumeggiate, & cacciate, come si è detto, terribilmente di scuro. E questa maniera gli piacque tanto, che mentre visse sempre andò dietro a quella: & nel colorito a olio la imitò grandemente. Costui gustando il buono de l'operare, andaua scegliendo di mettere in opera sempre del piu bello, & del piu vario, che e trouaua. Diedegli la natura tanto benigno spirito, che egli nel colorito a olio, & a fresco fece alcune viuezze, & altre cose morbide, & vnite, & sfumate talmente negli scuri, che fu cagione, che molti di quegli, che erano allhora eccellenti, confessassino lui esser nato per metter lo spirito ne le figure, & per contraffar la freschezza de la carne viua, piu che nessuno, che dipignesse, non solo in Venezia, ma p tutto. Lauorò in Venezia nel suo principio molti quadri di nostre Donne, & altri ritratti di naturale, che sono, & viuissimi, & belli; come se ne vede ancora tre bellissime teste a olio, di sua mano nello studio del Reuerédissimo Grimani Patriarca d'Aquileia: vna fatta per Dauit(e per quel che si dice, è il suo ritratto) con vna zazzera, come si costumaua in que' tempi in fino alle spalle, viuace, e colorita, che par di carne: ha vn braccio, & il petto armato col quale tiene la testa mozza di Golia: l'altra è vna testona maggiore: ritratta di naturale, che tiene in mano vna beretta rossa da comandatore: con vn bauero di pelle, e sotto vno di que' saioni a l'antica: questo si pensa, che fusse fatto p vn generale di esserciti. La terza è d'un putto, bella quanto si puo fare, e co certi capelli à vso di velli, che fan conoscere l'ecc. di Giorgione, & non meno l'affezzione del grandissimo Patriarca, che gli ha portato sempre a la virtu sua, tenendole carissime, e meritamente. In Fiorenza è di man sua in casa de' figliuoli di Giouan Borgherini, il ritratto d'esso Giouanni, quando era giouane in Venezia, & nel medesimo quadro il maestro, che lo guidaua, che non si puo veder in due teste ne miglior macchie di color di carne, ne piu bella tinta di ombre. In casa Anton de Nobili, è vn'altra testa d'un Capitano armato molto viuace, & pronta, il qual dicano essere vn de capitani, che Consaluo Ferrante menò seco a Venezia quando visitò il Doge Agostino Barberigo, nel qual tempo si dice, che ritrasse il gran Consaluo armato, che fu cosa rarissima, & non si poteua vedere pittura piu bella, che quella, & che esso Consaluo se ne la portò seco. Fece Giorgione molti altri ritratti, che sono sparsi in molti luoghi per Italia bellissimi, come ne puo far fede quello di Lionardo Loredano fatto da Giorgione quando era Doge, da me visto in mostra per vn' Ascensa, che mi parue veder viuo quel serenissimo principe, oltra che ne è vno in Faeza in casa Giouanni da Castel Bolognese intagliatore di camei, & cristalli, ec. che è fatto per il suocero suo, lauoro veramente diuino; perche vi è vna vnione sfumata ne' colori, che pare di rilieuo piu, che dipinto. Dilettossi molto

del

del dipignere in fresco, & fra molte cose, che fece, egli condusse tutta una facciata di ca Soranzo in su la piazza di san Polo. Ne la quale oltra molti quadri, & storie, & altre sue fantasie, si vede un quadro lauorato a olio in su la calcina; cosa che ha retto all'acqua, al sole, & al vento; & conseruatasi fino a hoggi. Ecci ancora una primauera, che a me pare delle belle cose, che e dipignesse in fresco, ed è gran peccato, che il tempo l'habbia consumata si crudelmente. Et io per me non troppo cosa, che nuoca piu al lauoro in fresco, che gli scirocchi, & massimamente vicino à la marina, doue portono sempre salsedine con esso loro. Seguì in Venezia l'anno 1504. al ponte del Rialto un fuoco terribilissimo nel fondaco de' Tedeschi, il quale lo consumò tutto, con le mercantie, & con grandissimo danno de' mercatanti: doue la Signoria di Venezia ordinò di rifarlo di nuouo, & con maggior commodità di habituri, & di magnificenza, & d'ornamento, & bellezza fu speditamente finito, doue essendo cresciuto la fama di Giorgione, fu consultato, & ordinato da chi ne haueua la cura, che Giorgione lo dipignesse in fresco di colori secondo la sua fantasia purche e' mostrasse la virtu sua, & che e facesse un'opera ecc. essendo ella nel piu bel luogo, & ne la maggior vista di quella città; per il che messoui mano Giorgione non pensò, se non a farui figure, a sua fantasia per mostrar l'arte, che nel vero non si ritroua storie, che habbino ordine, o che rappresentino i fatti di nessuna persona segnalata, o antica, o moderna, & io per me nò l'ho mai intese, ne anche per dimanda, che si sia fatta, ho trouato chi l'intenda, p che doue è una donna, doue è un'huomo in varie attitudini, chi ha una testa di lione appresso, altra con un'angelo a guisa di cupido, ne si giudica quel che si sia. V'è bene sopra la porta principale, che riesce in merzeria, una femina a sedere, c'ha sotto una testa d'un gigante morta quasi i forma d'una Iuditta, ch' alza la testa con la spada, & parla con un Todesco, quale è abasso; ne ho potuto interpretare per quel che se l'habbi fatta; se gia non l'hauesse voluta fare per una Germania. In somma e si vede ben le figure sue esser molto insieme; & che andò sempre acquistando nel meglio. Et ui sono teste, & pezzi di figure molto ben fatte, e colorite viuacissimamente. Et attese in tutto quello, che egli ui fece, che traesse al segno de le cose uiue; & non a imitazione nessuna de la maniera. La quale opera è celebrata in Venezia, & famosa non meno p quello, che e ui fece, che per il commodo delle mercanzie, & vtilità del publico. Lauorò un quadro d'un Christo, che porta la Croce, & un Giudeo lo tira, il quale col tempo fu posto nella chiesa di san Rocco, & hoggi per la deuozione, che vi hanno molti, fa miracoli, come si uede. Lauorò in diuersi luoghi, come a Castelfranco, & nel Triuisano, e fece molti ritratti a uari principi Italiani; & fuor d'Italia furono mandate molte di opere sue, come cose degne veramente, per far testimonio, che se la Toscana soprabbondaua di artefici in ogni tempo, la parte ancora di là vicino a' monti non era abbandonata, & dimenticata sempre dal cielo. Dicesi, che Giorgione, ragionando con alcuni scultori nel tempo, che Andrea Verrocchio faceua il Cauallo di bronzo, che voleuano, perche la scultura mostraua in una figura sola diuerse positure, e vedute girandogli a torno, che per questo auazasse la pittura, che non mostraua in una figura se non una parte sola. Giorgione che era d'oppinione, che in una storia di pittura si mostrasse senza hauere a caminare ator-

GIORGIONE

no; ma in vna sola occhiata tutte le sorti delle vedute, che può fare in piu geſti vn'huomo. Cosa, che la scultura non puo fare; senon mutando il sito, & la veduta: talche non sono una, ma piu vedute. Propose di piu, che da vna figura sola di pittura voleua moſtrare il dinanzi, & il di dietro, & i due profili da i lati. Cosa, che e fece mettere loro il ceruello a partito. Et la fece in queſto modo. Dipinse vno ignudo, che uoltaua le spalle, & haueua in terra vna fonte d'acqua limpidiſſima; nella quale fece dètro, per riuerberazione la parte dinanzi, da un de' lati era un corsaletto brunito, che s'era spogliato, nel quale era il profilo manco, perche nel lucido di quell'arme si scorgeua ogni cosa. Da l'altra parte era vno specchio, che drento vi era l'altro lato di quello ignudo: cosa di belliſſimo ghiribizzo, & capriccio, volendo moſtrare in effetto, che la pittura conduce con piu virtù, e fatica, e moſtra in una uiſta sola del naturale, piu che non fa la scultura. Laqual'opera fu sommamente lodata, e ammirata, per ingegnosa, & bella. Ritraſſe ancora di naturale Caterina Regina di Cipro, qual uiddi io gia nelle mani del clariſſimo M. Giouan Cornaro. E nel noſtro libro una teſta colorita a olio, ritratta da un Todesco di casa Fucheri, che allora era de maggiori mercanti nel fondaco de' Tedeschi, la quale è cosa mirabile, insieme con altri schizzi, & disegni di penna fatti da lui. Mentre Giorgione attendeua ad honorare, & se, & la patria sua, nel molto conuersar, che e' faceua per trattenere con la musica molti suoi amici, si innamorò d'una madonna, & molto goderono l'uno, & l'altra de' loro amori. Auuenne, che l'anno 1511. ella infettò di peſte non ne sapendo però altro; & praticandoui Giorgione al solito, se li appiccò la peſte di maniera, che in breue tempo nella età sua di 34. anni, se ne paſsò a l'altra vita, non senza dolore infinito di molti suoi amici, che lo amauano per le sue virtù, & danno del mondo, che perse; Pure tollerarono il danno, & la perdita con lo eſſer reſtati loro due eccellenti suoi creati Sebaſtiano Viniziano, che fu poi frate del Piombo à Roma; & Tiziano Da cadore che non solo lo paragono, ma lo ha superato grandemente, de'quali a suo luogo si dirà pienamente l'honore, & l'utile, che hanno fatto
a
queſta Arte,

ANTONIO DA COREGGIO
PITTORE.

Vita d'Antonio da Correggio Pittore

O non voglio vícire del medesimo paese, doue la gran madre natura per non essere tenuta partiale, dette al mondo, di rarissimi huomini della sorte, che haueua gia molti, & molti anni adornata la Toscana infra è quali fu di eccellente, & bellissimo ingegno dotato Antonio da correggio pittore singularissimo. Ilquale attese alla maniera moderna tanto perfettamente, che in pochi anni dotato dalla natura, & esercitato dall'arte diuenne raro, & marauiglioso artefice. Fu molto d'animo timido, & con incommodità di se stesso in continoue fatiche esercitò l'arte, per la famiglia, che lo aggrauaua: & ancora che e' fusse tirato da vna bontà naturale, si affliggeua niente di manco piu del doue re, nel portare i pesi di quelle passioni, che ordinariamente opprimono gli
huomini

ANTONIO

huomini. Era nell'arte molto maninconico, & suggetto alle fatiche di quella, & grandissimo rittrouatore, di qualsivoglia difficultà delle cose: come ne fanno fede nel Duomo di Parma vna moltitudine grandissima di figure, lauorate in fresco, & ben finite, che sono locate nella tribuna grande di detta chiesa: nellequali scorta le vedute al di sotto in su cō stupendiss. marauiglia. Et egli fu il primo, che in Lōbardia cominciasse cose della maniera moderna. pche si giudica, che se l'ingegno di Ant. fosse vscito di Lōbardia, e stato a Roma, auerebbe fatto miracoli, e dato delle fatiche a molti, che nel suo tēpo furon tenuti grandi. Cōciosia che essendo tali le cose sue senza hauer' egli visto de le cose antiche o de le buone moderne: necessariamēte ne seguita, che se le hauesse vedute harebbe infinitamente migliorato l'opere sue: e crescendo di bene in meglio sarebbe venuto al sommo de' gradi. Tengasi pur per certo che nessuno meglio di lui toccò colori; ne con maggior vaghezza, o con piu rilieuo alcun artefice dipinse meglio di lui, tanta era la morbidezza delle carni ch'egli faceua, e la grazia con che e' finiua i suoi lauori. Egli fece ancora in detto luogo due quadri grandi lauorati a olio, ne i quali fra gli altri, in vno si vede vn Christo morto, che fu lodatissimo. Et in s. Giouanni in quella città fece vna tribuna in fresco, nellaquale figurò vna N. Donna, che ascende in Cielo, fra moltitudine di Angeli, & altri Santi intorno: laquale pare impossibile, ch'egli potesse non esprimere con la mano, ma imaginare con la fantasia, per i belli andari de' panni, & delle arie, che e' diede a qnelle figure delle quali ne sono nel nostro libro alcune disegnate di lapis rosso di sua mano con certi fregi di putti bellissimi, & altri fregi fatti in quella opera per ornamento con diuerse fantasia di sacrifitij alla antica, & nel vero se Antonio non hauesse cōdotte l'opere sue a quella perfettione, che le si veggono, i disegni suoi (se bene hanno in loro vna buona maniera, & vaghezza, e pratica di maestro) non gli harebbano arechato fra gli artefici quel nome, che hanno l'eccellentissime opere sue. E quest'arte tanto difficile, & ha tanti capi: che vno artefice bene spesso non li puo tutti fare perfetamente perche molti sono, che hanno disegnato diuinamente, et nel colorire, hanno hauuto qualche imperfettione, altri hanno colorito marauigliosamente, & non hanno disegnato alla metà, questo nascie tutto dal giuditio, & da vna praticha, che si piglia da giouane chi nel disegnio, e chi sopra i colori. Ma perche tutto s'impara, per condurre l'opere perfette nella fine: il quale, è il colorire, con disegno tutto quel che si fa: per questo il Coreggio merita gran lode hauendo conseguito il fine della perfettione nel opere, che egli, a olio, e a fresco colorì, come nella medesima città nella chiesa de frati de Zocholi di s. Frācesco, che vi dipinse vna Nuntiata in fresco tanto bene che accadendo per aconcime di quel luogho, rouinarla: feciono que frati ricignere il muro atorno con legnami armati di ferramenti, & tagliandolo a poco a poco la saluorono, & in vn altro loco piu sicuro fu murata da loro nel medesimo conuento. Dipīse ancora sopra vna porta di quella città vna N. Donna, che ha il figliuolo in braccio, che stupenda cosa a vedere il vago colorito in fresco di questa opera: doue ne ha riportato da forestieri viandanti, che non hanno visto altro di suo, lode, e honore infinito. In s. Antonio ancora di quella città dipinse vna tauola, nellaqual è vna N. Dōna, & s. Maria Madalena, & apresso vi è vn

c

putto, che ride, che tiene a guisa di Angioletto vn libro in mano il quale par che rida tanto naturalmente, che muoue a riso chi lo guarda, ne lo vede perſona di natura malinconica che non ſi rallegri, euui ancora vn s. Girolamo, ed è colorita di maniera ſi marauiglioſa, & ſtupenda, the i pittori ammirano quella per colorito mirabile, & che non ſi poſſa quaſi dipignere meglio. Fece ſimilmente quadri, & altre pitture per Lombardia a molti Signori: & fra l'altre coſe ſue, due quadri in Mantoua al Duca Federigo 11. per mandare a lo Imperatore ; coſa veramente degna di tanto principe. Le quali opere vedendo, Giulio Romano, diſſe non hauer mai veduto colorito neſſuno, ch'aggiugneſſe a quel ſegno. L'uno era vna Leda ignuda, & l'altro vna Venere, ſi di morbidezza colorito, & d'ombre di carne lauorate, che non pareuano colori, ma carni. Era in vna vn paeſe mirabile: ne mai lombardo fu, che meglio faceſſe queſte coſe di lui & oltra di cio, capegli ſi leggiadri di colore, & con finita pulitezza sfilati, & condotti, che meglio di quegli non ſi può vedere. Eranui alcuni amori, che de le ſaette faceuano proua ſu vna pietra, quelle d'oro, & di piombo, lauorati con bello artificio, e quel che piu grazia donaua alla Venere, era vna acqua chiariſſima, & limpida, che correua fra alcuni ſaſſi, & bagnaua i piedi di quella, e quaſi neſſuno ne ocupaua. Onde nello ſcorgere quella candidezza con quella dilicatezza, faceua a gl'occhi compaſſione nel vedere. Perche certiſſimamente Antonio meritò ogni grado, & ogni honore viuo, & con le voci, & con gli ſcritti ogni gloria dopo la morte. Dipinſe ancora in Modena vna tauola d'una Madona tenuta da tutti i pittori in pregio, & per la miglior pittura di quella città. In Bologna parimente, è di ſua mano in caſa gl'Arcolani Gétil'huomini Bologneſi vn chriſto che nel orto apare, a Maria Madalena coſa molto bella. In Reggio era vn quadro belliſſimo, e raro, che non è molto, che paſſando M. Luciano Palauigino il quale molto ſi diletta delle coſe belle di pittura, e vedédolo non guardò a ſpeſa di danari, e come haueſſe compero vna gioia lo mandò a Genoua nella caſa ſua, è in Reggio medeſimamente vna tauola dentroui vna Natiuità di Chriſto oue partendoſi da quello vno ſplendore fa lume. a Paſtori, e intorno alle figure che lo contemplano, & fra molte conſiderazioni haute iu queſto ſuggetto, ui è vna femina, che volendo fiſamente guardate verſo Chriſto, & per non potere gli occhi mortali ſofferire la luce della ſua diuinità, che con i raggi par che percuota quella figura, ſi mette la mano dinanzi a gl'occhi, tanto bene eſpreſſa: che è vna marauiglia. Euui vn choro di Angeli ſopra la capanna, che cantano, che ſon tanto bé fatti, che par che ſiano piu toſto piouuti dal cielo, che fatti dalla mano d'u pittore. E nella medeſima città vn quadretto di grandezza di vn piede la piu rara, e bella coſa, che ſi poſſa vedere di ſuo di figure piccole, nel quale è vn Chriſto nel orto: pittura finta di notte: doue l'Angelo aparendogli col lume del ſuo ſpendore fa lume a Chriſto. che è tanto ſimile al vero, che non ſi puo ne immaginare, ne eſprimere meglio. Giuſo a pie del monte in un piano ſi ueggono tre Apoſtoli, che dormano ſopra quali fa ombra il monte doue Chriſto ora, che da vna forza, a quelle figure, che non è poſſibile, e piu la in un paeſe lontano, finto l'apparrire della aurora, & ſi veggono uenire dal vn de lati alcuni ſoldati con Giuda, & nella ſua piccolezza queſta hiſtoria, è tanto bene inteſa, che non ſi puo

ne di

ANTONIO

ne di patienza, ne di studio per tanta opera paragonalla. Potrebbonsi dire molte cose delle opere di costui: ma perche fra gli huomini Eccellenti de latte nostra, è amirato per cosa diuina ogni cosa, che si vede di suo; non mi distenderò piu. Ho usato ogni diligentia d'hauere il suo ritratto, & perche lui non lo fecie, e da altri non è stato mai ritratto, perche uisse sempre positiuamente, nõ l'ho potuto trouare, e nel uero fu persona, che nõ si stimò ne si persuase di sapere far larte; conoscendo la difficultà sua con quella perfettione che egli harebbe voluto. contentauasi del poco, e uiueua da bonissimo christiano. Desideraua Antonio, si come quello, ch'era aggrauato di famiglia, di continuo risparmiare, & era diuenuto perciò tanto misero che più non poteua essere. Perilche si dice, che essendoli stato fatto in Parma un pagamento di sessanta scudi di quattrini; esso uolendoli portare a Correggio, per alcune occorenzie sue carico di quelli si mise in camino a piedi; & per lo caldo grande, che era allora scalmanato dal sole, beendo acqua per rinfrescarsi, si pose nel letto con una grandissima febre, ne di quiui prima leuò il capo, che finì la uita nell'età sua d'anni XL. o circa. Furono le pitture sue circa il 1512. Et fece alla pittura grandissimo dono ne' colori da lui maneggiati come uero maestro, & fu cagione che la Lombardia aprisse per lui gl'occhi, doue tanti belli ingegni si son uisti nella pittura, seguitandolo in fare opere lodeuoli, & degne di memoria. Perche mostrandoci i suoi capegli fatti con tanta facilità nella difficultà del fargli, ha insegnato come e si habbino a fare. Di che gli debbono eternamente tutti i pittori. Ad istanzia de' quali gli fu fatto questo epiggrama da M. Fabio Segni Gentil'huomo Fiorentino.

Huius cum regeret mortales spiritus artus
  Pictoris, charites suplicuere Ioui.
Non alia pingi dextra Pater alme rogamus:
  Hunc præter nulli pingere nos liceat.
Annuit his uotis summi regnator olympi:
  Et iuuenem subito sydera ad alta tulit.
Vt posset melius Charitum simulacra referre
  Præsens, & nudas cerneret inde Deas.

Fu in questo tempo medesimo Andrea del gobbo Milanese, pittore, & coloritore molto uago, di mano del quale sono sparse molte opere nella case p Milano sua patria, & alla certosa di Pauia una tauola grande con la Assunzione di N. Donna, ma imperfetta per la morte che li sopra uenne; laquale tauola mostra quanto egli fusse eccellente, & amatore delle fatiche dell'arte.

PIERO DI COSIMO PITTOR
FIORENTINO

Vita di Piero di Cosimo pittor Fiorentino.

MENTRE, che Giorgione,&, il Correggio con grande loro loda e gloria honorauano le parti di Lombardia, non mancaua la Toscana ancor ella di belli ingegni, fra quali non fu de'mini mi Piero figliuolo d'un Lorenzo orafo, & allieuo di Cosimo Rosselli, & però chiamato sempre, & non altrimenti inteso, che per Piero di Cosimo: poi che in vero non meno si ha obligo, e si debbe ripu tare per vero padre, quel che c'insegna la virtu, & ci dà il bene essere, che quel lo, che ci genera, & dà l'essere semplicemente. Questi dal padre, che vedeua nel figliuolo, viuace ingegno, & inclinazione al disegno, fu dato in cura a Co simo, che lo prese piu, che volentieri, & fra molti discepoli, che gli haueua ve dédolo crescere, con gli anni, &con la virtu gli portò amore, come a figliuolo

& per tale lo tenne sempre. Haueua questo giouane da natura vno spirito molto eleuato, & era molto stratto, e vario di fantasia, dagli altri giouani, che stauono con Cosimo per imparare la medesima arte: Costui era qualche volta tanto intento a quello, che faceua, che ragionando di qualche cosa, come suole auuenire, nel fine del ragionamento, bisognaua rifarsi da capo a racontargniene, essendo ito col ceruello ad vn'altra sua fantasia. Et era similmente tanto amico de la solitudine, che non haueua piacere, se nò quando penso so da se solo poteua andarsene fantasticando; & fare suoi castelli in aria. Onde haueua cagione di volergli ben grande Cosimo suo maestro, perche sene seruiua talmente ne l'opere sue, che spesso spesso gli faceua condurre molte cose, che erano d'importanza: conoscendo, che Piero haueua, & piu bella maniera, & miglior giudizio di lui. Per questo lo menò egli seco a Roma, quando vi fu chiamato da papa Sisto, per far le storie de la cappella; in vna de lequali Piero fece vn paese bellissimo, come si disse ne la vita di Cosimo. Et perche egli ritraeua di naturale molto eccellentemète, fece in Roma di molti ritratti di persone segnalate, e particularmente quello di Verginio Orsino, e di Ruberto Sanseuerino, iquali misse in quelle historie. Ritrasse ancora poi il Duca Valentino figliuolo di papa Alessandro sesto. Laqual pittura hoggi, che io sappia, non si troua; ma bene il cartone di sua mano, & è appresso al Reuer. & virtuoso M. Cosimo Bartoli proposto di san Giouanni. Fece in Fiorenza molti quadri a piu cittadini, sparsi per le lor case, che ne ho visti de molto buoni, & cosi diuerse cose a molte altre persone. E nel nouiziato di san Marco in vn quadro vna nostra Donna ritta col figliuolo in collo, colorita a olio. E ne la chiesa di santo spirito di Fiorenza lauorò a la cappella di Gino Capponi, vna tauola, che vi è dentro vna visitazione di nostra Donna, con san Nicolo, e vn s. Antonio, che legge con vn par d'occhiali al naso, che è molto pronto. Quiui contrafece vno libro di carta pecora vn pò vecchio, che par vero, e cosi certe palle a quel san Niccolò con certi lustri ribattendo i barlumi, & riflessi l'una ne l'altra, che si conosceua in fino allhora la stranezza del suo ceruello, & il cercare, che e' faceua de le cose difficili: Et bene lo dimostrò meglio dopo la morte di Cosimo, che egli del continuo staua rinchiuso, & non si lasciaua veder lauorare, & teneua vna vita da huomo piu tosto bestiale, che humano. Non voleua, che le stanze si spazzassino, voleua mangiare allhora, che la fame veniua, & non voleua, che si zappasse, o potasse i frutti dell'horto, anzi lasciaua crescere le viti, & andare i tralci per terra, & i fichi non si potauano mai, ne gli altri alberi, anzi si contentaua veder saluatico ogni cosa, come la sua natura; allegando che le cose d'essa natura bisogna lassarle custodire a lei senza farui altro. Recauasi spesso a vedere, o animali, o erbe, o qualche cosa, che la natura fa per istranezza, & accaso di molte volte; e ne haueua vn contento, e vna satisfazione, che lo furaua tutto a se stesso. Et replicaualo ne suoi ragionamenti tante volte, che veniua taluolta, ancor che e' se n'hauesse piacere, a fastidio. Fermauasi tallhora a considerare vn muro, doue lungamente fusse stato sputato da persone malate, & ne cauaua le battaglie de cauagli, & le piu fantastiche città, & piu gran paesi, che si vedesse mai; simil faceua de nuuoli de l'aria. Diede opera al colorire a olio, hauendo visto certe cose di Lionardo fumeggiate, & finite con quella diligenza estrema, che soleua Lionardo quando

TERZA PARTE

do e' voleua moſtrar l'arte, & coſi Piero piacendoli quel modo, cercaua imitarlo, quantunque egli fuſſe poi molto lontano da Lionardo, e da l'altre maniere aſſai ſtrauagante. Perche bene ſi può dire, che e' la mutaſſe quaſi a cio che' faceua. E ſe Piero non fuſſe ſtato tāto aſtratto, e haueſſe tenuto piu conto di ſe nella vita, che egli non fece: harebbe fatto conoſcere il grande ingegno che egli haueua, di maniera, che ſarebbe ſtato adorato, doue egli per la beſtialità ſua fu piu toſto tenuto pazzo, ancora, che egli non faceſſe male ſe non a ſe ſolo nella fine, & benefizio, & vtile con le opere a l'arte ſua. Per laqual coſa douerebbe ſempre ogni buono ingegno, & ogni eccellente artefice ammaeſtrato da queſti eſempli hauer gli occhi alla fine. Ne laſciarò di dire, che Piero nella ſua gioue ntù per eſſere capriccioſo, e di ſtrauagante inuentione fu molto adoperato nelle maſcherate che ſi fanno per carnouale. E fu a que no bili giouani Fiorentini molto grato, hauendogli lui molto migliorato, e d'inuentione, e d'ornamento, & di grandezze, & pompa. Quella ſorte di paſſa tempi e ſi di cio, che fu de primi, che trouaſſe di mandargli fuora a guiſa di trionfi, o al meno gli migliorò aſſai: con accomodare l'inuentione della ſtoria non ſolo con muſiche, & parole a propoſito del ſubietto: ma con incredibil pompa d'accompagnatura di huomini a pie, & a cauallo di Abiti, & abigliamenti accomodati alla ſtoria, coſa, che riuſciua molto ricca, & bella, & haueua inſieme del grande, e dello ingegnioſo. Et certo era coſa molto bella a uedere, di notte, venticinque o trenta coppie di caualli richiſsimamente abigliati co lore Sgnori traueſtiti ſecondo il ſuggetto della inuēzione ſei, o otto ſtaffieri per uno veſtiti d'una liurea medeſima con le torcie in mano, che tal volta paſſauano il numero di 400. e il carro poi, o trionfo pieno di ornamenti, o di ſpoglie: & bizzariſsime fantaſie, coſa, che fa aſſotigliare gli ingegni, e da gran piacere e ſatisfatione a popoli fra queſti, che aſſai furono, et ingegnioſi. Mi piace toccare breuemente d'uno, che fu principale inuentione di Piero gia maturo di anni, & non come molti piacceuole per la ſua vaghezza: ma per il contrario per vna ſtrana, e orribile, & inaſpettata inuentione di non piccola ſatisfatione a popoli, che come ne cibi tal uolta le coſe agre, coſi in quelli paſſatempi le coſe horribili pur, che ſieno ſatte con giudizio, & arte dilettano marauiglioſamente il guſto humano coſa, che apariſce nel recitare le tragedie: queſto fu il carro della morte da lui ſegretiſsimamente lauorato alla ſala del Papa, che mai ſene potette ſpiare coſa alcuna ma fu veduto, e ſaputo in un medeſimo punto.

Era il trionfo vn carro grandiſsimo tirato da bufoli tutto nero, & dipinto di oſſa di morti, & di croce bianche, e ſopra il carro era vna morte grādiſsima in cima con la falcie in mano, & haueua in giro al carro molti ſepolcri col coperchio, & in tutti que luoghi, che il trionfo ſi fermaua a cantare s'apriuano e uſciuano alcuni ueſtiti di tela nera, ſopra la quale erano dipinte tutte le oſſa tute di morto nelle braccia, petto, rene, e gambe, che il bianco ſopra quel nero, & apartendo di lontano alcune di quelle torcie con maſchere, che pigliauano col teſchio di morto il dinanzi il dirieto, & parimente la gola oltra al parere coſa naturaliſsima era orribile, & ſpauentoſa, a vedere. E queſti morti al ſuono di certe trombe ſorde, e con ſuon roco, e morto, vſciuano mezzi di que ſepolcri, e ſedendoui ſopra cantauano in muſica piena di malenconia qllla

PIERO DI COSIMO

la hoggi nobilissima canzone
Dolor pianto, e penitentia &c.

Era inanzi, e adrieto al carro gran numero di morti a cauallo sopra certi cauagli con somma diligentia scelti de piu secchi, & piu strutti, che si potessin trouare con couertine nere piene di croci bianche, e ciascuno haueua 4. staffieri uestiti da morti con torcie nere, & vno stendardo grande nero con croci, & ossa, & teste di morto appresso al trionfo si strassinaua x. stendardi neri, & mentre caminauano con voce tremanti, & unite diceua quella compagnia il Miserere psalmo di Dauit:

Questo duro spettacolo per la nouità come ho detto, & terribilita sua, misse terrore, & marauiglia insieme in tutta quella città, e se bene non parue nella prima giunta cosa da carnouale nondimeno per una certa nouità, & per essere accomodato tutto benissimo, satisfece agli animi di tutti, e Piero autore, & inuentore di tal cosa ne fu sommamente lodato, & comendato, e fu cagione che poi dimano in mano si seguitasi di fare cose spiritose, e d'ingegno la inuentione, che in uero per tali suggetti, & per condurre simil feste nõ ha hauuto questa città mai paragone, & ancora i que uecchi, che lo videro ne rimane uiua memoria, ne si satiano di celebrar questa capricciosa inuentione. senti dire io a Andrea di Cosimo, che fu con lui a fare questa opera, & Andrea del Sarto, che fu suo discepolo, & ui si trouò anche egli, che è fu opinione in quel tempo, che questa inuentione fulsi fatta, per significare la tornata della Casa de Medici del 12. in Firenze, perche al'hora che questo trionfo si fecie erano esuli, & come dire morti, che douessino in breue resuscitare, & a questo fine interpretauano quelle parole, che sono nella canzone.

Morti siam come uedete. Cosi morti uedren uoi. Fummo gia come uoi siete. Vosarete come noi &c.

Volendo accennare la ritornata loro in casa, e quasi come vna ressurrettione da morte a uita, & la cacciata, & abassamento de contrarij loro, ò pure, che fusse, che molti dallo effetto, che segui della tornata in Firenze di quella Ill. Casa come son uaghi gli ingegni umani di aplicare le parole, e ogni atto, che nascie prima agli effetti, che seguon poi, che gli fu dato questa interpretatione. Certe è che questo fu al'hora oppinione di molti, & se ne parlò assai ma ritornãdo a l'arte, e attioni di Piero. Fu allogato a Piero vna tauola a la cappella de Tedaldi nella chiesa de' frati de' Serui, doue eglino tengono la veste, & il guanciale di s. Filippo lor Frate. Nellaquale finse la N. Donna ritta, che è rileuata da terra in vn dado, & con vn libro in mano senza il figliuolo, che alza la testa al cielo, & sopra quella è lo Spirito Santo, che la illumina. Ne ha voluto, che altro lume, che quello che fa la colomba, lumeggi, & lei, & le figure, che le sono intorno, come vna s. Margherita, & vna s. Caterina, che la adorano ginochioni, & ritti son a guardarla s. Pietro, & s. Giouanni Euangelista, insieme con s. Filippo Frate de' Serui, & s. Antonino Arciuescouo di Firenze. Oltra, che ui fece vn paese bizarro, & per gli alberi strani, & per alcune grotte, & per il vero ci sono parti bellissime, come certe teste che mostrano, & disegno, & grazia: oltra il colorito molto continouato. Et certamente che Piero possedeua grandemente il colorire a olio. Feceui la predella con alcune storiette piccole, molto ben fatte: & in fra l'altre ve ne vna, quando s. Marghe-

rita

rita esce de'l uentre del serpente, che per hauer fatto quello animale, & contraffatto, & brutto, non penso che in quel genere si possa veder meglio: mo
strando il veleno per gli occhi, il fuoco, e la morte, in vno aspetto veramente
pauroso. Et certamente che simil cose non credo, che nessuno le facesse meglio di lui ne le imaginasse a gran pezzo, come ne può render testimonio vn
mostro Marino, che egli fece, & donò al Magnifico Giuliano de Medici, che
per la deformità sua è tanto strauagante bizarro, e fantastico, che pare impossibile che la natura usasse, e tanta deformità, e tanta stranezza nelle cose sue.
Questo mostro è hoggi ne la Guardaroba del Duca Cosimo de Medici, cosi
come è anco, pur di mano di Piero vn libro d'animali de la medesima sorte,
bellissimi, & bizarri, tratteggiati di penna diligentissimamente, & con vna
pazienza inestimabile condotti. Ilquale libro gli fu donato da M. Cosimo
Bartoli proposto di s. Giouanni mio amicissimo, & di tutti i nostri artefici co
me quello che sempre si è dilettato, & ancora si diletta di tale mestiero. Fece
parimente in casa di Francesco del Pugliese intorgo a vna camera diuerse sto
rie di figure piccole, ne si può esprimere la diuersità de le cose fantastiche che
egli in tutte quelle si dilettò dipignere, & di casamenti, & d'animali, & di abiti, & strumenti diuersi, & altre fantasie, che gli souennono, per essere storie
di fauole. Queste historie doppo la morte di Francesco del Pugliese, & de figliuoli, sono state leuate, ne so oue sieno capitate. Et cosi vn quadro di Marte, & Venere con i suoi Amori, & Vulcano fatto con vna grande arte, & con
vna pazienza incredibile. Dipinse Piero per Filippo Strozzi vecchio, vn qua
dro di figure piccole, quando Perseo libera Andromeda dal Mostro, che v'è
dentro certe cose bellissime. Ilqual è hoggi in casa il S. Sforza Almeni primo
Cameriere del Duca Cosimo donatogli da M. Giouani Batista di Lorenzo
Strozzi conoscendo quanto quel Signore si diletti della pittura, e scoltura, e
egli ne tien conto grande, perche non fecie mai Piero la piu uaga pittura ne
la meglio finita di questa, atteso, che non è possibile veder la piu bizzara orca
marina ne la piu capricciosa di quella, che si immaginò di dipignere. Piero
con la piu fiera attitudine di Perseo, che in aria la percuote con la spada, qui
ui fra'l umore, e la speranza si vede legata Andromeda, di volto bellissima, e
qua inanzi molte genti con diuersi abiti strani sonando, & cantando oue sono certe teste, che ridano, & si rallegrano di vedere liberata Andromeda, che
sono diuine il paese è bellissimo, & vn colorito dolce, e grazioso, e quanto si
puo vnire, e sfumare colori, condusse questa opera con estrema diligentia.
Dipinse ancora vn quadro doue una Venere ignuda con vn Marte parimen
te, che spogliato nudo dorme sopra vn prato pien di fiori, & attorno son diuersi amori, che chi in qua chi in la traportano la celata, i Bracciali, & l'altre
arme di Marte: euui vn bosco di Mirto, & vn cupido, che ha paura d'un co-
niglio: cosi ui sono le colombe di Venere, & l'altre cose di amore questo qua
dro, è in Fiorenza in casa Giorgio Vasari tenuto in memoria sua da lui pche
sepre gli piacq i capricci di q sto maestro. Era molto amico di Piero Lospeda
lingo de li Innocenti, e volendo far fare vna tauola, che andaua all'entrata di
chiesa a man manca alla cappella del Pugliese la allogò a Piero, ilqual con suo
agio la condusse al fine: ma prima fece disperare lo Spedalingho; che non ci
fu mai ordine che la vedesse se non finita, & quanto ciò gli paresse strano, &

pe

PIERO DI COSIMO

per l'amicizia, & per il souenirlo tutto il dì di danari, e non vedere quel che fi faceua, e gli ſteſſo lo dimoſtrò, che all'ultima paga non gliele voleua dare, ſe non vedeua l'opera. Ma minacciato da Piero che guaſterebbe quel che haueua fatto, fu ſforzato dargli il reſto, & con maggior collera che prima hauer pazienza che la metteſſe ſu, & in queſta ſono veramente aſſai coſe buone. Preſe a fare per vna cappella vna tauola ne la chieſa di s. Piero Gattolini, e ui fece una N. Donna a ſedere con quatro figure intorno, & due angeli in aria, che la incoronano. Opera condotta con tanta diligenzia, che n'aquiſtò lode, & honore. Laquale hoggi ſi vede in s. Friano ſendo rouinata quella chieſa. Fece vna tauoletta de la concezzione nel tramezzo de la chieſa di s. Francesco da Fieſole laquale è aſſai buona coſetta, ſendo le figure non molto gràdi. Lauorò per Giouan Veſpucci, che ſtaua dirimpetto a s. Michele della via de Serui hoggi di Pier Saluiati alcune ſtorie baccanarie, che ſono intorno a vna camera: nellequali fece ſi ſtrani fauni, ſatiri, e ſiluani, & putti è baccanti: che è una marauiglia a vedere la diuerſità de' Zaini, & delle veſti, & la varietà delle cere caprine, con vna grazia, & imitazione veriſsima. Euui in vna ſtoria Sileno a cauallo ſu uno aſino con molti fanciulli, chi lo regge, & chi gli da bere, & ſi vede vna letizia al viuo, fatta con grande ingegno. Et nel vero ſi conoſce in quel che ſi vede di ſuo, vno ſpirito molto vario, & aſtratto dagli altri: & con certa ſottilità nello inueſtigare certe ſottigliezze della natura, che penetrano, ſenza guardare a tempo, o fatiche, ſolo per ſuo diletto, & per il piacere dell'arte, & non poteua già eſſere altrimenti: perche innamorato di lei, non curaua de' ſuoi comodi: & ſi riduceua a mangiar continuamente oua ſode che per riſparmiare il fuoco, le coceua quando faceua bollir la colla; & non ſei, o otto per volta, ma vna cinquantina: e tenendole in una ſporta, le conſumaua a poco a poco. Nellaquale vita coſi ſtrattamente godeua, che l'altre appetto alla ſua gli pareuano ſeruitù. Haueua a noia il piagner de' putti; il toſſir de gli huomini, il ſuono delle campane; il cantar de' frati; & quando diluuiaua il Cielo d'acqua, haueua piacere di veder rouinarla a piombo da tetti & ſtritolarſi per terra. Haueua paura grandiſsima de le ſaette; & quando è tonaua ſtraordinariamente, ſi inuiluppaua nel mantello; & ſerrato le fineſtre, & l'uſcio della camera, ſi reccaua, in vn cantone finche paſſaſſe la furia. Nel ſuo ragionamento era tanto diuerſo & vario, che qualche volta diceua ſi belle coſe che faceua crepar della riſa altrui. Ma per la vecchiezza vicino già ad anni 80. era fatto ſi ſtrano, & fantaſtico; che non ſi poteua piu ſeco. Non voleua che i garzoni gli ſteſsino intorno; di maniera che ogni aiuto per la ſua beſtialità gli era venuto meno. Veniuagli voglia di lauorare, e per il parletico non poteua. Et entraua in tanta collera, che voleua ſgarare le mani, che ſteſsino ferme, & mentre che è borbotaua, o gli cadeua la mazza da poggiare, o veramente i pennelli, che era vna compaſsione. Adirauaſi có le moſche, & gli daua noia infino a l'ombra; & coſi ammalatoſi di vecchiaia & viſitato pure da qualche amico, era pregato, che doueſſe acconciarſi con Dio. Ma non li pareua hauere a morire: & tratteneua altrui doggi in domane. Non che è non fuſsi buono, è non haueſsi fede; che era zelantiſsimo ancora che nella vita fuſſe beſtiale. Ragionaua qualche volta di tormenti, che per i mali fanno diſtruggere i corpi, & quanto ſtento patiſce chi conſuman-

d

do gli spiriti apoco apoco si muore ilche è vna gran miseria. Diceua male de medici, degli speziali, & di coloro, che guardano gli ammalati, & che gli fanno morire, di fame; oltra i tormenti de gli sciloppi, medicine, cristieri, & altri martorij, come il non essere lasciato dormire, quando tu hai sonno, il fare testamento, il veder piagnere i parenti, & lo stare in camera al buio; & lodaua la giustizia, che era così bella cosa, l'andare a la morte; & che si vedeua tanta aria, & tanto popolo; che tu eri confortato con i confetti, & con le buone parole; Haueui il prete, & il popolo, che pregaua per te; & che andaui con gli Angeli in paradiso; che haueua vna gran sorte, chi n'usciua a vn tratto. Et faceua discorsi, & tiraua le cose a' piu strani sensi, che si potesse vdire. La onde per sì strane sue fantasie viuendo stranamente si condusse a tale, che vna mattina fu trouàto morto appie d'vna scala; l'anno MDXXI. Et in San Pier Maggiore gli fu dato sepoltura.

Molti furono i discepoli di costui, e fra gli altri Andrea del Sarto, che ualse per molti il suo ritratto, se hauuto da Francesco da s. Gallo che lo fece mentre Piero Vecchio, come molto suo amico, & domestico il qual Francesco anchora ha di mano di Piero (che non la debbo passare) vna testa bellissima di Cleopatra, con uno aspido auuolto al collo, & dua ritratti, l'uno di Giuliano suo padre, l'altro di Francesco Giamberti, suo auolo, che paion uiui.

VITA DI BRAMANTE ARCHIT.

Vita di Bramante da Vrbino Architettore.

DI grandissimo giouamento alla Architettura fu veramente il moderno operare di Filippo Brunelleschi. Hauendo egli contrafatto, & dopo molte età rimesse in luce l'opere egregie de' piu dotti, & marauigliosi antichi. Ma non fu manco vtile al secolo nostro Bramante accio seguitado le uestigie di Filippo, facesse a gli altri dopo lui strada sicura nella professione della architettura, essendo egli di animo, valore, ingegno, & scienza in quella arte non solamente teorico, ma pratico, & esercitato sommamente. Nè poteua la natura formare vno ingegno piu spedito, che esercitasse, & mettesse in opera le cose della arte, con maggiore inuenzione, & misura: & con tanto fondamento quáto costui. Ma nó meno punto di tutto questo fu necessario, il creare in ql tépo

Giulio 11. Pont animoso, & di lasciar memorie desiderosissimo. Et fu ventura nostra, & sua il trouare un tal Principe; il che a gli ingegni grādi auuie ne rare uolte. a le spese del quale, e' potesse mostrare il valore dello ingegno suo: & quelle arteficiose difficultà, che nella architettura mostrò Bramante. La uirtù del quale si este se tanto ne'gli edifici da lui fabricati, che le modanature delle cornici, i fusi delle colonne, la grazia de' capitegli, le base, le mensole, & i cantoni, le volte, le scale, i risalti; & ogni ordine d'architettura tirato per consiglio o modello di questo artefice; riuscì sempre marauiglioso a chiunque lo vide. Laonde quello obligo eterno, che hanno gli ingegni, che studiano sopra i sudori antichi, mi pare, che ancora lo debbano hauere alle satiche di Bramante. Perche se pure i Greci furono inuentori; della architettura e i Romani imitatori, Bramante non solo imitandogli con inuenzion nuoua ci insegnò, ma ancora bellezza, & difficultà accrebbe grandissima all'arte, la quale per lui imbellita hoggi veggiamo. Costui nacque in castello Durante nello stato di Vrbino, d'una pouera persona, ma di buone qualità. Et nella sua fanciullezza oltra il leggere, & lo scriuere, si esercitò grandemente nello abbaco. Ma il padre che haueua bisogno che e' guadagnasse, vedendo che egli si dilettaua molto de'l disegno; lo indirizzò ancora fanciulletto a l'arte della pittura: nella quale studiò egli molto le cose di fra Bartolomeo, altrimēti fra Carnouale da Vrbino; che fece la tauola di s.Maria della Bella in Vrbino. Ma perche egli sempre si dilettò de l'architettura, & de la prospettiua, si parti da Castel Durante; & condottosi in Lombardia, andaua hora in questa, hora in quella città, lauorando il meglio che e' poteua. Non però cose di grande spesa, o di molto honore, non hauendo ancora ne nome, nè credito. Perilche deliberatosi di vedere almeno qualcosa notabile, si trasferì a Milano per vedere il Duomo: doue all'hora si trouaua vn Cesare Cesariano, reputato buono Geometra, & buono Architettore; il quale comentò vitruuio; e disperato di non hauerne hauuto quella remunerazione che egli si haueua promessa, diuentò sì strano, che non volse piu operare, & diuenuto saluatico morì piu da bestia, che da persona. Eraui ancora vn Bernardino da Treuio milanese ingegniere, & architettore del duomo, & disegnatore grandissimo il quale da Lionardo da Vinci fu tenuto maestro raro; ancora che la sua maniera fusse crudetta, & alquanto secca nelle pitture. Vedesi di costui in testa del chiostro delle grazie vna resurressione di Christo, con alcuni scorti bellissimi. Et in s.Francesco vna cappella a fresco, dentroui la morte di s.Piero, & di s.Paulo. Costui dipinse in Milano molte altre opere, & per il contado ne fece anche buon numero tenute in pregio, e nel nostro libro è una testa di carbone, & biacca d'una femina assai bella che ancor fa fede de la maniera ch'e tenne. Ma per tornare a Bramante, considerata che egli hebbe questa fabbrica, & conosciuti questi ingegnieri; si inanimì di sorte: che egli si risolvè del tutto, darsi a l'architettura. La onde partitosi da Milano, se ne venne a Roma innanzi lo anno Santo del M D. doue conosciuto da alcuni suoi amici, & del paese, & Lombardi, gli fu dato da dipignere a s.Giouanni Laterano sopra la porta Santa; che s'apre per il Giubbileo, vna arme di Papa Alessandro VI. lauorata in fresco, con Angeli, & figure, che la sostengono. Haueua Bramante recato di Lombardia, & guadagnati in Roma a fare alcune cose

BRAMANTE

cose, certi danari; i quali con vna masserizia grandissima spendeua: desiderolo poter viuer del suo; & insieme senza hauere a lauorare, potere agiatamente misurare tutte le fabriche antiche di Roma. Et messoui mano, solitario, & cogitatiuo sen'andaua; & fra non molto spazio di tempo misurò quanti edifizij erano in quella città & fuori per la campagna & parimente fece fino a Napoli, & douunque e sapeua, che fossero cose antiche Misurò cioche era a tiboli & alla villa Adriana,& come si dirà poi al suo luogo,sene serui assai. Et scoperto in questo modo l'animo di Bramante. Il Cardinale di Napoli datoli d'occhio prese a fauorirlo. Donde Bramante seguitandolo studio essendo venuto voglia al Cardinal detto di far rifare a frati della Pace il chiostro, di treuertino, hebbe il carico di questo chiostro. Perilche desiderado di acquistare, & di gratuirsi molto quel Cardinale, si messe a l'opera con ogni industria & diligenzia: & prestamente & perfettamente la condusse al fine. Et ancora che egli non fusse di tutta bellezza: gli diede grādissimo nome per non essere in Roma molti, che attendessino alla Architettura, con tanto amore, studio, & prestezza, quanto Bramante. Serui Bramante, ne suoi principii, per sotto architettore di Papa Alexandro vi alla fonte di trasteuere: & parimente a quella che si fecie in sulla Piazza di s. Piero trouolsi anchora essendo cresciuto in reputatione, con altri eccellenti architettori, alla resolutione di gran parte del Palazzo di s. Giorgio, & della chiesa di s. Lorenzo in dama so fatto fare da Raffaello Riario Cardinale di s. Giorgio: vicino a campo di fiore: che quantunque si sia poi fatto meglio, fu non di meno, & e ancora per la grandezza sua, tenuta comoda & magnifica abitatione, e di questa fabrica fu esecutore vno Antonio Montecauallo. Trouolsi al consiglio dello acrescimēto di san Iacopo degli spagnuoli in Nauona: & parimente alla deliberatione di santa Maria de anima, fatta condurre poi da vno architetto Todesco. Fu suo disegno ancora il palazzo del Cardinale Adriano da corneto, in borgo nuouo, che si fabricò adagio, e poi finalmente rimase imperfetto per la fuga di detto Cardinale, & parimente l'accrescimento della cappella maggiore di santa Maria del populo fu suo disegno, le quali opere gli aquistarono in Roma tanto credito che era stimato il primo architettore per essere egli risoluto presto e bonissimo inuentore che da tutta quella città fu del cōtinuo ne magior bisogni da tutti e grandi adoperato, perilche creato Papa Iulio ii. l'anno 1503. cominciò, a seruirlo. Era entrato in fantasia a quel pontefice di acconciare quello spatio che era fra beluedere el palazzo ch'egli hauessi forma di teatro quadro abbracciando vna valletta che era in mezzo al palazzo Papale vecchio, & la muraglia che haueua per habitatione del Papa fatta di nuouo Innocentio viii. Et che da dua corridori che mettessino in mezzo, questa valletta, si potessi venire di bel'vedere in palazzo per loggie, & cosi di palazzo p. quelle andare in bel'uedere, et che della valle per ordine di scale indiuersi modi si potesse salire sul piano di bel vedere, perilche Bramante che haueua grādissimo giuditio, & ingegno capriccioso in tal cose sparti nel piu basso con duoi ordini d'altezze prima vna loggia dorica bellissima: simile al Coliseo de saue gli ma in cambio di mezze colone misse pilastri: e tutta di tiuertini la murò: & sopra questa uno secondo ordine ionico sodo di finestre: tanto che e uenne al piano delle prime stanze del palazzo Papale; & al piano di quelle di

bel

bel vedere: per far poi vna loggia piu di 400. paſsi dalla banda diuerſo Roma, & parimente vnaltra diuerſo il boſco che luna, e laltra volſe che metteſſino in mezzo la valle oue ſpianata che ella era ſi haueua a condurre tutta lacqua di bel'vedere & fare vna belliſsima fontana di queſto diſegno finì Bramante il primo corridore che eſcie di palazzo & va in bel'uedere dalla banda di Roma eccetto, l'ultima loggia che douea andar di ſopra: ma la parte uerſo il boſco riſcontro'a queſta ſi fondò bene, ma non ſi potè finire interuenendo la Morte di Iulio e poi di Bramante fù tenuta tanto bella inuentione, che ſi credette che dagli antichi in qua: Roma non haueſsi veduto meglio. Ma come s'e detto dell altro corridore rimaſero ſolo i fondamenti. & e penato aſinirſi fino a queſto giorno che Pio IIII. gli ha dato quaſi perfettione. Feceui ancora la teſtata che, e in bel'uedere allo antiquario delle ſtatue antiche con lordine delle nicchie, e nel ſuo tempo ui ſi meſſe il Laocorite ſtatua antica rariſsima, & lo Apollo, e la Venere: che poi il reſto delle ſtatue furon poſte da Leone X. come il Teuere el Nilo, e la Cleopatra, e da Clemente VII. alcune altre, e nel tempo di Paulo III. e di Giulio III. fattoui molti acconcimi d'importanzia con groſſa ſpeſa, e tornando a Bramante ſegli non haueſsi hauuto i ſuoi miniſtri auari egli era molto ſpedito, & intendeua marauiglioſamente la coſa del fabricare; & queſta muraglia di Beluedere fu da lui con grandiſsima preſtezza condotta & era tanta la furia di lui che faceua, & del Papa, che haueua voglia, che tali fabriche nō ſi muraſſero, ma naſceſſero: che i fondatori portauano di notte la ſabbia, e il pancone fermo della terra, & la cauauano di giorno in preſenza a Bramante; perch'egli ſenza altro uedere faceua fondare. La quale inauuertenza, ſu cagione, che le ſue fatiche ſono tutte crepate, & ſtanno a pericolo di ruinare come fece queſto medeſimo corridore: del quale vn pezzo di braccia ottanta ruinò a terra al tempo di Clemente VII. & fù riſatto poi da Papa Paulo III. & egli ancora lo fece riſondare & ringroſſare. Sono di ſuo in Beluedere molte altre ſalite di ſcale variate ſecondo i luoghi ſuoi alti & baſſi, coſa belliſsima con ordine. Dorico, Ionico, & Corintio opera condotta con ſomma grazia. Et aueua di tutto fatto vn modello, che dicono eſſere ſtato coſa marauiglioſa: come ancora ſi vede il principio di tale opera coſi imperfetta. Fece oltra queſto vna ſcala a chiocciola ſu le colonne, che ſalgono, ſi che a cauallo vi ſi cammina: nellaquale il Dorico entra nello Ionico & coſi nel Corintio, & de l'vno ſalgono ne l'altro : coſa condotta con ſomma grazia & con artifizio certo eccellente ; la quale non gli fa manco honore, che coſa che ſia quiui di man ſua. Queſta inuentione, e ſtata cauata da Bramante de ſan Niccolò di Piſa come ſi diſſe nella vita di Giouanni è Niccola Piſani. Entrò Bramante in capriccio di fare in Bel'vedere in vn fregio nella facciata di fuori, alcune lettere, a guiſa di Ieroglifi antichi: per dimoſtrare maggiormente l'ingegno, ch'aueua, e per mettere il nome di quel Pōtefice, el ſuo, e haueua coſi, cominciato *Iulio II. Pont. Maſsimo* & haueua fatto fare vna teſta in profilo di Iulio Ceſare, & con dua archi vn ponte che diceua *Iulio II. Pont. & vna Aguglia del circolo Maſsimo per Max.* di che il Papa ſi riſe, & gli fecie fare le lettere dun braccio che ci ſono hoggi alla antica: dicendo che l'aueua cauata queſta ſciocheria da viterbo ſopra vna porta, doue vn maeſtro Franceſco architettore meſſe il ſuo nome in vno architraue intaglia
to

BRAMANTE

to cosi che fecie vn'san Francesco, vn arco, vn tetto, & vna torre che rileuan-
do diceua, a modo suo *Maestro Francesco Architettore uoleuagli il Papa per amor'
della uirtù sua della Architettura gran bene*

 Perilche meritò da'l detto Papa, che sommamente lo amaua per le sue qua
lità di essere fatto degno dell'vfficio del piōbo, nel quale fece vno edificio da
improntar le bolle cō vna vite molto bella. Andò Bramante ne seruitii di q̄-
sto pōtef. a Bologna quàdo lanno 1504. ella torno alla chiesa & si adoperò in
tutta la Guerra della Mirandola a molte cose ingegnose, e di grandissima in
portāza fe molti disegni di piāte e di edifitii che molto bene erano disegnati
da lui come nel nostro libro ne appare alcuni bē misurati et fatti con arte grā
dissima. Insegnò molte cose d'architettura a Raffaello da vrbino e così gli ordi
nò, i casamēti che poi tirò di prospettiua nella camera del Papa dou'e il monte di Parnaso. nella qual camera Raffaello ritrasse Bramante che misura con
certe seste. Si risoluè il Papa di mettere in strada Giulia da Bramante in-
drizzata tutti gli vffici, & le ragioni di Roma in vn luogo, per la commodità,
ch'a i negoziatori aueria recato nelle faccende: essendo continuamente fino allora state molto scomode. Onde Bramante diede principio al palazzo, ch'a San Biagio su'l Teuere si vede, nel quale e ancora vn tempio Corintio non finito, cosa molta rara, & il resto del principio di opera rustica
bellissimo che, e stato gran danno che vna si onorata & vtile & magnifica o-
pra non si sia finita che da quelli della professione, è tenuto il piu bello ordine che si sia visto mai in quel genere. Fece ancora san Pietro a Montorio di
Treuertino nel primo chiostro vn tempio tondo, del quale non può di proporzione, ordine, e varietà imaginarsi, & di grazia il piu garbato ne meglio
inteso; & molto piu bello sarebbe, se fusse tutta la fabbrica del chiostro, che
non e finita condotta, come si vede in vno suo disegno. Fece fare in Borgo il
palazzo, che fu di Raffaello da vrbino lauorato di mattoni, & di getto con cas
se le colonne, & le bozze di opera Dorica & rustica, cosa molto bella & inuē-
zion nuoua, del fare le cose gettate. Fece ancora il disegno & ordine dell'or
namento di santa Maria da Loreto, che da Andrea Sansouino fu poi conti-
nuato, & infiniti modelli di palazzi, & tempii, i quali sono in Roma & per lo
stato della Chiesa. Era tanto terribile l'ingegno di questo marauiglioso arte
fice: che e'rifece vn disegno grandissimo per restaurare, & dirizzare il palazzo del Papa. Et tanto gli era cresciuto l'animo vedendo le forze del papa, &
la volontà sua corrispondere allo ingegno, & alla voglia, che esso haueua;
che sentendolo hauere volontà di buttare in terra la Chiesa di santo Pietro p
rifarla di nuouo; gli fece infiniti disegni. Ma fra gli altri ne fece vno, che fu
molto mirabile; doue egli mostrò quella intelligenza, che si poteua maggio
re cō dua campanili che mettono in mezzo, la facciata come si vede nelle mo
nete che battè poi Giulio II. & Leon X. fatte da Carradosso eccellentissimo
orefice che nel far coni nō ebbe pari come ancora si vede la medaglia di Bra
mante fatta da lui molto bella. Et così resoluto il Papa di dar' principio alla
grandissima, & terribilissima fabrica di san Pietro; ne fece rouinare la metà
& postoui mano con animo che di bellezza, arte, inuenzione, & ordine, così di grandezza, come di ricchezza, & d'ornamento hauesi a passare tutte le
fabbriche, che erano state fatte in quella città dalla potentia di quella Re-
      publica;

publica;& dall'arte & ingegno di tanti valorosi maestri; con la solita prestez
za la fondò, & in gran parte innanzi alla morte del Papa & sua, la tirò alta fi
no a la cornice, doue sono gli archi a tutti i quattro pilastri, & voltò quegli
con somma prestezza & arte. Fece ancora volgere la cappella principale, do
ue è la nicchia, attendendo insieme a far tirare inanzi la cappella che si chia
ma del Re di Francia.

 Egli trouò in tal lauorò il modo del buttar le uolte con le casse di legno,
che intagliate, vengano co'suoi fregi, & fogliami di mistura di calce: Et
mostrò ne gli archi, che sono in tale edificio, il modo del voltargli con i
ponti impiccati; come abbiamo veduto seguitare poi con la medesima inué
tione da Anton da San Gallo. Vedesi in quella parte, ch'è finita di suo, la cor
nice, che rigira attorno di dentro correre in modo con grazia, che il disegno
di quella non può nessuna mano meglio in essa leuare, & sminuire. Si vede
ne suoi capitegli, che sono a foglie di vliuo di dentro, & in tutta l'opera Do
rica di fuori stranamente bellissima, di quanta terribilità fosse l'animo di Bra
mante: che in uero s'egli auesse auuto le forze eguali allo ingegno; di che aue
ua adorno lo spirito: certissimamente aurebbe fatto cose inaudite più che nō
fece. perche hoggi questa opera, come si dirà a suoi luoghi, e stata dopo la
morte sua molto trauagliata dagli architettori: e tal'mente che si può dire
che da quatro archi in'fuori; che reggono la tribuna non vi sia rimasto altro
di suo, perche Raffaello da vrbino & Giuliano da san'Gallo essecutori, dop
po la morte di Giulio. 11. di quella opera: insieme con fra Giocondo verō
nese, vollon'cominciare ad alterarla: & doppo la morte di questi Baldassarri
peruzzi, facendo nella crociera verso campo santo, la cappella del Re di
Francia: alterò quel'ordine: & sotto Paulo 111. Antonio da san'Gallo lo mu
tò tutto; & poi Michelagnolo Buonaruoti ha tolto via le tante openioni, &
spese superflue, riducendolo a quella bellezza, e perfettione che nessuno di
questi ci pensò mai: venendo tutto dal disegno, & giuditio suo: ancora ch'egli
dicesse a me parechie volte, che era esecutore del'disegno, & ordine di Bra
mante, atteso che coloro che piantano la prima volta vno edifitio grāde, son
quegli, gli autori. Apparue smisurato il concetto di Bramante in questa
opera, & gli diede vn principio grandissmo, il quale se nella grandezza di sì
stupendo, e magnifico edifitio hauesse cominciato minore non valeua, ne al
san'Gallo negli altri, ne anche al'Buonaruoto il disegno per acrescerlo come
e valse per diminuillo, perche Bramāte haueua concetto di fare magior'cosa.
Dicesi, che egli haueua tanta la voglia di vedere questa fabrica andare innan
zi, che e rouinò in san Piero molte cose belle, di sepolture di papi, di pitture
e di musaici, e che per tio hauiano smarrito la memoria di molti ritratti di p
sone grandi, che erano lparte per quella chiesa, come principale di tutti i
christiani, saluò solo lo altare di san'Piero, e la tribuna vecchia & a torno
vi fece vno ornamento di ordine Dorico bellissimo, tutto di pietra di perpe
gigno, accio quando il papa viene in san'Piero a dir' la messa vi possa stare, cō
tutta la corte, e gl'imbasciatori de principi christiani la quale nō finì a fatto p
la morte: E Baldassare sanese gli dette poi la perfettione. Fu Bramante perso
na molto allegra & piaceuole, & si dilettò sempre di giouare a prosimi suoi.
Fu amicissimo delle persone ingegnose, & fauoreuole a quelle in ciò che è
                       poteua

BRAMANTE

poteua;come si vede, che egli fece al grazioso Raffaello Sanzio da Vrbino, pietor celebratissimo, che da lui fu condotto a Roma. Sempre splendidissimamente si onorò, & visse: & al grado, doue i meriti della sua uita l'haueuano posto, era niente quel che haueua, a petto a quello, che egli aurebbe speso. Dilettauasi de la Poesia, & volentieri vdiua & diceua in prouiso in su la lira, & componeua qualche sonetto, se non così delicato come si vsa ora, graue almeno, & senza difetti. Fu grandemente stimato da i Prelati, & presentato da infiniti signori, che lo conobbero, Ebbe in vita grido grandissimo, & maggiore ancora dopo morte, perche la fabbrica di san Piero restò a dietro molti anni. Visse Bramante anni 70. e in Roma con onoratissime esequie fu portato dalla corte del Papa, & da tutti gli scultori architettori & pittori. Fu sepolto in san Pieto l'anno   MDXIIII.

Fu di grandissma perdita all'architettura la morte di Bramante, ilquale fu inuestigatore di molte buone arti, ch'aggiunte a qlla, come l'inuenzione del buttar le volte di getto, lo stucco, l'vno & l'altro vsato da gli antichi, ma stato perduto da le ruine loro fino al suo tempo. Onde quegli, che vanno misurando le cose antiche d'architettura, trouano in quelle di Bramante non meno scienza, & disegno, che si faccino in tutte quelle. Onde puo rendersi aquegli, che conoscono tal perfesione vno degli ingegni rari, che hanno illustrato il secol nostro. Lasciò suo domestico amico Giulian Leno, che molto valle nelle fabbriche de'tempi suoi. Per prouedere & eseguire la volonta di chi disegnaua piuche per operare di man sua, se bene haueua giuditio, e grande sperienza. Mentre visse Bramante fu adoperato dallui nellopre sue Ventura fallegname pistolese, il quale aueua bonisimo ingegno & disegnaua assai aconciamente costui si diletto assai in Roma, di misurare le cose antiche, & tornato a Pistoia per rinpatriarsi segui che lanno 1509 in quella città vna nostra Donna, che oggi si chiama della Vmiltà, fecie miracoli & perche gli fu porto molte limosine, la Signoria che allhora gouernaua deliberò fare vn tempio in honor suo perche portosi questa occasione a Ventura fece di suo mano vn modello dun tépio a otto faccie largo braccia & alto braccia có vn vestibulo, o portico serrato dinanzi molto ornato di drento & veramente bello. doue piaciuto a que Signori & capi della città, si comincio a fabricare con lordine di Ventura il quale fatto i fondamenti del vestibulo & del tempio, e finito afatto il vestibulo che riusci richo di pilastri, e corniciconi dordine Corinto & daltre pietre intagliate & con quelle anche tutte lo volte di quel l'opera, furon fatti a quadri scorniciati pur di pietra pien di rosoni: il Tempio otto faccie, fu anche dipoi condotto fino alla cornicie vltima, doue saueua a voltare la tribuna: mentre che egli visse Ventura, e per non esser egli molto sperto in cose cosi grandi: non considerò al peso della Tribuna, che potesse star sicura auendo egli nella grossezza di quella muraglia fatto nel primo ordine delle finestre & nel secondo doue son le altre un andito che camina atorno, doue egli venne a indebolit'le mura che sendo quello edifitio da basso senza spalle era pericoloso il voltàrla e massime negliangoli delle cantonate doue haueua a pignere tutto il peso della volta di detta Tribuna: La doue doppo la morte di Ventura non e stato Architetto nessuno che gli sia bastato lanimo di voltalla, anzi haueuon fatto condurre in sul luogo legni grandi &

e

grofsi di alberi per farui vn tetto a capanna, che non piacédo a que cittadini, non volfono che fi mettefſe in opra, & ſte cofi ſcoperta molti anni tanto
che lanno 1561 fuplicorno ghoperai di quella fabrica al Duca Coſimo. per
che. S. E. facefsi loro gratia, che quella Tribuna fi facefſe doue per compia=
cergli quel Signore ordinò a Giorgio Vaſari che vi andafſe & vedeſſe di trouar modo diuoltarla. che cio fatto ne fece un modello che alzaua quello edifi
tio ſopra la cornice che haueua laſſato Ventura, otto braccia per fargli ſpalle,
& riſtrinſe il vano che va intorno fra muro e muro dello andito & rinfranca
do le ſpalle, egliangoli & le parte di ſotto degli anditi che haueua fatto Ven
tura fra le fineſtre glincateno con chiaue groſſe di ferro doppie in ſu gliango
li che laſicuraua di maniera che ſicuramente ſi poteua voltare. Doue ſua Ec.
volſe andare in ſul luogo & piaciutoli tutto diede ordine che ſi faceſſe, e coſi
ſonò códótto tutte le ſpalle, & di gia fi'è dato principio a voltar la Tribuna. ſi
che lopra di Vétura verra richa & có piu grandezza & ornaméto & piu pro
porzione. ma nel vero Ventura merita che ſene faccia memoria perche quel
la opera e la piu notabile per coſa moderna che ſia in quella città.

VITA DI FRA BARTOLOMEO
PITTOR FIORENTINO

Vita di Fra Bartolomeo di s. Marco pittor Fiore.

Icino alla terra di prato che e lontana a Fiorenza.10.miglia in vna villa chiamata sauignano: nacque Bartolomeo, secondo l'uso di toscana, chiamato Baccio il quale mostrando nella sua pueritia non solo inclinatione, ma ancora attitudine al disegno: fu col mezzo di Benedetto da maiano acconcio con Cosimo rosselli, & in casa alcuni suoi parenti, che habitauano alla porta a san Piero gattolini, accomodato: oue stette molti anni talche nõ era chiamato ne inteso p altro nome che per baccio dalla porta. Costui doppo che si parti da Cosimo rosselli comincio a studiare con grande affettione le cose di Lionardo da vinci e in poco tempo fecie tal frutto, e tal'progresso nel'colorito che s'aquistò reputatione, e credito duno de miglior giouani dell'arte, si nel'colorito come nel'disegno. Ebbe in compagnia Mariotto Albertinelli che in poco tempo prese assai bene la sua maniera, e con lui condusse molti quadri di nostra Donna, sparsi p Fiorēza; de quali tutti ragionare sarebbe cosa troppo lunga, pero toccãdo io lo dalcuni fatti excelentemẽte da Baccio, vno n'è in casa di Filippo di Auerardo Saluiati bellissimo, & tenuto molto in pregio & caro da lui, nel'quale, è vna nostra Donna, vnaltro, non e molto, fu comperato (vendendosi fra masseritie vecchie) da Pier'maria delle pozze persona molto amico delle cose di pittura, che conosciuto la bellezza sua non lo lascio per danari, nel'quale e vna nostra Donna fatta con vna diligentia sttaordinaria. Haueua Pier del'Pugliese hauuto vna nostra Donna piccola di marmo di basissimo rilieuo, di mano di Donatello cosa rarissima, la quale per magiormente honorarla, gli fecie fare vno tabernacolo di legno per chiuderla con dua sportellini che datolo a Baccio dalla porta vi fecie drēto dua storiette, che fu vna la Natiuita di Christo, laltra la sua circuncisione, le quali condusse Baccio di figurine a guisa di miniatura che nõ e possibile, a olio poter far meglio, e quando poi si chiude di fuora, in su detti sportelli dipinse pure a olio di chiaro e scuro la nostra Donna anuntiata dall'Angelo. Questa opera, e hoggi nello scrittoio del Duca Cosimo doue egli ha tutte le antichità di bronzo di figure piccole, medaglie, & altre pitture rare di mini, tenuto da Sua Eccellentia Illustrissima per cosa rara come e veramente. era Baccio amato in Firenze per la virtu sua, che era assiduo al lauoro quieto e buono di natura, & assai timorato di Dio, & gli piaceua assai la vita quieta, & fuggiua le pratiche viziose & molto gli dilettaua le predicazioni, & cercaua sempre le pratiche delle persone dotte e posate. E nel'uero rare volte fa la natura nascere vn buono ingegno, & vno orefice mansueto che anche in qualche tempo di quiete e di bõtà non lo prouegga come fece a Baccio, ilquale come si dirà di sotto, gli riusci quello che egli desideraua, che sparsosi l'esser lui non men buono che valēte si diuulgo talmente il suo nome, che da Gerozzo di Monna Venna Dini gli fu fatta allogazione d'una cappella nel cimiterio, doue sono l'ossa de'morti nello spedale di santa Maria Nuoua, & cominciovi vn giudítio a fresco il quale condusse con tanta diligenza & bella maniera in quella parte, che fini

che acquiſtandone grandiſsima fama, oltra quella, che haueua, molto fu ce
lebrato per hauer'egli con boniſsima conſiderazione espreſſo la gloria del pa
radiſo & Chriſto con i dodici Apoſtoli giudicare le dodici tribu, le quali con
belliſsimi panni ſono morbidamente colorite. Oltra che ſi vede nel diſegno
che reſtò a finirſi queſte figure che ſono iui titate all'inferno: la diſperazione,
il dolore, & la vergogna della morte eterna; coſi come ſi conoſce la conten
tezza, & la letizia, che ſono in quelle che ſi ſaluano ancora che queſta opera
rimaneſſe imperfetta, hauendo egli piu voglia d'attendere alla religione che
alla pittura. Perche trouandoſi in queſti tempi in ſan Marco fra Girolamo
Sauonarola da Ferrara, dell'ordine de'Predicatori, teologo famoſiſsimo, &
continouando Baccio la vdienza delle prediche ſue, per la deuozione; che in
eſſo haueua; preſe ſtrettiſsima pratica con lui, & dimoraua quaſi continua
mente in conuento hauendo anco co'gli altri frati fatto amicitia. Auenne che co
tinouando Fra Ieronimo le ſue predicationi & gridando ogni giorno in pga
mo che le pitture laſciue & le Muſiche & libri amoroſi ſpeſſo inducono glia
nimi a coſe mal fatte, fu perſuaſo che non era bene tenere in caſa, doue ſon
fanciulle, figure dipinte di huomini & donne ingniude, perilche riſcaldati i
popoli dal dir ſuo il carnouale ſeguente che era coſtume della città far ſopra
le piazze alcuni capannucci di ſtipa, & altre legne & la ſera del martedi per
antico coſtume arderle queſte co balli amoroſi doue preſi per mano vno huo
mo & vna donna gitauano cantando intorno certe ballate. Feſi fra Ieronimo
che quel giorno ſi conduſſe a quel luogo tante pitture & ſcolture igniude
molte di mano di M. Eccellenti, & parimente libri, liuti, & canzonieri che
fu danno grandiſsimo, ma particolare della pittura doue Baccio porto tutto
lo ſtudio de diſegni che egli haueua fatto degli ingniudi, & lo imito anche
Lorenzo di Credi & molti altri, che haueuon nome di piagnoni la doue nó
andò molto plaffettione che Baccio aueua a fra Ieronimo che fecie in vn qua
dro el ſuo ritratto che fu belliſsimo, il quale fu portato allora a Ferrara & di
li non e molto che glie tornato in Fiorenza nella caſa di Filippo di Alaman
no Saluiati il quale per eſſer di mano di Baccio l'ha cariſsimo. Auuenne poi
che vn giorno ſi leuarono le parti contrarie a fra Girolamo per pigliarlo, &
metterlo nelle forze della giuſtitia, per le ſeditioni, che haueua fatte in quel
la città. Ilche vedendo gli amici del frate, ſi ragunarono eſsi ancora, in nume
ro piu di cinquecento; & ſi rinchiuſero dentro in San Marco; & Baccio in
ſieme con eſſo loro, per la grandiſsima affezzione, che egli haueua a quella
parte. Vero e che eſſendo pure di poco animo anzi troppo timido & vile, ſen
tendo poco appreſſo dare la battaglia al Conuento, & ferire & vccidere al
cuni, cominciò a dubitare fortemente di ſe medeſimo. Per il che fece voto ſe
e'campaua da quella furia, di veſtirſi ſubito l'abito di quella religione, & inte
ramente poi lo oſſeruò. Con cio ſia che finito il rumore, & preſo & condan
nato il frate alla morte come gli ſcrittori delle ſtorie piu chiaramente ra
contano Baccio andatoſene a prato ſi fecie frate in ſ. Domenico di quel luo
go ſecondo che ſi troua ſcritto nelle cronache di quel conuento, a di 26 di lu
glio 1500 in quello ſteſſo conuento doue ſi fece frate; con grandiſsimo diſpia
cere di tutti gli amici ſuoi, che infinitamente ſi dollero di hauerlo perduto,
& maſsime per ſentire che egli haueua poſtoſi in animo di non attendere
piu

FRA BARTOLOMEO

piu alla pittura. La onde Mariotto Albertinelli amico, è cōpagno suo, a preghi di Gerozzo Dini prese le robbe da fra Bartolomeo, che cosi lo chiamò il Priore nel vestirgli l'abito, & l'opra dell'ossa di Santa Maria Nuoua condusse a fine doue ritrasse di naturale lo Spedalingo che era allora & alcuni frati valenti in cerusia, e Gerozzo che la faceua fare & la moglie interi nelle faccie dalle bande ginochioni; & in vno igniudo che siede, ritrasse Giuliano Bugiardini suo creato giouane, con vua zazzera come si costumaua allora che i capegli si conteriano a uno a uno tanto son diligenti. ritrasseui se stesso ancora, che e vna testa in zazzera d'uno che escie d'un di quegli sepolcri: eui ritratto in quell'opera anche fra Giouanni da Fiesole pittore, del quale auiano descritto la uita; che e nella parte de Beati? Quest'opera fu lauorata & da Fra Bartolomeo et da Mariotto in fresco tutta, che sè mantenuta & si mantiene benissimo, et è tenuta dagli artefici in pregio: perche in quel genere si puo far poco piu. Ma essendo fra Bartolomeo stato in Prato molti mesi, fu poi da sua supiori messo conuētuale in san Marco di Fiorenza; & gli fu fatto da que frati p le uirtu sua molte carezze: Aueua Bernardo del Bianco fatto far' nella Badia di Fiorenza in que di vna Cappella di Macigno intagliata molto ricca, et bella col Disegno di Benedetto da Rouezzano la quale fu & e ancora hoggi, molto stimata per vna ornata & varia opera nella quale Benedetto Buglioni fecie di terra cotta inuetriata in alcune nichie figure & angeli, tutte tonde, per finimento, & fregii pieni di cherubini & d'inprese del Biancho, & desiderando metterui drento vna tauola che fussi degna di quello ornamento messesi in fantasia che fra Bartolomeo sarebbe il proposito, e opero tutti que mezzi amici che maggiori p disporlo: stauasi fra Bartolomeo in conuento, nō attendendo ad altro che a gli uffici diuini & alle cose della regola anchora che pregato molto dal priore & da gli amici suoi piu cari, che e' facesse qual che cosa di pittura, & era gia passato il termine di quattro anni che egli non aueua voluto lauorar nulla, ma stretto in su questa occasione da Bernardo del Bianco, in fine cominciò alla tauola di San Bernardo, che scriue; & nel vedere la Nostra Donna, portata co'l putto in braccio da molti angeli & putti: da lui coloriti pulitamente, sta tanto contemplatiuo; che bene si conosce in lui vn'non sò che di celeste; che resplende in quella opera, a chi la considera attentamente doue molta diligenza & amor pose insieme con vno arco lauorato a fresco, che vi è sopra. Fece ancora alcuni quadri per Giouanni Cardinale de Medici, & dipinse per Agnolo Doni vn quadro di vna Nostra Donna che serue per altare d'una cappella in casa sua di straordinaria bellezza.

Venne in questo tempo Raffaello da Vrbino pittore a imparare l'arte a Fiorenza, & insegnò i termini buoni della prospettiua a fra Bartolomeo: perche essendo Raffaello volonteroso di colorire nella maniera del frate, & piacendogli il maneggiare i colori & lo vnir suo, con lui di continuo si staua. Fece inquel tempo vna tauola con infinità di figure in San Marco in Fiorenza, ogg'è appresso al Re di Francia, che fu a lui donata, & in San Marco molti mesi si tenne a mostra. Poi ne dipinse vn'altra in quel luogo doue è posto infinito numero di figure, in cambio di quella che si mando in Francia: nella quale sono alcuni fanciulli in aria, che volano, tenendo vn'padiglione aperto cō arte & con buon disegnō & rilieuo tanto grande, che paiono spiccarsi da la

tauola

tauola: & coloriti di colore di carne moſtrano quella bontà & quella bellezza, che ogni artefico valente cerca di dare alle coſe ſue, laquale opera ancora
oggi per eccellentiſsima ſi tiene. Sono molte figure in eſſa intorno a vna No
ſtra Donna tutte lodatiſsime & con vna gratia & affetto & pronta fierezza vi
uaci. Ma colorite poi co vna gagliarda maniera che parò di rilieuo pche uolſe
moſtrare, che oltra al diſegno ſapeua dar forza & far venire con loſcuro del
le onbre innanzi le figure, come appare intorno a vn padiglione oue ſono al
cuni putti che lo tégono, che voládo in aria ſi ſpiccano dalla tauola: oltre che
uè vn Chriſto fanciullo che ſpoſa S. Caterina Monacha che no è poſsibile i
quella ſcurità di colorito che ha tenuto, far piu viua coſa. Euui vn cerchio di
ſanti da vna banda che diminuiſcono in proſpettiua, intorno al vano duna
gran nichia i quali ſon poſti con tanto ordine che paion veri & parimente
dallaltra Banda. E nel uero ſi valſe aſſai dimmitare in queſto Colorito le coſe di Lionardo: e maſsime negli ſcuri: doue adoprò fumo da ſtampatori, &
nero di Auorio abruciato: E hoggi queſta tauola da detti neri molto riſcura
ta: piu che quando la fecie che ſempre ſono diuentati piu tinti & ſcuri. Fece
ui innanzi per le figure principali, vn san Giorgio armato, che ha vno ſten
dardo in mano, figura fiera, pronta, viuace & con bella attitudine. Euui vn
san Bartolomeo ritto, che merita lode grandiſsima inſieme con due fanciul
li, che ſuonano vno il liuto, & l'altro la lira: all'un'de quali hà fatto raccorre
vna gamba, & poſarui ſu lo ſtrumento, le man'poſte alle corde in atto di diminuire, l'orecchio intento all'armonia, & la teſta volta in alto, con la bocca alquanto aperta, d'una maniera, che chi lo guarda non puo diſcrederſi
di non hauere a ſentire ancor'la voce. Il ſimile fa l'altro, che acconcio per lato
con vn orecchio appoggiato alla lira, par che ſenta l'accordamento che fa
il ſuono con il liuto, & con la voce mentre che facendo tenore egli con gli
occhi a terra va ſeguitando, co tener fermo & volto l'orecchio al compagno,
che ſuona & canta, auuertenzie & ſpiriti veramente ingegnoſi, & coſi ſtando
quelli a ſedere & veſtiti di velo, che marauiglioſi, & induſtrioſamente dalla dotta mano di fra Bartolomeo ſono condotti, & tutta l'opera con ombra
ſcura sfumatamente cacciata. Fece poco tempo dopo vn'altra tauola dirimpetto a quella laquale è tenuta buona, dentroui la Noſtra donna & altri San
ti intorno. Meritò lode ſtraordinaria hauendo introdotto vn'modo di ſum
meggiar le figure, in modo che all'arte aggiungono vnione marauiglioſa tal
mēte che paiono di rilieuo, et viue lauorate cō ottima maniera e pfezzione. Sē
tendo egli nominare l'opre egregie di Michele Agnolo fatte a Roma coſi
quelle del grazioſo Raffaello, esforzato dal grido, che di continuo vdiua de
le marauiglie fatte da i due diuini artefici, con licenza del priore ſi trasferi a
Roma doue trattenuto da fra Mariano Fetti frate del piombo, a Monte cauallo & san Salueſtro luogo ſuo gli dipinſe due quadri di san Pietro & san
Paolo, Et perche non gli riuſci molto il far bene in quella aria, come haueua fatto nella Fiorentina; atteſo che fra le antiche & moderne opere, che vide, e in tanta copia, ſtordi di maniera, che grandemente ſcemò la virtù & la
eccellenza, che gli pareua hauere; Delibero di partirſi; Et laſciò a Raffaello
da vrbino che finiſſe vno de quadri; ilquale non era finito, che fu il san Pie
ro il qaule tutto ritocco di mano del mirabile Raffaello, fu dato a fra Mariano

TERZA PARTE

riano. Et cosi sene tornò a Fiorenza, doue era stato morso piu volte, che non sapeua fare gli ignudi Volse egli dunque mettersi a pruoua, & con fatiche mostrare, ch'era attisimo ad ogni eccellente lauoro di quella arte, come alcuno altro. La onde per proua fece in vn quadro vn san Sebastiano ignudo con colorito molto alla carne simile, di dolce aria, & di corrispondente bellezza alla persona parimente finito: Doue infinite lode acquistò appresso a gli artefici. Dicesi, che stando in chiesa per mostra questa figura, haueuano trouato i frati nelle confessioni, donne, che nel guardarlo haueuano peccato per la leggiadra & lasciua imitazione del viuo, datagli dalla virtù di Fra Bartolomeo: Perilche leuatolo di chiesa, lo misero nel capitolo: Doue non dimorò molto tépo, che da Giouan Batista della Palla cóprato, fu mandato al Re di Francia. Haueua preso collera fra Bartolomeo cō i legniaioli che gli faceuano alle tauole, et quadri gli ornaméti i quali haueuan per costume come hanno anche hoggi di coprire con i battitoi delle cornici sempre vno ottauo delle figure la doue fra Bartolomeo deliberò di trouare vna inuenzione di nō fare alle tauole ornamenti & a questo san Bastiano fecie fare la tauola in mezzo tondo & vi tirò vna nichia in prospettiua che par di rilieuo in cauata nella tauola, & cosi con le cornici dipinte atorno: fece ornamento a la figura di mezzo: & il medesimo fecie al nostro san Vincentio & al san Marcho che si dira di sotto al san Vincentio. Fece sopra l'arco d'una porta per andare in sagrestia in legno a olio vn San Vincentio dell'ordine loro che figurando quello predicar del giudizio si vede ne gli atti & nella testa particularmente quel terrore & quella fierezza, che sogliono essere nelle teste de predicanti, quando piu s'affaticano con le minacci de la giustizia di Dio di ridurre gli huomini ostinati nel peccato, a la vita perfetta, di maniera che non dipinta, ma vera & viua apparisce questa figura a chi la considera attentamente, con si gran rilieuo è códotto; & è peccato, che si guasta & crepa tutta: per esser lauorata i su la colla fresca i color freschi: come dissi dell'opere di Piero perugino, nelli ingiesuati. Vennegli capriccio, per mostrare, che sapeua fare le figure grandi, sendogli stato detto, che haueua maniera minuta, di porre ne la faccia, doue è la porta del choro, il san Marco Euangelista. figura di braccia cinque in tauola condotta con bonissimo disegno & grande eccellentia. Tornato poi da Napoli Saluador Billi mercatante Fiorentino, inteso la fama di fra Bartolomeo, & visto l'opere sue, li fece fare vna tauola, dentroui Christo saluatore, alludendo al nome suo, & i quattro Euangelisti, che lo circondano, doue sono ancora due putti a pie che tengono la palla del mondo, i quali di tenera & fresca carne benissimo sono códotti come l'altra opera tutta, soníu ā cora due Profeti molto lodati. Questa tauola è posta nella Nunziata di Fiorēza sotto l'organo grande, che cosi volle Saluadore: & è cosa molto bella, & dal frate con grande amore & con gran bontà finita, laquale ha intorno l'ornamento di marmi, tutto intagliato per le mani di piero rossegli. Dopo hauendo egli bisogno di pigliare aria, il priore all'hora amico suo lo mando fuora ad vn lor monasterio, nel quale mentre che egli stette, accompagnò vltimamente per l'anima & per la casa l'operazione de le mani alla contemplazion' de la morte. Et fece a San Martino in Lucca vna tauola doue a piè d'vna Nostra donna e vno agnoletto, che suona vn liuto, insieme con santo Stefa-

no

no & san.Giouanni, con bonissimo disegno & colorito, mostrando in quel la la virtù sua Similmente in san Romano fece vna tauola in tela, dentroui vna Nostra donna de la Misericordia, posta su vn dado di pietra & alcuni an geli, che tengono il manto, & figurò con essa vn popolo su certe scalee chi rit to, chi a sedere, chi in ginocchioni, i quali risguardano vn Christo in alto, che manda saette & folgori adosso a' popoli: Certamente mostrò fra Bartolomeo in questa opera possedere molto il diminuire l'ombre della pittura & gli scu ri diquella con grandissimo rilieuo operando, doue le difficultà dell'arte mo strò con rara & eccellente maestria, & colorito, disegno; & inuenzione opra tanto perfetta: quáto facesse mai. Nella chiesa medesima dipinse vn'altra tauo la pure in tela dentroui vn Christo & Santa Caterina Martire insieme cō Sā ta Caterina da Siena ratta da terra in spirito; che è vna figura, de laquale in quel grado non si puo far meglio. Ritornando egli in Fiorenza, diede opera alle cose di musica, & di quelle molto dilettandosi alcune volte per passar tē po vsaua cantare. Dipinse a Prato dirimpetto alle carcere vna tauola d'una ass sunta: & fece in casa Medici alcuni quadri di Nostre donne, & altre Pitture ancora a diuerse persone come vn quadro duna Nostra donna che à in came ra Lodouico di Lodouico Caponi, & parimente vn altro di vna Vergine che tiene il figliuolo in collo con dua teste di santi apresso allo Eccellentissimo Messer Lelio Torelli Segretario Maggiore dello Illustrissimo Duca Co simo il quale lo tiene carissimo si per virtu di fra Bartolomeo come anche perche egli si diletta & ama & fauorisce non solo gli huomini di questa arte ma tutti i belli ingegni. In casa Pier del Pugliese oggi di Matteo Botti cittadi. no & Mercāte Fiorētino fece al sommo d'una scala in vn ricetto vn sā Gior gio armato a cauallo che giostrando amazza il serpente molto pronto: & lo fecie a olio di chiaro e scuro che si dilettò assai tutte le cose sua far cosi prima nell'opere auso di cartone innanzi che le colorisse o dinchiostro o onbrate di Aspalto & come neapare ancora in molte cose che lasso di quadri & tauole ri mase inperfette doppo la morte sua: & come anche molti disegni che di suo si veggono satti di chiaro scuro oggi la maggior parte nel Monasterio di san ta Caterina da siena in sulla piazza di san Marco. apresso a vna Monacha che dipigniè di cui sene fara al suo luogo memoria, & molti di simil modo satti che ornano in memoria di lui il nostro libro de disegni che ne ha messer Frā cesco del garbo fisico eccellencissimo.

Aueua openione fra Bartolomeo quando lauoraua tenere le cose viue in nanzi, & per poter ritrar panni & arme & altre simil cose fecie fare vn model lo di legno grande quanto il viuo che si snodaua nelle congenture, & quello vestiua con panni naturali doue egli fecie di bellissime cose potendo egli a be neplacito suo tenerle ferme fino che egli hauesse condotto lopera sua a per fettione, ilquale modello cosi intarlato & guasto come e:è apresso di noi per memoria sua. In Arezzo in Badia de monaci neri fece la testa d'vn Christo in iscuro cosa bellissima: Et la tauola della compagnia de contemplanti, laqua le s'è cōseruata in casa del Magnifico M. Ottauiano de Medici et hoggi ēstata da Messer Alessandro suo figliuolo messa in vna cappella in casa con molti or namenti tenendola carissima per memoria di fra Bartolomeo & perche egli si diletta infinitamente della pittura. Nel Nouiziato di san Marco nella cap

pella

FRA BARTOLOMEO

pella vna tauola della purificatione molto vaga, & con disegno condusse à buon fine. E a Santa Maria Maddalena luogo di detti frati fuor di Fiorenza, dimorandoui per suo piacere fece vn Christo, & vna Maddalena; & per il cōuento alcune cose dipinse in fresco, similmente lauorò in fresco vno arco sopra la foresteria di san Marco, & in questo dipinse Christo con Cleofas, & Luca, doue ritrasse Fra Niccolò della Magna, quando era giouane, il quale poi Arciuescouo di Capoua, & vltimamente fu Cardinale. Cominciò in san Gallo vna tauola, la quale fu poi finita da Giuliano Bugiardini hoggi allo altar maggiore di san Iacopo fra fossi al canto agli alberti. Similmente vn quadro del ratto di Dina, ilquale è appresso Messer Christofano Rinieri, che dal detto Giuliano fu poi colorito, doue sono, & casamenti, & inuenzioni molto lodati. Gli fu da Piero Soderini allogata la tauola della sala del consiglio, che di chiaro oscuro da lui disegnata ridusse in maniera ch'era per farsi honore grandissimo. La quale e hoggi in san Lorenzo, Alla Cappella del Magnifico Ottauiano de Medici, honoratamente collocata. Cosi imperfetta: nella quale sono tutti e protettori della citta di Fiorenza: E que santi che nel giorno loro la città ha haute le sue vittorie dou'è il ritratto d'esso fra Bartolomeo fattosi inuno specchio. Perche hauendola cominciata, & disegnata tutta, auuenne che per il continuo lauorare sotto vna finestra, il lume di quella adosso percotendogli, da quel lato tutto intenebrato restò, non potendosi muouere punto. Onde fu consigliato che andasse al bagno a san Filippo, essendogli cosi ordinato da medici; doue dimorato molto, pochissimo per questo migliorò. Era fra Bartolomeo delle frutte amicissimo, &alla bocca molto gli dilettauano, benche alla salute dannosissime gli fostero. Perche vna mattina hauēdo māgiato molti fichi, oltra il male ch'egli haueua, gli souragiunse vna grandissima febbre; laquale in quattro giorni gli fini il corso della vita, d'età d'anni 48. onde egli con buon conoscimento rese l'anima al cielo. Dolsea gli amici suoi, & a'frati particolarmente la morte di lui, i quali in s. Marco nella sepoltura loro gli diedero honorato sepolcro, l'anno 1517. alli otto di Ottobre. Era dispensato ne frati, che incoro a vfficio nessuno non andasse; & il guadagno dell'opere sue veniua al conuento, restandogli in mano danari per colori, & per le cose necessarie del dipignere. Lasciò discepoli suoi Cecchino del frate, Benedetto Ciamfanini, Gabriel Rustici, & fra Paolo Pistolese, al quale rimasero tutte le cose sue, fece molte tauole, & quadri con que'disegni dopo la morte sua, & ne sono in san Domenico di Pistoia tre, & vna a sāta Maria del sasso in Casentino. Diede
tanta grazia ne' colori fra Bartolomeo alle sue figure,
& quelle tanto modernamente augumentò di
nouità, che per tal cosa merita fra i benefattori dell'arte da noi essere
annouerato.

MARIOTTO ALBERTINELLI
PITTOR FIORENTINO

Vita di Mariotto Albertinelli pittor Fiorentino.

Ariotto Albertinelli, familiarissimo, & cordialissimo amico, & si puo dire vn'altro fra Bartolomeo; non solo per la continua conuersatione, & pratica, ma anchora per la simiglianza della maniera mentre che egli attese dadouero all'arte; fu figliuolo di Biagio di Bindo Albertinelli. Il quale leuatosi di età d'anni 20. dal Battiloro, doue in fino à quel tempo haueua dato opra.

Hebbe i primi principi della pittura in bottega di Cosimo Rosselli, nella quale prese tal domestichezza con Baccio dalla porta, che erono vn'anima, et vn corpo, & fu tra loro tal fratellanza, che quando Baccio partì da Cosimo, per far l'arte da se, come maestro: anche Mariotto senando seco: doue alla porta san Piero Gattolini l'uno, e l'altro molto tempo dimorarono, lauorando

MARIOTTO ALBERTINELLI

do molte cose insieme: & perche Mariotto nõ era tanto fondato nel disegno quanto era Baccio, si diede allo studio di quelle anticaglie, che erano allhora in Fiorenza, la magior parte, & le migliori delle quali erano in casa Medici: & disegnò assai volte alcuni quadretti di mezzo rilieuo, che erano sotto la loggia nel giardino diuerso san Lorenzo, che in vno è Adone con vn cane bellissimo, & in vnaltro duoi igniudi vn che siede, & ha à piedi vn cane: laltro è ritto con le gambe soprapaste, che sappoggia ad'vn bastone: che sono miracolosi: & parimente due altri di simil Grandezza: in vno de quali sono due putti, che portano il fulmine di Gioue; nell laltro è vno igniudo vechio, fatto per loccasione, che ha le ali sopra le spalle, & a piedi: ponderando con le mani vn par di bilancie. & oltre a questi: era quel giardino tutto pieno di torsi di femine, & maschi che erano non solo lo studio di Mariotto, ma di tutti gli scultori, & pittori del suo tempo, che vna buona parte n'è hoggi nella Guardaroba del Duca Cosimo, & vna altra nel medesimo luogo come i dua torsi di Marsia: & le teste sopra le finestre, & quelle degli Inperatori sopra le porte; a queste anticaglie studiando Mariotto fece gran profitto nel disegno & prese seruitù con Madonna Alfonsina madre del Duca Lorenzo; laquale, perche Mariotto attendesse a farsi valente, gli porgeua ogni aiuto. Costui dunque tramezzando il disegnare col colorire si fe assai pratico come apari in alcuni quadri, che fece per quella Signiora, che furno mandati dallei a Roma a Carlo, & Giordano Orsini, che vennono poi nelle mani di Cesar Borgia, Ritrasse Madonna Alfonsina di naturale molto bene. Et gli pareua hauere trouato per quella familiarità la ventura sua: Ma essendo lanno 1494, che Piero de Medici fu bandito, mancatogli quel'aiuto e fauore; Ritornò Mariotto alla stanza di Baccio doue attese piu assiduamente a far modegli di terra, et a studiare, & affaticatosi intorno al naturale, et a imitar le cose di Baccio, onde in pochi anni si fece vn diligète, & pratico maestro. Perche prese tanto animo, vedendo riuscir si bene le cose sue, che imitando la maniera, & l'andar del compagno, era a molti presa la mano di Mariotto per quella del frate. Perche interuenendo l'andata di Baccio al farsi frate Mariotto per il compagno perduto, era quasi smarrito, & fuor di se stesso. Et si strana gli parue que sta nouella, che disperato, di cosa alcuna non si rallegraua. Et se in quella parte Mariotto non hauesse hauuto anoia il commerzio de' frati, de' quali di cõtinuo diceua male, & era della parte, che teneua contra la fazzione di frate Girolamo da Ferrara: harebbe l'amore di Baccio operato talmente, che a forza nel conuento medesimo col suo compagno si sarebbe incapucciato egli anco ra. Ma da Gerozzo Dini, che faceua fare nell'ossa il giudicio, che Baccio haueua lasciato imperfetto, fu pregato, che hauendo quella medesima maniera, gli volesse dar fine: Et in oltre perche v'era il cartone finito di mano di Baccio, & altri disegni: & pregato ancora da fra Bartolomeo, che haueua hauuto a quel conto danari, & si faceua coscienza di non hauere osseruato la promessa: Mariotto all'opra diede fine: doue con diligenza, & con amore condusse il resto dell'opera talmente: che molti non lo sapendo, pensano, che d'vna sola mano ella sia lauorata: Perilche tal cosa gli diede grandissimo credito nel l'arte. Lauorò alla Certosa di Fiorenza nel capitolo vn Crocifisso con la Nostra donna, & la Maddalena appie della Croce, & alcuni angeli in aere, che ri colgono il sangue di Christo opera lauorata in fresco, & con diligenza, & cõ amor, e assai ben condotta. Ma non paredo, che i frati del mangiare a lor modo li trattassero, alcuni suoi giouani, che seco imparauano l'arte, non lo sapendo Mariotto; haueuano contrafatto la chiaue di quelle finestre, onde si porge a'frati la pietanza, la quale risponde in camera loro; & alcune volte secretamente quando a vno, & quando a vno altro rubauano il mangiare. Fu molto romore di questa cosa tra'frati: perche delle cose della gola si risentono così bene come gli altri; ma facendo ciò i garzoni con molta destrezza, & essendo tenuti buone persone, incolpauano coloro alcuni frati, che per odio l'vn dell'altro 'il facessero: doue la cosa pur si scoperse vn giorno. Perche i frati, accioche il lauoro si finisse, raddoppiarono la pietanza a Mariotto, & a' suoi garzoni; i quali con allegrezza, & risa finirono quella opera. Alle monache di san Giuliano di Fiorenza fece la tauola dello altar maggiore, che in Gualfonda lauorò in vna sua stanza, insieme cõ vn'altra nella medesima chiesa d'vn crocifisso con angeli, & Dio Padre, figurando la Trinità in campo d'oro a olio. Era Mariotto persona inquietissima, & carnale nelle cose d'amore, & di buon tempo nelle cose del viuere: perche venendogli in odio le sofisticherie, & gli stillamenti di ceruello della pittura: & essendo spesso dalle lingue de pittori morso, come è continua vsanza in loro, & per heredità mantenuta: si risoluette darsi a piu bassa, & meno faticosa, & piu allegra arte; Et aperto vna bellissima hosteria fuor della porta san Gallo, & al ponte vecchio al Drago vna tauerna, e hosteria fece quella molti mesi, dicendo, che haueua presa vn'arte, la quale era senza muscoli, scorti, prospettiue, e quel ch'importa piu, senza biasmo, & che quella, che haueua lasciata, era contraria a questa; perche imitaua la carne, & il sangue, & questa faceua il sangue, & la carne, e che quiui ogn'ora si sentiua, hauedo buon vino, lodare; & a quella ogni giorno si sentiua biasimare. Ma pure venutagli anco questa a noia, rimosso dalla viltà del mestiero, ritornò alla pittura; doue fece per Fiorenza quadri, & pitture in casa di Cittadini. Et lauorò a Giouan Maria Benintedi tre storiette di sua mano. Et in casa Medici per la creazione di Leon decimo dipinse a olio vn tondo della sua arme con la fede, la speranza, & la carità, il quale sopra la porta del palazzo loro stette gran tempo. Prese a fare nella Compagnia di s. Zanobi allato alla Canonica di Santa Maria del Fiore vna tauola della Nunziata, & quella con molta fatica condusse. Haueua fatto far lumi a posta, & in su l'opera la volle lauorare, per potere condurre le vedute, che alte, & lontane erano abbagliate, diminuire, & crescere a suo modo. Eragli entrato in fantasia, che le pitture, che non haueuano rilieuo, & forza, & insieme anche dolcezza; non fussino da tenere in pregio, & perche conosceua, che elle non si poteuon fare vscir del piano senza ombre, le quali hauendo troppa oscurità restano coperte, & se son dolci, non hanno forza, egli harebbe voluto agiugniere, cõ la dolcezza vn certo modo di lauorare, che l'arte fino allora non gli parèua, che hauesse fatto a suo modo; onde perche segli porse occasione in questa opera di ciò fare si mise a far per ciò fatiche straordinarie; lequali si conoscono in vno Dio Padre, che è in aria, & in alcuni putti, che son molto rileuati dalla tauola per vno campo scuro d'una prospettiua, che egli vi fece col cielo d'vna volta intagliata a mezza botte, che girando gliarchi di quella, & di

minuendo

MARIOTTO ALBERTINELLI

minuendo le linee al punto, ua di maniera indentro, che pare di rilieuo: oltra che vi sono alcuni Angeli che volano spargendo fiori, molto gratiosi.

Questa opera fu disfatta, & rifatta da Mariotto innanzi che la conducesse al suo fine piu volte: scanbiando ora il colorito o piu chiaro, o piu scuro, & tal hora piu viuace, & acceso, & hora meno: ma non si satisfacendo a suo modo, ne gli parendo hauere agiunto cō la mano à i pensieri dell'intelletto harebbe voluto trouare vn biancho, che fusse stato piu fiero della biacha: doue egli si mise a purgarla, per poter lumeggiare in su i maggior chiari amodo suo, niente dimeno conosciuto non poter far quello con larte, che comprende in se lingegnio, & intelligentia humana: si contentò di quello che hauea fatto, poi che non agiugnieua a quel che non si poteua fare; & ne consegui fra gli artefici di questa opera lode, & honore: cō credere ancora di cauarne per mezzo di queste fatiche da e padroni molto piu vtile che non fecie. Intrauenendo discordia fra quegli, che faceuano fare, & Mariotto. Ma Pietro Perugino allora vecchio, Ridolfo Ghirlandaio, & Francesco Granacci la stimarono, & d'accordo il prezzo di essa opera insieme acconciarono. Fece in san Brancazio di Fiorenza in vn mezzo tondo la visitatione di Nostra donna: similmente in santa Trinita lauorò in vna tauola la Nostra Donna, san Girolamo, & san Zanobi cōn diligenza per Zanobi del Maestro. Et alla chiesa della congregazione de'Preti di san Martino fece vna tauola della visitazione molto lodata. Fu condotto al conuento de la Quercia fuori di Viterbo, & quiui poi che hebbe cominciata vna tauola, gli venne volontà di veder Roma: & così in quella condottosi lauorò, & fini a Frate Mariano Fetti a S. Saluestro di Monte Cauallo alla cappella sua, vna tauola a olio cō san Domenico, Santa Caterina da siena, che Christo la sposa, con la Nostra donna cō delicata maniera. Et alla Quercia ritornato, doue haueua alcuni amori, a i quali per lo desiderio del non gli hauere posseduti, mentre che stette a Roma, volse mostrare ch'era ne la giostra valente: perche fece l'ultimo sforzo. Et come quel che nō era ne molto giouane ne valoroso in cosi fatte imprese, fu sforzato mettersi nel letto. Di che dando la colpa all'aria di quel luogo, si se portare a Fiorenza in ceste. Et non gli valsero aiuti ne ristori, che di quel male si morì in pochi giorni d'età d'anni 45. & in san Pier Maggiore di quella città. Fu sepolto: de'disegni di mano di costui ne sono nel nostro libro di penna, & di chiaro, & scuro alcuni molto buoni: & particolarmente vna scala a chiocciola difficile molto, che bene l'intédea, tirata in prospettiua. Ebbe Mariotto molti discepoli fra quali fu Giuliano Bugiardini il Francia Bigio Fiorentini, & Innocentio da Imola de quali a suo luogo si parlera. Parimente Visino pittor Fiorentino fu suo discepolo, & migliore di tutti questi, per disegno, colorito, & diligentia, & per vna miglior maniera, che mostrò nelle cose che e fece, condotte con molta diligenza. E ancor che in Fiorenza ne siano poche; cio si puo vedere hoggi in casa di Giouambatista di Agnol Doni in vn quadro d'vna spera colorito a olio auto di minio, doue sono Adamo, & Eua igniudi, che mangiano il pomo: cosa molto diligente, & vn quadro dun Christo deposto di crocie insieme co i ladroni, doue e vno intrigamento bene inteso di scale, quiui alcuni aiutano a dipor Christo, & altri in sulle spalle portono vn ladrone alla sepoltura, con molte varie, & capricciose attitudini,

&

TERZA PARTE

& varietà di figure, atte a quel fuggetto le quale moſtrano, che egli era valent huomo: il medeſimo fu da alcuni mercāti Fiorentini condotto in Vngheria doue fece molte opere, & vi fu ſtimato aſſai. Ma queſto pouero huomo: fu per poco, a riſchio di capitarui male, perche eſſendo di natura libero e ſciolto, ne potendo ſopportare il faſtidio di certi Vngheri importuni, che tutto il giorno gli rompeuano il capo, con lodare le coſe di quel paeſe; come ſe non fuſſe altro bene, o filicità che in quelle loro ſtufe, & mangiar, & bere, ne altra grandezza, o nobiltà, che nel loro Re, & in quella corte, E tutto il reſto del mondo foſſe fango, parendo allui, come è in effetto, che nelle coſe d'Italia fuſſe altra bontà, gentilezza, & bellezza, ſtracco vna volta di queſte loro ſciocchezze, & per ventura eſſendo vn poco allegro, gli ſcappò di bocca; che e valeua piu vn fiaſco di Trebbiano, & vn berlingozzo, che quanti Re, & Reine furon mai in que paeſi. E ſe e non ſi abbatteua, che la coſa dette nelle mani ad vn Veſcouo galanthuomo, & pratico delle coſe del mondo; & che importo il tutto, diſcreto, & che ſeppe, & volle, voltare la coſa in burla, Egli imparaua a ſcherzar con beſtie, perche quelli animalacci Vngheri, non intendendo le parole, & penſando che egli haueſſe detto qualche gran coſa, come ſegli fuſſe per torre la vita e lo ſtato al loro Re, lo voleuano a furia di popolo, ſenza alcuna redenzione crucifiggere. Ma quel Veſcouo dabbene, lo cauò d'ogni inpaccio, ſtimando quanto meritaua la virtu di quel valenthuomo, & pigliando la coſa per buon verſo, lo rimiſe in gratia del Re, che inteſa la coſa, ſene preſe ſollazzo; & poi finalmente fu in quel paeſe, aſſai ſtimata, & honorata la virtù ſua. Ma non duro la ſua ventura molto tépo; pche nō potendo tollerare le ſtufe, ne quella aria fredda, nimica della ſua cópleſsione
iu breue lo conduſſe a fine Rimanendo pe
ro viua la gratia e fama ſua in q̃lli, che
lo conobbeto in vita, & che poi
di mano in mano videro
l'opere ſue

Furono le ſue pitture circa l'anno. MDXII.

RAFFAELLINO DEL GARBO
PITTOR FIORENTINO

Vita di Raffaellino del Garbo pittor Fiorentino.

Affaello del Garbo, il quale essendo mentre era fanciulletto chiamato per vezzi, Raffaellino; quel nome si mantenne poi sempre, fu ne suoi principii di tanta espettazione nell'arte, che di già si annouerava fra i piu eccellenti, cosa che à pochi interuiene. Ma a pochissimi poi quello che interuène a lui, che da ottimo principio; & quasi certissima speranza, si conducesse a debolissimo fine. Essendo per lo piu costume così delle cose naturali come delle artificiali, da i piccoli principii venire crescendo di mano in mano, fino all'vltima perfezione. Ma certo molte cagioni così dell'arte come della natura ci sono incognite, & non sempre, ne in ogni cosa si tiene da loro l'ordine vsitato, cosa da fare stare sopra di
se,

se, bene spesso i Iuditii humani. Come si sia, questo si vide in Raffaellino, p. che parue che la Natura, & l'arte si sforzassero di cominciare in lui con certi principii straordinarii: il mezzo de quali fu meno che mediocre, e il fine qua si nulla. Costui nella sua giouentù disegnò tanto quanto pittore che si sia mai esercitato in disegnare per venir perfetto, onde si veggono ancora gran numero di disegni per tutta l'arte, mandati fuora per vilissimo prezzo da vn suo figliolo, parte disegnati di stile, & parte di penna, & d'acqrello; ma tut ti sopra fogli tinti, lumeggiati di biaccha; et fatti cō vna fierezza, & pratica mi rabile; come molti ne sono nel nostro libro di bellissima maniera. Oltre cio imparò a colorire a tempera, & a fresco tanto bene, che le cose sue prime son fatte con vna patientia, & diligentia incredibile, come s'è detto, Nella Mi-nerua intorno alla sepoltura del Cardinal Caraffa u'è quel cielo della volta tanto fine che par fatta da miniatori, onde fu allhora tenuta dagli artefici in gran pregio, & Filippo suo maestro lo reputaua in alcune cose molto miglio re maestro di se, et Aueua preso Raffaello in tal modo la maniera di Filippo, che pochi la conosceuano per altro che per la sua. Costui poi nel partirsi dal suo maestro, rindolci la maniera assai ne' panni, & se piu morbidi i capegli, e l'arie delle teste; & era in tāta espettazione de gli artefici, che men tre egli se guitò questa maniera, era stimato il primo giouane dell'arte, pche gli fu allo gato dalla famiglia de Capponi, i quali hauendo sotto la Chiesa di san Bar-tolomeo a Monte Oliueto fuor della porta a san Friano, sul monte fatto vna Cappella che si chiama il paradiso, vollono che Raffaello facesse la tauola, nella quale a olio fece la Resurrezione di Christo con alcuni soldati, che qua si come morti sono cascati in torno al sepolcro, molto viuaci, e begli, & hanno le piu gratiose teste, che si possa vedere: fra e quali in vna testa di vn giouane fu ritratto Nicola Capponi che è mirabile, parimente vna figura al laquale è cascato adosso il coperchio di pietra del sepolchro ha vna testa che grida, molto bella, & bizzarra perche visto i Capponi l'opera di Raffaello, esser cosa rara, gli fecion fare vno ornamento tutto intagliato con colonne ton de, & riccamente messe d'oro a bolo brunito; & non andò molti anni, che dā do vna saetta sopra il campanile di quel luogo, forò la volta, e casco vicino a questa tauola, laquale per essere lauorata a olio non offese niente, ma doue ella passo a canto all' ornamento messo d'oro, lo consumò quel vapore, lassan doui il semplice bolo senza oro. Mi e parso scriuere questo a proposito del di pignere a olio; accio si veda quanto importi sapere difendersi da simile in-giuria, & non solo a questa opera l'ha fatto, ma a molte altre. Fecie a fresco in sul canto d'vna casa, che hoggi e di Matteo Botti fral canto del Ponte alla Carraia, & quello della Cuculia, vn tabernacoletto drentoui la nostra Don na col figliolo in collo, santa caterina, & santa Barbera ginocchioni, molto gratioso, & diligente lauoro, Nella villa di Marignolle de Girolami fece dua bellissime tauole con la Nostra Donna, san Zanobi, & altri santi, & le predel le sotto piene di figurine di storie di que santi fatte con diligentia. Fece so-pra le monache di san Giorgio in muro alla porta della chiesa vna Pietà con le Marie intorno, & similmente sotto quello vn'altro arco con vna Nostra dōna nel M D I I I. opera degna di gran lode. Nella chiesa di sāto Spirito in Fiorenza in vna tauola sopra quella de Nerli, di Filippo suo maestro, dipinse

vna

RAFFAELLINO DEL GARBO

vna Pietà, cosa tenuta molto buona, & lodeuole; ma in vn altra di san Bernardo manco perfetta di quella. Sotto la porta della sagrestia fece due tauole, vna quando san Gregorio Papa dice messa, che Christo gli apare igniudo versando il sangue con la Croce in spalla, & il diacono, & subdiacono para ti la seruono. Con dua Angeli che incensano il corpo di Christo: sotto, è vna altra cappella fece vna tauola drentoui la nostra Donna, san Ieronimo, & san Bartolomeo: nelle quale due opere durò fatica, & non poca, ma andaua ogni dì peggiorãdo, ne so a che mi attribuire questa disgratia sua, che il po uero Raffaello non mancaua di studio, diligentia, & fatica, ma poco gli valeua la doue si giudica, che venuto in famiglia graue, & pouero, & ogni giorno bi sognando valersi di quel che guadagnaua, oltre che non era di troppo animo & pigliando a far le cose p poco pregio, di mano in mano andò peggiorando ma sempre nondimeno si vedde del buono nelle cose sue: fece per i Monaci di Cestello nel lor refettorio vna storia grande nella facciata colorita in fresco nella quale dipinse il miracolo che fece Iesu Christo de cinque pani, & duo pesci satiando cinque mila persone. Fece allo Abate de panichi per la chiesa di san Salui fuor della porta alla Croce la tauola dello altar Maggiore con la nostra donna, san Giouan gualberto, sã salui, & san Bernardo Cardinale de gli vberti, & san Benedetto Abate, & dalle bande san Batista, & san Fedele armato in duo nichie, che metteuano in mezzo la tauola, laquale haueua vn richo ornamento, & nella predella più storie di figure piccole della vita di san Giauan Gualberto nel che si portò molto bene, perche fu souenuto in quella sua miseria da quello Abate alqual venne pietà di lui, e della sua virtù, & Raffaello nella predella di quella tauola lo ritrasse di naturale insieme col generale loro, che gouernaua a quel tempo. Fece in san Pier maggiore vna tauola a man ritta, entrando in chiesa; & nelle Murate vn san Gismondo Re in vn quadro è fecie in san Brancatio per Girolamo federighi vna Trinità in fresco doue, e fu sepolto ritraendoui lui; & la moglie ginochioni doue, e comincio a tornare nella maniera minuta. Similmente fece due figure in cestello a tempera cio è vn san Rocco, & santo Ignatio che sono alla cappella di san Bastiano. Alla coscia del ponte Rubaconte verso le mulina fece in vna cappelluccia vna nostra Donna, san Lorenzo, & vn altro santo, & in vltimo si ri dusse a far ogni lauoro meccanico, & ad alcune Monache, & altre genti che allora ricamauono assai paramenti da chiese, si diede a fare disegni di chiaro scuro, e fregiature di sati, & di storie p vilissimo prezzo pche ãcora che egli ha uesse peggiorato, tal uolta gli usciua di bellissimi disegni, & fantasie di mano come ne fanno fede molte carte che poi doppo la morte di coloro che ricamauono si son venduti qua, e la, & nel libro del signore spedalingo ve ne son mol ti, che mostrano quanto ualesse nel disegno.

Il che fu cagione che si fecieno molti paramenti, & fregiature per le chiese di Fiorenza, & per il dominio, & anche a Roma per Cardinali, & vescoui i quali sono tenuti molto begli, & oggi questo modo del ricamare in quel mo do che usaua Pagolo da Verona Galieno fiorẽtino, et altri simili e quasi perdu to. Essendosi trouato vn altro modo di punteggiar largho, che non ha ne quella bellezza, ne quella diligentia, & è meno durabile assai, che quello. on de egli per questo benesitio merita, se bene la pouerta li diede scomodo, &

g

TERZA PARTE

ſtéto in vita, che egli habbi gloria, & honore delle virtu ſue doppó la morte,
& nel vero fu Raffaello ſgratiato nelle pratiche, perche vſò ſempre con gente
pouere, & baſſe, come quello che auilito ſi vergognaua di ſe, atteſo che nella
ſua giouentu fu tenuto in grande ſpettatione, e poi ſi conoſceua lontano dal
lopere ſue prima fatte in giouentù tanto Eccellentemente. E coſi inuecchiando declinò tanto da quel primo buono, che le coſe non pareuano piu di ſua
mano: & ogni giorno l'arte dimenticando, ſi riduſſe poi oltra le tauole, &
quadri, che faceua, a dipignere ogni viliſsima coſa: & tanto auuili che ogni
coſa gli daua noia ma piu la graue famiglia de figliuoli, che haueua, ch'ogni
valor dell'arte, traſmutò in goffezza. Perche ſouragiunto da infermità, & im
pouerito, miſeramente finì la ſua vita di età d'anni 58. Fu ſepolto dalla compagnia della Miſericordia in ſan Simone di Fiorenza nel 1524. Laſciò dopo
di ſe molti, che furono pratiche perſone. Andò ad imparare da coſtui i principii dell'arte nella ſua fanciullezza BRONZINO Fiorentino pittore; il
quale ſi portò poi ſi bene ſotto la protezzione di Iacopo da
Puntorno pittor Fiorentino, che nell'arte ha fatto
i medeſimi frutti che Iacopo ſuo maeſtro.

Il ritratto di Raffaello ſi è cauato da
vn diſegno, che haueua
Baſtiano da Mōte
carlo, che
fu
anchegli ſuo diſcepolo, ilquale
fu pratico maeſtro, p huo
mo ſenza diſegno.

Vita di Torrigiano Scultor Fiorentino.

Rādissima possāza hà lo sdegno, in vno che cerca có alteri gia, et con supbia in vna professione essere stimato eccellē te; & che in tempo che egli non se lo aspetti vegga leuarsi di nuouo qualche bello ingegno nella medesima arte; il quale non pure lo paragoni, ma col tempo di gran lunga lo auanzi. Questi tali, certamente non, è ferro, che per rabbia non rodessero; o male, che potendo non facessero. Perche par loro scorno ne popoli troppo orribile lo hauere visto nascere i putti, & da' nati, quasi in vn tempo nella virtù essere raggiunti: non sapendo eglino, che ogni dì si vede la volontà spinta dallo studio, ne gli anni acerbi de giouani, quando con la frequentazione degli studi è da essi esercitata,

crescere in infinito, & che i vecchi dalla paura,dalla superbia, & dalla ambizione tirati, diuentano goffi; & quanto meglio credono fare, peggio fanno & credendo andare inanzi ritornano a dietro. Onde essi inuidiosi mai non danno credito alla perfezzione de'giouani nelle cose, che fanno; quantunq; chiaramente le vegghino,per l'ostinazione ch'è in loro.Perche nelle proue si vede, che quando eglino,per volere mostrare quel,che fanno,piu si sforzano ci mostrano spesso di loro cose ridicole, & da pigliarsene giuoco. Et nel vero come gli artefici passano i termini, che l'occhio non stà fermo, & la mano lor trema; possono,se hanno auanzato alcuna cosa,dare de'consigli à chi opera, conciosia, che l'arti della pittura,e scultura vogliono l'animo tutto suegliato e fiero, si come è nella età, che bolle il sangue;e pieno di voglia ardente: e de' piaceri del mondo capital nimico. E chi nelle voglie del mondo non è continente, fugga gli studii di qual si voglia arte ò scienza, percio che non bene cò uegono fra loro cotali piaceri,e . lo studio. E da che tanti pesi si recano dietro queste virtù,pochi,per ogni modo, sono coloro, che arriuino al supremo grado. Onde piu sono quelli,che dalle mosse con caldezza si partono , che quegli, che per ben meritare nel corso,acquistino il premio.

Piu superbia adunque, che arte, ancor che molto valessi, si vide nel Torrigiano scultore Fiorentino ; il quale nella sua giouanezza fu da Lorenzo vecchio de'Medici tenuto nel giardino, che in sulla piazza di san Marco di Firenze haueua quel Magnifico cittadino, in guisa d'antiche,e buone sculture ripieno,che la loggia,i Viali,e tutte le stanze erano adorne di buone figure antiche di marmo,e di pitture, & altre cosi fatte cose di mano de'migliori Maestri,che mai fussero stati in Italia, & fuori. Le quali tutte cose,oltre al Magnifico ornamento, che faceuano à quel giardino, erano come vna scuola, & Academia a i Giouanetti pittori, e scultori, & à tutti gl'altri: che attendeuano al disegno; e particolarmente à i giouani Nobili ; atteso che il detto Magnifico Lorenzo teneua per fermo, che coloro, che nascono di sangue nobile possino piu ageuolmente in ogni cosa venire a perfezzione, e piu presto, che non fanno per lo piu le genti basse,nelle quali comunemète non si veggiono quei concetti, ne quel marauiglioso ingegno, che ne i chiari di sangue si vede: senza , che hauendoi manco nobili il piu delle volte a difendersi dallo stento,e dalla pouerta,e per conseguente necessitati a fare ogni cosa meccanica; non possono esercitare l'ingegno,ne à i sommi gradi d'eccellenza peruenire.Onde ben disse il dottissimo Alciato, parlando dei belli ingegni nati pouerameté, e che non possono solleuarsi,per essere tanto tenuti,al basso dalla pouertà, quanto inalzati dalle penne dell'ingegno;

Vt me pluma leuat, sic graue mergit onus.

Fauori dunque il Magnifico Lorenzo sempre i belli ingegni, ma particolarmente i nobili, che haueuano a queste arti inclinazione; onde non è gran fatto, che di quella scuola vscissero alcuni, che hanno fatto stupire il mondo: e che è piu, non solo daua prouisione da poter viuere,e vestire à coloro, che essendo poueri,non harebbono potuto esercitare lo studio del disegno, ma ancora donatiui straordinarii à chi meglio degl'altri si fusse in alcuna cosa adoperato: onde gareggiando fra loro i giouani studiosi delle nostre arti, ne diuenero,come si dira eccellentissimi ; Era allora custode, e capo di detti giouani

TORRIGIANO

uani BERTOLDO scultore Fiorentino, vecchio, e pratico maestro; e stato gia discepolo di Donato; onde insegnaua loro, e parimente haueua cura alle cose del giardino, & a molti disegni, cartoni, e modelli di mano di Donato, Pippo, Masaccio, Paulo, Vcello, fra Giouanni, fra Filippo, e d'altri maestri paesani, e Forestieri. E nel vero queste arti non si possono imparare se non cō lungo studio fatto, in ritrarre, e sforzarsi d'imitare le cose buone. E chi non ha di sì fatte commodità, se bene è dalla natura aiutato non si puo condurre, se non tardi a perfezzione. Ma tornando all'anticaglie del detto Giardino, elle andarono la maggior parte male l'anno 1494. quando Piero figliuolo del detto Lorenzo fu bandito di firenze; percioche tutte furono vendute all'incāto. Ma non di meno la maggior parte furono l'anno 1512. rendute al Magnifico Giuliano, allora, che egli, egl'altri di casa Medici ritornarono alla patria; & hoggi per la maggior parte si conseruano nella Guardaroba del Duca Cosimo. Il quale esempio veramente magnifico di Lorenzo, sempre che sarà imitato da principi, e da altre psone honorate, rechera loro honore, e lo de perpetua, perche chi aiuta, e fauorisce nell'alte imprese i belli, e pellegrini ingegni, da e quali riceue il mondo tanta bellezza, honore, comodo, e vtile, merita di viuere eternamente per fama negli intelletti degl'huomini. Fra gl'altri che studiarono l'arti del disegno in questo giardino riuscirono tutti questi Eccellentissimi, Michelagnolo di Lodouico Bonarroti; Giouan francesco rustici; Torrigiano Torrigiani; Francesco granacci; Niccolo di Domenico soggi; Lorenzo di credi; & Giuliano Bugiardini. E de forestieri Baccio da monte Lupo; Andrea Contucci dal Monte san souino, & altri de' quali si farà memoria al luogo loro.

Il Torrigiano adunque del quale al presente scriuiamo la vita, praticando nel detto giardino con i sopradetti, era di natura tanto superbo e colloroso, oltre all'essere di persona robusta, d'animo fiero, e coraggioso, che tutte gl'altri bene spesso soperchiaua di fatti, e di parole, era la sua principale professione la scoltura, ma non di meno lauoraua di terra molto pulitamente, & con assai bella, e buona maniera, ma non potendo egli sopportare, che niuno con lopere gli passasse inanzi, si metteua à guastar con le mani quell'opere di mā d'altri, alla bontà delle quali non poteua con l'ingegno arriuare. E se altri di cio se risentiua, egli spesso veniua ad altro, che a parole. Haueua costui particolar'odio con Michelagnolo, non per altro, se non perche lo vedeua studiosamente attendere all'arte, e sapeua, che nascosamente la notte, & il giorno delle feste disegnaua in casa, onde poi nel giardino riusciua meglio, che tutti gl'altri, & era per cio molto carezzato dal Magnifico Lorenzo: perche mosso da crudele inuidia, cercaua sempre d'offenderlo di fatti, ò di parole; onde venuti vn giorno alle mani, diede il Torrigiano à Michelagnolo sì fattamente vn pugno sul naso, che glelo infranse di maniera, che lo portò poi sempre così stiacciato mentre, che visse. La qual cosa hauendo intesa il Magnifico ne hebbe tanto sdegno, che se il Torrigiano non si fuggiua di Firenze n'harebbe riceuuto qualche graue castigo. Andatosene dunque à Roma, doue allora faceua lauorare Alessandro VI. torre borgia, vi fece il Torrigiano in compagnia d'altri maestri molti lauori di stucchi, poi dandosi danari per lo Duca Valentino che faceua guerra a i Romagnuoli, il Torrigiano fu suiato da al-

cuni giouani fiorentini, & cosi fattosi in vn tratto di scultore soldato si portò in quelle guerre di Romagna valorosamente; il medesimo fece con Paulo vitelli nella guerra di Pisa. Et cō Piero de' Medici si trouò nel fatto d'arme del Garigliano, doue si acquistò vna insegna, e nome di valente alfiere. Finalmente conoscendo, che non era per mai venire, ancor che lo meritasse, come disideraua al grado di Capitano; e non hauere alcuna cosa auanzato nella guerra anzi hauer consumato vanamente il tempo, ritornò alla scultora, & hauendo fatto ad alcuni mercatanti Fiorentini operette di marmo, e di bronzo in figure piccolle, che sono in Fiorenza per le case de' cittadini, e disegnato molte cose con fierezza, e buona maniera, come si puo vedere in alcune carte del nostro libro di sua mano insieme con altre, le quali fece à concorrenza di Michelagnolo; fu da i su detti mercanti condotto in Inghilterra, doue lauorò in seruigio di quel Re infinite cose di marmo, di bronzo, e di legno à concorrenza d'alcuni Maestri di quel paese, a i quali tutti restò superiore. E ne cauò tanti, & cosi fatti premij, che se non fusse stato, come superbo, persona incōsiderata, e senza gouerno, sarebbe viuuto quietamente, e fatto ottima fine, la doue gli auuenne il contrario. Dopo, essendo condotto d'Inghilterra in Ispagna vi fece molte opere, che sono sparse in diuersi luoghi, e sono molto stimate; ma in fra l'altre fece vn crocifisso di terra, che è la piu mirabile cosa che sia in tutta la spagna. Et fuori della città di siuiglia in vn Monasterio de' frati di san Girolamo fece vn'altro Crucifisso, & vn san Girolamo in penitenza col suo Lione, nella figura del qual santo ritrasse vn vecchio Dispensiero de Botti; Mercanti fiorentini in ispagna: & vna Nostra Donna col figliuolo tanto bella, ch'ella fu cagione, che ne facesse vn'altra simile al Duca d'Arcus, il quale per hauerla, fece tante promesse a Torrigiano, che egli si pensò d'esserne ricco per sempre. La quale opera finita gli donò quel Duca tanti di quelle monete, che chiamano Marauelis, che vagliono poco, ò nulla, che il Torrigiano al quale ne andarono due persone a casa cariche si confermò maggiormente nella sua openione d'hauere a esser richissimo. Ma hauendo poi fatta contare, e vedere à vn suo amico fiorentino quella moneta, e ridurla al modo Italiano, vide, che tanta somma non arriuaua pure a trenta ducati perche tenendosi beffato con grandissima collera andò doue era la figura, che haueua fatto per quel Duca, e tutta guastolla. La onde quello spagnuolo tenendosi vituperato, accusò il Torrigiano per heretico; onde essendo messo in prigione, & ogni di esaminato, e mandato ad vno inquisitore all'altro fu giudicato finalmente degno di grauissima punizione. La quale non fu messa altrimenti in esecuzione, perche esso Torrigiano per ciò venne in tanta maninconia, che stato molti giorni senza māgiare, e per cio debilissimo diuenuto à poco a poco finì la vita: & cosi col torsi il cibo si liberò dalla vergogna in che sarebbe forse caduto, essendo, come si credette stato condennato à morte. Furono l'opere di costui circa gl'anni di Nostra salute 1515.
E morì l'anno
1522.

VITA DI GIVLIANO ET ANTONIO
DA S. GALLO ARCHIT. FIOR.

Vita di Giuliano, & Antonio da san Gallo.
Architetti Fiorentini.

Francesco di Paulo Giamberti, il quale fu' ragioneuole Architetto al tempo di Cosimo de' Medici, e fù da lui molto adoperato hebbe due figliuoli, Giuliano, & Antonio, i quali mise all'arte dell'intagliare di legno: E col Fracione legnaiuolo, psona ingegnosa, il quale similmente attendeua agl'intagli di legno, & alla prospettiua, & col quale haueua molto dimestichezza, hauédo eglino insieme molte cose e d'intaglio, e d'Architettura operato per Lorenzo de' Medici; acconciò il detto Francesco, Giuliano vno de detti suoi figliuoli; il quale Giuliano imparò in modo bene tutto quello, che il Fracione gl'insegnò; che gl'in-

gl'intagli, e le bellissime prospettiue, che poi da se lauorò nel choro del Duomo di Pisa, sono ancor'hoggi fra molte prospettiue nuoue, non senza maraui glia guardate. Mentre che Giuliano attendeua al disego, & il sangue della giouanezza gli bolliua, l'esercito del Duca di Calauria, per l'odio, che quel signore portaua à Lorenzo de Medici, s'accampo alla Castellina, per occupare il Dominio alla signoria di Fiorenza, & per venire, se gli fusse riuscito, a fine di qualche suo disegno maggiore: perche essendo forzato il Magnifico Lorenzo a mandare vno ingegniero alla Castellina, che facesse molina, e bastie, e che hauesse cura e maneggiasse l'Artiglieria, il che pochi in quel tempo sape uano fare, vi mandò Giuliano, come d'ingegno piu atto, e piu destro, e spedito e da lui conosciuto, come figliuolo di Francesco, stato amoreuole seruitore di casa Medici. Arriuato Giuliano alla Castellina, fortificò quel luogo dentro, e fuori di buone mura, e di mulina, e d'altre cose necessarie alla difesa di qlla la prouide. Dopo veggendo gl'huomini star lontani all'artiglieria, & maneggiarla, & caricarla, e tirarla timidamente, si gettò à quella, & l'acconciò di maniera, che da indi in poi à nessuno fece male, hauendo ella prima occiso molte persone, lequali nel tirarla, per poco giudizio loro, non haueuano saputo far sì, che nel tornare a dietro non offendesse. Presa dunque Giuliano la cura della detta Artiglieria fu tanta nel tirarla, e seruirsene la sua prudenza, che il campo del Duca impaurì di sorte, che per questo, & altri impedimenti hebbe caro di accordarsi, e di li partirsi. Di che consegui Giuliano non piccola lode in Fiorenza appresso Lorenzo, onde fu poi di continuo ben veduto, & carezzato. In tanto essendosi dato alle cose d'Architettura, cominciò il primo chiostro di Cestello, e ne fece quella parte, che si vede di componimento ionico, ponendo i Capitelli sopra le colonne con la voluta, che girando cascaua fino al collarino, doue finisce la colonna, hauendo sotto l'vuolo, e fusarola fatto vn fregio alto il terzo del diametro di detta colonna. Ilquale Capitello fu ritratto da vno di marmo antichissimo, stato trouato à fiesole da Messer Lionardo Salutati Vescouo di quel luogo, che lo tenne con altre anticaglie vn tempo nella via di san Gallo in vna casa, & giardino doue habitaua dirimpetto a santa Agata. Ilquale Capitello è hoggi appresso Messer Giouanbatista da Ricasoli, Vescouo di Pistoia, e tenuto in pregio per la bellezza, e varietà sua essendo, che fra gl'antichi non se n'è veduto vn'altro simile. Ma questo chiostro rimase imperfetto per non potere fare allora quei Monaci tanta spesa. In tanto venuto in maggior considerazione Giuliano appresso Lorenzo, ilquale era in animo di fabricare al poggio a Caiano, luogo fra Fiorenza, e Pistoia, e n'haueua fatto fare piu Modelli al Francione, & ad altri, esso Lorenzo fece fare di quello che haueua in animo di fare vn Modello a Giuliano, ilquale lo fece tanto diuerso, e vario dalla forma degl'altri, e tanto secondo il capriccio di Lorenzo, che egli cominciò subitamete a farlo mettere in opera, come migliore di tutti; & accresciutogli grado per queste, gli dette poi sempre prouisione. Volendo poi fare vna volta alla sala grande di detto palazzo nel modo che noi chiamiamo a botte, non credeua Lorenzo, che per la distanzia si potesse girare: Onde Giuliano, che fabricaua in Fiorenza vna sua casa, voltò la sala sua a similitudine di quella: per far capace la volontà del magnifico Lorenzo: per che egli quella del Poggio felicemente fece condurre. Onde la fama

VITA DI GIVLIANO ET ANT.

ma sua talmente era cresciuta, che a preghi del Duca di Calauria fece il modello d'vn palazzo, per commissione del magnifico Lorenzo che doueua seruire a Napoli, & consumò gran tempo a condurlo. Mentre adunque lo lauoraua il Castellano di Ostia Vescouo allora della Rouere, ilquale fu poi co'l tépo Papa Giulio.11. volendo acconciare, & mettere in buono ordine quella fortezza, vdita la fama di Giuliano, Mandò per lui a Fiorenza: Et ordinatoli buona prouisione ve lo tenne due anni, a farui tutti quegli vtili, & comodità che poteua con l'arte sua. Et perche il modello del Duca di Calauria non patisse, & finir si potesse, ad Antonio suo fratello lasciò, che con suo ordine lo finisse, il quale nel lauorarlo haueua con diligenza seguitato, & finito, essendo Antonio ancora di sofficienza in tale arte non meno che Giuliano. Perilche fu consigliato Giuliano da Lorenzo vecchio a presentarlo egli stesso, acciò che in tal modello potesse mostrare le difficultà, che in esso haueua fatto; La onde parti per Napoli, & presentato l'opera, honoratamente fu riceuuto, non con meno stupore de lo auerlo il magnifico Lorenzo mandato con tanto garbata maniera; quanto con marauiglia per il magisterio de l'opera nel modello. Il quale piacque sì, che si diede con celerità principio all'opera vicino al Castel nuouo. Poi che Giuliano fu stato a Napoli vn pezzo, nel chiedere licenza al Duca, per tornare a Fiorenza, gli fu fatto dal Re presenti di caualli, & vesti, & fra l'altre d'vna tazza d'argento con alcune centinaia di ducati, i quali Giuliano non volle accettare, dicendo, che staua con padrone, ilquale non haueua bisogno d'oro ne d'argento. E se pure gli voleua far presente, ò alcun segno di guidardone, per mostrare, che vi fosse stato, gli donasse alcuna de le sue anticaglie a sua elezzione. Le quali il Re liberalissimamente per amor del magnifico Lorenzo, & per le virtu di Giuliano gli concesse: & queste furono la testa d'uno Adriano Imperatore, hoggi sopra la porta del giardino in casa Medici, vna femmina igniuda, piu che'l naturale, & vn Cupido, che dorme, di marmo tutti tondi. Le quali Giuliano mandò a presentare al magnifico Lorenzo, che per cio ne mostrò infinita allegrezza, non restando mai di lodar l'atto del liberalissimo artefice, ilquale rifiutò l'oro, & l'argento per l'artificio, cosa che pochi auerebbono fatto, questo Cupido e oggi in guardaroba del Duca Cosimo. Ritornato dunque Giuliano a Fiorenza fu gratissimamente raccolto dal magnifico Lorenzo, alquale venne capriccio p sodisfare a frate Mariano da Ghinazzano, literatissimo dell'ordine de' frati eremitani di santo Agostino; di edificargli fuor de la porta s. Gallo vn couento, capace per cento frati; del quale ne fu da molti architetti fatto modelli, & in vltimo si mise in opera quello di Giuliano. Il che fu cagione che Lorenzo lo nominò da questa opera Giuliano da san Gallo. Onde Giuliano, che da ogni vno si sentiua chiamare da san Gallo, disse vn giorno burlando al magnifico Lorenzo, colpa del vostro chiamarmi da san Gallo, mi fate perdere il nome del casato antico, & credendo auere andare inanzi per antichità, ritorno adietro. Perche Lorenzo gli rispose, che piu tosto voleua, che per la sua virtù egli fosse principio d'vn casato nuouo, che dependessi da altri. Onde Giuliano di tal cosa fu contento. Seguitandosi p̄tāto l'opera di san Gallo insieme cō le altre fabriche di Lorenzo, non fu finita ne quella ne l'altre, per la morte di esso Lorenzo. Et poi ancora poco viua in piede rimase tal fabrica di san

h

Gallo,perche nel 1530. per lo assedio di Fiorenza fu rouinata, & buttata in terra in sieme co'l borgo, che di fabriche molto belle haueua piena tutta la piazza: Et al presente nō vi si vede alcun vestigio ne di casa,ne di chiesa,ne di conuento. Successe in quel tempo la morte del Re di Napoli, & Giuliano Gondi ricchissimo mercante Fiorentino se ne tornò a Fiorenza, & dirimpetto a san Firenze, disopra doue stauano i Lioni fece di componimento rustico fabricare vn Palazzo da Giuliano; co'l quale per la gita di Napoli, haueua stretta dimestichezza. Questo palazzo doueua fare la cantonata finita, & voltare verso la mercatanzia vecchia: ma la morte di Giuliano Gondi la fece fermare: nel qual palazzo fece fra l'altre cose vn cammino molto ricco d'intagli, e tāto vario di componimento, e bello, che non se n'era insino allora veduto vn simile, ne con tanta copia di figure. Fece il medesimo per vn Viniziano, fuor de la porta a Pinti in Camerata vn palazzo, & a priuati cittadini molte case, delle quali non accade far menzione. E volendo il magnifico Lorēzo per vtilità publica, & ornamento dello stato lasciar fama, & memoria oltre alle infinite, che procacciate si aueua, fare la fortificazione del Poggio Imperiale sopra Poggibonzi su la strada di Roma, per farci vna città non la volle disegnare senza il consiglio, & disegno di Giuliano: onde per lui fu cominciata quella fabrica famosissima, nella quale fece quel considerato ordine di fortificazione, & di bellezza, che oggi veggiamo. Le quali opere gli diedero tal fama che dal Duca di Milano, a ciò che gli facesse il modello d'vn palazzo per lui fu per il mezo poi di Lorenzo condotto a Milano, doue non meno fu honorato Giuliano dal Duca, che e' si fusse stato honorato prima dal Re quando lo fece chiamare a Napoli. Perche presentando egli il modello per parte del magnifico Lorenzo riempie quel Duca di stupore, & di marauiglia nel vedere in esso l'ordine, & la distribuzione di tanti begli ornamenti, & con arte tutti, & con leggiadria accomodati ne'luoghi loro. Ilche fu cagione, che procacciate tutte le cose a ciò necessarie, si cominciasse a metterlo in opera. Nella medesima città furono insieme Giuliano, e Lionardo da Vinci, che lauoraua col Duca, et parlādo esso Lionardo del getto, che far voleua del suo cauallo, n'hebbe bonissimi documenti. La quale opra fu messa in pezzi per la venuta de'Franzesi; & così il cauallo non si finì, ne ancora si potè finire il palazzo. Ritornato Giuliano a Fiorenza, trouò, che Antonio suo fratello, che gli seruiua ne'modegli, era diuenuto tanto egregio, che nel suo tēpo non c'era chi lauorasse, & intagliasse meglio di esso, & massimamēte Crocifissi di legno grandi: come ne fa fede quello sopra lo altar maggiore nella Nunziata di Fiorenza, & vno, che tengono i frati di san Gallo in san Iacopo tra fossi, e vno altro nella compagnia dello Scalzo, iquali sono tutti tenuti bonissimi. Ma egli lo leuò da tale essercizio, & alla architettura in compagnia sua lo fece attendere, auendo egli per il priuato, & publico a fare molte faccende. Auuenne, come di continuo auuiene, che la fortuna nimica della virtù leuò gli appoggi delle speranze à virtuosi con la morte di Lorenzo de Medici: la quale non solo fu cagione di danno a gli artefici virtuosi, & alla patria sua, ma à tutta l'Italia ancora: Onde rimase Giuliano con gli altri spirti ingegnosi sconsolatissimo; Et per lo dolore si trasferì a Prato vicino a Fiorenza à fare il tempio della Nostra donna delle carcere, per essere ferme in Fiorenza tutte le fabbriche

publice

VITA DI GIVLIANO ET ANTONIO

publiche, & priuate. Dimorò dunq; in Prato tre anni continui, con sopportare la spesa, il disagio, e'l dolore come potette il meglio. Dopo, hauédosi a ricoprire la chiesa della Madonna di Loreto; & voltare la cupola, gia stata cominciata, e non finita da Giuliano da Maiano, dubitauano coloro, che di ciò haueuano la cura, che la debolezza de' pilastri non reggesse così gran peso: perche scriuendo à Giuliano, che se voleua tale opera, andasse a vedere egli come animoso, & valente; andò, & mostrò con facilità quella poter voltarsi; & che a ciò gli bastaua l'animo; & tante; & tali ragioni allegò loro, che l'opera gli fu allogata. Dopo la quale allogazione fece spedire l'opera di Prato, & co i medesimi maestri muratori, & scarpellini a Loreto si condusse: Et perche tale opra hauesse fermezza nelle pietre; & saldezza, & forma, e stabilità, & facesse legazione, mandò a Roma per la Pozzolana; Ne calce fu, che con essa non fosse temperata, & murata ogni pietra: e così in termine di tre anni quella finita, & libera rimase perfetta. Andò poi a Roma, doue à Papa Alessandro VI. restaurò il tetto di santa Maria maggiore, che ruinaua; & vi fece quel palco, ch'al presente si vede. Così nel praticare per la corte il Vescouo della Rouere fatto Cardinale di san Pietro in Vincola, gia amico di Giuliano fin quando era Castellano d'Ostia, gli fece fare il modello del palazzo di s. Pietro in vincola. Et poco dopo questo volendo edificare à Sauona sua patria vn palazzo volle farlo similmente col disegno, & con la presenzia di Giuliano. La quale andata gli era difficile: percioche il palco non era ancor'finito: & Papa Alessandro non voleua, ch'e' partisse. Per il che lo fece finire per Antonio suo fratello, il quale, per hauere ingegno buono; & versatile, nel praticare la corte contrasse seruitù col Papa, che gli mise grandissimo amore; & glielo mostrò nel volere fondare, & rifondare con le difese a vso di Castello, la Mole di Adriano, hoggi detta Castello Santo Agnolo; alla quale impresa fu preposto Antonio. Così si fecero i torrioni da basso, i fossi, & l'altre fortificazioni, che al presente veggiamo. La quale opera gli diè credito grande appresso il Papa, e col Duca Valentino suo figliuolo: & fu cagione, ch'egli facesse la rocca, che si vede hoggi a Ciuità Castellana. Et così mentre quel Pontefice visse, egli di continuo attese a fabbricare: & per esso lauorando fu non meno premiato, che stimato da lui. Gia haueua Giuliano a Sauona condotto l'opera innanzi quando il Cardinale, per alcuno suoi bisogni ritornò a Roma; & lasciò molti operai, ch'alla fabbrica dessero perfezzione con l'ordine, & col disegno di Giuliano: il quale ne menò seco a Roma. & egli fece volentieri questo viaggio per riuedere Antonio, & l'opere d'esso, doue dimorò alcuni mesi. Ma venendo in quel tempo il Cardinale in disgrazia del Papa, si partì da Roma per non esser fatto prigione: & Giuliano gli tenne sempre compagnia. Arriuati dunque à Sauona crebbero maggior numero di maestri da murare, & altri artefici in sul lauoro. Ma facendosi ognora piu viui i romori del Papa contra il Cardinale, non stette molto che senando in Auignone; & d'un modello, che Giuliano haueua fatto d'vn palazzo per lui, fece fare vn dono al Re; il quale modello era marauiglioso, ricchissimo d'ornamenti, e molto, capace per lo allogiamento di tutta la sua corte. Era la corte reale in Lione quando Giuliano presentò il modello: il quale fu tanto caro, & accetto al Re, che largamente lo premiò; & gli diede lode infinite; & ne rese molte grazie al Cardinale, che era in Auignone. Hebbero in tanto nuoue, che il palazzo di Sauona era già preſſo alla fine; Perilche il Cardinale deliberò, che Giuliano riuedeſſe te le opera perche andato Giuliano a Sauona poco vi dimorò, che fu finito a fat to. La onde Giuliano deſiderando tornare a Fiorenza, doue per lungo tempo non era ſtato, con que' maeſtri preſe il cammino, e perche haueua in quel tempo il Rè di Francia rimeſſo Piſa in libertà, & duraua ancora la guerra tra Fiorentini, & Piſani, volendo Giuliano paſſare ſi fece in Lucca fare vn ſaluo códotto, auédo eglino de' ſoldati Piſani non poco ſoſpetto. Ma non di meno nel lor paſſare vicino ad Altopaſcio furono da' Piſani fatti prigioni, non curá do eſsi ſaluo condotto, ne coſa che aueſſero. Et per ſei meſi fu ritenuto in Pi ſa, con taglia di trecento ducati, ne prima, che gl'haueſſe pagati ſe ne tornò a Fiorenza. Aueua Antonio a Roma inteſo queſte coſe, & hauendo deſiderio di riuedere la patria e 'l fratello; con licentia partì da Roma, & nel ſuo paſſag gio diſegnò al Duca Valentino la roccha di Monte Fiaſcone. E coſi a Fioren za ſi ricõduſſe l'anno 1503. & quiui con allegrezza di loro, & degli amici ſi goderono. Seguì all'ora la morte di Aleſſandro VI. & la ſucceſsione di Pio III che poco viſſe; & fu creato pótefice il cardinale di S. Pietro'i Vincola, chiama to Papa Giulio II. la qual coſa fu di grãde allegrezza a Giuliano, p la lunga ſer uitù, che haueua ſeco. Onde deliberò andare à baciargli il piede: perche giun to a Roma fu lietamente veduto, & con carezze raccolto: & ſubito fu fatto eſecutore delle ſue prime fabbriche innanzi la venuta di Bramante. Antonio che era rimaſto a Fiorenza, ſendo Gonfaloniere Pier ſoderini, non ci eſſendo Giuliano continuò la fabbrica del Poggio Imperiale, doue ſi mandauano à la uorare tutti i prigioni Piſani, per finire piu toſto tal fabbrica. Fu poi per i ca ſi d'Arezzo rouinata la fortezza vechia: & Antonio fece il modello della nuo ua col conſenſo di Giuliano: il quale da Roma per ciò partì, & ſubito vi tornò E fu queſta opera cagione, che Antonio foſſe fatto architetto del comune di Fiorenza ſopra tutte le fortificazioni. Nel ritorno di Giuliano in Roma ſi pra ticaua ſe 'l diuino Michele Agnolo Buonarroti doueſſe fare la ſepoltura di Giulio: perche Giuliano confortò il Papa all'impreſa, aggiugnendo, che gli pareua che per quello edifizio ſi doueſſe fabricare vna Cappella a poſta ſenza porre quella nel vecchio ſan Piero, non ui eſſendo luogo, percioche quella Cappella renderebbe quell'opera piu perfetta. Hauendo dunque molti Ar chitetti fatti diſegni, ſi venne in tanta conſiderazione a poco a poco, che in cã bio di fare vna Cappella ſi miſe mano alla gran fabrica del nuouo ſan Pierò. Et eſſendo di que' giorni capitato in Roma Bramante da caſtel durante Archi tetto, il quale tornaua di Lombardia, egli ſi adoperò di maniera con mezzi, & altri modi ſtraordinarii, & con ſuoi ghiribizzi, hauendo in ſuo fauore Bal daſſarri perucci, Raffaello da Vrbino, & altri Architetti, che miſe tutta l'opera in confuſione; onde ſi conſumò molto tempo in ragionamenti. E finalmen te l'opera, in guiſa ſeppe egli adoperarſi, l'opera fu data à lui, come à perſona di piu giudizio, migliore ingegno, e maggiore inuenzione: perche Giuliano ſdegnato, parendogli hauere riceuuto ingiuria dal Papa col quale haueua hauuto ſtretta ſeruitù, quando era in minor grado, e la promeſſa di quella fa brica, domandò licenza; & coſi, non oſtante, che egli fuſſe ordinato compa gno di Bramante in altri edifizii, che in Roma ſi faceuano, ſi partì, e ſe ne tor

no

VITA DI GIVLIANO ET ANT.

nò con molti doni hauuti dal Papa, à Fiorenza. Il che fu molto caro à Piero Soderini, il quale lo mise subito in opera. Ne passarono sei mesi, che Messer Bartolomeo della Rouere Nipote del Papa, & compare di Giuliano gli scrisse à nome di sua Santità, che egli douesse per suo vtile ritornare à Roma: ma nō fu possibile ne con patti, ne con promesse suolgere Giuliano, parendogli essere stato schernito dal Papa. Ma finalmente essendo scritto à Piero Soderini, che per ogni modo mandasse Giuliano à Roma; perche sua Santità voleua fornire la fortificazione del Torrion tondo, cominciata da Nicola quinto, & cō si quella di borgo, e Bel'vedere, & altre cose, si lasciò Giuliano persuadere dal Soderino, & così andò à Roma, doue fu dal Papa ben raccolto, & con molti doni. Andando poi il Papa à Bologna, cacciati che ne furono i Bentiuogli; per consiglio di Giuliano deliberò far fare da Michelagnolo Buonarroti vn papa di Bronzo, il che fu fatto, sì come si dirà nella vita di esso Michelagnolo. Seguitò similmente Giuliano il Papa alla mirandola, e quella presa, hauendo molti disagi, e fatiche sopportato, se ne tornò con la corte à Roma. Ne essendo ancora la rabbia di cacciare i Franzesi d'Italia vscita di testa al papa, tentò di leuare il gouerno di Fiorenza delle mani à Piero Soderini, essendogli ciò, per fare quello, che haueua in animo, di non piccolo impedimento. Onde per queste cagioni essendosi diuiato il papa dal fabricare, e nelle guerre intricato, Giuliano gia stanco si risoluette dimandar licenza al Papa, vedendo, che solo alla fabrica di san Piero si attendeua, & anco à quella non molto. Ma rispondendogli il Papa in collera, credito, che non si trouino de Giuliani da san Gallo? Egli rispose, che non mai di fede, ne di seruitù pari alla sua, ma che ritrouarebbe bene egli de principi di piu integrità nelle promesse, che nō era stato il Papa verso se. In somma non gli dando altramente licenza il papa gli disse, che altra volta gliene parlassi.

Haueua intanto Bramante, condotto à Roma Raffaello da vrbino messo lo in opera à dipignere le camere papali, onde Giuliano vedendo che in quelle pitture molto si compiaceua il papa, & che egli disideraua, che si dipignesse la volta della cappella di Sisto suo zio, gli ragionò di Michelagnolo, aggiugnendo, che egli haueua gia in Bologna fatta la statua di Bronzo. La qual cosa piacendo al papa, fu mandato per Michelagnolo, & giunto in Roma allogatagli la volta della detta cappella, poco dopo, tornando Giuliano à chiedere di nuouo al papa licenza, sua Santità, vedendolo in ciò deliberato, fu contento, che à Fiorenza se ne tornasse con sua buona gratia: & poi, che l'hebbe benedetto, in vna borsa di raso rosso gli donò cinque cento scudi, dicendogli che sene tornasse à casa à riposarsi, & che in ogni tempo gli sarebbe amoreuole. Giuliano dunque, baciatogli il santo piede, sene tornò à Fiorenza in quel tempo apunto, che Pisa era circondata, & assediata dall'esercito Fiorentino, onde non si tosto fu arriuato, che Piero Soderini dopo l'accoglienze, lo mandò in campo a i comissarii, i quali non poteuano riparare, che i pisani non mettessino per arno vettouaglie in Pisa. Giuliano dunque disegnato che à tēpo migliore si facesse vn ponte in sulle barche sene tornò à Fiorenza, & venuta la primauera, menando seco Antonio suo fratello, sen'andò à Pisa doue cō dussero vn ponte, che fu cosa molto ingegnosa: perche oltre che alzandosi, et abbassandosi si difendeua dalle piene, & staua saldo, essendo bene incatenato

TERZA PARTE

to; fece di maniera quello, che i commeſſarii diſiderauano, aſſediando Piſa dalla parte d'Arno verſo la marina, che furono forzati i piſani, non hauendo più rimedio al mal loro à fare accordo cò i Fiorentini, & coſi ſi reſero: Ne paſ ſò molto, che il medeſimo Piero Soderini mandò di nuouo Giuliano à piſa, con infinito numero di Maeſtri, doue con celerità ſtraordinaria, fabbricò la fortezza, che è hoggi alla porta à san Marco; è la detta porta di componimento Dorico. E mentre, che Giuliano continuò queſto lauoro, che fu inſino al l'anno 1512. Antonio andò per tutto il Dominio à riuedere, e reſtaurare le fortezze, e altre fabbriche pubbliche. Eſſendo poi col fauore di eſſo Papa Giulio ſtata rimeſſa in Fiorenza, & in gouerno la caſa de' Medici; onde ella era nella venuta in Italia di Carlo ottauo Re di Francia ſtata cacciata: e ſtato cauato di palazzo Piero Soderini, fu riconoſciuta da i Medici la ſeruitù, che Giuliano, & Antonio haueuano ne' tempi adietro hauuta con quella Illuſtriſſima caſa. E aſſunto non molto dopo la morte di Giulio ſecondo, giouanni Cardinale de' Medici, fù forzato di nuouo Giuliano à trasferirſi à Roma, doue morto, non molto dopo Bramante, fù voluta dar' la cura della fabrica di ſan Piero a Giuliano, ma eſſendo egli macero dalle fatiche, & abbattuto dalla vecchiozza, e da vn male di pietra, che lo cruciaua, con licentia di ſua ſantità, ſe ne tornò à Fiorenza, e quel carico fu dato al grazioſiſſimo Raffaello da vrbino. E Giuliano, paſſati due anni fù in modo ſtretto da quel ſuo male, che ſi morì d'anni 74 l'anno 1517, laſciando il nome al mondo, il corpo alla terra, e l'animo a Dio. Laſciò nella ſua partita dolentiſſimo Antonio, che teneramente l'amaua, & vn ſuo figliuolo nominato Franceſco, che attendeua alla ſcultura ancora fuſſe d'aſſai tenera età. Queſto Franceſco, il quale ha ſaluato inſino a hoggi tutte le coſe de' ſuoi vecchi, & l'ha in veneratione; oltre a molte altre opere fatte in Fiorenza, & altroue di ſcultura, & d'Architettura, è di ſua mano in or ſan Michele la Madonna, che vi è di marmo col figliuolo in collo; & in grembo a ſanta Anna; laquale opera, che è di figure tonde, & in vn ſaſſo ſolo fù ed è tenuta bell'opera. Ha fatto ſimilmente la ſepoltura, che Papa Clemente fece fare a monte caſſino di Piero de' Medici, et altre opere, molte, dell'quali non ſi fa menzione, per eſſere el detto Franceſco viuo. Antonio dopo la morte di Giuliano, come quello, che mal volentieri ſi ſtaua fece due Crucifiſſi grandi di legno, l'vno de' quali fu mandato in Ispagna, & l'altro fù da Domenico Buoninſegni per ordine del Cardinale Giulio de' Medici vice Cancelliere portato in Francia. Hauendoſi poi a fare la fortezza di Liuorno vi fu mandato dal Cardinale de' Medici Antonio a farne il diſegno, ilche egli fece; ſe bene non fù poi meſſo interamente in opera, ne in quel modo, che Antonio l'haueua diſegnato. Dopo deliberando gl'huomini di monte pulciano, per i miracoli fatti da vna Imagine di Noſtra Donna di fare vn tempio di grandiſſima ſpeſa. Antonio fece il modello, & ne diuenne capo. Onde due volte l'anno viſitaua quella frabbrica. la quale oggi ſi vede condotta a l'vltima perfezzione, che fù nel vero di belliſſimo componimento, & vario, dall'ingegno d'Antonio con ſomma grazia condotta. Et tutte le pietre ſono di certi ſaſſi, che tirano al bianco, in modo di Tiuertini. Laquale opra è fuor della porta di san Biagio a man deſtra, e a mezzo la ſalita del poggio. In queſto tempo ancora diede principio al palazzo d'Antonio di Monte Cardinale di

ſanta

VITA DI GIVLIANO ET ANTONIO

santa Praffedia nel castello del Monte san Sauino; e vn'altro per il medesimo ne fece a Monte Pulciano cosa, di bonissima grazia lauorato, & finito. Fece l'ordine della banda delle case de'frati de serui, su la piazza loro, secondo l'ordine della loggia de gli Innocenti. Et in Arezzo fece i modelli delle nauate della Nostra donna delle Lagrime chiesa molto male intesa, perche scompagna con la fabbrica prima, & gli archi delle teste non tornano in mezzo, similmente fece vn modello della Madonna di Cortona, il quale non penso, che si mettesse in opera. Fu adoprato nello assedio, per le fortificazione, & bastioni dentro alla città; & ebbe a cotale impresa per compagnia Francesco suo nipote. Dopo essendo stato messo in opera il gigante di piazza di mano di Michelagnolo, al tempo di giuliano fratello di esso Antonio; & douendouisi condurre quel altro che aueua fatto Baccio Bandinelli, fu data la cura ad Antonio di conduruelo a saluamento: & egli tolto in sua compagnia Baccio d'Agnolo, con ingegni molto gagliardi lo condusse, & posò saluo in su quella base che à questo effetto si era ordinata. In vltimo essendo egli gia vecchio diuenuto, non si dilettaua d'altro che dell'agricoltura, nella quale era intelligētissimo. Laonde quando piu non poteua per la vecchiaia patire gli incomodi del mondo l'anno 1534. rese l'anima a Dio; & insieme con giuliano suo fratello nella chiesa di santa Maria Nouella, nella sepoltura de'giamberti gli fù dato riposo. Le opere marauigliose di questi duoi fratelli faranno fede al mondo dello ingegno mirabile, che egli hebbono è della vita è costumi onorati e delle azzioni loro auute in pregio da tutto il mondo. Lasciarono Giuliano, & Antonio ereditaria l'arte dell'architettura de i modi dell'architetture Toscane, con miglior forma che gli altri fatto non aueuano; & l'ordine Dorico con miglior misure, & proporzione; che alla Vitruuiana opinione, & regola prima non s'era vsato di fare. Condussero in Fiorenza nelle lor case vn infinità di cose antiche di marmo bellissime, che non meno ornarono, & ornano Fiorenza, ch'eglino ornassero se, & onorassero l'arte. Portò giuliano da Roma il gettare le volte di materie, che venissero intagliate; come in casa sua ne fa fede vna camera, & al poggio a Caiano nella sala grande la volta, che vi si vede ora; onde obligo si debbe auere alle fatiche sue auendo fortificato il dominio Fiorentino, & ornata la città, & per tanti paesi doue lauorarono dato nome a Fiorenza, & agli ingegni Toscani che per onorata memoria hāno fatto loro questi versi.

Cedite Romani structores, cedite Grai,
   Artis Vitruui tu quoque cede parens.
Hetruscos celebrate uiros; testudinis arcus,
   Vrna, tholus, statua, templa, domusque petunt.

VITA DI RAFFAELLO DA VRB.
ARCHITETTO.

Vita di Raffaello da Vrbino Pittore, & Arch.

Q Vanto largo, è benigno si dimostri tal'hora il cielo nell'accumulare in vna persona sola l'infinite richezze de' suoi tesori, e tutte quelle gratie, e piu rari doni, che in lungo spatio di tempo suol compartire fra molti individui; chiaramente potè vedersi nel non meno eccellente, che gratioso Raffael Sanzio da Vrbino.
Il quale fu dalla natura dotato di tutta quella modestia, & bontà, che suo le alcuna volta vedersi in coloro, che piu degl'altri hanno à vna certa humanità di natura gentile aggiunto vn'ornamento bellissimo d'vna graziata affabilità, che sempre suol mostrarsi dolce, e piaceuole con ogni sorte di persone, & in qualunche maniera di cose. Di costui fece dono al mondo la natura, quando vinta dall'arte, per mano di Michelagnolo Buonarroti, volle in Raf
faello

VITA DI RAFFAEL DA VRB.

faello esser vinta dall'arte, è da i costumi insieme. E nel uero poi che la maggior parte degl'artefici stati insino allora, si haueuano dalla natura recato vn certo che di pazzia, è di saluatichezza, che oltre all'hauergli fatti astratti, & fantastichi, era stata cagione, che molte volte si era piu dimostrato in loro l'ombra è lo scuro de'vizii, che la chiarezza, è splendore di quelle virtù, che fanno gli huomini imortali: fù ben ragione, che per contrario in Raffaello facesse chiaramente risplendere tutte le piu rare virtù dell'animo, accompagnate da tanta grazia, studio, bellezza, modestia, & ottimi costumi, quanti sarebbono bastati à ricoprire ogni vizio quátunque brutto, & ogni macchia ancor, che grandissima. La onde si puo dire sicuramente che coloro che sono posseduti di tante rare doti, quante si videro in Raffaello da vrbino, sia nó huomini semplicemente; ma se è cosi lecito dire, Dei mortali. E che coloro, che ne i ricordi della fama lascianc quaggiu fra noi, mediante l'opere loro, honorato nome, possono anco sperare d'hauere à godere in cielo condegno guidardone alle fatiche, è merti loro. Nacq; adunq; Raf. in Vrbino Città notissima in Italia l'anno 1483. in venerdi santo à hore tre di notte d'vn Giouanni de'sāti pittore non molto eccellente, ma si bene huomo di buono ingegno, & atto à indirizzare i figliuoli per quella buona via, che à lui, per mala fortuna sua, non era stata mostra nella sua giouentù. E perche sapeua giouanni quanto importi alleuare i figliuoli non cō il latte delle balie, ma delle proprie madri, nato che gli fu Raffaello, al quale cosi pose nome al battesimo con buono augurio; volle non hauendo altri figliuoli come non hebbe anco poi, che la propria madre lo allattasse, è che tosto ne teneri anni apatasse in casa i costumi paterni, che per le case de'villani, è plebei huomini men gētili o rozzi cō stumi, & creanze. E cresciuto che fu cominciò à esercitarlo nella pittura, vedendolo à coral arte molto inclinato, di bellissimo ingegno: onde non passarono molti anni, che Raffaello ancor, fanciullo, gli fù di grande aiuto in molte opere, che Giouanni fece nello stato d'vrbino. In vltimo, conoscendo questo buono, & amoreuole padre, che poco poteua appresso di se acquistare il figliuolo, si dispose di porlo con Pietro perugino; il quale, secondo, che gli veniua detto, teneua in quel tempo fra i pittori il primo luogo, perche andato à Perugia, non ui trouando Pietro si mise per piu comodamente poterlo aspettare, à lauorare in san Francesco alcune cose. Ma tornato Pietro da Roma, Giouanni, che persona costumata era, è gentile, fece seco amicizia, & quādo tempo gli parue, col piu accōcio modo, che seppe, gli disse il desiderio suo. E cosi Pietro che era cortese molto, & amator de'belli ingegni, accettò Raffaello; onde giouanni andatosene tutto lieto à vrbino, & preso il putto, non sēza molte lachrime della madre che teneramente l'amaua, lo menò à Perugia, là doue Pietro veduto la maniera del disegnare di Raffaello, è le belle maniere è costumi, ne fe quel giudizio, che poi il tempo dimostrò verissimo con gl'effetti. E cosa notabilissima, che studiando Raffaello la maniera di Pietro, la imitò cosi apunto, è in tutte le cose, che i suo ritratti non si conosceuano dagl'originali del maestro, è fra le cose sue, e di Pietro non si sapeua certo discernere; come apertamente dimostrano ancora in san Francesco di perugia alcune figure, che egli vi lauorò in vna tauola à olio per madōna Madalena degli Oddi: & cio sono vna Nostra Donna assunta in cielo, & Giesu Christo, che la

i

corona; & di sotto intorno al sepolcro sono i dodici Apostoli, che contemplano la gloria celeste. E à pie della tauola in vna predella di figure piccole, spartite in tre storie, è la Nostra Donna annunziata dall'Angelo; quando i Magi adorano Christo, & quando nel tempio è in braccio à Simeone: laquale opera certo è fatta con estrema diligenza; & chi non hauesse in pratica la maniera, crederebbe fermaméte, che ella fusse di mano di Pietro, la doue ell'è senza dubbio di mano di Raf. Dopo q̃sta opera, tornãdo, Pietro, p alcuni suoi bisogni à Firéze, Raf. partitosi di Perugia, se n'andò con alcuni amici suoi à Città di Castello, doue fece vna tauola in s̃ato Agostino di q̃lla maniera, & similmẽte i s. Domenico vna d'vn Crucifisso; laquale, se nõ vi fusse il suo nome scritto nessuno la crederebbe opera di Raf. ma si bene di Pietro. In san Francesco ancora della medesima Città fece in vna tauoletta lo sposalitio di Nostra Donna nel quale espressamente si conosce l'augumento della virtù di Raffaello venire con finezza' assotigliando, e passando la maniera di Pietro. In questa opera è tirato vn tempio in prospettiua con tanto amore, che è cosa mirabile a vedere le difficultà, che egli in tale esercizio andaua cercando. In questo mentre, hauendo egli acquistato fama grandissima nel seguito di quella maniera era stato allogato da Pio secondo pontefice la libreria del Duomo di Siena al Pinturicchio, il quale, essendo amico di Raffaello, & conoscendolo ottimo di segnatore, lo condusse à Siena, doue Raffaello gli fece alcuni de i disegni, & cartoni di quell'opera: & la cagione, che egli non continuò fù, che essendo in Siena da alcuni pittori con grandissime lodi celebrato il cartone, che Lionardo da Vinci haueua fatto nella sala del palazzo in Fiorenza, d'vn gruppo di caualli bellissimo per farlo nella sala del palazzo; & similmente alcuni nudi fatti à concorrenza di Lionardo da Michelagnolo Buonarroti, molto migliori, venute in tanto disiderio Raffaello, per lamore, che portò sempre all'eccellenza dell'arte, che messo da parte quell'opera, & ogni vtile, & comodo suo, se ne venne à Fiorenza. Doue arriuato, perche non gli piacque meno la Città, che quell'opere lequali gli paruero diuine, deliberò di habitare in essa per alcun tempo. & cosi fatta amicizia'con alcuni giouani pittori, fra quali furono Ridolfo Ggirlandaio, Aristotile san Gallo, & altri, fu nella città molto honorato, è particolarmente da Taddeo Taddei, il quale lo volle sempre in casa sua; & alla sua tauola, come quegli, che amò sempre tutti gli huomini inclinati alla virtù. E Raffaello, che era la gentilezza stessa, per non esser vinto di cortesia, gli fece'due quadri, che tengono dell'a maniera prima di Pietro, è dell'altra, che'poi studiando apprese molto migliore, come si dirà. I quali quadri sono ancora in casa degli'heredi del detto Taddeo. Hebbe anco Raffaello amicizia grandissima con Lorenzo Nasi, al quale hauendo preso Donna in que' giorni, dipinse vn quadro: Nel quale fece fra le gambe alla Nostra Donna vn putto, al quale vn san Giouannino tutto lieto porge vn vccello, con molta festa, è piacere dell'vno, è dell'altro. E nell'attitudine d'ambi due vna certa simplicità puerile, è tutta amoreuole; oltre, che sono tanto ben coloriti, & con tãta diligenza condotti; che piu tosto paiono di carne viua, che lauorati di colori, è disegno; parimente la Nostra Donna ha vn'aria veramente piena di grazia, è di diuinità, & in somma il piano, i paesi, è tutto il resto dell'opera è bellissimo. Il quale quadro fù da Lorenzo Nasi tenuto con grandissima vene-

razione

VITA DI RAFFAEL. DA VRB.

tazione,mentre,che viſſe, coſi per memoria di Raffaello ſtatogli amiciſsimo, come per la dignita, & eccellenza dell'opera. Ma capitò poi male queſt'opera l'anno 1548. a di VIIII. d'Agoſto quando la caſa di Lorenzo inſieme con quelle ornatiſsime, e belle degl'heredi di Marco del Nero, per vno ſmottamento del monte di ſan Giorgio rouinaruno inſieme con altre caſe vicine. Nondimeno ritrouati i pezzi d'eſſa fra i calcinacci della rouina, furono da Batiſta figliuolo di eſſo Lorenzo amoreuoliſsimo dell'arte, fatti rimettere inſieme in quel miglior modo, che ſi potette. Dopo queſte opere fu forzato Raffaello a partirſi di Firenze, & andare à Vrbino, per hauer la, eſſendo la madre & Giouanni ſuo padre morti, tutte le ſue coſe in abandonò. Mentre che dunque dimorò in vrbino fece per Guidobaldo da montefeltro, allora capitano de'Fiorentini, due quadri di Noſtra Donna piccoli, ma belliſsimi, e della ſecondamaniera. I quali ſono hoggi appreſſo lo Illuſtriſsimo, & eccellentiſsimo Guidobaldo Duca d'vrbino. Fece al medeſimo vn quadretto d'vn Chriſto, che ora nell'orto; & lontani alquanto, i tre Apoſtoli, che dormono. La qual pittura è tanto finita, che vn Minio non puo eſſere ne migliore ne altrimenti. Queſta, eſſendo ſtata gran tempo appreſſo Franceſco Maria Duca d'vrbino fu poi dalla Illuſtriſsima Signora Leonora ſua conſorte donata a Don Paulo Iuſtiniano, e Don Pietro quirini viniziani, e Romiti del ſacro Eremo di Camaldoli:& da loro fu poi come reliquia, & coſa rariſsima, & in ſomma di mano di Raffaello da vrbino, & per memoria di quella Illuſtriſsima signora, poſta nella camera del Maggiore di detto Eremo, doue è tenuta in quella venerazione, ch'ella merita. Dopo queſte opere, & hauere accomodate le coſe ſue ritornò Raffaello a Perugia, doue fece nella chieſa de'frati de'ſerui in vna tauola alla cappella degl'Anſidei vna Noſtra Donna, san Giouanni Battiſta, e ſan Nicola. Et in san Seuero della medeſima città, piccol Monaſterio dell'ordine di Camaldoli, alla cappella della Noſtra Donna, fece in freſco vn Chriſto in gloria, vn Dio Padre con alcuni Angeli;a torno, & ſei ſanti a ſedere, cio è tre per banda, san Benedetto, san Romualdo, san Lorenzo, san Girolamo, san Mauro, & san Placido; & in queſta opera, laquale per coſa in freſco, fu allora tenuta molto bella, ſcriſſe il nome ſuo in lettere grandi, e molto bene apparenti. Gli fu anco fatto dipignere nella medeſima città dalle donne di ſanto Antonio da Padoa in vna tauola la Noſtra Donna, & in grembo a'qlla, ſi come piacque a quelle ſemplici, & venerande donne, Gieſu Chriſto veſtito; & da i lati di eſſa Madonna san Piero, san Paulo, santa Cecilia, & santa Chaterina. Alle qual'due ſante vergini fece le piu belle, & dolci arie di teſte, & le piu varie acconciature da capo, il che fu coſa rara in que'tempi, che ſi poſsino vedere. E ſopra queſta tauola in vn mezzo tondo dipinſe vn Dio Padre belliſsimo, e nella predella dell'altare tre ſtorie di figure piccole, Chriſto quando fa orazione nell'orto; quando porta la Croce, doue ſono belliſsime mouenze di ſoldati, che lo ſtracinano; & quando è morto in grembo alla madre. Opera certo mirabile, deuota, e tenuta da quelle donne in gran venerazione, e da tutti i pittori molto lodata. Ne tacerò, che ſi conobbe poi che fu ſtato a Firenze, che egli variò, & abbelli tanto la maniera, mediãte l'hauer vedute molte coſe, e di mano di maeſtri eccellenti, che ella non haueua, che fate alcuna coſa con quella prima, ſe non come fuſsino di mano di diuerſi, &

piu,e meno eccellenti nella pittura. Prima che partiſſe di Perugia, lo pregò Madonna Atlanta Baglioni,che egli voleſſe farle p la ſua cappella nella chieſa di san Franceſco vna tauola,ma perche egli non potè ſeruirla allora,le promiſe,che tornato che fuſſe da Firenze,doue allora, per ſuoi biſogni era forzato d'andare,non le mācherebbe. Et coſi venuto a Firenze,doue atteſe con in credibile fatica agli ſtudi dell'arte,fece il cartone per la detta cappella con animo dandare come fece quanto prima gli veniſſe in acconcio, a metterlo in opera. Dimorando adunque in Fiorenza Agnolo Doni ilquale quanto era aſſegnato nell'altre coſe, tāto ſpendeua volentieri,ma con piu riſparmio,che poteua,nelle coſe di pittura,e di ſcultura,delle quali ſi dilettaua molto;gli fece fare il ritratto di ſe,& della ſua Donna in quella maniera, che ſi veggiono appreſſo Giouanbatiſta ſuo figliuolo,nella caſa,che detto Agnolo edificò bella,& comodiſſima in Firenze nel corſo de'tintori,appreſſo al canto degl'Alberti. Fece anco a Domenico Canigiani in vn quadro la Noſtra Donna con il putto Gieſu,che fa feſta a vn san giouannino portogli da santa Eliſabetta,che mentre lo ſoſtiene con prontezza viuiſſima, guarda vn san Giuſeppo: Il quale ſtandoſi apoggiato con ambe le mani a vn baſtone china la teſta verſo qlla vecchia,quaſi marauigliandoſi,e lodandone la grandezza di Dio,che coſi attempata haueſſe vn ſi picciol figliuolo. E tutti pare, che ſtupiſchino del vedere con quanto ſenno in quella età ſi tenera i due cugini l'vno reuerente all'altro,ſi fanno feſta; ſenza, che ogni colpo di colore nelle teſte,nelle mani, e ne piedi ſono anzi pēnellate di carne,che tinta di maeſtro, che ſaccia quell'arte. Queſta nobiliſſima pittura è hoggi appreſſo gl'heredi del detto Domenico Canigiani, che la tengono in quella ſtima che merita vn'opera di Raffaello da Vrbino. Studiò queſto eccellentiſſimo pittore nella città di Firenze le coſe vecchie di Maſaccio:e quelle, che vide ne i lauori di Lionardo,e di Michelagnolo lo fecione attendere maggiormente agli ſtudi,e per conſeguenza acquiſtarne miglioramento ſtraordinario all'arte; & alla ſua maniera. Hebbe oltre gl'altri, mentre ſtette Raffaello in Fiorenza ſtretta dimeſtichezza con fra Bartolomeo di san Marco, piacendogli molto, & cercando aſſai d'imitare il ſuo colorire: & all'incontro inſegnò à quel buon padre i modi della proſpettiua,alla quale nō haueua il frate atteſo inſino à quel tempo. Ma in ſulla maggior frequenza di queſta pratica fù richiamato Raffaello a perugia,doue primieramente in san Franceſco finì l'opera della gia detta Madonna Atalanta Baglioni;dellaquale haueua fatto,come ſi è detto, il cartone in Fiorenza. E in queſta diuiniſſima pittura vn Chriſto morto portato a ſotterrare, condotto con tanta freſchezza, e ſi fatto amore,che a vederlo pare ſatto pur'hora. Immaginoſsi Raffaello nel componimento di queſta opera il dolore, che hanno i piu ſtretti,& amoreuoli parenti nel riporre il corpo d'alcuna piu cara perſona,nella quale veramente conſiſta il bene,l'honore, & l'vtile di tutta vna famiglia:vi ſi vede la Noſtra Donna venuta meno; & le teſte di tutte le figure molto grazioſe nel pianto,e quella particolarmente di san Giouanni;ilquale incrociechiate le mani,china la teſta con vna maniera da far comuouere qual è piu duro animo a pietà. E di vero chi conſidera la diligenza,l'amore,l'arte e la grazia di queſt'opera,ha gran ragione di marauigliarſi, perche ella fa ſtupire chiunque la mira, per l'aria delle figure, per la bellezza de'panni, & in ſomma

VITA DI RAFFAEL. DA VRB.

ſomma p vna eſtrema bontà, ch'ell'ha in tutte le parti. Finito queſto lauoro, e tornato a Fiorenza. Gli fu da i Dei Cittadini Fiorentini allogata vna tauola che andaua alla cappella dell'altar loro in ſanto Spirito: Et egli la cominciò, e la bozza à boniſſimo termine conduſſe &: in tanto fece vn quadro, che ſi mandò in Siena, il quale nella partita di Raffaello rimaſe à Ridolfo del Ghirlandaio: perch'egli finiſſe vn panno azurro, che ui mancaua. Et queſto auuéne, perche Bramante da Vrbino, eſſendo a ſeruigi di Giulio I I. per vn poco di parétela, chaueua con Raffaello & per eſſere di vn paeſe medeſimo, gli ſcriſſe che haueua operato col Papa, Ilquale haueua fatto fare certe ſtanze, ch'egli potrebbe in quelle, moſtrare il valor ſuo. Piacque il partito a Raffaello; perche laſciate l'opere di Fiorenza, e la tauola de i Dei non finita, ma in quel modo che poi la fece porre Meſſer Baldaſſarre da Peſcia nella pieue della ſua patria dopo la morte di Raffaello, ſi trasferì a Roma doue giunto Raffaello trouò, che gran parte delle camere di palazzo erano ſtate dipinte: & tuttauia ſi dipigneuano da più maeſtri: & coſi ſtauano come ſi vedeua, che ven'era vna che da Pietro della Franceſca vi era vna ſtoria finita: & Luca da Cortona aueua condotta a buon termine vna facciata: & Don Pietro della Gatta abbate di ſan Clemente di Arezzo vi aueua cominciato alcune coſe: Similmente Bramantino da Milano vi aueua dipinto molte figure, le quali la maggior parte erano ritratti di naturale, che erano tenuti belliſſimi. La onde Raffaello nella ſua arriuata hauendo riceuute molte carezze da Papa Iulio cominciò nella camera della ſegnatura vna ſtoria quando i Teologi accordano la Filoſofia, & l'Aſtrologia; con la Teologia: doue ſono ritratti tutti i ſaui del mondo che diſputano in vari modi. Sonui indiſparte alcuni Aſtrologi che hanno fatto figure ſopra certe tauolette, & caratteri in varii modi di Geomanzia, e d'Aſtrologia: & a i vangeliſti le mandano per certi Angeli belliſſimi, i quali Euangeliſti le dichiarano. Fra coſtoro è vn Diogene con la ſua tazza a ghiacere in ſu le ſcalee, figura molto conſiderata, & aſtratta, che per la ſua bellezza, & per lo ſuo abito coſi accaſo, è degna deſſere lodata. Similmente vi è Ariſtotile, & Platone, l'uno col Timeo in mano, l'altro con l'Etica: doue intorno li fanno cerchio vna grande ſcuola di Filoſofi. Nè ſi può eſprimere la bellezza di quelli Aſtrologi, & Geometri, che diſegnano con le ſeſte in ſu le tauole moltiſſime figure, & caratteri. Fra i medeſimi nella figura d'vn giouane di formoſa bellezza, il quale apre le braccia per marauiglia, & china la teſta, è il ritratto di Federigo I I. Duca di Mantoua, che ſi trouaua allora in Roma. Euui ſimilmente vna figura, che chinata a terra con vn paio di ſeſte in mano, le gira, ſopra le tauole. la quale dicono eſſere Bramante architettore, che egli non è medeſſo, che ſe è fuſſe viuo, tanto è ben ritratto. E allato a vna figura, che volta il didietro, & ha vna palla del cielo in mano, è il ritratto di Zoroaſtro, & allato a eſſo è Raffaello Maeſtro di queſta opera, ritrattoſi da ſe medeſimo nello ſpecchio. Queſto è vna teſta giouane, & d'aſpetto molto modeſto, acompagnato da vna piaceuole, & buona grazia, con la berretta nera in capo. Nè ſi può eſprimete la bellezza, & la bontà, che ſi vede nelle teſte, & figure de' Vangeliſti, a' quali ha fatto nel viſo vna certa attenzione, & accuratezza molto naturale, è maſſimamente a quelli che ſcriuono. Et coſi fece dietro ad vn ſan Matteo, mentre, che egli caua di quelle tauole doue ſono lo figure, i caratteri tenu

teli

teli da vno Angelo, & che le diſtende in ſu vn libro, vn vecchio, che meſſoſi vna carta in ſul ginocchio copia tanto quanto ſan Matteo diſtende. Et mentre, ch'ſta attento: in quel diſagio pare che egli torca le maſcella, & la teſta, ſecondo che egli allarga, & allunga la penna. E oltra le minuzie delle conſiderazioni, che ſon pure aſſai, vi è il componimento di tutta la ſtoria, che certo è ſpartito tanto con ordine, & miſura, che egli moſtrò veramente vn ſi fatto ſaggio di ſe, che fece conoſcere che egli voleua fra coloro, che toccauano i pé nelli, tenere il campo ſenza contraſto.

Adornò ancora queſta opera di vna proſpettiua, & di molte figure, finite con tanto delicata, & dolce maniera che fu cagione che Papa Giulio faceſſe buttare a terra tutte le ſtorie de gli altri maeſtri, & vecchi, & moderni, & che Raffaello ſolo haueſſe il vanto di tutte le fatiche, che in tali opere fuſſero ſtate fatte fino a quell'ora. E ſe bene l'opera di Giouan Antonio Soddoma da Vercelli la quale era ſopra la ſtoria di Raffaello, ſi doueua per commeſsione del Papa gettare per terra, volle nondimeno Raffaello ſeruirſi del partimento di quella, & delle grotteſche; & doue erano alcuni tondi che ſon quattro, fece per ciaſcuno vna figura del ſignificato delle ſtorie di ſotto; volte da quella banda doue era la ſtoria. A quella prima, doue egli haueua dipinto la Filoſofia, & l'Aſtrologia, Geometria, & Poeſia che ſi accordano con la Teologia, v'e vna femmina fatta per la cognizione delle coſe, la quale ſiede in vna ſedia, che ha per reggimento da ogni banda vna Dea Cibele, con quelle tante poppe, có che da gli antichi era figurata Diana polimaſte: & la veſte ſua è di quattro colori, figurati per li elementi, da la teſta in giù v'è il color del fuoco, & ſotto la cintura quel dell'aria, da la natura al ginocchio è il color della terra, et dal reſto per fino a'piedi è il colore dell'acqua. Et coſi la accompagnano alcuni putti veramente belliſsimi. In vn altro tondo volto verſo la fineſtra che guarda in Beluedere, è finita poeſia, la quale è in perſona di Polinnia coronata di lauro, & tiene vn ſuono antico in vna mano, & vn libro nell'altra, & ſopra poſte le gambe. E con aria, è bellezza di viſo immortale ſta eleuata con gl'occhi al cielo, accompagnandola due putti, che ſono viuaci, & prónti: che inſieme con eſſa fanno vari componimenti, e con le altre E da queſta banda vi ſe poi ſopra la gia detta fineſtra il Monte di Parnaſo. Nell'altro tondo, che è fatto ſopra la ſtoria doue i ſanti Dottori ordinano le meſſa, è vna Teologia con libri, & altre coſe attorno, co'medeſimi putti, non men bella, che gl'altri. Et ſopra l'altra fineſtra che volta nel cortile, fece nell'altro tondo vna Giuſtizia, con le ſue bilance, & la ſpada inalberata, con i medeſimi putti, che a l'altre, di ſomma bellezza: per hauer egli nella ſtoria di ſotto della faccia fatto come ſi da le leggi ciuili, & le canoniche come a ſuo luogho diremo. Et coſi nella volta medeſima in ſu le cantonate de'peducci di quella fece quattro ſtorie diſegnate, & colorite con vna gran diligenza; ma di figure di non molta grandezza. In vna delle quali verſo la Telogia fece il peccat di Adamo lauorato con leggiadriſsima maniera; il mangiare del pomo: e in quella doue è la Aſtrologia vi è ella medeſima, che pone le ſtelle fiſſe, & l'erranti a'luoghi loro. Nell'altra poi, del monte di Parnaſo è Marſia fatto ſcorticare a vno albero da Apollo; E diuerſo la ſtoria doue ſi dáno i decretali, è il giudizio di Salamone quádo egli vuol fare diuidere il fáciullo. Le quali quattro iſtorie ſono
tutte

VITA DI RAFFAEL DA VRB.

tutte piene di senso, & di affetto: & lauorate con disegno bonissimo, & di colorito vago, & graziato. Ma finita oramai la volta cio è il cielo di qlla staza, resta che noi raccōtiamo qllo che e'fece faccia p faccia appiè delle cose dette di sopra. Nella facciata dunque di verso Beluedere doue è il monte Parnaso, & il fonte di Elicona, fece intorno a quel monte vna selua onbrosissima di lauri; ne'quali si conosce per la loro verdezza, quasi il tremolare delle foglie p l'aure dolcissime; & nella aria vna infinità di Amori ignudi con bellissime arie di viso, che colgono rami di lauro, & ne fanno ghirlande, & quelle spargano, & gettano per il monte. Nel quàle pare che spiri veramente vn fiato di diuinità, nella bellezza delle figure; & da la nobiltà di quella pittura: laquale fa marauigliare chi intentissimaméte la considera, come possa ingegno vmano con l'imperfezzione di semplici colori ridurre, cō l'eccellentia del disegno le cose di pittura à parere viue si come sono anco viuissimi que' Poeti, che si veggono sparsi per il monte, chi ritti, chi a sedere, & chi scriuendo, altri ragionando, & altri cantando, o fauoleggiando insieme, a quattro, a sei, secondo che gliè parso di scōpartigli. Sonui ritratti di naturale tutti i piu famosi, & antichi, & moderni Poeti che furono, & che erano fino al suo tempo, i quali furono cauati parte da statue, parte da medaglie, & molti da pitture vecchie, & ancora di naturale mentre, che erano viui da lui medesimo. Et per cominciarmi da vn capo quiui è Ouidio, Virgilio, Ennio, Tibullo, Catullo, Properzio, & Omero, che cieco cō la testa eleuata cātādo versi ha a piedi vno che gli scriue. vi sono poi tutte in vn gruppo le noue muse, & Appollo, con tā ta bellezza d'arie, & diuinità nelle figure, che grazia, & vita spirano ne fiati loro. Euui la dotta Safo, & il diuinissimo Dante, il leggiadro Petrarca, & lo amoroso Boccaccio, che viui viui sono; il Tibaldeo similmente, & infiniti altri moderni. La quale istoria è fatta con molta grazia, & finita cō diligenza. Fece in vn'altra parete vn cielo con Christo, & la Nostra Donna, San Giouanni Batista, gli Apostoli, & gli Euangelisti, e Martiri su le nugole con Dio Padre, che sopra tutti, manda lo Spirito Santo, e massimamente sopra vn numero infinito di Santi, che sotto scriuono la messa; & sopra l'Ostia, che è sullo altare, disputano. Fra i quali sono i quattro dottori della chiesa, che intorno hanno infiniti santi. Euui Domenico, Francesco, Tomaso d'Aquino, Buona uentura, Scoto, Nicolo de Lira, Dante, fra Girolamo Sauonatola da Ferrara & tutti i Teologi Christiani, & infiniti ritratti, di naturale. E i aria sono quattro fanciulli, che tengono aperti gli Euangeli. Dalle quali figure non potrebbe pittore alcuno formar cosa piu leggiadra, ne di maggior perfezzione. Auuengha, che nell'aria, e in cerchio son figurati que'santi a sedere, che nel vero, oltra al parer viui di colori, scortano di maniera, e sfuggono, che non altrimenti farebbono se fusino di rilieuo! Oltra che sono vestiti diuersaménte, con bellissimé pieghe di panni, & l'arie delle teste piu celesti che vmane: come si vede in quella di Christo, la quale mostra quella clemenza, & quella pietà, che può mostrare a gli huomini mortali diuinità di cosa dipinta. Con ciò fusse che Raff. hebbe questo dono dalla Natura di far l'arie sue delle teste dolcissime, & graziosissime, come ancora ne fa fede la Nostra Dōna, che messesi le mani al petto, guardando, & contemplando il figliuolo, pare che non possa dinegar grazia: senza che egli riseruò vn decoro certo bellissimo, mo-

strando

strando nell'arie de' Santi Patriarci l'antichità: negli Apostoli la semplicità; et ne Martiri la fede. Ma molto piu atte, & ingegno mostrò ne' santi Dottori Christiani, i quali a sei, a tre, a due disputando per la storia, si vede nelle vere loro vna certa curiosità, & vnó affanno nel voler trouare il certo di quel che stanno in dubbio: faccendone segno co'l disputar con le mani, & co'l far certi atti con la persona: con attenzione degli orecchi, con lo increspare del le ciglia: & con lo stupire in molte diuerse maniere, certo variate, & proprie: saluo che i quattro Dottori della Chiesa, che illuminati dallo Spirito Santo, snodano, & risoluono con le scritture Sacre, tutte le cose de gli Euangeli, che sostengano que' putti che gli hanno in mano, volando per l'aria. Fece nel l'altra faccia doue è l'altra finestra, da vna parte Giustiniano, che dà le leggi a i dottori, che le corregghino, & sopra, la Temperanza la Fortezza, & la Prudenza. Dall'altra parte fece il Papa, che da le decretali canoniche, & in det to Papa ritrasse papa Giulio di naturale; Giouanni Cardinale de' Medici as sistente, che fu Papa Leone, Antonio Cardinale di Monte, & Alessandro Far nese Cardinale, che fu poi Papa Paulo terzo, con altri ritratti. Restò il Papa di questa opera molto sodisfatto; & per sargli le spalliere di prezzo, come era la pittura, fece venire da Monte Oliueto di chiusuri, luogo in quel di Siena, Fra Giouanni da Verona, allora gran maestro di commessi di prospettiue di legno, il quale vi fece non solo le spalliere, attorno ma ancora vsci bellissimi, & sederi lauorati in prospettiue; i quali appresso al Papa grandissima grazia, premio, & onore gli acquistarono. Et certo, che in tal magisterio mai non fu piu nessuno, piu valente di disegno, & d'opera, che fra Giouanni: come ne fa fede ancora in Verona sua patria vna sagrestia di prospettiue di legno bel lissima, in santa Maria in Organo, il choro di Monte Oliueto di Chiusuri, et quel di san Benedetto di Siena, & ancora la sagrestia di Monte Oliueto di Napoli; & nel luogo medesimo nella Cappella di Paolo da Tolosa il choro lauorato dal medesimo. Perilche meritò, che dalla religion sua fosse stimato, & con grandissimo honor tenuto, nella quale si morì d'età d'anni 68. lan no 1537. Et di costui come di persona veramente eccellente, & rara, hò vo luto far menzione, parendomi che cosi meritasse la sua virtù; la quale fu ca gione come si dira in altro luogo di molte opere rare fatte da altri maestri do po lui: Ma per tornare a Raffaello, crebbero le virtù sue di maniera; che segui tò, per commissione del Papa, la camera seconda verso la sala grande. Et egli che nome grandissimo aueua acquistato, ritrasse in questo tempo Papa Giu lio in vn quadro a olio, tanto viuo, & verace, che faceua temere il ritratto a vederlo, come se proprio egli fosse il viuo la quale opera è oggi in santa Ma ria del popolo, con vn quadro di Nostra donna bellissimo, fatto medesima mente in questo tempo, dentroui la Natiuità di Iesu Christo; doue è la Ver gine che con vn velo cuopre il figliuolo; il quale è di tanta bellezza, che nel l'aria della testa, & per tutte le membra, dimostra essere vero figliuolo di Dio Et non mancò di quello è bella la testa, & il volto di essa Madonna; conoscen dosi in lei, oltra la somma bellezza, allegrezza, & pietà. Euui vn Giuseppo, che appoggiando ambe le mani ad vna mazza, pensoso in contemplare il Re, & la Regina del Cielo, sta con vna ammirazione da vecchio santissimo. Et amendue questi quadri si mostramo le feste solenni. Aueua acquistato in Ro
ma

ma Rafaello in questi tempi molta fama; & ancora che egli auesse la maniera gentile, da ognuno tenuta bellissima; E con tutto che egli hauesse veduto tante anticaglie in quella città, & che egli studiasse continouamente: Non aueua però per questo dato ancora alle sue figure vna certa grandezza, & maestà, che e' diede loro da qui auanti. Auenne adunque in questo tempo, che Michelagnolo fece al Papa nella cappella quel romore & paura, di che parleremo nella vita sua; onde fu sforzato fuggirsi a Fiorenza: Per ilche auendo Bramante la chiaue della capella, a Rafaello, come amico, la fece vedere, accioche i modi di Micheagnolo comprendere potesse. Onde tal vista fu cagione, che in santo Agostino sopra la santa Anna di Andrea Sansouino in Roma Rafaello subito rifacesse di nuouo lo Esaia profeta, che ci si vede; che digia lo aueua finito. Nellaquale opera per le cose vedute di Micheleagnolo, migliorò & ingrandi fuor di modo la maniera, & diedele piu maestà. Perche nel veder poi Micheleagnolo l'opera di Raffaello, pensò, che Bramante, com'era vero, gli auesse fatto quel male innanzi, per fare vtile & nome a Rafaello. Alquale Agostino Chisi Sanese ricchissimo mercante, e di tutti gl'huomini virtuosi amicissimo, fece non molto dopo allogazione d'vna cappella; E ciò per hauergli poco inanzi raffaello dipinto in vna loggia del suo palazzo hoggi detto i Chisij in Trasteuere, cō dolcissima maniera vna Galatea nel mare sopra vn carro tirato da due dolfini, à cui sono intorno i Tritoni, & molti Dei marini. Hauédo dunque fatto Rafaello il cartone p la detta capella, laquale è all'entrata della chiesa di s. Maria della pace à mā destra, entrando in chiesa per la porta principale, la condusse lauorata in fresco della maniera nuoua, alquāto piu magnifica, & grande, che non era la prima. Figurò raffaello in questa pittura, auanti che la cappella di Michelagnolo si discoprisse publicamente, hauendola nondimeno veduta, alcuni profeti, & sibille, che nel vero delle sue cose è tenuta la miglior, & frà le tante belle, bellissima; perche nelle femine, & ne i fanciulli, che vi sono, si vede grandissima viuacità, & colorito perfetto. Et questa opera lo fe stimar grandemente viuo, & morto, per essere la piu rara, & eccellente opera, che Raffaello facesse in vita sua. Poi stimolato da prieghi d'vn cameriere di Papa Giulio, dipinse la tauola dello altar maggiore di Araceli, nellaquale fece vna nostra Donna in aria, cō vn paese bellissimo, vn san Giouanni, & vn san Francesco, & san Girolamo ritratto da Cardinale; nellaqual nostra Donna è vna vmiltà, & modestia, veramente da madre di Christo; & oltre che il putto con bella attitudine scherza co'l mā to della Madre, si conosce nella figura del san Giouanni quella peniteza, che suole fare il digiuno, & nella testa si scorge vna sincerità d'animo, & vna prō tezza di sicurtà, come in coloro che lontani dal mondo lo sbeffano, & nel praticare il publico, odiano la bugia, & dicono la verità. Similmente il san Girolamo ha la testa eleuata con gli occhi alla nostra Donna, tutta contemplatiua, ne'quali par che ci accenni tutta quella dottrina & sapienzia che egli scriuendo mostrò nelle sue carte; offerendo con ambe le mani il Cameriero, in atto di raccomandarlo, ilqual Cameriero, nel suo ritratto è nō men viuo che si sia dipinto. Ne mancò Raffaello fare il medesimo nella figura di san Francesco, ilquale ginocchioni in terra, con vn braccio steso, & con la testa eleuata, guarda in alto la nostra Donna, ardendo di carità nello affetto della pittu-

K

ra,laquale nel lineamento,& nel colorito,moſtra,che e' ſi ſtrugga di affezzione,pigliando conforto & vita dal manſuetiſſimo guardo della bellezza di lei & dalla viuezza,& bellezza del figliuolo. Feceui Raffaello vn putto ritto in mezzo della tauola ſotto la noſtra Donna, che alza la teſta verſo lei, & tiene vno epitaffio,che di bellezza,di volto,& di corriſpondenza della perſona nō ſi può fare,ne piu grazioſo,ne meglio,oltre che v'è vn paeſe,che in tutta perfezzione è ſingulare,& belliſſimo. Dappoi continuando le camere di palazzo,fece vna ſtoria del miracolo del Sacramento del corporale d'Oruieto, o di Bolſena,che eglino s'el chiamino. Nellaquale ſtoria ſi vede al prete, mentre che dice meſſa,nella teſta infocata di roſſo,la vergogna,che egli aueua nel veder per la ſua incredulità fatto liqueſar l'oſtia in ſul corporale, & che ſpauentato ne gli occhi, & fuor di ſe ſmarrito nel coſpetto de ſuoi vditori,pare perſona inriſoluta.Et ſi conoſce nell'attitudine delle mani quaſi il tremito,& lo ſpauento,che ſi ſuole in ſimili caſi hauere. Feceui Raffaello intorno molte varie,& diuerſe figure,alcuni ſeruono alla meſſa, altri ſtanno ſu per vna ſcala ginochioni,e alterate dalla nouità del caſo fano belliſſime attitudini in diuerſi geſti, eſprimendo in molte vno affetto di renderſi in colpa, è tanto ne' maſchi,quāto nelle femmine; fra lequali ve n'ha vna che à pie della ſtoria da baſſo ſiede in terra tenendo vn putto in collo, laquale ſentendo il ragionamento, che moſtra vn'altra di dirle del caſo ſucceſſo al prete, marauiglioſamente ſi ſtorce mentre, che ella aſcolta ciò, con vna grazia donneſca molto propria & viuace. Finſe dall'altra banda Papa Giulio, che ode quella meſſa, coſa marauiglioſiſſima,doue ritraſſe il Cardinale di San Giorgio, & infiniti; & nel rotto della fineſtra accomodò vna ſalita di ſcalee: che la ſtoria moſtra intera,anzi pare,che ſe il vano di quella fineſtra non vi foſſe, quella nō ſarebbe ſtata punto bene. La onde veramente ſi gli può dar vanto,che nelle inuēzioni di compoſtimenti di che ſtorie ſi foſſero,neſſuno giamai piu di lui nella pittura è ſtato accomodato,& aperto, & valente; come moſtrò ancora in queſto medeſimo luogo dirimpetto à queſta in vna ſtoria, quando san Piero nelle mani d'Erode in prigione è guardato da gli armati:Doue tanta è l'architettura,che ha tenuto in tal coſa,& tanta la diſcrezione nel caſamento della prigione,che in vero gli altri appreſſo à lui hanno piu di cōfuſione,ch'egli non ha di bellezza; hauendo egli cercato di continuo figurare le ſtorie,come elle ſono ſcritte,& farui dentro coſe garbate, & eccellēti,come moſtra in queſta, l'orrore della prigione, nel veder legato fra que due armati con le catene di ferro ql vecchio; il grauiſſimo ſonno,nelle guardie, & il lucidiſſimo ſplendor dell'angelo,nelle ſcure tenebre della notte luminoſamēte far diſcernere tutte le minuzie delle carcere, & viuaciſſimamēte riſplendere l'armi di coloro,in modo che i luſtri paiono bruniti piu che ſe fuſſino veriſſimi, e nō dipinti.Ne meno arte,& ingegno è nello atto quando egli ſciolto da le catene eſce fuor di prigione accompagnato dall'angelo, doue moſtra nel viſo san Piero piu toſto d'eſſere vn ſogho,che viſibile, come ancora ſi vede terrore, & ſpauento in altre guardie,che armate fuor della prigione, ſentono il romore de la porta di ferro, & vna ſentinella con vna torcia in mano deſta gli altri, & mētre con quella fa lor lume riuerberano i lumi della torcia in tutte le armi: & doue non percuote quella ſerue vn lume di Luna.Laquale inuenzione hauē
dola

VITA DI RAFFAEL. DA VRB.   75

dola fatta Raffaello sopra la finestra, viene a esser quella facciata piu scura; auuenga che quando si guarda tal pittura ti da il lume nel viso, & contendono tanto bene insieme la luce viua con quella dipinta co' diuersi lumi della notte, che ti par vedere il fumo della torcia, lo splendor dell'angelo, con le scure tenebre della notte si naturali, & si vere, che non diresti mai che ella fussi dipinta, auendo espresso tanto propriamente si difficile imaginazione. Qui si scorgono nell'arme l'ombre, gli sbattimenti, i reflessi, & le fumosità del calor de lumi, lauorati cō ombra si abbacinata, che in vero si puo dire, che egli fosse il maestro degli altri. Et per cosa, che contrafaccia la notte piu simile di quante la pittura ne fece giamai, questa è la piu diuina, & da tutti tenuta la piu rara. Egli fece ancora in vna delle pareti nette, il culto diuino, & l'arca de gli Ebrei, & il candelabro, & Papa Giulio, che caccia l'auarizia della chiesa, storia di bellezza & di bontà simile alla notte detta di sopra. Nellaquale storia si veggono alcuni ritratti di Palafrenieri, che viueuano allora, i quali in su la sedia portano Papa Giulio veramente viuissimo. Alquale mentre che alcuni popoli, & femmine fanno luogo, perche e' passi, si vede la furia d'vno armato à cauallo, ilquale accompagnato da due à piè, con attitudine ferocissima vrta, & percuote il superbissimo Eliodoro, che per comandamento d'Antioco vuole spogliare il Tempio di tutti i depositi delle vedoue, & de' pupilli & gia si vede lo sgombro delle robbe, & i thesori che andauano via; ma per la paura del nuouo accidente di Eliodoro abbattuto, & percosso aspramente da i tre predetti, che per essere ciò visione, da lui solamente sono veduti & sentiti; si veggono tutti traboccare, & versare per terra, cadendo chi gli portaua, per vn subito orrore, & spauento, che era nato in tutte le genti di Eliodoro. Et appartato da questi si vede il santissimo Onia pontefice, pontificalmente vestito, con le mani & con gli occhi al Cielo, feruentissimamente orare, afflitto per la compassione de' pouerelli che quiui perdeuano le cose loro, Et allegro per quel soccorso che dal Ciel sente soprauenuto. Veggonsi oltra ciò per bel capriccio di Raffaello, molti saliti sopra i zoccoli del basaméto, & abbracciati alle colonne, con attitudini disagiatissime, stare à vedere: Et vn popolo tutto attonito in diuerse & varie maniere, che aspetta il successo di questa cosa. E fu questa opera tanto stupenda in tutte le parti, che anco i cartoni sono tenuti in grandissima veneratione; Onde M. Fracesco Masini, gentil'huomo di Cesena, ilquale senza aiuto di alcun maestro, ma infin da fanciullezza, guidato dà straordinario instinto di natura, dando da se medesimo opera al disegno, & alla pittura, ha dipinto quadri, che sono stati molto lodati da gli intédenti dell'arte; ha fra molti suoi disegni, & alcuni rilieui di marmo antichi, alcuni pezzi del detto cartone, che fece Raffaello, per questa historia d'Eliodoro, & gli tiene in quella stima, che veramente meritano. Ne tacero M. Niccolo Masini, ilquale mi ha di queste cose dato notizia, è come in tutte l'altre cose virtuosissimo, delle nostre arti veramente amatore. Ma tornando à Raffaello, nella volta poi che vi è sopra fece quattro storie, l'apparizione di Dio ad Abraam nel promettergli la moltiplicazione del seme suo; il sacrificio d'Isaac; la scala di Iacob; e'l Rubo ardente di Moise; nellaquale non si conosce meno arte, inuenzione, disegno, & grazia, che nelle altre cose lauorate di lui. Mentre che la felicita di questo artefice faceua di se tante gran marauiK ii glie, la inuidia della fortuna priuò de la vita Giulio secondo. Il quale era alimentatore di tal virtù, & amatore d'ogni cosa buona. La onde fu poi creato Leon decimo, il quale volle, che tale opera si seguisse: & Raffaello ne sali con la virtù in cielo & ne trasse cortesie infinite auendo incontrato in vn principe si grande, il quale per heredità di casa sua era molto inclinato a tale arte: Per il che Raffaello si mise in cuore di seguire tale opera, & nell'altra faccia fece la venuta d'Atila à Roma, & lo incontrarlo appiè di Monte Mario, che se ce Leon III. Pontefice, il quale lo cacciò con le sole benedizzioni. Fece Rafaello in questa storia san Pietro, & san Paulo in aria con le spade in mano, che vengono à disender la chiesa. Et se bene la storia di Leon III. non dice questo: egli nondimeno per capriccio suo volse figurarla forse così; come in teruiene molte volte, che così le pitture, come le poesie vanno vagando, per ornamento dell'opera; non si discostando però per modo non conueniente dal primo intendimento. Vedesi in quegli Apostoli quella fierezza, & ardire celeste, che suole il giudizio diuino molte volte mettere nel volto de' serui suoi per difender la Santissima religione. Et ne fa segno Atila, il quale si vede sopra vn cauallo nero balzano, & stellato in fronte, bellissimo quanto piu si può, il quale con attitudine spauentosa alza la testa; & volta la persona in fuga. Sonoui altri caualli bellissimi, & massimamente vn gianetto macchiato, che è caualcato da vna figura, la quale ha tutto lo ignudo, coperto di scaglie, à guisa di pesce; il che è ritratto da la colonna Traiana; nella quale son i popoli armati in quella foggia. Et si stima ch'elle siano arme fatte di pelle di coccodrilli. Euui Monte Mario, che abrucia, mostrando che nel fine della partita de soldati gli aloggiamenti rimangono sempre in preda alle fiame. Ritrasse ancora di naturale alcuni mazzieri, che accompagnano il Papa, iquali son viuissimi; & così i caualli doue son sopra: & il simile la corte de Cardinali & alcuni palafrenieri che tegono la chinea sopra cui è à cauallo in pontificale, ritratto nò men viuo che gli altri, Leon x. & molti cortigiani; cosa leggiadrissima da vedere à proposito in tale opera, & vtilissima a l'arte nostra, massimamente p quegli, che di tali cose son digiuni. In questo medesimo tempo fece à Napoli vna tauola, la quale fu posta in san Domenico nella cappella, doue è il Crocifisso, che parlò à san Tomaso d'Aquino: dentro vi è la nostra Donna, san Girolamo vestito da Cardinale, & vno Angelo Raffaello, ch'accompagna Tobia. Lauorò vn quadro al Signor Leonello da Carpi Signor di Meldola, il quale ancor viue di età piu che nouanta anni, il quale fu miracolosissimo di colorito, & di bellezza singulare. Atteso che egli è condotto di forza, & d'vna vaghezza tanto leggiadra; che io non penso che e' si possa far meglio. Vedendosi nel viso della nostra Donna, vna diuinità, & ne la attitudine vna modestia, che non è possibile migliorarla. Finse, che ella à man giunte adori il figliuolo, che le siede in su le gambe, facendo carezze a san Giouanni piccolo fanciullo, il quale lo adora insieme con santa Elisabetta, & Giuseppo. Questo quadro era gia appresso il Reuerendissimo Cardinale di Carpi, figliuolo di detto signor Leonello, delle nostre arti amator grandissimo, & hoggi dee essere appresso gli heredi suoi. Dopo essendo stato creato Lorèzo Pucci Cardinale di Santi quattro, sommo Penitenziere, hebbe grazia con esso, che egli facesse per san Giouanni in monte di Bologna vna tauola, la quale è hoggi lo

cata

VITA DI RAFFAEL. DA VRB.

cata nella capella, doue è il corpo della Beata Elena da l'olio; nellaquale opera moſtrò quanto la grazia nelle delicatiſsime mani di Raffaello poteſſe inſieme còn l'arte. Euui vna ſanta Cecilia, che da vn coro in cielo d'angeli abbagliata, ſta à vdire il ſuono, tutta data in preda alla armonia, e' ſi vede nella ſua teſta quella aſtrazzione che ſi vede nel viuo di coloro, che ſono in eſtaſis oltra che ſono ſparſi per terra inſtrumenti muſici, che non dipinti, ma viui, & veri ſi conoſcono, & ſimilmente alcuni ſuoi veli, & veſtimenti di drappi d'oro, & di ſeta, & ſotto quelli vn ciliccio marauiglioſo. E in vn ſan Paulo, che ha poſato il braccio deſtro in ſu la ſpada ignuda, & la teſta appoggiata alla mano, ſi vede non meno eſpreſſa la conſiderazione della ſua ſcienzia, che l'aſpetto della ſua fierezza, còuerſa in grauità; queſti è veſtito d'vn panno roſſo ſemplice per mantello, & d'vna tonica verde ſotto quella, alla Apoſtolica & ſcalzo; Euui poi ſanta Maria Maddalena, che tiene in mano vn vaſo di pietra finiſſima, in vn poſar leggiadriſſimo; Et ſuoltando la teſta, par tutta allegra della ſua conuerſione, che certo in quel genere penſo che meglio non ſi poteſſe fare; E coſi ſono anco belliſſime le teſte di ſanto Agoſtino, & di ſā Giouāni Euangeliſta. E nel vero che l'altre pitture, pitture nominare ſi poſſono; ma quelle di Raffaello coſe viue: perche trema la carne; vedeſi lo ſpirito; battono i ſenſi alle figure ſue, & viuacità viua vi ſi ſcorge; per ilche q̃ſto li diede oltra le lodi, che haueua piu nome aſſai. La onde furono però fatti à ſuo honore molti uerſi, & Latini, & uulgari: de'quali metterò queſti ſoli per non far piu lunga ſtoria di quel che io mi habbi fatto.

Pingant ſola alij, referantque coloribus ora;
Ceciliæ os Raphael atque animum explicuit.

Fece ancora doppo queſto vn quadretto di figure piccole, hoggi in Bologna medeſimamente, in caſa il Conte Vincenzio Arcolano, dentroui un Chriſto a uſo di Gioue in Cielo, & dattorno i quattro Euangeliſti, come gli deſcriue Ezechiel, uno à guiſa di huomo, & l'altro di leone, & quello d'aquila, & di bue, con un paeſino ſotto figurato per la terra, non meno raro, & bello nella ſua piccolezza, che ſieno l'altre coſe ſue nelle grādezze loro. A Verona mādò della medeſima bontà un grā quadro à i Cōti da Canoſſa, nelquale è una natiuità di N. Signore belliſſima, cōn vna aurora molto lodata, ſi come è ancora ſanta Anna; anzi tutta l'opera, laquale non ſi puo meglio lodare, che dicēdo, che è di mano di Raffaello da Vrbino. onde que' Conti, meritamente l'hanno in ſomma ueneratione; ne l'hanno mai per grandiſſimo prezzo, che ſia ſtato loro offerto da molti principi à niuno uoluto concederla, & a Bindo Altouiti fece il ritratto ſuo quando era giouane che è tenuto ſtupendiſſimo. Et ſimilmente un quadro di noſtra Donna, che egli mandò à Fiorenza, ilqual quadro è hoggi nel palazzo del Duca Coſimo nella cappella delle ſtanzenuoue, e da me fatte, e dipinte, e ſerue per tauola dell'altare, & in eſſo è dipinta una ſanta Anna uecchiſſima à ſedere, laquale porge alla noſtra Donna il ſuo figliuolo di tanta bellezza nel ignudo, & nelle fatezze del uolto; che nel ſuo ridere rallegra chiunque lo guarda: Senza che Raffaello moſtrò nel dipingere la noſtra Donna, tutto quello, che di bellezza ſi può fare nell'aria di vna vergine: doue ſia accompagnata ne gli occhi modeſtia, nella fronte honore, nel naſo grazia; & nella bocca virtù: ſenza che l'habito ſuo è tale, che

moſtra

mostra vna semplicità,& honestà infinita. Et nel vero io non penso che per tanta cosa, si possa veder meglio. Euui vn san Giouanni a sedere ignudo, & vn'altra santa, ch'è bellissima anch'ella. Cosi per campo vi è vn casamento, doue egli ha finto vna finestra impannata che fa lume alla stanza doue le figure son dentro. Fece in Roma vn quadro di buona grandezza, nelquale rittasse Papa Leone, il Cardinale Giulio de' Medici, è il Cardinale de' Rossi, nelquale si veggono non finte, ma di rilieuo tonde le figure: quiui è il veluto, che ha il pelo, il domasco adosso à quel Papa, che suona, & lustra: le pelli della fodera morbide, & viue; & gli ori, & le sete contrafatti si, che non colori, ma oro, & seta paiono. Vi è vn libro di carta pecora miniato, che piu viuo si mostra, che la viuacità: e vn campanello d'argento lauorato, che non si puo dire quanto è bello. Ma fra l'altre cose vi è vna palla della seggiola brunita, & d'oro; nellaqoale à guisa di specchio, si ribattono (tanta è la sua chiarezza) i lumi de le finestre, le spalle del Papa, & il rigirare delle stanze; & sono tutte queste cose condotte con tanta diligenza, che credasi pure, & sicuramente, che maestro nessuno di questo meglio non faceia, ne habbia à fare. Laquale opera fu cagione, che il Papa di premio grande lo rimunerò, & questo quadro si troua ancora in Fiorenza nella guardaroba del Duca. Fece similmente il Duca Lorenzo, e'l Duca Giuliano, con perfezzione non piu da altri, che da esso dipinta nella grazia del colorito, iquali sono appresso agli heredi di Ottauiano de' Medici in Fiorenza. La onde di grandezza fu la gloria di Raffaello accresciuta, & de' premii parimente: perche per lasciare memoria di se fece murare vn palazzo à Roma in Borgo nuouo, ilquale Bramante fece condurre di getto: per queste, e molte altre opere, essendo passata la fama di questo nobilissimo artefice infino in Francia, & in Fiandra, Alberto Durero Tedesco, pittore mirabilissimo, & intagliatore di rame di belissime stampe, diuenne tributario delle sue opere à Raffaello; & gli mandò la testa d'vn suo ritratto condotta da lui à guazzo su vna tela di bisso, che da ogni banda mostraua parimente, & senza biacca i lumi trasparenti, se non che con acquerelli di colori era tinta, & macchiata, & de' lumi del panno haueua campato i chiari, laquale cosa parue marauigliosa à Raffaello, perche egli gli mandò molte carte disegnate di man sua, lequali furono carissime ad Alberto. Era questa testa fra le cose di Giulio Romano hereditario di Raffaello in Mantoua. Hauendo dunque veduto Raffaello lo andare nelle stampe d'Alberto Durero, volonteroso, ancor'egli di mostrare quel che in tale arte poteua, fece studiare Marco Antonio Bolognese in questa pratica infinitamente, ilquale riusci tanto eccellente, che gli fece stampare le prime cose sue, la carta degli Innocenti, vn Cenacolo, il Nettunno, & la santa Cecilia quando bolle nell'olio. Fece poi Marco Antonio per Raffaello vn numero di stape, lequali Raffaello donò poi al Bauiera suo garzone, ch'haueua cura d'vna sua donna, laquale Raffaello amò sino alla morte, & di quella fece vn ritratto bellissimo, che pareua viua viua, ilquale è hoggi in Fiorenza appresso il gentilissimo Matteo Botti mercante Fiorentino, amico & familiare d'ogni persona virtuosa, & massimamente dei pittori, tenuta da lui come reliquia per l'amore, che egli porta all'arte, & particularmente a Raffaello. Ne meno di lui stima l'opere dell'arte nostra, & gli artefici, il fratello suo Simon Botti, che oltra lo esser tenuto da tutti noi

per vno

VITA DI RAFFAEL. DA VRB.

per vno de' piu amoreuoli, che faccino beneficio a gli huomini di queste professioni è da me particulare tenuto, & stimato per il migliore, & maggiore amico, che si possa per lunga esperienza hauer caro; oltra al giudicio buono, che egli ha, & mostra nelle cose dell'arte. Ma per tornare alle stampe, il fauorire Raffaello il Bauiera fu cagione che si destasse poi Marco da Rauenna, & altri infiniti, per si fatto modo che le stampe in rame fecero de la carestia loro, quella copia, che al presente veggiamo. Perche Vgo da Carpi, con belle inuenzioni, hauendo il ceruello volto à cose ingegnose, & fantastiche, trouò le stampe di legno, che con tre stampe possono il mezo, il lume, & l'ombra contrafare, le carte di chiaro, oscuro: laquale certo fu cosa di bella, & capricciosa inuenzione, & di questa ancora è poi venuta abbondanza, come si dirà nel la vita di Marcantonio Bolognese piu minutamente. Fece poi Raffaello per il monasterio di Palermo detto santa Maria dello Spasmo, de frati di monte Oliueto vna tauola d'vn Christo, che porta la croce, laquale è tenuta cosa marauigliosa. Conoscendosi in quella, la impietà de' Crocifissori, che lo conducono alla morte al Monte Caluario con grandissima rabbia, doue il Christo appassionatissimo nel tormento dello auuicinarsi alla morte, calcato in terra per il peso del legno della Croce, & bagnato di sudore, & di sangue, si volta verso le Marie, che piangono dirotissimamente. Oltre ciò si vede fra loro Veronica, che stende le braccia, porgendoli vn panno, con vno affetto di Carità grandissima: Senza che l'opera è piena di armati à cauallo, & à piede, iquali sboccano fuora della porta di Gierusalemme con gli stendardi della giustizia in mano, in attitudini varie, & bellissime. Questa tauola finita del tutto, ma non còdotta ancora al suo luogo, fu vicinissima à capitar male, percioche secondo che e' dicono, essendo ella messa in mare, per essere portata in Palermo, vna orribile tempesta, percosse ad vno scoglio la naue, che la portaua di maniera, che tutta si aperse, & si perderono gli huomini, & le mercanzie; eccetto questa tauola solamète, che così incassata come era fu portata dal mare in quel di Genoua; Doue ripescata & tirata in terra, fu veduta essere cosa diuina, & per questo messa in custodia; essendosi mantenuta illesa, & senza macchia, ò difetto alcuno, percioche sino alla furia de' venti, & l'onde del mare hebbono rispetto alla bellezza di tale opera, della quale diuulgandosi poi la fama, procacciarono i Monaci di rihauerla, & appena, che con fauori del Papa ella fu renduta loro, che satisfecero, e bene, coloro che l'haueuano saluata. Rimbarcatala dunque di nuouo, & condottola pure in Sicilia, la posero in Palermo, nelqual luogo ha piu fama, & riputazione che'l monte di Vulcano. Mentre che Raffaello lauoraua queste opere, lequali non poteua mancare di fare, hauendo à seruire per persone grandi, & segnalate: oltra che ancora per qualche interesse particulare non poteua disdire: non restaua però con tutto questo di seguitare l'ordine che egli haueua cominciato de le camere del Papa, & de le sale; nellequali del continuo teneua delle genti che con i disegni suoi medesimi gli tirauano innanzi l'opera, & egli continuamente riuedendo ogni cosa, suppliua cò tutti quelli aiuti migliori, che egli piu poteua, ad vn peso così fatto. Nò passò dunque molto, che egli scoperse la camera di torre Borgia, nellaquale haueua fatto in ogni faccia vna storia, due sopra le finestre, & due altre in quelle libere. Era in vno lo incendio di Bogo vecchio di

chio di Roma, che non poſſendoſi ſpegnere il fuoco, San Leone IIII. ſi fa alla loggia di Palazzo, & con la benedizzione lo eſtingue interamente. Nella quale ſtoria ſi veggiono diuerſi pericoli, figurati, da vna parte vi ſono femmine, che dalla tempeſta del vento, mentre elle portano acqua per iſpegnere il fuoco con certi vaſi in mano, & in capo, ſono aggirati loro i capegli, & i panni con vna furia terribiliſſima. Altri, che ſi ſtudiano buttare aqua, accecati dal fummo, nó cognoſcono ſe ſteſſi. Dall'altra parte v'è figurato nel medeſimo modo che Vergilio deſcriue, che Anchiſe fu portato da Enea, vn vecchio ammalato, fuor di ſe per l'infermità, & per le fiamme del fuoco. Doue ſi vede nella figura del giouane, l'animo, & la forza, & il patire di tutte le membra dal peſo del vecchio abbandonato adoſſo a quel giouane. Seguitalo vna vecchia ſcalza, & sfibbiata, che viene fuggendo il fuoco, & vn fanciulletto gnudo, loro innanzi. Coſi dal ſommo d'vna rouina ſi vede vna donna ignuda tutta rabbuffata, laquale hauendo il figliuolo in mano, lo getta ad vn ſuo, che è campato dalle fiame, & ſta nella ſtrada in punta di piede, a braccia teſe per riceuere il fanciullo in faſce. Doue non meno ſi conoſce in lei l'affetto del cercare di campare il figliuolo, che il patire di ſe nel pericolo dello ardentiſſimo fuoco, che la auuampa: Ne meno paſſione ſi ſcorge in colui, che lo piglia; per cagione d'eſſo putto, che per cagion del proprio timor della morte; ne ſi puo eſprimere quello che ſi imaginò queſto ingegnioſiſſimo, & mirabile artefice in vna Madre, che meſſoſi i figlioli innanzi, ſcalza, sfibbiata, ſcinta, & rabbuffato il capo, có parte delle veſti in mano, gli batte, perche e' fugghino dalla rouina, & da quello incendio del fuoco. Oltre che vi ſono ancor alcune femmine che inginocchiate dinanzi al Papa, pare che prieghino ſua Santità che faccia, che tale incendio finiſca. L'altra ſtoria è del medeſimo S. Leon IIII. doue ha finito il porto di Oſtia, occupato da vna armata di Turchi, che era venuta per farlo prigione. Veggonuiſi i Chriſtiani combattere in mare l'armata, & gia al porto eſſer venuti prigioni infiniti, che d'vna barca eſcano tirati da certi ſoldati per la barba con belliſſime cere, & brauiſſime attitudini, & con vna differenza di habiti da Galeotti, ſono menati innanzi a S. Leone, che è figurato, & ritratto per Papa Leone X. Doue fece ſua ſantità in pontificale, in mezzo del Cardinale Santa Maria in Portico, cioè Bernardo Diuizio da Bibbiena, & Giulio de' Medici Cardinale che fu poi Papa Clemente. Ne ſi puo contare minutiſſimamente le belle auuertenze, che vsò queſto ingegnioſiſſimo artefice nelle arie de' prigioni; che ſenza lingua ſi conoſce il dolore, la paura, & la morte. Sono nelle altre due ſtorie quando Papa Leone X. Sagra il Re Chriſtianiſſimo Franceſco I. di Francia, cantando la meſſa in pontificale, e benedicendo gli olii per vguierlo, & inſieme la Corona reale. Doue oltra il numero de' Cardinali, & Veſcoui in pontificale, che miniſtrano, vi ritraſſe molti ambaſciatori, & altre perſone di naturale, & coſi certe figure con habiti alla Franzeſe ſecondo, che ſi vſaua in quel tempo. Nell'altra ſtoria fece la coronazione del detto Re, nellaquale è il Papa, & eſſo Franceſco ritratti di naturale, l'vno armato, & l'altro pontificalmente. Oltra che tutti i Cardinali, Veſcoui, Camerieri, Scudieri, Cubicularii, ſono in pontificale a loro luoghi, à ſedere ordinatamente come coſtuma la cappella, ritratti di naturale, come Giannozo Pandolfini Veſcouo di Troia, amiciſſimo di Raffaello, & molti

altri,

VITA DI RAFFAEL. DA VRB.

altri, che furono segnalati in quel tempo. Et vicino al Re è vn putto ginocchioni, che tiene la corona reale, che fu ritratto Ipolyto de' Medici, che fu poi Cardinale, & Vicecancelliere: tanto pregiato: & amicissimo non solo di questa virtù, ma di tutte le altre. Alle benignissime ossa del quale imi conosco molto obbligato: poi che il principio mio quale egli si fusse, ebbe origine da lui. Non si può scriuere le minuzie delle cose di questo artefice, che inuero ogni cosa nel suo silenzio par che fauelli; oltra i basamenti fatti sotto a queste con varie figure di difensori, & remuneratori della Chiesa, messi in mezo da varii termini: & condotto tutto d'vna maniera, che ogni cosa mostra spirto, & affetto, & considerazione, con quella concordanzia, & vnione di colorito luna con l'altra, che migliore nō si può imaginare. Et pche la volta di questa stanza era dipinta dá Pietro Perugino suo maestro, Raffaello non la volse guastar per la memoria sua, & per l'affezzione, che gli portaua, sendo stato principio del grado, che egli teneua in tal virtù. Era tanta la grandezza di questo huomo, che teneua disegnatori per tutta Italia, a Pozzuolo, & fino in Grecia: ne restò d'auere tutto quello, che di buono per questa arte potesse giouare. Perche seguitando egli ancora fece vna sala, doue di terretta erano alcune figure di Apostoli, & altri santi in tabernacoli: & per Giouanni da Vdine suo discepolo il quale per contrafare animali è vnico, fece in ciò tutti quegli animali, che Papa Leone aueua, il Cameleonte, i zibetti, le scimie i papagalli, i Lioni, i liofanii, & altri animali piu stranieri. Et oltre che di grottesche, & vari pauimenti egli tal palazzo abbellì assai, diede ancora disegno alle scale papali, & alle logge cominciate bene da Bramante architettore, ma rimase imperfette per la morte di quello, & seguite poi col nuouo disegno, et architettura di Raffaello, che ne fece vn modello di legname, con maggiore ordine, & ornamento, che non haueua fatto Bramante. Perche volendo Papa Leone mostrare la grandezza della magnificenza, & generosità sua, Raffaello fece i disegni degli ornamenti di stucchi, & delle storie che vi si dipinsero, & similmente de'partimenti: & quanto allo stucco, & alle grottesche fece capo di quella opera Giouanni da Vdine; & sopra le figure Giulio Romano, ancora che poco vi lauorasse, cosi Giouan Francesco, il Bologna, Perino del Vaga, Pellegrino da Modona, Vincenzio da san Gimignano, & Polidoro da Carauaggio, con molti altri pittori, che fecione storie, & figure, & altre cose che accadeuano per tutto quel lauoro. Il quale fece Raffaello finire con tanta perfezzione: che fino da fiorenza fece condurre il pauimento da Luca della Robbia. Onde certamente non può per pitture, stucchi, ordine, e belle inuézioni, ne farsi, ne imaginarsi di fare piu bell'opera. Et fu cagione la bellezza di questo lauoro che Raffaello ebbe carico di tutte le cose di pittura, & architettura, che si faceuano in palazzo. Dicesi, ch'era tanta la cortesia di Raffaello, che coloro che murauano, perche egli accomodasse gli amici suoi, nō tirarono la muraglia tutta soda, & continuata, ma lasciarono sopra le stanze vecchie da basso, alcune aperture, & vani da poterui riporre botti, vettine, et legne. lequali buche, & vani fecero indebilire i piedi della fabbrica si, che è stato forza, che si riempia dappoi, perche tutta cominciaua ad aprirsi. Egli fece fare a Gian Barile in tutte le porte, & palchi di legname assai cose d'intaglio, lauorate, & finite con bella grazia. Diede disegni d'architettura alla vi gna del Papa, & in Borgo a piu cafe, & particularmente al palazzo di Meſſer Giouan Batiſta dall'Aquila, ilquale fu coſa belliſsima. Ne diſegnò ancora vno al Veſcouo di Troia, ilquale lo fece fare in Fiorenza nella via di san Gallo. Fece a'monaci neri di san Siſto in Piacenza la tauola dello altar maggiore dentroui la Noſtra dònna con san Siſto, & santa Barbara, coſa veramente rariſsima, & ſingulare. Fece per in Francia molti quadri, & particularmente p il Re, san Michele, che combatte col Diauolo, tenuto coſa marauiglioſa. Nella quale opera fece vn ſaſſo arſiccio per il centro della terra, che fra le feſſure di quello, vſciua fuori con alcuna fiamma di fuoco, & di zolfo : & in Lucifero incotto, & arſo nelle membra, con incarnazione di diuerſe tinte, ſi ſcorgeua tutte le ſorti della collera; che la ſuperbia inuelenita, e gonfia adopera, contra chi opprime la grandezza, di chi è priuo di Regno, doue ſia pace, & certo di auere approuate continouamente pena. Il contrario ſi ſcorge nel san Michele, che ancora che è ſia fatto con aria celeſte, accompagnato dalle armi di ferro, & di oro, ha nondimeno brauura, & forza, & terrore, auendo già fatto cader Lucifero, & quello con vna zagaglia gettato rouesciò; In ſomma fu ſi fatta queſta opera, che meritò hauerne da quel Re honoratiſsimo premio. Ritraſſe Beatrice Ferrareſe, & altre donne, & particularmente quella ſua, & altre infinite. Fu Raffaello perſona molto amoroſa, & affezzionata alle donne; & di continuo preſto a i ſeruigi loro. Laqual coſa fu cagione, che continuando i diletti carnali, egli fu dagl'amici; forſe piu che non có ueniua, riſpettato, & compiaciuto. Onde facendogli Agoſtin Ghigi amico ſuo caro, dipignere nel palazzo ſuo la prima loggia Raffaello non poteua molto attendere a lauorare, per lo amore, che portaua ad vna ſua donna: per il che Agoſtino ſi diſperaua, di ſorte che per via d'altri, & da ſe, & di mezzi ancora operò ſi, che appena ottenne, che queſta ſua donna venne a ſtare con eſſo in caſa continuamente; in quella parte doue Raffaello lauoraua, ilche fu cagione, che il lauoro veniſſe a fine. Fece in queſta opera tutti i cartoni; & molte figure colorì di ſua mano in freſco. Et nella volta fece il concilio degli Dei in cielo; doue ſi veggono nelle loro forme molti habiti, & lineamenti, cauati dall'antico, con belliſsima grazia, & diſegno eſpreſſi, & coſi fece le nozze di Pſiche con miniſtri che ſeruon Gioue, & le Grazie, che ſpargono i fiori per la tauola : & ne peducci della volta fece molte ſtorie fra le quali in vna è Mercurio col flauto, che volando par che ſcenda dal Cielo: & in vnaltra è Gioue con grauità celeſte, che bacia Ganimede; & coſi di ſotto nellaltra il carro di Venere, & le Grazie che con Mercurio tirano al ciel Pſiche, & molte altre ſtorie poetiche negli altri peducci. Et negli ſpicchi della volta, ſopra gl'archi fra peduccio, et pepuccio ſono molti putti, che ſcortano, belliſ. iquali volãdo portano tutti gli ſtrumenti de gli Dei, di Gioue il fulmine, & le ſaette, di Marte gli elmi, le ſpade, & le targhe; di Vulcano i martelli; di Ercole la claua, & la pelle del Lione; di Mercurio il Caduceo; di Pan la ſampogna, di Vertunno i raſtri della Agricultura. Et tutti hanno animali appropriati alla natura loro : Pittura, & Poeſia veramente belliſsima. Fecevi fare da Giouanni da Vdine vn ricinto alle ſtorie d'ogni ſorte fiori, foglie, & frutte, in feſtoni che non poſſono eſſer piu belli. Fece l'ordine delle architetture delle ſtalle de' Ghigi; & nella chieſa di santa Maria del Popolo, l'ordine della cappella di

Agoſtino

Agoſtino ſopradetto. Nellaquale, oltre che la dipinſe, diede ordine, che ſi faceſſe vna marauiglioſa ſepoltura: & a Lorenzetto ſcultor Fiorentino fece lauorar due figure, che ſono ancora in caſa ſua al macello de Corbi in Roma: Ma la morte di Raffaello, & poi quella di Agoſtino fu cagione, che tal coſa ſi deſſe a ſebaſtian Viniziano, Era Raffaello in tanta grādezza venuto, che Leō X. ordinò, che egli cominciaſſe la ſala grande di ſopra, doue ſono le vittorie di Goſtantino, allaquale egli diede principio. Similmente venne volontà al Papa di far panni d'arazzi ricchiſſimi d'oro, & di ſeta in filaticci; perche Raffa ello fece in propria forma, & grandezza di tutti di ſua mano i cartoni colori ti; i quali furono mandati in Fiandra a teſſerſi, & finiti i panni vennero a Ro ma. Laquale opera fu tanto miracoloſamente condotta, che reca marauiglia il vederla, & il penſare, come ſia poſſibile auere sfilato i capegli, & le barbe; & dato col filo morbidezza alle carni; opera certo piu toſto di miracolo, che d'artificio vmano: perche in eſsi ſono acque, animali, caſamenti, & talmente ben fatti, che non teſſuti, ma paiono veramente fatti col pennello. Coſtò que ſta opra 70. mila ſcudi: & ſi conſerua ancora nella cappella Papale. Fece al Cardinale Colonna vn ſan Giouanni in tela; ilquale portandogli per la bel lezza ſua grandiſſimo amore, & trouandoſi da vna infirmita percoſſo, gli fu domandato in dono da Meſſer Iacopo da Carpi medico, che lo guarì, & per auerne egli voglia, a ſe medeſimo lo tolſe parendogli auer ſeco obligo in finito; & ora ſi ritroua in Fiorenza nelle mani di Franceſco Benintendi. Di pinſe a Giulio Cardinale de' Medici, & Vicecancelliere vna tauola della tras figuratione di Chriſtò, per mandare in Francia, la quale egli di ſua mano, continuamente lauorando, riduſſe ad vltima perfezzione. Nellaquale ſto ria figurò Chriſto trasfigurato nel Monte Tabor e appie di quello gli vndici diſcepoli, che lo aſpettano; doue ſi vede condotto vn giouanetto ſpiritato ac cio che Chriſto ſceſo del monte lo liberi; ilquale giouanetto mentre, che cō attitudine ſcontorta, ſi proſtende gridando, & ſtralunando gli occhi, moſtra il ſuo patire dentro nella carne, nelle vene, & ne' polſi, contaminati dalla ma lignità dello ſpirto, & con pallida incarnazione fa quel geſto forzato, & pau roſo. Queſta figura ſoſtiene vn vecchio, che abbracciatola, & preſo animo, fatto gli occhi tondi con la luce in mezzo, moſtra con lo alzare le ciglia, & in creſpar la fronte, in vn tempo medeſimo, & forza, & paura. Pure mirando gli Apoſtoli fiſo, par, che ſperando in loro, faccia animo a ſe ſteſſo. Euui vna femina fra molte, laquale è principale figura di quella tauola, che inginoc chiata dinanzi a quegli, voltando la teſta loro, & coll'atto delle braccia verſo lo ſpiritato, moſtra la miſeria di colui. Oltra che gli Apoſtoli chi ritto, & chi a ſedere, e altri ginocchioni moſtrano hauere grandiſſima compaſsione di tanta diſgrazia. Et nel vero egli vi fece figure, & teſte oltra la bellezza ſtra ordinaria, tanto nuoue, varie, & belle, che ſi fa giudizio commune degli artefici, che q̄ſta opera fra tāte quāt'egli ne fece ſia la piu celebrata la piu bella et la piu diuina. Auuegha che chi vuol conoſcere moſtrare e pittura Chri ſto trasfigurato alla diuinità, lo guardi in q̄ſta opera: nella quale egli lo fece ſopra queſto monte diminuito in vna aria lucida con Moſè, & Elia, che al luminati da vna chiarezza di ſplendore, ſi fanno viui nel lume ſuo: Sono in terra proſtrati Pietro, Iacopo, e Giouanni in varie, e belle attitudini; chi ha atterra il capo, & chi con fare ombra agl'occhi con le mani si difende da i raggi, & dalla immensa luce dello splendore di Christo. Ilquale vestito di colore di neue, pare, che aprendo le braccia, & alzando la testa, mostri la essenza, e la Deità di tutte tre le persone vnitamente ristrette nella perfezzione dell'arte di Raffaello: ilquale pare, che tanto si restrignesse insieme con la virtù sua, per mostrare lo sforzo, & il valor dell'arte nel volto di Christo, che finitolo, come vltima cosa, che à fare hauesse, non toccò piu pennelli, sopragiugnendoli la morte. Hora hauendo raccontate l'opere di questo eccellentissimo artefice, prima, che io venga à dire altri particolari della vita, e morte sua; non voglio, che mi paia fatica discorrere alquanto per vtile de' nostri artefici, intorno alle maniere di Raffaello. Egli dunque, hauendo nella sua fanciullezza imitato la maniera di Pietro Perugino suo maestro, e fattala molto migliore, per disegno, colorito, & inuenzione; e parendogli hauer fatto assai; conobbe, venuto in migliore età, esser troppo lontano dal vero. Perciò che vedendo egli l'opere di Lionardo da Vinci, ilquale nell'arie delle teste, così di maschi, come di femmine, non hebbe pari, e nel dar grazia alle figure, e né moti superò tutti gl'altri pittori, restò tutto stupefatto, e marauigliato; & in somma, piacendogli la maniera di Lionardo, piu che qualunche altra hauesse veduta mai, si mise à studiarla, & lasciando, se bene con gran fatica, a poco a poco la maniera di Pietro, cercò quanto seppe, e potè il piu d'imitare la maniera di esso Lionardo. Ma per diligenza, ò studio, che facesse, in alcune difficultà non potè mai passare Lionardo; & se bene pare à molti, che egli lo passasse nella dolcezza, & in vna certa facilità naturale, egli nondimeno non gli fu punto superiore in vn certo fondamento terribile di concetti, e grandezza d'arte, nel che pochi sono stati pari à Lionardo. Ma Raffaello se gli è auuicinato bene, piu che nessuno altro pittore, & massimamente nella grazia de' colori. Ma tornando à esso Raffaello, gli fu col tempo di grandissimo disaiuto, & fatica quella maniera, che egli prese di Pietro, quando era giouanetto; laquale prese ageuolmente, per essere minuta, secca, e di poco dissegno; perciòche non potendosela dimenticare, fu cagione, che con molta difficultà, imparò la bellezza de gl'ignudi, & il modo degli scorti difficili dal cartone, che fece Michelagnolo Buonarroti per la sala del Consiglio di Fiorenza, & vn'altro; che si fusse perso d'animo, parendogli hauere insino allora gettato via il tempo, non harebbe mai fatto, anchor che di bellissimo ingegno, quello, che fece Raffaello, ilquale smorbatosi, eleuatosi da dosso quella maniera di Pietro; per apprender quella di Michelagnolo piena di difficultà in tutte le parti, diuentò quasi di maestro nuouo discepolo; & si sforzò con incredibile studio, di fare, essendo già huomo, in pochi mesi quello, che harebbe hauuto bisogno di quella tenera età, che meglio apprende ogni cosa, e de lo spazio di molti anni. E nel vero chi non impara à buon'hora i buoni principij, e la maniera, che vuol seguitare, & a poco a poco non va facilitando con l'esperienza le difficultà dell'arti, cercando d'intendere le parti, e metterle in pratica, non diuerrà quasi mai perfetto; e se pure diuerrà sarà con piu tempo, e molto maggior fatica. Quando Raffaello si diede à voler mutare, e migliorare la maniera, non haueua mai dato opera agl'ignudi con quello studio, che si ricerca, ma solamente gli haueua ritratti di naturale, nella maniera,

VITA DI RAFFAEL. DA VRB.

niera, che haueua veduto fare à Pietro suo maestro, aiutandogli con quella grazia, che haueua dalla Natura. Datosi dunque allo studiare gl'ignudi, & à riscontrare i musculi delle notomie, e de gl'huomini morti, e scorticati, con quelli de' viui, che per la coperta della pelle non appariscono terminati nel modo, che fanno, leuata la pelle; e veduto poi in che modo si facciano carnosi, e dolci ne' luoghi loro; & come nel girare delle vedute si facciano con grazia certi storcimenti; & parimente gl'effetti del gonfiare, & abbassare, & alzare ò vn membro, ò tutta la persona, & oltre ciò l'incatenatura dell'ossa, de' nerui, e delle vene; si fecce eccellente in tutte le parti, che in vno ottimo dipintore sono richieste. Ma conoscendo, nondimeno che non poteua in questa parte arriuare alla perfezzione di Michelagnolo; come huomo di grandissimo giudizio, considerò, che la pittura nō consiste solamente in fare huomini nudi, ma che ell'ha il campo largo; e che fra i perfetti dipintori si possono anco coloro annouerare, che sanno esprimere bene, & con facilita l'inuezioni delle storie, & i loro capricci con bel giudizio, & che nel fare i componimenti delle storie chi sa non confonderle col troppo, & anco farle non pouere col poco, ma con bella inuenzione, & ordine accomodarle, si puo chiamare valente, & giudizioso artefice. A questo si come bene ando pensando Rafaello s'aggiugne lo arrichirle cō la varietà, & strauaganza delle prospettiue, de' casamenti, & de' paesi, il leggiadro modo di vestire le figure, il fare che elle si perdino alcuna volta nello scuro, & alcuna volta venghino innanzi col chiaro; il fare viue, e belle le teste delle femmine, de' putti, de' giouani, e de' vecchi, e dar loro, secondo il bisogno, mouenza, & brauura. Considerò anco quanto importi la fuga de' caualli nelle battaglie, la fierezza de' soldati, il saper fare tutte le sorti d'animali; & sopra tutto il far in modo ne i ritratti somigliar gl'huomini, che paino viui, e si conoschino per chi eglino sono fatti; & altre cose infinite, come sono abigliamenti di panni, calzari, celate, armadure, acconciature di femmine, capegli, barbe, vasi, alberi, grotte, sassi, fuochi, arie torbide, e serene, nuuoli, pioggie, saette, sereni, notte, lumi di luna, splendori di sole, & infinite altre cose, che seco portano ogn'hora i bisogni dell'arte della pittura. Queste cose dico considerando Raffaello, si risolué, non potendo aggiugnere Michelagnolo in quella parte, doue egli haueua messo mano, di volerlo in queste altre pareggiare, & forse superarlo; & così si diede, non ad imitare la maniera di colui, per non perderui vanamente il tempo, ma à farsi vn'ottimo vniuersale in queste altre parti, che si sono raccontate. E se cosi hauessero fatto molti artefici dell'età nostra, che per hauer voluto seguitare lo studio solamente delle cose di Michelagnolo, non hanno imitato lui, ne potuto aggiugnere à tanta perfezzione; eglino non harebbono faticato in vano, ne fatto vna maniera molto dura, tutta piena di difficultà, senza vaghezza, senza colorito, & pouera d'inuenzione, la doue harebbono potuto, cercando d'essere vniuersali, & d'imitare l'altre parti, essere stati a se stessi, & al mondo di giouamento. Raffaello adunque fatta questa risoluzione, & conosciuto, che fra Bartolomeo di san Marco haueua vn'assai buon modo di dipignere, disegno ben fondato, & vna maniera di colorito piaceuole, ancor che taluolta vsasse troppo gli scuri, per dar maggior rilieuo, prese da lui quel lo, che gli parue secondo il suo bisogno, & capriccio, cioè vn modo mezzano

di fare,

di fare, cosi nel dissegno, come nel colorito: & mescolando col detto modo alcuni altri scelti delle cose migliori d'altri maestri, fece di molte maniere vna sola, che fu poi sempre tenuta sua propria; laquale fu, & sarà sempre stimata da gl'artefici infinitamente. Et questa si vide perfetta poi nelle sibille, & ne' profeti dell'opera, che fece, come si è detto, nella pace. Al fare della quale opera gli fu di grande aiuto l'hauer veduto nella capella del Papa, l'opera di Michelagnolo. E se Raffaello si fusse in questa sua detta maniera fermato: ne hauesse cercato di aggrandirla, & variarla, per mostrare, che egli in intendeua gl'ignudi cosi bene, come Michelagnolo non si sarebbe tolto parte di quel buon nome, che acquistato si haueua; percioche gli ignudi, che fece nella camera di Torre Borgia, doue è l'incendio di Borgo nuouo, ancora che siano buoni, non sono in tutto eccellenti. Parimente non sodisfecioro affatto quelli, che furono similmente fatti da lui nella volta del palazzo d'Agostin Chigi in Trasteuere; perche mancano di quella grazia, e dolcezza, che fu propria di Raffaello; del che fu anche in gran parte cagione l'hauergli fatto colorire ad altri co'l suo disegno. Dalquale errore raueduto si, come giudizioso, volle poi lauorare da se solo, & senza aiuto d'altri, la tauola di San Pietro à Montorio della trasfigurazione di Christo; nellaquale sono quelle parti, che gia s'è detto, che ricerca, e debbe hauere vna buona pittura. E se non hauesse in questa opera, quasi per capriccio, adoperato il nero di fumo da stampatori; ilquale, come piu volte si è detto, di sua natura diuenta sempre col tempo piu scuro, & offende gl'altri colori, coi quali è mescolato; credo, che quell'opera sarebbe ancor fresca, come quando egli la fece, doue hoggi pare piu tosto tinta, che altrimenti. Ho voluto quasi nella fine di questa vita fare questo discorso, per mostrare con quanta fatica, studio, e diligenza, si gouernasse sempre mai questo honorato artefice; e particolarmente per vtile de gl'altri pittori, accio si sappiano difendere da quelli impedimenti, da iquali seppe la prudenza, e virtu di Raffaello difendersi. Aggiugnerò ancor questo, che douerebbe ciascuno contentarsi di fare volétieri quelle cose, allequali si sente da naturale instinto inclinato; e non volere por mano, per gareggiare à quello, che non gli vien dato dalla natura, per non faticare inuano, e spesso con vergogna, e danno. Oltre ciò quando basta il fare, non si dee cercare di volere strafare, per passare innanzi à coloro, che per grande aiuto di natura, e per grazia particolare data loro da Dio, hanno fatto, ò fanno miracoli nell'arte. Percioche chi non è atto à vna cosa, non potrà mai, & affaticchisi quanto vuole, ariuare, doue vn'altro con l'aiuto della natura è caminato ageuolmente. E ci sia per esempio fra i vecchi Paulo vcello, ilquale affaticandosi contra quello, che poteua per andare inanzi, tornò sempre indietro. Il medesimo ha fatto à i giorni nostri, e poco fa, Iacopo da Puntormo: E si è veduto per isperienza in molti altri, come si è detto, & come si dirà. E ciò forse auuiene, perche il cielo va compartendo le grazie, accio stia contento ciascuno à quella, che gli tocca. Ma hauendo hoggimai discorso sopra queste cose del l'arte, forse piu che bisogno non era; per ritornare alla vita, e morte di Raffaello dico, che hauendo egli stretta amicizia con Bernardo diuizio Cardinale di Bibbiena: il Cardinale l'haueua molti anni infestato per dargli moglie; & Raffaello non haueua espressaméte ricusato di fare la voglia del Cardina le; ma haueua bé trattenuto la cosa, có dire di voler aspettare, che passassero tre ò quattro anni: ilquale termine venuto quando Raffaello non se l'aspettaua, gli fu dal Cardinale ricordata la promessa; & egli vedendosi obligato, come cortese, non volle mancare della parola sua; & cosi accettò per donna vna nipote di esso Cardinale. Et perche sempre fu malissimo cótento di questo laccio, andò in modo mettendo tempo in mezzo, che molti mesi passarono, che'l matrimonio non consumò. Et ciò faceua egli non senza honorato proposito. Perche hauendo tanti anni seruito la corte, & essendo creditore di Leone di buona somma; gli era stato dato indizio, che alla fine della sala, che per lui si faceua, in ricompensa delle fatiche, & delle virtu sue, il Papa gli haurebbe dato vn capello rosso, hauendo gia deliberato di farne vn buon numero; e fra essi qualcuno di manco merito, che Raffaello non era. Ilquale Raffaello attendendo in tanto à suoi amori cosi di nascosto, cótinuò fuor di modo i piaceri amorosi, onde auuenne ch'vna volta fra l'altre disordinò piu del solito; perche tornato à casa con vna grandissima febbre, fu creduto da' medici, che fosse riscaldato. Onde non confessando egli il disordine, che haueua fatto, per poca prudenza, loro gli cauarono sangue; di maniera che indebilito si sentiua mancare: la doue egli haueua bisogno di ristoro. Perche fece testamento; & prima come Christiano mandò l'amata sua fuor di casa, & le lascio modo di viuere honestamente. Dopo diuise le cose sue fra discepoli suoi, Giulio Romano, ilquale sempre amò molto, Giouan Francesco Fiorentino detto il fattore, & vn non so chi prete da Vrbino suo parete. Ordinò poi, che delle sue facultà in Santa Maria Ritóda si restaurasse vn tabernacolo di quegli antichi di pietre nuoue, & vno altare si facesse con vna statua di nostra Donna di marmo, laquale per sua sepoltura & riposo dopo la morte s'elesse; & lasciò ogni suo hauere à Giulio, & Giouan Francesco, faccendo essecutore del testamento M. Baldassarre da Pescia, allora Datario del Papa. Poi cófesso, & contrito fini il corso della sua vita il giorno medesimo che nacque, che fu il Venerdi Santo d'anni XXXVII. l'anima delquale è da credere, che come di sue virtu ha abbellito il mondo, cosi habbia di se medesima adorno il cielo. Gli misero alla morte al capo nella sala, oue lauoraua, la tauola della trasfigurazione, che haueua finita per il Cardinale de Medici; laquale opera nel vedere il corpo morto, & quella viua, faceua scoppiare l'anima di dolore à ogni vno, che quiui guardaua. Laquale tauola per la perdita di Raffaello fu messa dal Cardinale à San Pietro à montorio allo altar maggiore; & fu poi sempre per la rarità d'ogni suo gesto in gran pregio tenuta. Fu data al corpo suo quella honorata sepoltura, che tato nobile spirito haueua meritato, pche nó fu nessuno artefice, che dolendosi non piagnesse, & insieme alla sepoltura nó l'accópagnasse. Dolse ancora sommamete la morte sua à tutta la corte del Papa, prima per hauere egli hauuto in vita vno officio di cubiculario; & appresso per essere stato si caro al Papa, che la sua morte, amaramete lo fece piagnere. O felice, & beata anima, da che ogn'huomo volentieri ragiona di te, & celebra i gesti tuoi, & ammira ogni tuo disegno lasciato. Ben poteua la pittura, quando questo nobile artefice mori, morire anche ella, che quádo egli gli occhi chiuse, ella quasi cieca rimase. Hora à noi che dópo lui siamo rimasi, resta imitare il buono, anzi ottimo modo, da lui lasciatoci in esempio, &

come

come merita la virtù sua, & l'obligo nostro, tenerne nell'animo, gratiosissi mo ricordo; & farne con la lingua sempre onoratissima memoria. Che in vero noi abbiamo per lui l'arte, i colori, & la inuenzione vnitamente ridot ti a quella fine, & perfezzione, che appena si poteua sperare; Ne di passar lui, gia mai si pensi spirito alcuno. Et oltre à questo beneficio che e'fece all'ar te, come amico di quella, non restò viuendo mostrarci come si negozia con gli huomini grandi, co'mediocri, & con gl'infimi. Et certo fra le sue doti sin gulari, ne scorgo vna di tal valore, che in me stesso stupisco: che il Cielo gli diede forza di poter mostrare nel'arte nostra vno effetto si contrario alle cōpletsioni di noi Pittori questo è che naturalmente gli artefici nostri non dico solo i bassi, ma quelli che hanno umore d'esser grandi (come di questo umo re l'arte ne produce infiniti) lauorando nel opere in compagnia di Raffael lo, stauano vniti, & di concordia tale, che tutti i mali vmori, nel veder lui si amorzauano: & ogni vile, & basso pensiero cadeua loro di mente. Laqua le vnione mai non fu piu in altro tempo, che nel suo. E questo auueniua, per che restauano vinti dalla cortesia, & dall'arte sua, ma più dal genio della sua buona natura. Laquale era si piena di Gentilezza, & si colma di carità, che egli si vedeua, che fino agli animali l'onorauano, non che gli huomini. Di cesi che ogni pittore, che conosciuto l'hauesse, & anche chi non lo auesse co noscuito, se lo auessi richiesto di qualche disegno, che gli bisognasse, egli la sciaua l'opera sua per sonuenirlo. Et sempre tenne infiniti iu opera, aiutando li, & insegnandoli con quello amore, che non ad artifici, ma à figliuoli pro prii si conueniua. Perla qual cagione si vedeua, che non andaua mai a corte, che partendo di casa non auesse seco cinquanta pittori, tutti valenti, & buo ni che gli faceuono compagnia per onorarlo. egli in somma non visse da Pit tore, ma da Principe : Per il che ò arte della pittura tu pur ti poteui all'ora sti mare felicissima, auendo vn tuo artefice, che di virtù, & di costumi t'alzaua sopra il cielo. Beata veramente ti poteui chiamare, da che per l'orme di tan to huomo, hanno pur visto gli allieui tuoi come si viue; & che importi l'aue re accompagnato insieme arte, & virtute; lequali in Raffaello congiunte, po tettere sforzare la grandezza di Giulio I I. & la generosità di Leone X. nel sommo grado, & degnità che egli erono a farselo familiatissimo; & vsarli o gni forte di liberalità, tal che potè col fauore, & con le facultà che gli diedero fare a se, & a l'arte grandissimo onore. Beato ancora si puo dire chi stando a suoi seruigi, sotto lui operò: perche ritrouo chiunche, che lo imitò essersi aho nesto porto ridotto:& cosi quegli, che imiteranno le sue fatiche nell'arte, sa ranno onorati dal Mondo; & ne costumi santi lui somigliando remunerati dal Cielo. Ebbe Raffaello dal Bembo questo epitaffio.

D. O. M.

Raphaelli Sanctio Ioan. F. Verbinat. Pictori Eminentiss. Veterumque Emulo Cuius Spiranteis Prope Imagineis si Contemplere, Naturæ, Atque Artis Fœdus Facile Inspexe ris. Iulij I I. & Leonis X. Pontt. Maxx. Picturæ, & Architect. Operibus Gloriam Auxit. A. XXXVII. Integer Integros. Quo Die Natus Est, Eo Esse Desiit VIII Id April. MDXX.

Ille hic est Raphael, timuit quo sospite uinci
Rerum magna parens, & moriente mori.

VITA DI RAFFAEL DA VRB.

Et il Côte Baldassarre Castiglione, scrisse de la sua morte in questa maniera.

Quòd lacerum corpus medica sanauerit arte;
Hippolytum Stigijs & reuocarit aquis;
Ad Stygias ipse est raptus Epidaurius undas;
Sic precium uita, mors fuit Artifici.
Tu quoque dum toto laniatam corpore Romam
Componis miro Raphael ingenio;
Atque urbis lacerum ferro, igni annisque cadauer,
Ad uitam, antiquum iam reuocasque decus,
Mouisti superum inuidiam indignataque Mors est,
Te dudum extinctis reddere posse animam,
Et quod longa dies paulatim aboleuerat, hoc te
Mortali spreta lege parare iterum.
Sic miser heu prima cadis intercepte Iuuenta,
Deberi & Morti, nostraque nosque mones.

GVGLELMO MARCILLA PIT.
FRANZESE.

Vita di Guglielmo da Marcilla Pit. Franzese, e Maestro di Finestre inuetriate.

IN questi medesimi tempi dotati da Dio di quella maggior felicità che possino hauer l'arti nostre. Fiorì Guglielmo da Marcilla Franzese il quale, per la ferma habitazione, & affezione che e porto alla città d'Arezzo, si puo dire se la eleggesse per patria, che da tutti fussi reputato, & chiamato Aretino. Et veramente de benefitii, che si cauano della virtù è vno che sia pure di che strana, & lontana regione, o barbara, & incognita nazione quale huomo si voglia, pure che egli abbia lo animo ornato di virtù ; & con le mani faccia alcuno esercizio ingegnoso: nello apparir nuouo in ogni città, doue e'camina, mostrando il valor suo tanta forza ha l'opera virtuosa : che di lingua in lingua in poco spazio gli fa nome : & le qualità di lui diuentano pregiatissime, & onoratissime. Et spesso auuiene a infiniti, che di lótano hanno lasciato le patrie loro, nel dare d'intoppo in nazioni, che siano amiche delle virtù, et de forestieri per buono vso di costumi. trouarsi accarezzati,& riconosciuti si fattamente : che si scordano il loro nido natio: e vn'altro nuouo s'eleggono per vltimo riposo. Come per vltimo suo nido elesse Arezzo Guglielmo : ilquale nella sua giouanezza attese in Francia all'arte del disegno,& insieme con quello diede opera alle finestre di vetro; nelle quali faceua figure di colorito non meno vnite, che se el le fossero d'vna vaghissima, & vnitissima pittura a olio. Costui ne' suoi paesi persuaso da'prieghi d'alcuni amici suoi, si ritrouò alla morte d'vn loro inimico: per laqual cosa fu sforzato nella religione di San Domenico in Francia pigliare l'abito di frate, per essere libero dalla corte,& da la giustia. Et se'bene egli dimorò nella religione, non però mai abbandonò gli studi dell'arte, anzi continuando gli condusse ad ottima perfezzione. Fu per ordine di papa Giulio 11. dato commissione a Bramāte da Vrbino di far fare in palazzo molte finestre di vetro, perche nel domandare, che egli fece de' piu eccellenti, fra gli altri, che di tal mestiero lauorauano, gli fu dato notizia d'alcuni; che faceuano in Francia cose marauigliose, & ne vide il saggio per lo ambasciator Frācese, che negoziaua allora appresso sua Santità, il quale aueua in vn telaro, p finestra dello studio vna figura, lauorata in vn pezzo di vetro bianco con infinito numero di colori sopra il vetro lauorati a fuoco: onde per ordine di Bramante fu scritto in Francia, che venissero a Roma, offerendogli buone prouisioni. La onde maestro Claudio Franzese capo di questa arte auuto tal nuoua, sapendo, l'eccellenza di Guglielmo con buone promesse, & danari, fece si che non gli fu difficile trarlo fuor de frati. Hauendo egli per le discortesie vsategli, & per le inuidie, che son di continuo fra loro piu voglia di partirsi, che Maestro Claudio bisogno di trarlo fuora. Vennero dunq; a Roma, & lo habito di san Domenico, si mutò in quello di san Piero. Haueua Bramante fatto fare allora due finestre di treuertino nel palazzo del Papa; Le quali erano nella sala dinanzi alla cappella, oggi abbellita di fabbrica in volta per Antonio da san Gallo: & di stucchi mirabili per le mani di Perino del va

VITA DI GVGLIELMO MARCIL.

ga Fiorentino le quali feneſtre da maeſtro Claudio, & da Guglielmo furono lauorate, ancora che poi per il ſacco ſpezzate, per trarne i piombi, per le palle degli archibuſi: le quali erano naramēte marauiglioſe. Oltra queſte ne fecero per le camere Papali infinite, delle quali il medeſimo auuenne, che dell'altre due. Et oggi ancora ſe ne vede vna nella camera del fuoco di Raffaello ſopra torre Borgia; nelle quali ſono angeli, che tengono l'arme di Leon X. Fecero ancora in S. Maria del Popolo due feneſtre nella capella di dietro alla Madōna cō le ſtorie della vita di lei, lequali di quel meſtiero furono lodatiſſime. Et queſte opere non meno gli acquiſtarono fama, & nome, che comodità alla vita. Ma maeſtro Claudio diſordinando molto nel mangiare, & bere, come è coſtume di quella nazione, coſa peſtifera all'aria di Roma, ammalò d'vna febbre ſi graue, che in ſei giorni paſsò a l'altra vita. Perche Guglielmo rimanendo ſolo, & quaſi perduto ſenza il compagno, da ſe dipinſe vna feneſtra in Santa Maria de Anima chieſa de Tedeſchi in Roma, pur di vetro, laquale fu cagione, che Siluio Cardinale di Cortona gli fece offerte, & conuēne ſeco perche in Cortona ſua patria alcune feneſtre, & altre opere gli faceſſe; onde ſeco in Cortona lo conduſſe a abitare. Et la prima opera, che faceſſe fu la facciata di caſa ſua, che è volta ſu la piazza, laquale dipinſe di chiaro oſcuro, & dentro vi fece Crotone, & gli altri primi fondatori di quella città. Laonde il Cardinale conoſcendo Guglielmo non meno buona perſona che ottimo maeſtro di quella arte, gli fece fare nella pieue di Cortona la feneſtra della cappella maggiore. Nellaquale fece la Natiuità di Chriſto, & i Magi, che l'adorano. Haueua Guglielmo bello ſpirito, ingegno, e grādiſſima pratica nel maneggiare i vetri; & maſſimamente nel diſpenſare in modo i colori, che i chiari ueniſſero nelle prime figure; & i piu oſcuri di mano in mano in quelle, che andauano piu lontane; & in queſta parte fu raro, & veramēte eccellente. Hebbe poi nel dipignergli ottimo giudizio; onde conduceuale figure tanto vnite, che elle ſi allontanauano a poco a poco per modo, che non ſi apiccauano, ne con i caſamenti, ne con i paeſi, e pareuano dipinte in vna Tauola, ò piu toſto di rilieuo. Hebbe inuenzione, & varietà nella compoſitione delle ſtorie, e le fece ricche, e molto accomodate, ageuolando il modo di fare, quelle pitture, che vanno commeſſe di pezzi di vetri, ilche pareua & è veramente a chi non ha queſta pratica, e deſtrezza difficiliſſimo. Diſegnò coſtui le ſue pitture per le feneſtre con tanto buon modo, & ordine, che le commettiture de' piombi, & de' ferri, che attrauerſano, in certi luoghi, l'accomodarono di maniera nelle congiunture delle figure, e nelle pieghe de' panni, che non ſi conoſcano: anzi dauano tanta grazia, che piu non harebbe fatto il pennello, & coſi ſeppe fare della neceſſità virtù. Adoperaua Guglielmo ſolamente di due ſorti colori, per ombrare que' vetri, che voleua reggeſſino al fuoco: l'vno fu ſcaglia di ferro; & l'altro ſcaglia di rame; Quella di ferro nera gl'ombraua i panni, i capelli, & i caſamenti; & l'altra, cio è quella di rame, che fa tanè le carnagioni. Si ſeruiua anco aſſai d'vna pietra dura, che viene di Fiandra, e di Francia, che oggi ſi chiama lapis Amotica, che è di colore roſſo, e ſerue molto per brunire l'oro; E peſta prima in vn mortaio di brōzo, & poi con vn macinello di ferro ſopra vna piaſtra di rame, ò d'ottone, e tēperata à gomma, in ſul vetro fa diuinamente, Non haueua Guglielmo quando prima atiuò à Roma, se bene era pratico nell'altre cose molto disegno, ma conosciuto il bisogno, se bene era in la con gl'anni, si diede à disegnare, & studiare: & così a poco a poco le migliorò, quanto si vide poi nelle finestre che fece nel palazzo del detto Cardinale in Cortona, & in quell'altro di fuori. & in vn'occhio, che è nella detta pieue sopra la facciata dinanzi à man ritta, entrando in chiesa, doue è l'arme di Papa Leone X. è parimente in due finestre piccole, che sono nella compagnia del Giesù. In vna delle quali è vn Christo, e nell'altra vn Santo Honofrio. lequali opere sono assai differenti, e molto migliori delle prime. Dimorando dunque, come si è detto, costui in Cortona, morì in Arezzo Fabiano di Stagio Sassoli Aretino, stato bonissimo maestro di fare finestre grande. Onde hauendo gl'operai del Vescouado allogato tre finestre, che sono nella cappella principale di venti braccia l'vna à Stagio figliuolo del detto Fabiano, & à Domenico pecori pittore, quando furono finite, & poste à i luoghi loro; non molto sodisfecero agl'Aretini, ancora, che fossero assai buone, è piu tosto lodeuoli, che nò. Hora auuenne, che andando in quel tempo M. Lodouico bellichini Medico eccellente, & de' primi, che gouernasse la città d'Arezzo, à medicare in Cortona la madre del detto Cardinale, egli si dimesticò assai col detto Guglielmo, col quale, quando tempo gl'auanzaua, ragionaua molto volentieri. e Guglielmo parimente, che allhora si chiamaua il Priore, per hauere di que' giorni hauuto il beneficio d'vna prioria, pose affezzione al detto medico; il quale vn giorno domandò Guglielmo, se con buona grazia del Cardinale anderebbe à fare in Arezzo alcune finestre; & hauendogli promesso, con licenza, & buona grazia del Cardinale la si conduse. Stagio dunque, del quale si è ragionato di sopra, hauendo diuisa la compagnia con Domenico, raccettò in casa sua Guglielmo; il quale per la prima opera in vna finestra di santa Lucia, cappella degl'albergotti nel Vescouado d'Arezzo, fece essa Santa, & vn s. Saluestro tanto bene, che questa opera può dirsi veramente fatta di viuissime figure, e nō di vetri colorati, e trasparenti: ò almeno pittura lodata, e marauigliosa. per che oltre al magisterio delle carni, sono squagliati i vetri; cioè leuata in alcū luogo la prima pelle, e poi colorita d'altro colore, come sarebbe à dire, posto in sul vetro rosso squagliato opera gialla, & in su l'azzurro bianca, e verde lauorata, laqual cosa in questo mestiero è difficile, e miracolosa. Il vero dunque, e primo colorato viene tutto da vno de' lati, come dire il colore rosso, azzurro, ò verde, e l'altra parte, che è grossa quanto il taglio d'vn coltello, ò poco piu; bianca. Molti per paura di non spezzare i vetri, per non hauere gran pratica nel maneggiargli, non adoperano punta di ferro, per squagliarli, ma in quel cambio, per piu sicurtà, vanno incauando i detti vetri con vna ruota di rame, in cima vn ferro: & così a poco a poco tanto fanno con lo smeriglio, che lasciano la pelle sola del vetro bianco, il quale viene molto netto. Quando poi sopra detto vetro rimaso bianco, si vuol fare di colore giallo, allora si dà, quando si vuole metter à fuoco a punto per cuocerlo con vn pennello, d'argento calcinato, che è vn colore simile al bolo, ma vn poco grosso; & questo al fuoco si fonde sopra il vetro, & fa che scorrendo si attacca, penetrando à detto vetro, & fa vn bellissimo giallo, I quali modi di fare niuno adoperò meglio, ne con piu artificio, & ingegno del priore Guglielmo. & in

queste

queste cose consiste la difficulta. perche il tignere di colori à olio, ò in altro modo è poco, ò niente; & che sia diaffano, e trasparente non è cosa di molto momento. Ma il cuocergli à fuoco, è fare, che regghino alle percosse dell'acqua, e si conseruino sempre, è ben fatica degna di lode. Onde questo eccellente maestro merita lode grandissima, per non essere chi in questa professione di disegno, d'inuenzione, di colore & di bontà habbia mai fatto tanto. Fece poi l'occhio grande di detta chiesa dentroui la venuta dello Spirito Santo, & così il battesimo di Christo, per San Giouanni, doue egli fece Christo nel Giordano che aspetta San Giouanni, ilquale ha preso vna tazza d'acqua per battezarlo; mentre che vn vecchio nudo si scalza; & certi angeli preparano la veste per Christo; & sopra è il padre, che manda lo Spirito Santo al figliuolo. Questa finestra è sopra il battesimo in detto duomo, nel quale anchora lauorò la finestra della resurrezzione di Lazaro quattriduano; doue è impossibile mettere in sì poco spazio tante figure; nellequali si conosce lo spauèto, & lo stupire di quel popolo, & il fetore del corpo di Lazaro, ilquale fa piágere, & insieme rallegrare la due sorelle della sua resurressione. Et in questa opera sono squagliamenti infiniti di colore sopra colore nel vetro, & viuissima certo pare ogni minima cosa nel suo genere. Et chi vuol vedere quanto habbia in questa arte potuto la mano del priore nella finestra di San Matteo sopra la cappella di esso Apostolo; guardi la mirabile inuenzione di questa historia; & vedra viuo Christo chiamare Matteo dal banco, che lo seguiti, ilquale aprendo le braccia per riceuerlo in se, abbandona le acquistate ricchezze, & thesori. Et in questo mentre, vno Apostolo addormetato appiè di certe scale, si vede essere suegliato da vn'altro con prontezza grandissima, & nel medesimo modo, vi si vede anchora vn S. Piero fauellare con San Giouanni, sì belli l'vno, & l'altro, che veramente paiono diuini; in questa finestra medesima sono i tempi di prospettiua, le scale, & le figure talmente composte, & i paesi sì proprii fatti, che mai non si penserà, che sien vetri: ma cosa piouuta da cielo à consolazione de gli huomini. Fece in detto luogo la finestra di Santo Antonio, & di san Niccolo bellissime, & due altre, dentroui nella vna la storia quando Christo caccia i vendenti del tempio, & nell'altra l'adultera; opere veramente tutte tenute egregie & marauigliose. Et talmente furono di lode, di carezze, & di premij le fatiche, & le virtu del priore da gli Aretini riconosciute, & egli di tal cosa tanto contento & sodisfatto, che si risoluette eleggere quella città per patria, & di Franzese che era diuentare Aretino. Appresso considerando seco medesimo, l'arte de' vetri essere poco eterna, per le rouine, che nascono ognora in tali opre, gli venne desiderio di darsi alla pittura, & così da gli operai di quel Vescouado, prese à fare tre grandissime volte à fresco, pensando lasciar di se memoria. Et gli Aretini in ricompensa gli fecero dare vn podere, ch'era della fraternità di Santa Maria della Misericordia, vicino alla terra, con bonissime case à godimento della vita sua. Et volsero che finita tale opera fosse stimato per vno egregio artefice il valor di quella, & che gli operai di ciò, gli facessino buono il tutto. Perche egli si mise in animo di farsi in ciò valere, & alla similitudine delle cose della cappella di Michelagnolo, fece le figure per la altezza grandissime. Et pote in lui talmente la voglia di farsi eccellente in tale arte, che anchora che ei fosse di età di cinquanta anni, migliorò di cosa in cosa di modo, che mostrò non meno conoscere, & intendere il bello, che in opera dilettarsi có trafare il buono, figurò i principi del testamento nuouo, come nelle tre grã di il principio del vecchio aueua fatto. Onde per questa cagione voglio credere, che ogni ingegno, che abbia volontà di peruenire a la perfezzione, possa passare (volendo affaticarsi) il termine d'ogni scienza. Egli si spaurì bene nel principio di quelle per la grandezza, & per non auer piu fatto. Il che fu cagione, ch'egli mandò a Roma per maestro Giouanni Franzese Miniatore, il quale venendo in Arezzo, fece in fresco sopra santo Antonio vno arco có vn Christo, & nella compagnia, il segno, che si porta à processione, che gli furono fatti lauorare dal Priore. Et egli molto diligentemente gli conduse. In questo medesimo tempo fece alla chiesa di san Francesco l'occhio della chiesa nella facciata dinanzi, opera grande, nelquale finse il Papa nel consistoro, & la residenza de'Cardinali, doue san Francesco porta le rose di Gennaio, & per la conferma zione della regola, và a Roma Nellaquale opera mostrò quãto egli de'componimenti s'intendesse, che veramente si può dire lui esser nato per quello essercizio. Quiui non pensi artefice alcuno, di bellezza, di copia di figure, ne di grazia giamai paragonarlo. Sono infinite opere di finestre per quella città tutte bellissime; & nella Madonna delle lagrime l'occhio grã de con l'assunzione della Madonna, & Apostoli; & vna d'una Annunziata bellissima. Vn occhio con lo sponsalizio, & vn'altro dentroui vn san Girolamo per gli spadari. Similmente giu per la chiesa tre altre finestre, è nella chiesa di san Girolamo vn'occhio con la natiuità di Christo bellissimo; & ancora vn'altro in san Rocco. Mandonne eziandio in diuersi luoghi come a Castiglion del Lago, & a Fiorẽza à Lodouico Capponi vna per in santa Felicita, doue è la tauola di Iacopo da Puntormo pittore eccellentissimo, & la cappella lauorata da lui a olio in muro, & in fresco, & in tauola: laquale finestra venne nelle mani de'frati Giesuati, che in Fiorenza lauorano di tal mestiere, & essi la scommessero tutta per vedere i modi di quello, & molti pezzi per saggi ne leuarono, & di nuouo vi rimessero, & finalmente la mutarono di quel ch'ella era. Volse ancora colorire a olio, & fece in san Francesco d'Arezzo alla cappella della Concezzione vna tauola, nella quale sono alcune vestimenta molto bene condotte, & molte teste viuissime, & tanto belle, che egli ne restò onorato per sempre: essendo questa la prima opera, che egli auesse mai fatta ad olio. Era il Priore persona molto onoreuole, & si dilettaua cultiuare, & acconciare. Onde hauendo compero vn bellissimo casamento, fece in quello infiniti bonificamenti. Et come huomo religioso tenne di continuo costumi bonissimi: & il rimorso della conscienza, per la partita che fece da frati, lo teneua molto aggrauato. Perilche a san Domenico d'Arezzo, conuento della sua religione, fece vna finestra alla cappella dell'altar maggiore bellissima, nellaquale fece vna vite ch'esce di corpo a san Domenico, & sa infiniti santi frati i quali fanno lo albero della religione, & a sommo è la Nostra donna; & Christo, che sposa sãta Caterina Sanese cosa molto lodata, & di grã maestria dellaquale non volse premio, parendoli auere molto obligo a quella religione. Mandò a Perugia in san Lorenzo una bellissima finestra, & altre infinite in molti luoghi intorno ad Arezzo. Et perche era molto vago delle cose d'ar

chi-

VITA DI GVGLIEL. DA MARCIL.

chitettura, fece per quella terra a' cittadini aſſai diſegni di fabbriche, & di ornamenti per la città, le due porte di San Rocco di pietra, & lo ornamento di macigno, che ſi miſe alla tauola di maeſtro Luca in San Girolamo. Nella badia à Cipriano d'Anghiari ne fece vno, & nella compagnia della Trinità alla cappella del Crocifiſſo vn'altro ornamento, & vn lauamani ricchiſſimo, nella ſagreſtia, iquali Santi Scarpellino conduſſe in opera perfettamente. Laonde egli, che di lauorare ſempre haueua diletto, continuando il verno, & la ſtate il lauoro del muro, ilquale chi è ſano fa diuenire inſermo, preſe tanta humidita, che la borſa de' granelli ſi gli riempiè d'acqua, talmente che ſoratagli da medici, in pochi giorni reſe l'anima à chi glie ne haueua donata. Et come buon Chriſtiano preſe i ſacramenti della chieſa, & fece teſtamento. Appreſſo hauendo ſpeziale diuozione ne i romiti Camaldoleſi, iquali vicino ad Arezzo venti miglia ſul giogo d'Apennino fanno congregazione, laſciò loro l'hauere, & il corpo ſuo. Et à Paſtorino da Siena ſuo garzone, ch'era ſtato ſeco molti anni, laſciò i vetri, & le maſſerizie da lauorare, & i ſuoi diſegni che n'è nel noſtro libro vna ſtoria, quando Faraone ſomergie nel mar roſſo. il Paſtorino, ha poi atteſo à molte altre coſe pur dell'arte, & alle fineſtre di vetro, anchora che habbia fatto poi poche coſe di quella profeſſione. Lo ſeguitò anco molto vn Maſo Porro Cortoneſe, che valſe piu nel commetterle, & nel cuocere i vetri, che nel dipignerle. Furono ſuoi creati Battiſta Borro Aretino, ilquale delle feneſtre molto lo va imitando; & inſegnò i primi principij à Benedetto Spadari, & à Giorgio Vaſari Aretino. Viſſe il Priore anni LXII. & morì l'anno M.D.XXXVII. Merita infinite lodi il
Priore, da che per lui in Toſcana è condotta l'arte del
lauorare i vetri con quella maeſtria & ſot-
tigliezza, che deſiderare ſi puo-
te. Et perciò ſendoci
ſtato di
tanto beneficio, anchora ſaremo à lui d'honore, & di
eterne lode amoreuoli eſaltandolo nella
vita, & nell'opere del
continouo.

VITA DI CRONACA FIOR.

CRONACA ARCHITETTO FIORENTINO.

Vita del Cronaca Architetto Fiorentino.

OLTI ingegni si perdono, i quali farebbono opere rare, & degne, se nel venire al mondo percotessero in persone, che sapessino, & volessino mettergli in opera à quelle cose, doue e' son buoni. Doue egli auuiene bene spesso, che chi può, non sa, & non vuole; & se pure chi che sia vuole fare vna qualche eccellente fabbrica, non si cura altrimenti cercare d'vno architetto rarissimo, & d'vno spirito molto eleuato. Anzi mette lo honore & la gloria sua in mano à certi ingegni ladri, che vituperano spesso il nome & la fama delle memorie. Et per tirare in grandezza chi dependa tutto da lui (tanto puote la ambizione) dà spesso bando a' disegni buoni, che si gli danno; & mette in opera il più cattiuo: onde rimane alla fama sua la goffezza dell'opera, stimandosi per quegli, che

VITA DEL CRONACA FIOR.

gli, che sono giudiciosi, l'artefice, & chi lo fa operare, essere d'vno animo istesso, da che ne l'opere si coniungono. Et per lo contrario, quanti sono stati i Principi poco intendenti, iquali per essersi incontrati in persone eccellenti, & di giudizio, hanno doppo la morte loro non minor fama hauuto, per le memorie delle fabriche, che in vita si hauessero per il dominio ne' popoli.

Ma veramente il Cronaca fu nel suo tempo auuenturato; percioche egli seppe fare trouò chi di continuo lo mise in opera, & in cose tutte grandi, & magnifiche. Di costui si racconta, che mentre Antonio Pollaiuolo era in Roma a lauorare le sepolture di bronzo, che sono in San Pietro; gli capitò à casa vn giouanetto suo parente, chiamato per proprio nome Simone; fuggitosi da Fiorenza, per alcune quistioni; ilquale hauendo molta inclinazione all'arte dell'architettura, per essere stato con vn maestro di legname, cominciò à considerare le bellissime anticaglie di quella città, & dilettandosene le andaua misurando con grandissima diligenzia. La onde seguitando, non molto poi, che fu stato à Roma, dimostrò hauere fatto molto profitto; sì nelle misure; & sì nel mettere in opera alcuna cosa. Per ilche fatto pensiero di tornarsene à Firenze, si partì di Roma, & arriuato alla patria, per essere diuenuto assai buon ragionatore, contaua le marauiglie di Roma, & d'altri luoghi, con tanta accuratezza, che fu nominato da indi in poi il Cronaca: parendo veramẽte à ciascuno, che egli fusse vna Cronaca di cose nel suo ragionamento. Era dunque costui fattosi tale, che fu ne' moderni tenuto il piu eccellente architettore, che fusse nella Citta di Fiorenza: per hauere nel discernere i luoghi giudizio, & per mostrare, che era con lo ingegno piu eleuato che molti altri che attendeuano à quel mestiero. Conoscendosi per le opere sue quanto egli fussi buono imitatore delle cose antiche: & quanto egli osseruasse le regole de Vetruuio, & le opere di Filippo di Ser Brunellesco. Era allhora in Fiorenza quel Filippo Strozzi, che hoggi à differenza del figliuolo, si chiama il vecchio; ilquale per le sue ricchezze desideraua lassare di se alla patria, & a' figliuoli, tra le altre, memoria di vn bel palazzo. Per laqual cosa Benedetto da Maiano, chiamato à questo effetto da lui, gli fece vn modello isolato intorno intorno, che poi si mise in opera, ma non interamente, come si dira di sotto, non volendo alcuni vicini fargli commodita de le case loro. Onde cominciò il palazzo in quel modo che potè, & condusse il guscio di fuori, auãti la morte di esso Filippo presso, che alla fine; ilquale guscio è d'ordine rustico, & graduato, come si vede. perciche la parte de' bozzi dal primo finestrato in giu, insieme con le porte è rustica grandemente: & la parte, che è dal primo finestrato, al secondo è meno rustica assai. Hora accadde, che partendosi Benedetto di Fiorenza, tornò apunto il Cronaca da Roma; onde essendo messo per le mani a Filippo, gli piacque tanto, per il modello, che gli fece del cortile, e del cornicione, che va di fuori intorno al palazzo, che conosciuta l'eccellenza di quell'ingegno, volle, che poi il tutto passasse per le sue mani, seruendosi sempre poi di lui. Feceui dunque il Cronaca, oltra la bellezza di fuori con ordine Toscano, in cima vna cornice Corintia molto magnifica, che è per fine del tetto; dellaquale la metà al presente si vede finita, con tanta singolar grazia, che non vi si puo apporre, ne si puo piu bella disiderare. Questa cornice fu ritratta dal Cronaca, e tolta, & misurata apunto in Roma da vna an-

tica, che si truoua a Spoglia Christo, laquale fra molte, che ne sono in quella citta è tenuta bellissima: bene è vero, ch'ella fu dal Cronaca ringrandita a proporzione del palazzo, acciò facesse proporzionato fine, & anche col suo agetto tetto a quel palazzo, & così l'ingegno del Cronaca seppe seruirsi delle cose d'altri, & farle quasi diuentar sue. Ilche non riesce a molti, perche il fatto sta non in hauer solamente ritratti, e disegni di cose belle, ma in saperle accommodare secondo, che è quello, à che hanno a seruire, con grazia, misura, proporzione, & conuenienza. Ma quanto fu, e sara sempre lodata questa cornice del Cronaca; tanto fu biasimata quella, che fece nella medesima citta al palazzo de' Bartolini Baccio d'Agnolo, ilquale pose sopra vna facciata piccola, & gentile di membra, per imitare il Cronaca, vna gran cornice antica misurata apunto dal fronte Spizio di monte Cauallo, ma tornò tanto male, per non hauere saputo con giudizio accommodarla, che nō potrebbe star peggio, & pare sopra vn capo piccino vna gran berretta. Non basta agl'artefici, come molti dicono, fatto ch'egli hanno l'opere scusarsi con dire: elle sono misurate apunto dall'antico, e sono cauate da buoni maestri: atteso che il buon giudizio, & l'occhio piu giuoca in tutte le cose, che non fa la misura delle seste. Il Cronaca dunque condusse la detta cornice con grande arte, insino al mezzo intorno intorno a quel palazzo, col dentello, & vouolo, & da due bande la finì tutta, contrapesando le pietre, in modo, perche venissino b lice, e legate, che non si puo veder cosa murata meglio, ne condotta con piu diligenza a perfezzione. Così anche tutte l'altre pietre di questo palazzo sono tanto finite, e ben commesse ch'elle paiono non murate, ma tutte d'un pezzo. E perche ogni cosa corrispondesse fece fare per ornamento del detto palazzo ferri bellissimi per tutto, e le lumiere, che sono in su canti, e tutti furono da Niccolo Grosso Caparra fabro Fiorentino con grandissima diligenza lauorate. Vedesi in quelle lumiere marauigliose, le cornici, le colonne, i capitegli, e le mensole saldate di ferro con marauiglioso magistero. Ne mai ha lauorato Moderno alcuno di ferro, machine sì grandi, & sì difficili con tanta scienza, & pratica. Fu Niccolo Grosso persona fantastica, & di suo capo, ragioneuole nelle sue cose, & d'altri, ne mai voleua di quel d'altrui. Non volse mai far credēza à nessuno, de' suoi lauori, ma sempre voleua l'arra. Et per questo, Lorenzo de' Medici lo chiamaua il Caparra, & da molti altri anchora per tal nome era conosciuto. Egli haueua appiccato alla sua bottega vna insegna, ne laquale erano libri, ch'ardeuano: perilche quando vno gli chiedeua tempo a pagare, gli diceua, io non posso, perche i miei libri abbrucciano, & non vi si puo piu scriuere debitori. Gli fu dato a fare per i signori Capitani di parte Guelfa, vn paio d'alari, iquali hauendo egli finiti, piu volte gli furono mandati a chiedere. Et egli di continuo vsaua dire, io sudo, & duro fatica su questa encudine, & voglio che qui su mi siano pagati i miei danari. Perche essi di nuouo rimandorno per il lor lauoro, & a dirgli che per i danari andasse, che subito sarebbe pagato, & egli ostinato rispondeua, che prima gli portassero i danari. La onde il prouueditore venuto in collera, perche i capitani gli voleuano vedere, gli mandò dicendo, ch'esso haueua hauuto la metà dei danari, & che mandasse gli alari, che del rimanente lo sodisfarebbe. Per laqual cosa il Caparra auuedutosi del vero, diede al donzello vno alar solo, dicendo, io
porta

VITA DI CRONACA FIOR.

porta questo, ch'è il loro, & se piace à essi, porta l'intero pagamento, che se gli darò, percioche questo è mio. Gli vfficiali veduto l'opera mirabile, che in quello haueua fatto, gli mandarono i danari à bottega, & esso mandò loro l'altro alare. Dicono anchora, che Lorenzo de Medici volse far fare ferramenti, per mandare à donar fuora, acciche l'eccellenza del Caparra si vedesse: perche andò egli stesso in persona a bottega sua, & per auuentura trouo, che lauoraua alcune cose, che erano di pouere persone, da lequali haueua hauuto parte del pagamento per atra, richiedendolo dunque Lorenzo, egli mai non gli volse promettere di seruirlo, se prima non seruiua coloro, dicendogli, che erano venuti à bottega inanzi lui, & che tanto stimaua i danari loro, quanto quei di Lorenzo Al medesimo portarono alcuni cittadini giouani vn disegno, perche facesse loro vn ferro da sbarrare, & rompere altri ferri cō vna vite: ma egli non gli volle altrimenti seruire, anzi sgridandogli disse loro: io non voglio per niun modo in cosi fatta cosa seruirui; percioche non sono se non instrumenti da ladri, e da rubate, ò suergognare fanciulle. Non sono vi dico cosa per me, ne per voi, iquali mi parete huomini da bene. costoro veggendo, che il Caparra non voleua seruirgli, dimandarono chi fusse in Fiorenza, che potesse seruirgli: perche venuto egli in collera con dir loro vna gran villania, se gli leuò d'intorno. Non volle mai costui lauorare à Giudei, anzi vsaua dire, che i loro danari erano fraccidi, e putiuano. Fu persona buona, e religiosa, ma di ceruello fantastico, & ostinato; ne volendo mai partirsi di Firenze, per offerte, che gli fussero fatte, in quella visse, & mori. Hò di costui voluto fare questa memoria; perche inuero nell'elercizio suo fu singolare, e non ha mai hauuto, ne hauera pari, come si puo particolarmente vedere ne'ferri, e nelle bellissime lumiere di questo palazzo de gli Strozzi, ilquale fu condotto à fine dal Cronaca, & adornato d'vn ricchissimo cortile d'ordine Corinthio, e Dorico, con ornamenti di colonne, capitelli, cornici, finestre, e porte bellissime. E se à qualcuno paresse, che il di dentro di questo palazzo non corrispondesse al di fuori, sappia, che la colpa non è del Cronaca, percioche fu forzato accommodarsi dentro al guscio principiato da altri, e seguitare in gran parte quello, che da altri era stato messo inanzi: e non fu poco, che lo riducesse à tanta bellezza, quanta è quella, che vi si vede. Il medesimo si risponde à coloro, che dicessino, che la salita delle scale non è dolce, ne di giusta misura, ma troppo erta, e repente; & cosi anco à chi dicesse, che le stanze, e gl'altri apartamenti di dentro non corrispondessino, come si è detto alla grandezza, & magnificéza di fuori. Ma nō percio sara mai tenuto questo palazzo, se non veramente magnifico, e pari à qual si voglia priuata fabrica, che sia stata in Italia à nostri tépi edificata. Onde meritò, & merita il Cronaca, per questa opera, infinita comendazione. Fece il medesimo la sagrestia di Santo Spirito in Fiorenza, che è vn tempio a otto facce, con bella proporzione, & condotto molto pulitamente. E fra l'altre cose che in questa opera si veggiono, vi sono alcuni capitelli condotti dalla felice mano d'Andrea dal Monte Sansouino, che sono lauorati con somma perfezzione. E similméte il ricetto della detta sagrestia, che è tenuto di bellissima inuenzione, se bene il partiméto come si dira non è su le colonne ben partito. Fece ancho il medesimo la chiesa di s. Fracesco dell'osseruanza in sul poggio di san Miniato fuor di Firéze, e similmente tutto il conuento de' Frati de' Serui, che è cosa molto lodata. Ne' medesimi tempi douendosi fare, per consiglio di Fra Hieronimo Sauonarola, allhora famosissimo predicatore la gran sala del consiglio nel palazzo della Signoria di Fiorenza, ne fu preso parere con Lionardo da Vinci; Michelagnolo Buonaroti, anchora che giouanetto; Giuliano da san Gallo; Baccio d'Agnolo, e Simone del Pollaiuolo detto il Cronaca, il quale era molto amico, e diuoto del Sauonarola. Costoro dunque dopo molte dispute, dettono ordine d'accordo, che la sala si facesse in quel modo ch'ell'è poi stata sempre insino, che ella si è à i giorni nostri, quasi rinouata, come si è detto, e si dira in altro luogo. E di tutta l'opera fu dato il carico al Cronaca, come ingegnoso, & anco come amico di fra Girolamo detto, & egli la condusse con molta prestezza, e diligenza, & particolarmente mostrò bellissimo ingegno nel fare il tetto, per essere l'edifizio grandissimo per tutti i versi. Fece dunque l'asticciuola del cauallo, che è lunga braccia trent'otto da muro a muro, di piu traui commesse insieme, augnate, & incatenate benissimo, per non esser possibile trouar legni à proposito di tanta grandezza: e doue gl'altri caualli hanno vn monaco solo tutti quelli di questa sala n'hanno tre per ciascuno, vno grande nel mezzo, & vno da ciascun lato, minori. Gl'archali sono lunghi a proporzione, & così i puntoni di ciascun monaco, ne tacerò che i puntoni de monaci minori pontano dal lato verso il muro nell'archale, e verso il mezzo nel puntone del monaco maggiore. Ho voluto raccōtare in che modo stanno questi caualli, perche furono fatti con bella considerazione, & io ho veduto disegnargli da molti, per mandare in diuersi luoghi. Tirati su questi così fatti caualli, e posti l'vno lontano dall'altro sei braccia; e posto similmente in breuissimo tempo il tetto, fu fatto dal Cronaca conficca re il palco, il quale allora fu fatto di legname semplice, & compartito a quadri, de' quali ciascuno per ogni verso era braccia quattro, con ricignimento atorno di cornice, e pochi membri; e tanto quanto erano grosse le traui, fu fatto vn piano, che rigiraua intorno a i quadri, & a tutta l'opera, cō borchioni in su le crociere, e cātonate di tutto il palco. E perche le due testate di questa sala, vna per ciascun lato, erano fuor di squadra otto braccia; non presono, come harebbono potuto fare risolutione d'ingrossare le mura, per ridur la in isquadra, ma seguitarono le mura eguali insino al tetto, con fare tre fineistre grandi, per ciascuna delle facciate delle teste. Ma finito il tutto riuscendo loro questa sala, per la sua straordinaria grandezza cieca di lumi; & rispetto al corpo così lungo, e largo, nana, & con poco sfogo d'altezza, & in somma quasi tutta sproporzionata: cercarono, ma nō giouò molto l'aiutarla col fare dalla parte di leuante due finestre nel mezzo della sala, e quattro dalla banda di ponente. Appresso per darle vltimo fine fecioro in sul piano del mattonato, cō molta prestezza, essendo a ciò sollecitati da i cittadini, vna ringhiera di legname intorno intorno alle mura di quella, larga, & alta tre braccia, con i suoi sederi a vso di theatro, & con balaustri dinanzi; sopra laquale ringhiera haueuano a stare tutti i magistrati della città. E nel mezzo della facciata, che è volta à leuante era vna residenza piu eminente, doue col Confaloniere di iustitia stauano i signori; e da ciascun lato di questo piu eminente luogo erano due porte; vna dellequali entraua nel segreto, e l'altra nello

specchio

specchio: e nella facciata che è dirimpetto à questa, dal lato di ponente, era vn'altare doue si diceua messa con vna tauola di mano di fra Bartolomeo, come si è detto, & à canto all'altare la bigoncia da orare. Nel mezzo poi della sala erano panche in fila, & à trauerso per i cittadini. E nel mezzo della ringhiera, & in su le cantonate erano alcuni passi con sei gradi, che faceuano salita, & commodo a i tauolacini, per raccorre i partiti. In questa sala, che fu allora molto lodata, come fatta con prestezza, & cō molte belle considerazioni, ha poi meglio scoperto il tempo gli errori dell'esser bassa, scura, malinconica, e fuor di squadra. Ma nondimeno meritano il Cronaca, e gl'altri di esser scusati, sì per la prestezza, con che fu fatta, come vollero i cittadini, con animo d'ornarla col tempo di pitture, e metter il palco d'oro, e si perche insino allora non era stato fatto in Italia la maggior sala; ancor che grandissime siano quella del palazzo di S. Marco in Roma, quella del Vaticano fatta da Pio II. & Innocentio ottauo: quella del castello di Napoli; del palazzo di Milano, d'Vrbino, di Vinezia, e di Padoa. Dopo questo fece il Cronaca, col consiglio dei medesimi, per salire à questa sala, vna scala grande, larga sei braccia, ripiegata in due salite, e ricca d'ornamenti di macigno, con pilastri, e capitelli corinti, & cornici doppie, & con archi della medesima pietra: le volte à mezza botte, e le finestre con colonne di mischio, & i capitelli di marmo intagliato. Et ancora, che questa opera fusse molto lodata, piu sarebbe stata, se questa scala non fusse riuscita malageuole, e troppo ritta; essendo, che si poteua far piu dolce, come si sono fatte al tēpo del Duca Cosimo nel medesimo spazio di larghezza, e non piu, le scale nuoue fatte da Giorgio Vasari, dirimpetto à questa del Cronaca, lequali sono tanto dolci, & ageuoli, che è quasi il salirle, come andare per piano. E cioè stato opera del detto S. Duca Cosimo, ilquale, come è in tutte le cose, e nel gouerno de'suoi popoli di felicissimo ingegno, e di grandissimo giudizio, non perdona ne à spesa, ne à cosa veruna, perche tutte le fortificazioni, & edificij publici, & priuati corrispondino alla grandezza del suo animo; e siano non meno belli, che vtili, ne meno vtili, che belli. Considerando dunque Sua Eccellenza che il corpo di questa sala è il maggiore, e piu magnifico, e piu bello di tutta Europa, si è risoluta in quelle parti, che sono difettose d'acconciarla, & in tutte l'altre co'l disegno, & opera di Giorgio Vasari Aretino farla ornatissima sopra tutti gl'edifizij d'Italia; & così alzata la grandezza delle mura sopra il vecchio, dodici braccia, di maniera che è alta dal pauimento al palco, braccia trentadua, si sono ristaurati i caualli fatti dal Cronaca, che reggono il tetto, & rimessi in alto con nuouo ordine, e rifatto il palco vecchio, che era ordinario, e semplice, e non ben degno di quella sala, con vario spartimento, ricco di cornici, pieno d'intagli, e tutto messo d'oro, con trentanoue tauole di pitture in quadri, tondi, & ottangoli, la maggior parte de'quali sono di noue braccia l'vno, & alcuni maggiori, con istorie di pitture à olio, di figure di sette, ò otto braccia le maggiori. Nellequali storie, cominciandosi dal primo principio, sono gl'accrescimenti, e gl'honori, le vittorie, e tutti i fatti egregij della citta di Fiorenza, e del dominio; & particolarmente la guerra di Pisa, e di Siena con vna infinità d'altre cose, che troppo sarei lungo à raccontarle. E si è lasciato conueniente spazio di sessanta braccia per ciascuna delle facciate dalle bande, per fare in ciascuna tre storie, che

corri-

corrispondino al palco, quanto tiene lo spazio di sette quadri da ciascun lato che trattano delle guerre di Pisa, e di Siena. I quali spartimenti delle facciate sono tanto grandi, che non si sono anco veduti maggiori spazij, per fare istorie di pitture, ne da gl'antichi, ne da i moderni. E sono i detti spartimenti ornati di pietre grandissime, le quali si congiungono alle teste della sala; doue da vna parte, cioè verso tramontana ha fatto finire il S. Duca; secondo che era stata cominciata, & condotta à buon termine da Baccio Bandinelli, vna facciata piena di colonne, e pilastri, e di nicchie piene di statue di marmo, il quale appartamento ha da seruire per vdienza publica, come à suo luogo si dirà. Dall'altra banda dirimpetto à questa, ha da esser in vn'altra simile facciata, che si fa dall'Amannato scultore, & architetto, vna fonte che getti acqua nella sala, con ricco, & bellissimo ornamento di colonne, e di statue di marmo, e di bronzo. Non tacerò, che per essersi alzato il tetto di questa sala dodici braccia, ella n'ha acquistato non solamente sfogo, ma lumi assaissimi, percioche oltre gl'altri, che sono piu in alto; in ciascuna di queste testate vanno tre grandissime finestre, che verranno col piano sopra vn corridore, che fa loggia dentro la sala, & da vn lato, sopra l'opera del Bandinello, donde si scoprirà tutta la piazza con bellissima veduta. Ma di questa sala, e degli altri accōcimi che in questo palazzo si sono fatti, e fanno si ragionerà in altro luogo piu lungamente. Questo per hora dico io, che se il Cronaca, e quegli altri ingegnosi artefici, che dettono il disegno di questa sala, potessino ritornar viui, per mio credere non riconoscerebbero ne il palazzo, ne la sala, ne cosa, che vi sia, la qual sala, cioè quella parte, che è in isquadra, è lunga braccia nouanta, & larga braccia trent'otto, senza l'opere del Bandinello, e dell'Amannato. Ma tornando al Cronaca, ne gl'vltimi anni della sua vita, eragli entrato nel capo tanta frenesia delle cose di fra Girolamo Sauonarola, che altro, che di quelle sue cose non voleua ragionare. E così viuendo, finalmente d'anni LV. d'vna infirmità assai lunga si morì. E fu honoratamente sepolto nella chiesa di Santo Ambruogio di Fiorenza nel M.D.IX. e non dopo lungo spazio di tempo gli fu fatto questo Epitaffio da M. Giouanbattista Strozzi.

CRONACA.

Viuo, e mille, e mille anni, e mille ancora
Mercè de' uiui miei palazzi, e tempi
Bella Roma uiurà l'alma mia Flora.

Hebbe il Cronaca vn fratello chiamato Matteo, che attese alla scultura, & stette con Antonio Rossellino scultore, & ancor che fusse di bello, e buono ingegno, disegnasse bene, & hauesse buona pratica nel lauorare di marmo, non lasciò alcuna opera finita: peche togliendolo al mondo la
morte d'anni XIX. non potè adempiere quello,
che di lui, chiunche lo conobbe,
si prometteua.

VITA DI DOMEN. PVLIGO FIOR.

DOMENICO PVLIGO PITT.
FIORENTINO.

Vita di Domenico Puligo pittore Fiorentino.

COSA marauigliosa,anzi stupenda, che molti nell'arte della pittura,nel continuo esercitare, e maneggiare i colori, per instinto di natura, ò per vn'vso di buona maniera, presa senza disegno alcuno, ò fondamento, conducono le cose loro a si fatto termine, che elle si abbattono molte volte a essere cosi buone, che ancor che gl'artefici loro nõ siano de'rari, elle sforzano gl'huomini ad hauerle in somma venerazione, e lodarle. E si è veduto gia molte volte, & in molti nostri pittori, che coloro fanno l'opere loro piu viuaci, e piu perfette, iquali hanno naturalmente bella maniera, e si esercitano con fatica, e studio continuamente. perche ha tanta forza questo dono della natura, che benche costoro stracurino,

rino, e lascino gli studi dell'arte, & altro non seguino, che l'vso solo del dipignere, e del maneggiare i colori con grazia infuso dalla natura, apparisce nel primo aspetto dell'opere loro, ch'elle mostrano tutte le parti eccellenti, e marauigliose, che sogliono minutamente apparire ne' lauori di que' maestri, che noi tenghiamo migliori. E che ciò sia vero l'esperienza ce lo dimostra à tempi nostri nell'opere di Domenico Puligo pittore Fiorentino; nellequali da chi ha notizia delle cose dell'arte si conosce quello che si è detto di sopra chiaramente. Mentre che Ridolfo di Domenico Grillandaio lauoraua in Firenze assai cose di pittura, come si dirà, seguitando l'humore del padre, tenne sempre in bottega molti giouani à dipignere, ilche fu cagione per cocorrēza l'vno dell'altro, che assai ne riuscirono bonissimi maestri, alcuni in fare ritratti di naturale, altri in lauorare à fresco, & altri à tempera, & in dipignere speditamente drappi. A costoro facendo Ridolfo lauorare quadri, tauole, e tele, in pochi anni ne mandò con suo molto vtile vna infinità in Inghilterra, nell' Alemagna, & in Ispagna. E Baccio Ghotti, & Toto del Nuntiata suoi discepoli furono condotti, vno in Francia al Re Francesco, e l'altro in Inghilterra al Re, che gli chiesono, pes hauer prima veduto dell'opere loro. Due altri discepoli del medesimo restarono, e si stettono molti anni con Ridolfo, perche ancora, che hauessero molte richieste da mercanti, e da altri in Ispagna, & in Vngheria, non vollono mai, ne per promesse, ne per danari priuarsi delle dolcezze della patria, nellaquale haueuano da lauorare piu che non poteuano. Vno di questi fu Antonio del Ceraiuolo Fiorentino, ilquale essendo molti anni stato con Lorenzo di Credi haueua da lui particolarmente imparato à ritrarre tanto bene di naturale, che con facilità grandissima faceua i suoi ritratti similissimi al naturale, ancor che in altro non hauesse molto disegno. Et io ho veduto alcune teste di sua mano ritratte dal viuo, che ancor, che habbiano, verbi grazia il naso torto, vn labro piccolo, & vn grande, & altre si fatte disformità, somigliano nondimeno il naturale, per hauer egli ben preso l'aria di colui. La doue per contrario molti eccellenti maestri hanno fatto pitture, e ritratti di tutta perfezzione in quanto all'arte, ma non somigliano, ne poco, ne assai colui, per cui sono stati fatti. E per dire il vero chi fa ritratti, dee ingegnarsi, (senza guardare à quello, che si richiede in vna perfetta figura, fare che somiglino colui per cui si fanno. Ma quando somigliano, e sono anco belli allora si possono dir'opere singolari, & gl'artefici loro eccellentissimi. Questo Antonio dunque, oltre à molti ritratti fece molte tauole per Firenze, ma farò solamente per breuità, menzione di due, che sono vna in san Iacopo tra fossi al canto agl'Alberti, nellaquale fece vn Crocifisso con Santa Maria Madalena, e San Francesco; nell'altra che è nella Nuntiata, è vn San Michele, che pesa l'anime. L'altro de i due sopradetti, fu Domenico Puligo, ilquale fu di tutti gl'altri sopranominati, piu eccellente nel disegno, e piu vago, e grazioso nel colorito. Costui dunque considerando, che il suo dipignere con dolcezza, senza tignere l'opere, ò dar loro crudezza; ma che il fare a poco a poco sfuggire i lontani, come velati da vna certa nebbia, daua rilieuo, e grazia alle sue pitture: & che se bene i contorni delle figure, che faceua si andauano perdendo, in modo che occultando, gl'errori non si poteuano vedere ne' fondi, doue erano terminate le figure; che nondimeno il suo colorire,

VITA DI DOMEN. PVLIGO FIOR.

fiorire, e la bell'aria delle teste faceuano piacere l'opere sue; tenne sempre il medesimo modo di fare, e la medesima maniera, che lo fece essere in pregio, mentre che visse. Ma lasciando da canto il far memoria de' quadri, e de' ritratti, che fece stando in bottega di Ridolfo, che parte furono mandati di fuori, e parte seruirono la citta, dirò solamente di quelle, che fece, quando fu piu tosto amico, & concorrente di esso Ridolfo, che discepolo: e di quelle, che fece, essendo tanto amico d'Andrea del Sarto, che niuna cosa haueua piu cara, che vedere quell'huomo in bottega sua, per imparare da lui, mostrargli le sue cose, & pigliarne parere; per fuggire i difetti, e gl'errori, in che incorrono molte volte coloro, che non mostrano à nessuno dell'arte quello, che fanno; i quali troppo fidandosi del proprio giudizio, vogliono anzi essere biasimati dall'vniuersale, fatte che sono l'opere, che corregerle mediante gl'auuertimenti de gl'amoreuoli amici. Fece fra le prime cose Domenico vn bellissimo quadro di nostra Donna, à Messer Agnolo della Stufa, che l'ha alla sua Badia di Capalona nel contado d'Arezzo, & lo tiene carissimo, per essere stato condotto con molta diligenza, e bellissimo colorito. Dipinse vn'altro quadro di nostra Donna, non meno bello che questo, a Messer Agnolo Niccolini, hoggi Arciuescouo di Pisa, e Cardinale, il quale l'ha nelle sue case à Fiorenza al canto de' pazzi. E parimente vn'altro di simile grandezza, e bontà, che è hoggi appresso Filippo dell'Antella in Fiorenza. In vn'altro, che è gran de circa tre braccia, fece Domenico vna nostra Donna intera col putto fra le ginocchia, vn san Giouannino, & vn'altra testa; il qual quadro, che è tenuto delle migliori opere, che facesse, non si potendo vedere il piu dolce colorito, è hoggi appresso M. Filippo Spini, Tesauriere dell'Illustrissimo Prencipe di Fiorenza Magnifico gentil'huomo, e che molto si diletta delle cose di pittura. Fra molti ritratti, che Domenico fece di naturale, che tutti sono belli, & molto somigliano, quello è bellissimo, che fece di Monsignore Messer Piero Carnesecchi allora bellissimo giouinetto, al quale fece anco alcuni altri quadri tutti belli, & condotti con molta diligenza. Ritrasse anco in vn quadro la Barbara Fiorentina in quel tempo famosa, bellissima cortigiana, e molto amata da molti non meno che per la bellezza, per le sue buone creanze: e particolarmente per essere bonissima musica, & cantare diuinamente. Ma la migliore opera, che mai conducesse Domenico fu vn quadro grande, doue fece quanto il viuo vna nostra Donna, con alcuni angeli, e putti, & vn san Bernardo, che scriue; il qual quadro è hoggi appresso Giouangualberto del Giocondo, e Messer Niccolò suo fratello, Canonico di san Lorenzo di Firenze. Fece il medesimo molti altri quadri, che sono per le case de' Cittadini, e particolarmente alcuni doue si vede la testa di Cleopatra, che si fa mordere da vn'Aspide la poppa; & altri doue è Lucretia Romana, che si vccide con vn pugnale. Sono anco di mano del medesimo alcuni ritratti di naturale, e quadri molto belli, alla porta à Pinti in casa di Giulio Scali, huomo non meno di bellissimo giudizio nelle cose delle nostre arti, che in tutte l'altre migliori, e piu lodate professioni. Lauorò Domenico à Francesco del Giocondo in vna tauola, per la sua capella nella tribuna maggiore della chiesa de' Serui in Fiorenza, vn san Francesco, che riceue le stimmate. La quale opera è molto dolce di colorito, e morbidezza, e lauorata con molta diligenza. E nella chiesa di

o

Cestello intorno al Tabernacolo del Sagramento lauorò à fresco due angeli;e nella tauola d'vna cappella della medesima chiesa fece la Madonna co'l figliuolo in braccio,san Giouanni Battista,e san Bernardo,& altri Santi.E perche parue à i Monaci di quel luogo, che si portasse in queste opere molto bene,gli feciono fare alla loro Badia di Settimo fuor di Fiorenza in vn chiostro le visioni del Conte Vgo, che fece sette Badie. E non molto dopo dipinse il Puligo in sul canto di via mozza da Santa Catherina in vn Tabernacolo vna nostra Donna ritta col figliuolo in collo,che sposa santa Catherina; e vn san Piero Martire. Nel castello d'Anghiari fece in vna compagnia vn Deposto di Croce,che si puo fra le sue migliori opere annouerare. Ma perche fu piu sua professione attendere à quadri di nostre Donne, ritratti,& altre teste, che à cose grandi,consumò quasi tutto il tempo in quelle.E se egli hauesse seguitato le fatiche dell'arte, e non piu tosto i piaceri del mõdo, come fece, harebbe fatto senza alcun dubbio molto profitto nella pittura: & massimamente hauendolo Andrea del Sarto suo amicissimo aiutato in molte cose di disegni,& di consiglio: Onde molte opere di costui si veggiono non meno ben disegnate,che colorite,con bella,& buona maniera. Ma l'hauere per suo vso Domenico non volere durare molta fatica,e lauorare piu per fare opere, e guadagnare,che per fama fu cagione, che non passò piu oltre:perche praticando con persone allegre,e di buon tempo,& con musici,& con femmine, seguitando certi suoi amori si morì d'anni cinquãtadua l'anno M. D. XXVII. per hauere presa la peste in casa d'vna sua innamorata. Furono da costui i colori con sì buona, & vnita maniera adoperati, che per questo merita lode, che per altro. Fu suo discepolo fra gl'altri Domenico Beceri Fiorentino; il quale adoperando i colori pulitamente, con buonissima maniera conduce l'opere sue.

VITA DI ANDREA DA FIESOLE

ANDREA DA FIESOLE
SCVLTORE.

Vita di Andrea da Fiesole scultore, e d'altri Fiesolani.

Erche non meno si richiede agli scultori hauere pratica de'ferri, che à chi esercita la pittura, quella de' colori. di qui auuiene, che molti fanno di terra benissimo, che poi di marmo non conducono l'opere à veruna perfezzione: & alcuni per lo contrario lauorano bene il marmo, senza hauere altro disegno, che vn non so che, che hanno nell'idea di buona maniera; La imitazione della quale si trahe da certe cose, che al giudizio piaccino, & che poi tolte all'imaginazione, si mettono in opera. Onde è quasi vna marauiglia vedere alcuni scultori, che senza saper punto disegnare in carta, conducono nondimeno co i ferri l'opere loro à buono, e lodato fine; come si vide in Andrea di Piero

di Marco Ferrucci scultore da Fiesole, ilquale nella sua prima fanciullezza imparò i principij della scultura da Francesco di Simone Ferucci scultore da Fiesole. E se bene da principio imparò solamente à intagliare fogliami, acqui stò nondimeno apoco apoco tanta pratica nel fare, che non passo molto, che si diede à far figure: di maniera, che hauendo la mano resoluta, e veloce, conduße le sue cose di marmo, piu con vn certo giudizio, e pratica naturale, che per disegno, che egli hauesse. Ma nondimeno attese vn poco piu all'arte, quando poi seguitò nel colmo della sua giouentù Michele Maini scultore, similmente da Fiesole. Ilquale Michele fece nella Minerua di Roma il san Sebastiano di marmo, che fu tanto lodato in que' tempi. Andrea dunque, essendo condotto à lauorare à Imola, fece ne gl'Innocéti di quella citta vna cappella di Macigno, che fu molto lodata. Dopo laquale opera se n'andò a Napoli essendo la chiamato da Antonio di Giorgio da Settignano grandissimo ingegnieri, & architetto del Re Ferrante, appresso alquale era in tanto credito Antonio, che non solo maneggiaua tutte le fabriche del Regno, ma anchora tutti i piu importanti negozij dello stato. Giunto Andrea in Napoli fu messo in opera, & lauorò molte cose nel Castello di san Martino, & in altri luoghi della citta per quel Re. Ma venendo à morte Antonio, poi che fu fatto sepelire da quel Re non con esequie da architettore, ma reali, & con venti coppie d'imbastiti, che l'accompagnarono alla sepoltura; Andrea si parti da Napoli, conoscendo, che quel paese non faceua per lui, e se ne tornò a Roma, doue stette, per qualche tempo attendendo agli studi dell'arte, & a lauorare. Dopo tornato in Toscana, lauorò in Pistoia, nella chiesa di san Iacopo la cappella di marmo doue è il battesimo, & con molta diligenza conduße il vaso di detto battesimo con tutto il suo ornamento. E nella faccia della cappella fece due figure grandi quanto il viuo di mezzo rilieuo, cioè san Giouanni, che battez za Christo, molto ben condotta, & con bella maniera. Fece nel medesimo tempo alcune altre opere piccole, dellequali non accade far menzione: Diro bene, che anchora, che queste cose fussero fatte da Andrea piu con pratica, che con arte, si conosce nondimeno, in loro vna resoluzione, & vn gusto di bontà molto lodeuole. E nel vero se cosi fatti artefici haueßero congiunto alla buona pratica, & al giudizio il fondamento del disegno, vincerebbono d'eccellenza coloro, che disegnando perfettamente, quando si mettono à lauorare il marmo lo graffiano, & con istento in mala maniera lo conducono, per non hauere pratica, e nō sapere maneggiare i ferri con quella pratica che si richiede. Dopo queste cose, lauorò Andrea nella chiesa del Vescouado di Fiesole vna tauola di marmo, posta nel mezzo fra le due scale, che sagliono al choro di sopra, doue fece tre figure tonde, & alcune storie di basso rilieuo. E in san Girolamo di Fiesole, fece la tauolina di marmo, che è murata nel mezzo della chiesa. Per la fama di queste opere venuto Andrea in cognizione, gli fu da gl'operai di Santa Maria del fiore, allhora, che Giulio Cardinale de' Medici gouernaua Fiorenza, dato à fare la statua d'vno Apostolo di quattro braccia, in quel tempo dico, che altre quattro simili ne furono allogate in vn medesimo tempo, vna à Benedetto da Maiano, vna à Iacopo Sansouino, vna à Baccio Bandinelli, & l'altra à Michelagnolo Buonarroti, lequali statue haueuano à essere insino al numero di dodici; e doueano porsi doue i detti Apostoli sono in quel magnifico tempio dipinti di mano di Lorenzo di Bicci.

VITA DI ANDREA DA FIESOLE

Andrea dunque conduſſe la ſua con piu bella pratica, e giudizio, che con diſegno: & n'acquiſtò ſe non lode quanto gl'altri, nome di aſſai buono, e pratico maeſtro. Onde lauorò poi quaſi di continuo per l'opera di detta chieſa: e fece la teſta di Marſilio Ficino, che in quella ſi vede dentro alla porta, che va alla Canonica. Fece anco vna fonte di marmo, che fu mādata al Re d'Vngheria, laquale gli acquiſtò grande honore: fu di ſua mano ancora vna ſepoltura di marmo, che fu mandata ſimilmente in Strigonia città d'Vngheria, nella quale era vna noſtra Donna molto ben condotta con altre figure; nellaquale ſepoltura, fu poi ripoſto il corpo del Cardinale di Strigonia. A Volterra mandò Andrea due Angeli tondi di marmo: & a Marco del Nero Fiorentino fece vn crociſſo di legno grande quanto il viuo, che è hoggi in Fiorenza nella chieſa di Santa Felicita. Vn'altro minore ne fece per la compagnia dell' aſſunta di Fieſole. Dilettoſſi anco Andrea dell'architettura, e fu maeſtro del Manghone Scarpellino, & architetto, che poi in Roma conduſſe molti palazzi, & altre fabriche aſſai acconciamente. Andrea finalmente, eſſendo fatto vecchio atteſe ſolamente alle coſe di quadro, come quello, che eſſendo perſona modeſta, e da bene piu amaua di viuere quietamente, che alcun'altra coſa. Gli fu allogata da Madonna Antonia Veſpucci la ſepoltura di Meſſer Antonio Strozzi ſuo marito; ma non potendo egli molto lauorare da per ſe, gli fece i due Angeli Maſo Boſcoli da Fieſole ſuo creato, che ha poi molte opere lauorato in Roma, & altroue: e la Madonna fece Siluio Coſini da Fieſole, ma non fu meſſa ſu ſubito, che fu fatta, ilche fu l'anno, M. D. X X I I. perche Andrea ſi mori, e fu ſotterrato dalla Compagnia dello Scalzo ne' Serui. E Siluio poi poſta ſu la detta madonna, e finita di tutto punto la detta ſepoltura dello Strozzi, ſeguitò l'arte della ſcultura, con fierezza ſtraordinaria, onde ha poi molte coſe lauorato leggiadramente; & con bella maniera; & ha paſſato infiniti, e maſſimamente in bizzaria di coſe alla grotteſca, come ſi puo vedere nella ſagreſtia di Michelagnolo Buonarroti in alcuni capitelli di marmo intagliati ſopra i pilaſtri delle ſepolture con alcune maſcherine tanto bene ſtraforate, che non è poſſibile veder meglio. Nel medeſimo luogo fece alcune fregiature di maſchere, che gridano molto belle; perche veduto il Buonarroto l'ingegno, e la pratica di Siluio, gli fece cominciare alcuni Trofei per fine di quelle ſepolture, ma rimaſono imperfetti inſieme con altre coſe per l'aſſedio di Firenze. Lauorò Siluio vna ſepoltura per i Minerbetti nella loro cappella nel tramezzo della chieſa di Santa Maria Nouella, tanto bene, quanto ſia poſſibile, perche, oltre la caſſa, che è di bel garbo, vi ſono intagliate alcune targhe, cimieri, & altre bizzarie con tanto diſegno, quanto ſi poſſa in ſimile coſa deſiderare. Eſſendo Siluio à Piſa l'anno, M. D. X X V I I I. vi fece vn'Angelo, che mancaua ſopra vna colonna all'altare maggiore del Duomo, per rì ſcontro di quello del Tribolo, tanto ſimile al detto, che non potrebbe eſſere piu quando fuſſero d'vna medeſima mano. Nella chieſa di monte Nero vicino a Liuorno fece vna tauoletta di marmo con due figure a i frati Ingieſuatì, & in Volterra fece la ſepoltura di Meſſer Raffaello Volaterrano, huomo dottiſſimo, nellaquale lo ritraſſe di naturale ſopra vna caſſa di marmo con alcuni ornamenti, e figure. Eſſendo poi mentre era l'aſſedio intorno a Firenze, Niccolo Caponi honoratiſſimo Cittadino, morto in caſtel nuouo della Garfagnana nel ritornare da Genoa, doue era ſtato Ambaſciatore della ſua Republica, all'Imperatore fu mandato con molta fretta Siluio a formarne la testa, perche poi ne faceſſe vna di marmo, ſi come n'haueua condotto vna di cera belliſſima. E perche habitò Siluio qualche tempo con tutta la famiglia in Piſa, eſſendo della compagnia della miſericordia, che in quella città accompagna i condannati alla morte, inſino al luogo della iuſtizia, gli vène vna volta capriccio, eſſendo ſagreſtano, della piu ſtrana coſa del mondo. Traſſe vna notte il corpo d'vno, che era ſtato impiccato il giorno inanzi, della ſepoltura, e dopo hauerne fatto notomia per conto dell'arte, come capriccioſo, e forſe maliaſtro, e perſona, che preſtaua fede agl'incanti, & ſimili ſciocchezze, lo ſcorticò tutto, & acconciata la pelle, ſecondo che gl'era ſtato inſegnato, ſe ne fece, penſando, che haueſſe qualche gran virtù vn coietto, e quello portò per alcun tempo ſopra la camicia, ſenza che neſſuno lo ſapeſſe giamai. Ma eſſendone vna volta ſgridato da vn buon padre, à cui confeſſò la coſa, ſi traſſe coſtui di doſſo il coietto, & ſecondo, che dal frate gli fu impoſto, lo ripoſe in vna ſepoltura. Molte altre ſimili coſe ſi potrebbono raccontare di coſtui, ma non facendo al propoſito della noſtra ſtoria ſi paſſono con ſilenzio. Eſſendogli morta la prima moglie in Piſa, ſe n'andò à Carrara, e qui ſtandoſi à lauorare alcune coſe, preſe vn'altra donna, collaquale non molto dopo ſe n'andò à Genoa, doue ſtando à ſeruigij del Principe Doria, fece di marmo ſopra la porta del ſuo palazzo vn'arme belliſſima, e per tutto il palazzo molti ornamenti di ſtucchi, ſecondo che da Perino del Vaga pittore gli erano ordinati: feceui anco vn belliſſimo ritratto di marmo di Carlo V. Imperatore. Ma perche Siluio, per ſuo natural coſtume nō dimoraua mai lungo tempo in vn luogo, ne haueua fermezza, increſcendogli lo ſtare troppo bene in Genoua, ſi miſe in camino per andare in Francia, ma partitoſi prima che fuſſe al Monſaneſe tornò in dietro: e fermatoſi in Milano, lauorò nel Duomo alcune ſtorie, e figure, & molti ornamenti con ſua molta lode. E finalmente vi ſi morì d'età d'anni quarantacinque. Fu coſtui di bello ingegno, capriccioſo, è molto deſtro in ogni coſa, e perſona che ſeppe condurre con molta diligenza qualunche coſa ſi metteua fra mano; ſi dilettò di comporre ſonetti, e di cantare all'improuiſo, e nella ſua prima giouanezza atteſe all'armi. Ma ſe egli haueſſe fermo il penſiero alla ſcultura, & al diſegno, nō harebbe hauuto pari: e come paſſò Andrea Ferruzzi ſuo maeſtro, coſi harebbe ancora, viuēdo paſſato molti altri, ch'hanno hauuto nome d'eccellenti maeſtri. Fiori ne' medeſimi tempi d'Andrea, e di Siluio vn'altro ſcultore fieſolano detto il Cicilia, ilquale fu perſona molto pratica; vedeſi di ſua mano nella chieſa di ſan Iacopo in campo Corbolini di Fiorenza la ſepoltura di Meſſer Luigi Tornabuoni Caualiere, laquale è molto lodata, e maſſimamente per hauere egli fatto lo ſcudo dell'arme di quel Caualiere, nella teſta d'vn cauallo, quaſi per moſtrare, ſecondo gl'antichi, che dalla teſta del cauallo fu primieramente tolta la forma de gli ſcudi. Ne medeſimi tempi anchora Antonio da Carrara ſcultore riſſimo fece in Palermo al Duca di monte Lione di caſa Pignatella Napoletano, e Vice Re di Cicilia tre ſtatue, cioè tre noſtre donne in diuerſi atti, e maniere, lequali furono poſte ſopra tre altari nel Duomo di monte Lione in Calabria. Fece al medeſimo alcune ſtorie di marmo, che ſono in Palermo. Di coſtui rimaſe vn figliuolo, che è hoggi ſcultore anch'egli, e non meno eccellēte, che ſi fuſſe il padre.

VINCENZIO DA S. GIMIGN.
PITTORE.

Vita di Vincenzio da San Gimignano, e Timoteo da Urbino Pittori.

Ouendo io scriuere, dopo Andrea da Fiesole scultore la vita di due eccel. pittori, cioè di Vincenzio da s. Gimignano, di Toscana, e di Timoteo da Vrbino, ragionerò prima di Vincenzo, essendo qllo, che è di sopra il suo ritratto, e poi immediate di Timoteo, essendo stati quasi in vn medesimo tempo, & ambi due discepoli, & amici di Raffaello. Vincézio dunque, il quale per il grazioso Raffaello da Vrbino, lauorò in compagnia di molti altri nelle loggie papali, si portò di maniera che fu da Raffaello, e da tutti gl'altri molto lodato. Onde essendo perciò messo à lauorare in Borgo dirimpetto al palazo di messer Giouanbattista dall'Aquila, fece con molta sua lode in vna faccia di terretta vn
fregio,

fregio, nel quale figurò le noue muse có Apollo in mezzo; e sopra alcuni Leoni, impresa del Papa, iquali sono tenuti bellissimi. Haueua Vincenzio la sua maniera diligentissima, morbida nel colorito, & le figure sue erano molto grate nell'aspetto: & in somma egli si sforzò sempre d'imitare la maniera di Raffaello da Vrbino; ilche si vede anco nel medesimo Borgo dirimpetto al palazzo del Cardinale d'Ancona in vna facciata della casa, che fabricò messer Giouanantonio Battiferro da Vrbino, ilquale per la stretta amicizia, che hebbe con Raffaello, hebbe da lui il disegno di quella facciata, & in corte per mezzo di lui molti benefici, e grosse entrate. Fece dunque Raffaello in questo disegno, che poi fu messo in opera da Vincenzio, alludendo al casato de Battiferri, i Ciclopi, che battono i fulmini à Gioue; & in vn'altra parte Vulcano, che fabrica le saette à Cupido, con alcuni ignudi bellissimi, & altre storie, e statue bellissime. Fece il medesimo Vincenzio in su la piazza di San Luigi de franzesi in Roma in vna facciata moltissime storie: la morte di Cesare, & vn trionfo della Giustitia, & in vn fregio vna battaglia di caualli fieramente, & con molta diligenza condotti. Et in questa opera vicino al tetto fra le finestre, fece alcune virtu molto ben lauorate. Similmente nella facciata de gl'Epifanij dietro alla curia di Pompeo, & vicino à campo di fiore fece i Magi, che seguono la stella, & infiniti altri lauori per quella citta, la cui aria, & sito par che sia in gran parte cagione, che gl'animi operino cose marauigliose. E l'esperienza fa conoscere, che molte volte vno stesso huomo non ha la medesima maniera, ne fa le cose della medesima bontà in tutti i luoghi, ma migliori, & peggiori secondo la qualità del luogo. Essendo Vincenzio in bonissimo credito in Roma, seguì l'anno M. D. XXVII. la rouina, & il sacco di quella misera citta stata Signora delle genti. Perche egli oltre modo dolente se ne tornò alla sua patria san Gimignano. Là doue fra i disagi patiti, e l'amore uenutogli meno delle cose dell'arti, essendo fuor dell'aria, che i begli ingegni alimentando, fa loro operare cose rarissime, fece alcune cose, lequali io mi tacerò, per non coprire con queste, la lode, & il gran nome, che s'haueua in Roma honoreuolmente acquistato. Basta, che si vede espressamente, che le violenze deuiano forte i pellegrini ingegni da quel primo obietto, e li fanno torcere la strada in contrario; ilche si vede anco in vn compagno di costui chiamato Schizzone, ilquale fece in Borgo alcune cose molto lodate, & cosi in campo santo di Roma, e in santo Stefano de gl'Indiani. E poi anch'egli dalla poca discrezione de' soldati fu fatto deuiare dall'arte, & indi a poco perdere la vita. Morì Vincenzio in san Gimignano sua patria, essendo viuuto sempre poco lieto, dopo la sua partita di Roma.

Timoteo pittore da Vrbino nacque di Bartholomeo della Vite cittadino d'honesta condizione, e di Calliope figliuola di maestro Antonio Alberto da Ferrara assai buon pittore del tempo suo, secondo che le sue opere in Vrbino, & altroue ne dimostrano. Ma essendo ancor fanciullo Timoteo, mortogli il padre, rimase al gouerno della madre Calliope con buono, e felice augurio, per essere Calliope vna delle noue muse; e per la conformità, che hanno in fra di loro la pittura, e la poesia. Poi dunque che fu il fanciullo alleuato dalla prudente madre costumatamente, & da lei incaminato ne i studi delle prime arti, e del disegno parimente, venne apunto il giouane in cognizione del módel mondo, quando fioriua il diuino Raffaello Sanzio, & attendendo nella sua prima età all'orefice, fu chiamato da meffer Pierantonio suo maggiore fratello, che allhora studiaua in Bologna, in quella nobilissima patria, accio sotto la disciplina di qualche buon maestro seguitasse quell'arte, à che pareua fusse inclinato da natura. Habitando dunque in Bologna, nella quale città dimorò assai tempo, e fu molto honorato, e tratenuto in casa con ogni sorte di cortesia, dal Magnifico, e nobile Messer Francesco Gombruti; praticaua continuamente Timoteo con huomini virtuosi, e di bello ingegno; perche essendo in pochi mesi, per giouane giudizioso conosciuto, & inchinato molto più alle cose di pittura, che all'orefice, per hauerne dato saggio, in alcuni molto ben condotti ritratti d'amici suoi, e d'altri; parue al detto suo fratello, per seguitare il genio del giouane, essendo anco à ciò persuaso da gl'amici, leuarlo dalle lime, & da gli scarpelli, e che si desse tutto allo studio del disegnare. Di che essendo egli contentissimo, si diede subito al disegno, & alle fatiche dell'arte; ritraendo, e disegnando tutte le migliori opere di quella città; e tenendo stretta dimestichezza con pittori, si incaminò di maniera nella nuoua strada, che era una marauiglia il profitto, che faceua di giorno in giorno: e tanto più, quanto senza alcuna particolare disciplina di appartato maestro, apprendeua facilmente ogni difficile cosa. La onde innamorato del suo esercizio, & appatati molti segreti della pittura, vedendo solamente alcuna fiata à cotali pittori idioti fare le mestiche, e adoperare i pennelli, da se stesso guidato, e dalla mano della natura, si pose arditamente à colorire; pigliando una assai vaga maniera, e molto simile à quella del nuouo Apelle suo compatriota, anchor che di mano di lui non hauesse veduto se non alcune poche cose in Bologna. E così hauendo assai felicemente, secondo che il suo buono ingegno, e giudizio lo guidaua; lauorato alcune cose in tauole, & in muro: e parendogli, che tutto à comparazione de gl'altri pittori gli fosse molto bene riuscito, seguitò animosamente gli studi della pittura per sì fatto modo, che in processo di tempo si trouò hauer fermato il piede nell'arte, & con buona openione dell'universale in grandissima aspettazione. Tornato dunque alla patria, già huomo di ventisei anni, vi si fermò per alquanti mesi dando bonissimo saggio del saper suo; percioche fece la prima tauola della Madonna nel Duomo, dentroui, oltre la Vergine, San Crescenzio, e San Vitale, all'altare di santa Croce, doue è un'Angeletto sedente in terra, che suona la viola con grazia veramente angelica, & con semplicità fanciullesca, condotta con arte, & giudizio. Appresso dipinse un'altra tauola, per l'altare maggiore della chiesa della Trinità, con una Santa Apollonia à man sinistra del detto altare. Per queste opere, & alcune altre, dellequali non acca de far menzione, spargendosi la fama, & il nome di Timoteo, egli fu da Raffaello con molta instanza chiamato à Roma; doue andato di bonissima voglia, fu riceuuto con quella amoreuolezza, & humanità, che fu non meno propria di Raffaello, che si fusse l'eccellenza dell'arte. Lauorando dunque con Raffaello in poco più d'un'anno, fece grande acquisto, non solamente nell'arte, ma ancora nella robba; percioche in detto tempo rimise à casa buone somme di danari. Lauorò col maestro nella chiesa della pace le sibille di sua mano, & inuenzione, che sono nelle lunette à man destra, tanto stimate

P

da tutti i pittori: ilche affermano alcuni, che ancora si ricordano hauerle veduto lauorare, & ne fanno fede i cartoni, che ancor si ritruouano appresso i suoi successori. Parimente da sua posta fece poi il caualetto, e dentroui il corpo morto, con l'altre cose che gli sono intorno tanto lodate, nella scuola di santa Catherina da Siena; & ancora, che alcuni Sanesi, troppo amatori della lor patria attribuischino queste opere ad altri; facilmente si conosce ch' elleno sono fattura di Timoteo, così per la grazia, e dolcezza del colorito, come per altre memorie lasciate da lui in quel nobilissimo studio d'eccellentissimi pittori. Hora benche Timoteo stesse bene, & honoratamente in Roma, non potendo, come molti fanno, sopportare la lontananza della patria: essendoui anco chiamato ogni hora, & tiratoui da gl'auisi de gl'amici, e da i preghi della madre gia vecchia, se ne tornò à Vrbino, con dispiacere di Raffaello, che molto, per le sue buone qualità l'amaua. Ne molto dopo, hauendo Timoteo à persuasione de' suoi preso moglie in Vrbino, & innamoratosi della patria, nellaquale si vedeua essere molto honorato, & che è piu hauendo cominciato ad hauere figliuoli, fermò l'animo, & il proposito di non volere piu andare attorno; non ostante, come si vede ancora per alcune lettere, che egli fusse da Raffaello richiamato à Roma. Ma non percio restò di lauorare, e fare di molte opere in Vrbino, e nelle città all'intorno. In Forlì dipinse vna cappella insieme con Girolamo Genga suo amico, e compatriota. E dopo fece vna tauola tutta di sua mano, che fu mandata à città di Castello: & vn'altra similmente à i Cagliesi. Lauorò anco in fresco à Castel Durante alcune cose, che sono veramente da esser lodate, sì come tutte l'altre opere di costui, lequali fanno fede, che fu leggiadro pittore nelle figure, ne paesi, & in tutte l'altre parti della pittura. In Vrbino fece in Duomo la cappella di san Martino ad instanza del Vescouo Arriuabene Mantouano, in compagnia del detto Genga; ma la tauola dell'altare, & il mezzo della cappella sono interamente di mano di Timoteo. Dipinse ancora in detta chiesa vna Madalena in piedi, e vestita con picciol manto, e coperta sotto di capelli infino à terra, i quali sono così belli, e veri, che pare, che il vento gli muoua, oltre la diuinita del viso, che nell'atto mostra veramente l'amore, ch'ella portaua al suo maestro. In santa Aghata è vn'altra tauola di mano del medesimo, con assai buone figure; & in san Bernardino fuor della città fece quella tanto lodata opera, che è a mà diritta all'altare de' Bonauenturi gentil'huomini Vrbinati; nella quale è con bellissima grazia per l'annunziata, figurata la Vergine in piedi có la faccia, & con le mani giunte, e gl'occhi leuati al cielo: e di sopra in aria in mezzo à vn gran cerchio di splendore è vn fanciullino diritto, che tiene il pie de sopra lo spirito Santo in forma di colomba, e nella man sinistra vna palla figurata per l'imperio del mondo; & con l'altra eleuata, dà la benedizione: e dalla destra del fanciullo è vn'angelo, che mostra alla Madonna co'l dito il detto fanciullo. Abbasso, cioè al pari della Madonna sono dal lato destro il Battista vestito d'vna pelle di Camelo squarciata à studio, per mostrare il nudo della figura; e dal sinistro vn san Sebastiano tutto nudo, legato con bella attitudine à vn'arbore, e fatto con tanta diligenza, che non potrebbe hauer piu rilieuo, ne essere in tutte le parti piu bello. Nella corte de gl'Illustrissimi d'Vrbino sono di sua mano Apollo, e due muse mezze nude, in vno studiolo

secreto,

VITA DI VINCENT. DA S. GIMIG.

secreto, belle à marauiglia. Lauorò per i medesimi molti quadri, e fece alcuni ornamenti di camere, che sono bellissimi. E dopo in compagnia del Genga dipinse alcune barde da caualli, che furono mandate al Re di Francia con figure di diuersi animali si belli, che pareua à i riguardanti, che hauessino mouimento, e vita. Fece ancora alcuni archi trionfali simili agl'antichi quando andò à marito l'Illustrissima Duchessa Leonora, moglie del Signor Duca Francesco Maria, alquale piacquero infinitamente, si come ancora à tutta la corte; onde fu molti anni della famiglia di detto Signore con honoreuole prouisione. Fu Timoteo gagliardo disegnatore, ma molto piu dolce, & vago coloritore, in tanto, che non potrebbono essere le sue opere piu pulitamente, ne con piu diligenza lauorate. Fu allegro huomo, e di natura gioconda, e festeuole, destro della persona, e ne i motti, e ragionamenti arguto, e facetissimo. Si dilettò sonare d'ogni sorte strumento, ma particolarmente di lira, in su laquale cantaua all'improuiso con grazia straordinaria. Morì l'anno di nostra salute M. D. XXIIII. e della sua vita cinquantaquattresimo, lasciando la patria ricca del suo nome; e delle sue virtu, quanto dolente della sua perdita: Lasciò in Vrbino alcune opere imperfette, lequali essendo poi state finite da altri, mostrano col paragone quanto fusse il valore, e la virtu di Timoteo: di mano del quale sono alcuni disegni nel nostro libro, iquali ho hauuto dal molto virtuoso, e gentile Messer Giouan Maria suo figliuolo molto belli, e certamente lodeuoli, cioè vno schizzo del ritratto del mag. Giuliano de' Medici in penna, ilquale fece Timoteo mentre, che esso Giuliano si riparaua nella corte d'Vrbino in quella famosissima accademia,
& vn noli me tangere, & vn Giouāni euan
gelista, che dorme, mentre che
Christo ora nell'orto
tutti bellissi-
mi.

VITA DI ANDREA CONTVCI
SCVLT. ET ARCHI.

Vita di Andrea dal Monte Sansouino Scultore, & Architetto.

Ncor che Andrea di Domenico Contucci dal Monte Sansouino fusse nato di pouerissimo padre, lauoratore di terra, et leuato da guardare gl'armenti: fu nondimeno di concetti tanto alti, d'ingegno si raro, e d'animo si pronto, nell'opere, e ne i ragionamenti delle difficultà dell'architettura, e della prospettiua, che non fu nel suo tempo, ne il migliore, ne il piu sottile, e raro intelletto del suo; ne chi rendesse i maggiori dubbij piu chiari, & aperti di quello che fece egli. Onde meritò essere tenuto ne' suoi tempi da tutti gl'intendenti, sin golarissimo nelle dette professioni, Nacque Andrea, secondo che si dice, l'anno M.CCCC.LX, e nella sua fanciullezza guardando gl'armenti, si come anco

VITA DI ANDREA DAL MON. SANS. 117

anco si dice di Giotto, disegnaua tutto giorno nel sabbione, e ritraheua di terra qualcuna delle bestie, che guardaua. Onde auuenne, che passando vn giorno d'sue costui si staua guardando le sue bestiuole, vn cittadino Fiorentino, il quale dicono essere stato Simone Vespucci, Podestà allora del Monte, che egli vide questo putto starsi tutto intento à disegnare, ò formare di terra; perche chiamatolo à se, poi che hebbe veduta l'inclinatione del putto, & inteso di cui fusse figliuolo, Lo chiese à Domenico Contucci, e da lui l'ottenne gratiosamente, promettendo di volerlo far attendere agli studii del disegno, per vedere quanto potesse quella inclinatione naturale, aiutata dal continuo studio. Tornato dunque Simone à Firenze lo pose all'arte con Antonio del Pollaiuolo, appresso al quale imparò tanto Andrea, che in pochi anni diuenne bonissimo maestro. Et in casa del detto Simone al ponte vecchio si vede ancora vn cartone da lui lauorato in quel tempo, doue Christo è battuto alla colonna, condotto con molta diligenza; & oltre ciò due teste di terra cotta mirabili, ritratte da medaglie antiche; l'vna è di Nerone, l'altra di Galba Imperatori; lequali teste seruiuano per ornamento d'vn camino; ma il Galba è hoggi in Arezzo nelle case di Giorgio Vasari. Fece dopo, standosi pure in Firenze, vna tauola di terra cotta, per la chiesa di Santa Agata del Monte Sansouino, con vn san Lorenzo, & alcuni altri Santi, e picciole storiette benissimo lauorate. Et indi à non molto ne fece vn'altra simile, dentroui l'assunzione di nostra Donna molto bella, santa Agata, santa Lucia, e san Romualdo, la quale tauola fu poi inuetriata da quegli della robbia. Seguitando poi l'arte della scultura, fece nella sua giouanezza per Simone Pollaiuolo, altrimenti il Cronaca due capitelli di pilastri per la sagrestia di santo Spirito, che gl'acquistarono grandissima fama, o furono cagione, che gli fu dato à fare il ricetto, che è frà la detta sagrestia, e la chiesa; e perche il luogo era stretto, bisognò che Andrea andasse molto ghiribizzando. Vi fece dunque di macigno vn componimento d'ordine Corinto, con dodici colonne tonde, cioè sei da ogni banda; e sopra le colonne posto l'architraue, fregio, & cornice fece vna volta à botte, tutta della medesima pietra, con vno spartimento pieno d'intagli, che fu cosa nuoua, varia, ricca, é molto lodata. Ben è vero, che se il detto spartimento della volta fusse ne' diritti delle colonne venuto à calcare con le cornici, che vanno facendo diuisione intorno à i quadri, e tondi, che ornano quello spartimento con piu giusta misura, e proporzione, questa opera sarebbe in tutte le parti perfettissima; & sarebbe stato cosa ageuole, il ciò fare. Ma secondo, che io gia intesi da certi vecchi amici d'Andrea, egli si difendeua con dire d'hauere osseruato nella volta il modo del partimento della ritonda di Roma, doue le costole, che si partono dal tondo del mezzo di sopra, cioè doue ha il lume quel tempio; fanno dall'vna all'altra i quadri de gli sfondati de i rosoni, che a poco a poco diminuiscono: & il medesimo fa la costola, perche non calca in su la dirittura delle colonne. Aggiugneua Andrea, se chi fece quel tempio della ritonda, che è il meglio inteso, è misurato, che sia; e fatto con piu proporzione, non tenne di ciò conto in vna volta di maggior grandezza, e di tanta importanza, molto meno doueua tenerne egli in vno spartimento di sfondati minori: Nondimeno molti artefici, e particolarmente Michelagnolo Buonarotti sono stati d'openione, che la ritonda fusse fatta da tre architetti;

chitetti; & che il primo la conducesse al fine della cornice, che è sopra le colonne; l'altro dalla cornice in su, doue sono quelle finestre d'opera piu gentile; perche in vero questa seconda parte è di maniera varia, e diuersa dalla parte di sotto: essendo state seguitate le volte senza vbidire à i diritti con lo spartimento. Il terzo si crede, che facesse quel portico, che fu cosa rarissima; per lequali cagioni i maestri, che hoggi fanno questa arte, non cascherebbono in cosi fatto errore, per iscusarsi poi come faceua Andrea. Al quale essendo, dopo questa opera allogata la cappella del sagramento nella medesima chiesa della famiglia de' Corbinelli, egli la lauorò con molta diligenza, imitando ne' bassi rilieui Donato, e gl'altri artefici eccellenti; e non perdonando à niuna fatica, per farsi honore come veramente fece. In due nicchie, che mettono in mezzo vn bellissimo tabernacolo fece due santi, poco maggiori d'vn braccio l'vno, cioè san Iacopo, e san Matteo, lauorati con tanta viuacità, e bontà, che si conosce in loro tutto il buono, e niuno errore. Cosi fatti anco sono due angeli tutti tondi, che sono in questa opera per finimento, cō i piu bei panni, essendo essi in atto di volare, che si possino vedere; e in mezzo è vn Christo piccolino ignudo molto grazioso. Vi sono anco alcune storie di figure piccole nella predella, e sopra il tabernacolo, tanto ben fatte, che la punta d'vn penello a pena farebbe quello, che fece Andrea con lo scarpello. Ma chi vuole stupire della diligenza di q̃sto huomo singolare guardi tutta l'opera di quella architettura, tanto bene condotta, e commessa, per cosa piccola, che pare tutta scarpellata in vn sasso solo. E molto lodata anchora vna pietà grande di marmo, che fece di mezzo rilieuo nel dossale dell'altare, con la Madonna, e san Giouanni, che piangono. Ne si puo immaginare il piu bel getto di quello, che sono le grate di bronzo col finimento di marmo, che chiuggono quella cappella, & con alcuni cerui, impresa, ouero arme de' Corbinelli, che fanno ornamento à i candelieri di bronzo. In somma questa opera fu fatta senza risparmio di fatica, & con tutti quelli auuertimenti, che migliori si possono imaginare. Per queste, e per l'altre opere d'Andrea diuolgatosi il nome suo, fu chiesto al Magnifico Lorenzo vecchio de' Medici, nel cui giardino ha uea come si è detto atteso agli studij del disegno, dal Re di Portogallo; perche mandatogli da Lorézo lauorò per quel Re molte opere di scultura, e d'architettura, e particolarmente vn bellissimo palazzo cō quattro torri, & altri molti edifizij. Et vna parte del palazzo fu dipinta secondo il disegno, & cartoni di mano d'Andrea, che disegnò benissimo, come si puo vedere nel nostro libro in alcune carte di sua propria mano, finite con la punta d'vn carbone; con alcune altre carte d'architettura benissimo intesa. Fece anco vn'altare à quel Re di legno intagliato, dentroui alcuni profeti. E similmente di terra, per farle poi di marmo, vna battaglia bellissima, rappresentando le guerre, che hebbe quel Re con i Mori, che furono da lui vinti; dellaquale opera nō si vide mai di mano d'Andrea la piu fiera, ne la piu terribile cosa, per le mouenze, & varie attitudini de' caualli, per la strage de' morti, e per la spedita furia de' soldati in menar le mani. Feceui ancora vna figura d'vn san Marco di marmo, che fu cosa rarissima. Attese ancho Andrea, mentre stette con quel Re, ad alcune cose strauaganti, e difficili d'architettura, secondo l'vso di quel paese, per compiacere al Re, dellequali cose io vidi gia vn libro al Monte San
souino

souino appresso gl'heredi suoi: il quale dicono, che è hoggi nelle mani di mae
stro Girolamo Lombardo, che fu suo discepolo, & à cui rimase à finire come
si dirà, alcune opere cominciate da Andrea. Il quale essendo stato noue anni
in Portogallo, increscendogli quella seruitù, e desiderando di riuedere in To
scana i parenti, e gl'amici; deliberò, hauendo messo insieme buona somma di
danari, con buona grazia del Re tornarsene à casa. Et così hauuta, ma con
difficultà licenza, se ne tornò à Fiorenza, lasciando chi la desse fine all'opere,
che rimaneuano imperfette. Arriuato in Fiorenza, cominciò nel M. D. vn
san Giouanni di marmo che battezza Christo, il quale haueua à essere messo sopra la porta del tempio di san Giouanni, che è verso la misericordia: ma
non lo finì; perche fu quasi forzato andare a Genoua, doue fece due figure
di marmo, vn Christo, & vna nostra Donna, ouero san Giouanni, lequali sono veramente lodatissime. Et quelle di Firenze, così imperfette si rimasono,
& anchor'hoggi si ritruouano nell'opera di san Giouanni detto. Fu poi condotto a Roma da Papa Giulio secondo, e fattogli allogazione di due sepolture di marmo, poste in santa Maria del popolo; cioè vna per il Cardinale Asca
nio Sforza; & l'altra per il Cardinale di Ricanati strettissimo parente del Pa
pa; lequali opere così perfettamente da Andrea furono finite, che più non si
potrebbe desiderare: perche così sono elleno di nettezza, di bellezza, e di gra
zia ben finite, & ben condotte; che in esse si scorge l'osseruanza, e le misure
dell'arte; vi si vede anco vna temperanza, che ha in mano vn'oriuolo da poluere, che è tenuta cosa diuina; e nel vero non pare cosa moderna, ma antica,
e perfettissima. Et ancora, che altre ve ne siano simili a questa, ella nondimeno per l'attitudine, e grazia è molto migliore: senza che non può esser più va
go, e bello vn velo, ch'ell'ha intorno, lauorato con tanta leggiadria, che il vederlo è vn miracolo. Fece di marmo in santo Agostino di Roma, cioè in vn
pilastro a mezzo la chiesa, vna santa Anna, che tiene in collo vna nostra Don
na con Christo, di grandezza poco meno, che il viuo; laquale opera si può fra
le moderne tenere per ottima; perche, sì come si vede nella vecchia vna viua
allegrezza, e proprio naturale; e nella Madonna vna bellezza diuina; così la
figura del fanciullo Christo è tanto ben fatto, che niun'altra fu mai condotta
simile a quella di perfezzione, e di leggiadria. Onde meritò, che per tanti an
ni si frequentasse d'appicarui sonetti, & altri varij, e dotti componimenti, che
i frati di quel luogo ne hanno vn libro pieno, il quale ho veduto io, con non
piccola marauiglia. E di vero hebbe ragione il mondo di così fare, percioche
non si può tanto lodare questa opera, che basti. Cresciuta perciò la fama d'
Andrea, Leone decimo risoluto di far fare a santa Maria di Loreto l'ornamé
to della camera di nostra Donna di marmi lauorati, secondo che da Bramante era stato cominciato, ordinò, che Andrea seguitasse quell'opera infino alla fine. L'ornamento di quella camera, che haueua cominciato Bramante faceua in su le cantonate quattro risalti doppij, iquali ornati da pilastri con base, e capitelli intagliati posauano sopra vn basamento ricco d'intagli alto due
braccia, e mezzo; sopra ilqual basamento fra i due pilastri detti haueua fatto
vna nicchia grande per metterui figure a sedere: & sopra ciascuna di quelle
vn'altra nicchia minore, che giugnendo al collarino di capitegli di que' pilastri, faceua tanta fregiatura quanto erano alti; e sopra questi veniua poi posato

fato l'architettura, il fregio, e le cornici, ricchamente intagliate, e rigirando intorno intorno à tutto quattro le facciate, è risaltando sopra le quattro cantonate fa vna nel mezzo di ciascuna facciata maggiore (perche è quella came ra più lunga, che larga) due vani, onde era il medesimo risalto nel mezzo che in sui cantoni, & la Nicchia maggiore di sotto, e la minore di sopra, veniuano à essere messe in mezzo da vno spazio di cinque braccia da ciascun lato. Nel quale spazio erano due porte, cioè vna per lato; per le quali si haueua l'entrata alla detta Cappella. E sopra le porte era vn vano fra Nicchia, e Nicchia di braccia cinque per fare storie di marmo. La facciata di nanzi era simile, ma senza Nicchie nel mezzo; e l'altezza dell'imbasamento faceua col risalto vno altare, il quale accompagnauano le cantonate de' pilastri, e le Nicchie de' canti. Nella medesima facciata era nel mezzo vna larghezza della medesima misura, che gli spazij dalle bande per alcune storie della parte di sopra & di sotto in tanta altezza quanta era quella delle parte, ma cominciando sopra l'altare era vna grata di bronzo dirimpetto all'altare di dentro per la quale si vdiua la messa, e vedeua il di dentro della camera, ò l'detto altare della Madonna. In tutto dunque erano gli spazij, & vani per le storie, sette vno dinanzi sopra la grata, due per ciascun lato maggiore, e due di sopra, cioè dietro all'altare della Madonna, & oltre ciò, otto Nicchie grandi, & otto picciole, con altri vani minori, per l'arme, & imprese del Papa, e della chiesa. Andrea dunque, hauendo trouato la cosa in questo termine, scompartì con ricco, e bello ordine nei sotto spazij historie della vita della Madonna. In vna delle due facciate da i lati, cominciò per vna parte la Natiuità della Madonna & la condusse à mezzo, onde fu poi finita del tutto da Baccio Bandinelli. Nel l'altra parte cominciò lo sposalizio, ma essendo anco questa rimasa imperfetta fu dopo la morte d'Andrea, finita in quel modo, che si vede da Raffiello da Monte Lupo. Nella facciata dinanzi ordinò in due piccoli quadri, che mettono in mezzo la grata di bronzo, che si facesse in vno la visitazione, e nel l'altro quando la Vergine, e Giuseppo vanno a farsi descriuere. E queste storie furono poi fatte da Francesco da San Gallo allora giouane. In quella parte poi, doue è lo spazio maggiore, fece Andrea l'Angelo Gabbriello, che annunzia la Vergine (il che fu in quella stessa camera, che questi marmi rinchiuggono) con tanta bella grazia, che non si può veder meglio, hauendo fatto la Vergine intentissima à quel saluto, & l'Angelo ginocchioni, che non di marmo, ma pure veramente celeste, & che di boca gl'esca Aue Maria. Sono in compagnia di Gabbriello due altri Angeli tutti tondi, e spiccati vno de' quali camina appresso di lui, e l'altro pare, che voli. Due altri Angeli stanno dopo vn casamento, in modo trafolati dallo scarpello, che paiono viui, in Aria e sopra vna nuuola trasforata, anzi quasi tutta spiccata dal marmo sono molti putti, che sostengono vn Dio padre che manda lo spirito Santo per vn raggio di marmo, che partendosi da lui tutto spiccato pare, naturalissimo, sì come è anco la colomba, che sopra esso rappresenta esso Spirito Santo. Nè si può dire quanto sia bello, e lauorato con sottilissimo intaglio vn vaso pieno di fiori, che in questa opera fece la graziosa mano d'Andrea, il quale nelle piume degl'Angeli, nella capigliatura, nella grazia de' volti, e de' panni, & in somma in ogni altra cosa sparse tanto del buono, che non si può tanto lodare
questa

VITA DI ANDREA DAL MON. SANS.

questa diuina opra, che basti. E nel vero quel satissimo luogo, che fu propria casa, & habitazione della madre del figliuol di Dio, non poteua, quanto al mondo riceuere maggiore, ne piu ricco, e bello ornamento di qllo che egli hebbe dall'Architettura di Bramante, e dalla Scultura d'Andrea sansauino, come che se tutto fusse delle piu preziose geme orientali, non sarebbe se non poco piu che nulla a tanti meriti. Consumò Andrea tanto tempo in questa opra, che quasi non si crederrebbe, onde non hebbe tempo à finire l'altre, che haueua cominciato: perche oltre alle dette di sopra cominciò in vna facciata da vno dei lati la Natiuità di Giesu Christo, i pastori, e quattro Angeli, che cantano: e questi tutti finì tanto bene, che paiono viuissimi: ma la storia che sopra questa cominciò de' Magi, fu poi finita da Girolamo lombardo suo discepolo, e da altri. Nella testa di dietro ordinò, che si facessero due storie grandi, cio è vna sopra l'altra: in vna la Morte di essa Nostra Donna, & gl'Apostoli, che la portano a sepellire, quattro Angeli in aria, & molti giudei, che cercano di rubar quel corpo santissimo: & questa fu finita dopo la vita d'Andrea dal Bologna Scultore. Sotto questa poi ordinò, che si facesse la storia del Miracolo di Loreto, & in che modo quella capella, che fu la camera di Nostra Donna, e doue ella nacque, fu alleuata, e salutata dall'Angelo; e doue ella nutrì il figliuolo insino à dodici anni, e dimoro poi sempre dopo la morte di lui, fusse finalmente da gl'Angeli portata prima in Ischiauonia, dopo nel territorio di Ricanati, in vna selua, e per vltimo doue ella è hoggi tenuta con tanta venerazione, e con solenne frequenza di tutti i popoli christiani continuamente visitata. Questa storia dico, secondo, che da Andrea era stato ordinato, fu in quella facciata fatta di marmo dal Tribolo Scultore Fiorentino, come al suo luogo si dira. Abbozzò similmente Andrea i profeti delle Nicchie, ma non hauendo interamente finitone se non vno, gl'altri sono poi stati finiti dal detto Girolamo Lombardo, e da altri scultori, come si vedra nelle vite, che seguono. Ma quanto in questa parte appartiene ad Andrea, questi suoi lauori sono i piu belli, & meglio condotti di scultura, che mai fussero stati fatti insino à quel tempo. Il palazzo similmente della Canonica di quella Chiesa fu similmente seguitato da Andrea, secondo che Bramante di commessione di Papa Leone haueua ordinato. Ma essendo anco rimaso dopo Andrea imperfetto, fu seguitata la fabrica sotto Clemente settimo da Antonio da San Gallo, & poi da Giouanni Boccalino Architetto, sotto il Reuerendissimo Cardinale di Carpi, insino all'anno 1563. Mentre che Andrea lauorò alla detta Cappella della Vergine, si fece la fortificazione di Loreto, & altre cose, che molto furono lodate dall'Inuittissimo signor Giouanni de'Medici, col quale hebbe Andrea stretta dimestichezza, essendo stato da lui conosciuto primieramente in Roma. Hauendo Andrea di Vacanza quattro mesi dell'anno, per suo riposo, mentre lauorò à Loreto, consumaua il detto tempo al Monte, sua patria, à agricoltura, godedosi in tato vn tranquillissimo riposo con i parenti, & con gl'amici: standosi dunque la state al Monte, vi fabbricò per se vna comoda casa, & comperò molti beni, & a i frati di santo Agostino di quel luogo fece fare vn chiostro, che per piccolo, che sia, è molto bene inteso, se bene non è quadro, per hauerlo voluto que padri fabricare in sulle mura vecchie. Nondimeno Andrea lo ridusse nel mezzo, quadro ingrossando i

q

pilaſtri ne' cantoni, per farlo tornare, eſſendo ſproporzionato, à buona, e giuſta miſura. Diſegnò anco a vna compagnia, che è in detto chioſtro, intitolata Santo Antonio, vna belliſsima porta di componimento dorico: Et ſimilmente il tramezzo, & il pergamo della Chieſa di eſſo ſanto Agoſtino. Fece ancò fare nello ſcendere, per andare alla fonte, fuor d'vna porta, verſo la pieue vecchia a mezza coſta vna cappelletta per i frati, ancor, che non ne haueſſero voglia. In Arezzo fece il diſegno della caſa di Meſſer Pietro Aſtrologo peritiſsimo: & di terra vna figura grande per Montepulciano, ciò è vn Rè Porſena, che era coſa ſingulare: ma non l'hò mai riuiſta dalla prima volta in poi, onde dubito non ſia male capitata. Et à vn prete Tedeſco amico ſuo, fece vn ſan Rocco di terra cotta grande quanto il naturale, & molto bello, il quale prete lo fece porre nella chieſa di Battifolle, contado d'Arezzo. Et queſta fu l'vltima Scultura, che faceſſe. Diede anco il diſegno delle ſcale della ſalita al Veſcouado d'Arezzo. Et per la Madonna delle lagrime della medeſima città fece il diſegno d'uno ornaméto che ſi haueua a fare di marmo, belliſsimo con quattro figure di braccia quattro l'una, ma non andò queſta opera inanzi per la morte di eſſo Andrea, ilquale peruenuto all'età di LXVIII. anni, come quello, che mai non ſtaua ozioſo, mettendoſi in villa à tramutare certi paſti da luogo à luogo, preſe vna calda, & in pochi giorni, aggrauato da continua febre, ſi morì l'anno 1529. Dolſe la morte d'Andrea, per l'honore alla patria, e per l'amore, & vtile à tre ſuoi figliuoli maſchi, & alle femmine pariamente. Et non è molto tempo, che Muzio Camillo vn de' tre predetti figliuoli, ilquale negli ſtudij delle buone lettere riuſciua ingegno belliſsimo, gl'andò dietro cò molto danno della ſua caſa, e diſpiacere degl'amici. Fu Andrea oltre alla profeſsione dell'arte, perſona in vero aſſai ſegnalata, percioche fu ne i diſcorſi prudente, e d'ogni coſa ragionaua beniſsimo. Fu prouido, e coſtumato in ogni ſua azzione, amiciſsimo degl'huomini, dotti, e filoſofo naturaliſsimo. Atteſe aſſai alle coſe di coſmografia, & laſciò a i ſuoi alcuni diſegni, e ſcritti di lontananze, e di miſure. Fu di ſtatura alquanto piccolo, ma beniſsimo formato, & compleſsionato. I capegli ſuoi erano diſteſi, & molli, gl'occhi bianchi, il naſo aquilino, la carne bianca, e rubiconda, ma hebbe la lingua alquanto impedita. Furono ſuoi diſcepoli Girolamo Lombardo detto, Simone Cioli Fiorentino, Domenico dal Monte ſan Sauino, che morì poco dopo lui, Lionardo del taſſo Fiorentino, che fece in ſanto Ambruogio di Firenze ſopra la ſua ſepoltura vn ſan Baſtiano di legno, e la tauola di marmo delle Monache di ſanta Chiara. Fu ſimilmente ſuo diſcepolo Iacopo ſan ſouino Fiorétino, coſi nominato dal ſuo maeſtro, delquale ſi ragionerà a ſuo luogo diſteſamente. Sono dunque l'Architettura e la Scultura molto obligate ad Andrea, per hauer egli, nell'una aggiunto molti termini di miſure, & ordini di tirar peſi, & vn modo di diligenza, che non ſi era per innã zi vſato: & nell'altra hauendo condotto a perfezzione il marmo con giudizio, diligenza, e pratica marauiglioſa.

BENEDETTO DA ROVEZZANO
SCVLTORE

Vita di Benedetto da Rouezzano Scultore.

Ran dispiacere mi penso io, che sia quello di coloro, che hauendo fatto alcuna cosa ingegnosa, quando sperano goderla nella vecchiezza: & vedere le proue, e le bellezze degl'ingegni altrui in opere somiglianti alle loro, e potere conoscere quanto di perfezzione habbia quella parte, che essi hanno esercitato: si trouano dalla fortuna contraria, ò dal tempo ò cattiua complessione, ò altra causa priui del lume degl'occhi. Onde non possono come prima faceuano conoscere ne il difetto, ne la perfezzione di coloro, che sentono esser viui & esercitarsi nel loro mestiero. E molto piu credo gli attristi il sentire le lode de'nuoui, non per inuidia, ma per nō potere essi ancora esser giudici, si quella fama viene a ragione, o no, laqual cosa auuenne.

Benedetto da Rouezzano Scultore Fiorentino; delquale al presente scriuia mo la vita, accio sappia il mondo quanto egli fusse valente, e pratico Sculto re, & con quanta diligenza campasse il marmo spiccato, facendo cose mara uigliose. Fra le prime di molte opre, che costui lauorò in Firenze, si puo an nouerare vn Camino di macigno ch'è in casa di Pierfrãcesco Borgherini, do ue sono di sua mano intagliati Capitegli fregi, & altri molti ornamenti stra forati con diligenza. Parimente in casa di Messer Bindo altouiti è di mano del medesimo vn camino, & vno acquaio di macigno con alcune altre cose molto sottilmente lauorate, ma quanto appartiene all'Architettura, col dise gno di Iacopo Sansouino allora giouane. L'anno poi 1512 essendo fatta allo gatione a Benedetto d'vna sepoltura di marmo con ricco ornamento nella cappella maggiore del Carmine di Firenze, per Piero Soderini stato Gonfa loniere in Fiorenza, fu quella opera con incredibile diligenza da lui lauora ta. perche, oltre ai fogliami, & intagli di morte, e figure, vi fece di basso rilie uo vn padiglione a vso di panno nero, di paragone con tanta grazia, & con tanto bel pulimento, e lustro, che quella pietra pare piu tosto vn bellissimo raso nero, che pietra di paragone. E per dirlo breuemente:tutto quello, che è di mano di Benedetto in tutta questa opera, non si puo tanto lodare, che nõ sia poco. E perche attese anco all'Architettura si rassetto col disegno di Bene detto à santo Apostolo di Firenze la casa di Messer Oddo Altouiti patrone, e Priore di quella chiesa; e Benedetto vi fece di marmo la porta principale, e sopra la porta della casa, l'arme degl'Altouiti di pietra di macigno, & in essa il Lupo scorticato, secco, e tanto spiccato atorno, che par quasi disgiunto dal corpo dell'arme: con alcuni suolazzi trasforati, e così sottili, che non di pie tra, ma paiono di sottilissima carta. Nella medesima chiesa fece Benedetto so pra le due Cappelle di M. Bindo Altouiti, doue Giorgio Vasari Aretino di pinse a olio la tauola della Conceztione, la sepoltura di marmo del det to Messer Oddo, con vno ornamento intorno, pieno di lodatissimi foglia mi, e la cassa parimente bellissima. Lauorò ancora Benedetto à concorrenza di Iacopo Sansouino, e di Baccio Bandinelli, come si è detto, vno degli Apo stoli di quattro braccia, & mezzo, per santa Maria del Fiore, cio è vn san Gio uanni Euangelista, che è figura assai ragioneuole, e lauorata con buon dise gno, e pratica. Laquale figura è nell'Opera in compagnia dell'altre L'ano poi 1515. volendo i capi, & maggiori dell'ordine di Vall'ombrosa traslatar il cor po di san Giouanni Gualberto dalla Badia di Passignano, nella chiesa di san ta Trinita di Fiorenza, Badia del medesimo ordine, fecion fare à Benedetto il disegno e metter mano à vna Cappella, & sepoltura insieme, cõ grandissimo numero di figure tonde, e grandi quanto il viuo, che accomodatamente ve niuano nel partimento di quell'opera in alcune nicchie tramezzate di pilastri pieni di fregiature, e di grotthesche intagliate sottilmente. E sotto a tutta que sta opera haueua ad essere vn basamento alto vn braccio, e mezzo, doue anda uano storie della vita di detto san Giouangualberto, & altri infiniti ornamẽ ti haueuano a essere intorno alla cassa, e per finimento dell'opera. In questa se poltura dunque lauorò Benedetto, aiutato da molti intagliatori, dieci anni continui, con grandissima spesa di quella congregazione, & condusse a fine quel lauoro nelle case del Guarlondo luogo vicino a san salui, fuor della por

VITA DI BBNEDETTO DA ROVEZ.

tà alla Croce, doue habitaua quasi di cōtinuo il generale di quell'ordine, che faceua far l'opera. Benedetto dunque condusse di maniera questa cappella, e sepoltura, che fece stupire Fiorēza. Ma come volle la sorte (essēdo anco i marmi, e l'opere egregie deg'huomini eccellenti sottoposte alla fortuna) essendo si fra que'Monaci, dopo molte discordie, mutato gouerno, si rimase nel medesimo luogo quell'opera imperfetta insino al 1530. Nel qual tempo, essendo la guerra intorno à Fiorenza, furono da e soldati guaste tante fatiche, & quelle teste lauorate con tanta diligenza spiccate empiamente da quelle figurine & in modo rouinato, e spezzato ogni cosa, che que' Monaci hanno poi venduto il rimanente per piccolissimo prezzo. E chi ne vuole veder vna parte, vada nell'opera di santa Maria del Fiore, doue ne sono alcuni pezzi stati comperi per marmi rotti, non sono molti anni, da i ministri di quel luogo. E nel vero si come si conduce ogni cosa à buon fine in que'Monasteri, e luoghi, doue la concordia, e la pace; cosi per lo contrario doue non è se nō ambizione, e discordia, niuna cosa si conduce mai a perfezzione, ne a lodato fine. perche quanto acconcia vn buono, e sauio in cento anni, tanto rouina vn'ignorante villano, e pazzo in vn giorno. E pare che la sorte voglia, che bene spesso coloro, che māco sanno, e di niuna cosa virtuosa si dilettano, siano sempre quelli, che comandino, e gouernino, anzi rouinino ogni cosa; si come anco disse de'principi secolari non meno dottamente che con verità l'Ariosto nel principio del XVII Canto. Ma tornando a Benedetto, fu peccato grandissimo, che tante sue fatiche, e spese di quella religione siano cosi sgraziatamente capitate male. Fu ordine, & Architettura del medesimo la porta, e vestibulo della Badia di Firenze, e parimente alcune Cappelle, e infra l'altre quella di santo Stefano fatta dalla famiglia de'Pandolfini. Fu vltimamente Benedetto cōdotto in Inghilterra a seruigi del Re, al quale fece molti lauori di marmo, e di bronzo, e particolarmente la sua sepoltura. delle quali opere, per la liberalità di quel Re, cauò da poter viuere il rimanente della vita acconciamente. perche tornato à Firenze, dopo hauer finito alcune piccole cose, le vertigini, che insino in Inghilterra gl'haueuano cominciato a dar noia a gl'occhi, & altri impedimenti causati, come si disse, dallo star troppo intorno al fuoco à fondere i metalli, o pure d'altre cagioni, gli leuarono ī poco tēpo del tutto il lume degl'occhi. Onde restò di lauorare intorno all'anno 1550, e diuiuere pochi anni dopo. Portò Benedetto con buona, & christiana paciēza quella cecità negl'vltimi anni della sua vita, ringraziando Dio, che prima gl'haueua proueduto, mediante le sue fatiche da poter viuere honestamente. Fu Benedetto cortese, & galant'huomo, e si dilettò sempre di praticare con huomini virtuosi. Il suo ritratto si è cauato da vno, che fu fatto quādo egli era giouane, da Agnolo di Donino. Il quale proprio è in sul noſtro libro de'diſegni, doue ſono anco alcune carte di mano di Benedetto molto ben diſegnate. Il quale per queste opere merita di essere fra questi eccellenti Artefici annouerato.

BACCIO DA MONTE LVPO
SCVLTORE

Vita di Baccio da Monte Lupo Scultore, e di Raffaello suo Figliuolo.

Vanto manco pensano i popoli, che gli straccurati delle stesse arti, che e' voglion fare, possino quelle gia mai condurre ad alcuna perfezzione: tanto piu contra il giudizio di molti imparò Baccio da monte Lupo l'arte della scultura. Et questo gli auuenne, perche nella sua giouanezza suiato da' piaceri quasi mai non istudiaua: Et ancora che da molti fusse sgridato, & sollecitato, nulla, o poco stimaua l'arte. Ma venuti gli anni della discretione, i quali arrecano il senno seco; gli fecero subitamente conoscere quanto egli era lontano da la buona via Perilche vergognatosi da gli altri, che in tale arte gli passauano innanzi; con bonissimo animo si propose seguitare, & osseruare con ogni studio

VITA DI BACCIO DA MON. LVPO

dio, quello, che con la infingardaggine, fino all'ora aueua fuggito. Questo penſiero fu cagione, ch'egli fece nella ſcultura que'frutti, che la credenza di molti, da lui piu non aſpettaua. Datoſi dunque alla arte con tutte le forze, & eſercitandoſi molto in quella, diuenne eccellente, & raro. E ne moſtrò ſaggio in vna opera di pietra forte, lauorata di ſcarpello in Fiorenza ſul cantone del giardino, appiccato col palazzo de' Pucci; che fu l'arme di Papa Leone x. doue ſon due fanciulli, che la reggono con bella maniera, & pratica condotti. Fece vno Ercole per Pier Franceſco de Medici: & fugli allogato dall'arte di porta Santa Maria vna ſtatua di s. Giouani Euāgeliſta p farla di brōzo; La quale prima, che aueſſe, ebbe aſſai cōtrarii: Perche molti maeſtri fecero'modelli, a concorrēza. La quale figura fu poſta poi ſul cāto di S. Michele in orto, dirimpetto all'vfficio. Fu q̄ſta opera finita da lui cō ſomma diligenzia. Diceſi che quādo egli ebbe fatto la figura di terra, chi vide l'ordine delle armadure, & le forme fattele addoſſo, l'ebbe p coſa belliſsima, cōſiderādo il bello ingegno di Baccio in tal coſa. Et q̄gli che cō tāta facilita la videro gettare diedero a Baccio il titolo, di auere cō grādiſsima maeſtria, ſaldiſsimaméte fatto vn bel getto. Le quali fatiche durate i quel meſtiero, nōme di buono, anzi di ottimo maeſtro gli diedero: e oggi piu che mai da tutti gli artefici è tenuta belliſsima q̄ſta figura. Mettēdoſi anco a lauorare di legno, intagliò Crocifiſsi grādi quā to il viuo, onde infinito numero per Italia ne fece, & fra gli altri vno a frati di san Marco in Fiorēza ſopra la porta del choro. Queſti tutti ſono ripieni di boniſsima grazia: Ma pure ve ne ſono alcuni molto piu perfetti de gli altri, come quello delle murate di Fiorenza, & vno che ne in san Pietro maggiore non manco lodato di quello: Et a'monaci di ſanta Fiora, & Lucilla ne fece vn ſimile, che lo locarono ſopra l'altar maggiore nella loro badia in Arezzo, che è tenuto molto piu bello de gli altri. Nella venuta di Papa Leone decimo in Fiorēza, fece Baccio fra il Palagio del podeſta, e Badia vn'Arco trionfale belliſsimo di legname, e di terra, e molte coſe piccole, che ſi ſono ſmarrite, e ſono per le caſe de' cittadini. Ma venutogli a noia lo ſtare a Fiorenza, ſenādò à Lucca, doue lauorò alcune opere di ſcultura, ma molte piu d'Architettura in ſeruigio di quella citta; & particolarmente il bello, e ben compoſto Tempio di ſan Paulino Auuocato de' Luccheſi, con buona, e dotta intelligenza di dentro, e di fuori, & con molti ornamenti. Dimorando dunque in quella citta inſino al 88 anno della ſua età vi fini il corſo della vita: & in san Paulino predetto hebbe honorata ſepoltura da coloro, che egli haueua in vita honorato.

Fu coetaneo di coſtui Agoſtino Milaneſe ſcultore, & intagliatore molto ſtimato, il quale in ſanta Maria di Milano cominciò la ſepoltura de Mons. di Fois, hoggi rimaſa imperfetta: nella quale ſi veggiono ancora molte figure grandi, e finite, & alcune mezze fatte, & abbozzate, con aſſai ſtorie di mezzo rilieuo in pezzi, e non murate, e con moltiſsimi fogliami, e Trofei. Fece anco vn'altra ſepoltura, che è finita, e murata in ſan Franceſco fatta à Biraghi, con ſei figure grandi, & il baſamento ſtoriato, con altri belliſsimi ornamenti, che fanno fede della pratica, & maeſtria di quel valoroſo artefice.

Laſciò Baccio alla morte ſua fra gl'altri figliuoli Raffaello, che atteſe alla ſcultura, e non pure paragonò ſuo padre, ma lo paſsò di gran lunga. Queſto

sto Raffaello cominciando nella sua giouanezza a lauorare di terra, di cera, e di bronzo s'acquistò nome d'eccellente scultore, e percio essendo condotto da Antonio da san Gallo a Loreto, insieme con molti altri per dar fine all'ornamento di quella camera secondo l'ordine lasciato da Andrea Sansouino, finì del tutto Raffaello lo sposalitio di Nostra Donna stato cominciato dal detto Sansouino, conducendo molte cose a perfezzione con bella maniera, parte sopra le bozze d'Andrea, parte di sua fantasia. Onde fu meritamente stimato de migliori artefici, che vi lauorassino al tempo suo. Finita quell'opera Michelagnolo mise mano, per ordine di Papa Clemente settimo, a dar fine secondo l'ordine cominciato alla sagrestia nuoua, & alla libreria di san Lorenzo di Firenze; onde Michelagnolo, conosciuta la virtù di Raffaello si serui di lui in quell'opera, e fra l'altre cose gli fece fare, secondo il modello che n'haueua egli fatto, il san Damiano di marmo, che è hoggi in detta sagrestia, statua bellissima, & sommamente lodata da ognuno. Dopo la morte di Clemente trattenendosi Raffaello appresso al Duca Alessandro de' Medici, che allora faceua edificare la fortezza del Prato, gli fece di pietra bigia in vna punta del baluardo principale di detta fortezza, cio è dalla parte di fuori l'arme di Carlo quinto Imperatore, tenuta da due vittorie ignude, e grandi quanto il viuo, che furono e sono molto lodate. E nella punta d'vn'altro, cio è verso la città dalla parte di mezzo giorno, fece l'arme del detto Duca Alessandro della medesima pietra con due figure. E non molto dopo lauorò vn crucifisso grande di legno per le Monache di santa Apollonia. E per Alessandro Antinori allora nobilissimo, e ricchissimo Mercante Fiorentino nelle nozze d'una sua figliuola vn'apparato ricchissimo con statue, storie, e molti altri ornamenti bellissimi. Andato poi a Roma dal Buonarroto gli furono fatte fare due figure di marmo, grandi braccia cinque, per la sepoltura di Giulio secondo à san Pietro in vincula, murata, e finita allora da Michelagnolo. Ma amalandosi Raffaello mentre faceua questa opera, non potè metterui quello studio, e diligenza, che era solito. onde ne perdè di grado, e sodisfece poco à Michelagnolo. Nella venuta di Carlo quinto Imperatore à Roma, facendo fare Papa Paulo terzo vn'apparato degno di quell'inuittissimo Principe, fece Raffaello in sul ponte santo Agnolo di terra, e stucchi quattordici. statue tanto belle ch'elle furono giudicate le migliori, che fussero state fatte in quell'apparato: E che è piu, le fece con tanta prestezza, che fu a tempo a venir a Firenze doue si aspettaua similmente l'Imperatore, a fare nello spazio di cinque giorni, e non piu in sulla coscia del ponte a santa Trinita due fiumi di terra di noue braccia l'uno: cio è il Reno per la Germania, & il Danubio per l'Vngheria. Dopo, essendo condotto a Oruieto, fece di marmo in vna capella doue haueua prima fatto il Mosca scultore eccellente molti ornamenti bellissimi, di mezzo rilieuo la storia de' Magi, che riuscì opera molto bella, per la varietà di molte figure, che egli vi fece con assai buona maniera. Tornato poi à Roma da Tiberio Crispo, castellano allora di Castel sant'Agnolo fu fatto architetto di quella gran mole, onde egli vi acconciò, & ornò molte stanze cō'intagli di molte pietre, e mischi di diuerse sorti ne camini, finestre, e porte. Fecegli, oltre ciò vna statua di marmo alta cinque braccia, cio è l'Angelo di Castello, che è in cima del torrion quadro di mezzo, doue sta lo stendardo, à

similitudine

VITA DI BACCIO DA MONT. LVPO

similitudine di quello, che apparue à san Gregorio, quando hauendo pregato per il popolo oppresso da crudelissima pestilenza, lo vide rimettere la spada nella guaina. Appresso essendo il detto Crispo fatto Cardinale, mandò piu volte Raffaello à Bolsena doue fabricaua vn palazzo. Ne passò molto, che il Reuerendissimo Cardinale Saluiati, e Messer Baldassarri Turrini da Pescia diederò à fare à Raffaello, gia toltosi da quella seruitù del Castello, e del Cardinale Crispo, la statua di Papa Leone, che è hoggi sopra la sua sepoltura nella Minerua di Roma. E quella finita fece Raffaello al detto Messer Baldassarri per la chiesa di Pescia, doue haueua murato vna capella di marmo, vna sepoltura. E alla consolazione di Roma fece tre figure di marmo di mezzo rilieuo in vna capella. Ma datosi poi à vna certa vita piu da filosofo, che da scultore, si ridusse, amando di viuere quietamente, à Oruieto, doue presa la cura della fabrica di santa Maria, vi fece molti acconcimi, trattenédouisi molti anni, & inuecchiando inanzi tempo, credo, che se Raffaello hauesse preso a fare opere gradi, come harebbe potuto, arebbe fatto molto piu cose, e migliori, che nó fece nell'arte. Ma l'essere egli troppo buono, e rispettoso, fuggendo le noie, & contentandosi di quel tãto, che gli haueua la sorte proueduto, lasciò molte occasioni di fare opere segnalate. Disegnò Raffaello molto praticamente, & intese molto meglio le cose dell'arte, che non haueua fatto Baccio suo padre. E di mano cosi dell'vno, come dell'altro sono alcuni disegni nel nostro libro, ma molto migliori sono, e piu graziosi, e fatti con miglior arte quelli di Raffaello, il quale negl'ornamenti d'Architettura seguitò assai la maniera di Michelagnolo, come ne fanno fede i Camini, e le porte, e le finestre, che egli fece in detto Castello sant Agnolo: & alcune capelle fatte di suo ordine à Oruieto di bella, e rara maniera. Ma tornando a Baccio, dolse assai la sua morte ai Lucchesi, hauendolo essi conosciuto giusto, e buono huomo, e verso ognuno cortese, & amoreuole molto: furono l'opere di Baccio circa gl'anni del Signore 1533. fu suo grandissimo amico, e da lui inparò molte cose Zaccaria da Volterra, che in Bologna ha molte cose lauorato di terra cotta, delle quali alcune ne sono nella chiesa di san Giuseppo.

LORENZO DI CREDI PITTORE
FIORENTINO

Vita di Lorenzo di Credi Pittore Fiorentino.

Entre che Maeſtro Credi, orefice ne' ſuoi tempi eccellente lauoraua in Fiorenza con molto buon credito, e nome, Andrea Sciarpelloni accoſtoſſi con eſſo lui, accio imparaſſe quel meſtiero, Lorenzo ſuo figliuolo giouanetto di belliſſimo ingegno, e d'ottimi coſtumi. E perche quanto il Maeſtro era valente, & inſegnaua volentieri, tanto il diſcepolo apprendeua con ſtudio, e preſtezza qualunche coſa ſegli moſtraua, non paſsò molto tempo, che Lorenzo diuenne non ſolamente diligente, e buon diſegnatore, ma orefice tanto pulito, e valente, che niuno giouane gli fu pari in quel tempo: e cio con tanta lode di Credi, che Lorenzo da indi in poi fu ſempre chiamato, non Lorenzo Sciarpelloni, ma di Credi da ognuno. Creſciuto dunque l'animo à Lorenzo, ſi po-
ſe

VITA DI LORENZO DI CREDI

se con Andrea del Verrocchio, che allora per vn suo cosi fatto humore si era dato al dipignere: e sotto lui, hauendo per compagni, e per amici, se bene erano concorrenti, Pietro Perugino, e Lionardo da Vinci, attese con ogni diligenza alla pittura. E perche à Lorenzo piaceua fuor di modo la maniera di Lionardo, la seppe cosi bene imitare, che niuno fu che nella pulitezza, e nel finir l'opere con diligenza l'imitasse piu di lui, come si puo vedere in molti disegni fatti e di stile, e di penna, ò d'acquerello, che sono nel nostro libro, fra i quali sono alcuni ritratti da medaglie di terra, acconci sopra con panno lino incerato, & con terra liquida, con tanta diligenza imitati, & con tanta paciencia finiti, che non si puo a pena credere non che fare. per queste cagioni adunque fu tanto Lorenzo dal suo maestro amato, che quando Andrea andò a Vinezia à gettare di bronzo il cauallo, e la statua di Bartolomeo da Bergamo, egli lasciò à Lorenzo tutto il maneggio, & amministrazione delle sue entrate, e de'negozii, e parimente tutti i disegni, rilieui, statue, e masserizie dell'Arte. Et all'incontro amò tanto Lorenzo esso Andrea suo Maestro, che oltre all'adoperarsi in Firenze con incredibile amore in tutte le cose di lui, andò anco piu d'una volta à Vinezia à vederlo, e rendergli conto della sua buona amministrazione, & ciò con tanta sodisfazione d'Andrea, che se Lorenzo l'hauesse acconsentito, egli se l'harebbe instituito herede. Ne di questo buono animo fu punto ingrato Lorenzo, poi che egli, morto Andrea, andò a Vinezia, & condusse il corpo di lui à Firenze, & agl'heredi poi consegnò ciò che si trouaua in mano d'Andrea, eccetto i disegni, pitture, sculture, & altre cose dell'arte. Le prime pitture di Lorenzo furono vn tondo d'vna Nostra Donna, che fu mandato al Re di Spagna, il disegno della qual pittura ritrasse da vna d'Andrea suo Maestro, & vn quadro molto meglio, che l'altro, che fu similmente da Lorenzo ritratto da vno di Lionardo da Vinci, & mandato anch'esso in Ispagna, ma tanto simile à quello di Lionardo, che non si conosceua l'vno dall'altro. E di mano di Lorenzo vna Nostra Donna in vna tauola molto ben condotta, la quale è accanto alla chiesa grande di san Iacopo di Pistoia. E parimente vna, che n'è nello Spedale del Ceppo, che è delle migliori pitture, che siano in quella città. fece Lorenzo molti ritratti, e quando era giouane fece quello di se stesso, che è hoggi appresso Gianiacopo suo discepolo, pittore in Fiorenza, con molte altre cose lasciategli da Lorenzo, fra le quali sono il ritratto di Pietro Perugino, e quello d'Andrea del Verrocchio suo maestro. Ritrasse anco Girolamo Beniueni, l'uomo dottissimo, e suo molto amico. Lauorò nella compagnia di s. Bastiano dietro alla chiesa de'Serui in Fiorenza in vna tauola la N. Donna, s. Bastiano, & altri santi. Fece all'altare di s. Giuseppo in santa Maria del Fiore esso santo. Mandò à Mõte Pulciano vna tauola, che è nella chiesa di santo Agostino, dètroui vn crucifisso la Nostra Donna, e s. Giouanni, fatti con molta diligēza. Ma la miglior opera, che Lorēzo facesse mai, e quella in cui pose maggiore studio, e diligenza, per via cere se stesso, fu quella, che è in Cestello a vna capella doue in vna tauola è la N. Dona, s. Giuliano, e s. Niccolò: & chi vuol conoscere, che il lauorare pulito à olio è necessario à volere, che l'opere si conseruino, veggia questa tauola, lauorata con tanta pulitezza, che non si può piu. Dipinse Lorenzo, essendo ancor giouane in vn pilastro d'or. s. Michele vn san Bartolmeo; & alle Mona-

VITA DI LORENZO DI CREDI

che di sáta chiara in Fioréza vna tauola della Natiuità di Christo, cō alcuni pastori, & Angeli: et in q̃sta, oltre l'altre cose, mise grā diligéza in cōtrafare alcune herbe tanto bene, che paiono naturali, nel medesimo luogo fece in un quadro vna s. Madalena in penitéza: et i'vn altro appresso la casa di m. Ottauiano de' Medici fece vn tōdo d'vna nr̄a Dōna: in s. Friano fece una tauola, et in s. Matteo dello spedale di Lelmo lauorò alcune figure. in sāta Reparata dipinse l'Angelo Michele in vn quadro: et nella cōpagnia dello scalzo vna tauola fatta cō molta diligéza: et oltre a q̃ste opere, fece molti quadri di Madōne, e d'altre pitture, che sono p Fior, nelle case de' cittadini. hauēdo dūnq̃ Lorēzo, mediāte q̃ste fatiche, messo insieme alcune somme di danari, come q̃llo, che più tosto che arrichire disideraua quiete y si cōmise in s. Maria nuoua di Fioréza la doue visse, et hebbe cōmoda habitatione in fino alla morte. fu Lorézo molto parziale della setta di fra Girolamo da Ferrara, e visse sépre come huomo honesto, e di buona vita, vsādo amoreuolmēte cortesia douunq̃ se gliene porgeua occasione. finalmēte puenuto al 78 āno della sua vita, si morì di vecchiezza, et fu sepellito in s. Piero maggiore l'anno 1530. fu costui tāto finito, e pulito ne' suoi lauori, che ogni altra pittura a cōparazione delle sue parrà sempre abbozzata, et mal netta. lasciò molti discepoli, e fra gl'altri Giouani Antonio Sogliani, e Tōmaso di Stefano: ma pche del Sogliano si parlerà in altro luogo, dirò quāto a Tom. ch'egli imitò molto nella pulitezza il suo maestro, e fece in Fiorenza, e fuori molte opere, nella villa d'Arcetri a Marco del Nero vna tauola d'vna Natiuità di Christo cōdotta molto pulitamēte. ma la principal professione di Tōmaso fu col tēpo di dipignere drapperie, onde lauorò i drapelloni meglio, che alcun'altro. e pche Stefano padre di Tōmaso era stato miniatore et anco haueua fatto qualche cosa d'architettura, Tōmaso p imitarlo cōdusse dopo la morte di esso suo padre, il pōte a Sieue lōtano a Fioréza x miglia, che allora era p vna piena rouinato: similmēte q̃llo di s. Piero a pōte in sul fiume di Bisézio, che è vna bell'opera, e dopo molte fabriche fatte p Monasterii, & altri luoghi, vltimamēte, essendo Architettore dell'Arte della Lana fece il modello delle case nuoue, che fece fare quell'Arte dietro alla Nunziata: e finalmēte si morì essēdo già vecchio di 70 anni ò più, l'anno 1564. e fu sepolto in s. Marco, doue fu honoreuolmēte accōpagnato dall'Accademia del disegno. Ma tornādo a Lorenzo, ei lasciò molte opere imperfette alla sua morte, e particolarmēte vn quadro d'vna passione di Christo molto bello, che véne nelle mani d'Antonio da Ricasoli, & vna tauola di M. Fráncesco da Castiglioni canonico di sāta Maria del Fiore, che la mandò a Castiglioni, molto bella. non si curò Lorenzo di fare molte opere grādi, pche penaua assai a cōdurle, e vi duraua fatica incredibile: e massimamēte pche i colori, ch'egli adoperaua erano troppo sottilmēte macinati; oltre, che purgaua gl'olii di noce, e stillauagli: & faceua in sulle tauolelle le mestiche de' colori in grā numero; tanto, che dalla prima tinta chiara, all'vltima oscura si cōduceua a poco a poco dōn troppo, e veramente souerchio ordine. onde n'haueua alcuna volta in sulla tauolella a 5, e trēta, e per ciascuna teneua il suo pennello apparato. e doue egli lauoraua nō voleua, che si facesse alcun mouimēto, che potesse far poluere. laquale troppo estrema diligéza nō è forse piu lodeuole punto, che si sia vna strema negligenza: perche in tutte le cose si vuole hauere vn certo mezzo, e star lontano dagl'estremi, che sono comunemente viziosi.

LORENZETTO SCVL. ET ARCH.
FIORENTINO.

Vita di Lorenzetto Scultore, & Arch. Fior. e di Boccaccino Pittore Cremonese.

Vando la fortuna ha tenuto vn pezzo a basso con la pouertà la virtù di qualche bell'ingegno, alcuna uolta suole rauuedersi, & in vn punto non aspettato procacciare a colui, che diazi gl'era nimico in varii modi, beneficii, per ristorare in vn'anno i dispetri, e l'incomodità di molti. Il che si vide in Lorenzo di Lodouico Campanaio, Fiorentino, ilquale si adoperò cosi nelle cose d'Architettura, come di Scultura, e fu tanto amato da Raffaello da Vrbino, che non solo fu da lui aiutato, & adoperato in molte cose, ma hebbe dal medesimo per moglie vna sorella di Giulio Romano discepolo di esso Raffaello. Finì Lorenzetto (che cosi fu sempre chiamato) nella sua giouanezza, la sepoltura

del

del Cardinale Forteguerri, posta in san Iacopo di Pistoia, e stata giàcominciata da Andrea del Verrocchio; e fra l'altre cose vi è di mano di Lorenzetto vna Charità, che non è se non ragioneuole: e poco dopo' fece à Giouanni Bartolini per il suo orto vna figura: laquale finita, andò à Roma; doue lauorò ne primi anni molte cose, delle quali non accade fare altra memoria. Dopo essédogli allogata da Agostino Ghigi per ordine di raffaello da Vrbino, la sua sepoltura in santa Maria del popolo, doue haueua fabricato vna capella; Lorenzo si mise a questa opera con tutto quello studio, diligenza, e fatica che mai gli fu possibile, per vscirne con lode, per piacere a Raffaello; dal quale poteua molti fauori, & aiuti sperare; e per esserne largamente rimunerato dalla liberalità d'Agostino huomo ricchissimo. Ne cotali fatiche furono le non benissimo spese, perche aiutato dal giudizio di Raffaello condusse a perfezzione quelle figure: cio è vn Iona ignudo vscito del ventre del pesce, per la resturrezzione de' morti; & vno Elia, che col vaso d'acqua, & col pane sub cincirizio viue di grazia sotto il ginepro. Queste statue dunque furono da Lorenzo à tutto suo potere con arte, e diligenza à somma bellezza finite. ma egli non ne conseguì già quel premio, che il bisogno della sua famiglia, e tante fatiche meritauano: perciò che hauendo la morte chiusi gl'occhi ad Agostino, & quasi in vn medesimo tempo a Raffaello, le dette figure, per la poca pietà degl'heredi d'Agostino, se gli rimasono in bottega, doue stettono molti anni. pure hoggi sono state messe in opera nella detta chiesa di santa Maria del popolo alla detta sepoltura. Lorenzo dunque caduto d'ogni speranza per le dette cagioni, si trouò per allora hauere gettato il tempo, e la fatica. Douendosi poi essequire il testamento di Raffaello gli fu fatta fare vna statua di marmo di quattro braccia d'vna Nostra Donna, per lo sepolcro di esso Raffaello nel tempio di santa Maria Ritonda, doue per ordine suo fu restaurato quel Tabernacolo. Fece il medesimo Lorenzo per vn Mercante de Perini alla Trinità di Roma vna sepoltura con due fanciulli di mezzo rilieuo. E d'Architettura fece il disegno di molte case, e particolarmente quello del palazzo di Messer Bernardino Caffarelli, e nella valle la facciata di dentro, & così il disegno delle stalle, & il giardino di sopra, per Andrea Cardinale della valle, doue accomodò nel partimento di quell'opera, Colonne basse, & Capitegli antichi; & sparti attorno per basamento di tutta quell'opera Pili antichi pieni di storie. E più alto fece sotto certe nicchione vn'altro fregio di rottami di cose antiche, & di sopra nelle dette Nicchie pose alcune statue pur antiche, e di marmo, lequali se bene non erano intere, per essere quale senza testa quale senza braccia, & alcuna senza gambe, & in somma ciascuna con qualche cosa meno, l'accomodò non di meno benissimo, hauendo fatto rifare à buoni scultori tutto quello, che mancaua. Laquale cosa fu cagione, che altri signori hanno poi fatto il medesimo, & restaurato molte cose antiche, come il Cardinale Cesis, Ferrara, Farnese, e per dirlo in vna parola, tutta Roma. E nel vero hanno molto più grazia queste anticaglie in questa maniera restaurate, che non hanno que tronchi imperfetti, e le membra senza capo, ò in altro modo diffettose, e manche. Ma tornando al giardino detto fu posto sopra le Nicchie la fregiatura, che vi si vede di storie antiche di mezzo rilieuo belliss. e rariss. Laquale inuézione di Lorézo gli giouò infinitamente, perche

passati

VITA DI LORENZO DI CREDI

paſſati gl'infortuni di Papa Clemente, egli fu adoperato con ſuo molto honore, & vtile. percioche hauendo il Papa veduto, quando ſi combattè Caſtello ſanto Agnolo, che due cappellette di marmo, che erano all'entrare del ponte, haueuano fatto dāno; perche ſtandoui dentro alcuni ſoldati archibuſieri amazauano chiunche s'affacciaua alle mura; & con troppo danno, ſtando eſsi al ſicuro leuauano le diffeſe, ſi riſoluè ſua Santita leuare le dette cappelle, e ne luoghi loro mettere ſopra due baſamenti due ſtatue di marmo. Et coſi fatto metter ſu il ſan Paulo di Paulo Romano, del quale ſi è in altro luogo ragionato, fu data a fare l'altra, cioè vn ſan Piero a Lorenzetto, il quale ſi portò aſſai bene, ma non paſſò gia quella di Paulo Romano. Le quali due ſtatue furono poſte, & ſi veggiono hoggi all'entrata del ponte. Venuto poi a morte Papa Clemente, furono allogate à Baccio bandinelli le ſepolture di eſſo Clemente, e quella di Leone decimo, & à Lorenzo data la cura del lauoro di quadro, che vi ſi haueua à fare di marmo; onde egli ſi andò in queſta opera qualche tempo trattenendo. Finalmente quando fu creato pontefice Papa Paulo 3 eſſédo Lorézo molto male códotto: & aſſai cóſumato; & nó hauédo altro, che vna caſa, la quale egli ſteſſo ſi haueua al macello de'corbi fabricato, & aggrauato di cinque figliuoli, & altre ſpeſe, ſi voltò la fortuna al ingrandirlo, e riſtorarlo per altra via: percioche volendo Papa Paulo, che ſi ſeguitaſſe la fabrica di ſan Piero, e non eſſendo piu viuo ne Baldaſſarri Saneſe, ne altri di coloro, che vi haueuano atteſo: Antonio da ſan Gallo miſe Lorenzo in ql l'opera per architetto; doue ſi faceuano le mura in cottimo a tanto la canna. La onde in pochi anni fu piu conoſciuto, e riſtorato Lorenzo ſenza affaticarſi, che non era ſtato in molti con mille fatiche: hauendo in quel punto hauuto propizio Dio, gl'huomini, e la fortuna. E ſe egli fuſſe piu lungamente viſſuto, hauerebbe anco molto meglio riſtorato que'danni, che la violenza del la ſorte, quando bene operaua, indegnamente gli hauea fatto. Ma condotto ſi all'eta d'anni XLVII ſi morì di febre l'anno 1541. Dolſe infinitamēte la morte di coſtui a molti amici ſuoi, che lo conoſcero ſempre amoreuole, e diſcreto. E perche egli viſſe ſempre da huomo da bene, e coſtumatamente, i deputati di ſā Pieto gli diedero in vn depoſito honorato ſepolcro, e poſero in quello lo infraſcritto Epitaffio.

SCVLPTORI LAVRENTIO FLORENTINO
Roma mihi tribuit tumulum, Florentia uitam;
Nemo alio uellet naſci, & obire loco.

M. D. XLI.
Vix. ann. XLVII. Men. II. D. XV.

Hauendoſi Boccaccino Cremoneſe il quale fu quaſi ne medeſimi tempi nella ſua patria, e per tutta Lombardia acquiſtato fama di raro, e d'eccellente pittore, erano ſommamente lodate l'opere ſue, quando egli andato a Roma per vedere l'opere di Michel'agnolo tanto celebrate, non l'hebbe ſi toſto vedute, che quanto poté il piu cercò di auilirle, & abbaſſarle, parendogli quaſi tanto inalzare ſo ſteſſo quanto biaſimaua vn huomo veraméte nelle coſe del diſegno, anzi in tutte generalmente Eccellentiſſimo. A coſtui dunque eſſendo allogata la capella di ſanta Maria Traſpontina, poi che l'hebbe finita di di
pignere,

pignete, e scoperta, chiari tutti coloro; i quali pensando, che douesse passare il Cielo, non lo videro pur aggiugnere al palco degl'vltimi solari delle case. percioche veggendo i pittori di Roma la incoronazione di Nostra Dona, che egli haueua fatto in quell'opera con alcuni fanciulli uolanti, cambiarono la marauiglia in riso. E da questo si puo conoscere, che quando i popoli cominciano ad inalzare col grido alcuni, piu ecc. nel nome, che ne i fatti, è difficile cosa potere, ancora che a ragione, abbattergli con le parole, in sino à che l'opere stesse contrarie in tutto a quella credenza non discuoprono quello che coloro tanto celebrati, sono veramente. & è questo certissimo, che il maggiore danno, che a gl'altri huomini facciano gl'huomini, sono le lodi, che si danno troppo presto a gli ingegni, che si affaticano nell'operare. perche facendo cotali lodi coloro gonfiare acerbi, non gli lasciano andare piu auanti, & coloro tanto lodati, quádo non riescono l'opere di quella bontà, che si aspettauano, accorandosi di quel biasimo, si disperano al tutto di potere mai piu bene operare. la onde coloro, che saui sono deono assai piu temere le lodi, che il biasimo: perche quelle adulando ingannano, & questo scoprendo il vero, insegna. partendosi addunque Boccaccino di Roma per sentirsi da tutte le parti trafitto, e lacero, se ne tornò a Cremona, e quiui il meglio, ch'e seppe; e potè, continuò d'essercitar la pittura. e dipinse nel Duomo, sopra gl'archi di mezzo tutte le storie della Madonna, laquale opera e molto stimata in quella città. fece anco altre opere; e per la città, e fuori, dellequali non accade far mentione. insegnò costui l'arte a vn suo figliuolo, chiamato Camillo, ilquale attendendo con piu studio all'arte s'ingegnò di rimediare doue haueua mancato la vanagloria di Boccaccino. di mano di questo Camillo sono alcune opere in san Gismondo lontano da Cremona vn miglio; lequali da i Cremonesi sono stimate la miglior pittura, che habbiano. fece ancora in piazza nella facciata d'vna casa, & in santa Agata tutti i partimenti delle volte, & alcune Tauole, e la facciata di santo Antonio con altre cose, che lo fecero conoscere per molto pratico. E se la morte non l'hauesse anzi tempo leuato del mondo, haurebbe fatto honoratissima riuscita, perche caminaua per buona via. Ma'qlle opere nó di meno che ci ha lasciate meritano, che di lui si faccia memoria. Ma tornando a Boccaccino, senza hauer mai fatto alcun miglioramento nell'arte, passò di questa vita d'anni 58. Ne' tempi di costui fù in Milano vn miniatore assai valente chiamato Girolamo, di mano del quale si veggiono assai opere, e quiui, & in tutta Lombardia. fù similmente Milanese, e quasi ne' medesimi tempi Bernardino del Lupino pittore dilicatissimo, e molto vago, come si puo vedere in molte opere, che sono di sua mano in quella città, & a Sarone luogo lontano da quella 12 miglia, in vno sposalizio di N. Donna, & in altre storie, che sono nella chiesa di santa Maria, fatte in fresco perfettissimamete. lauorò anco a olio molto pulitamente, e fu persona cortese, & amoreuole molto delle cose sue: onde se gli conuengono meritamete tutte qlle lodi, che si deono a qua
lunche artefice, che cō l'ornaméto della cortesia
fa nó meno risplédere l'opere, e i costumi
della vita, che con l'essere eccellente
quelle dell'Arte.

BALDASS. PERVZZI SANESE
PITTORE ET ARCH.

Vita di Baldaſſarre Peruzzi Saneſe Pit. & Arch.

TRa tutti i doni, che diſtribuiſce il Cielo a i mortali, neſſuno giuſtaméte ſi puote ò dee tener maggior della virtù, & Quiete, & pace dell'animo; facédoci qlla per ſépre immortali, e qſta beati. E però chi di qſte è dotato, oltre l'obligo, che ne dee hauere grandiſsimo a Dio; tra gl'altri, quaſi fra le tenebre vn lume, ſi fa conoſcere: nella maniera, che ha fatto ne'tempi noſtri Baldaſſarre Peruzzi pittore, & architetto Saneſe. Delquale ſicuramente poſsiamo dire, che la modeſtia, e la bontà che ſi videro in lui, fuſsino rami non mediocri della ſomma tranquillità, che ſoſpirano ſempre le menti di chi ci naſce; & che l'opere da lui laſciateci ſiano onoratiſsimi frutti di quella vera virtù, che fu in lui in fufa dal Cielo. Ma fe bene ho detto di fopra Baldaffarre Sarrefe, per che fu sépre per Sanefe conofciuto, non tacerò, che fi come fette città combatterono fra loro Homero, volendo ciafcuno, che egli fuffe fuo cittadino; cofi tre nobilifsime città di Tofcana, cioè Fiorenza, Volterra, e Siena hanno tenuto ciafcuna che Baldaffarre fia fuo. Ma a dirne il uero, ciafcheduna ci ha parte. percioche effendo gia trauagliata Fiorenza dalle guerre ciuili, Antonio Peruzzi nobile cittadino Fiorentino, fen'ando, per viuere piu quietamente, ad habitare a Volterra: la doue hauendo qualche tempo dimorato, l'anno 1482 prefe moglie in quella città, & in pochi anni hebbe due figliuoli, vno Mafchio chiamato Baldaffarre, & vna femmina, che hebbe nome Virginia. Hora auuenne, correndo dietro la guerra a coftui, che null'altro cercaua, che pace, e quiete, che Volterra indi a non molto, fu faccheggiata. perche fu sforzato Antonio fuggirfi a Siena; e li, hauendo perduto quafi tutto quello, che haueua, a ftarfi affai poueramente. Intanto effendo Baldaffarre crefciuto, praticaua sépre con perfone ingegnofe, e particolarmente con Orafi, e difegnatori. perche, cominciatogli a piacere quell'Arti, fi diede del tutto al difegno. E non molto dopo morto il padre fi diede alla pittura con tanto ftudio, che in breuifsimo tempo fece in effa marauigliofo acquifto, imitando, oltre l'opere de Maeftri migliori, le cofe viue, e naturali. & cofi facendo qualche cofa potè có quell'arte aiutare fe fteffo, la madre, e la forella, e feguitare gli ftudii della pittura. Furono le fue prime opere (oltre alcune cofe i siena, nó degne di memoria) vna capelletta in Volterra appreffo alla porta Fiorentina, nella quale códuffe alcune figure con tanta grazia, che elle furono cagione, che fatto amicizia con vn pittore Volterrano chiamato Piero, ilquale ftaua il piu del tempo in Roma, egli fe n'andaffe la con effo lui, che lauoraua per Aleffandro fefto alcune cofe in palazzo. Ma effendo morto Aleffandro, e non lauorando piu Maeftro Piero in quel luogo, fi mife Baldaffarre in bottega del padre di Maturino, pittore non molto eccellente, che in quel tempo di lauori ordinarii haueua fepre molte cofe da fare. Colui dunq; meffo innanzi a Baldaffarre vn quadro ingeffato, gli diffe, fenza dargli altro cartone, o difegno, che vi faceffe dentro vna N. Donna. Baldaffarre prefo vn carbone in vn tratto hebbe con molta pratica difegnato quello che voleua dipignere nel quadro: & appreffo dato di mano a i colori, fece in pochi giorni vn quadro tanto bello, e ben finito, che fece ftupire non folo il Maeftro della bottega, ma molti pittori, che lo videro. I quali conofciuta la virtù fua, furono cagione, che gli fu dato a fare nella chiefa di fanto Honofrio la capella dell'Altar maggiore, laquale egli códuffe à frefco con molto bella maniera, & con molta grazia. Dopo nella chiefa di fanto Roccho a ripa fece due altre capellette in frefco. perche cominciato a effere in buon credito fu códotto a Hoftia, doue nel Mafchio della Rocha dipinfe di chiarofcuro in alcune ftanze ftorie belliffime, e particolarméte vna battaglia da mano in quella maniera, che vfauano di combattere anticamente i Romani; & appreffo vno fquadrone di foldati, che danno l'affalto a vna Rocca; doue fi veggiono i foldati con belliffima, e pronta brauura, coperti colle targhe, appoggiare le fcale alla muraglia; & quelli di dentro ributtargli có fierezza terribile. fece aco i qfta ftoria molti inftruméti da guerra antichi, e fimilmente diuerfe forti d'armi, & in vna fala molte altre ftorie tenute

VITA DI BALDAS. PIT. ET ARCH.

ute quasi delle migliori cose, che facesse; bene è uero, che fu aiutato in questa opera da Cesare da Milano. Ritornato Baldassarre, dopo questi lauori, in Roma fece amicizia strettissima con Agostino Ghigi Sanese. si perche Agostino naturalmente amaua tutti i virtuosi, e sì perche Baldassarre si faceua Sanese, onde potè con l'aiuto di tanto huomo trattenersi, e studiare le cose di Roma, massimamente d'Architettura: nelle quali, per la concorrenza di Bramante fece in poco tempo marauiglioso frutto. ilche gli fu poi, come si dirà, di honore, e d'utile gradissimo. Attese anco alla prospettiua, e si fece in quella scienzia tale, che in essa pochi pari a lui habbiam veduti a tempi nostri operare: il che si vede manifestamente in tutte l'opere sue. Hauendo intanto Papa Giulio secondo fatto vn corridore in palazzo, & vicino al tetto vn'Ucellera, vi dipinse Baldassarri tutti i mesi di chiaro scuro, & gl'essercizii, che si fanno per ciascun d'essi in tutto l'anno. Nella quale opera si veggiono infiniti casamenti, Teatri, Anfiteatri, Palazzi, & altre fabbriche con bella inuenzione in quel luogo accomodate. lauorò poi nel palazzo di san Giorgio, per il Cardinale Raffaello Riario Vescouo d'Hostia, in compagnia d'altri pittori alcune stanze; e fece vna facciata, dirimpetto a Messer Vlisse da Fano; e similmente quella di esso Messer Vlisse; nella quale le storie, che egli vi fece d'Vlisse gli diedero nome, e fama grandissima. Ma molto piu gliene diede il modello del Palazzo d'Agostino Ghigi, condotto con quella bella grazia, che si vede, non murato, ma veramente nato: & l'adornò fuori di terretta con istorie di sua mano molto belle. La sala similmente è fatta in partimenti di colonne, figurate in prospettiua; lequali con istrafori mostrano quella essere maggiore. E quello, che è di stupenda marauiglia, ui si vede vna loggia in sul giardino dipinta da Baldassarre, con le storie di Medusa, quando ella conuerte gl'huomini in sasso, che non puo immaginarsi piu bella; & appresso, quando Perseo le taglia la testa, con molte altre storie ne' peducci di quella volta: E l'ornamento tirato in prospettiua di stucchi, & colori con trafatti è tanto naturale, e viuo, che anco agl'artefici eccellenti pare di rilieuo. E mi ricorda, che menando io il Caualiere Tiziano, pittore eccellentissimo, & honorato, a vedere quella opera, egli per niun modo voleua credere, che quella fusse pittura: perche mutato veduta, ne rimase marauigliato. sono in questo luogo alcune cose fatte da fra Sebastian Viniziano del la prima maniera; e di mano del Diuino Raffaello, vi è (come si è detto) vna Galatea rapita dagli Dii Marini. Fece anco Baldassarre, passato Campo di Fiore, per andare a piazza Giudea, vna facciata bellissima di terretta con prospettiue mirabili; laquale fu fatta finire da vn cubiculario del Papa: & hoggi è posseduta da Iacopo Strozzi Fiorentino. Similmente fece nella pace vna capella a Messer Ferrando Ponzetti, che fu poi Cardinale, all'entrata della chiesa a man manca, con istorie piccole del Testamento Vecchio; & con alcune figure anco assai grandi; laquale opera, per cosa in fresco è lauorata con molta diligenza. Ma molto piu mostrò quanto valesse nella pittura, e nella prospettiua nel medesimo tempio, vicino all'Altar maggiore: doue fece, per Messer Filippo da Siena cherico di camera, in vna storia quando la Nostra Donna salendo i gradi, va al Tempio, con molte figure degne di lode, come vn gentil' huomo vestito all'antica, il quale scaualcato d'un suo Caualло, porge mentre i seruidori l'aspettão, la limosina a vn pouero tutto ignudo, e meschinissimo, il quale si vede, che con grande affetto gliela chiede. Sono anco in questo luogo casamenti varii, & ornamenti bellissimi. & in questa opera, similmente lauorata in fresco, sono contrafatti ornamenti di stuccho intorno intorno, che mostrano essere con campanelle grandi appiccati al muro, come fusse vna tauola dipinta à olio. E nel honoratissimo apparato, che fece il popolo Romano in Campidoglio, quando fu dato il bastone di santa Chiesa al Duca Giuliano de'Medici, di sei storie di pittura, che furono fatte da sei diuersi eccellenti pittori, quella, che fu di mano di Baldassarri, alta sette canne, e larga tre, e mezzo, nella quale era quando Giulia Tarpea fa tradimento a i Romani, fu senza alcun dubbio di tutte l'altre giudicata la migliore. Ma quello che fece stupire ognuno fu la prospettiua, ò vero Scena d'una Comedia, tanto bella, che non è possibile immaginarsi piu: percioche la varietà e bella maniera de'casamenti, le diuerse loggie, la bizzarria delle porte, e finestre, & l'altre cose, che vi si videro d'Architettura, furono tanto bene intese, e di così straordinaria inuenzione, che non si puo dirne la millesima parte. A Messer Francesco da Noricia, fece per la sua casa, in sulla piazza de' Farnesi, vna porta d'ordine Dorico molto graziosa. & a Messer Francesco Buzio, vicino alla piazza degl'Altieri vna molto bella facciata, e nel fregio di quella mise tutti i Cardinali Romani, che allora viueuano ritratti di naturale: e nella facciata figurò le storie di Cesare, quando gli sono presentati i tributi da tutto il mondo: e sopra vi dipinse i dodici Imperadori, i quali posano sopra certe mensole, e scortano le vedute aldisotto in su, & sono con grandissima arte lauorati. per la quale tutta opera meritò commendazzione infinita. lauorò in Banchi vn'Arme di Papa Leone con tre fanciulli a fresco, che di tenerissima carne, e viui pareuano. & a fra Mariano Fetti, frate del Piombo, fece a Monte Caualdo, nel giardino, vn san Bernardo di terretta bellissimo. Et alla compagnia di santa Chaterina da Siena in strada Giulia, oltre vna Bara da portar morti alla sepoltura, che è mirabile, molte altre cose tutte lodeuoli. similmente in Siena diede il disegno dell'Organo del Carmino, & fece alcune altre cose in quella città, ma di non molta importanza. Dopo essendo condotto a Bologna da gl'operai di san Petronio, perche facesse il modello della facciata di quel tempio, ne fece due piante grandi, e due proffili, vna alla moderna, & vn'altro alla Tedesca, che ancora si serba, come cosa veramente rara per hauere egli in prospettiua di maniera squartata e tirata quella fabrica, che pare di rilieuo, nella sagrestia di detto san Petronio. Nella medesima città, in casa del Conte Giouambatista Bentiuogli, fece per la detta fabrica piu disegni, che furono tãto belli, che nõ si possono a bastãza lodare le belle inuestigazioni da quest'huomo trouate, per non rouinare il vecchio, che era murato, e cõ bella proporzione congiugnerlo col nuouo. Fece al Conte Giouambatista sopradetto vn disegno d'vna Natiuità, con i Magi di chiaro scuro, nella quale è cosa marauigliosa vedere i Caualli, i carriaggi le corti dei tre Re condotti cõ bellissi. grazia, si come anco sono le muraglie de' tēpii, & alcuni casamenti in torno alla capāna. la quale opera fece poi colorire il Cõte da Girolamo Treuigi, che la condusse a buona perfezzione. fece ancora il disegno della porta della Chiesa di san Michele in Bosco, bellissimo monasterio de'Monaci di Mon te Oliueto; fuor di Bologna; & il difegno, & modello del Duomo di Carpi, che fu molto bello, e fecondo le regole di Vitruuio con fuo ordine fabbricato. E nel medefimo luogo diede principio alla chiefa di san Niccola, laquale nõ vène a fine in quel tépo: perche Baldaſſarri fu quaſi forzato tornare a Siena a fare i difegni per le fortificazzioni della città, che poi furono fecondo l'ordine fuo meſſe in opera. Di poi tornato a Roma, e fatta la caſa, che è dirimpetto a'Farneſe, & alcun'altre, che fono dentro a quella città, fu da Papa Leone x. in molte coſe adoperato. Ilquale Pontefice volendo finire la fabbrica di san Piero, cominciata da Giulio fecondo, col difegno di Bramante, e parendogli, che fuſſe troppo grande edifizio, e da regger ſi poco inſieme, fece Baldaſſarre vn nuouo modello magnificoʒe veramente ingegnoſo, & con tã to buon giudizio;che d'alcune patti di quello ſi fono poi feruiti gl'altri Architetti. E di vero queſto artefice fu tanto diligente, e di ſi raro, e bel giudizio che le coſe ſue furono ſempre in modo ordinate, che non ha mai hauuto pari nelle coſe d'Architettura, per hauere egli, oltre l'altre coſe quella profeſſione con bella, e buona maniera di pittura accompagnato. fece il difegno della ſepoltura di Adriano ſeſto, e quello, che vi è dipinto intorno è di ſua mão, e Michelagnolo ſcultore Saneſe conduſſe la detta ſepoltura di marmo, con l'aiuto di eſſo Baldaſſarre. e quando ſi recitò al detto Papa Leone la Calandra Comedia del Cardinale di Bibbiena, fece Baldaſſarre l'apparato, e la proſpettiua, che non fu manco bella, anzi piu aſſai, che quella, che haueua altra volta fatto, come ſi è detto diſopra. & in queſte ſi fatte opere meritò tanto piu lode, quanto, per vn gran pezzo adietro l'uſo delle Comedie, & conſeguentemente delle ſcene, e proſpettiue era ſtato diſmeſſo, facendoſi in quella vece feſte, e rappreſentazioni. Et o prima o poi, che ſi recitaſſe la detta Ca landra, laquale fu delle prime comedie Volgari, che ſi vedeſſe, ò recitaſſe, baſta, che Baldaſſarre fece al tépo di Leone x. due ſcene, che furono marauiglioſe, & aperſono la via a coloro, che ne hanno poi fatto a tempi noſtri. Ne ſi può immaginare come egli in tanta ſtrettezza di ſito accomodaſſe tante ſtrade, tanti palazzi, e tante bizzarrie di tempii, di loggie, e d'andari di cornici, co ſi ben fatte, che pareuano non finte, ma veriſſime, e la piazza non vna coſa dipinta, e picciola, ma vera, e grandiſſima. ordinò egli ſimilmente le lumiere, i lumi di dentro, che ſeruono alla proſpettiua, e tutte l'altre coſe, che facèuano dibiſogno con molto giudizio, eſſendoſi, come ho detto, quaſi perduto del tutto l'uſo delle Comedie. laquale maniera di ſpettacolo auanza, per mio creder, quando ha tutte le ſue appartenenze, qualunche altro, quanto ſi voglia magnifico, & ſontuoſo. Nella creazione poi di Papa Clemente ſettimo l'anno 1524. fece l'apparato della Coronazione: e finì in san Piero la facciata della capella maggiore di preperigni gia ſtata cominciata da Bramante. E nella Capella, doue e la ſepoltura di bronzo di Papa Siſto fece di pittura quegli Apoſtoli, che ſono di chiaro ſcuro nelle Nicchie dietro l'altare, & il diſegno del Tabernacolo del Sagramento, che è molto grazioſo. venuto poi l'anno 1527, nel crudeliſſimo ſacco di Roma, il pouero Baldaſſarre fu fatto prigione degli Spagnuoli, e non ſolamente perdè ogni ſuo hauere, ma fu anco molto ſtraziato, e tormentato: perche, hauendo egli l'aſpetto graue, nobile, e grazioſo, lo credeuano qualche gran prelato traueſtito; o altro huomo at

to

to a pagare vna grossisima taglia. Ma finalmente hauendo trouato quegli impiissimi barbari, che egli era vn dipintore, gli fece vn di loro stato affezionatissimo di Borbone fare il ritratto di quel sceleratissimo Capitano nimico di Dio, e degli huomini, ò che gliele facesse vedere cosi morto, o in altro modo, che glielo mostrasse con disegni, ò con parole. Dopo cio, essendo vscito Baldassarre delle mani loro, imbarcò per andarsene à porto Hercole, e di lia Siena, ma fu per la strada di maniera sualigato, e spogliato d'ogni cosa, che se n'ando a Siena in camicia. Nondimeno essendo honoratamente riceuuto, e riuestito dagl'amici, gli fu poco appresso ordinato prouisione, e salario dal publico, accio attendesse alla fortificazione di quella citta; nella quale dimorando hebbe due figliuoli, & oltre quello, che fece per il publico, fece molti disegni di case a i suoi cittadini; e nella chiesa del Carmino il disegno dell'ornamento dell'Organo, che è molto bello. Intanto venuto l'essercito imperiale, e del Papa all'assedio di Firenze, sua Santità mandò Baldassarri in campo a Baccio Valori comissario, accio si seruisse dell'ingegno di lui ne' bisogni del capo, e nell'espugnazione della città. Ma Baldassarre amado piu la libertà dell'antica patria, che la grazia del Papa, senza temer punto l'indignazione di tanto pontefice, non si volle mai adoperare in cosa alcuna di momento. di che accortosi il Papa, gli portò per vn pezzo non piccolo odio. Ma finita la guerra, desiderando Baldassarre di ritornare a Roma; i Cardinali Saluiati, Triulzi, e Cesarino, i quali tutti haueua in molte cose amoreuolmente seruiti, lo ritornarono in grazia del Papa, e ne'primi maneggi, onde potè liberamente ritornarsene a Roma, doue dopo non molti giorni, fece per i Signori Orsini il disegno di due bellissimi palazzi, che furono fabbricati in verso Viterbo, e d'alcū altri edifizii pla raglia. Ma nō itermettédo ī q̄sto métre gli studi d'Astrologia, ne q̄lli della Matematica, egl'altri, di che molto si dilettaua, cominciò vn libro dell'Antichità di Roma: et a comentare Vitruuio, facēdo i disegni di mano in mano delle figure, sopra gli scritti di quell'autore. di che ancor'hoggi se ne vede vna parte appresso Francesco da Siena, che fu suo discepolo; doue in alcune carte sono i disegni dell'antichità, e del modo di fabricare alla moderna. fece anco, stando in Roma il disegno della casa de' Massimi girato in forma ouale, con bello, & nuouo modo di fabbrica: e nel la facciata dinanzi fece vn vestibulo di colonne doriche molto artifizioso, e proporzionato, & vn bello spartimento nel cortile, & nell'acconcio delle scale; ma non potè vedere finita quest'opera, sopragiunto dalla morte. Ma ancor che tante fussero le virtu, e le fatiche di questo nobile artefice, elle giouarono poco nondimeno a lui stesso, & assai ad altri. perche se bene fu adoperato da Papi, Cardinali, & altri personaggi grandi, e ricchissimi, non però alcuno d'essi gli fece mai rileuato benefizio: e cio pote ageuolmente auuenire non tanto dalla poca liberalità de' Signori, che per lo piu, meno sono libera li, doue piu douerrebbono; quanto dalla timidità, e troppa modestia, anzi per dir meglio in questo caso dappocaggine di Baldassarri. E per dire il vero quanto si deue esser discreto con i principi magnanimi, e liberali, tanto bisogna essere con gl'auari, ingrati, e discortesi, importuno sempre, e fastidioso. percioche, si come con i buoni l'importunità, & il chieder sempre sarebbe vizio, cosi con gl'auari ell'è virtù; e vizio sarebbe con i si fatti esere discreto. si trouò dunque negl'vltimi anni della vita sua Baldassarri

VITA DI BALDAS. PIT ET ARCH.

vecchio, pouero, e carico di famiglia. E finalmente eſſendo viuuto ſempre coſtumatiſſ. amalato grauemēte ſi miſe in letto. Il che intendēdo papa Paulo terzo, e tardi conoſcédo il danno, che riceueua nella perdita di tanto huomo, gli mandò a donare per Iacomo Melighi computiſta di ſan Piero cento ſcudi, & a fargli amoreuoliſſime offerte. Ma egli aggrauato nel male, o pure che coſi haueſſe a eſſere, o (come ſi crede) ſollecitatagli la morte con veleno da qualche ſuo Emulo, che il ſuo luogo diſideraua, del quale traeua ſcudi 250 di prouiſione, il che fu tardi da i medici conoſciuto, ſi morì maliſſimo contēto, piu per cagione della ſua pouera famiglia, che di ſe medeſimo, vedendo in che mal termine egli la laſciaua. fu da i fighuoli, e dagl'amici molto pianto, e nella ritonda appreſſo a Raffaello da Vrbino, doue fu da tutti i pittori, ſcultori, & Architettori di Roma honoreuolmente pianto, & accompagnato, datogli honorata ſepoltura con queſto epitaffio:

Balthaſari Perutio Senenſi, uiro & pictura, & Architectura, aliisq; ingeniorum arti-
bus adeo excellenti, ut ſi priſcorum occubuiſſet tempóribus, noſtra illum felicius legerent
Vix. ann. LV. Menſ. XI Dies XX.
Lucretia, & Io. ſaluſtius optimo coniugi, & parenti, non ſine lachrimis
Simonis, Honorij, Claudij AEmiliæ, ac Sulpitiæ minorum filiorum, dolentes poſue-
runt. Die IIII Ianuarij M. D. XXXVI.

Fu maggiore la fama, & il nome di Baldaſſarre, eſſendo morto, che non era ſtato in vita; & allora maſſimamente fu la ſua virtù deſiderata, che Papa Paulo terzo ſi riſolue di far finire ſan Piero, perche s'auidero allora di quanto aiuto egli ſarebbe ſtato ad Antonio da ſan Gallo. perche ſe bene Antonio fece quello, che ſi vede; haurebbe nondimeno (come ſi crede) meglio veduto, in compagnia di Baldaſſarre, alcune difficultà di quell'opera. Rima ſe herede di molte coſe di Baldaſſ. Sebaſtiano Serlio Bologneſe, il quale fece il terzo libro dell'Architetture, e il quarto dell'antichità di Roma miſurate, & in queſti le gia dette fatiche di Baldaſſarre furono parte meſſe in margine, e parte furono di molto aiuto all'autore. I quali ſcritti di Baldaſſarre rimaſero per la maggior parte in mano a Iacopo Melighino Ferrareſe, che fu poi fatto architetto da Papa Paulo detto nelle ſue fabbriche; & al detto Franceſco Saneſe ſtato ſuo creato, e diſcepolo; di mano del quale Franceſco è in Roma l'arme del Cardinale di Trani in Nauona molto lodata, & alcune altre opere. E da coſtui hauemo hauuto il ritratto di Baldaſſarre, e notizia di molte coſe, che non potei ſapere quando vſcì la prima volta fuori queſto libro. Fu anco diſcepolo di Baldaſſarre Virgilio Romano, che nella ſua patria fece a mezzo Borgo nuouo vna facciata di grafito con alcuni prigioni, & molte altre opere belle. Hebbe anco dal medeſimo i primi principii d'Architettura Antonio del Rozzo Cittadino Saneſe, & ingegneri eccellentiſſ. E ſeguitolo parimēte il Riccio pittore ſaneſe, ſebene ha poi imitato aſſai la maniera di Giouan Antonio Soddoma da Vercelli. Fu anco ſuo creato Giouambatiſta Peloro Arch. Saneſe, il quale atteſe molto alle matematiche, & alla Coſmografia, e fece di ſua mano Baſſole, quadranti, e molti ferri, e ſtromenti da miſurare: e ſimilmente le piante di molte fortificazioni, che ſono per la mag gior parte appresso maestro Giuliano orefice Sanese, amiciss. suo. fece q̃sto Giouam Batista al Duca Cosimo de' Medici tutto di rilieuo, e bello affatto il sito di Siena, con le valli, & cio che ha intorno a vn miglio, e mezzo: le mura le strade, i forti, & in somma del tutto vn bellissimo modello. Ma perche era costui instabile, si parti, ancor che hauesse buona prouisione da quel Princi pe. e pensando di far meglio, si condusse in Francia, doue hauendo seguitato la corte, senza alcun frutto, molto tempo, si morì finalmente in Auignone. Ma ancor che costui fusse molto pratico, & intendente Archit. non si vede però in alcun luogo fabbriche fatte da lui, ò con suo ordine: stando egli sem pre tanto poco in vn luogo, che non si poteua risoluere niente. onde consu mò tutto il tempo in disegni, capricci, misure, e modelli. ha meritato nondi meno, come professor delle nostre Arti, che di lui si faccia memoria.

Disegnò Baldassarre eccellentemente in tutti modi, & con gran giudizio, e diligenza: ma piu di penna, d'acquerello, e chiaro scuro, che d'altro, come si vede in molti disegni suoi, che sono appresso gl'artefici. e particolarmente nel nostro libro in diuerse carte: in vna delle quali è vna storia finta per ca priccio, cio è vna piazza piena d'archi, colossi, teatri, obelisci, piramidi, tem pii di diuerse maniere, portici, & altre cose tutte fatte all'antica, e sopra vna base è Mercurio al quale correndo intorno tutte le sorti d'archimisti con sof fietti, mantici, Bocce & altri instrumenti da stillare, gli fanno vn serui tiale per farlo andar del corpo: con non meno ridicola, che bella inuenzione, e capriccio. Furono amici, e molto domesti ci di Bal. il quale fu con ognuno sempre cortese, mode sto, e gentile, Domenico Beccafumi Sanese, pitto re ecc. & il Capanna, il quale, oltre molte al tre cose, che dipinse in Siena, fece la facciata de Turchi, & vn'altra, che u'è sopra la piaz za.

VITA DI GIO. FRANC. DETTO IL FAT.

GIO. FRANC. DETTO IL FAT.
PITTOR FIORENTI

Vita di Gio. Francesco detto il Fattore, Fiorentino, e di Pellegrino da Modana, Pittori.

Iouanfrancesco Penni, detto il Fattore, Pittor Fiorentino, non fu manco obligato alla fortuna, che egli si fusse alla bontà della sua Natura, poi che i costumi, l'inclinatione alla pittura, e l'altre sue virtù, furono cagione, che Raffaello da Vrbino se lo prese in casa, & insieme con Giulio Romano se l'alleuò, e tenne poi sempre l'uno, e l'altro come figliuoli: dimostrando alla sua morte quanto conto tenesse d'amendue, nel lasciargli heredi delle virtù sue, e delle facultadi insieme. Giouanfrancesco dunque, il quale cominciando da putto, quando prima andò in casa di Raffaello, a esser chiamato il Fattore, si ritenne sempre quel nome, e imitò ne' suoi disegni la maniera di Raffaello, e quella os

seruò del continuo; come ne possono far fede alcuni suoi disegni, che sono nel nostro libro. E non è gran fatto, che molti se ne ueggiano, e tutti con diligenza finiti, perche si dilettò molto piu di disegnare, che di colorire. Furono le prime cose di Giouan Francesco da lui lauorate nelle loggie del Papa à Roma in compagnia di Giouanni da Vdine, di Perino del Vaga, e d'altri eccellenti Maestri. Nelle quali opere si vede vna bonissima grazia, e di Maestro, che attendesse alla perfezzione delle cose. fu vniuersale, e dilettossi molto di far paesi, e casamenti. Colori bene à olio à fresco, & à tempera. e ritrasse di naturale eccellentemente. e fu in ogni cosa molto aiutato dalla Natura, intanto, che senza molto studio intendeua bene tutte le cose dell'Arte. onde fu di grande aiuto à Raffaello à dipignere gran parte de' cartoni de i panni d'arazzo della cappella del Papa, & del Conciftoro, e particolarméte le friagiature. Lauorò anco molte altre cose con i cartoni, & ordine di Raffaello, come la uolta d'Agoftino Chigi in Trasteuere: e molti quadri, tauole, & altre opere diuerse. Nelle quali si portò tanto bene, che meritò piu l'un giorno, che l'altro da Raffaello essere amato. Fece in Monte Giordano in Roma vna facciata di chiato scuro: & in santa Maria di Anima alla porta del fianco che va alla pace, in fresco vn san Christofano d'otto braccia, che è bonissima figura: & in quest'opera è vn romito in vna grotta con vna lanterna in mano, con buon disegno, e grazia vnitamente condotto. venuto poi Giouan Fran. a Firenze fece a Lodouico Capponi a Môtughi luogho fuor della porta a san Gallo vn Tabernacolo con vna Nostra Donna molto lodata. intanto venuto a morte Raffaello, Giulio Romano, & Giouan Francesco: stati suoi discepoli stettono molto tempo insieme: e finirono di compagnia l'opere, che di Raffaello erano rimase imperfette, e particolarmente quelle, che egli haueua cominciato nella vigna del Papa, e similmente quelle della sala grande di Palazzo. Doue sono di mano di questi due dipinte le storie di Costantino con boniss. figure, & côdotte cô bella pratica, e maniera: ancor che le inuézioni, e gli schizzi delle storie ueniffero in parte da Raf. métre, che questi lauori si faceuano, Perino del Vaga, pittore molto ec. tolse p moglie vna sorella di Giouâ Fran. onde fecero molti lauori insieme. e seguitâdo poi Giulio, & Gio. Franc. fecero in compagnia vna tauola di due pezzi, drentoui l'affunzione di N. D. che adò a Perugia à Môtelnci, & cosi altri lauori, e quadri p diuersi luoghi. Hauendo poi commessione da Papa Clemente di fare una Tauola simile a quella di Raffaello, che e à san Piero à Montorio, laquale si haueua a mandare in Francia, doue quella era prima stata da Raffaello destinata, la cominciarono e appresso venuti à diuissione, e partita la roba, i disegni, & ogni altra cosa lasciata loro da Raffaello, Giulio senâdò à Mantoua, doue al Marchese lauorò infinite cose. la doue, non molto dopo, capitando ancor Gio. Franc. ò tirátoui dall'amicizia di Giulio, o da speranza di doueruì lauorare; fu sì poco da Giulio accarezzato, che se ne partì toftaméte. e girata la Lombardia se ne tornò à Roma. E da Roma in sulle galee se n'ando à Napoli dietro al Marchese del Vasto, portando seco la tauola finita, che era imposta di san Piero a Môtorio, & altre cose, le quali fece posare in Ischia Isola del marchese. Ma la tauola fu posta poi, doue è hoggi, in Napoli nella chiesa di santo Spirito degl'incurabili. fermatosi dunque Giouan Francesco in Napoli, e attendendo a disegnare,

VITA DI GIO. FRANC. DETTO IL FAT.

ſegnare,e dipignere ſi tratteneua, eſſendo da lui molto carezzato, con Tommaſo Cambi mercante Fiorentino, che gouernaua le coſe di quel Signore. Ma non ui dimorò lungamente, perche eſſendo di mala compleſſione, ammalatoſi ui ſi morì con incredibile diſpiacere di quel Signor Marcheſe, e di chiunche lo conoſceua. Hebbe coſtui un fratello ſimilmente dipintore chiamato Luca, il quale lauorò in Genoa con Perino ſuo cognato, & in Lucca, & in molti altri luoghi d'Italia. E finalmente ſe n'andò in Inghilterra, doue hauendo alcune coſe lauorato al Re, & per alcuni Mercanti, ſi diede finalmēte à far diſegni per mandar fuori ſtampe di Rame intagliate da fiaminghi, & coſi ne mandò fuori molte che ſi conoſcono, oltre alla maniera, al nome ſuo: e fra l'altre è ſua opera vna carta, doue alcune femmine ſono in un Bagno, l'originale dellaquale di propria mano di Luca è nel noſtro libro. fu diſcepolo di Giouan Franceſco Lionardo detto il Piſtoia, per eſſer Piſtoleſe, ilquale lauorò alcune coſe in Lucca, & in Roma fece molti ritratti di Naturale. & in Napoli per il Veſcouo d'Ariano Diomede Caraffa, hoggi Cardinale, fece in san Domenico vna tauola della lapidazione di ſanto Stefano in vna ſua cappella. & in Monte Oliueto ne fece vn'altra, che fu poſta all'altar Maggiore, e leuatane, poi per dar luogo a vn'altra di ſimile inuenzione di mano di Giorgio Vaſari Aretino. Guadagnò Lionardo molti danari con que' Signori Napoletani, ma ne fece poco capitale, perche ſegli giocaua di mano in mano. E finalmente ſi morì in Napoli, laſciando nome di eſſere ſtato buon coloritore ma non gia d'hauere hauuto molto buon diſegno.

Viſſe Giouan Franceſco anni 40, e l'opere ſue furono circa al 1528. Fu amico di Giouan Franceſco, e diſcepolo anchegli di Raffaello, Pellegrino da Modana, ilquale hauēdoſi nella pittura acquiſtato nome di bello ingegno nella patria, deliberò, udite le marauiglie di Raffaello da Vrbino, per corriſpondere mediante l'affaticarſi, alla ſperanza gia conceputa di lui, andarſene a Roma: la doue giunto ſi poſe con Raffaello, che niuna coſa negò mai agl'huomini virtuoſi. erano allora in Roma infiniti giouani, che attendeuano alla pittura, & emulando fra loro cercauano l'uno l'altro auanzare nel diſegno, per uenire in grazia di Raffaello, e guadagnarſi nome fra i popoli. perche attendendo continuamente Pellegrino agli ſtudi diuenne, oltre al diſegno, di pratica maeſtreuole nell'Arte. E quando Leone decimo fece dipignere le loggie à Raffaello, vi lauorò anch'egli in compagnia degl'altri giouani: e riuſcì tanto bene, che Raffaello ſi ſeruì poi di lui in molte altre coſe. Fece Pellegrino in ſanto Euſtachio di Roma, entrando in chieſa, tre figure in freſco a vno Altare, e nella Chieſa de' Portugheſi alla Scroſa la cappella dell'Altare maggiore in freſco, inſieme con la tauola. Dopo hauendo in ſan Iacopo della Nazione Spagnuola fatta fare il Cardinale Alboreſe vna cappella adorna di molti marmi, & da Iacopo Sanſouino un ſan Iacopo di marmo alto quattro braccia, e mezzo, e molto lodato, Pellegrino iu dipinſe in freſco le ſtorie della uita di quello Apoſtolo, facendo alle figure gentiliſſima aria a immitazione di Raffaello ſuo Maeſtro, & hauendo tanto bene accommodato tutto il componimento, che quell'opera fece conoſcere Pellegrino per huomo deſto, e di bello, e buono ingegno nella pittura. finito queſto lauoro ne fece molti altri in Roma, e da per ſe, & in compagnia. Ma uenuto finalmente

morte Raffaello egli se ne tornò a Modana, doue fece molte opere, & in fra l'altre per vna confraternità di battuti fece in vna tauola à olio san Giouanni, che battezza Christo. e nella Chiesa de' Serui in un'altra tauola san Cosmo, e Damiano con altre figure. Dopo hauendo preso moglie, hebbe un figliuolo, che fu cagione della sua morte; perche venuto a parole con alcuni suoi compagni, giouani Modanesi, n'amazzò vno. Di che portata la nuoua a Pellegrino. egli per soccorrere al figliuolo, accio non andasse in mano della giustizia, si mise in via per trafugarlo. Ma non essendo ancora molto lontano da casa, lo scontrarono i parenti del giouane morto, i quali andauano cercando l'homicida. costoro dunque affrontando Pellegrino, che nò hebbe tempo à fuggire, tutti infuriati, poi che non haueuano potuto giugnere il figliuolo, gli diedero tante ferite, che lo lasciarono in terra morto. Dolse molto à i Modanesi questo caso. conoscendo essi, che per la morte di Pellegrino restauano priui d'uno spirito, veramente peregrino, e raro. Fu coetaneo di costui Gaudenzio Milanese pittore eccellète pratico, & espedito, ilquale in fresco fece in Milano molte opere: & particularmente a i frati della passione un Cenacolo bellissimo, che per la morte sua rimase im
perfetto. lauorò anco à olio eccellentemente, e di sua mano sono assai opere à Vercelli & à Veralla molto stimate.

ANDREA DEL SARTO PITTOR
FIORENTINO

Vita d'Andrea del Sarto eccellentissimo Pittore Fiorentino.

 Ccoci dopo le vite di molti Artefici stati ecc. chi per colorito, chi per disegno, e chi per inuenzione, peruenuti all'eccellentissimo Andrea del Sarto: nel quale uno mostrarono la Natura, e l'arte tutto quello, che può far la pittura, mediante il disegno, il colorire, e l'inuenzione. In tanto, che se fusse stato Andrea d'animo alquanto piu fiero, e ardito, sì come era d'ingegno, e giudizio profondissimo in questa arte; sarebbe stato senza dubitazione alcuna senza pari. Ma una certa timidità d'animo, & una sua certa natura dimessa, e semplice non lasciò mai uedere in lui un certo viuace ardore, ne quella fierezza, che aggiunta all'altre sue parti l'harebbe fatto essere nella pittura ueramente

diuino

diuino: percioche egli mancò per quella cagione di quegli ornamenti, gran dezza, e copiosità di maniere, che in molti altri pittori si sono uedute. sono non dimeno le sue figure, se bene semplici, e pure, bene intese, senza errori, e in tutti i conti di somma perfezzione. l'arie delle teste così di putti, come di femmine sono naturali, e graziose: e quelle de giouani, e de'vecchi con uiuacità, e prontezza mirabile. i panni begli a marauiglia, e gl'ignudi molto bene intesi. E se bene disegnò semplicemente, sono nò di meno i coloriti suoi rari e veramente diuini. Nacque andrea l'anno 1478. in Fiorenza di padre, che esercitò sempre l'arte del Sarto, onde egli fu sempre così chiamato da ognuno. E peruenuto all'età di sette anni, leuato dalla scuola di leggere, e scriuere fu messo all'arte dell'Orefice. Nellaquale molto piu uolentieri si esercitò sempre (a ciò spinto da naturale inclinazzione) in disegnare, che in maneggiando ferri, per lauorare d'argento, ò d'oro: onde auuenne, che Gian Barile pittore Fiorentino, ma grosso, e plebeo, ueduto il buon modo di disegnare del fanciullo, se lo tirò appresso: e fattogli abbandonare l'orefice lo condusse all' arte della pittura. Nellaquale cominciandosi a esercitare Andrea con suo molto piacere, conobbe, che la natura per quello esercizio l'haueua creato, onde cominciò in assai picciolo spazio di tempo à far cose con i colori, che Già Barile, e gl'altri Artefici della città ne restauano marauigliati. Ma hauendo dopo tre anni fatto bonissima pratica nel lauorare, e studiando continuamente, s'auuide Gian Barile, che attendendo il fanciullo a quello studio, egli era per fare vna straordinaria riuscita. perche parlatone con Piero di Cosimo, tenuto allora de i migliori pittori, che fussero in Fiorenza, acconciò seco Andrea. il quale, come desideroso d'imparare, non restaua mai di affaticarsi, ne di studiare. E la natura, che l'haueua fatto nascere pittore, operaua tanto in lui, che nel maneggiare i colori, lo faceua con tanta grazia, come se haueste lauorato cinquanta anni. onde Piero gli pose grandissimo amore, e sentiua incredibile piacere, nell'udire, che quando haueua punto di tempo, e massimamente i giorni di festa., egli spendeua tutto il dì insieme con altri giouani, disegnando alla sala del Papa, doue era il cartone di Michelagnolo, e quello di Lionardo da Vinci, & che superaua, ancor che giouanetto, tutti gl'altri disegnatori, che terrazzani, e forestieri, quasi senza fine ui concorreuano. In fra i quali piacque piu, che quella di tutti gl'altri, ad Andrea la natura, e conuersazione del Francia Bigio pittore, e parimente al Francia quella d'Andrea. onde, fatti amici, Andrea disse al Francia, che non poteua piu sopportare la stranezza di Piero già vecchio, e che uoleua pciò torre vna stanza da se. la quale cosa vdendo il Francia, che era sforzato a fare il medesimo, perche Mariotto Albertinelli suo Maestro haueua abbandonata l'arte della pittura, disse al suo compagno Andrea, che anch'egli haueua bisogno di stanza, e che sarebbe con comodo dell'uno, e dell'altro ridursi insieme. Hauendo essi adunque tolta vna stanza alla piazza del grano, condussero molte opere di compagnia: vna delle quali furono le cortine, che cuoprono l'Altar maggiore delle tauole de'serui, le quali furono allogate loro da vn sagrestano strettissimo parente del Francia. Nelle quali tele dipinsero, in quella, che è uolta verso il choro vna Nostra Donna Annunziata: e nell'altra, che è dinanzi vn Christo diposto di Croce, simile a quello, che e nella Tauola, che quiui

era

era di mano di Filippo, e di Pietro Perugino. soleuano ragunarsi in Fiorenza in capo della uia larga, sopra le case del Magnifico Ottauiano de' Medici, di rimpetto all'orto di san Marco gli huomini della compagnia che si dice dello Scalzo intitolata in san Giouanni Battista; laquale era stata murata in que giorni da molti Artefici Fiorentini, iquali fra l'altre cose ui haueuano fatto li muraglia un cortile di prima giunta, che posaua sopra alcune colonne nõ molto gradi: onde vedédo alcuni di loro, che Andrea ueniua in grado d'ottimo pittore, deliberarono, essédo piu ricchi d'animo, che di danari, che egli icesse intorno a detto chiostro in dodici quadri di chiaro scuro, cio è di teretta in fresco, dodici storie della uita di san Giouanbatista. per lo che egli nessoui mano, fece nella prima quando san Giouanni battezza Christo con nolta diligenza, e tanto buona maniera, che gl'acquistò credito, honore, e fama per si fatta maniera, che molte persone si uoltarono à fargli fare opere, come à quello, che stimauano douer col tempo à quello honorato fine, che prometteua il principio del suo operare straordinario, peruenire. E fra l'altre cose, che egli allora fece di quella prima maniera fece un quadro, che hoggi è in casa di Filippo Spini, tenuto per memoria di tanto Artefice in molta uenerazione. Ne molto dopo in san gallo, Chiesa de frati Eremitani osseruanti dell'ordine di santo Agostino, fuor della porta à san Gallo, gli fu fatto fare per vna capella vna tauola d'vn Christo, quando in forma d'ortolano apparisce nell'orto a Maria Maddalena; laquale opera per colorito, e per vna certa morbidezza, & vnione è dolce per tutto, & così ben condotta, che ella fu cagione, che non molto poi ne fece due altre nella medesima Chiesa, come si dirà di sotto. Questa tauola è hoggi al canto à gl'Alberti in san Iacopo tra fossi, e similmente l'altre due. Dopo queste opere partendosi Andrea, & il Francia dalla piazza del grano, presono nuoue stanze vicino al conuento della Nunziata, nella sapienza, onde auuenne, che Andrea, & Iacopo Sansouino allora giouane, ilquale nel medesimo luogo lauoraua di scultura sotto Andrea Contucci suo Maestro, feciono si grande, e stretta amicizia insieme, che nè giorno, nè notte si staccaua l'uno dall'altro: e per lo piu i loro ragionaméti erano delle difficultà dell'arte. onde, nõ e marauiglia se l'uno, e l'altro sono poi stati Eccellétissimi come si dice hora d'Andrea, e come a suo luogo si dirà di Iacopo. stando in quel tempo medesimo nel detto conuento de'serui, & al banco delle candele vn frate sagrestano, chiamato fra Maria no dal canto alla macine egli sentiua molto lodare a ognuno Andrea, e dire, che egli andaua facendo marauiglioso acquisto nella pittura. perche pensò di cauarsi vna uoglia con non molta spesa. E così tentando Andrea (che dolce, e buono huomo era) nelle cose dell'honore, cominciò a mostragli sotto spezie di charità di uolerlo aiutare in cosa, che gli recarebbe honore, & vtile e lo farebbe conoscere per si fatta maniera, che non sarebbe mai piu pouero. Haueua gia molti anni innanzi nel primo Cortile de' Serui fatto Alesso Baldouinetti nella facciata, che fa spalle alla Nunziata, vna Natiuità di Christo come si è detto di sopra. E Cosimo Rosselli dall'altra parte haueua cominciato nel medesimo cortile vna storia, doue san Filippo Autore di quell'ordine de'Serui piglia l'habito. laquale storia nõ haueua Cosimo condotta à fine p essere, mentre appunto la lauoraua, venuto a morte. Il frate dunque, hauedo

do volontà grande di seguitare il resto, pensò di fare có suo utile, che Andrea
e il Francia, iquali erano d'amici venuti concorrenti nell'Arte, gareggiasi-
no insieme, e ne facessino ciascun di loro vna parte. il che, oltre all'essere ser
uito benissimo, hauerebbe fatto la spesa minore, & a loro le fatiche piu gra
di. la onde aperto l'animo suo ad Andrea, lo persuase à pigliare quel carico,
mostrandogli, che per essere quel luogo publico, e molto frequentato, egli
sarebbe, mediante cotale opera, conosciuto non meno da i forestieri, the da
i Fiorentini. e che egli per cio non doueua pensare a prezzo nessuno, anzi ne
anco di esserne pregato, ma piu tosto di pregare altrui: E che quando egli
cio non volesse attendere, haueua il Francia, che, per farsi conoscere, haueua
offerto di farle, e del prezzo rimettersi in lui. furono questi stimoli molto ga
gliardi a far che Andrea si risoluesse a pigliare quel carico, essendo egli mas
simamente di poco animo. Ma questo vltimo del Francia l'indusse a risoluer
si affatto, & ad essere d'accordo, mediante vna scritta, di tutta l'opera, perche
niun'altro u' entrasse. cosi dunque hauendolo il frate imbarcato, e datogli
danari, uolle, che per la prima cosa egli seguitasse la vita di san Filippo, e nó
hauesse per prezzo da lui altro, che dieci ducati per ciascuna storia: dicendo,
che anco quelli gli daua di suo, e che cio faceua piu per bene, e commodo di
lui, che per vtile ò bisogno del conuento. seguitando dunque quell'opera có
grandissima diligenza, come quello, che piu pensaua all'honore, che all'uti
le, finì del tutto, in non molto tempo, le prime tre storie, e le scoperse, cioè,
in una quando san Filippo gia frate riueste quell'ignudo; nell'altra quando
egli sgridando alcuni giuocatori, che biastemmano Dio, & si rideuano di s.
Filippo, facédosi beffe del suo ammonirgli, viene in vn tempo vna saetta dal
Cielo, e percosso vn' Albero, doue eglino stauano sotto all'ombra ne uccide
due, e mette negl'altri incredibile spauento. Alcuni con le mani alla testa si
gettano sbalorditi innanzi, e altri si mettono gridando in fuga tutti spauen
tati: e vna femmina, vscita di se per lo tuono della Saetta, e per la paura e in
fuga tanto naturale, che pare ch'ella veramente viua. Et vn Cauallo sciolto
si a tanto rumore, espauento, fa con i salti, & con uno horribile mouimento
vedere, quanto le cose improuise, & che non si aspettino, rechino timore, e
spauento. nel che tutto si conosce quanto Andrea pensasse alla uarietà delle
cose ne' casi, che auuengono, con auuertenze certamente belle, e necessarie
a chi esercita la pittura. nella terza fece quando s. Filippo caua gli spiriti da
dosso a vna femmina, con tutte quelle considerazioni, che migliori in si fat
ta azzione possono immaginarsi. onde recarono tutte qste storie ad Andrea,
honore grandissimo, e fama. perche inanimito seguitò di fare due altre sto
rie nel medesimo cortile. in vna faccia è san Filippo morto, & i suoi frati in
torno, che lo piangono; & oltre cio, vn putto morto; che toccando la Bara,
doue è san Filippo, risuscita. onde vi si vede prima morto, e poi risuscitato, e
viuo con molto bella considerazione, e naturale, e propria. nell'ultima da
quella banda figurò i frati, che mettono la veste di san Filippo in capo a certi
fanciulli; & in questa ritrasse Andrea della Robbia Scultore in vn vecchio
vestito di rosso, che uiene chinato, & con vna mazza in mano. Similmente vi
ritrasse Luca suo figliuolo si come nell'altra gia detta, doue è morto san Fi
lippo, ritrasse Girolamo pur figliuolo d'Andrea, Scultore, e suo amicissimo,
ilquale

VITA DI ANDREA DEL SARTO

il quale è morto, non è molto, in Francia. e così dato fine al cortile di quella banda, parendogli il prezzo poco, & l'honore troppo, si risolue licenziare il rimanente dell'opera, quantunque il frate molto se ne dolesse. ma per l'obligo fatto non uolle disobligarlo, se Andrea non gli promisse prima fare due altre storie à suo commodo piacimento, & crescendogli il frate il prezzo: & così furono d'accordo. per queste opere venuto Andrea in maggior cognizione, gli furono allogati molti quadri, e opere d'importanza: e fra l'altre dal Generale de' Monaci di Vall'ombrosa, per il Monasterio di sā Salui, fuor della porta alla Croce nell'refettorio, l'Arco d'una Volta, e la facciata, per farui un cenacolo. Nella quale uolta fece in quattro tondi quattro figure, san Benedetto, san Giouanni Gualberto, san Salui Vescouo, e san Bernardo degl' Vberti di Firenze loro frate, e Cardinale: e nel mezzo fece un tondo dentroui tre faccie, che sono una medesima, per la Trinità. e fu questa opera, per cosa in fresco, molto ben lauorata, e per ciò tenuto Andrea quello, che egli era veramente nella pittura. La onde per ordine di Baccio d'Agnolo gli fu dato a fare in fresco allo sdrucciolo d'Orsan Michele, che va in mercato nuouo, in un biscanto quella Nunziata di maniera minuta, che ancor vi si vede, la quale non gli fu molto lodata: e ciò potè essere, perche Andrea, il quale faceua bene senza affaticarsi, ò sforzare la natura, volle come si crede, in questa opera sforzarsi, e farla con troppo studio. fra i molti quadri, che poi fece per Fiorenza, de' quali tutti farei troppo lungo a volere ragionare, dirò che fra i piu segnalati si puo nnouerare quello, che hoggi è in Camera di Baccio Barbadori, nel quale è una Nostra Donna intera con un putto in collo, e santa Anna, e sā Giuseppo, lauorati di bella maniera, e tenuti carissimi da Baccio. Vno ne fece similmente molto lodeuole, che è hoggi appresso Lorēzo di Domenico Borghini. e un'altro a Lionardo del Giocondo d'una Nostra Donna che al preséte è posseduto da Piero suo figliuolo. a Carlo Ginori ne fece due non molto grandi; che poi furono comperi dal Magnifico Ottauiano de' Medici, de quali hoggi n'è uno nella sua bellissima Villa di Campi; & l'altro ha in Camera con molte altre pitture moderne fatte da eccellentissimi Maestri il Signor Bernardetto degno figliuolo di tanto padre, il quale come honora e stima l'opere de' famosi Artefici, così è in tutte l'azzioni veramente Magnifico, e generoso Signore. Haueua in questo mentre il frate de' Serui allogato al Francia Bigio una delle storie del soptradetto Cortile: ma egli non haueua anco finito di fare la turata quando Andrea insospettito, perche gli pareua, che il Francia in maneggiare i colori a fresco fusse di se piu pratico, e spedito Maestro, fece, quasi per gara, i Cartoni delle due storie, per mettergli in opera nel canto fra la porta del fianco di san Bastiano, e la porta minore, che del cortile entra nella Nunziata. e fatto i Cartoni si mise a lauorare in fresco, e fece nella prima la Natiuita di Nostra Donna, con un componimento di figure benissimo misurate, & accommodate con grazia in una Camera, doue alcune donne, come amiche, e parenti, essendo venute a visitarla, sono intorno alla Donna di parto, vestite di quegli habiti, che in quel tempo si usauano. & alcune altre manco nobili, standosi intorno al fuoco lauano la puttina pur'allor nata, mentre alcune altre fanno le fascie, & altri così fatti seruigi. e fra gl'altri vi è un fanciullo, che si scalda a quel fuoco molto viuace, & un

Vecchio, che si riposa sopra vn lettuccio molto naturale. & alcune donne si milmente, che portano da mangiare alla Donna, che è nel letto con modi ueramente proprii, e naturalissimi. e tutte queste figure insieme cō alcuni putti, che stando in aria gettano fiori, sono per l'aria, per i panni, e per ogn'altra cosa consideratissimi, e coloriti tanto morbidamente, che paiono di carne le figure; e l'altre cose piu tosto naturali, che dipinte. nell'altra Andrea fece i tre Magi d'Oriente, i quali guidati dalla Stella andarono ad adorare il fanciullino Giesu Christo: egli finse scaualcati, quasi, che fussero vicini al destinato luogo. e ciò per esser solo lo spazio delle due porte per vano fra loro, e la Natiuità di Christo, che di mano di Alesso Baldouinetti si vede, nella quale storia Andrea fece la corte di que'tre Re venite lor dietro con cariaggi, e molti arnesi, e genti, che gl'accompagnano, fra i quali sono in vn cantone ritratti di naturale tre persone vestite d'habito Fiorentino, l'vno è Iacopo Sansouino, che guarda in verso, chi vede la storia, tutto intero. l'altro appoggiato a esso, che ha vn braccio in iscorto, & accenna è Andrea maestro dell'opera; & vn'altra testa in mezzo occhio dietro a Iacopo è l'Aiolle musico. vi sono, oltre ciò alcuni putti, che salgono su per le mura, per stare a veder passare le magnificenze, e le strauaganti bestie, che menano con esso loro que'tre Re. la quale istoria è tutta simile all'altra gia detta di bontà: anzi nell'una, e nell'altra superò se stesso, non che il Francia, che anch'egli la sua ui fini. in questo medesimo tempo fece vna tauola, per la Badia di san Godenzo, benefizio de i medesimi frati, che fu tenuta molto ben fatta. e per i frati di san Gallo fece in una tauola la Nostra Donna annunziata dall'Angelo: nella quale si vede vn'unione di colorito molto piaceuole, & alcune teste d'Angeli, che accompagnano Gabbriello con dolcezza sfumate, e di bellezza d'Arie di teste cōdotte perfettamente. e sotto questa fece una predella Iacopo da Puntormo allora discepolo d'Andrea, ilquale diede saggio in quell'età giouenile d'hauere à far poi le bell'opere, che fece in Fiorenza di sua mano, prima, che egli diuentasse, si puo dire vn'altro, come si dirà nella sua vita. Dopo fece Andrea un quadro di figure non molto grandi a Zanobi Girolami: nelquale era dentro vna storia di Giuseppo figliuolo di Iacob, che fu da lui finita con una diligenza molto continuata, e per ciò renuta vna bellissima pittura. prese, non molto dopo, a fare à gl'huomini della compagnia di santa Maria della Neue dietro alle monache di santo Ambrogio in vna tauolina tre figure: la Nostra Donna, san Giouambatista, e santo Ambruogio. laquale opera finita, fu col tempo posta in sull'Altare di detta compagnia. Haueua in questo mētre preso dimestichezza Andrea, mediante la sua virtù, con Giouanni Gaddi, che fu poi cherico di camera, ilquale, perche si dilettò sempre dell'arti del disegno, faceua allora lauorare del continuo Iacopo Sansouino. onde, piacendo a costui la maniera d'Andrea, gli fece fare per se vn quadro d'una Nostra Donna bellissima; ilquale, per hauergli Andrea fatto intorno, e modegli, & altre fatiche ingegnose, fu stimato la piu bella opera, che insino allora Andrea hauesse dipinto. Fece dopo questo vn'altro quadro di Nostra Donna a Giouanni di Paulo Merciaio, che piacque a chiunque il uide infinitamente, per essere veramente bellissimo. Et ad Andrea Santini ne fece un'altro, dentroui la Nostra Donna, Christo, san Giouāni, e san Giuseppo, lauorati con tanta di

lig

VITA DI ANDREA DEL SARTO

diligenza, che sempre furono stimati in Fiorenza pittura molto lodeuole. le quali tutte opere, diedero si gran nome ad Andrea nella sua città, che sta mol ti giouani, e vecchi, che allora dipigneuano, s'era stimato de i piu eccellenti, che adoperassino colori, e pennelli. la onde si trouaua nõ solo essere hono rato, ma in istato ancora, se bene si faceua poco affatto pagare le sue fatiche, che poteua in parte aiutare, e souuenire i suoi, e difenderse da i fastidii, e dalle noie, che hanno coloro, che ci uiuono pouerarmente. Ma essendosi d'vna gio uane inamorato, e poco appresso, essendo rimasa vedoua, toltala per moglie, hebbe piu che fare il rimanente della sua vita, e molto piu da trauagliare, che per l'adietro fatto non haueua. perciochè oltre le fatiche, e fastidii, che seco portano simili impacci comunemente, egli sene prese alcuni da vantaggio, come quello, che fu hora da gelosia, & hora da vna cosa, & hora da vn'altra combattuto. Ma per tornare all'opere, che fece, lequali, come furono assai, cosi furono rarissime, egli fece dopo quelle, di che si è fauellato di sopra, a vn frate di santa Croce dell'ordine minore, ilquale era gouernatore allora delle Monache di san Francesco in via pentolini, e si dilettaua molto della pittura, in una tauola, per la chiesa di dette Monache la Nostra Donna ritta, e rile uata sopra vna Basa in otto facci: e in sulle cantonate della quale sono alcune arpie, che seggono, quasi adorādo la Verg. laquale cõ vna mano tiene i collo il figliuolo, che con attitudine bellissima la strigne con le braccia tenerissimamente, & con l'altra un libro serrato, guardando due putti ignudi, iquali mentre l'aiutano a reggere, le fanno intorno ornamento. Ha questa Madõ na, da man ritta vn san Francesco molto ben fatto, nella testa delquale si co nosce la bontà, e semplicità, che fu veramente in quel sāto huomo. oltre cio sono i piedi bellissimi, & cosi i panni; perche Andrea con vn girar di pieghe molto ricco, & con alcune ammaccature dolci sempre contornaua le figure in modo, che si vedeua l'ignudo. a man destra ha un san Giouanni Euangelista, finto giouane, & in atto di scriuere l'euangelio, in molto bella maniera. si vede, oltre cio, in questa opera vn fumo di Nuuoli trasparenti sopra il casamento, e le figure, che pare, che si muouino. Laquale opera e tenuta hoggi fra le cose d'Andrea di singolare, e veramente rara bellezza. fece anco al Niz za legnaiuolo vn quadro di Nostra Donna, che fu non men bello stimato, che l'altre opere sue.

Deliberando poi l'Arte de'Mercatanti, che si facessero alcuni Carri Trio fali di legname a guisa degl'antichi Romani, perche andassero la mattina di san Giouanni a processione in cambio di certi paliotti di drappo, e ceri, che le città, e castella portano in segno di tributo, passando dinanzi al Duca, & Magistrati principali: di dieci, che se ne fecero allora, ne dipinse Andrea alcuni a olio, e di chiaro scuro, con alcune storie, che furono molto lodate. e se bene si doueua seguitare di farne ogni anno qualcuno, per insino a che ogni città, e terra hauesse il suo (il che sarebbe stato magnificenza, e pompa gran dissima) fu non di meno dismesso il cio fare l'anno 1527. Mētre dunque, che con queste, & altre opere Andrea adornaua la sua città, & il suo nome ogni giorno maggiormente cresceua, deliberarono gl'huomini della compagnia dello Scalzo, che Andrea finisse l'opera del loro cortile, che gia haueua cominciato, e fattoui la storia del battesimo di Christo, & cosi hauendo egli rimesso mano all'opera piu uolentieri, ui fece due storie, e per ornamento della porta, che entra nella compagnia, vna charità, & vna iustizia bellissime. in vna delle storie fece san Giouanni, che predica alle turbe in attitudine pronta, con persona adusta, & simile alla uita, che faceua, & con vn'aria di testa, che mostra tutto spirito, & consideratione. similmente la varietà, e prontezza degl'ascoltatori è marauigliosa, vedendosi alcuni stare ammirati e tutti attoniti nell'udire nuoue parole, & vna cosi rara, e non mai piu udita dottrina. Ma molto piu si adoperò l'ingegno d'Andrea nel dipignere Giouanni, che battezza in acqua una infinita di popoli; alcuni de'quali si spogliano, altri riceuono il battesimo; & altri essendo spogliati, aspettano, che finisca di battezzare quelli, che sono inanzi a loro. & in tutti mostrò un uiuo affetto, e molto ardente disiderio nell'attitudini di coloro che si affrettano per essere mondati dal peccato. senza, che tutte le figure sono tanto ben lauorate in quel chiaro scuro, ch'elle rappresentano uiue istorie di marmo, e uetilisime. Non tacerò, che mentre Andrea in queste, & in altre pitture si adoperaua, uscirono fuori alcune stampe intagliate in rame, d'Alberto duro, e che egli se ne seruì, e ne cauò alcune figure, riducendole alla maniera sua. il che ha fatto credere ad alcuni, non che sia male seruirsi delle buone cose altrui destramente, ma che Andrea non hauesse molta inuentione. Venne in quel tempo disiderio a Baccio Bandinelli, allora disegnatore molto stimato, d'imparare a colorire a olio; onde conoscendo, che niuno in Fiorèza cio meglio sapea fare di esso Andrea, gli fece fare vn ritratto di se, che somigliò molto in quell'età, come si puo anco uedere. et cosi nel uedergli fare questa, & altre opere, uide il suo modo di colorire, se bè poi ò p la difficulta, ò p nò se ne curare, nò seguitò di colorire, tornãdogli piu a proposito la scultura. fece Andrea un quadro ad Alessandro Corsini pieno de putti intorno, & una N.D. che siede in terra cõ un putto in collo. ilquale quadro fu cõdotto cõ bell'arte, & cõ un colorito molto piaceuole. & a un Merciaio, che faceua bottega in Roma, & era suo molto amico, fece vna testa bellis. similmète Giouãbatista Puccini Fiorètino, piacèdogli straordinariamète il modo di fare d'And. gli fece fare vn quadro di N. Dõna p mãdare in Frãcia; ma riuscitogli bellis. se lo tenne p se, e nõ lo mãdò altrimèti: ma nõdimeno facèdo egli in Frãcia suoi traffichi, e negozii, e p cio, essendogli cõmesso, che facesse opera di mãdar la pitture eccellète, diede a fare ad Andrea un quadro d'un Christo morto, & certi Angeli attorno, che lo sosteneuano, & cõ atti mesti, e pietosi contemplauano il loro fattore, in tanta miseria, per i peccati degl'huomini. questa opera finita che fu, piacque di maniera vniuersalmente, che Andrea, pregato da molti, la fece intagliare in Roma da Agostino Viniziano ma non gli essendo riuscita molto bene, non volle mai piu dare alcuna cosa alla stampa. ma tornando al quadro, egli non piacque meno in Francia, doue fu mandato, che s'haueste fatto in Fiorenza, in tanto che il Re accelo di maggior disiderio d'hauere dell'opere d'Andrea, diede ordine, che ne facesse alcun'altre; laquale cosa fu cagione, che Andrea persuaso dagl'amici, si risoluè d'andare, poco dopo, in Francia. Ma intanto, intendendo i Fiorentini, il che fu l'anno 1515, che Papa Leone decimo uoleua fare grazia alla patria di farsi in quella uedere, ordinarono per riceuerlo feste grandissime, & un Magnifico, e sontuoso apparato

VITA DI ANDREA DEL SARTO

to, con tanti archi, facciate, tempii, colofsi, & altre statue, & ornamenti, che infino allora non era mai stato fatto ne il piu sontuoso, ne il piu ricco, e bello, perche allora fioriua in quella citta maggior copia di begli, & eleuati ingegni, che in altri tempi fusse auuenuto giamai. All'entrata della porta di sà Pier Gattolini fece Iacopo di Sandro un Arco tutto istoriato, & insieme con esso lui Baccio da monte Lupo, a san Felice in piazza ne fece un'altro Giuliano del Tasso; & a santa Trinita alcune statue, e la Meta di Romolo, & in mercato Nuouo la Colonna Traiana. in piazza de'Signori fece un tempio a otto faccie Antonio, fratello di Giuliano da san Gallo. e Baccio Bandinelli fece vn gigante in sulla loggia. Fra la Badia, & il palazzo del Podestà fecero vn Arco il granaccio, & Aristotile da san gallo, et al canto de'Bischeri ne fece vn altro il Rosso con molto bello ordine, & varietà di figure. Ma quello, che fu piu di tutto stimato, fu la facciata di santa Maria del Fiore, fatta di legname, e lauorata, in diuerse storie di chiaro scuro dal nostro Andrea tanto bene; che piu non si sarebbe potuto disiderare. e perche l'Architettura di questa opera fu di Iacopo Sansouino, e similmente alcune storie di basso rilieuo, e di scultura molte figure tonde; fu giudicato dal Papa, che non sarebbe potuto essere quell'edifizio piu bello quando fusse stato di marmo, & ciò fu inuenzione di Lorenzo de Medici, padre di quel Papa; quando viueua. fece il medesimo Iacopo in sulla piazza di santa Maria Nouella vn Cauallo simile a quello di Roma, che fu tenuto bello affatto. furono anco fatti, infiniti ornamenti, alla sala del Papa nella via della Scala, e la meta di quella strada piena di bellissime storie di mano di molti artefici; ma per la maggior parte disegnate da Baccio Bandinelli. entrando dunque Leone in Fiorenza del medesimo anno, il terzo di di Settembre fu giudicato questo aparato il maggiore, che fusse stato fatto giamai, & il piu bello. ma tornando hoggimai ad Andrea, essendo di nuouo ricerco di fare un'altro quadro per lo Re di Francia, ne finì in poco tempo vno, nelquale fece vna Nostra Donna bellissima; che fu mandato subito, e cauatone da i mercanti quattro volte piu, che non l'haueuano essi pagato. Haueua apunto allora Pier Francesco Borgherini fatto fare a Baccio d'Agnolo di legnami intagliati spalliere, cassoni, sederi, e letto di noce molto belli, per fornimento d'una camera. onde, perche corrispondessero le pitture all'eccellenza degl'altri lauori, fece in quelli fare vna parte delle storie da Andrea in figure non molto grandi, de'fatti di Giuseppo figliuolo di Iacob, a concorrenza d'alcune, che n'haueua fatte il granaccio, e Iacopo da Pontormo, che sono molto belle. Andrea dunque si sforzò, con mettere in quel lauoro diligenza e tempo straordinario di farsi, che gli riuscissero piu perfette, che quelle degli altri sopradetti. il che gli venne fatto benissimo, hauendo egli nella varietà delle cose, che accaggiono in quelle storie, mostro quanto egli valesse nell'arte della pittura. lequali storie per la bontà loro furono per l'assedio di Fiorenza volute scassare di doue erano confitte da Giouanbatista della Palla, per mandare al Re di Francia: Ma perche erano confitte di sorte, che tutta l'opera si sarebbe guasta, restarono nel luogo medesimo con un quadro di Nostra D. che è tenuto cosa rarissima. fece dopo questo Andrea una testa d'un Christo, tenuta hoggi da i frati de'serui in sull'altare della Nunziata, tanto bella, che io per me non so se si puo imaginare da humano intelletto, per una testa

d'un

d'un Christo, la piu bella. Erano state fatte in san Gallo fuor della Porta nelle capelle della Chiesa, oltre alle due tauole d'Andrea, molte altre, lequali non paragonano le sue: onde hauendolene ad allogare vn'altra, operarono que'frati col padrone della capella, ch'ella si desse ad Andrea; ilquale, cominciandola subito fece in quella quattro figure ritte, che disputano della Trinità, cio è vn santo Agostino, che con aria veramente Africana, & in habito di Vescouo si muoue, con vehementia uerso vn san Pier Martire, che tiene un libro aperto, in aria, e atto fieramēte terribile. laquale testa, e figura è molto lodata. Allato à questo è un san Fran. che con una mano tiene un libro; & l'altra ponēdosi al petto, pare, che esprima cō la bocca vna certa caldezza di feruore, che lo faccia quasi struggere in quel ragionamento. Euui anco vn s. Lorenzo, che ascolta come giouane, e pare, che ceda all'autorità di coloro. Abbasso sono ginocchioni due figure, vna Maddalena, cō bellissimi panni, il volto dellaquale è ritratto della moglie; percioche non faceua aria di femine in nessun luogo, che dà lei non la ritraesse: se pur aueniua, che da altre tal hora la togliesse, per l'uso del continuo uederla, e per tanto hauerla disegnata, & che è piu, hauerla nell'animo impressa, veniua, che quasi tutte le teste, che faceua di femmine, la somigliauano. l'altra delle quattro figure fu un sā Bastiano, ilquale, essendo ignudo, mostra le schiene, che non dipinte, ma paiono à chiunche le mira uiuissime. e certamente questa fra tāte opere a olio fu da gl'artefici tenuta la migliore, conciosia, che in essa si vede molta osseruāza nella misura delle figure, & vn modo molto ordinato; e la proprietà dell'aria ne'volti: perche hanno le teste de'giouani dolcezza; crudezza quelle de vecchi, & vn certo mescolato, che tiene dell'une, e dell'altre, quelle di mezza età. in somma questa tauola è in tutte le parti bellissima, e si truoua hoggi in san Iacopo trà fossi al cāto agl'Alberti insieme con l'altre di mano del medesimo. mentre, che Andrea si andaua trattenendo in Fiorenza dietro à queste opere, assai pouer amente, senza punto solleuarsi; erano stati considerati i Francia i due quadri, che ui haueua mandati, dal Re Francesco primo; e fra molti altri stati mandati di Roma, di Vinezia, e di Lombardia erano stati di gran lunga giudicati i migliori. lodandogli dunque straordinariamēte quel Re, gli fu detto, che essere potrebbe ageuolmente, che Andrea si cōducesse in Francia al seruigio di sua Maestà. la qual cosa fu carissima al Re, onde data commessione di quanto li haueua da fare, & che in Fiorenza gli fussero pagati danari per il viaggio; Andrea si mise allegramente in camino per Francia conducendo seco Andrea Sguazzella suo creato. arriuati poi finalmente alla corte, furono da quel Re con molta amoreuolezza, & allegramēte riceuuti. & Andrea, prima che passasse il primo giorno del suo arriuo, prouò quanta fosse la liberalità, e cortesia di quel Magnanimo Re, riceuendo in duono danari, e vestimenti ricchi, & honorati. cominciando poco appresso à lauorare si fece al Re, e à tutta la corte grato di maniera, che essendo da tutti carezzato, gli pareua, che la sua partita l'hauesse condotto da vna estrema infelicità à vna felicità grandissima. Ritrasse fra le prime cose, di naturale il Dalfino figliuolo del Re nato di pochi mesi, & cosi in falcie; e portatolo al Re n'hebbe in dono trecento scudi d'oro. Dopo seguitando di lauorare fece al Re vna carità, che fu tenuta cosa rarissima, e dal Re tenuta in pregio, come cosa, che lo

meritaua

VITA DI ANDREA DEL SARTO

meritaua, ordinatogli appresso grossa prouisione, faceua ogni opera, perche volentieri stesse seco, promettendo, che niuna cosa gli mancherebbe. E que sto perche gli piaceua nell'operare d'Andrea la prestezza, & il procedere di quell'huomo, che si contentaua d'ogni cosa. oltre cio, sodisfacendo molto à tutta la corte, fece molti quadri, & molte opere. e se egli hauesse considerato donde si era partito, e doue la sorte l'haueua condotto, non ha dubbio, che sarebbe salito (lasciamo stare le ricchezze) à honoratissimo grado. Ma essendogli vn giorno, che lauoraua per la madre del Re vn san Girolamo in peni tèza, venuto alcune lettere da Fiorenza, lequali gli scriueua la moglie; comin cio (qualunque si fusse la cagione) à pensare di partirsi. chiese dunque licenza al Re, dicedo di volere andare a Fireze, & che accommodate alcune sue fac cende, tornerebbe à sua Maesta per ogni modo: & che per starui piu riposato menarebbe seco la moglie; & al ritorno suo porterebbe pitture, & sculture di pregio. Il Re, fidandosi di lui gli diede per cio danari. & Andrea giurò sopra il Vangelo di ritornare a lui fra pochi mesi. E cosi arriuato a Fiorenza felicemente si godè la sua bella donna parecchi mesi, e gl'amici, e la città. finalmente passando il termine, in fral quale doueua ritornare al Re, egli si tro uò in vltimo fra in murare, in darsi piacere, e non lauorare, hauer consumati i suoi danari, e quelli del Re parimente. Ma non dimeno volendo egli torna re, potettero piu in lui i pianti, e i preghi della sua donna, che il proprio bisogno, e la fede promessa al Re. onde, non essendo (per compiacere alla donna) tornato, il Re ne prese tanto sdegno, che mai piu con diritto occhio non volle vedere per molto tempo, pittori Fiorentini. e giurò, che se mai gli fusse capitato Andrea alle mani piu dispiacere, che piacere gli harebbe fatto, senza hauere punto di riguardo alla virtu di quello. Cosi Andrea restato in Fiorenza, e da vno altissimo grado venuto a uno infimo, si tratteneua, e passaua tempo, come poteua il meglio. Nella sua partita per Francia ha ueuano gl'huomini dello Scalzo, pensando, che non douesse mai piu tornare, allogato tutto il restante dell'opera del cortile, al Francia Bigio, che gia ui haueua fatto due storie; quando vedendo Andrea tornato in Firenze fecero, che egli rimise mano all'opera, e seguitando vi fece quattro storie, l'vna a canto all'altra. Nella prima e san Giouanni preso dinanzi à Herode. Nell'altra è la cena, e il ballo d'Erodiana, con figure molto accommodate, e aproposito. Nella terza è la decollatione di esso san giouanni, nella quale il Maestro della iustizia mezzo ignudo, e figura molto eccellentemente disegnata, si come so no anco tutte l'altre. Nella quarta Erodiana presenta la testa, & in questa so no alcune figure, che si marauigliano, fatte con bellissima consideratione. le quali storie sono state vn tempo lo studio, e la scuola di molti giouani, che hoggi sono eccellenti in queste arti. fece in sul canto, che suor della porta a Pinti voltaua per andare agl'Ingiesuati, in vn Tabernacolo a fresco vna Nostra Donna à sedere con vn putto in collo, & vn san Giouanni fanciullo, che ride fatto con arte grandissima, e lauorato cosi perfettamente, che è molto sti mato, per la bellezza, e viuezza sua. & la testa della Nostra Donna è il ritratto della sua moglie di naturale. ilquale Tabernacolo, per la incredibile bellezza di questa pittura, che è ueramente marauigliosa, fu lasciato in piedi, quando l'anno 1530. per l'assedio di Fiorenza fu rouinato il detto conuento

de

degl'Ingiesuati,& altri molti bellissimi edifizii. In que' medesimi tempi facédo in Francia Bartolomeo Panciatichi il vecchio, molte facende di mercàzia, come disideroso di lasciare memoria di se in Lione, ordinò à Baccio d'Agnolo, che gli facesse fare da Andrea vna tauola, e gliele mandasse la, dicédo, che in quella voleua un'Assunta di Nostra Donna con gl'Apostoli intorno al sepolcro. questa opera dunque códusse Andrea fin presso alla fine, ma perche il legname di quella parecchie volte s'aperse, hor lauorandoui, hor lasciando la stare, ella si rimase adietro non finita del tutto alla morte sua. e fu poi da Bartolomeo Panciatichi il giouane riposta nelle sue case, come opera veramé te degna di lode, per le bellissime figure degl'Apostoli: oltre alla Nostra Dóna, che da vn choro di putti ritti è circondata; mentre alcuni altri la reggono e portano con vna grazia singularissima. & a sommo della tauola è ritratto fra gl'Apostoli Andrea tanto naturalmente, che par viuo. e hoggi questa nella villa de' Baroncelli, poco fuor di Fiorenza in una Chiesetta stata murata da Piero Saluiati vicina alla sua villa, per ornamento di detta tauola. fece Andrea a sommo dell'orto de' Serui in due cátoni due storie della vigna di Christo, cio è quando ella si pianta, lega, e paleggia: & appresso quel padre di famiglia, che chiama a lauorare coloro, che si stauano oziosi, fra i quali è vno, che mentre è dimandato se vuole entrare in opera, sedendo si gratta le mani e sta pensando se vuole andare fra gl'altri operai, nella guisa apunto, che certi infingardi si stanno con poca uoglia di lauorare. Ma molto piu bella e l'altra, doue il detto padre di famiglia gli fa pagare, mentre essi mormorando si dogliono. e fra questi uno, che da se annouera i danari, stando intento à quello, che gli tocca, par viuo; si come anco pare il castaldo, che gli paga. le quali storie sono di chiaro scuro, e lauorate in fresco con destrissima pratica. Dopo queste fece nel nouiziato del medesimo conuento a sommo d'una scala, vna pietà colorita a fresco in una nicchia, che è molto bella. Dipinse anco in vn quadretto a olio un'altra pietà, & insieme vna Natiuità, nella camera di ql có uento, doue gia staua il Generale Angelo Aretino. fece il medesimo a Zanobi Bracci, che molto disideraua hauere opere di sua mano, in un quadro per una camera, una Nostra Donna, che inginocchiata si appoggia a un masso cótemplando Christo, che posato sopra un viluppo di panni, la guarda sorridédo; mentre un san Giouanni, che ui è ritto, accenna alla Nostra Donna quasi mostrando quello essere il vero figliuol di Dio. dietro a questi è un Giuseppo appoggiato con la testa in su le mani, posate sopra uno scoglio: che pare, si beatifichi l'anima nel uedere la generazione humana essere diuentata, per quella nascita, diuina. Douendo Giulio Cardinale de' Medici per commessione di Papa Leone far lauorare di stucco, e di pittura la uolta della scala grande del Poggio à Caiano, palazzo, e villa della casa de' Medici, posta fra Pistoia, e Fiorenza, fu data la cura di quest'opera, e di pagar i danari al Magnifico Ottauiano de' Medici, come a persona, che nó tralignádo da i suoi maggiori, s'intendeua di quel mestiere, & era amico, e amoreuole à tutti gl'artefici delle nostre arti, dilettandosi piu che altri d'hauere adorne le sue case dell'opere dei piu eccellenti. ordinò dunque, essendosi dato carico di tutta l'opera al Francia Bigio, ch'egli n'hauesse un terzo solo, vn terzo Andrea, e l'altro Iacopo da Puntormo, ne fu possibile, per molto, che il Mag. Ottauiano sollecitasse

VITA DI ANDREA DEL SARTO

sollecitasse costoro, ne per danari, che offerisse, e pagasse loro far sì, che quell'opera si conducesse à fine. Perche Andrea solamente finì con molta diligēza in vna facciata vna storia, dentroui quando à Cesare sono presentati i tributi di tutti gl'animali. Il disegno della quale opera è nel nostro libro insieme con molti altri di sua mano: & è il piu finito, essendo di chiaro scuro, che Andrea facesse mai. In questa opera, Andrea per superare il Francia, & Iacopo, si mise a fatiche non piu vsate, tirando in quella vna magnifica prospettiua, & vn'ordine di scale molto difficile, per lequali salendo si peruiene alla sedia di Cesare. Et queste adornò di statue molto ben considerate; non gli bastando hauer mostro il bell'ingegno suo nella varietà di quelle figure, che portano addosso que'tanti diuersi animali: come sono vna figura Indiana, che ha vna casacca gialla indosso, e sopra le spalle vna gabbia, tirata i prospettiua, con alcuni papagalli dentro, e fuori, che sono cosa rarissima; & come sono ancora alcuni, che guidano capre Indiane, Leoni, Giraffi, Leonze, Lupi ceruieri, Scimie, e Mori, & altre belle fantasie accommodate cō bella maniera, e lauorate infresco diuinissimamente. Fece anco in su quelle scalee a sedere vn Nano, che tiene in vna scatola il Camaleonte tanto ben fatto, che nō si puo immaginare nella disformità della stranissima forma sua la piu bella proporzione di quella, che gli diede. Ma questa opera rimase, come s'è detto, imperfetta, per la morte di Papa Leone. E se bene il Duca Alessandro de' Medici hebbe disiderio, che Iacopo da Pontormo la finisse, non hebbe forza di far sì, che vi mettessi mano. E nel vero riceuè torto grandissimo a restare imperfetta; essendo per cosa di villa la piu bella sala del mondo. Ritornato in Fiorenza Andrea fece in vn quadro vna mezza figura ignuda d'vn s. Giouan Battista, che è molto bella, laquale gli fu fatta fare da Giouan Maria Beniniendi, che poi la donò al S. Duca Cosimo. Mentre le cose succedeuano in questa maniera, ricordandosi alcuna volta Andrea delle cose di Francia, sospiraua di chore; e se hauesse pensato trouar perdono del fallo cōmesso, non ha dubbio, che egli vi sarebbe tornato. E per tentare la fortuna, volle prouare, se la virtu sua gli potesse a cio essere gioueuole. Fece addunque in vn quadro vn s. Gio. Battista mezzo ignudo, per mandarlo al gran Maestro di Francia; acciò si adoperasse per farlo ritornare in grazia del Re. Ma qualunche di ciò fusse la cagione, non'glielo mandò altrimenti, ma lo vendè al mag. Ottauiano de'Medici, ilquale lo stimò sempre assai, mētre visse, sì come fece ancō due quadri di N. Donne, che gli fece d'vna medesima maniera, i quali sono hoggi nelle sue case. Nè dopo molto gli fece fare Zanobi Bracci per Monsignore di san Biause vn quadro, ilquale condusse con ogni diligenza, sperādo, che potesse esser cagione di fargli rihauere la grazia del Re Francesco, ilquale desideraua di tornare a seruire. Fece anco vn quadro a Lorenzo Iacopi, di grandezza molto maggiore, che l'vsato, dentroui vna N. Donna a sedere con il putto in braccio, e due altre figure, che l'accompagnano, lequali seggono sopra certe scalee, che di disegno, e colorito sono simili all' altre opere sue. Lauorò similmente vn quadro di N. Donna bellissimo a Giouanni d'Agostino Dini, che è hoggi, per la sua bellezza molto stimato. E Cosimo Lapi ritrasse di naturale tanto bene, che pare viuissimo. Essendo poi venuto l'anno 1523. in Fiorenza la peste, & anco pel contado in qualche luogo; Andrea p

x   mez

mezzo d'Antonio Brancacci, per fuggire la peste, & ancho lauorare qualche cosa, andò in Mugello a fare per le Monache di san Piero a Luco dell'ordine di Camaldoli vna tauola. Là doue menò seco la moglie, & vna figliastra; et similmente la sorella di lei, & vn garzone. Quiui dunque stàdosi quietamente mise mano all'opera. E perche quelle venerande Donne piu l'un giorno, che l'altro faceuano carezze, & cortesie alla moglie, a lui, & a tutta la brigata, si pose con grandissimo amore a lauorare quella tauola: Nella quale fece vn Christo morto, pianto dalla nostra Donna, S. Giouanni euangelista, & da vna Madalena in figure tanto viue, che pare ch'elle habbiano veramête lo spirito, & l'anima. Nel S. Giouanni si scorge la tenera dilezzione di quell'Apostolo: & l'amore della Madalena nel pianto: & vn dolore estremo nel volto & attitudine della Madonna: laquale vedendo il Christo, che pare veramente di rilieuo in carne, e morto, sa per la compassione stare tutto stupefatto, & smattito san Piero, e san Paulo, che contemplano morto il saluatore del mondo in grembo alla madre. per lequali marauigliose considerazioni si conosce, quanto Andrea si dilettasse delle fini, e perfezzioni dell'arte. e per dire il vero questa tauola ha dato piu nome a quel Monasterio, che quate fabriche, e quante altre spese vi sono state fatte, ancor che magnifiche, e straordinarie. Finita la tauola, perche non era ancor passato il pericolo della peste, dimorò nel medesimo luogo, doue era benissimo veduto, e carezzato, alcune settimane. Nel qual tempo, per non si stare, fece non solamente vna visitazione di nostra Dôna, e S. Lisabetta, che è in chiesa a man ritta sopra il presepio, per finimento d'vna tauoletta antica; ma ancora in vna tela non molto grande vna bellissite sta d'un Christo, alquanto simile a quella, che è sopra l'altare della Nunziata ma non si finita: laqual testa, che in vero si può annouerare fra le buone cose, che vsciffero dalle mani d'And. è oggi nel monasterio de Monaci degl'Angeli di Firenze, appresso il molto R. P. Dô Ant. da Pisa, amator non solo degl'huomini ecc. nelle nostre arti, ma generalmête di tutti i virtuosi. Da qsto quadro ne sono stati ricauati alcuni; che hauêdolo Dô Siluano Razzi fidato a Zanobi Poggini pittore, accio vno ne ritraesse a Batto Gondi, che ne lo richiese, ne furono ricauati alcuni altri, che sono in Firenze tenuti in somma venerazione. In questo modo adunque passò And. senza pericolo il tempo della peste, & quelle Donne hebbero dalla virtu di tanto huomo quell'opa, che può stare al paragone delle piu ecc. pitture, che siano state fatte a tempi nostri. on de non è marauiglia se Ramazzotto, capo di parte a Scaricalasino, tentò p l'assedio di Firenze piu volte d'hauerla; per mandarla a Bologna in sa Michele in bosco alla sua capella: Tornato Andrea a Firenze, lauorò a Becuccio Bicchieraio da Gambassi, amicissimo suo, in vna tauola vna N. Donna in aria col figliuolo in collo, & abbasso quattro figure, san Giouanni Battista, S. Maria Madalena, S. Bastiano, e sâ Rocco; & nella predella ritrasse di naturale esso Becuccio, e la moglie, che sono viuissimi. Laquale tauola è hoggi a Gambassi castello fra Volterra, e Fiorenza nella Valdelsa. A Zanobi Bracci per vna capella della sua villa di Rouezzano fece vn bellissimo quadro di vna N. Donna, che allatta vn putto, & vn Giuseppo, con tanta diligenza, che si staccano, tanto hanno rilieuo, dalla tauola. Ilquale quadro è hoggi in casa di M. Antonio Bracci, figliuolo di detto Zanobi. Fece anco Andrea nel medesimo tempo

VITA DI ANDREA DEL SARTO

po, e nel gia detto cortile dello scalzo, due altre storie. In vna delle quali figu
rò Zacheria, che sacrifica, & ammutolisce nell'apparirgli l'Angelo. Nell'altra
è la visitazione di nostra Donna bella a marauiglia. Federigo secondo Duca
di Mantoa, nel passare per Fiorenza, quando andò a far reuerenza a Cleme
te settimo, vide sopra vna porta, in casa Medici, quel ritratto di Papa Leone
in mezzo al Cardinale Giulio de' Medici, & al Cardinale de' Rossi, che gia fe
ce l'eccellentiss. Raffaello da Vrbino. perche piacendogli straordinariamen
te, pensò, come quello, che si dilettaua di così fatte pitture ecc. farlo suo. E co
sì quando gli parue tempo, essendo in Roma, lo chiese in dono a Papa Cleme
te, che gliene fece grazia cortesemente. onde fu ordinato in Fiorenza a Otta
uiano de' Medici, sotto la cui cura, e gouerno erano Hippolito, e Alessandro,
che in cassatolo, lo facesse portare a Mantoa. Laqual cosa dispiacendo molto
al mag. Ottauiano, che non harebbe voluto priuar Fiorèza d'una sì fatta pittura, si marauigliò, che il Papa l'hauesse corsa così a vn tratto : pure rispose,
che non mancherebbe di seruire il Duca : ma che essendo l'ornamento catti
uo ne faceua fare vn nuouo, ilquale come fusse messo d'oro, manderebbe sicu
rissimamente il quadro a Mantoa : e ciò fatto, M. Ottauiano, per saluare, co
me si dice, la capra, & i cauoli, mandò segretamente per Andrea, e gli disse, co
me il fatto staua, & che a cio non era altro rimedio, che contrafare quello có
ogni diligenza ; & mandandone vn simile al Duca, ritenere, ma nascosamen
te, quello di mano di Raffaello. Hauendo dunque promesso Andrea di fare
quanto sapeua, e poteua, fatto fare vn quadro simile di grandezza, & in tutte
le parti, lo lauorò in casa di M. Ottauiano segretamete. E vi si affaticò di ma
niera, che esso M. Ottauiano, intendentissimo delle cose dell'arti, quando fu
finito, non conosceua l'uno dall'altro, ne il proprio, e vero dal simile, hauendo massimamente Andrea contrafatto infino alle macchie del sucido, come
stà il vero a punto. E così nascosto che hebbero quello di Raffaello, mandarono quello di mano d'Andrea in vn ornamento simile a Mantoa. Di che il
Duca restò sodisfattissimo, hauendoglielo massimamente lodato, senza esser
si auueduto della cosa, Giulio Romano pittore, e discepolo di Raffaello. Ilquale Giulio si sarebbe stato sempre in quella openione, e l'harebbe creduto
di mano di Raffaello. Ma capitando a Mantoa Giorgio Vasari, ilquale, essen
do fanciullo, e creatura di M. Ottauiano, haueua veduto Andrea lauorare ql
quadro, scoperse la cosa. perche facendo il detto Giulio molte carezze al Va
sari, e mostrandogli, dopo molte anticaglie, e pitture, quel quadro di Raffaello, come la miglior cosa, che vi fusse ; disse Giorgio, l'opera è bellissima, ma
non è altrimenti di mano di Raffaello. come nò ? disse Giulio, non lo so io,
che riconosco i colpi, che vi lauorai su ? Voi ve gli sete dimenticati, soggiunse
Giorgio : perche questo è di mano d'Andrea del Sarto ; e per segno di ciò, ec
coui vn segno (e glie lo mostrò) che fu fatto in Fiorenza, perche quando erano insieme si scambiauano. Ciò vdito fece riuoltar Giulio il quadro, e visto
il contrasegno, si strinse nelle spalle, dicendo queste parole : Io non lo stimo
meno, che s'ella fusse di mano di Raffaello, anzi molto piu : pche è cosa fuor
di natura, che vn'huomo ec. imiti sì bene la maniera d'un'altro, e la faccia così
simile Basta, che si conosce, che così valse la virtu d'And. acōpagnata, come so
la. E così fu col giudizio, e consiglio di M. Ottauiano sodisfatto al Duca, e nó

X 2

priuata Fiorenza d'una si degna opera. La quale essendogli poi donata dal Duca Alessandro, tenne molti anni appresso di sè. E finalmente ne fece dono al Duca Cosimo, che l'ha in guarda roba con molte altre pitture famose. Mentre che Andrea faceua questo ritratto, fece anco per il detto M. Ottauiano in vn quadro, solo la testa di Giulio Cardinal de' Medici, che fu poi Papa Clemente, simile a quella di Raffaello, che fu molto bella. La quale testa fu poi donata da esso M. Ottauiano al Vescouo vecchio de' Marzi. Non molto dopo, disiderando M. Baldo Magni da Prato fare alla Madonna della carcere nella sua terra vna tauola di pittura bellissima, doue haueua fatto fare prima vn'ornamento di marmo molto honorato; gli fu, fra molti altri pittori, messo inanzi Andrea. Onde, hauendo M. Baldo, ancor che di ciò non s'intendesse molto, più inchinato l'animo a lui, che a niun altro, gli haueua quasi dato intenzione di volere, che egli, e non altri la facesse; quando vn Niccolò Soggi Sansouino, che haueua qualche amicizia in Prato, fu messo inâzi a M. Baldo per quest'opera; & di maniera aiutato, dicendo, che non si poteua hauere miglior maestro di lui, che gli fu allogata quell'opera. Intanto, mandando per Andrea chi l'aiutaua, egli con Domenico Puligo, & altri pittori amici suoi, pensando al fermo, che il lauoro fusse suo, se n'andò a Prato. Ma giunto trouò, che Niccolò non solo haueua riuolto l'animo di M. Baldo; ma anco era tanto ardito, e sfacciato, che in presenza di M. Baldo disse ad Andrea, che giocherebbe seco ogni somma di danari a far qualche cosa di pittura, & chi facesse meglio tirasse. Andrea, che sapea quanto Niccolo valesse, rispose, ancorche per ordinario fusse di poco animo; Io ho qui meco questo mio garzone, che non è stato molto all'arte, se tu vuoi giocar seco, io metterò i danari per lui, ma meco non voglio, che tu ciò faccia per niête: percioche, se io ti vincessi, non mi sarebbe honore, & se io perdessi, mi sarebbe grandissima vergogna. E detto a M. Baldo, che desse l'opera a Niccolo, perche egli, la farebbe di maniera, che ella piacerebbe a chi andasse al mercato, se ne tornò a Fiorêza; doue gli fu allogata vna tauola per Pisa, diuisa in cinque quadri, che poi fu posta alla Mad. di S. Agnesa lungo le mura di quella città, fra la cittadella vecchia, & il Duomo. Facendo dunque in ciascun quadro vna figura, fece s. Gio. Batt. & s. Piero, che mettono in mezzo quella Madonna, che fa miracoli; negl'altri è S. Caterina martire, S. Agnesa, & S. Margherita, figure, ciascuna per sè; che fanno marauigliare, per la loro bellezza, chiunche le guarda; & sono tenute le piu leggiadre, & belle femmine, che egli facesse mai. Haueua M. Iacopo frate de' Serui nell'assoluere, e permutar vn voto d'una donna, ordinatole, ch'ella facesse fare sopra la porta del fianco della Nunziata, che và nel chiostro, dalla parte di fuori, vna figura d'una N. Donna. perche trouato Andrea gli disse, che haueua a fare spendere questi danari, & che se bene non erano molti, gli pareua ben fatto, hauendogli tanto nome acquistato le altre opere fatte in quel luogo, che egli, & non altri facesse anco questa. Andrea, che era anzi dolce huomo, che altrimenti, spinto dalle persuasioni di quel padre, dall'utile, e dal disiderio della gloria, rispose, che la farebbe volentieri; & poco appresso, messoui mano, fece in fresco vna nostra Dôna, che siede bellissima, con il figliuolo in collo, & vn san Giuseppo, che appoggiato a vn sacco, tien gl'occhi fissi a vn libro aperto. E fu sì fatta quest'opera, che

per

VITA DI ANDREA DEL SARTO

per disegno, grazia, e bontà di colorito, e per viuezza, e rilieuo, mostrò egli hauere di gran lunga superati, & auanzati tutti i pittori, che haueuano insino a quel tempo lauorato. Et in vero è questa pittura cosi fatta, che apertamente da se stessa, senza che altri la lodi, si fa conoscere, per stupenda, e rarissima. Mancaua al cortile dello Scalzo solamente vna storia, a restare finito del tutto: per il che Andrea, che haueua ringrandito la maniera, per hauer visto le figure, che Michelagnolo haueua cominciate, e parte finite per la sagrestia di san Lorenzo; mise mano a fare quest'vltima storia: & in essa dando l'ultimo saggio del suo miglioramento, fece il nascer di san Giouanni Battista in figure bellissime, e molto migliori, e di maggior rilieuo, che l'altre da lui state fatte per l'adietro nel medesimo luogo. Sono bellissime in questa opera fra l'altre, vna femmina, che porta il putto nato al letto, doue è S. Lisabetta, che an ch'ella è bellissima figura; e Zacheria, che scriue sopra vna carta, la quale ha posata sopra vn ginocchio, tenendola con vna mano, & con l'altra scriuendo il nome del figliuolo tanto viuamente, che non gli manca altro, che il fiato stesso. E' bellissima similmente vna vecchia, che siede in su vna predella, ridendosi del parto di quell'altra vecchia, e mostra nell'attitudine, & nell'affetto quel tanto, che in simile cosa farebbe la natura. Finita quell'opera, che certamente è dignissima di ogni lode, fece per il generale di Vallombrosa in vna tauola quattro bellissime figure, San Gio. Batt. S. Giouangualberto, institutor di quell'ordine, S. Michelagnolo, e S. Bernardo Cardinale, e loro monaco; e nel mezzo alcuni putti, che non possono esser ne piu viuaci, ne piu belli. Questa tauola è a Vallombrosa sopra l'altezza d'un sasso, doue stanno certi monaci separati da gl'altri, in alcune stanze, dette le celle, quasi menando vita da Romiti. Dopo questa, gli fece fare Giuliano Scala, per mandare a Serrezzana, in vna tauola vna nostra Donna a sedere col figlio in collo, e due mezze figure dalle ginocchia in su, san Celso, & S. Iulia, S. Honofrio, S. Caterina, san Benedetto, S. Antonio da Padoa, san Piero, e san Marco. La quale Tauola fu tenuta simile all'altre cose d'Andrea. & al detto Giuliano Scala rimase per vn resto, che coloro gli doueuano di danari pagati per loro, vn mezzo tondo, dentro al quale è una Nunziata, che andaua sopra per finimento della tauola; il quale è nella chiesa de' Serui a vna sua capella intorno al coro nella Tribuna maggiore. Erano stati i monaci di san Salui molti anni, senza pensare, che si mettesse mano al loro cenacolo, che haueuano dato a fare ad Andrea, allora, che fece l'arco con le quattro figure: Quando vn' Abbate galant'huomo, e di giudizio, deliberò, che egli finisse quell' opera; onde Andrea, che già si era a ciò altra volta obligato, non fece alcuna resisteza, anzi messoui mano in non molti mesi, lauorandone a suo piacere vn pezzo per volta, lo finì: & di maniera, che quest'opera fu tenuta, ed è certamente la piu facile, la piu viuace di colorito, & di disegno, che facesse giamai, anzi, che fare si possa; hauendo, oltre all'altre cose, dato grandezza, maestà, & grazia infinita a tutte quelle figure: in tanto, che io non so, che mi dire di questo cenacolo, che nó ha poco; essendo tale, che chiunche lo uede, resta stupefatto. Onde nó è marauiglia, se la sua bontà fu cagione, che nelle rouine dell'assedio di Firenze l'anno 1529. egli fusse lasciato stare in piedi, allora che i soldati, e guastatori, per comandamento di chi reggeua, rouinarono tutti i borghi fuor della città.

tà, i monasteri, spedali, & tutti altri edifizij Costoro dico, hauendo rouinato la chiesa, & il Campanile di san Salui, & cominciando a madar giu parte del conuento, giunti, che furono al Reffettorio, doue è questo Cenacolo, vedendo chi gli guidaua, e forse hauendone vdito ragionare, si marauigliosa pittura, abbandonando l'impresa, non lasciò rouinar altro di quel luogo, serbandosi a ciò fare, quando non hauessono potuto fare altro. Dopo fece Andrea alla compagnia di san Iacopo detta il Nicchio in vn segno da portare a processione, vn san Iacopo, che fa carezze, toccandolo sotto il mento, a vn putto vestito da battuto: & vn altro putto, che ha vn libro in mano, fatto con bella grazia, e naturale. Ritrasse di naturale vn commesso de' Monaci di Vallombrosa, che per bisogni del suo monasterio si staua sempre in villa, e fu messo sotto vn pergolato, doue haueua fatto suoi accordimi, e pergole con varie fantasie, e doue percoteua assai l'acqua, & il vento, sì come volle quel commesso amico d'Andrea. E perche finita l'opera auanzò de'colori, e della calcina, Andrea, preso vn tegolo, chiamò la Lucrezia sua Donna, e le disse: Vieni quà, poi che ci sono auanzati questi colori, io ti voglio ritrarre, acciò si veggia in questa tua età, come tu sei ben conseruata, & si conosca nondimeno quanto hai mutato effigie, e sia per esser questo diuerso dai primi ritratti. Ma non volendo la Donna, che forse haueua altra fantasia, star ferma, Andrea, quasi indouinando esser vicino al suo fine, tolta vna spera, ritrasse se medesimo in vn tegolo, tanto bene, che par viuo, e naturalissimo. Il qual ritratto è appresso alla detta M. Lucrezia sua Donna, che ancor viue. Ritrasse similmente vn Canonico Pisano suo amicissimo, & il ritratto, che è naturale, e molto bello, è anco in Pisa. Cominciò poi, per la signoria i cartoni, che si haueuano a colorire, per far le spalliere della ringhiera di piazza cō molte belle fantasie sopra i quartieri della città, con le bandiere delle capitudini tenute da certi putti con ornamenti ancora de'simulacri di tutte le virtù, & parimente i monti, se fiumi più famosi del Dominio di Fiorenza. Ma quest'opera così cominciata rimase imperfetta, per la morte d'Andrea; come rimase anco, ma poco meno, che finita, vna tauola, che fece per i monaci di Vallombrosa alla loro Badia di Poppi in Casentino. Nella quale tauola fece vna N. Donna Assunta con molti putti intorno, san Giouanni Gualberto, san Bernardo cardinale loro monaco, come s'è detto, S. Caterina, e san Fedele. La quale tauola così imperfetta è hoggi in detta Badia di Poppi. Il simile auuenne d'vna tauola non molto grande, che finita doueua andar a Pisa. Lasciò bene finito del tutto vn molto bel quadro, che hoggi è in casa di Filippo Saluiati, e alcuni altri. Quasi ne' medesimi tempi Giouanbattista della Palla, hauendo cōpere quante sculture, e pitture notabili haueua potuto, facendo ritrarre quelle, che nō poteua hauere: haueua spogliato Fiorenza d'una infinità di cose elette, senza alcun rispetto, per ordinare al Re di Francia vn'appartamento di stanze, che fusse il più ricco di così fatti ornamenti, che ritrouare si potesse. Costui dunque, desiderando, che Andrea tornasse in grazia, e al seruigio del Re, gli fece fare due quadri: In vno dipinse Andrea Abramo in atto di volere sacrificare il figliuolo; & ciò con tanta diligenza, che fu giudicato, che insino allora non hauesse mai fatto meglio. Si vedeua nella figura del vecchio espressa diuinamente quella viua fede, e constanza, che senza punto spauentarlo,

VITA DI ANDREA DEL SARTO

lo faceua di buonissima voglia pronto a vccidere il proprio figliuolo. Si vede ua anco il medesimo uolgere la testa verso vn bellissimo putto, il quale parea gli dicesse, che fermasse il colpo. Non dirò quali fussero l'attitudini, l'habito, i calzari, & altre cose di quel vecchio: perche non è possibile dirne abastanza: Dirò bene, che si vedeua il bellissimo, e tenero putto Isaac tutto nudo, tremare per timore della morte, e quasi morto senza esser ferito. Il medesimo haueua, non che altro, il collo tinto dal calor del Sole, e candidissime quelle parti, che nel viaggio di tre giorni haueuano ricoperto i panni. Similmente il montone fra le spine pareua viuo, & i panni di Isaac in terra piu tosto veri, & naturali, che dipinti. V'erano, oltre ciò, certi serui ignudi, che guardauano vn'asino, che pasceua, e vn paese tanto ben fatto che quel proprio doue fu il fatto non poteua esser piu bello ne altrimenti: La qual pittura, hauēdo dopo la morte d'Andrea, & la cattura di Battista compera Filippo Strozzi, ne fe ce dono al S. Alfonso Daualos Marchese del Vasto, il quale la fece portar' nel l'Isola d'Ischia, vicina a Napoli, e porre in alcune stanze in compagnia d'altre dignissime pitture. Nell'altro quadro fece vna carità bellissima con tre putti: & questo comperò poi dalla Dōna d'Andrea, essendo egli morto, Domenico Conti pittore, che poi lo vende a Niccolo Antinori, che lo tiene come cosa rara, che ell'è veramente. Venne in questo mentre desiderio al mag. Ottauiano de'Medici, vedendo quanto Andrea haueua in quest'ultimo miglio rata la maniera, d'hauere vn quadro di sua mano: onde Andrea, che desideraua seruirlo, per esser molto obligato a quel signore, che sempre haueua fauorito i begli ingegni, e particolarmente i pittori; gli fece in vn quadro vna nostra Donna, che siede in terra con vn putto in su le gābe a caualcione, che volge la testa a vn san Giouannino, sostenuto da vna S. Elisabetta vecchia, sī to ben fatta, e naturale, che par viua, si come anco ogni altra cosa, è lauorata con arte, disegno, e diligenza incredibile. Finito che hebbe questo quadro, Andrea lo portò a M. Ottauiano, ma perche essendo allora l'assedio attorno a Firenze, haueua quel signore altri pensieri, gli rispose, che lo desse a chi voleua, scusandosi, e ringraziandolo sommamente. Alche Andrea non rispose altro, se non la fatica è durata per voi, e vostro sarà sempre: Vendilo, rispose M. Ottauiano, & serueti de danari: pioche io so quel che io mi dico. Partito si dunque Andrea, sene tornò a casa, ne per chiesse, che gli fussino fatte, volle mai dare il quadro a nessuno, anzi fornito, che fu l'assedio, & i Medici tornati in Firenze riportò Andrea il quadro a m. Ottauiano, il quale presolo bē volentieri, e ringrantiandolo, glielo pagò doppiamente. La qual opera è hoggi in camera di Mad. Francesca sua donna, e sorella del Reuerendiss. Saluiati: la quale non tiene men conto delle belle pitture lasciateli dal Magnifico suo consorte, che ella si faccia del conseruare, & tener cōto degl'amici di lui. Fece vn altro quadro Andrea quasi simile a quello della charità già detta, a Gio. Borgherini dentroui vna nostra Donna, vn S. Giouāni putto, che porge a Christo vna palla, figurata per il mondo; e vna testa di S. Giuseppo molto bella. Venne voglia à Pauolo da tetra Rossa, veduta la bozza del sopradetto Abramo d'hauere qualche cosa di mano d'Andrea; come amico vniuersalmente di tutti i pittori. Perche rithiestolo d'un ritratto di quello Abramo, Andrea volentieri lo serui, e glielo fece tale, che nella sua piccolezza non fu

punto

punto inferiore alla grandezza dell'originale. La onde piacendo molto a Pauolo, gli domandò del prezzo, per pagarlo, stimando che douesse costarli su lo, che veramente valeua: ma chiedendoli Andrea vna miseria, Pauolo quasi si vergognò, e strettosi nelle spalle gli diede tutto quello, che chiese. Il qual dro fù poi mandato da lui a Napoli, & in quel luogo è la piu bella, & honorata pittura, che vi sia. Erano per l'assedio di Firenze fuggitisi co le paghe alcuni Capitani della città, onde essendo richiesto Andrea di dipignere nella facciata del palazzo del Potestà, & in piazza non solo detti Capitani, ma ancora alcuni cittadini fuggiti, e fatti ribelli, disse, che gli farebbe: ma per non si acquistare, come Andrea dal Castagno, il cognome r degli Impiccati, diede nome di fargli fare a vn suo garzone, chiamato Bernardo del Buda. Ma fatta vna turata grande, doue egli stesso entraua, e vsciua di notte, condusse quelle figure di maniera, che pareuano coloro stessi viui, e naturali. I soldati che furon dipinti in piazza nella facciata della mercatantia vechia vicino alla condotta, furono gia sono molt'anni coperti di bianco, perche no si vedesseno. E similmente i cittadini, che egli finì tutti di sua mano nel palaz zo del Potestà furono guasti. Essendo dopo Andrea in questi suoi vltimi an ni molto familiare d'alcuni, che gouernauano la compagnia di san Bastiano che è dietro a'Serui, fece loro di sua mano vn san Bastiano dal bellico in su il to bello, che ben parue, che quelle hauessero a essere l'vltime pennellate, che egli hauesse a dare. Finito l'assedio se ne staua Andrea, aspettando, che le cose si allargassino, se bene con poca speranza, che il disegno di Francia gli do uesse riuscire, essendo stato preso Giouambatista della Palla; quando Fiorenza si riempiè de i soldati del campo, e di vettouaglie. Fra iquali soldati essendo alcuni Lanzi appestati, diedero non piccolo spauento alla città, e poco appresso la lasciarono infetta. La onde, ò fusse per questo sospetto, ò pure, che hauesse disordinato nel mangiare, dopo hauer molto in quello assedio patito, si ammalò vn giorno Andrea grauemente. E postosi nel letto giudicatusi mo senza trouar rimedio al suo male, e senza molto gouerno, standoli piu lo tana, che poteua la moglie, per timor della peste: si morì (dicono) che quasi nissuno se n'auide: e cosi con assai poche cirimonie gli fu nella Chiesa de Ser ui vicino a casa sua dato sepoltura, dagli huomini dello Scalzo, doue togliono sepellirsi tutti quelli di quella compagnia. Fu la morte d'Andrea di gran dissimo danno alla sua città, & all'arte: perche insino all'età di quarantadue anni, che visse, andò sempre di cosa in cosa migliorando di sorte, che, quanto piu fusse viuuto, sempre hauerebbe accresciuto miglioramento all'arte. per cioche meglio si va acquistando a poco a poco, andandosi col piede piu sicuto, e fermo nelle difficultà dell'arte, che non si fa in volere sforzare la natura, e l'ingegno a un tratto. Ne è dubbio, che se Andrea si fusse fermo a Roma, quando egli vi andò, per vedere l'opere di Raffaello, & di Michelagnolo, & parimente le statue, e le rouine di quella città, che egli hauerebbe molto arri chita la maniera ne componimenti delle storie, & hauerebbe dato vn giorno piu finezza, e maggior forza alle sue figure. Il che non è venuto fatto intieramente, se non a chi è stato qualche tempo in Roma, a praticarle, e considerarle minutamente. Hauendo egli dunque dalla natura vna dolce, & graziosa maniera nel disegno, & vn colorito facile, e viuace molto, cosi nel lauorare

in fre

VITA DI ANDREA DEL SARTO

in fresco, come à olio, si crede senza dubbio, se si fusse fermo in Roma, che egli hauerebbe auanzati tutti gl'Artefici del tempo suo. Ma credono alcuni, che da cio lo ritraesse l'abondanza dell'opere, che vidde in quella città di scultura, & pittura, & così antiche, come moderne: & il vedere molti giouani, discepoli di Raffaello, e d'altri essere fieri nel disegno, e lauorare sicuri, & senza stento; i quali, come timido, che egli era, non gli diede il cuore di passare. Et così facendosi paura da se, si risoluè, per lo meglio, tornarsene à Firéze: doue considerando a poco a poco quello, che haueua veduto, fece tanto profitto che l'opere sue sono state tenute in pregio, & amirate; & che è piu imitate piu dopo la morte, che mentre visse. E chi n'ha le tien care, & chi l'ha volute vendere n'ha cauato tre volte piu, che nò furono pagate à lui: atteso, che delle sue cose hebbe sempre poco prezzo, sì perche era, come si è detto, timido di natura; e sì perche certi maestri di legname, che allora lauorauano le migliori cose in case de'cittadini, non gli faceuano mai allogare alcun'opera, per seruire gl'amici loro, se non quando sapeuano, che Andrea hauesse gran bisogno. Nel qual tempo si contentaua d'ogni pregio. Ma questo non toglie, che l'opere sue non siano rarissime, e che non ne sia tenuto grandissimo conto: & meritamente, per essere egli stato de'maggiori, & migliori maestri, che siano stati insin qui. Sono nel nostro libro molti disegni di sua mano, e tutti buoni, ma particolarmente è bello affatto quello della storia, che fece al poggio, quando à Cesare è presentato il tributo di tutti gl'animali orientali. Il quale disegno, che è fatto di chiaro scuro è cosa rara, & il piu finito, che Andrea facesse mai; auenga che quando egli disegnaua le cose di naturale, per mettere in opera faceua certi schizzi così abozzati, bastandogli vedere quello, che faceua il naturale. Quando poi gli metteua in opera gli conduceua à perfezione. Onde i disegni gli seruiuano piu per memoria di quello, che haueua visto, che per copiare a punto da quelli le sue pitture. Furono i discepoli d'Andrea infiniti, ma non tutti fecero il medesimo studio sotto la disciplina di lui, perche vi dimorarono, chi poco, e chi assai, non per colpa d'Andrea, ma della Donna sua; che senza hauer rispetto a nessuno, comandando à tutti imperiosamente gli teneua tribolati. Furono dunque suoi discepoli Iacopo da Puntormo. Andrea Sguazzella; che tenendo la maniera d'Andrea, ha lauorato in Francia vn palazzo fuor di Parigi, che è cosa molto lodata. Il Solosmeo. Pierfrancesco di Iacopo di Sandro, il qual ha fatto in santo spirito tre tauole. E Francesco Saluiati; e Giorgio Vasari Aretino, che fu compagno del detto Saluiati, ancor che poco dimorasse con Andrea. Iacopo del Conte Fiorentino. E Nannoccio, ch'hoggi è in Francia col Card. Tornone in bonissimo credito. Similmente Iacopo detto Iacone fu discepolo d'Andrea, e molto amico suo, & imitatore della sua maniera. Il quale Iacone, mentre visse Andrea, si valse assai di lui, come appare in tutte le sue opere; e massimamente nella facciata del Caualier Buondelmonti in sulla piazza di S. Trinita. Restò dopo la sua morte herede de i disegni d'Andrea, e dell'altre cose dell'arte. Domenico Conti, che fece poco profitto nella pittura, alquale furono da alcuni (come si crede, dell'arte) rubati vna notte tutti i disegni, e cartoni, & altre cose, che haueua d'Andrea. Ne mai si è potuto sapere chi que'tali fussero. Domenico Conti adunque, come non ingrato de'benefizij riceuuti dal suo maestro, &

desideroso di dargli dopo la morte quelli honori, che meritaua, fece ſi, che la cortesia di Raffaello da Mótelupo gli fece vn quadro assai ornato di Marmo, il quale fu nella chiesa de' Serui murato in un pilastro, con questo epitaffio fattegli dal dottissimo M. Pier Vettori, allora giouane.

ANDREÆ SARTIO.

Admirabilis ingenij Pictori, ac ueteribus illis omnium iudicio
comparando.
Dominicus Contes discipulus, pro laboribus, in se instituendo susceptis, gra-
to animo posuit.
Vixit ann. xlij. ob. A. MDXXX.

Dopo non molto tempo alcuni cittadini operai della detta chiesa, piu tosto ignoranti, che nemici delle memorie honorate, sdegnandosi, che quel quadro fusse in quel luogo stato messo senza loro licenza, operarono di maniera, che ne fu leuato, ne per ancora è stato rimurato in altro luogo. Nel che volle forse mostrarci la fortuna, che non solo gl'influssi de'fati possono in vita, ma ancora nelle memorie dopo la morte. Ma a dispetto loro sono per vi nere l'opere, & il nome d'Andrea lunghissimo tempo: o per tenerne, spero, questi miei scritti, molti secoli, memoria. Cóchiudiamo adunque, che se Andrea fu d'animo basso nell'azzioni della vita, contentandosi di poco, egli non è perciò, che nell'arte non fusse d'ingegno eleuato, e speditissimo, e pratico in ogni lauoro; hauendo con l'opere sue, oltre l'ornamento, ch'elle fanno a'luoghi, doue elle sono, fatto grandissimo giouamento a i suoi Artefici nella maniera, nel disegno, e nel colorito; & il tutto con manco errori, che altro pittor Fiorentino; per hauere egli, come si è detto inázi, inteso benissimo, l'ombre, & i lumi, e lo sfuggire delle cose ne gli scuri, e dipinte le sue cose con vna dolcezza molto viua: senza che egli mostrò il modo di lauorare in fresco con perfetta vnione, e senza ritoccare molto a secco. Il che fa parere fatta ciascuna opera sua tutta in vn medesimo giorno. Onde può a gli Artefici Toscani stare per essempio in ogni luogo, & hauere fra i piu celebrati ingegni loro lode
grandissima, & honorata
palma.

Il fine della vita d'Andrea del Sarto Pittor Fiorentino.

M. PROPERZIA DE ROSSI SCVL.
BOLOGNESE.

Vita di M. Properzia de' Rossi Scultrice Bolognese

GRAN cosa che in tutte quelle virtù, & in tutti quelli esercizij ne' quali, in qualunche tempo, hanno voluto le donne intromettersi con qualche studio elle siano sempre riuscite eccellentissime, & piu che famose: come con vna infinità di esempli ageuolmente potrebbe dimostrarsi. Et certamente ogniun sà, quãto elleno vniuersalmente tutte nelle cose economice vagliono; oltra che nelle cose della guerra medesimamente si sà, chi fu Camilla, Arpalice, Valasca, Tomiri, Pantasilea, Molpadia, Oritia, Antiope, Ippolita, Semiramide, Zenobia; chi finalmente Fuluia di Marcantonio; che come dice Dione istorico,

tante volte s'armò per defender il marito, e se medesima. Ma nella poesia ancora sono state marauigliosissime, come racconta Pausania, Corinna fu molto celebre nel versificare, & Eustathio nel Catalogo delle naui d'Omero, fa menzione di Safo honoratissima giouane; il medesimo fà Eusebio nel libro de'tempi, laquale in vero se ben fu Donna, ella fu però tale, che superò di gran lunga tutti gli ecc. scrittori di quella età. E Varone loda anch'egli fuor di modo, ma meritamente Erinna, che con trecento versi s'oppose alla gloriosa fama del primo lume della Grecia: & con vn suo picciol volume, chiamato Elecate, Equiperò la numerosa Iliade del grand'Homero. Aristofane celebra Carissena, nella medesima professione, per dottissima, & eccellentissima femina; e similmente Teano, Merone Polla, Elpe, Cornificia, e Telisilla, alla quale fu posta nel tempio di Venere per marauiglia delle sue tante virtù, vna bellissima statua. E per lassar tant'altre versificatrici, non leggiamo noi, che Arete nelle difficultà di Filosofia fu maestra del dotto Aristippo? E Lastenia & Assiotea discepole del diuinissimo Platone? Et nell'arte oratoria, Sempronia, & Hortensia, femmine Romane, furono molto famose. Nella Grammatica Agallide (come dice Atheneo) fu rarissima, & nel predir delle cose future, o diasi questo all'Astrologia, o alla Magica: Basta che Temi, & Cassandra, & Manto hebbero ne'tempi loro grandissimo nome. Come ancora Iside, & Cerere nelle necessità dell'Agricultura. Et in tutte le scienze vniuersalmente, le figliuole di Tespio. Ma certo io nessun'altra età, e ciò meglio potuto conoscere, che nella nostra, doue le donne hanno acquistato grandissima fama, non solamente nello studio delle lettere, com'ha fatto la Sig. Vittoria del Vasto, la Sig. Veronica Gambara, la S. Caterina Anguisola, la Schioppa, la Nugarola, M. Laura Battiferra, & cent'altre sì nella volgare, come nella Latina, & nella Greca lingua dottissime; ma eziandio in tutte l'altre facultà. Ne si son vergognate, quasi per torci il vanto della superiorità, di metter si cò le tenere, & bianchissime mani nelle cose mecaniche, e fra la ruuidezza de'marmi, & l'asprezza del ferro; per conseguir il desiderio loro, & riportarsene fama, come fece ne'nostri dì Properzia de'Rossi da Bologna, Giouane virtuosa, non solamente nelle cose di casa, come l'altre, ma in infinite scieze, che non che le donne, ma tutti gli huomini gl'hebbero inuidia. Costei fu del corpo bellissima, & sonò, & cantò ne'suoi tempi, meglio, che femmina della sua città. Et perciò ch'era di capriccioso, & destrissimo ingegno, si mise ad intagliar noccioli di pesche, iquali sì bene, e cò tata pazieuza lauorò, che fu cosa singulare, & marauigliosa il vederli. Non solamente p la sottilità del lauoro: Ma p la sueltezza delle figurine, che in quegli faceua, & per la delicatissima maniera del compartirle. Et certamente era vn miracolo, veder in su vn nocciolo così piccolo tutta la passione di Christo, fatta con bellissimo intaglio, cò vna infinità di persone, oltra i Crucifissori, & gli Apostoli. Questa cosa le diede animo, douendosi far l'ornamento delle tre porte, della prima facciata di Sa Pettonio, tutta a figure di marmo, che ella per mezo del marito, chiedesse a gli operai, vna parte di quel lauoro, iquali di ciò furon cötentissimi, ogni volta, ch'ella facesse veder loro, qualche opera di marmo, condotta di sua mano. Onde ella subito fece al Conte Alessandro de'Peppoli vn ritratto di finissimo marmo, dou'era il Conte Guido suo padre di naturale. Laqual cosa piacque

VITA DI M. PROPERZIA

que infinitamente, non solo a coloro, ma a tutta quella città: & perciò gl'operai non mancarono di allogarle vna parte di quel lauoro. Nel quale ella si fini con grandissima marauiglia di tutta Bologna, vn leggiadrissimo quadro, doue(percioche in quel tempo la misera donna era innamoratissima d'vn bel giouane, il quale pareua, che poco di lei si curasse) fece la Moglie del maestro di casa di Faraone, che inamoratosi di Giosep, quasi disperata del tanto sgarlò all'vltimo gli toglie la veste d'attorno, con vna donnesca grazia, e piu che mirabile. Fu questa opera da tutti riputata bellissima, & a lei di gran sodisfazione, parendole con questa figura del vecchio testamento, hauere isfogato in parte, l'ardentissima sua passione. Ne volse far altro mai per conto di detta fabbrica, ne fu persona, che non la pregasse, ch'ella seguitar volesse, eccetto maestro Amico, che per l'inuidia sempre la sconfortò: e sempre ne disse male a gli operai, & fece tanto il maligno, che il suo lauoro, le fu pagato vn vilissimo prezzo. Fece ancor ella due Agnoli di grandissimo rilieuo, e di bella proporzione: ch'hoggi si veggono, contra sua voglia però, nella medesima fabrica. All'vltimo costei si diede ad intagliar stampe di Rame, e cio fece fuor d'ogni biasimo, e con grandissima lode. Finalmente alla pouera innamorata giouane, ogni cosa riusci perfettissimamente, eccetto il suo infelicissimo amore. Andò la fama di cosi nobile, & eleuato ingegno, per tutta Italia, & al l'vltimo peruenne a gli orecchi di Papa Clemente vii. il quale, subito, che coronato hebbe l'Imperadore in Bologna, domandato di lei, & ou'la misera donna esser morta, ella medesima settimana, & esser stata sepolta nello spedale della Morte, che cosi haueua lasciato nel suo vltimo testamento. Onde al Papa, ch'era volonteroso di vederla, spiacque grandissimamente la morte di ella, ma molto piu a suoi cittadini, li quali mentre ella visse, la tenero p vn grandiss. miracolo della natura ne' nostri tempi. Sono nel nostro libro alcuni disegni di mano di costei fatti di penna, & ritratti dalle cose di Raffaello da Vrbino, molto buoni, & il suo ritratto si è hauuto da alcuni pittori, che furono suoi amicissimi. Ma non è mancato, ancorche ella disegnasse molto bene, chi habbia paragonato Properzia non solamente nel disegno, ma fatto cosi bene in pittura, com'ella di scultura. Di queste la prima è suor Plautilla, monaca, & hoggi priora nel monasterio di S. Caterina da Siena in Fiorēza in sulla piazza di san Marco. La quale cominciando a poco a poco a disegnare, & ad imitar co i colori quadri, & pitture di Maestri ecc. ha con tanta diligenza condotte alcune cose, che ha fatto marauigliare gl'Artefici. Di mano di costei sono due tauole nella chiesa del detto Monasterio di s. Caterina. Ma quella è molto lodata doue sono i Magi, che adorano Giesu. Nel monasterio di s. Lucia di Pistoia è vna tauola grande nel choro, nella quale è la Madonna col bambino in braccio, san Tommaso, s. Agostino, s. Maria Maddalena, s. Caterina da Siena, s. Agnese, s. Caterina martire, & s. Lucia. E vn'altra tauola grande di mano della medesima mandò di fuori lo spedalingo di Lemo. Nel reffettorio del detto monasterio di s. Caterina è vn Cenacolo grande, & nella sala del Lauoro vna tauola di mano della detta. Et per le case de gentil'huomini di Firenze tanti quadri, che troppo sarei lungo a volere di tutti ragionare. Vna Nunziata in vn gran quadro ha la moglie del s. Mondragone spagnuolo, & vn'altra simile ne ha Mad. Marietta de Fedini. Vn quadretto di N. Don na è in s. Giovannino di Firenze. E vna predella d'Altare è in s. maria del Fiore, nella quale sono historie della vita di s. Zanobi molto belle. E perche questa veneranda, & virtuosa suora, inanzi, che lauorasse tauole, & opere d'importāza, attese a far di minio, sono di sua mano molti quadretti belli affatto i mano di diuersi, de i quali non accade far menzione. Ma quelle cose di mano di costei, sono migliori, che ella ha ricauato da altri, nelle quali mostra, che harebbe fatto cose marauigliose, se come fanno gl'huomini, hauesse hauuto comodo di studiare, & attendere al disegno, e ritrarre cose viue, & naturali. Et che cio sia vero, si vede manifestamente in vn quadro d'vna Natiuità di Christo, ritratto da vno, che già fece il Bronzino a Filippo Saluiati. Similmente, il vero di ciò si dimostra in questo, che nelle sue opere i volti, e fattezze delle Donne, per hauerne veduto à suo piacimento, sono assai migliori, che le teste degl'huomini non sono; & piu simili al vero. Ha ritratto in alcuna delle sue opere in volti di Donne Mad. Gostanza de'Doni, stata ne' tempi nostri essempio d'incredibile bellezza, & honestà, tanto bene, che da Donna; in ciò, per le dette cagioni non molto pratica, non si può piu oltre desiderare.

Similmente ha con molta sua lode atteso al disegno, & alla pittura, & attende ancora, hauendo imparato da Alessandro Allori alliuo del Brozino, Madonna Lucrezia figliuola di m. Alfonso Quistelli dalla Mirandola, e Donna hoggi del Conte Clemente Pietra; come si può vedere in molti quadri, e ritratti, che ha lauorati di sua mano, degni d'essere lodati da ognuno; ma Sofonisba Cremonese figliuola di m. Amilcaro Anguisciuola ha con piu studio, con miglior grazia, che altra Donna de' tempi nostri faticato dietro alle cose del disegno: perciocche ha saputo non pure disegnare, colorire, & ritrarre di naturale, e copiare eccellentemente cose d'altri; ma da se sola ha fatto cose rarissime, e bellissime di pittura. Onde ha meritato, che Filippo Rè di Spagna, hauendo inteso dal s. Duca d'Alba le virtù, e meriti suoi, habbia mandato p lei, & fattala condurre honoratissimamente in Ispagna, doue la tiene appresso la Reina con grossa prouisione, & con stupor di tutta quella Corte, che ammira, come cosa marauigliosa l'eccellenza di Sofonisba. E non è molto, che M. Tommaso Caualieri gentilhuomo Romano mandò al s. Duca Cosimo, (oltre vna carta di mano del diuino michelagnolo, doue è vna Cleopatra) vn altra carta di mano di Sofonisba: nella quale è vna fanciullina, che si ride di vn putto, che piagne: perche hauendogli ella messo inázi vn Canestrino pieno di Gambari, vno d'essi gli morde vn dito. Del quale disegno non si puo veder cosa piu graziosa, nè piu simile al vero. Onde io in memoria della virtu di Sofonisba; poi che viuendo ella in Ispagna non ha l'Italia copia delle sue opere, l'ho messo nel nostro libro de' disegni. Possiamo dunque dire col diuino Ariosto, & con verità che.

Le Donne son venute in eccellenza
Di ciascun Arte ou'hanno posto cura.

E questo sia il fine della vita di Properzia scultrice Bolognese.

ALFONSO LOMBARDI SCVL.
FERRARESE.

Vite d'Alfonso Lombardi Ferrarese, di Michelagnolo da Siena, e di Girolamo S. Croce, Napoletano, Scultori. E di Dosso, e Battista Pittori Ferraresi.

ALFONSO Ferrarese, lauorando nella sua prima giouanezza di stucchi, e di cera, fece infiniti ritratti di naturale in medagliette piccole a molti signori, e gentilhuomini della sua patria. Alcuni de'quali, che ancora si veggiono di cera, e stucco bianchi, fanno fede del buon'ingegno, e giudizio ch'egli hebbe, cõe sono quello del principe Doria, d'Alfonso Duca di Ferrara, di Clemente settimo, di Carlo quinto Imp. del Card. Hippolito de'medici, del Bembo, dell'Ariosto,

riosto, e d'altri simili personaggi. Costui trouandosi in Bologna per la incoronazione di Carlo quinto; doue haueua fatto per quello apparato gl'ornamenti della porta di s. Petronio, fu in tanta consideratione, per essere il primo, che introducesse il buon modo di fare ritratti di naturale, in forma di medaglie, come si è detto; che non fu alcun grande huomo in quelle corti, per loquale egli non lauorasse alcuna cosa, con suo molto vtile, & honore, ma nō si contentando della gloria, e vtile che gli veniua dal fare opere di terra, di cera, e di stucco, si mise a lauorar di marmo, & acquistò tanto in alcune cose di non molta importanza, che fece; che gli fu dato a lauorare in san Michele in bosco fuori di Bologna la sepoltura di Ramazzotto, la quale gli acquistò grandissimo honore, e fama. Dopo laquale opera fece nella medesima città alcune storiette di marmo di mezzo rilieuo all'Arca di san Domenico nella predella dell'Altare. Fece similmente per la porta di san Petronio in alcune storiette di marmo a man sinistra, entrando in chiesa, la resurrettione di Christo molto bella. Ma quello, che a i Bolognesi piacque sommamente fu la morte di N. Donna in figure tonde di mistura, & di stucco molto forte, nello spedale della Vita, nella stanza di sopra: Nella quale opera è fra l'altre cose marauiglioso il giudeo, che lascia appiccate le mani al caletto della Madonna. Fece anco della medesima mistura nel palazzo publico di quella città, nella sala di sopra del gouernatore vn Hercole grande, che ha sotto l'Idra morta. Laquale statua fu fatta a concorrenza di Zacheria da Volterra, il quale fu di molto superato dalla virtù, & eccellenza d'Alfonso. Alla Madonna del Baracane fece il medesimo due Angeli di stucco, che tengono vn padiglione di mezzo rilieuo: Et in san Giuseppo nella naue di mezzo fra vn'arco, & l'altro fece di terra in alcuni tondi i dodici Apostoli dal mezzo in su di tondo rilieuo. Di terra parimente fece nella medesima città ne i cantoni della volta della Madonna del popolo, quattro figure maggiori del viuo; cioè s. Petronio, san Procolo, san Francesco, & san Domenico, che sono figure bellissime, & di gran maniera. Di mano del medesimo sono alcune cose pur di stucco a castel Bolognese, & alcune altre in Cesena nella compagnia di san Giouanni. Nè si marauigli alcuno se in sin qui non si è ragionato, che costui lauorasse quasi altro che terra, cera, & stucchi, e pochissimo di marmo; perche oltre, che Alfonso fu sempre in questa maniera di lauori inclinato; passata vna certa età, essendo assai bello di persona, e d'aspetto giouinile, esercitò l'arte piu per piacere, e per vna certa vanagloria, che per voglia di mettersi a scarpellare sassi. Vsò sempre di portare alle braccia, & al collo, e ne' vestimenti, ornamenti d'oro, & altre frascherie, che lo dimostrauano piu tosto huomo di corte, lasciuo, e vano: che artefice desideroso di gloria. E nel vero quanto risplendono cotali ornamenti in coloro, a i quali per ricchezze, stati, e nobiltà di sangue non disconuengono; tanto sono degni di biasimo negl'artefici, & altre persone, che non deono, chi per vn rispetto, e chi per vn'altro agguagliarsi a gl'huomini ricchissimi: percioche in cambio d'esserne questi cotali lodati, sono da gl'huomini di giudizio meno stimati, e molte volte scherniti: Alfonso dunque inuaghito di se medesimo, & vsando termini, e lasciuie poco conuenienti a virtuoso Artefice, si leuò con si fatti costumi alcuna volta, tutta ql la gloria, che gl'haueua acquistato l'affaticarsi nel suo mestiero: percioche

trouan-

trouandosi vna sera a certe nozze in casa d'vn Conte in Bologna, & hauendo buona pezza fatto all'amore cō vna honoratissima gentildonna, fu per auuētura inuitato da lei al ballo della Torcia: perche aggirandosi con essa, vinto da smania d'amore disse con vn profondissimo sospiro, & con voce tremāte, guardando la sua Donna con occhi pieni di dolcezza:
S'Amor non è, che dunque è quel ch'io sento?
Il che vdendo la gentildonna, che accortissima era, per mostrargli l'error suo, rispose, e sarà qualche PIDOCCHIO. Laquale risposta, essendo vdita da molti, fu cagione, che s'empiesse di questo motto tutta Bologna, e ch'egli ne rimanesse sempre scornato. Et veramente se Alfonso hauesse dato opera non alle vanità del mondo, ma alle fatiche dell'arte, egli haurebbe senza dubbio fatto cose marauigliose: perche se ciò faceua in parte, non si essercitādo molto, che hauerebbe fatto se hauesse durato fatica? Essendo il detto Imperador Carlo quinto in Bologna, & venēdo l'eccellentissimo Tiziano da Cadòr a ritrarre sua Maestà, venne in desiderio Alfonso di ritrarre anch'egli ql Signore, ne hauendo altro commodo di potere ciò fare, pregò Tiziano senza scoprirgli quello, che haueua in animo di fare, che gli facesse gratia di cōdurlo in cambio d'vn di coloro, che gli portauano i colori, alla presenza di sua Maestà. Onde Tiziano, che molto l'amaua, come cortesissimo, ch'è sempre stato veramente, condusse seco Alfonso nelle stanze dell'Imperatore. Alfonso dunque, posto che si fu Tiziano a lauorare, se gl'accommodò dietro in guisa, che non poteua da lui, che attentissimo badaua al suo lauoro, esser veduto. E messo mano a vna sua scatoletta i forma di medaglia, ritrasse in quel la di stucco l'istesso Imperadore, & l'hebbe condotto a fine, quando appunto Tiziano hebbe finito anch'egli il suo ritratto. Nel rizzarsi dunque l'Imperatore, Alfonso, chiusa la scatola, se l'haueua, accio Tiziano non la vedesse, gia messa nella manica, quando dicendogli sua Maestà, mostra quello, che tu hai fatto: fu forzato a dare humilmente quel ritratto in mano dell'Imperatore, ilquale hauendo considerato, e molto lodato l'opera, gli disse: Basterèbbeti l'animo di farla di marmo, sacra Maestà sì, rispose Alfonso: falla dūque, soggiunse l'Imp. & portamela a Genoua. Quanto paresse nuouo questo fatto a Tiziano, se lo può ciascuno per sè stesso imaginare. Io per me credo, che gli paresse hauere messa la sua virtù in compromesso. Ma quello, che piu gli douette parer strano, si fu, che mandando sua Maestà a donare mille scudi a Tiziano, gli commise, che ne desse la metà, cioè cinquecento ad Alfonso, & gl'altri cinquecento si tenesse per sè. Di che è da credere, che seco medesimo si dolesse Tiziano. Alfonso dunque messosi con quel maggiore studio, che gli fu possibile a lauorare, condusse con tanta diligenza a fine la testa di marmo, che fu giudicata cosa rarissima. Onde meritò, portandola all'Imper. che sua Maestà gli facesse donare altri trecento scudi. Venuto Alfonso per i doni, e per le lodi, dategli da Cesare in riputazione, Hippolito Cardinal de' Medici lo condusse a Roma, doue haueua appresso di sè, oltre agl'altri infiniti virtuosi, molti scultori, e pittori, egli fece da vna testa antica molto lodata ritrarre in marmo, Vitellio Imperatore. Nella quale opera, hauendo cō firmata l'openione, che di lui haueua il Cardinale, e tutta Roma: gli fu dato a fare dal medesimo in vna testa di marmo il ritratto naturale di papa Cle-

z men

TERZA PARTE

mente settimo; e poco appresso quello di Giuliano de'Medici padre di detto Cardinale; ma questa non restò del tutto finita. Le quali teste furono poi vendute in Roma, e da me comperate a requisitione del Magnifico Ottauiano de'Medici, con alcune pitture. Et hoggi dal S. Duca Cosimo de'Medici no state poste nelle stanze nuoue del suo palazzo nella sala; doue sono state fatte da me nel palco, e nelle facciate, di pittura tutte le storie di papa Leone decimo: sono state poste dico i detta sala sopra le porte fatto di quel mischio rosso, che si truoua vicino a Fiorenza, in compagnia d'altre teste d'huomini illustri della casa de'Medici. Ma tornando ad Alfonso, egli seguitò poi di fare di scultura al detto Cardinale molte cose, che per essere state piccole, si sono smarrite. Venendo poi la morte di Clemente, e douendosi fare la sepoltura di lui, & di Leone, fu ad Alfonso allogata quell'opera dal cardinale de Medici; perche hauendo egli fatto sopra alcuni schizzi di Michelagnolo Buonarroti, vn modello con figure di cera, che fu tenuta cosa bellissima, se n'andò con danari a Carrara per cauare i marmi. Ma essendo non molto dopo morto il Cardinale a Itri, essendo partito di Roma, per andar in Africa, vsci di mano ad Alfonso quell'opera; perche da Cardinali Saluiati, Ridolfi, Pucci, Cibò, & Gaddi commessarij di quella, fu ributtato. E dal fauore di madonna Lucrezia Saluiati, figliuola del gran Lorenzo vecchio de'medici, e sorella di Leone, allogata a Baccio Bandinelli scultor Fiorentino, che ne haueua, ui uendo Clemente, fatto i modelli; per la qual cosa Alfonso mezzo fuor di se, postagiu l'alterezza, deliberò tornarsene a Bologna: & arriuato a Fiorenza, donò al Duca Alessandro vna bellissima testa di marmo d'un Carlo quinto Imperatore, laquale è hoggi in Carrara, doue fu mandata dal card. Cibò, che la cauò alla morte del duca Alessandro, della guardaroba di quel Signore. Era in humore il detto duca, quando arriuò Alfonso in Fiorenza di farsi ritrarre; perche hauendolo fatto Domenico di Polo, intagliatore di rubini, e Francesco di Girolamo dal Prato in medaglia; Beneuenuto Cellini per le monete; e di pittura Giorgio Vasari Aretino, e Iacopo da Puntormo; vollé che anco Alfonso lo ritraesse; perche hauendone egli fatto vno di rilieuo molto bello, e miglior assai di quello, che haueua fatto il Danese da Carrara, gli fu dato commodità, poi che ad ogni modo voleua andar a Bologna, di farne là vn di marmo, simile al modello. Hauendo dunque Alfonso riceuuto molti doni, e cortesie dal Duca Alessandro, se ne tornò a Bologna. Doue, essendo anco, per la morte del Card. poco contento; e per la perdita delle sepolture molto dolente: gli venne vna rogna pestifera, & incurabile, che a poco, a poco l'andò consumando fin che, condottosi a 49 anni della sua età, passò a miglior vita, continuamente dolendosi della fortuna, che gl'hauesse tolto vn signore dalquale poteua sperare tutto quel bene, che poteua farlo in questa vita felice; E che ella doueua pur prima chiuder gl'occhi a lui condottosi a tanta miseria, che al cardinale Hippolito de'Medici. Morì Alfonso l'anno 1536.

MICHELAGNOLO Scultore Sanese, poiche hebbe consumato i suoi migliori anni in Schiauonia con altri eccellenti scultori, si condusse a Roma con questa occasione. morto papa Adriano, il cardinale Hincfort, ilquale era stato di mestico, e creato di quel pontefice, nò ingrato de'benefizij da lui riceuuti de liberò

lcberò di fargli vna sepoltura di marmo: e ne diede cura a Baldassarre Petruc
ci pittor Sanese, il quale fattone il modello, volle che Michelagnolo scultore
suo amico, & compatriota, ne pigliasse carico sopra di se. Michelagnolo dun
que fece in detta sepoltura esso papa Adriano grande quanto il viuo, diste
so in sulla cassa, e ritratto di naturale; e sotto a quello i vna storia pur di mar
mo, la sua venuta a Roma, & il popolo Romano, che và a incontrarlo, e l'ado
ra. Intorno poi sono in quattro Nicchie, quattro virtu di marmo, la Giusti
zia, la Fortezza, la Pace, e la Prudenza, tutte condotte cō molta diligenza dal
la mano di Michelagnolo, e dal consiglio di Baldassarre. Bene è vero, che alcu
ne delle cose, che sono in quell'opera furono lauorate dal Tribolo scultore
Fiorentino allora giouanetto; e queste fra tutte furono stimate le migliori.
E perche Michelagnolo con sottilissima diligenza lauorò le cose minori di
quell'opera, le figure piccole, che vi sono, meritano di essere piu, che tutte l'
altre lodate. Ma fra l'altre cose, vi sono alcuni mischi con molta pulitezza la
uorati, e commessi tanto bene, che piu non si può desiderare. Per le quali fati
che fu a Michelagnolo dal detto Cardinale donato giusto, & honorato pre
mio, e poi sempre carezzato mentre che visse. E nel vero a gran ragione, per
cioche questa sepoltura, e gratitudine non ha dato minor fama al Cardinale
che a Michelagnolo si facesse nome in vita, e fama dopo la morte. La quale o
pera finita non andò molto, che Michelagnolo passò da questa all'altra vita
d'anni cinquanta in circa.

GIROLAMO Santa Croce Napolitano, ancor che nel piu bel corso del
la sua vita, & quando di lui maggior cose si sperauano, ci fusse dalla mor
te rapito, mostrò nell'opere di scultura, che in que pochi anni fece in Napoli
quello, che harebbe fatto, se fusse piu lungamente viuuto. L'opere adunque
che costui lauorò di scultura in Napoli, furono con quell'amore condotte, e
finite, che maggiore si puo desiderare in vn giouane, che voglia di gran lun
ga auanzar gl'altri, che habbiano inanzi a lui tenuto in qualche nobile eser
cizio molti anni il principato. Lauorò costui in san Giouanni Carbonaro di
Napoli la capella del Marchese di Vico: la quale è vn tempio tondo, partito
in colonne, e nicchie, con alcune sepolture intagliate con molta diligenza. E
perche la tauola di questa capella, nella quale sono di mezzo rilieuo in mar
mo i Magi, che offeriscono a Christo, è di mano d'uno Spagnuolo, Girolamo
fece a concorrenza di quella vn san Giouani di tondo rilieuo in vna nicchia
cosi bello, che mostrò non esser inferiore allo Spagnuolo, nè d'animo, nè di
giudizio: onde si acquistò tanto nome, che ancor che in Napoli fusse tenuto
scultore marauiglioso, e di tutti migliore, Giouani da Nola, egli nō di meno
lauorò mentre Giouanni visse a sua concorrenza; ancor che Giouanni fusse
gia vecchio, & hauesse in quella città, doue molto si costuma fare le capelle,
e le tauole di marmo, lauorato moltissime cose. Prese dunque Girolamo p
concorrenza di Giouanni a fare vna capella in Monte Oliueto di Napoli de
tro la porta della chiesa a man manca, dirimpetto alla quale ne fece vn'altra
dall'altra banda Giouanni del medesimo componimento. Fece Girolamo
nella sua vna N. Donna quanto il viuo tutta tonda, che è tenuta bellissima fi
gura. E perche misse infinita diligēza nel fare i panni, le mani, e spiccare con

TERZA PARTE

&casoramenti il marmo, la condusse a tāta perfezzione, che fu openione, che egli hauesse passato tutti coloro, che in Napoli haueuano adoperato al suo tēpo ferri per lauorare di marmo. La qual Madonna pose in mezzo à vn s. Giouanni, & vn san Piero; figure molto bene intese, e con bella maniera lauorate, e finite, come sono anco alcuni fanciulli, che sono sopra queste collocati. Fece oltre cio nella chiesa di capella, luogo de' Monaci di Mōte Oliueto, due statue grandi di tutto rilieuo bellissime. Dopo cominciò vna statua di Carlo quinto Imperatore, quando tornò da Tunisi, e quella abbozzata, e subbita in alcuni luoghi, rimase gradinata, perche la fortuna, e la morte inuidiando al mondo tanto bene, ce lo tolsero d'anni trentacinque. E certo se Girolamo viuea, si sperava, che si come haueua nella sua professione auanzati tutti quelli della sua patria, cosi hauesse a superare tutti gl'artefici del tempo suo. Onde dolse a Napoletani infinitamente la morte di lui: e tanto piu, quanto egli era stato dalla natura dotato, non pure di bellissimo ingegno, ma di tanta modestia, humanità, e gentilezza, quanto piu non si puo in huomo desiderare; perche non è marauiglia, se tutti coloro, che lo conobbono, quando di lui ragionano non possono tenere le lachrime. L'ultime sue sculture furono l'anno 1537, nel quale anno fu sotterrato in Napoli, con honoratissime essequie, rimanendo anco viuo il detto Giouanni da Nola vecchio, & assai pratico scultore, come si vede in molte opere fatte in Napoli con buona pratica, ma con non molto disegno. A costui fece lauorare Don Petro di Tolledo Marchese di Villafranca, & allhora Vece Re di Napoli vna sepoltura di marmo, per se, & per la sua Donna: nella quale opera fece Giouanni vna infinità di storie, delle vittorie ottenute da quel Signore contra i Turchi, con molte statue, che sono in qll'opera tutta isolata, e condotta cō molta diligenza. Doueua questo sepolcro esser portato in Ispagna, ma nō hauendo ciò fatto mentre visse quel signore, si rimase in Napoli. Morì Giouanni d'anni settanta, e fu sotterrato in Napoli l'anno 1558.

Quasi ne' medesimi tempi, che il cielo fece dono a Ferrara, anzi al mondo, del diuino Lodouico Ariosto, nacque il Dosso pittore nella medesima città: il quale, se bene non fu cosi raro tra i pittori, come l'Ariosto tra i Poeti, si portò non di meno per sì fatta maniera nell'arte, che oltre all'essere state in gran pregio le sue opere in Ferrara, meritò anco, che il dotto Poeta amico, & dimestico suo facesse di lui honorata memoria ne suoi celebratissimi scritti. Onde al nome del Dosso ha dato maggior fama la penna di M. Lodouico, che né fecero tutti i pennelli, e colori, che consumò in tutta sua vita. Onde io p me confesso, che grandissima ventura è quella di coloro, che sono da cosi grandi huomini celebrati: perche il valor della penna sforza infinita a dar credenza alle lodi di quelli, ancor che interamente non le meritino. Fu il Dosso molto amato dal Duca Alfonso di Ferrara, prima per le sue qualità nell'arte della pittura, e poi per essere huomo affabile molto, e piaceuole: della quale maniera d'huomini molto si dilettaua quel Duca. Hebbe in Lombardia nome il Dosso di far meglio i paesi, che alcun'altro, che di qlla pratica operasse, o in muro, o a olio, o a guazzo; massimamente da poi, che si è veduta la maniera Tedesca. Fece in Ferrara nella chiesa Catedrale vna tauola con figure

a olio,

VITA DI DOSSO.

dosso, tenuta assai bella, & lauorò nel palazzo del Duca molte stanze in compagnia d'un suo fratello detto Battista, i quali sempre furono nimici l'uno dell'altro, ancor che, per voler del Duca lauorassero insieme. Fecero di chiaro scuro nel cortile di detto palazzo historie d'Hercole, & vna infinità di nudi p quelle mura. Similmente per tutta Ferrara lauorarono molte cose in tauola & in fresco. E di lor mano è vna tauola nel Duomo di Modena. Et in Trento nel palazzo del Cardinale in compagnia d'altri pittori fecero molte cose di lor mano. Ne medesimi tempi facendo Girolamo Genga pittore, & Architettore, per il Duca Francesco Maria d'Vrbino sopra Pesero al palazzo, dell'Imperiale molti ornamenti, come al suo luogo si dirà; fra molti pittori, che a ql l'opera furono condotti per ordine del detto Sig. Francesco Maria, vi furono chiamati Dosso, & Battista Ferraresi, massimamente per far paesi, hauendo molto innanzi fatto in quel palazzo molte pitture Francesco di Mirozzo da Forlì, Raffaello dal Colle del Borgo a Sansepolcro, e molti altri. Arriuati dū que il Dosso, & Battista all'Imperiale, come è vsanza di certi huomini così fatti, biasimarono la maggior parte di quelle cose, che videro, e promessero a ql Signore di voler essi fare cose molto migliori: perche il Genga, che era persona accorta, vedendo doue la cosa doueua riuscire, diede loro a dipignere vna camera da per loro. Onde essi messisi a lauorare si sforzarono con ogni fatica, e studio di mostrar la virtù loro. Ma qualunche si fusse di ciò la cagione, nò fecero mai in tutto il tempo di lor vita alcuna cosa meno lodeuole, an zi peggio di quella. Et pare che spesso auuega, che gl'huomini ne i maggior bisogni, e quando sono in maggior aspettazione, abagliandosi, & accecandosi il giudizio facciano peggio, che mai: il che puo forse auuenire dalla loro malignità, & cattiua natura di biasimare sempre le cose altrui: ò dal troppo volere sforzare l'ingegno; essendo, che nell'andar di passo, & come porge la natura, senza mancar però di studio, e diligenza, pare che sia miglior modo, che il voler cauar le cose quasi per forza dell'ingegno, doue non sono; onde è vero, che anco nell'altre arti, e massimamente negli scritti, troppo bene si conosce l'affettazione; e per dir così il troppo studio in ogni cosa. Scopertasi dunque l'opera de i Dossi, ella fu di maniera ridicola, che si partirono cō ver gogna da quel Signore: il quale fu forzato a buttar in terra tutto quello, che haueuano lauorato, e farlo da altri ridipignere con il disegno del Genga. In vltimo fecero costoro nel Duomo di Faenza per M. Giouambattista Caualiere de Buosi vna molto bella tauola d'vn Christo, che disputa nel tempio: nel la quale opera vinsero se stessi, per la nuoua maniera, che vi vsarono, e massimamente nel ritratto di detto Caualiere, e d'altri. Laqual tauola fu posta in quel luogo l'anno 1536. Finalmente diuenuto Dosso gia vecchio consumò gl' vltimi anni senza lauorare, essendo infin al l'vltimo della vita prouisionato dal Duca Alfonso. Finalmente dopo lui, rimase Battista, che lauorò molte cose da per se, mantenendosi in buono stato. E Dosso fu sepellito in Ferrara sua patria. Visse ne tempi medesimi il Bernazzano Milanese eccellentiss. p far paesi, herbe, animali, & altre cose terrestri, volatili, & acquatici. E perche non diede molta opera alle figure, come quello, che si conosceua imperfetto. Fece compagnia con Cesare da Sesto, che le faceua molto bene, e di bella maniera. Dicesi, che il Bernazzano fece in vn Cortile a fresco certi paesi molto

belli,

TERZA PARTE

belli, & tanto beſſe imitati, che eſſendoui dipinto vn fragoletto pieno di fraga li mature, acerbe, & fiorite, alcuni Pauoni ingannati dalla falſa apparenza di quelle, tanto ſpeſſo tornarono a beccarle, che bucarono la calcina dell'intonaco.

GIO. ANT. LICINIO. DA POR-
DENONE PITTORE.

VITA DI GIOVANNI ANTONIO LICINIO
da Pordenone, e d'altri Pittori del Friuli.

PARE, si come si è altra volta a questo proposito ragionato, che la natura benigna madre di tutti faccia alcuna fiata dono di cose rarissime ad alcuni luoghi, che nō hebbero mai di cotali cose alcuna conoscenza; & ch'ella faccia anco talora nascere in vn paese di maniera gl'huomini inchinati al disegno, & alla pittura, che senza altri maestri, solo imitando le cose viue, e naturali, diuengono eccellentissimi Et adiuiene ancora bene spesso, che cominciando vn solo, molto si mettono a far a concorrenza di quello, e tanto si affaticano senza veder Roma, Fiorenza, o altri luoghi pieni di notabili pitture, per emulazione l'vn dell'altro, che si veggiono da loro vscir opere marauigliose. Le quali cose si veggiono essere auuenuto nel Friuli particularmēte, doue sono stati a tempi nostri, (il che non si era veduto in quel paesi per molti secoli) infiniti pittori Eccmedianti vn così fatto principio. Lauorando in Vinezia, come si è detto, Giouan Bellino, & insegnando l'arte a molti, furono suoi discepoli, & emuli fra loro, Pellegrino da Vdine, che fu poi chiamato, come si dirà, da san Daniello, e Gionanni Martini da Vdine. Per ragionar dunque primieramente di Giouanni, costui imitò sempre la maniera del Bellini, la quale era crudetta, tagliente, e secca tanto che non potè mai addolcirla, ne far morbida, per pulito, e diligente, che fusse. E ciò potè auuenire, perche andaua dietro a certi riflessi, barlumi, & ombre, che diuidendo in sul mezzo de'rilieui, veniuano a terminar l'ombre co i lumi a vn tratto, in modo, che il colorito, di tutte l'opere sue fu sempre crudo, e spiaceuole, se bene si affaticò per imitar con lo studio, e con l'arte la natura. Sono di mano di costui molte opere nel Friuli in più luoghi, e particularmēte nella città d'Vdine, doue nel Duomo è in vna tauola lauorata a olio vn san Marco, che siede con molte figure attorno, & questa è tenuta di quante mai ne fece la migliore. Vn'altra n'è nella chiesa de'frati di s. Pier Martire all'altare di s. Orsola; nella quale è la detta santa in piedi con alcune delle sue vergini intorno, fatte cō bella grazia, & arie di volti. Costui, oltre all'esser stato ragioneuole dipintore, fu dotato dalla natura di bellezza, e grazia di volto, ed ottimi costumi; e che è da stimare assai, di sì fatta prudenza, e gouerno, che lasciò dopo la sua morte herede di molte facultà la sua Dōna, per nō hauer figliuoli maschi. La quale, essendo non meno prudente, secondo, che ho inteso, che bella Donna, seppe in modo viuere dopo la morte del marito, che maritò due sue bellissime figliuole nelle più ricche, e nobili case di Vdine.

PELLEGRINO da s. Daniello, il quale, come si è detto, fu concorrente di Giouanni, e fu di maggior eccellenza nella pittura, hebbe nome al battesimo Martino. Ma facendo giudizio Giouan Bellino, che douesse riuscir quello, che poi fu, nell'arte veramēte raro; gli cambiò il nome di Martino, in Pellegrino. E come gli fu mutato il nome, così gli fu dal caso quasi assegnata altra

tra patria: perche stando volentieri a san Daniello, castello lontano da Vdine dieci miglia, & hauendo in quello preso moglie, e dimorandoui il più del tempo, fu non Martino da Vdine, ma Pellegrino da san Daniello poi sempre chiamato. Fece costui in Vdine molte pitture, delle quali ancora si veggiono i portegli dell'organo vecchio, nelle faccie de' quali, dalla banda di fuori è finito vno sfondato d'un'Arco in prospettiua, dentro al quale è san Piero, che siede fra vna moltitudine di figure, e porge vn pasturale a santo Hermacora Vescouo. Fece parimente nel di dentro di detti sportelli in alcuni sfondati i quattro Dottori della Chiesa in atto di studiare. Nella capella di s. Giosesso fece vna tauola a olio disegnata, e colorita con molta diligenza: dentro laquale è nel mezzo detto san Giuseppo in piedi con bell'attitudine, e posat graue; & appresso à lui il nostro signor piccol fanciullo; & a basso san Giouanni Battista in habito di pastorello; & intentissimo nel suo signore. E perche questa tauola è molto lodata, si può credere quello, che si dice, cioè che egli la facesse a concorrenza del detto Giouanni, e che vi mettesse ogni studio per farla, come fu, più bella, che quella, ch'esso Giouanni fece del san Marco, come si è detto di sopra. Fece anco Pellegrino in Vdine, in casa M. Pre Giouanni agente de gl'Illustri signori della Torre, vna Giuditta dal mezzo in su in vn quadro, con la testa di Oloferne in vna mano, che è cosa bellissima. Vedesi di mano del medesimo nella terra di Ciuitale, lontano a Vdine otto miglia nella chiesa di s. Maria, sopra l'altare maggiore vna tauola grande a olio compartita in più quadri: doue sono alcune teste di vergini, e altre figure con molta bell'aria. E nel suo castello di san Daniello dipinse a s. Antonio in vna capella a fresco, historie della passione di Giesu Christo molto eccellentemente: onde meritò, che gli fusse pagata quell'opera più di mille scudi. Fu costui per le sue virtù molto amato da i Duchi di Ferrara; & oltre a gli altri fauori, e molti doni, hebbe per lor mezzo due canonicati nel Duomo d'Vdine, per alcuni suoi parenti. Fra gl'allieui di costui, che furono molti, e de quali si serui pur assai ristorandogli largamente; fu assai valente vno di nazione greco, che hebbe bellissima maniera, e fu molto imitatore di Pellegrino. Ma sarebbe stato a costui superiore Luca Munuerde da Vdine, che fu molto amato da Pellegrino, se non fusse stato leuato dal mondo troppo presto, e giouanetto affatto: pure rimase di sua mano, vna tauola a olio, che fu la prima, e l'vltima, sopra l'altare maggiore di s. Maria delle Grazie in Vdine. Dentro laquale in vno sfondato in prospettiua siede in alto vna Nostra Donna col figliuolo in collo, laquale fece dolcemente sfuggire: e nel piano da basso sono due figure per parte, tanto belle, che ne dimostrano, che se più lungamente fusse viuuto sarebbe stato eccellentiss. Fu discepolo del medesimo Pellegrino Bastianello Florigorio, ilquale fece in Vdine sopra l'altar maggior di s. Giorgio in vna tauola vna N. Donna in aria, con infinito numero di putti, che in varij gesti la circondano, adorando il figliuolo, ch'ella tiene in braccio sotto vn paese molto ben fatto. Vi è anco vn s. Giouanni molto bello; & s. Giorgio armato sopra vn cauallo, che scortando in attitudine fiera, amazza con la lancia il serpente: mentre la ponzella, che è là da canto, pare che ringrazij Dio, & la gloriosa Vergine del soccorso mandatogli. Nella testa del san Giorgio, dicono, che Bastianello ritrasse se medesimo. Dipin-

GIOVAN ANT. LICINIO

è in co a fresco nel refsettorio de frati di san Pier Martire due quadri, in vno è Christo, che essendo in Emaus a tauola con i due discepoli, parte con la benedizzione il pane. Nell'altro è la morte di s. Piero Martire. Fece il medesimo sopra vn canto del palazzo di M. Marguando ecc. dottore, in vn nicchio a fresco vno ignudo in iscorto, per vn san Giouanni, che è tenuto buona pittura. Finalmente costui per certe quistioni fu forzato, per viuer in pace, partirsi di Vdine, e come fuor vscito starsi in Ciuitale. Hebbe Bastiano la maniera cruda, & tagliente, perche si dilettò assai di ritrarre rilieui, e cose naturali a lume di candela: fu assai bello inuentore, & si dilettò molto di fare ritratti di naturale, belli in vero, e molto simili. Et in Vdine fra gl'altri fece quello di M. Raffaello Belgrado: & quello del padre di m. Giouambattista Grassi pittore, & Architettore ecc. Dalla cortesia, & amoreuolezza del quale hauemo hauuto molti particolari auisi delle cose, che scriuiamo del Friuli. Visse Bastianello circa anni quaráta. Fu ancora discepolo di Pellegrino Francesco Floreani da Vdine, che viue, & è bonissimo pittore, & architetto; si come è anco Antonio Floriani suo fratello piu giouane: il quale per le sue rare qualità in questa professione, serue hoggi la Cesarea Maestà di Massimiano Imperatore. Delle pitture del qual Francesco Floriani si videro alcune due anni sono nelle mani del detto Imperà allora Re, cioè vna Giuditia, che ha tagliato il capo a Oloferne, fatta con mirabile giudizio, e diligenza. E appresso del detto è di mano del medesimo vn libro disegnato di penna, pieno di belle inuenzioni, di fabriche, Teatri, Archi, Portici, ponti, palazzi, & altre molte cose d'Architettura vtili, e bellissime. Gensio Liberale fu anch'egli discepolo di Pellegrino, & fra l'altre cose imitò nelle sue pitture ogni sorte di pesci eccellentemente. Costui è hoggi al seruizio di Ferdinando Arciduca d'Austria in bonissimo grado, e meritamente, per esser ottimo pittore.

Ma fra i piu chiari, e famosi pittori del paese del Friuli, il piu raro, & celebre, è stato a i giorni nostri, per hauere passato di grá lunga i sopradetti nell'inuenzione delle storie, nel disegno, nella brauura, nella pratica de' colori, nel lauoro a fresco, nella velocità, nel rilieuo grande, & in ogni altra cosa delle nostre arti; GIOVANNI Antonio Licinio da altri chiamato Cuticello. Costui nacque in Pordenone castello del Friuli, lótano da Vdine 25. miglia. E perche fu dotato dalla natura di bello ingegno, & inclinato alla pittura, si diede senza altro maestro a studiare le cose naturali, imitando il fare di Giorgione da Castelfranco, per esergli piaciuta assai quella maniera da lui veduta molte volte in Venezia. Hauendo dunque costui apparato i principij dell'arte, fu forzato, per capare la vita da vna mortalità venuta nella sua patria, cansarsi: & così trattenendosi molti mesi in contado, lauorò per molti contadini diuerse opere in fresco, facendo a spese loro esperimento del colorire sopra la calcina. Onde auuenne: perche il piu sicuro, & miglior modo d'imparat' è nella pratica, e nel far' assai, che si fece in quella sorte di lauoro pratico, e giudizioso; & iparò a fare i colori, quándo si lauorano molli, p'amor del biáco, che secca la calcina, e rischiara tánto, che guasta ogni dolcezza, fa celsero quello effetto, che altri vuole. E così conosciuta la natura de colori, & imparato con lunga pratica a lauorar benissimo in fresco, si ritornò a Vdine, doue nel conuento di s. Pier Martire fece all'altar della Nunziata vna ta-

A a

uola a olio, dentroui la nostra Donna, quádo è salutata dall' Angelo Gabrielo: E nell'aria fece vn Dio padre, che circondato da molti putti, manda lo spirito santo. Questa opera, che è lauorata con disegno, grazia, viuezza, e rilieuo è da gl'Artefici intendenti, tenuta la miglior opera, che mai facesse costui. Nel Duomo della detta città fece pur a olio nel pergamo dell'organo sotto i portegli gia dipinti da Pellegrino, vna storia di s. Hermacora, & Fortunato, piena di leggiadria, & disegno. Nella città medesima, per farsi amici i signori Tinghi dipinse a fresco la facciata del palazzo loro. Nella quale opera p far si conoscere, e mostrare quanto valesse nell'inuenzioni d'Architettura, e nel lauorar a fresco, fece alcuni spartimenti, & ordini di varij ornaméti pieni di figure in nicchie: & in tre vani grandi, posti in mezzo di quello, fece storie di figure colorite; cioè due stretti, & alti dalle bande, & vno di forma quadra nel mezzo. Et in questo fece vna colonna corinta, posata col suo basamento in mare: Alla destra dellaquale è vna Sirena, che tiene in piedi ritta la colonna: & alla sinistra Nettuno ignudo, che la regge dall'altra parte. Et sopra il capitello di detta colonna è vn capello da cardinali, Impresa per quanto si dice, di Pompeo Colonna, che era amicissimo dei signori di quel palazzo. Negl'altri due quadri sono i Giganti fulminati da Gioue, con alcuni corpi morti in terra molto bé fatti, & in iscorti bellissimi. Dall'altra parte è vn cielo pieno di Dei, & in terra due giganti, che con bastoni in mano stanno in atto di ferir Diana; la quale con atto viuace, e fiero difendendosi, con vna face accesa mostra di voler accender le braccia a vn di loro. In Spelimbergo, castel grosso sopra Vdine quindici miglia, è dipinto nella chiesa grande di mano del medesimo il pulpito dell'organo, & i portigli, cioè nella facciata dinanzi in vno l'Assunta di N. Donna; & nel di dentro san Piero, e san Paulo innanzi a Nerone, guardanti Simon Mago in aria. Nell'altro è la conuersione di s. Paulo, e nel pulpito la natiuita di Christo: Per questa opera, che è bellissima, & molte altre, venuto il Pordenone in credito, e fama fu condotto a Vicenza; donde, poi che vi hebbe lauorate alcune cose, se n'andò a Mátoa, doue a M. Paris gentilhuomo di quella città colorì a fresco vna facciata di muro con grazia marauigliosa. E fra l'altre belle inuenzioni, che sono in questa opera è molto lodeuole a sommo, sotto la cornice vn fregio di lettere antiche alte vn braccio, e mezzo. Fra le quali è vn numero di fanciulli, che passano fra esse in varie attitudini, e tutti bellissimi. Finita quest'opera có suo molto honore ritornò a Vicenza, e quiui, oltre molti altri lauori, dipinse in s. Maria di campagna tutta la tribuna, se bene vna parte ne rimase imperfetta, per la sua partita: che fu poi con diligenza finita da maestro Bernardo da Vercelli. Fece in detta chiesa due capelle a fresco: in vna storie di s. Caterina, e nell'altra la natiuita di Christo, & adorazione de' Magi, ambedue lodatissime. Dipinse poi nel bellissimo giardino di M. Bernaba dal Pozzo, dottore alcuni quadri di poesia, e nella detta chiesa di Campagna la tauola di sát Agostino, entrando in chiesa, a man sinistra. Le quali tutte bellissime opere furono cagione, che i gentilhuomini di quella città gli facessero in essa pigliar Donna, e l'hauessero sempre in somma venerazione. Andando poi a Vinezia, doue haueua prima fatto alcun'opere, fece in san Gieremia sul canal grande vna facciata; nella Madonna dell'Orto vna tauola a olio, con molte figure. Ma

parti

particularmente in s.Gio.Battista si sforzò di mostrare quanto vale. Fece anco in sul detto canal grade nella facciata della casa di Martin d'Anna molte storie a fresco, & in particolare vn Curzio a cauallo in iscorto, che pare tutto tondo, e di rilieuo; si come anco vn Mercurio, che vola in aria per ogni lato, oltre a molte altre cose tutte ingegnose. Laquale opera piacque sopra modo a tutta la città di Vinezia, e fu per ciò Pordenone piu lodato, che altro huomo, che mai in quella città hauesse infino allora lauorato. Ma fra l'altre cose, che fecero a costui mettere incredibile studio in tutte le sue opere, fu la concorrenza dell'eccellentissimo Tiziano: perche mettendosi a garreggiare seco, si prometteua mediante vn continuo studio, & fiero modo di lauorare a fresco con prestezza, leuargli di mano quella grandezza, che Tiziano cō tāte belle opere si hauea acquistato, aggiugnendo alle cose dell'arte anco modi straordinarii, mediante l'esser affabile, & cortese: e praticar continuamente a bella posta con huomini grandi, col suo essere vniuersale, e mettere mano in ogni cosa. E di vero questa concorrenza gli fu di giouamento, perche ella gli fece mettere in tutte l'opere quel maggiore studio, & diligenza, che potette: onde riuscirono degne d'eterna lode. Per queste cagioni adunque gli fu da i soprastanti di s.Rocco data à dipignere in fresco la capella di quella chiesa con tutta la tribuna. perche messoui mano, fece in quest' opera vn Dio padre nella tribuna, & vna infinità di fanciulli, che da esso si parte nō cō belle, & variate attitudini. Nel fregio della detta tribuna, fece otto figure del testamento vecchio, & negl'angoli i quattro euangelisti; & sopra l'altar maggiore la trasfigurazione di Christo: e ne'due mezzi tondi dalle bande sono i quattro Dottori della chiesa. Di mano del medesimo sono a mezza la chiesa due quadri grandi; in vno è Christo, che risana vna infinità d'infermi molto ben fatti; nell'altra è vn san Christoforo, che ha Giesu Christo sopra le spalle. Nel tabernacolo di legno di detta chiesa, doue si conseruano l'argenterie fece vn s.Martino a cauallo cō molti poueri, che porgono voti sotto vna prospettiua. Questa opera, che fu lodatissima, egli acquistò honore, & vtile, fu cagione, che M.Iacopo Soranzo, fattosi amico, e dimestico suo, gli fece allogare a concorrenza di Tiziano la sala de'Pregai: nella quale fece molti quadri di figure, che scortano al disotto in su, che sono bellissime; & similmente vn fregio di Mostri marini lauorati a olio intorno a detta sala. Lequali cose lo renderono tanto caro a quel Senato, che mentre visse hebbe sēpre da loro honorata prouisione. E perche, gareggiando cercò sempre di far opere in luoghi, doue hauesse lauorato Tiziano, fece in s.Giouanni di Rialto, vn s.Giouanni elemosinario, che a poueri dona danari; Et a vn'altare pose vn quadro di s.Bastiano, e s.Rocco, & altri santi, che fu cosa bella; ma nō però eguale all'opera di Tiziano; se bene molti piu per malignità, che per dire il vero, lodarono quella di Giouan Antonio. Fece il medesimo nel chiostro di s.Stefano molte storie in fresco del testamento vecchio, & vna del nuouo, tramezzate da diuerse virtu: nelle quali mostrò scorti terribili di figure; del qual modo di fare si dilettò sempre, & cercò di porne in ogni suo componimento, e difficilissime, adornandole meglio, che alcun'altro pittore. Hauendo il prencipe Doria in Genoua fatto vn palazzo su la marina: & a Perin del Vaga pittor celebratissimo fatto far sale, camere, & anticamere, a olio, & a fresco co, che la ricchezza, & per la bellezza delle pitture sono marauigliosissime: perche in quel tempo Perino non frequentaua molto il lauoro: accioche per isprone, & per concorrenza facesse, quel che non faceua per se medesimo, fece venire il Pordenone; il quale cominciò vno terrazzo scoperto, doue lauorò vn fregio di fanciulli con la sua solita maniera, i quali votano vna barca piena di cose maritime, che girado fanno bellissime attitudini. Fece ancora vna storia grande quando Giasone chiede licenza al zio, per andare per il vello dell'oro. Ma il Prencipe, vedendo il cambio, che faceua dall'opera di Perino a quella del Pordenone, licenziatolo, fece venire in suo luogo Domenico Beccafumi Sanese, etc. & piu raro maestro di lui. Il quale per seruire tanto Prencipe non sicurò d'abbandonare Siena sua patria, doue sono tante opere marauigliose di sua mano. Ma in quel luogo non fece se non vna storia sola, e non piu, perche Perino conduse ogni cosa da se ad vltimo fine. A Giouanni Antonio dunque, ritornato a Vinegia, fu fatto intendere, come Hercole Duca di Ferrara haueua condotto di Alemagna vn numero infinito di maestri, & a quegli fatto cominciare a far panni di seta, d'oro, di filaticci, & di lana, secondo l'uso, e uoglia sua: Ma che non hauendo in Ferrata disegnatori buoni di figure (perche Girolamo da Ferrara, era piu atto à ritratti, & a cose apparate, che à storie terribili; doue bisognasse la forza dell'arte, & del disegno) che andasse a seruire quel signore, ond'egli non meno desideroso d'acquistare fama, che facultà, partì da Vinegia, & nel suo giugner à Ferrara dal Duca fu riceuuto con molte carezze. Ma poco dopo la sua venuta assalito da grauissimo affanno di petto, si pose nel letto per mezzo morto: doue aggrauandosi del continuo, in tre giorni ò poco piu, senza poteruisi rimediare, d'anni 56. finì il corso della sua vita. Parue ciò cosa strana al Duca, & similmente a gli amici di lui. Et non mancò chi per molti mesi credesse, lui di veleno esser morto. Fu sepolto il corpo di Giouan Antonio honoreuolmente, & della morte sua n'increbbe a molti, & in Vinegia specialmente. Perciòche Gio. Antonio haueua prontezza nel dire, era amico, & compagno di molti, & si dilettaua della musica. E perche haueua dato opera alle lettere latine, haueua prontezza, e grazia nel dire. Costui fece sempre le sue figure grandi, fu ricchissimo d'inuenzioni, & vniuersale in fingere bene ogni cosa. Ma sopratutto fu risoluto, e prontissimo ne i lauori a fresco. Fu suo discepolo Pomponio Amalteo da s. Vito, il quale per le sue buone qualità meritò d'esser genero del Pordenone. Il quale Pomponio, seguitando sempre il suo maestro nelle cose dell'arte, si è portato molto bene in tutte le sue opere, come si puo vedere in Vdine ne i portigli degl'organi nuoui, dipinti a olio. Sopra i quali nella faccia di fuori è Christo, che caccia i negozianti del tempio: e dentro, è la storia della probatica piscina con la resurrezzione di Lazzero. Nella chiesa di s. Francesco della medesima città è di mano del medesimo in vna tauola a olio vn s. Francesco, che riceue le stimmate, con alcuni paesi bellissimi; & vn leuate di Sole, che manda fuori di mezzo a certi razzi lucidissimi il serafico lume, che passa le mani, i piedi, & il costato a san Francesco; il quale stando ginocchioni diuotamente, e pieno d'amore lo riceue, mentre il compagno si stà posato in terra in iscorto, tutto pieno di stupore. Dipinse ancora in fresco Pópon. a i frati della Vigna, in testa del refettorio Giesu Christo in mezzo a i due discepo ÿcepoli in Emaus. Nel castello di s. Vito sua patria, lontano da Udine venti miglia dipinse a fresco nella chiesa di s. Maria, la capella di detta Madona có tanto bella maniera, & sodisfazzione d'ognuno, che ha meritato, dal Reuerendiss. Card. Maria grimani, patriarca d'Aquilea, e signor di s. Vito, esser fatto de nobili di quel luogo. Ho voluto in questa vita del Pordenone far memoria di questi ecc. Artefici del Friuli; perche cosi mi pare, che meriti la virtu loro; e perche si conosca nelle cose, che si diranno quanto dopo qsto principio, siano coloro, che sono stati poi, molto piu ecc. come si dirà nella vita di Giouanni Ricamatori da Vdine; Al quale ha l'età nostra, per gli stucchi, & p le grottesche obligo grandissimo. Ma tornando al Pordenone, dopo le cose che si sono dette di sopra state da lui lauorate in Vinezia al tépo del sereníssimo Gritti, si morì, come è detto, l'anno 1540. E perche costui è stato de' valenti huomini, che habbia hauuto l'età nostra, apparendo massimamente le sue figure tonde, & spiccate dal muro, & quasi di rilieuo, si può fra quelli annouerare, che hanno fatto augumento all'arte, & benefizio all'uniuersale.

GIO. ANTONIO SOGLIANI
PITTOR FIOR.

VITA DI GIOVANNI ANTONIO SOLIANI PITTOR FIORENTINO.

PESSE volte veggiamo negl'essercizij delle lettere, & nel l'arti ingegnose manuali, quelli, che sono maninconici essere piu assidui a gli studii, & con maggior pacienza sopportare i pesi delle fatiche. Onde rari sono coloro di questo humore, che in cotali professioni non rieschino eccellenti; come fece Gio. Antonio Sogliani pittor Fior. Il quale era tanto nell'aspetto, freddo, e malinconico; che parea la stessa Malinconia. E potè quell'humore talmente in lui, che dalle cose del l'arte in fuori, pochi altri pensieri si diede; eccetto, che delle cure famigliari, nellequali egli sopportaua grauissima passione: quantunche hauesse assai cō modamente da ripararsi. Stette costui cō Lorenzo di Credi all'arte della pittura ventiquattro anni; & con esso lui visse honorandolo sempre, & osseruādolo con ogni qualità d'ufficii. Nelqual tempo fattosi bonissimo pittore, mostrò poi in tutte l'opere essere fidelissimo discepolo di quello, & imitatore del la sua maniera: Come si conobbe nelle sue prime pitture, nella chiesa dell'Osseruanza sul poggio di s. Miniato fuor di Firenze. Nellaquale fece vna tauola di ritratto, simile a quella, che Lorenzo hauea fatto nelle monache di s. Chiara, dentroui la natiuità di Christo, non manco buona, che quella di Lorenzo. Partito poi dal detto suo maestro fece nella chiesa di san Michele in orto, per l'arte de' Vinattieri vn s. Martino a olio in habito di Vescouo, ilquale gli diede nome di bonissimo maestro. Et perche hebbe Gioā. Antonio in somma venerazione l'opere, e la maniera di fra Bartolomeo di s. Marco, e sottē mēte a essa cercò nel colorito d'accostarsi, si vede in vna tauola, che egli abbozzò, & non finì, non gli piacendo, che egli lo imitò molto. Laquale tauola si tenne in casa mentre visse, come inutile. Ma dopo la morte di lui; essendo venduta per cosa vecchia a Sinibaldo Gaddi, egli la fece finire a Santi Tidi dal Borgo, allora giouinetto, e la pose in vna sua cappella nella chiesa di s. Domenico da Fiesole. Nellaquale tauola sono i Magi, che adorano G. Christo in grembo alla madre· & in vn canto è il suo ritratto di naturale, che lo somiglia assai. Fece poi per Mad. Alfonsina moglie di Piero de' Medici vna tauola che fu posta p voto sopra l'Altar della capella de' Martiri nella chiesa di Camaldoli di Firēze. Nella qual tauola fece s. Arcadio crucifisso, & altri mattiri con le croci in braccio; & due figure, mezze coperte di panni, & il resto nudo, e ginocchioni con le croci in terra. Et in aria sono alcuni puttini cō palme in mano. Laquale tauola, che fu fatta con molta diligenza, e condotta cō buon giudizio nel colorito, e nelle teste, che sono viuaci molto, fu posta in detta chiesa di Camaldoli. Ma essendo quel munasterio, per l'assedio di Firēze tolto a que' padri romiti, che santamente in quella chiesa celebrauano i diuini vfficii, e poi data alle monache di s. Giouānino, dell'ordine de' Caualieri Hierosolimitani; & vltimamente stato rouinato, fu la detta tauola per ordine del s. Duca Cosimo posta in san Lorenzo a vna delle cappelle della famiglia de' Medici, come quella, che si puo mettere fra le migliori cose, che facesse,

GIO. ANT. SOGLIANI

se il Sogliano. Fece il medesimo, per le monache della Crocetta, vn cenacolo colorito a olio, che fu allora molto lodato. E nella via de'Ginori a Taddeo
Taddei dipinse in vn tabernacolo a fresco vn crucifisso con la N. Donna, e san
Giouanni a piedi: & alcuni Angeli in aria, che lo piangono molto viuamen
te. Laquale opera certo è molto lodata, e ben condotta per lauoro a fresco.
Di mano di costui è anco nel reffettorio della Badia de'monaci neri in Firéze
vn crucifisso con Angeli, che volano, e piangono con molta grazia: & a basso è la N. Donna, s. Giouanni, s. Benedetto, s. Scolastica, & altre figure. Alle
monache dello spirito Sāto sopra la costa a s. Giorgio dipinse in due quadri,
che sono in chiesa s. Franc. & s. Lisabetta reina d'Vngheria, e suora di quell'-
ordine. Per la compagnia del Ceppo dipinse il segno da portare a processio
ne, che è molto bello: Nella parte dinanzi del quale fece la visitazione di N.
Donna; & dall'altra parte s. Niccolò Vescouo, & due fanciulli vestiti da battuti, vno de'quali gli tiene il libro, e l'altro le tre palle d'oro. Lauorò in vna ra
uola in s. Iacopo sopr'Arno la Trinità con infinito numero di putti, & s. Ma
ria Maddalena ginocchioni, s. Caterina, & s. Iacopo: e dagli lati in fresco due
figure ritte, vn s. Girolamo in penitenza, e s. Giouanni. E nella predella fece
fare tre storie a Sandrino del Calzolaio suo creato, che furono assai lodate.
Nel castello d'Anghiari fece in testa d'una compagnia in tauola vn cenacolo
a olio, con figure di grandezza quanto il viuo: e nelle due riuolte del muro,
cioè dalle bande, in vna Christo, che laua i piedi a gl'Apostoli; e nell'altra vn
seruo, che reca due hidrie d'acqua. Laquale opera in quel luogo è tenuta in
gran venerazione, perche in vero è cosa rara, & che gli acquistò honore, &
vtile. Vn quadro, che lauorò d'una giuditta, che haueua spiccato il capo a O-
loferne, come cosa molto bella fu mandata in Vngheria. E similmente vn'al
tro, doue era la decollazione di s. Gio. Batt. con vna prospettiua, nellaquale ri
trasse il di fuori del capitolo de'Pazzi, che è nel primo chiostro di s. Croce, fu
mādato da Paulo da Terrarossa, che lo fece fare, a Napoli per cosa bellissima.
    Lauorò anco per vno de'Bernardi altri due quadri, che furono posti nella
chiesa dell'osseruanza di s. Miniato in vna cappella, doue sono due figure a o-
lio, grandi quanto il viuo, cioè s. Giouanni Battista, & s. Antonio da Padoa.
Ma la tauola, che vi andaua nel mezzo, per essere Gio. Ant. di natura lunghet
to, & agiato nel lauorare, penò tanto, che chi la faceua fare si morì. Onde es
sa tauola, nellaquale andaua vn Christo morto in grembo alla madre, si rima
se imperfetta. Dopo queste cose, quando Perino del Vaga, partito da Genoa,
per hauer hauuto sdegno col prencipe Doria, lauoraua in Pisa: hauendo Sta
gio scultore da Pietrasanta cominciato l'ordine delle nuoue cappelle di mar
mo nell'ultima nauata del Duomo. E quella appartato, che è dietro l'Altare
maggiore, ilquale serue per sagrestia, fu ordinato, che il detto Perino, come
si dirà nella sua vita, & altri maestri cominciassero a empier'quegli ornamen
ti di marmo, di pitture. Ma essendo richiamato Perino a Genoa, fu ordinato
a Gio. Antonio, che mettesse mano a i quadri, che andauano in detta nicchia
dietro l'altar maggiore, & che nell'opere trattasse de'sacrifizii del testaméto
vecchio, per figurare il sacrifizio del santis. sagramento quiui posto in mez
zo sopra l'altar maggiore. Il Sogliano adunque nel primo quadro dipinse il
sacrifizio, che fece Noe, & i figliuoli, uscito, che fu dell'Arca. Et appresso quel
di

di Caino,& quello d'Abel,che furono molto lodati, & maßimamente quello di Noe per eſſerui teſte,& pezzi di figure belliſsime. Il qual quadro d'Abel è vago per i paeſi,che ſono molto ben fatti, & per la teſta di lui, che pare la ſteſſa bontà; ſi come è tutta il contrario quella di Caino,che ha cera di triſto da douero E ſe il Sogliano haueſſe coſi ſeguitato il lauorar gagliardo, come ſe la tranquillò,harebbe per l'operaio,che lo faceua lauorare,al quale piaceua molto la ſua maniera,& bontà,finite tutte l'opere di quel Duomo. Là doue,oltre a i detti quadri,per allora non fece ſenon vna tauola, che andaua alla cappella,doue haueua cominciato a lauorare Perino, & quella finì in Firenze: ma di ſorte, che ella piacque aſſai a i Piſani, & fu tenuta molto bella. Dentro vi è la N. Donna, s. Giouanni Battiſta, s. Giorgio, s. Maria Madalena, s. Margherita,& altri ſanti. Per eſſere dunque piaccuita gli furono allogate dall'operaio altre tre tauole,alle quali miſe mano,ma non le finì, viuéte quel l'operaio: In luogo del quale eſſendo ſtato eletto Baſtiano della Seta, vedendo le coſe andar a lungo,fece allogazione di quattro quadri, per la detta Sagreſtia, dietro l'altar maggiore a Domenico Beccafumi Saneſe, pittor eccellẽte,il quale ſe ne ſpedì in vn tratto, come ſi dirà a ſuo luogo,& vi fece vna tauola,& il rimanente fecero altri pittori. Giouan Antonio dunque finì,hauendo agio,l'altre due tauole con molta diligenza, & in ciaſcuna fece vna N. Dõna con molti ſanti attorno. E vltimamente condottoſi in Piſa vi fece la quarta,e vltima; nella quale ſi portò peggio,che in alcun'altra, o fuſſe la vecchiezza,o la concorrenza del Beccafumi,o altra cagione. Ma perche Baſtiano operaio vedeua la lũghezza di quell'huomo, per venirne a fine allogò l'altre tre tauole a Giorgio Vaſari Aretino,il quale ne finì due,che ſono a lato alla porta della facciata dinanzi. In quella,che è verſo campo ſanto è la N. Donna col figliuolo in collo,al quale s. Marta fa carezze. Sonoui poi ginocchioni s. Cecilia,s. Agoſtino,s. Gioſeffo,e s. Guido Romito. et innanzi ſan Girolamo nudo, & s. Luca euangeliſta,con alcuni putti,che alzano vn panno, & altri,che tengono fiori. Nell'altra fece,come volle l'operaio, vn'altra N. Donna col fi gliuolo in collo,s. Giacopo interciſo,s. Matteo, s. Silueſtro papa, e s. Turpe caualiere; & per non fare il medeſimo nell'inuenzioni,che gl'altri, ancor, che in altro haueſſe variato molto; douendoui pur far la Madonna, la fece con Chriſto morto in braccio, & que'ſanti,come intorno a vn depoſto di croce. Et nelle croci, che ſono in alto, fatte a guiſa di Tronchi, ſono confitti due ladroni nudi,& intorno caualli,i crucifiſſori, con Giuſeppo, & Nicodemo; e le Marie; per ſodisfare all'operaio,che fra tutte le dette tauole, volle che ſi poneſſero tutti i ſanti,che erano gia ſtati in diuerſe cappelle vecchie disfatte; p rinouar'la memoria loro nelle nuoue. Mancaua alle dette vna tauola, la quale fece il Bronzino con vn Chriſto nudo, & otto ſanti. Et in queſta maniera fu dato fine alle dette cappelle. le quali harebbe potuto far tutte di ſua mano Giouan Antonio,ſe non fuſſe ſtato tanto lungo. E perche egli ſi era acquiſtato molta grazia fra i Piſani, gli fu, dopo la morte d'Andrea del Sarto data a finire vna tauola per la compagnia di s Franceſco,che il detto Andrea laſciò abbozzata. la quale tauola è hoggi nella detta compagnia in ſulla piazza di s. Franceſco di Piſa. Fece il medeſimo, per l'opera del detto duomo alcune filze di Drappelloni, & in Firenze molti altri, perche gli lauoraua volentieri, &

maſsima

GIOVANI ANT. LICINIO

maſsimamente in compagnia di Tommaſo di Stefano pittor Fio. amico ſuo. Eſſendo Gio. Ant. chiamato da'frati di s. Marco di Firenze a fare in teſta del loro reffettorio in freſco vn'opera a ſpeſe d'un loro frate couerſo de'Molletti, c'haueua hauuto buone facultà di patrimonio al ſecolo, voleua farui quando Gieſù Chriſto con cinque pani, e due peſci diede mangiar a cinque mila perſone; p far lo sforzo di quello, che ſapeua farè: e gia n'haueua fatto il diſegno con molte donne, putti, & altra turba, & confuſione di perſone, ma i frati non vollono quella ſtoria, dicendo voler coſe poſitiue, ordinarie, e ſemplici. La onde come piacque loro vi fece, quando ſan Domenico, eſſendo in reffettorio cõ i ſuoi frati, & non hauendo pane, fatta oratioue a Dio, fu miracoloſamente quella tauola piena di pane, portato da due Argeli in forma humana. Nellaqual'opera ritraſſe molti frati, che allora erano in quel conué to, iquali paiono viui, & particolarmente quel conuerſo de'Molletti, che ſer ue a tauola. Fece poi nel mezzo tondo ſopra la menſa, s. Domenico a piè d'un crucifiſſo, la noſtra Donna, e s. Gio. euãg. che piangono. E dalle bande s. Caterina da Siena, e s. Antonino Arciueſcouo di Firenze, e di quell'ordine, laquale fu condotta, per lauoro a freſco molto pulitamente, e con diligenza. Ma molto meglio ſarebbe riuſcito al Sogliano, ſe haueſſe fatto quello, ch'ha ueua diſegnato; perche i pittori eſprimono meglio i concetti dell'animo loro, che gl'altrui. Ma dall'altro lato è honeſto, che chi ſpende il ſuo ſi cõtenti. Ilquale diſegno del pane, & del peſce è in mano di Bartol. Gondi: ilquale, ol tre vn gran quadro, che hà di mano del Sogliano, ha anco molti diſegni, & te ſte colorito dal viuo, ſopra fogli meſticati, iquali hebbe dalla moglie del So gliano, poi che fù morto, eſſendo ſtato ſuo amiciſſ. E noi ancora hauemo al cuni diſegni del medeſimo nel noſtro lib. che ſono belli affatto. Cominciò il Sogliano a Giouanni Serriſtori vna tauola grande, che s'haueua a porre in s. Franc. dell'oſſeruanza, fuor della porta a s. Miniato, con vn numero infinito di figure, doue ſono alcune teſte miracoloſe, e le migliori, che faceſſe mai, ma ella rimaſe imperfetta alla morte del detto Gio. Serriſtori. Ma non dimeno, perche gio. Ant era ſtato pagato del tutto la fini poi a poco a poco, & la diede a m. Alamanno di Iacopo Saluiati, genero, & herede di Giouanni Serriſtori, & egli inſieme con l'ornamento la diede alle monache di s. Luca, che l'hanno in via di s. Gallo poſta ſopra l'altar maggiore. Fece giouanni Antonio molte altre coſe in Firenze, che parte ſono per le caſe de'cittadini, e par te furono mandate in diuerſi paeſi, dellequali non accade far menzione, eſſendoſi parlato delle principali. Fu il Sogliano perſona honeſta, & religioſa molto, & ſempre atteſe a i fatti ſuoi, ſenza eſſer moleſto a niuno dell'Arte. Fu ſuo diſcepolo Sandrino del Calzolaio, che fece il Tabernacolo, ch'è in ſul canto delle murate: & allo ſpedale del tempio vn ſan Giouanni Battiſta, che inſegna il raccetto a i poueri. Et piu opere harebbe fatto, & bene, ſe non fuſſe morto come fece, giouane. Fu anco diſcepolo di coſtui Michele, che andò poi a ſtare con Ridolfo Ghirlandai, dalquale preſe il nome. E Benedetto ſimilmente, che andò con Antonio Mini diſcepolo di Michelagnolo Buonarroti in Francia; doue ha fatto molte bell'opere. E finalmente Zanobi di Poggino, che ha fatto molte opere per la città. In vltimo eſſendo Giouanni Antonio gia ſtanco, & male compleſsionato, dopo eſſere molto ſtato tormenta

Bb

to dal male della pietra rendè l'anima a Dio d'anni cinquantadue. Dolfe molto la sua morte, per essere stato huomo da bene, & perche molto piaceua la sua maniera, facendo l'arie pietose, & in quel modo, che piacciono a coloro, che senza dilettarsi delle fatiche dell'arte, & di certe brauure, amano le cose honeste, facili, dolci, & graziose. Fu aperto dopo la morte, e trouatogli tre pietre, grosse ciascuna quanto un'uouo: lequali non uolle mai acconsentire, che se gli cauassino, ne udirne ragionar mentre, che visse.

Fine della vita di Giouanni Antonio Sogliani Pittor Fiorentino.

GIROLAMO DA TREVIGI
PITTORE.

VITA DI GIROLAMO DA TREVIGI PITTORE.

ARE volte auuiene, che coloro che nascono, in vna patria, & in quella lauorando perseuerano, dalla fortuna siano esaltati a quelle felicità, che meritano le virtu loro; doue cercandone molte, finalmente in vna si vien riconosciuto, o tardi, o per tempo. Et molte volte nasce, che chi tardi peruiene a'ristori delle fatiche; per il tossico della morte poco tempo quelli si gode; nel medesimo modo, che vedremo nella vita di Girolamo da Treuigi pittore. Ilquale fu tenuto bonissimo maestro. Et quantunque egli non hauesse vn grandissimo disegno, fu coloritor vago nell'olio, & nel fresco, & imitaua grandemête gli andari di Raffaello da Vrbino. Lauorò in Treuigi sua patria assai; & in Vinegia ancora fece molte opere, e particolarmête la facciata della casa d'Andrea Vdone in fresco: & dentro nel cortile alcuni fregi di fanciulli, & vna stanza di sopra. Lequali cose fece di colorito, & non di chiaro scuro, perche a Vinezia piace piu il colorito, che altro. Nel mezzo di questa facciata è in vna storia grande Giunone, che vola con la luna in testa sopra certe nuuole, dalle coscie in su, e con le braccia alte sopra la testa, vna dellequali tiene vn vaso, e l'altra vna tazza. Vi fece similmente vn Bacco grasso, & rosso, & con vn vaso, ilquale rouescia; tenendo in braccio vna Cerere, che ha in mano molte spighe. Vi sono le grazie, & cinque putti, che volando abbasso le riceuono, per farne, come accennano, abondantissima quella casa de gl'Vdoni. La quale per mostrare il Treuisi, che fusse amica, & vn albergo di virtuosi vi fece da vn lato Apollo, e dall'altro Pallade. E questo lauoro fu condotto molto frescamente, onde ne riportò Girolamo honore, & vtile. Fece il medesimo vn quadro alla cappella della Madonna di s. Petronio, a concorrenza d'alcuni pittori Bolognesi, come si dirà al suo luogo. E così dimorando poi in Bologna, vi lauorò molte pitture: & in s. Petronio nella cappella di s. Antonio da Padoa di marmo, a olio contrafece tutte le storie della vita sua i nellequali certamente si conosce giudizio, bontà, grazia, & vna grandissima pulitezza. Fece vna tauola a san Saluatore di vna N. Donna, che saglie i gradi con alcuni santi: & vn'altra, cõ la nostra Donna in aria, con alcuni fanciulli, & a piè s. Hieronimo, & s. Caterina, che fu veramente la piu debole, che di suo si vegga in Bologna. Fece ancora sopra vn portone in Bologna, vn Crucifisso, la nostra Donna, & san Giouanni in fresco, che sono lodatissimi. Fece in san Domenico di Bologna vna tauola a olio di vna Madonna, & alcuni Santi; la quale è la migliore delle cose sue, vicino al coro nel salire all'arca di san Domenico; dentroui ritratto il padrone, che la fece fare. Similmente colorì vn quadro al Conte Giouanni Battista Bentiuogli, che haueua vn cartone di mano di Baldassarre Sanese della storia de' Magi: cosa che molto bene condusse a perfezzione, ancora che vi fussero piu di cento figure. Similmente sono in Bologna di man d'esso molte altre pitture, & per le case, & per le chiese: & in Galiera vna facciata di chiaro, & scuro alla facciata de'Teofamini, & vna facciata dietro alle case de'Dolfi, che secondo il giudizio di molti artifici, è giudicata la miglior cosa,

Bb 2

che e facesse mai in quella città. Andò a Trento, & dipinse al Cardinal vecchio il suo palazzo, insieme con altri pittori, di che n'acquistò grandissima fama, E ritornato a Bologna attese all'opere da lui cominciate. Auuenne che per Bologna si diede nome di fare vna tauola, per lo spedale dela morte: onde a concorrenza furono fatti varii disegni, chi disegnati, & chi coloriti. Et parendo a molti essere innanzi, chi per amicizia, & chi per merito di douere hauere tal cosa: restò in dietro Girolamo. Et parendoli, che gli fosse fatto ingiuria, di là a poco tempo si parti di Bologna: onde l'inuidia altrui lo pose in quel grado di felicita, che egli non pensò mai. Atteso, che se passaua innanzi, tale opera gl'impediua il bene, che la buona fortuna gli haueua apparecchiato. Perche condottosi in Inghilterra, da alcuni amici suoi, che lo fauoriuano, fu preposto al Re Arrigo; & giuntogli innanzi, non piu per pittore, ma per ingegniere s'accommodò a seruigi suoi. Quiui mostrado alcune proue d'edifici ingegnosi, cauati da altri in Toscana, & per Italia; & quel Re giudicandoli miracolosi, lo premiò con doni continui, & gli ordinò prouisione di quattrocento scudi l'anno. Et gli diede commodità, ch'e fabbricasse vna habitazione honorata alle spese proprie del Re. Per il che Girolamo da vna estrema calamità a vna grandissima grandezza condotto, viueua lietissimo, & contento; ringraziando Iddio, & la fortuna, che lo haueua fatto arriuare in vn paese, doue gli huomini erano sì propizii alle sue virtù. Ma perche poco doueua durargli questa insolita felicità. Auuenne che continuandosi la guerra tra Francesi, & gli Inglesi; & Girolamo prouedendo a tutte l'imprese de' bastioni, & delle fortificazioni per le artiglierie, & ripari del campo: vn giorno faccendosi la batteria intorno alla città di Bologna in Piccardia, venne vn mezzo cannone con violentissima furia, & da cauallo per mezzo lo diuise. Onde in vn medesimo tempo la vita, & gli honori del mondo insieme con le grandezze sue rimasero estinte, essendo egli nella età d'anni trentasei, l'Anno
MDXLIIII.

Fine della Vita di Girolamo da Treuigi Pittore

PVLIDORO DA CARAVAGGIO
PITTORE.

Vita di Pulidoro da Carauaggio, & Maturino Fiorentino, Pittori.

Ell'vltima età dell'oro, che così si potè chiamare per gl'huomini virtuosi, & Artefici nobili, la felice età di Leone Decimo fra gl'altri spiriti nobilissimi hebbe luogo honorato Pulidoro da Carauaggio di Lombardia; non fattosi per lungo studio, ma stato prodotto, e creato dalla natura pittore. Costui venuto a Roma nel tempo, che per Leone si fabbricauano le loggie del palazzo del papa con ordine di Raffaello da Vrbino, portò lo schifo, o vogliam dir Valsoio pieno di calce a i maestri, che murauano, infino a che fu di età di diciotto anni. Ma cominciando Giouanni da Vdine a dipignerle; & murandosi, & dipingendosi; la volt à,

tà, & l'inclinatione di Polidoro molto volta alla pittura, non resto di far sì, ch'
egli prese dimestichezza con tutti quei giouani, che erano valenti, per veder
i tratti, & i modi dell'arte, & mettersi a disegnar. Ma fra gl'altri, s'elesse p cōpagno Maturino Fiorentino, allora nella cappella del papa, & alle anticaglie
tenuto bonissimo disegnatore. Col quale praticando, talmente di quell'arte
inuaghi, che in pochi mesi fe cose (fatta proua del suo ingegno) che ne stupì
ogni persona, che lo haueua già conosciuto in quell'altro stato. Per laqual co
sa, seguitandosi le logge, egli si gagliardamente si essercitò con quei giouani
pittori, che erano pratichi, & dotti nella pittura, & si diuinamente apprese ql
la arte, che egli non si partì di su quel lauoro, senza portarsene la vera gloria,
del più bello, & più nobile ingegno, che fra tanti si ritrouasse. Per il che creb
be talmēte l'amor di Maturino a Polidoro, e di Polidoro a Maturino, che de
liberarono come fratelli, & veri compagni, viuere insieme, & morire. Et ri-
mescolato le volontà, i danari, & l'opere, di comune concordia si misero vni
tamente a lauorare insieme. Et perche erano in Roma pur molti, che di grado, d'opere, & di nome i coloriti loro conduceuano più viuaci, & allegri, &
di fauori più degni, e più sortiti, cominciò a entrargli nell'animo, hauēdo Bal
dassarre Sanese fatto alcune faccie di case, di chiaro scuro, d'imitar qll'andare
& a quelle già venute in vsanza, attendere da indi innanzi. Perche ne comin
ciarono vna a Monte Cauallo dirimpetto a s. Saluestro in compagnia di Pel
legrino da Modena, la quale diede loro animo di poter tentare se quello douesse essere il loro essercizio: & ne seguitarono dirimpetto alla porta del fiā
co di s. Settore del Lauro vn'altra: & similmente fecero da la porta del fiā
co della Minerua vn'istoria, & di sopra s. Rocco a Ripetta vn'altra, che è vno
fregio di mostri marini. Et ne dipinsero infinite in questo principio, manco
buone dell'altre, per tutta Roma, che non accade qui raccontarle, per haue
re egli ō poi in tal cosa operato meglio. La onde inanimiti di ciò, cominciarono sì a studiare le cose dell'antichità di Roma, ch'eglino contraffacendole
cose di marmo antiche, ne chiari & scuri loro, non restò vaso, statue, pili, sto
rie ne cosa intera, ò rotta, ch'eglino non disegnassero, & di quella non si ser
uissero. Et tanto con frequentazione, & voglia, a tal cosa postro il pensiero,
che vnitamente presero la maniera antica, & tanto l'una simile all'altra, che
sì come gl'animi loro erano d'uno istesso volere, così le mani ancora esprime
uano il medesimo sapere. Et benche Maturino non fosse quanto Polidoro
aiutato dalla natura, potè tanto l'osseruanza dello stile nella compagnia, che
l'uno, & l'altro pareua il medesimo, doue poneua ciascuno la mano, di componimenti, d'aria, & di maniera. Fecero su la piazza di Capranica per andar
in Colonna vna facciata cō le virtù Teologiche, & vn fregio sotto le finestre,
con bellissima inuenzione, vna Roma vestita, & per la fede figurata, col cali
ce, & con l'ostia in mano, hauer prigione tutte le nazioni del mondo: & con
correre tutti i popoli a portarle i tributi, & i Turchi all'ultima fine distrutti,
saetare l'arca di Macometto, conchiudendo finalmente col detto della scrittura; che sarà vn'ouile, & vn pastore. Et nel vero eglino d'inuenzione non
hebbero pari: di che ne fanno fede tutte le cose loro, cariche di abbigliamē-
ti, vesti, calzari, strane bizzarrie, & con infinita marauiglia condotte. Et anco
ra ne rendono testimonio le cose loro da tutti i forestieri pittori disegnate sì

di

POLIDORO, E MATVRINO

di continuo, che per vtilità hanno essi fatto all'arte della pittura, per la bella maniera, che haueuano, & per la bella facilità, che tutti gli altri da Cimabue in quà insieme non hanno fatto. Laonde si è veduto di continuo; & ancor si vede per Roma tutti i disegnatori essere piu volti alle cose di Polidoro, & di Maturino, che à tutte l'altre pitture moderne. Fecero in Borgo nuouo vna facciata di graffito; & sul canto della Pace vn'altra di graffito similmente; & poco lontano a questa, nella casa degli Spinoli per andar in Parione, vna facciata, dentroui le lotte antiche, come si costumanano, & i sacrifizij, & la morte di Tarpea. Vicino a Torre di Nona verso il ponte s. Angelo si vede vna facciata piccola, col trionfo di Camillo, & vn sacrifizio antico. Nella via, che camina, all'imagine di Ponte è vna facciata bellissima con la storia di Perillo, quando egli è messo nel toro di bronzo da lui fabbricato. Nella quale si vede la forza di coloro, che lo mettono in esso toro, & il terrore di chi aspetta vedere tal morte inusitata. Oltra che vi è a sedere Falari (come io credo) che comanda con imperiosità bellissima, che e' si punisca il troppo feroce ingegno, che haueua trouato crudeltà nuoua, per ammazzar gli huomini cō maggior pena. Et in questa si vede vn fregio bellissimo di fanciulli, figurati di bronzo, & altre figure. Sopra questa fece poi vn'altra facciata di quella casa stessa, doue è la imagine, che si dice di Ponte; oue con l'ordine senatorio, vestito nello habito antico Romano piu storie da loro figurate si veggono. Et alla piazza della Dogana allato a s. Eustachio vna facciata di battaglie. Et dentro in chiesa a man destra, entrando si conosce vna cappellina con le figure dipinte di Polidoro. Fecero ancora sopra Farnese vn'altra de Cepperelli, & vna facciata dietro alla Minerua nella strada, che và a Maddaleni, dentroui storie Romane. nella quale, tra l'altre cose belle si vede vn fregio di fanciulli di brōzo contrafatti, che trionfano, condotto con grandissima grazia, e somma bellezza. Nella faccia de' Buoni auguri, vicino alla Minerua, sono alcune storie di Romolo bellissime, cioè quando egli con l'aratro disegna il luogo per la città; & quando gli Auoltoi gli volano sopra: Doue imitando gli habiti, le cere, & le persone antiche, pare veramente, che gli huomini siano quelli istessi. Et nel vero, che di tal magisterio nessuno hebbe mai in quest'arte, nè tanto disegno, nè piu bella maniera, nè sì gran pratica, ò maggior prestezza. Et ne resta ogni artefice si marauigliato, ogni volta, che quelle vede; ch'è forza stupire, che la natura habbia in questo secolo potuto hauere forza di farci p̄ tali huomini veder i miracoli suoi. Fecero ancora sotto Corte Sauella nella casa, che coperò la s. Gostanza, quando le Sabine son rapite; laqual istoria fa conoscere non meno la sete, & il bisogno del rapirle, che la fuga, & la miseria delle meschine portate via da diuersi soldati, & a cauallo, & in diuersi modi. Et non sono in questa sola simili auuertimenti, ma anco, è molto piu, nelle storie di Muzio, & d'Orazio, & la fuga di Porsena, Re di Toscana, Lauorarono nel giardino di M. Stefano dal Bufalo vicino alla fontana di Treui, storie bellisime del fonte di Parnaso: Et vi fecero grottesche, & figure piccole, colorite molto bene. Similmente nella casa del Baldassino, da s. Agostino fecero graffiti, & storie, & nel cortile alcune teste d'Imperadori, sopra le finestre. Lauorarono in Monte Cauallo vicino a S Agata vna facciata dentroui infinite, & diuerse storie, come quādo Tuzia vestale porta dal Teuere al tempio l'acqua nel criuello: & quando Claudia tira la naue con la cintura. Et così lo sbaraglio, che fà Camillo, mentre che Brenno pesa l'oro. Et nella altra facciata doppo il cantone, Romolo & il fratello alle poppe della Lupa; & la terribilissima pugna d'Horazio, che mentre solo fra mille spade, difende la bocca del ponte, ha dietro a se molte figure bellissime, che in diuerse attitudini con grandissima sollecitudine, co picconi tagliano il ponte. Euui ancora Muzio Sceuola, che nel cospetto di Porsena abbrucia la sua stessa mano, che haueua errato nell'uccidere il ministro, in cambio del Re: doue si conosce il disprezzo del Re, & il desiderio della vendetta. Et dentro in quella casa fecero molti paesi. Lauorarono la facciata di s. Pietro in Vincola, & le storie di s. Pietro in quella con alcuni profeti grandi. Et fu tanto nota per tutto la fama di questi maestri, per l'abbondanza del lauoro, che furono cagione le publiche pitture, da loro con tanta bellezza lauorate; che meritarono lode grandissima in vita, & infinita, & eterna, per l'imitazione, l'hanno hauuta dopo la morte. Fecero ancora su la piazza, doue è il palazzo de' Medici, dietro a Naona, vna faccia co i trionfi di Paulo Emilio, & infinite altre storie Romane. Et a s. Saluestro di Monte Cauallo, per fra Mariano, per casa, & per il giardino alcune cosette: & in chiesa li dipinsero la sua cappella, & due storie colorite di s. Maria Maddalena, nellequali sono i macchiati de' paesi fatti con somma grazia, & discrezione, perche Polidoro veramente lauorò i paesi, e macchie d'alberi & sassi, meglio d'ogni pittore. Et egli nell'arte è stato cagione di quella facilità, che hoggi vsano gl'artefici nelle cose loro. Fecero ancora molte camere, et fregi per molte case di Roma, co i colori a fresco, & a tempera lauorati, lequali opere erano da essi esercitate per pruoua, perche mai a colori non poterono dare quella bellezza, che di continuo diedero alle cose di chiaro, & scuro o in bronzo, o in terretta, come si vede ancora nella casa, che era del Card. di Volterra da Torre Sanguigna. Nella faccia della quale fecero vn' ornamento di chiaro scuro bellissimo, & dentro alcune figure colorite, lequali son tanto mal lauorate, & condotte, che hanno deuiato dal primo essere il disegno buono, ch'eglino haueuano. Et ciò tanto parue piu strano per esserui appresso vn'arme di papa Leone di ignudi di mano di Giouan Francesco Vetraio, ilquale se la morte non hauesse tolto di mezzo, harebbe fatto cose grandissime. Et non sgannati per questo della folle credenza loro, fecero ancora in s. Agostino di Roma all'altare de' Martelli, certi fanciulli coloriti, doue Giacopo Sansouino per fine dell'opera, fece vna nostra Donna di marmo; iquali fanciulli nò paiono di mano di persone illustri; ma d'idioti, che comincino allora a imparare. Perilche nella banda, doue la touaglia cuopre l'altare, fece Polidoro vna storietta d'un Christo morto con le Marie, ch'è cosa bell'issimo. mostrando nel vero essere piu quella la professione loro, che i colori. Onde ritornati al solito loro, fecero in Campo Marzio due facciate bellissime, nell'una sè le storie di Anco Marzio, e nelle altre le feste de' Saturnali, celebrate in tal luogo, con tutte le bighe, & quadrighe de' cauali, ch'a gli obelischi aggirano intorno, che sono tenute bellissime per esser elleno talmente condotte di disegno, & bella maniera, che espressissimamente rappresentano quegli stessi spettacoli, per iquali elle sono dipinte. Sul canto della Chiauica, per andare a Corte Sauella, fecero vna facciata, laquale è cosa diuina, & delle belle, che

facessero,

facessero, giudicata bellis. Perche oltra l'istoria delle fanciulle, che passano il Teuere, abbasso vicino alla porta è vn sacrifizio, fatto con industria, & arte marauigliosa, per vedersi osseruato quiui tutti gli instrumenti, & tutti quegli antichi costumi, che a' sacrifizij di quella sorte si soleuano osseruare. Vicino al Popolo sotto S. Iacopo degli Incurabili fecero vna facciata con le storie d'Alessandro Magno, ch'è tenuta bellissima, nella quale figurarono il Nilo, e'l Tebro di Beluedere antichi. A san Simeone fecero la facciata de'Gaddi ch'è cosa di marauiglia, & di stupore, nel considerarui dentro i belli, & tanti & varij habiti, l'infinità delle celate antiche, de soccinti, de' calzari, & delle barche, ornate con tanta leggiadria, & copia d'ogni cosa, che imaginar si possa vn sofistico ingegno. Quiui la memoria si carica di vna infinità di cose bellissime, & quiui si rappresentano i modi antichi, l'effigie de'sani, & bellissime femmine. Perche vi sono tutte le spezie de'sacrifizii antichi, come si costumauano; & da che s'imbarca vno essercito, a che combatte con variatissima foggia di strumenti, & d'armi, lauorate con tanta grazia, & condotte con tanta pratica, che l'occhio si smarrisce nella copia di tante belle inuenzioni. Dirimpetto a questa è vn'altra facciata minore, che di bellezza, & di copia non potria migliorare: dou'è nel fregio la storia di Niobe, quando si fà adorare, & le genti che portano tributi, & vasi, & diuerse sorti di doni: lequali cose con tanta nouità, leggiadria, arte, ingegno, & rilieuo espresse egli in tutta questa opera: che troppo sarebbe certo, narrarne il tutto. Seguitò appresso lo sdegno di Latona, & la miserabile vendetta ne figliuoli della superbissima Niobe, e che i sette maschi da Febo, & le sette femmine da Diana le sono ammazzati, con vn'infinità di figure di bronzo, che nó di pittura, ma paiono di mettallo. Et sopra, altre storie lauorate con alcuni vasi d'oro contrafatti con tante bizzarrie dentro, che occhio mortale non potrebbe imaginarsi altro, nè piu bello, nè piu nuouo: con alcuni elmi Etrusci da rimaner confuso, per la moltiplicazione, & copia di si belle, & capricciose fantasie, ch'usciuano loro de la mente. Le quali opere sono state imitate da infiniti, che lauorano di si fatt'opere. Fecero ancora il cortile di questa casa, & similmente la loggia colorita di grotteschine picciole, che sono stimate diuine. In somma cio, che eglino toccarono, con grazia, & bellezza infinita assoluto renderono. Et s'io volessi nominare tutte l'opere loro, farei vn libro intero de'fatti di questi due soli, perche non è stanza, palazzo, giardino, nè vigna, doue non siano opere di Polidoro, & di Maturino. Hora mentre, che Roma ridendo, s'abbelliua delle fatiche loro: & essi aspettauano premio de'proprii sudori, l'inuidia, & la fortuna mandarono a Roma Borbone l'anno 1527. che quella città mise a sacco. La onde fu diuisa la compagnia non solo di Polidoro, & di Maturino; ma di tanti migliaia d'amici, e di parenti: che a vn sol pane tanti anni erano stati in Roma. Perche Maturino si mise in fuga, ne molto andò, che da'disagi patiti per tale sacco, si stima a Roma, che morisse di peste: & fu sepolto in s. Eustachio. Polidoro verso Napoli prese il camino, doue ariuato, essendo quei gentilhuomini poco curiosi delle cose ecc. di pittura, fu per morirui si di fame. Onde egli lauorando a opere, per alcuni pittori, fece in s. Maria della Grazia vn san Pietro nella maggior cappella: & così aiutò in molte cose que'pittori; piu p campare la vita, che per altro: Ma pure essendo predicato le virtù sue, fece al Có-

Cc

te di . . . . vna volta, dipinta a tempera, con alcune facciate, ch'è tanta cosa bellissima. Et cosi fece il cortile di chiaro & scuro al S. & insieme alcune logge, le quali sono molte piene d'ornamento, & di bellezza, & ben lauorate. Fece ancora in S. Angelo allato alla pescheria di Napoli, vna tauolina a olio: nella quale, è vna N. Donna, & alcuni ignudi d'anime cruciate: la quale di disegno, piu che di colorito, è tenuta bellissima. Similmente alcuni quadri in quella dell'altar maggiore di figure intere sole, nel medesimo modo lauorate. Auuenne che stando egli in Napoli, & veggendo poco stimata la sua virtù, deliberò partire da coloro, che piu conto teneuano d'un cauallo, che saltasse: che di chi facesse con le mani le figure dipinte parer viue. Perilche montato su le galee si trasferi a Messina, & quiui trouato piu pietà, & piu honore, si diede ad operare; & cosi lauorando di continuo prese ne colori buona, & destra pratica. Onde egli vi fece di molte ope, che sono sparse in molti luoghi. Et all'architettura attendendo, diede saggio di se in molte cose, ch'e fece. Appresso nel ritorno di Carlo V. dalla vittoria di Tunisi, passando egli per Messina: Polidoro gli fece archi trionfali bellissimi; onde n'acquistò nome, e premio infinito. La onde egli, che sempre ardeua di desiderio di riuedere quella Roma, la quale di continuo struggecoloro, che stati vi sono molti anni, nel prouare gli altri paesi. Vi fece per vltimo vna tauola d'un Christo, che porta la croce, lauorata a olio, di bota, & di colorito vaghissimo. Nella quale fece vn numero di figure, che accompagnano Christo alla morte, soldati, farisei, cauagli, donne, putti, & i ladroni inrianzi, col tenere ferma l'intenzione, come poteua essere ordinata vna Giustizia simile: che ben pareua, che la Natura si fusse sforzata a far l'ultime pruoue sue in questa opera veramente eccellentissima. Doppo la quale cercò egli molte volte suilupparsi di quel paese, ancora, ch'egli ben veduto vi fosse; ma la cagione della sua dimora, era vna donna, da lui molti anni amata; che con sue dolci parole, & lusinghe lo riteneua. Ma pure tanto potè in lui la volontà di riuedere Roma, e gli amici, che leuò del banco vna buona quantità di danari, ch'egli haueua: e risoluto al tutto, si parti. Haueua Polidoro tenuto molto tempo vn garzone di quel paese; il quale portaua maggiore amore a'danari di Polidoro, che a lui; ma per hauerli cosi sul banco, non potè mai porui su le mani, & con el si partirsi. Perilche caduto in vn pensiero maluagio, e crudele, deliberò la notte seguente, mentre che dormiua, con alcuni suoi congiurati amici, dargli la morte: & poi partite i danari fra loro. E cosi in sul primo sonno assalitolo, mentre dormiua forte, aiutato da coloro, con vna fascia lo strangolò. Et poi datogli alcune ferite, lo lasciarono morto. Et per mostrare ch'essi non l'hauessero fatto, lo portarono su la porta della donna da Polidoro amata; fingendo che, ò parenti, ò altri in casa l'hauessero amazzato. Diede dunque il garzone buona parte de'danari a que'ribaldi, che si brutto eccesso haueuan comesso: e quindi fatteli partire; la mattina piagendo andò a casa vn Cote, amico del morto maestro, e raccotogli il caso; ma p diligeza che si facesse in cercar molti dì chi hauesse cotal tradimento commesso, non venne alcuna cosa a luce. Ma pure come Dio volle, hauendo la natura, & la virtù a sdegno d'essere per mano della fortuna percosse, fecero a vno, che interesso non ci haueua, dire, che impossibil'era, che altri, che tal garzone l'hauesse assassinato. Perilche il

Conte

Conte gli fece por le mani addosso, & alla tortura messolo senza, che altro martorio gli dessero, confesò il delitto: & fù dalla giustizia condannato alle forche, ma prima con tanaglie affocate per la strada tormentato, & vltimamente squartato. Ma non per questo tornò la vita a Polidoro: nè alla pittura si reso quello ingegno pellegrino, & veloce, che per tanti secoli non era piu stato al mondo. Perilche se allora che morì, hauesse potuto morire con lui, sarebbe morta l'inuenzione, la grazia, & la brauura nelle figure dell'arte. Felicità della natura, & della virtù nel formare in vn corpo cosi nobile spirto; et inuidia, & odio crudele di cosi strana morte nel fato, & nella fortuna sua: la quale se bene gli tolse la vita, non gli torrà per alcun tempo il nome. Furono fatte l'essequie sue solennissime, & cō doglia infinita di tutta Messina nella chiesa cathedrale datogli sepoltura l'anno 1543. Grande obligo hanno veramente gl'Artefici a Polidoro per hauerla arrichita di gra copia di diuersi habiti, & stranissimi, & vatij ornamenti. & dato a tutte le sue cose grazia, & ornamento: similmente per hauere fatto figure d'ogni sorte, animali, casamenti, grottesche, & paesi così belli, che dopo lui chiunche ha cercato d'essere vniuersale l'ha imitato. Ma è gran cosa, & da temerne, il vedere, per l'esempio di costui, La instabilità della fortuna, & quello che ella sà fare; facendo diuenire eccellenti in vna professione, huomini da chi si sarebbe ogn' altra cosa aspettato, con non piccola passione di chi ha nella medesima arte, molti anni in vano faticato. E gran cosa, dico, vedere i medesimi, do
po molti trauagli, e fatiche essere condotti dalla stessa fortuna a
misero, & infelicissimo fine, allora che aspettauano di go-
der il premio delle loro fatiche; e cio con si terribili, e
mostruosi casi, che la stessa pietà se ne fugge; la
virtu, è ingiuria, & i beneficij d'vna incredi
bile, e straordinaria ingratitudine si ri
storno. Quanto dunque può
lodarsi la pittura della vir
tuosa vita di Polido
ro, tanto può
egli do-
ler-
si
della fortuna, che se gli mostrò vn tempo amica, per
condurlo poi, quando menocio si
aspettaua a dolorosa
morte.

IL ROSSO PITTOR, E ARCH.
FIORENTINO

Vita del Rosso Pittor Fiorentino.

GLi huomini pregiati, che si danno alle virtù, & quelle con tutte le forze loro abbracciano, sono pur qualche volta, quando manco ciò si aspettaua, esaltati, & honorati eccessiuaméte nel cospetto di tutto il mondo; come apertamente si può vedere nelle fatiche, che il Rosso pittor Fior. pose nell'arte della pittura. Le quali se in Roma, & in Fiorenza, non furono da quei, che le poteuano rimunerare, sodisfatte, trouò egli pure in Francia, chi per quelle, lo riconobbe, di sorte, che la gloria di lui potè spegnere la sete in ogni grado d'ambizione, che possa 'l petto di qual si voglia artefice occupare. Nè poteua egli in quell'essere, conseguir dignità, onore, ò grado maggiore: Poi che sopra ogn'altro del suo mestiero, da sì gran Re, come è quello di Francia, fu ben visto, & pregiato

IL ROSSO.

giato molto. Et nel vero i meriti d'esso erano tali, che se la fortuna gli hauesse procacciato maco, ella gli haurebbe fatto torto grandissimo. Concio fusse che il Rosso era oltra la pittura, dotato di bellissima presenza; il modo del parlar suo era molto grazioso, & graue: era bonissimo musico, & haueua ottimi termini di Filosofia, e quel che importaua piu, che tutte l'altre sue bonissime qualità, fu che egli del continuo nelle composizioni delle figure sue era molto poetico, & nel disegno fiero, & fondato; con leggiadra maniera, e terribilità di cose strauaganti: e vn bellissimo compositore di figure. Nella Architettura fu eccellentissimo, & straordinario; & sempre, per pouero, ch'egli fosse, fu ricco d'animo, & di grandezza. Per il che coloro, che nelle fatiche della pittura terranno l'ordine, che'l Rosso tenne: saranno di continuo celebrati, come son l'opre di lui. Le quali di brauura non hanno pari: & senza fatiche di stento, son fatte: leuato via da quelle vn certo tisicume, & tedio, che infiniti patiscono per fare le loro cose, di niente parere qualche cosa. Disegnò il Rosso nella sua giouanezza al cartone di Michele Agnolo, & con pochi maestri volle stare all'arte, hauendo egli vna certa sua opinione contraria alle maniere di quegli; come si vede fuor della porta a s. Pier Gattolini di Fiorenza, a Marigniolle in vn tabernacolo lauorato a fresco, per Piero Bartoli, con vn Christo morto; doue cominciò a mostrare, quanto egli desiderasse la maniera gagliarda, & di grandezza piu de gl'altri, leggiadra, & marauigliosa. Lauorò sopra la porta di san Sebastiano de'Serui, essendo ancor sbarbato, quando Lorenzo Pucci fu da papa Leone fatto Cardinale, l'arme de Pucci, con due figure, che in quel tempo fece marauigliare gli artefici, non si aspettando di lui quello, che riuscì. Onde gli crebbe l'animo talmente, che hauendo egli a maestro Giacopo frate de'Serui, che attendeua alle poesie, fatto vn quadro d'vna N. Donna, con la testa di s. Giouanni euãg. mezza figura; persuaso da lui fece nel cortile de'detti Serui allato alla storia della Visitazione, che lauorò Giacopo da Puntormo, l'assunzione di N. Dõna, nella quale fece vn cielo d'Angeli tutti fanciulli ignudi, che ballano intorno alla N. Donna accerchiati, che scortano con bellissimo andare di contorni, & con graziosissimo modo, girati per quell'aria; di maniera, che se il colorito fatto da lui fosse con quella maturità d'arte, che egli hebbe poi col tempo haurebbe, come di grandezza, & di buon disegno paragonò l'altre storie, di gran lunga ancora trapassatele. Fecevi gli Apostoli carichi molto di panni, & di troppa douizia di essi pieni: ma le attitudini, & alcune teste sono piu, che bellissime. Fecegli far lo Spedalingo di s. Maria Nuoua vna tauola, laquale vedendola abbozzata, gli paruero, come colui ch'era poco intendente di questa arte, tutti quei Santi diauoli, hauendo il Rosso costume nelle sue bozze a olio, di fare certe arie crudeli, & disperate, & nel finirle poi addolciua l'aria, & riduceuale al buono. Perche se li fuggì di casa, & non volle la tauola, dicendo, che lo haueua giuntato. Dipinse medesimamente sopra vn'altra porta, che entra nel chiostro del conuento de'Serui, l'arme di papa Leone cõ due fanciulli, oggi guasta. Et per le case de'cittadini si veggono piu quadri, e molti ritratti. Fece per la venuta di Papa Leone a Fiorenza sul canto de'Bischeri vn'arco bellissimo. Poi lauorò al Signor di Piombino vna tauola, cõ vn Christo morto bellissimo, & gli fece ancora vna cappelluccia: E similmente a Volterra

terra dipinſe vn belliſsimo depoſto di croce. Perche creſciuto in pregio, & fama, fece in S. Spirito di Fiorenza la tauola de Dei, laquale gia haueuano allogato a Raffaello da Vrbino, che la laſciò per le cure dell'opa, che haueua preſo a Roma. Laquale il Roſſo lauorò con belliſsima grazia, & diſegno, & viuacità di colori. Ne penſi alcuno, che neſſuna opera habbia piu forza, o moſtra piu bella di lontano, di quella: laquale per la brauura nellé figure, & per l'aſtrattezza delle attitudini, non piu vſata per gli altri, fu tenuta coſa ſtrauagante. E ſe bene nõ gli fu allora molto lodata, hanno poi a poco a poco conoſciuto i popoli la bontà di quella: & gli hanno dato lode mirabili: perche nell'unione de'colori, non è poſsibile far piu: eſſendo, che i chiari, che ſono ſopra doue batte il maggior lume, con i men chiari vanno a poco a poco con tanta dolcezza, & vnione a trouar gli ſcuri cõ artifizio di ſbattimenti d'ombre, che le figure fanno addoſſo l'una all'altra figura, pche vanno per via di chiari ſcuri facendo rilieuo l'una all'altra. E tanta fierezza ha queſt'opera, che ſi può dire, ch'ella ſia inteſa, & fatta con piu giudizio, e maeſtria, che neſſun'altra, che ſia ſtata dipinta da qual ſi voglia piu giudizioſo maeſtro. Fece in ſan Lorenzo la tauola di Carlo Ginori dello ſponſalizio di N. Donna, tenuto coſa belliſsima. Et in vero in quella ſua facilità del fare non è mai ſtato chi di pratica, ò di deſtrezza l'abbi potuto vincere, ne a gran luga accoſtarſeli; p eſſer egli ſtato nel dolorito ſi dolce, & con tanta grazia cangiato i pãni, che il diletto, che per tale arte preſe, lo ſe ſempre tenere lodatiſsimo, e mirabile, come chi guarderà tale opera conoſcerà tutto queſto, ch'io ſcriuo eſſer veriſsimo, conſiderando gl'ignudi, che ſono beniſsimo inteſi, & con tutte l'auuertéze della Notomia. Sono le femmine grazioſiſsime, & l'acconciature de'panni bizarre, & capricciose. Similmente hebbe le conſiderazioni, che ſi deono hauere, sì nelle teſte de'vecchi cõ cere bizarre: come in quelle delle dõne, e de i putti, cõ arie dolci, & piaceuoli. Era anco tanto ricco d'inuenzioni, che non gl'auanzaua mai niente di campo nelle tauole. & tutto conduceua con tanta facilità, e grazia, che era vna marauiglia. Fece ancora a Gio. Bandini vn quadro d'alcuni ignudi belliſsimi in vna ſtoria di Moſè, quando ammazza l'Egizzio; nel quale erano coſe lodatiſsime. & credo che in Francia foſſe mandato. Similmente vn'altro ne fece a Gio. Caualcanti, che andò in Inghilterra, quádo Iacòb piglia il bere da quelle dõne alla fonte; che fu tenuto diuino; atteſo che vi erano ignudi, & femmine lauorate con ſomma grazia, alle quali egli di cõtinuo ſi dilettò far pannicini ſottili, acconciature di capo con trecce, & abbigliamenti per il doſſo. Staua il Roſſo, quando queſta opera faceua, nel borgo de'Tintori, che riſpõde con le ſtanze di gli horti de'frati di s. Croce, & ſi pigliaua piacere d'un bertuccione, il quale haueua ſpirto piu d'huomo, che d'animale: p la qual coſa cariſs. ſe lo teneua, e come ſe medeſimo l'amaua: & per cio ch'egli haueua vn'intelletto marauiglioſo, gli faceua fare di molti ſeruigi. Auuenne che queſto animale s'innamorò d'un ſuo garzone, chiamato Batiſtino, il quale era di belliſsimo aſpetto, & indouinaua tutto quel che dir voleua, a i cenni, che'l ſuo Batiſtin gli faceua. Per ilche eſſendo da la banda delle ſtanze di dietro, che nell'orto de'frati riſpõdeuano, vna pergola del guardiano piena di vue groſsiſsime s. Colombane; quei giouani mandauano giù il bertuccione per quella, che dalla fineſtra era lontana, & con la fune ſu tiraua

no

IL ROSSO.

so l'animale, con le mani piene d'vue. Il Guardiano trouando scaricarsi la gola, & non sapendo da chi, dubitando de topi, mise l'aguato a essa; & visto che il bertuccione del Rosso giù scendeua, tutto s'accese d'ira, & presa vna pertica per bastonarlo, si recò verso lui a due mani. Il Bertuccione visto, che se la liua ne toccherebbe, & se staua fermo il medesimo, cominciò salticchiando a ruinargli la pergola, & fatto animo di volersi gettare addosso al frate, con ambedue le mani prese l'ultime trauerse, che cingeuano la pergola; in tanto menando il frate la pertica, il bertuccione scosse la pergola per la paura, di sorte, & con tal forza, che fece vscire delle buche le pertiche, & le canne: onde la pergola, & il bertuccione ruinarono addosso al frate, il quale gridando mise ricordia, fu da Batistino, & da gl'altri tirata la fune, & il bertuccion saluo, rimesso in camera, perche discostatosi il Guardiano, & a vn suo terrazzo fattosi, disse cose fuor della messa; & cō colora, & mal animo se n'andò all'ufficio degli Otto, magistrato in Fiorenza, molto temuto. Quiui posta la sua querela, e mandato per il Rosso, fu p motteggio cōdānato il bertuccione a douere, vn contrapeso tener al culo, accio che nō potesse saltare, come prima faceua su per le pergole. Così il Rosso fatto vn rullo, che giraua con vn ferro, quello gli teneua, accioche per casa potesse andare, ma nō saltare per l'altrui, come prima faceua. Perche vistosi a tal supplizio condennato il bertuccione: pareue che s'indouinasse, il frate essere stato di cio cagione: onde ogni dì s'essercitaua saltando di passo in passo, con le gambe, & tenendo con le mani il contrapeso, & così posandosi spesso, al suo disegno peruenne. Perche sendo un dì sciolto per casa salì a poco a poco di tetto in tetto, fu l'hora, che il Guardiano era a cantare il vespro; & peruenne sopra il tetto della camera sua. Et qui ui lasciato andare il contrapeso, vi fece per mezza hora vn sì amoreuole ballo, che nè tegolo, nè coppo vi restò, che non rompesse. Et tornatosi in casa, si sentì fra tre dì per vna pioggia le querele del guardiano. Hauendo il Rosso finito l'opere sue, con Batistino, & il bertuccione s'inuiò a Roma: & essendo in grandissima aspettazione l'opre sue, erano oltre modo, desiderate, essendosi veduti alcuni disegni fatti per lui, iquali erano tenuti marauigliosi, atteso, che il Rosso diuinissimamente, & con gran pulitezza disegnaua. Quiui fece nella Pace sopra le cose di Raffaello vn'opera, della quale non dipinse mai peggio a suoi giorni. nè posso imaginare onde cio procedesse, senon da questo, che non pure in lui, ma si è veduto anco in molti altri. E questo (il che pare cosa mirabile, & occulta di natura) è che chi muta paese, ò luogo, pare che muti natura, virtu, costumi, & habito di persona, in tanto, che tallora nō pare quel medesimo, ma un'altro, & tutto stordito, & stupefatto. Ilche potè in teruenire al Rosso nell'aria di Roma, & per le stupende cose, che egli ui vide d'Architettura, & Scultura, e per le pitture, & statue di Michelangnolo, che forse lo cauarono di se. Lequali cose fecero anco fuggire, senza lasciar loro alcuna cosa operare in Roma, fra Bartolomeo di s. Marco, & Andrea del Sarto. Tutta uia, qualunche si fusse di cio la cagione, il Rosso non fece mai peggio; e da vantaggio è quest'opera è paragone di quelle di Raffaello da Vrbino. In questo tempo fece al Vescouo Tornabuoni amico suo vn quadro d'un Christo morto, sostenuto da due Angeli, che hoggi è appresso a gli heredi di Mō signor della Casa; ilquale fu vna bellissima impresa. Fece al Bauiera in disegni

gni di stampe, tutti gli dei, intagliati poi da Giacopo Caraglio, quãdo Saturno si muta in cauallo; & particularmente quando Plutone rapisce Proserpina. Lauorò vna bozza della decollazione di s. Gio. Batista, che hoggi è in vna chiesiuola su la piazza de'Saluiati in Roma. Succedendo in tanto il sacco di Roma, fu il pouero Rosso fatto prigione de'Tedeschi, & molto mal trattato. Percioche oltra lo spogliarlo de'vestimenti, scalzo, e senza nulla in testa, gli fecero portare addosso pesi, & sgombrare quasi tutta la bottega d'un pizzicagnolo. Per il che da quelli mal condotto, si condusse appena in Perugia, doue da Domenico di Paris pittore fu molto accarezzato, & riuestito; & egli di segnò per lui vn cartone di vna tauola de'Magi, ilquale appresso lui si vede, cosa bellissima. Ne molto restò in tal luogo, perche intendendo, ch'al Borgo era venuto il Vescouo de Tornabuoni, fuggito egli ancora dal sacco, si trasferì quiui, perche gli era amicissimo. Era in quel tepo al Borgo Raffaello dal Colle pittore, creato di Giulio Romano, che nella sua patria haueua preso a fare, per S. Croce, compagnia di Battuti, vna tauola p poco prezzo, dellaquale, come amoreuole si spogliò, e la diede al Rosso; accioche in quella città si manesse qualche reliquia di suo. Per il che la compagnia si risentì, ma il Vescouo gli fece molte comodità. Onde finita la tauola, che gl'acq̃stò nome, ella fu messa in s. Croce: perche il deposito, che vi è di croce è cosa molto rara, & bella, per hauere osseruato ne'colori vn certo chè, tenebroso per l'eclisse, che fu nella morte di Christo, e per essere stata lauorata con grandissima diligẽza. Gli fu dopo fatto in Città di Castello, allogazione d'vna tauola, la quale volendo lauorare, mentre che s'ingessaua, le ruinò vn tetto addosso, che l'infranse tutta, & a lui venne vn mal di febbre sì bestiale, che ne fu quasi per morire: per ilche da Castello si fe portare al Borgo. Seguitando quel male cõ la quartana, si trasferì poi alla Pieue a s. Stefano a pigliare aria; & vltimamente in Arezzo: doue fu tenuto in casa da Benedetto Spadari: ilquale adoperò di maniera col mezzo di Gio. Antonio Lappoli Aretino, & di quanti amici, & parenti essi haueuano, che gli fu dato a lauorare in fresco alla Madõna delle Lagrime, vna volta allogata già à Niccolo Soggi pittore. Et perche tal memoria si lasciasse in quella città, gliele allogarono per prezzo di trecẽto scuto scudi d'oro. Onde il Rosso cominciò cartoni in vna stanza, che gli haueuano consegnata in vn luogo detto Murello; & quiui ne finì quattro. In vno fece i primi parenti, legati allo albero del peccato; & la N. Donna, che caua loro il peccato di bocca, figurato per quel pomo, & sotto i piedi il serpente, & nell'aria (volendo figurare, ch'era vestita del Sole, & della Luna) fece Febo & Diana ignudi. Nell'altra, quando l'Arca federes è portata da Mosè, figurata per la nostra Donna, da cinque virtu circondata. In vn'altra è il Trono di Salamone, pure figurato per la medesima, a cui si porgono voti, per significare quei, che ricorrono a lei per grazia, con altre bizarrie, che dal bello ingegno di M. Giouanni Polastra canonico Aretino, & amico del Rosso, furono trouate: A compiacenza del quale fece il Rosso vn bellissimo modello di tutta l'opera, che è hoggi nelle nostre case d'Arezzo. Disegnò anco vno studio d'ignudi per quell'opera, che è cosa rarissima: onde fu vn peccato, ch'ella nõ si finisse. perche se egli l'hauesse messo in opera, & fattala a olio, come haueua a farla in fresco, ella sarebbe stata veramente vn miracolo. Ma egli fu sempre

nemico

IL ROSSO:

nemico del lauorare in freſco, e però ſi andò temporeggiando in fare i cartoni, per farla finire a Raffaello dal borgo, & altri tãto ch'ella non ſi fece. In quel medeſimo tempo, eſſendo perſona corteſe fece molti diſegni in Arezzo e fuori, per pitture, e fabriche: come a i Rettori della fraternita quello della cappella, che è a pie di piazza, doue è hoggi il uolto ſanto. per iquali haueua diſegnato vna tauola, che s'haueua a porre di ſua mano nel medeſimo luogo, dentro ui vna Noſtra Donna, che ha ſotto il manto vn pòpolo. Ilquale diſegno, che nõ fu meſſo in opera, è nel noſ libro ĩſieme cõ molti altri belliſſ. di mano del medeſimo. Ma tornãdo all'opera, ch'egli doueua fare alla Madõna delle lacrime gl'entrò malleuadore di queſta opera Gio. Ant. Lappoli Aretino, & amico ſuo fidatiſſimo, che con ogni moɗo di ſeruitù gli vsò termini di amoreuolezza. Ma l'anno 1530. eſſendo l'aſſedio intorno a Fiorenza, & eſſendo gli Aretini, per la poca prudenza di Papo Altouiti, rimaſi in libertà, eſſi combatterono la cittadella, & la mandarono a terra. Et perche que'popoli mal volentieri vedeuano i Fiorentini, il Roſſo non ſi volle fidar di eſſi, & ſe n'andò al Borgo San Sepolcro, laſciando i cartoni, e i diſegni dell'opera ſerrati in Cittadella: perche quelli che a Caſtello gli aueua allogato la tauola, volſero che la finiſſe: & per il male, che auea auuto a Caſtello, non volle ritornarui, & coſi al Borgo finì la tauola loro. Ne mai a eſſi volſe dare allegrezza di poterla vedere; doue figurò vn popolo, e vn Chriſto in aria, adorato da quattro figure, & quiui fece Mori, Zingani, & le piu ſtrane coſe del mondo: & da le figure in fuori, che di bõtà ſon perfette, il componimento attende a ogni altra coſa, che all'animo di coloro, che gli chieſero tale pittura. In quel medeſimo tempo, che tal coſa faceua, diſotterrò de'morti nel veſcouado, oue ſtaua, & fece una belliſſima notomia. E nel uero era il Roſſo ſtudioſiſſimo delle coſe dell'arte, e pochi giorni paſſauano, che non diſegnaſſe qualche nudo di naturale. Hora hauendo egli ſempre hauuto capriccio di finire la ſua uita in Francia, e torſi come diceua egli, a vna certa miſeria, e pouertà; nellaquale ſi ſtanno gli huomini, che lauorano in Toſcana, e ne paeſi doue ſono nati, deliberò di partirſi. Et hauendo a punto, per comparire piu pratico in tutte le coſe, et eſſere vniuerſale, apparata la lingua latina; gli vẽne occaſione d'affrettare maggiormente la ſua partita, percioche, eſſendo vn giouedi ſanto, quando ſi dice matutino la ſera, vn giouinetto Aretino ſuo creato in chieſa, e facendo con vn moccolo acceſo, & con pece greca, alcune vampe, e fiamme di fuoco, mentre ſi faceuano, come ſi dice, le tenebre; fu il putto da alcuni preti ſgridato, & alquanto percoſſo. Di che auedutoſi il Roſſo, alquale ſedeua il fanciullo a canto, ſi rizzò con mal'animo alla volta del prete. perche leuatoſi il rumore, ne ſapendo alcuno onde la coſa ueniſſe, fu cacciato mano alle ſpade contra il pouero Roſſo, ilquale era alle mani con i preti. Onde egli datoſi a fuggire, con deſtrezza ſi ricouerò nelle ſtanze ſue, ſenza eſſere ſtato offeſo, o raggiunto da neſſuno. Ma tenendoſi per cio vituperato, finita la tauola di caſtello, ſenza curarſi del lauoro d'Arezzo, o del danno, che faceua a Gioan Antonio ſuo malleuadore, hauendo hauuto piu di cento cinquanta ſcudi; ſi partì di notte, e facendo la via di Peſaro, ſen'andò à Vinetia. Doue eſſendo da Meſſer Pietro Aretino trattenuto, gli diſegno in vna carta, che pui fu ſtampata, vn Marte, che dorme con Venere, e gl'Amori, e le grazie, che lo ſpogliano, e gli

Dd

traggono la corazza. Da Vinezia partito, fen'ando in Francia, doue fu con molte carezze dalla nazione Fiorentina riceuuto. Quiui fatti alcuni quadri che poi furono posti in Fontanableo nella Galleria gli donò al Re Francesco, al quale piacquero infinitamente, ma molto piu la presenza, il parlare, e la maniera del Rosso, ilquale era grande di persona, di pelo rosso, con forme al nome, & in tutte le sue azzioni graue, considerato, e di molto giuditio. Il Re adunque, hauendogli subito ordinato vna prouisione di quattro cento scudi, e donatogli vna casa in Parigi, laquale habitò poco per starsi il piu del tempo a Fòtanableo, doue haueua stanze, e viuea da signore; lo fece capo generale sopra tutte le fabriche, pitture, & altri ornamenti di quel luogo. Nelquale primieramente diede il Rosso principio a vna Galleria sopra la bassa corte facendo di sopra, non volta ma vn palco, ò vero soffittato di legname con bellissimo spartimento; le facciate dalle bande fece tutte lauorate di stucci, con partimenti bizzarri, e strauaganti, e di piu sorti cornici intagliate configurene reggimenti grandi quanto il naturale: adornando ogni cosa sotto le cornici, fra l'vn reggimento, e l'altro, di festoni di stuccho ricchissimi, e d'altri di pittura con frutti bellissimi, e verzure d'ogni sorte. E dopo in vn vano grande fece dipignere col suo disegno (se bene ho inteso il vero) circa ventiquattro storie, à fresco, credo, de i fatti d'Alessandro Magno; facendo esso come ho detto tutti i disegni, che furono d'acquerello, e di chiaro scuro. Nelle due testate di questa Galleria sono due tauole à olio di sua mano disegnate, e dipinte, di tanta perfezzione, che di pittura si puo vedere poco meglio. Nell'vna delle quali è vn Baccho, & vna Venere, fatti con arte marauigliosa, & con giudizio. E il Baccho vn giouinetto nudo tanto tenero, delicato, e dolce, che par di carne veramente, e palpabile; e piu tosto viuo, che dipinto. Et intorno à esso sono alcuni vasi, finti d'oro d'argento, di christallo, e di diuerse pietre finissime, tanto strauaganti, & con tante bizarrie attorno, che resta pieno di stupore chiunche vede quest'opera con tante inuenzioni. Vi è anco fra l'altre cose, vn Satiro, che lieua vna parte d'vn padiglione; la testa del quale è di marauigliosa bellezza in quella sua strana cera caprina, e massimamente, che par che rida, e tutto sia festoso in veder così bel giouinetto. Euui anco vn putto a cauallo sopra vn'Orso bellissimo, e molti altri graziosi, e belli ornamenti atorno. Nell'altro è vn Cupido, e Venere con altre belle figure. Ma quello in che pose il Rosso grandissimo studio fu il Cupido: per che finse vn putto di dodici anni, ma cresciuto, e di maggiori fattezze, che di quella età non si richiede, e in tutte le parti bellissimo. Lequali opere vedendo il Re, e piacendogli sommamente pose al Rosso incredibile affezzione: onde non passò molto, che gli diede vn canonicato nella santa capella della Madonna di Parigi, & altre tante entrate, e vtili, che il Rosso cō buon numero di seruidori, e di caualli viueua da sig. e facea banchetti, e cortesie straordinarie a tutti i conoscenti, e amici; & massimamente a i forestieri Italiani, che in quelle parti capitauano. Fece poi vn'altra sala, chiamata il Padiglione, perche è sopra il primo piano delle stanze di sopra, che viene à essere l'ultima sopra tutte l'altre, e in forma di padiglione. laquale stanza condusse dal piano del pauimento fino agl'arcibanchi, con varii, e belli ornamenti di stucchi, e figure tutte tonde spartite con egual distanza, con putti, Festoni, e varie sorti d'animali. E negli spartimenti de' piani,

IL ROSSO.

no vna figura à fresco à sedere, in sì gran numero, che in essi si veggiono figurati tutti gli Dei, e Dee degl'antichi, e gentili. E nel fine sopra le finestre e vn fregio tutto ornato di stucchi, e richissimo, ma senza pitture. Fece poi in molte camere, stufe, & altre stanze infinite opere pur di stucchi, e di pitture, delle quali si veggiono alcune ritratte, & mandate fuora in stampe, che sono molto belle, e gratiose; sì come sono ancora infiniti disegni, che il Rosso fece di saliere, vasi, conche, & altre bizzarrie, che poi fece fare quel Re tutti d'Argento, le quali furono tante che troppo sarebbe di tutte voler far menzione. E però basti dire, che fece disegni per tutti i vasi d'una credéza da Re, e per tutte quelle cose, che per abigliamenti di caualli, di mascherate di trionfi, e di tutte l'altre cose, che si possono immaginare; e con sì strane, e bizzarre fantasie, che nõ è possibile far meglio. Fece quando Carlo quinto Imperadore andò l'anno 1540. sotto la fede del Re Francesco in Francia, hauendo seco non piu che dodici huomini, a Fontanableo la metà di tutti gl'ornamenti, che fece il Re fare per honorare vn tanto Imperadore: E l'altra metà fece Francesco Primaticcio Bolognese. Ma le cose, che fece il Rosso d'Archi, di colossi, altre cose simili furono, per quãto si disse allora, le piu stupende, che da altri insino allora fussero state fatte mai. Ma vna gran parte delle stanze, che il Rosso fece al detto luogo di Fontanableo sono state disfatte dopo la sua morte dal detto Francesco Primaticcio, che in quel luogo ha fatto nuoua, e maggior fabrica. Lauorarono con il Rosso le cose sopradette di stucco, e di rilieuo, e furono da lui sopra tutti gl'altri amati Lorenzo Naldino Fiorentino; maestro Francesco d'Orliens Mae. Simone da Parigi, e Mae. Claudio similméte Parigino, Maestro Lorenzo Piccardo, & altri molti. Ma il migliore di tutti fu Domenico del Barbieri che è pittore, e Maestro di stucchi eccellentissimo e disegnatore straordinatio, come ne dimostrano le sue opere stampate, che si possono annouerare fra le migliori, che vadano atorno. i pittori parimenti, che egli adoperò nelle dette opere di Fontanableo furono Luca Penni fratello di Giouan Fracesco detto il Fattore, ilquale fu discepolo di Raffaello da vrbino; Lionardo fiamingo pittore molto valente, il quale conduceua bene affatto con i colori i disegni del Rosso; Bartolomeo miniati fiorentino; Francesco Caccianimici, e Giouambatista da Bagnacauallo: i quali vltimi lo seruirono mentre Francesco Primaticcio andò per ordine del Re a Roma à formare il Laoconte, l'Apollo, & molte altre anticaglie rare, per gettarle di Bronzo. Tacerò gl'intagliatori, i maestri di legname, & altri infiniti di quali si serui il Rosso in queste opere, p che non ta di bisogno ragionare di tutti, come che molti di loro facessero opere degne di molta lode. Lauorò di sua mano il Rosso; oltre le cose dette, vn s. Michele, che è cosa rara. Et al Cōnestabili fece vna tauola d'un Christo morto cosa rara che e a vn suo luogo chiamato Ceuan, e fece anco di Minio à ql Re cose rarissi. Fece apṕso vn libro di notomie p farlo stãpare ĩ Frãcia, del quale sono alcuni pezzi di sua mão nel nŕo libro de'disegni, si trouarono anco fra le sue cose. dopo, che fu morto due bellissimi cartoni. in vno de'quali è vna Leda, che è cosa singolare, e nell'altro la Sibilla Tiburtina, che mostra à Ottauiano Imperadore la Vergine gloriosa, con Christo nato in collo. Et in questo fece il Re Francesco la Reina, la guardia, & il popolo con tanto numero di figure, e si ben fatte, che si puo dire con uerita, che questa fusse vna delle belle

cose, che mai facesse il Rosso: Il quale fu per queste opere, & altre molte, che non si sanno cosi grato al Re, che egli si trouaua poco auāti la sua morte hauere piu di mille scudi d'entrata, senza le prouisioni dell'opera, che erano grossissime. Di maniera, che non piu da pittore ma da principe viuendo, teneua seruitori assai, caualcature, & haueua la casa fornita di tapezzerie, e d'argenti, & altri fornimenti, e masserizie di valore; quando la fortuna, che non lascia mai ò rarissime volte, lungo tempo in alto grado, chi troppo si fida di lei, lo sece nel piu strano modo del mondo capitar male: perche praticando con esso lui come dimestico, e familiare, Francesco di Pellegrino Fiorentino, il quale della pit. si dilettaua, & al Rosso era amicissi. gli furono rubate alcune centinaia di ducati. onde il Rosso nō sospettando d'altri, che di detto Francesco lo fece pigliare dalla corte, & con esamine rigorose tormentarlo molto. Ma colui, che si trouaua innocente; non confessando altro che il vero, finalmente rilasato: fu sforzato, mosso da giusto sdegno, à risentirsi cōtra il Rosso del vituperoso carico, che da lui gli era stato falsamente apposto. Perche datogli vn libello d'ingiuria, lo strinse di tal maniera, che il Rosso non sene potendo aiutare, ne disedere, si videà mal partito, parēdogli nō solo hauere falsamēte vituperato l'amico, ma ancora machiato il proprio honore. Et il disdirsi, ò tenere altri vituperosi modi, lo dichiaraua similmēte huomo disleale, e cattiuo, per che deliberato di duccidersi da sè stesso, piu tosto, che esser castigato da altri, prese questo partito. vn giorno, che il Re si trouaua à Fontanableo mandò vn contadino à Parigi per certo velenosissimo liquore, mostrando voler seruirse ne per far colori, ò uernici; con animo, come fece, d'auelenarsi. il contadino dunque tornadosene con esso (tanta era la malignita di quel veleno) per tenere solamente il dito grosso sopra la bocca dell'ampolla turata diligentemēte con la cera, rimase poco meno, che senza quel dito, hauēdoglielo consumato, e quasi mangiato la mortifera virtu di quel veleno; che poco appesso vccise il Rosso, hauendolo egli o che sanissimo era, preso, perche gli togliesse, come in poche hore fece, la vita. La qual nuoua essendo portata al Re senza fine gli dispiacque, parendogli hauer fatto nella morte del Rosso perdita del piu eccellente Artefice de' tempi suoi. Ma perche l'opera non patisse, la sece seguitare à Francesco Primaticcio Bolognese, che gia gl'haueua fatto, come s'è detto molte opere: donandogli vna buona Badia, si come al Rosso haueua fatto vn canonicato. Mori il Rosso l'anno 1541. lasciando di
sè gran disiderio agl'amici, & agl'artefici, i quali hanno me
diante lui conosciuto quanto acquisti appresso à vn
Prencipe vno, che sia vniuersale, e in tutte l'azzioni manieroso, e gentile, come fu egli il
quale per molte cagioni ha meritato, e merita di essere ammira-
to come veramente eccel
lentissimo.

BARTOLOMEO DA BAGNACAV.
PITTOR ROMAG.

Vita di Bartolomeo da Bagnacauallo & altri Pittori Romagnuoli.

Ertamente che il fine delle concorrentie nelle arti, per la ambizione della gloria; si vede il piu delle volte esser lodato: Ma s'e gli auuiene, che da superbia, & da presumersi chi concorre meni alcuna volta troppa vampa di se, si scorge in ispazio di tempo quella virtu, che cerca, in fumo & nebbia risoluersi: atteso, che mal può crescere in perfezzione chi non conosce il proprio difetto: & chi non teme l'operare altrui. Però meglio si conduce ad augumento la speranza de gli studiosi timidi; che sotto colore d'onesta vita onorano l'opere de'rari maestri, & con ogni studio quelle imitano, che quella di coloro, che hanno il capo

po pieno di superbia, e di fumo come hebbero Bartolomeo da Bagnacauallo amico Bolognese, Girolamo da Codignuola, & Innocentio da Imola pittori: perche essendo costoro in Bologna in vn medesimo tempo s'hebbero l'vno all'altro quell'inuidia, che si puo maggiore imaginare. E che è piu la superbia loro, e la vanagloria, che non era sopra il fondamento della virtu collocatali deuiò dalla via buona; laquale all'eternita conduce coloro, che piu per bene operare, che per gara combattono. fu dunque questa cosa cagione, che a buoni principii, che aueuano costoro non diedero quello ottimo fine, che s'aspettaua. Conciosia che il presumersi d'essere maestri li fece troppo discostarsi dal buono. Era Bartolomeo da Bagnacauallo venuto a Roma ne'tempi di Raffaello, per aggiugnere con l'opere, doue con l'animo gli pareua arriuare di perfezzione. Et come giouane, ch'aueua fama in Bologna per l'aspettatione di lui, fu messo a fare vn'lauoro nella chiesa della Pace di Roma, nella cappella prima a man destra, entrando in chiesa, sopra la cappella di Baldassar Perucci Sanese. Ma non gli parendo riuscire quel tanto, che di se aueua promesso, se ne tornò a Bologna. doue egli, & i sopradetti fecero à concorrenza l'vn dell'altro in san Petronio, ciascuno vna storia della vita di Christo, e della madre alla capella della Madonna, alla porta della facciata dinanzi à man destra entrando in chiesa: fra le quali poca differenza di perfezzione si vede dall'vna all'altra. Perche Bartolomeo acquistò in tal cosa fama di auere la maniera piu dolce, & piu sicura. E auuenga, che nella storia di Maestro Amico, sia vna infinità di cose strane, per auer figurato nella resurressioni di Christo gl'armati, con attitudini torte, & rannicchiate, & dalla lapida del sepolcro, che ruinata loro addosso, stiacciati molti soldati: non dimeno per essere quella di Bartolomeo piu vnita di disegno, & di colorito fu piu lodata dagli artefici. Ilche fu cagione, ch'egli facesse poi compagnia con Biagio Bolognese persona molto piu pratica nella arte, che eccellente; & che lauorassino in compagnia i san Saluatore a frati scopetini, vn refettorio, ilquale dipinsero parte a fresco parte a secco; dentroui quando Christo sazia co i cinque pani, & due pesci, cinque mila persone. Lauorarono ancora in vna facciata della libreria la disputa di Santo Agostino; nella quale fecero vna prospettiua assai ragioneuole. Haueuano questi maestri, per hauere veduto l'opere di Raffaello, e praticato con esso, vn certo che d'vn tutto, che pareua di douere esser buono; ma nel vero non attesero all'ingegnose particolarita dell'arte, come si debbe. Ma perche in Bologna in que'tempi non erano pittori, che sapessero piu di loro, erano tenuti da chi gouernaua, e da i popoli di quella citta i migliori maestri d'Italia. Sono di mano di Bartolomeo sotto la uolta del palagio del podesta alcuni tondi in fresco: e dirimpetto al palazzo de'Fantucci in san Vitale vna storia della visitatione di santa Elisabetta. E ne'Serui di Bologna intorno à vna tauola d'vna Nunziata dipinta à olio, alcuni santi lauorati à fresco da Innocenzio da Imola. Et in san Michele in bosco dipinse Bartolomeo à fresco la capella di Ramazzotto capo di parte in Romagna. Dipinse il medesimo in santo Stefano, i una capella due santi à fresco con certi putti in aria assai begli. Et in san Iacopo vna capella à Messer Aniballe del corello. Nella quale fece la Circoncisione di Nostro Signore, con assai figure: E nel mezzo tondo di sopra fece Abramo, che Sacrifica il figliuolo à Dio. E questa opera in vero fù fatta con buo-

BARTOLOMEO DA BAGNACAVALLO.

na pratica, e maniera. à tempera dipinse nella misericordia fuor di Bologna in vna tauoletta la Nostra Donna, e alcuni santi, e per tutta la città molti quadri, & altre opere, che sono in mano di diuersi. E nel verò fu costui nella bontà della vita, e nell'opere piu che ragioneuole, & hebbe miglior disegno, & inuenzione, che gl'altri, come si puo vedere nel nostro libro in vn disegno, nel quale e Giesu Christo fanciullo, che disputa con i Dottori nel tempio con vn casamento molto ben fatto, & con giudizio. finalmente finì costui la vita d'anni cinquantotto, essendo sempre stato molto inuidiato da Amico Bolognese huomo capriccioso, e di bizzarro ceruello: come sono anco pazze, per dir cosi, e capricciose, le figure da lui fatte per tutta Italia, e particolarmente in Bologna, doue dimorò il piu del tempo. E nel vero se le molte fatiche, che fece ei disegni fussero state durate per buona via, e non à caso egli hauerebbe per auuentura passato molti, che tenghiamo rari, e valent'huomini. Ma puo tãto, dall'altro lato il fare assai che è impossibile non ritrouarne ifra molte, alcuna buona e lodeuole opera, come è fra le infinite, che fece costui vna facciata di chiaro scuro in sulla piazza de' Marsigli, nella quale sono molti quadri di storie; & vn fregio d'animali, che combattono insieme molto fiero, e ben fatto, e quasi delle migliori cose, che dipignesse mai. vn'altra facciata dipinse alla porta di san Mammolo: Et à san Saluadore vn fregio intorno alla capella maggiore, tanto strauagante, e pieno di pazzie, che farebbe ridere, chi ha piu voglia di piagnere. in somma non è chiesa, ne strada in Bologna, che non habbia qualche imbratto di mano di costui. in Roma ancora dipinse assai: & à Lucca in san Friano vna capella con strane, e bizzarre fantasie, & con alcune cose degne di lode come sono le storie della Croce, e alcune di santo Agostino. nelle quale sono infiniti ritratti di persone segnalate di quella citta. E per vero dire questa fu delle migliori opere, che Maestro Amico facesse mai a fresco, di colori. E anco in san Iacopo di Bologna all'Altare di san Nicola alcune storie di quel santo, & vn fregio da basso con prospettiue, che meritan di esser lodate. Quando Carlo quinto Imperador ando à Bologna, fece Amico alla porta del palazzo vn'Arco trionfale, nel quale fece Alfonso Lombardi le statue di rilieuo. Ne è marauiglia, che quella d'Amico fusse piu pratica, che altro; perche si dice che come persona astratta, che egli era, e fuor di squadra dall'altre, andò per tutta Italia disegnando e ritraendo ogni cosa di pittura, e di rilieuo, & così le buone, come le cattiue: il che fu cagione, che egli diuentò vn praticaccio inuentore. E quando poteua hauer cose da seruirsene vi metteua su volentieri le mani: e poi, per che altri non se ne seruisi le guastaua. Lequali fatiche furono cagione, che egli fece quella maniera cosi pazza, e strana. costui venuto finalmente in vecchiezza di settanta anni, fra, per l'arte, e la stranezza della vita, bestialissimamente impazzò. onde Messer Francesco Guicciardino nobilissimo Fiorentino, e veracissimo scrittore delle storie de' tempi suoi, il quale era allora gouernatore di Bologna, ne pigliaua non piccolo piacere insieme con tutta la citta. Nondimeno credono alcuni, che questa sua pazzia fusse mescolata di tristitia perche hauendo veduto per piccol prezzo alcuni beni mentre era pazzo, & in estremo bisogno, gli riuolle, essendo tornato in ceruello, e gli rihebbe con certe conditioni, per hauergli venduto, diceua egli, quando ero pazzo tutta via, perche puo anco essere altrimenti, non affermo che fusse cosi, ma
ben

ben dico,che così ho molte volte vdito raccontare. Attese costui anco alla scultura,& come seppe il meglio fece di marmo in san Petronio,entrando in chiesa à man ritta vn Christo morto,e Nicodemo,che lo tiene della maniera,che sono le sue pitture. Dipigneua Amico con amendue le mani à vn tratto, tenendo in vna il pennello del chiaro,e nell'altra quello dello scuro; ma quello che era piu bello,e da ridere si è che stando cinto haueua intorno intorno pio na lo coreggia di pignatti pieni di colori temperati;di modo,che pareua il dia uolo di san Machario,con quelle sue tante Ampolle. E quando lauoraua con gl'occhiali al Naso harebbe fatto ridere i sassi, e massimamente se si metteua à cicalare,perche chiacchierando per venti, e dicendo le piu strane cose del mondo,era vno spasso il fatto suo. Vero è, che non vsò mai di dir bene di persona alcuna,per virtuosa ò buona ch'ella fusse,o per bòta,che vedesse in lei di natura,ò di fortuna. E come si è detto fu tanto vago di gracchiare, e dir nouelle, che hauendo vna sera vn pittor Bolognese in sull'Aue Maria compero Cauolli in piazza,si scontro in Amico,ilquale con sue nouelle, non si potendo il pouero huomo spiccare da lui,lo tenne sotto la loggia del podesta a ragionamento cō sì fatte piaceuoli nouelle tāto che cōdottisi fin presso à giorno,disse Amico all'altro pittore,hor va cuoci il cauolo; che l'hora passa. Fece altre infinite burle,e pazzie,delle quali nō farò menzione; per essere hoggi mai tempo; che si dica alcuna cosa di Girolamo da Cotignuola,ilquale fece in Bologna molti quadri,e ritratti di Naturale,ma fra gl'altri due,che sono molto belli ī casa de' Vinacci. Ritrasse dal morto. Monsignor di Fois, che mori nella rotta di Rauenna,e non molto dopo fece il ritratto di Massimiliano sforza. fece vna tauo la in san Giuseppo.che gli fu molto lodata: & à san Michele in bosco la tauola à olio,che è alla cappella di san Benedetto,laquale fu cagione,che con Biagio Bolognese egli facesse tutte le storie,che sono intorno alla chiesa,à fresco imposte,& à secco lauorate; nelle quali si vede pratica assai,come nel ragionare della maniera di Biagio si è detto. Dipinse il medesimo Girolamo in santa Colomba di Rimini à concorrēza di Benedetto da Ferrara, e di Lattanzio vn'Ancòna: nella quale fece vna santa Lucia piu tosto lasciua, che bella. E nella tribuna maggiore vna Coronazzione di Nostra Donna con i dodici Apostoli,e quattro Euangelisti con teste tanto grosse, e contrafatte, che è vna vergogna vederle. Tornato poi à Bologna,non vi dimorò molto,che andò a Roma, doue ritrasse di naturale molti signori,e particolarmente Papa Paulo terzo. Ma vedendo che quel paese non faceua per lui,e che male poteua acquistare honore,vtile,ò nome fra tanti pittori nobilissimi,sen'ando à Napoli,doue trouati alcuni amici suoi,che lo fauorirono,e particolarmente M. Tommaso Cambi mercatante Fiorentino, delle antiquita de' marmi antichi, e delle pitture molto amatore,fu da lui accommodato di tutto quello,che hebbe di bisogno, perche messosi à lauorare,fece in monte Oliueto la tauola de' Magi à olio, nel la capella di vn M. Antonello Vescouo di non so che luogo. Et in santo Aniello in vn'altra tauola a olio la N. Donna,san Paulo, e san Gioua mbatista; & a molti signori ritratti di naturale. E perche viuendo con miseria, cercaua di auanzare,essendo gia assai bene in la con gl'anni,dopo non molto tempo nō hauendo quasi piu che fare in Napoli, se ne torno a Roma. perche hauendo alcuni amici suoi inteso,che haueua auanzato qualche scudo,gli persuasero,

che

BARTOLOMEO DA BAGNACAVALLO

che per gouerno della propria vita, douesse tor moglie. E cosi egli, che si credette far bene, tanto si lasciò aggirare, che da i detti, per commodita loro, gli fu messa à cāto per moglie vna puttana, che essi si teneuano. onde sposata che l'hebbe, e giaciuto, che si fu con esso lei, si scoperse la cosa con tanto dolore di quel pouero vecchio, che egli in poche settimane sene morì detà d'anni 69.
Per dir hora alcuna cosa di Innocentio da Immola, stette costui molti anni in Fiorenza con Mariotto Albertinelli; e dopo, ritornato a Immola, fece in quel la terra molte opere. Ma persuaso finalmente dal Conte Giouambatista Bentiuogli, andò a stare a Bologna: doue fra le prime opere, cōtrafece vn quadro di Raffaello da Vrbino gia stato fatto al signor Lionello da carpi. Et à i Monaci di san Michele in Bosco lauorò nel capitolo à fresco la morte di Nostra Dōna, e la ressurrezione di Christo. Laquale opera certo fu condotta con gran dissima diligenza, e pulitezza. Fece anco nella Chiesa del medesimo luogo la tauola dell'Altar Maggiore: La parte disopra della quale è lauorata con buona maniera. Ne Serui di Bologna fece in tauola vna Nunziata, & in san Salua dore vn Crucifisso, & molti quadri, & altre pitture per tutta la città. Alla Vio la fece per lo Cardinal Iuurea tre loggie in fresco, cioè in ciascuna due storie colorite con disegni d'altri pittori, ma fatte con diligenza. In san Iacopo fece vna capella in fresco, & vna tauola a olio per Madonna Benozza, che non fu se non ragioneuole. Ritrasse anco oltre molti altri Francesco Alidosiō Cardinale, che l'ho veduto io in Imola insieme col ritratto del Cardinal Bernardino Carniale, che ammōdue sono assai begli. Fu Innocēzio persona assai modesta, e buona, onde fuggì sempre la pratica, & conuersazione di que' pittori Bolognesi, che erano di contraria natura. E perche si affaticaua piu di quello, che poteuano le forze sue, amalandosi di anni cinquantasei di febre pestilenziale, ella lo trouò si debile, & affaticato, che in pochi giorni l'uccise. perche essendo rimaso imperfetto, anzi quasi non ben ben cominciato, vn lauoro, che hauea preso a fare fuor di Bologna, lo condusse a ottima fine, secondo, che Innocentio ordinò auanti la sua morte.
Prospero Fontana pittore Bolognese. Furono l'opere di tutti i sopradetti pittori dal M. D. VI infino al M. D. X L I I. E di ma no di tutti sono disegni nel nostro libro.

Ee

IL FRANCIA BIGIO PITTOR
FIORENTINO

Vita del Francia Bigio pittor Fiorentino.

E fatiche, che si patiscono nella vita, per leuarsi da terra, e ripararsi da la pouertà, soccorrendo non pure se ma i prossimi suoi, sàno che il sudor'e disagi diuentano dolcissi. et il nutriméto di ciò talmente pasce l'animo altrui, che la bontà del cielo, veggendo alcun volto a buona vita, & ottimi costumi, & pronto, & inclinato a gli studi delle scienze, è sforzato sopra l'usanza sua, essergli nel genio fa uoreuole, & benigno. Come fu veramente al Francia pittor Fiorentino; ilqua le da ottima, & giusta cagióe posto all'arte della pittura, s'esercitò í quella, nó tanto desideroso di fama, quanto per porgere aiuto a i poueri parenti suoi. Et esendo egli nato di vmilissimi artefici, & persone basse, cercaua suiluparsi da questo, al che fare lo spronò molto la concorrenza di Andrea del Sarto allora
suo

IL FRANCIA BIGIO

suo compagno co'l quale molto tempo tène, & bottega, & la vita del dipigne
re. La qual vita fu cagione, ch'eglino grande acquisto, fecero l'un per l'altro
all'arte della pittura. Imparò il Francia nella sua giouanezza, dimorando alcuni mesi con Mariotto Albertinelli, i principii dell'arte. Et essendo molto in
clinato alle cose di prospettiua, & quella imparando di continuo, per lo diletto di essa: fu in Fiorenza riputato molto valente nella sua giouanezza. Le prime opere da lui dipinte furono in san Brancazio, chiesa dirimpetto alle case
sue cio è vn san Bernardo lauorato in fresco; & nella cappella de Rucellai in
vn pilastro vna santa Caterina da Siena lauorata similmente in fresco: le quali diedero saggio delle sue buone qualità, che in tale arte mostrò per le sue fatiche. Ma molto piu se tenere valente vn quadro di Nostra Donna con il putto in collo ch'e a vna capellina in san Piero maggiore, doue vn san Giouanni
fanciullo fa festa a Giesu Christo. Si dimostrò anco eccellente a san Giobbe dietro a Serui in Fiorenza, in vn cantone della chiesa di detto Santo in vn
tabernacolo lauorato a fresco; nel quale fece la visitazione della Madonna.
Nella quale figura si scorge la benignità della Madonna. & nella vecchia vna
reuerenza grandissima; & dipinse il san Giobbe pouero, & lebbroso, & il medesimo ricco, & sano. La quale opera die tal saggio di lui, che peruenne in credito, & in fama. La onde gli huomini, che di quella chiesa, & compagnia erano capitani, gli allogarono la tauola dello altar maggiore: nella quale il Francia si portò molto meglio: & in tale opera, in vn san Giouanni Batista si ritrasse nel viso: & fece in quella vna Nostra Donna, & san Giobbe pouero. Edificossi allora in santo Spirito di Fiorenza, la cappella di San Niccola, nella quale di legno col modello di Iacopo san Souino fu intagliato esso Santo tutto tondo, & il Francia due agnoletti, che in mezo lo mettono, dipinse a olio in duo
quadri, che furono lodati, & in due tondi fece vna Nunziata: & lauorò la predalla di figure piccole, di i miracoli di san Niccola con tanta diligenza, che me
rita perciò molte lodi. Fece in san Pier Maggiore alla porta a man destra, entrando in chiesa, vna Nunziata. Doue ha fatto l'Angelo che ancora vola per
aria; & essa che ginocchioni, con vna gratiosissima attitudine, riceue il saluto.
Et vi ha tirato vn casamento in prospettiua, il quale fu cosa molto lodata, & ingegnosa. Et nel vero ancor che'l Francia auesse la maniera vn poco gentile, p
essere egli molto faticoso, & duro nel suo operare; niente di meno egli era molto riseruato, & diligente nelle misure dell'arte nelle figure. Gli fu allogato a
dipignere ne i Serui per concorrenza d'Andrea del Sarto nel cortile dinanzi
alla chiesa, vna storia: nella quale fece lo sposalitio di Nostra Donna: doue
apertamente si conosce la grandissima fede che aueua Giuseppo: il quale sposandola non meno mostra nel viso il timore che l'allegrezza. Oltra che egli vi
fece vno, che gli da certe pugna come si vsa ne'tempi nostri, per ricordaza delle nozze. Et in vno ignudo espresse felicemente l'ira, & il desio, inducendolo
a rompere la verga sua che nõ era fiorita, e di q̃sto, cõ molti altri, e il disegno nel
nostro libro. In compagnia ancora della Nostra Donna fece alcune femmine
con bellissime arie, & acconciature di teste; de le quali egli si dilettò sempre.
Et in tutta questa istoria, non fece cosa che non fusse benissimo considerata:
come è vna femmina con vn putto in collo, che va in casa, & ha dato de le bulle ad vn'altro putto, che postosi a sedere non vuole andare, & piagne: & sta cõ

Ee 2

TERZA PARTE

vna mano al viſo molto graziatamente. Et certamente, che in ogni coſa, & grãde, & piccola miſe in quella iſtoria, molta diligenza, & amore: per lo ſprone, & animo; che aueua di moſtrare in tal coſa a gli artefici, & a gli altri intendẽti; quanto egli le difficulta dell'arte ſempre aueſſe in venerazione, & quelle imitãdo à buon termine riduceſſe. Volendo non molto dopo i frati per la ſolennita d'vna feſta, che le ſtorie d'Andrea ſi ſcopriſſero, e quelle del Francia ſimilmente, la notte che il Francia aueua finita la ſua dal baſamento in fuori come temerari, & proſontuoſi, gliela ſcoperſero: penſando come ignoranti di tale arte, che il Francia ritoccare, o fare altra coſa nelle figure non doueſſe. La mattina ſcoperta coſi quella del Francia, come quelle d'Andrea: fu portato la nuoua al Francia, che l'opere d'Andrea, & la ſua erano ſcoperte: di che ne ſenti tanto dolore, che ne fu per morire. Et venutagli ſtizza contra a'frati, per la preſunzione loro, che coſi poco riſpetto gli aueuano vſato, di buon paſſo caminando peruenne all'opera. Et ſalito ſu'l ponte, che ancora non era disfatto, ſe bene era ſcoperta la ſtoria: con vna martellina da muratori, che era quiui, percoſſe alcune teſte di femine: & guaſtò quella della Madonna; & coſi vno ignudo, che rompe vna mazza quaſi tutto lo ſcalcinò dal muro. Perilche i frati corſi al rumore, & alcuni ſecolari gli tennero le mani, che non la guaſtaſſe tutta. Et benche poi co'l tempo gli voleſſero dar doppio pagamento, egli però non volle mai per l'odio, che contra di loro aueua concetto, racconciarla. Et per la riuerenza auuta a tale opera, & a lui gli altri pittori non l'hanno voluta finire. Et coſi ſi reſta fino a hora, p quella memoria. La quale opera è lauorata in freſco con tanto amore, & con tanta diligenza, & cõ ſi bella freſchezza: che ſi può dire che'l Francia in freſco lauoraſſe meglio, che huomo del tempo ſuo: & meglio con i colori ſicuri da'l ritoccare, in freſco le ſue coſe vniſſe, & iſfumaſſe. Onde per queſta, & per l'altre ſue opere merita molto d'eſſer celebrato. Fece ancor fuor della porta alla Croce di Fiorenza a Rouezzano, vn tabernacolo d'vn Crociſiſſo & altri ſanti, & a ſan Giouannino alla porta di ſan Pier Gattolino vn cenacolo di Appoſtoli lauorò a freſco. Non molto dopo nell'andare in Frãcia Andrea del Sarto pittore, il quale aueua incominciato alla compagnia dello Scalzo di Fiorenza, vn cortile di chiaro, & ſcuro, dentroui le ſtorie di ſã Giouanni Batiſta: gli huomini di quella, hauendo deſiderio dar fine a tal coſa preſero il Francia: accio, come imitatore della maniera di Andrea, l'opera cominciata da lui ſeguitaſſe. La onde in quel luogo fece il Frãcia intorno intorno gli ornamenti a vna parte: & conduſſe a fine due ſtorie di quelle lauorate con diligenza. Le quali ſono quando ſan Giouanni Batiſta piglia licenzia dal padre ſuo Zacheria, per andare al deſerto: & l'altra lo incontrare che ſi fecero per viaggio Chriſto & San Giouanni, con Giuſeppo, & Maria, ch'iui ſtanno a uederli abbracciare. Ne ſegui piu innanzi per lo ritorno d'Andrea, il quale continuò poi di dar fine al reſto dell'opere. Fece con ridolfo Ghrilandai vno apparato belliſſimo per le nozze del Duca Lorenzo con due proſpettiue, per le comedie; che ſi fecero, lauolate molto con ordine, & maeſtreuole giudicio & grazia: per li quali acquiſtò nome, & fauore appreſſo a quel Principe. La qual ſeruitù fu cagione, ch'egli ebbe l'opera della uolta della ſala del Poggio a Caiano, a metterſi d'oro: in compagnia d'Andrea di Coſimo: & poi comincio per concorrenza di Andrea del Sarto, & di Iacopo da Puntormo, vna facciata

ciata di detta: quãdo Cicerone dai cittadini Romani è portato per gloria fua.
La quale opera aueua fatto cominciare la liberalità di Papa Leone per memo
ria di Lorenzo fuo padre, che tale edifizio aueua fatto fabbricare, & di ornamẽ
ti & di ftorie antiche a fuo propofito fatto dipignere. Le quali dal dottifsimo
iftorico M. Paolo Giouio Vefcouo di Nocera, allora primo apprefſo a Giulio
Cardinale de'Medeci, erano ftate date ad Andrea del Sarto, & Iacopo da Pũ
tormo, & al Francia Bigio, che il valore, & la perfezzione di tale arte, in quella
moftraffero, & aueuano il Magnifico Ottauiano de' Medici, che ogni mefe da
ua loro trenta fcudi per ciafcuno. La onde il Francia fece nella parte fua oltra
la bellezza della ftoria, alcuni cafamenti mifurati molto bene in profpettiua.
Ma quefta opera per la morte di Leone rimafe imperfetta, & poi fu di commif
fione del Duca Aleffandro de'Medici l'anno 1532. ricominciata da Iacopo da
Puntormo, il quale la mãdò tãto p la lũga, che il Duca fi morì, & il lauoro re-
ftò a dietro. Ma p tornare al Fran. egli ardeua tãto uago delle cofe dell'arte,
che nõ era giorno di ftate, che è nõ ritraeffe di naturale p iftudio uno ignudo
in bottega fua, tenẽdo del cõtinuo p ciò huomini falariati. Fece in Sãta Maria
Nũoua vna notomia a requifizione di maeftro Andrea Pafquali medico Fio.
eccel. il che fu cagione, ch'egli migliorò molto nell'arte della pit. & la feguitò
poi fẽpre cõ piu amore. Lauorò poi nel cõuento di fãta Maria Nouella fopra
la porta della libreria nel mezzo tondo vn fan Tommafo, che cõfonde gli ere
tici con la dottrina, la quale opera è molto lauorata con diligenza, & buona
maniera. Et fra gli altri particulari vi fon due fanciulli, che feruono a tenere
nell'ornamento vn'arme; i quali fono di molta bontà, & di bellifsima grazia
ripieni, & di maniera vaghifsimi lauorati. Fece ancora vn quadro di figure
piccole a Giouanni Maria Benintendi, a concorrenza di Iacopo da Puntormo
che glie ne fece vn'altro d'vna fimil grandezza, con la ftoria de' Magi; & due
altri Francefco d'Albertino. Fece il Francia nel fuo quando Dauid vede Berfa
be lauarfi in vn bagno, doue lauorò alcune femmine con troppo leccata, & fa
porita maniera, & tiroui vn cafamento in profpettiua, nel quale fa Dauid,
che dà lettere a corrieri, che le portino in campo, perche Vria Eteo fia morto.
Et fotto vna loggia fece in pittura vn pafto regio bellifsimo. La quale ftoria fu
di molto utile alla fama, & honore del Francia, il quale fe molto valfe nelle figure grandi, valfe molto piu nelle piccole. fece ancọ il Francia molti, e bellif
fimi ritratti di Naturale; vno particolarmente à Matteo Sofferroni fuo amicif
fimo, & vn'altro à vn lauoratore, e fattore di Pierfrancefco de' Medici al palaz
zo di fan Girolamo da Fiefole, che par viuo, e molti altri. E perche lauorò
vniuerfalmente d'ogni cofa, fenza vergognarfi di far l'arte fua, mife mano à
qualũche lauoro gli fu dato da fare. onde oltre à molti lauori di cofe baffifsime
fece per Arcangelo teffitore di drappi in porta roffa, fopra vna torre, che fer-
ue per terrazzo vn NOLI me tangere bellifsimo, e altre infinite fimile minuzie
delle quali non fa bifogno dirne altro, per effere ftato il Francia perfona di
buona, e dolce natura, e molto feruente. Amò coftui di ftarfi in pace, & per
quefta cagione non volle mai prender Donna, vfando di dire quel trito pro
uerbio, che chi ha moglie, ha pene, e doglie. Non volle mai vfcir di Firenze,
perche hauendo vedute alcune opere di Raffaello da Vrbino, e parendogli
non effer pari à tanto huomo, ne à molti altri di grandifsimo nome, non fi vol
le

le mettere a paragone d'Artefici,cosi eccellenti, e rarissimi. E nel vero la maggior prudenza, e sauiezza, che possa essere in vn'huomo,e conoscersi , e nó presumere di se piu di quello, che sia il valore. finalmente hauendo molto acquistato nel lauorare assai, come, che non hauesse dalla natura molto fiera inuenzione, ne altro, che quello, che s'haueua acquistato con lungo studio si mori l'anno 1524. d'età d'anni 42. fu discepolo del Francia Agnolo suo fratello, che hauendo fatto vn fregio, che è nel chiostro di san Brancazio, e poche altre cose si mori. fece il medesimo Agnolo à Ciano profumiero huomo capriccioso, & honorato par suo ĩ vn'insegna da botega, vna zingana, che dà con molta grazia la ventura à vna donna. Laquale inuenzione di Ciano non fu senza misterio. Imparò la pittura dal medesimo antonio di Donnino Mazzieri, che fu fiero disegnatore, & hebbe molta inuenzione in far caualli, e paesi: & ilquale dipinse di chiaro scuro il chiostro di santo Agostino al Monte san Sauino, nel quale fece istorie del testamento vecchio, che furono molto lodate. Nel Vescouado d'Arezzo fece la capella di san Motteo, e fra l'altre cose quando battezza un Re, doue ritrasse tanto bene vn Tedesco, che par viuo. A Francesco del Giocondo fece dietro al coro della chiesa de'serui di fiorenza, in vna capella la storia de'martiri, ma si portò tanto male, che hauendo, oltre modo perso il credito, si condusse à lauorare d'ogni cosa. Insegnò anco il Francia l'arte à vn giouane detto Visino, ilquale sarebbe riuscito eccellente, per quello, che si vide, se non fusse, come auuenne, morto giouane: & à molti altri, de'quali non si fara altra menzione. fu sepolto il francia dalla compagnia di san Giobbe, in s. Brancazio, dirimpetto alla sua casa l'anno 1525, e certo có molto dispiacere de buoni artefici, essédo egli stato in gegnoso, e pratico maestro, et mo destissimo in tutte le sue azzioni.

MORTO DA FELTRO
PITTORE.

Vita del Morto da Feltro pittore, e di Andrea di Cosimo Feltrini.

ORTO pittore da Feltro, il quale fu astratto nella vita come era nel ceruello, & nelle nouità nelle grottesche, ch'egli faceua: lequali furono cagione di farlo molto stimare, si condusse a Roma nella sua giouanezza, in quel tempo che il Pinturicchio per Alessandro vi. dipigneua le camere Papali; & in Castel Sant'Angelo, le logge, & stanze da basso nel torrione, & sopra altre camere. Perche egli, che era maninconica persona di continuo alle anticaglie studiaua, doue spartimenti di volte, & ordini di facce alla grottesca vedendo, & piacendogli, quelle sempre studiò. Et si i modi del girar le foglie all'antica prese, che di quella professione

stone a nessuno fu al suo tempo secondo. Perilche non restò di vedere sotto terra cio che potè in Roma di grotte antiche, & infinitissime volte. Stette a Tiuoli molti mesi nella villa Adriana, disegnando tutti i pauimenti, & grotte, che sono in quella sotto, & sopra terra. Et sentendo, che a Pozzuolo nel regno vicino a Napoli x. miglia. erano iusieme muraglie, piene di grottesche, di rilieuo, di stucchi, & dipinte, antiche; tenute bellissime, attese parecchi mesi in quel luogo a cotale studio. Ne restò, che in Campana, strada antica in quel luogo, piena di sepolture antiche ogni minima cosa non disegnasse: & ancora al Trullo, vicino alla marina, molti di quei tempii, & grotte sopra, & sotto ritrasse. Andò a Baia & a Mercato di Sabato, tutti luoghi pieni d'edificii guasti, & storiati, cercando, di maniera che con lunga, & amoreuole fatica in ql la virtu crebbe infinitamente di valore, & di sapere. Ritornato poi a Roma, quiui lauorò molti mesi, & attese alle figure, parendogli che di quella professione egli non fosse tale, quale nel magisterio delle grottesche era tenuto. Et poi che era venuto in questo desiderio sentende i romori che in tale arte auanano Lionardo, & Michelagnolo, per li loro cartoni fatti in Fiorenza, subito si mise per andare a Fiorenza: Et vedute l'opere, non gli parue poter fare il medesimo miglioramento, che nella prima professione aueua fatto. La onde egli ritornò a lauorare alle sue grottesche. Era allora in Fiorenza Andrea di Cosimo de Felnini pittor Fiorentino, giouane diligente, il quale raccolse in casa il Morto; & lo trattenne con molto amoreuoli accoglienze: Et piaciutoli modi di tal professione, volto egli ácora l'animo a quello esercizio, riuscì molto valente, & piu del Morto fu col tempo raro, & in Fiorenza molto stimato come si dira di sotto. Perch'egli fu cagione, che il Morto dipignesse a Pier Soderini allora Gonfalonieri la camera del palazzo à quadri di grottesche, le quali bellissime furono tenute: ma oggi per racconciar le stanze del Duca Cosimo sono state ruinate, & rifatte. Fece a Maestro Valerio frate de Serui, vn vano d'vna spalliera, che fu cosa bellissima; & similmente per Agnolo Doni in vna camera molti quadri, di variate, & bizarre grottesche. Et perche si dilettaua ancora di figure, lauorò alcuni tondi di Madone, tentando se poteua in quelle diuenir famoso, come era tenuto. Perche venutogli a noia lo stare a Fiorenza; si trasferì a Vinegia. Et con Giorgione da Castelfranco, ch'allora lauoraua il fondaco de Tedeschi, si mise ad aiutarlo, facendo gli ornamenti di quella opera. Et così in quella citta dimorò molti mesi, tirato da i piaceri, & da i diletti, che per il corpo vi trouaua. Poi se ne andò nel Friuli a fare opere, ne molto vi stette, che faccendo i Signori Viniziani soldati, egli prese danari; & senza auere molto esercitato quel mestiero, fu fatto capitano di dugento soldati. Era allora lo essercito de Viniziani, condottosi a Zara di Schiauonia: doue appiccandosi vn giorno vna grossa scaramuccia, il Morto desideroso d'acquistar maggior nome in quella professione, che nella pittura non aueua fatto, andando valorosamente innanzi, & combattendo in quella baruffa, rimase morto, come nel nome era stato sempre, d'età d'anni 45. Ma non sarà giamai nella sima morto: perche coloro che l'opere della eternità nelle arti manouali esercitano, & di loro lasciano memoria dopo la morte, non possono per alcun tempo giamai sentire la morte delle fatiche loro. Percioche gli scrittori grati fanno fede delle virtù di essi. Però molto deuerebbono gli artefici nostri, sfornar se stessi con la frequenza de gli studi, per venire a quel fine, che rimanesse ricordo di loro per opere, & per scritti: perche cio facendo darebbono anima & vita a loro, & all'opere ch'essi lasciano dopo la morte. Ritrouo il Morto le grottesche piu simili alla maniera antica, ch'alcuno altro pittore, & per questo merita infinite lode, da che per il principio di lui sono oggi ridotte dalle mani di Giouanni da Vdine, & di altri artefici a tanta bellezza, & bonta quanto si vede. Ma se bene il detto Giouanni, & altri l'hanno ridotte à estrema perfezzione, non è però, che la prima lode non sia del Morto che fu il primo a ritrouarle, & mettere tutto il suo studio in questa sorte di pitture, chiamate grottesche per essere elleno state trouate per la maggior parte nelle grotte delle Rouine di Roma, senza che ognun sa che è facile aggiugnere alle cose trouate. Seguitò nella professione delle grottesche in Fiorenza Andrea Feltrini detto di Cosimo, perche fu discepolo di Cosimo Rossegli per le figure che le faceua acconciamente; & poi dal Morto per le grottesche come se ragionato, il quale ebbe dalla natura in questo genere Andrea tanta inuenzione, & gratia, che trouò il far le fregiature maggiori, e piu copiose, & piene, e che anno vn'altra maniera, che le antiche rilegandole con piu ordine insieme lacompagnò con figure, che ne in Roma ne in altro luogo che in Fiorenza non sene vede doue egli, se ne lauorò gran quantita, non fu nessuno, che lo passassi mai di eccellentia in questa parte. Come si vede in santa Crocie di Fiorenza lornamento dipinto la predella a grottesche piccole, e colorite intorno alla pieta, che fecie Pietro Perugino allo Altare de scrittori, lequali son canpite prima di rosso e nero, mescolato insieme, & sopra rileuato di varii colori, che son fatte facilmente, & con vna gratia, & fierezza grandissima. Costui comincio a dar principio di far le facciate delle case, & palazzi sullo intonaco della calcina mescolata con nero di carbon pesto o vero paglia abrucciata. che poi sopra questo intonaco fresco dandoui di bianco, & disegnato le grottesche con que partimenti che e voleua sopra alcuni cartoni spoluerandogli sopra lo ntonaco veniua con vn ferro a grattiare sopra quello talmente che quelle facciate veniuā disegniate tutte da quel ferro, & poi raschiato il biancho de capi di que ste grottesche che rimaneua scuro le veniua onbrando, o col ferro medesimo trattegiando con buon disegno. Tutta quella opera poi con vn aquerello liquido come acqua tinta di nero la ndaua onbrando. che cio mostra vna cosa bella vaga, & richa da uedere, che di cio se trattato di questo modo nelle Teoriche al capitolo 16. degli sgraffiti. le prime facciate che fecie Andrea di questa maniera fu in Borgo ogni Santi la facciata de Gondi che e molto leggiadra & gratiosa, Lungarno fra l ponte santa Trinita & quello della Carraia diuerso santo Spirito quella di Lanfredino Lanfredini che ornatissima & con uarieta di spartimenti. Da san Michele di piazza Padella, lauorò par di graffito la casa di Andrea & Tomaso Sertini varia & con maggior maniera che le altre due. Fece di chiaro scuro la fac. della chiesa de frati di Serui doue fece fare in dua nichie a Tomaso di Stefano pittore Langelo che annunzia la Vergine, & nel cortile doue son le storie di san Filippo & della Nostra Donna fatte da Andrea del Sarto. Fra le dua porte fece vn arme bellissima di Papa Leone x. & per la uenuta di quel Pontefice in Fiorenza fece alla facciata di santa Maria del Fiore molti begli ornamenti di grottesche per Iacopo Sansouino che gli die-

F f

de per donna vna sua sorella: fece il Baldachino doue andò sotto il Papa con vn cielo pien di grottesche bellissimo, & drapelloni atorno con arme di quel Papa & altre inprese della chiesa: che fu poi donato alla chiesa di san Lorenzo di Fioréza, doue ancora oggi si vede, & così molti stendardi, & bandiere p quella entrata, & nella onoranza di molti Caualieri fatti da quel pontefice & da altri principi che ne sono in diuerse chiese appiccate in quella citta. Serui Andrea del continuo la casa de Medici nelle Nozze del Duca Giuliano & in quelle del Duca Lorenzo per gli aparati di quelle enpiendole di vari orna méti di grottesche così nelle Essequie di que Principi, doue fu adoperato grã deméte e dal Frãcia Bigio & da Andrea del sarto, dal Pútormo e Ridolfo Gril landaio, & ne Trionfi, & altri aparati dal Granaccio che non si poteua far cosa di buono senza lui. era Andrea il migliore huomo che tochassi mai pennello, & di natura timido, & non volse mai sopra di se far lauoro alcuno: perche temeua a riscuotere i danari delle opere, & si dilettaua lauorar tutto il giorno ne voleua inpacci di nessuna sorte; doue si accōpagnò con Mariotto di Frãcesco Mettidoro persona nel suo mestiero de piu valenti, & pratichi, che auessi mai tutta larte, & accortissimo nel pigliare opere, & molto destro nel riscuore, & far facende; il quale aueua anche messo Raffaello di Biagio Mettidoro in cōpagnia loro, & tre lauorauano isieme col partire in terzo tutto il guadagno dell'opere che faceuano, che così duro quella compagnia fino alla morte di ciascuno che Mariotto a morire fu lultimo. & tornando allopere di Andrea dico che e fece a Giouanmaria Benintendi tutti e palchi di casa sua, & gliorna menti delle anticamere doue son le storie colorite dal Francia Bigio, & da la copo da Puntormo: Ando col Francia al poggio, & gliornamenti di quelle storie condusse di terretta che non e possibile veder meglio: Lauorò per il Caualiere Guidotti nella via largha di sgraffito la sua facciata, & patimente a Bartolomeo Panciatichi vnaltra della casa che e muro sulla piazza degl'Agli, oggi di Ruberto de Ricci, bellissima, ne si puo dire le fregiature i Cassoni i Forzieri la quãtita de palchi che Andrea di suo mano lauoro, che p esserne tutta questa citta piena lassero il cōmemorarlo; ne anche tacero i lōdi delle arme di diuerse sorte fatte da lui, che nō si faceua nozze che nō auessi or di questo or di quello cittadino la bottega piena: Ne si fecie mai opere di fogliature di broccatiuari, & di tele, & drappi d'oro tessuti, che lui non ne facessi disegno & con tanta gratia varietà, & bellezza, che diede spirito & vita a tutte queste cose. & se Andrea hauessi conosciuto la virtu sua harebbe fatto vna ricchezza grandissima ma gli basto viuere, & auer amore allarte. Ne tacerò, che nella giouentu mia seruendo il Duca Alessandro de'Medici, quando venne Carlo quinto a Fiorēza, mi fu dato a fare le bandiere del Castello ò vero Cittadella, che si chiami oggi, doue ci fu vno stendardo che era diciotto braccia in aste, & quaranta lungo di drappo chermisi doue andò atorno fregiature d'oro, cō liprese di Carlo V. Imperadore, & di casa Medici, e nel mezzo larme di sua Maestà, nel quale ando dentro quaranta cinque migliaia d'oro in fogli; doue io chiamai per aiuto Andrea per le fregiature, & Mariotto per metter doro, che molte cose inparai da quello huomo pien di amore, & di bonta verso coloro che studiano larte doue fu tale la pratica di Andrea: che oltre che mene serui in molte cose per glia rchi che si fecioro nella entrata di sua maestà: ma lo volsi in compagnia

in

insieme col Tribolo venendo Madama Margherita figliuola di Carlo V. a marito al Duca Aleſſandro, per lapparato che io feci nella caſa del Magnifico Ottauiano de Medici da ſan Marco che ſi ornò di grotteſche per man ſua di ſtatue per le mani del Tribolo & per figure, & ſtorie di mia mano: vltimamẽ te nelle eſſequie del Duca Aleſſandro ſi adoperò aſſai, & molto più nelle noz ze del Duca Coſimo, che tutte le inpreſe del Cortile ſcritte da M. Franceſco Giãbullari che ſcriſſe l'apparato di quelle nozze, furono dipîte da Andrea cõ varij, & diuerſi ornamenti la doue Andrea, che molte volte per vno vmor ma linconico che ſpeſſo lo tormẽtaua ſi fu per tor la vita, ma era da Mariotto ſuo compagno oſſeruato molto, & guardato talmente che gia venuto vecchio di 64. anni fini il corſo della vita ſua laſſando di ſe fama di buono, & di eccellẽ te, & raro Maeſtro nelle grotteſche de tempi noſtri, doue ogni artefice di ma no a ſempre imitato quella maniera nõ ſolo in Fiorenza ma altroue ancora.

MARCO CALAVRESE
PITTORE.

Vita di Marco Calaurese pittore.

Vando il mondo ha vn lume in vna scienza, che sia grande; vniuersalmente ne risplende ogni parte, & doue maggior fiamma & doue minore; e secondo i siti, e l'arie sono i miracoli ancora maggiori, e minori. E nel vero di continuo certi ingegni in certe prouincie sono a certe cose atti, ch'altri non possono essere. Ne per fatiche, che eglino durino, arriuano però mai a'l segno di grandissima eccellenza. Ma se quando noi veggiamo in qualche prouincia nascere vn frutto, che vsato non sia a nascerci, ce ne marauigliamo: tanto piu d'vno ingegno buono, possiamo rallegrarci, quando lo trouiamo in vn paese, doue non nascano huomini di simile professione. Come fu Marco Calaurese pittore, il quale vscito della sua patria, elesse come ameno, & pieno di dolcezza per sua abitatione Napoli, se bene indrizzato aueua il camino per venirsene a Roma & in quella vltimare il fine, che si caua dallo studio della pittura. Ma si gli fu dolce il canto della Serena, dilettandosi egli massimamente di sonare di liuto, & si le molli onde del Sebeto lo liquefecero, che restò prigione co'l corpo di quel sito; fin che rese lo spirito al cielo, & alla terra il mortale. Fece Marco infiniti lauori, in olio, & in fresco, & in quella patria mostrò valere piu di alcuno altro, che tale arte in suo tempo esercitasse. Come ne fece fede quello, che lauorò i Auersa dieci miglia lótano da Napoli: & particularmente nella chiesa di santo Agostino allo altar maggiore vna tauola a olio, con grādissimo ornamento; & diuersi quadri con istorie, & figure lauorate; nelle quali figurò santo Agostino disputare con gli Eretici: & di sopra, & dalle bande storie di Christo, & santi in varie attitudini. Nella quale opera si vede vna maniera molto continuata, & ch'e tira al buono delle cose della maniera moderna; & vn bellissimo, & pratico colorito in essa si cóprende. Questa fu vna delle sue tante fatiche, che in quella citta, & per diuersi luoghi del Regno fece. Visse di continuo allegramente, & bellissimo tempo si diede. Peroche non hauendo emulatione, ne contrasto de gl'artefici nella pittura, fu da que' signori sempre adorato; & delle cose sue si fece cō bonissi. pagamenti sodisfare. Cosi peruenuto a gli anni 56. di sua età d'vno ordinario male finì la sua vita. Lascio suo creato Gio. Filippo Crescione pittor Napolitano, ilquale in compagnia di Lionardo Castellani suo cognato fece molte pitture, & tuttauia fanno: dei quali per esser viui, & in continuo esercitio, non accade far menzione alcuna. Furono le pitture di maestro Marco da lui lauorate dal 1508. fino al 1542.

Fu compagno di Marco vn'altro Calaurese del quale non so il nome, ilqualei Roma lauoro con Giouanni da vdine lungo tempo, e fece da per se molte opere in Roma, e particolarmente facciate di chiaro scuro. fece anche nella Chiesa della Trinita la capella della concezzione a fresco, con molta pratica, e diligenza. Fu ne'medesimi tempi Nicola detto comunemente da ognuno, Maesteo Cola dalla Mattrice, ilquale fece in Ascoli, in Calauria, & a Norcia molte opere, che sono notissime, che gl'acquistarono fama di Maestro raro, e del migliore, che fusse mai stato in que paesi: E perche attese anco all' Architettura tutti gl'edificij, che ne'suoi tempi si fecero a.i Ascoli, & in tutta quella prouincia

uincia, furono architettati da lui; ilquale senza curarsi di veder Roma o mutar paese, si stette sempre in Ascoli uiuendo vn tempo allegramente, con vna sua Moglie di buona, & honorata famiglia, e dotata di singolar virtu danimo, come si vide, quando al tempo di Papa Paulo terzo si leuarono in Ascoli le patti; percioche fuggendo costei col marito, ilquale era seguitato da molti soldati, piu per cagione di lei, che bellissima giouane era, che per altro: ella si risolue, non vedendo di potere in altro modo saluare a se l'honore, & al marito la vita, a precipitarsi da vn'altissima balza in vn fondo: ilche fatto pensarono tutti, che ella si fusse, come fu in vero, tutta stritolata, non che percossa a morte, p che lasciato il marito senza fargli alcuna ingiuria, se ne tornarono in Ascoli. Morta dunque questa singolar Donna, degna d'eterna lode, visse Maestro Cola il rimanente della sua vita poco lieto. Non molto dopo, essendo il signor Alessandro Vitelli fatto signore della Matrice, condusse Maestro Cola gia vecchio a Citta di Cast. doue in vn suo palazzo gli fece dipignere molte cose a fresco, & molti altri lauori, lequali opere finire tornò M. Cola a finire la sua vita alla Matrice. Costui non harebbe fatto se non ragioneuolmente, se egli hauesse la sua arte esercitato in luoghi, doue la concorrenza, e l'emulazione l'hauesse fatto attendere con piu studio alla pittura, & esercitare il bello ingegno, di cui si vide, che era stato dalla natura dotato.

FRANCESCO MAZZVOLI PIT.
PARMIGIANO

Vita di Francesco Mazzuoli pittore Parmigiano.

RA molti, che sono stati dotati in Lombardia della gratiosa virtu del disegno, e d'una certa viuezza di spirito nell'inuenzioni, e d'una particolar maniera di far in pittura bellissimi paesi, nó è da posporre à nessuno, anzi da preporre à tutti gl'altri, Francesco Mazzuoli Parmigiano, ilquale fu dal Cielo largamente dotato di tutte quelle parti, che à vn eccellente pittore sono richieste, poi che diede alle sue figure, oltre quello, che si è detto di molti altri, vna certa venustà, dolcezza, e leggiadria nell'attitudini; che fu sua propria, e particolare. Nelle teste parimente si vede, che egli hebbe tutte quelle auuertenze, che si dee, in tanto che la sua maniera è stata da infiniti pittori immitata, & osseruata; per hauer'egli dato all'arte vn lume di grazia tanto piaceuole, che saranno
sempre

FRANCESCO MAZZVOLI

sempre le sue cose tenute in pregio, & egli da tutti gli studiosi del disegno honorato. E hauesse voluto Dio, ch'egli hauesse seguitato gli studii della pittura e nõ fusse andato dietro à i Ghiribizzi di congelare Mercurio, per farsi piu ricco di quello, che l'haueua dotato la natura, & il cielo: percioche sarebbe stato sanza pari, e veramente vnico nella pittura; doue cercando di quello, che non potè mai trouare, perdè il tempo, spregiò l'arte sua, e fecesi danno nella propria vita, e nel nome. Nacque Francesco in Parma l'anno 1504, e perche gli mancò il padre, essendo egli ancor fanciullo di poca età, restò à custodia di due suoi zii fratelli del padre, e pittori ammendue: i quali l'alleuarono cõ grãdissimo amore insegnandogli tutti quei lodeuoli costumi, che ad huomo christiano, e ciuile si conuengono. Dopo essendo alquanto cresciuto, tosto che hebbe la penna in mano, per imparare à scriuere, cominciò spinto dalla natura, che l'haueua fatto nascere al disegno, à far cose i quello marauigliose: di che accortosi il Maestro, che gl'insegnaua à scriuere, persuase, vedendo doue col tempo poteua arriuare lo spirito del fanciullo, a i zii di quello, che lo facessero attendere al disegno, & alla pittura. La onde ancor, che essi fussero vecchi, e pittori di non molta fama, essendo però di buõ giudizio nelle cose dell'arte, conosciuto Dio, e la natura essere i primi Maestri di quel giouinetto, non mancarono con ogni acuratezza di farlo attendere à disegnare sotto la disciplina d'eccellenti Maestri, accio pigliasse buona maniera. Et parendo loro nel continuare, che fusse nato, si puo dire cõ i pennelli in mano, da vn canto lo sollecitauano, e dall'altro, dubitando non forse i troppo studij gli guastassero la complessione, alcuna volta lo ritirauano. Ma finalmente, essendo all'età di sedici anni peruenuto, dopo hauer fatto miracoli nel disegno, fece in vna tauola di suo capriccio, vn san Giouanni, che battezza Christo, ilquale condusse di maniera, che ancora chi la vede resta marauigliato, che da vn putto fusse condotta si bene vna simil cosa. Fu posta questa tauola in Parma alla Nunziata, doue stanno i frati de'zoccoli. Ma non contento di questo si volle prouare Francesco à lauorare in fresco, perche fatta in san Giouanni Euangelista, luogo de'Monaci neri di san Benedetto, vna capella; perche quella sorte di lauoro gli riusciua, ne fece insino in sette. Ma in quel tempo, mandando Papa Leon decimo il signor Prospero Colonna col campo à Parma i zij di Francesco dubitando non forse perdesse tempo, ò si suiasse, lo mandarono in compagnia di Hieronimo Mazzuoli suo cugino, anch'egli putto, e pittore, in Viandana, luogo del Duca di Mantoa, doue stando tutto il tempo, che durò quella guerra, vi dipinse Franc. due tauole à tempera. vna delle quali, doue è san Francesco, che riceue le stimite, e santa Chiara, fu posta nella chiesa de'frati de'zoccholi. E l'altra, nellaquale è vno sposalizio di santa Chaterina, con molte figure, fu posta in s. Piero. Ne creda niuno, che queste siano opere da principiante, e giouane: ma da maestro, e vecchio. Finita la guerra, e tornato Franc. col cugino à Parma, prima mẽte finì alcuni quadri, che alla sua partita haueua lasciati imperfetti, che sono appresso varie persone: & dopo fece in vna tauola à olio la Nostra Donna col figliuolo in collo, san Hieronimo da vn lato, e il beato Bernardino da Feltro nell'altro. E nella testa d'vno di detti ritrasse il padrone della tauola tanto bene, che non gli manca se non lo spirito. E tutte quest'opere condusse inanzi, che fusse di eta d'anni dicianoue. Dopo venuto in desiderio di veder

Roma

Roma, come quello, che era in full'acquistare, e sentiua molto lodar l'opere de'meſtri buoni, e particolarmente quelle di Raffaello, e di Michelagnolo, disse l'animo, e disiderio suo a i vecchi zizii quali parendo, che non fuſſe cotal desiderio se non lodeuole, diſſero eſſer contenti, ma che farebbe ben fatto, che e gli haueſſe portato ſeco qualche coſa di ſua mano, che gli faceſſe entratura à que signori, & agl'artefici della profeſsione. il qual conſiglio non diſpiacendo à Francesco, fece tre quadri due piccoli, & vno aſſai grande, nelquale fece la Noſtra Donna col figliuolo in collo, che toglie di grembo à vn' Angelo alcuni frutti: & vn Vecchio con le braccia piene di peli, fatto con arte, & giudizio, & vagaméte colorito. Oltra cio, p iueſtigare le ſottigliezze dell'arte, ſi miſe vn giorno à ritrarre ſe ſteſſo, guardandoſi in vno ſpecchio da Barbieri di que mezzo tódi. Nel che fare vedédo qlle bizzarrie, che fa la ritondita dello ſpec. nel girare che fano le traui de'palchi, che torcono, e le porte, e tutti gl'edifizi che sfuggono ſtranamente, gli venne voglia di contrafare per ſuo capriccio ogni coſa. La onde fatta fare vna palla di legno al tornio, e quella diuiſa per farla mezza tonda, e di grandezza ſimile allo ſpecchio; in quella ſi miſe có grāde arte à cōtrafare tutto qllo, che vedeua nello ſpec. e particolarmēte ſe ſteſſo tāto ſimile al naturale, che non ſi potrebbe ſtimare, ne credere. E perche tutte le coſe, che s'appreſſano allo ſpecchio, creſcono, e quelle, che ſi allontanano diminuiſcono, vi fece vna mão, che diſegnaua vn poco grāde come moſtraua lo ſpecchio, tanto bella, che pareua veriſſima: & perche Francesco era di belliſſima aria, & haueua il volto, e l'aſpetto grazioſo molto, e piu toſto d'Angelo, che d'huomo; pareua la ſua effigie in quella palla vna coſa diuina. anzi gli ſucceſſe coſi felicemente tutta quell'opera, che il vero non iſtaua altrimenti, che il dipinto, eſſendo in quella il luſtro del vetro, ogni ſegno di refleſſione, l'ombre, & i lumi ſi proprii, e veri, che piu non ſi ſarebbe potuto ſperare da humano ingegno. finite queſte opere, che furono non pure da i ſuo vecchi tenute rare; ma da molti altri, che s'intendeuano dell'arte, ſtupende, e marauiglioſe, & incaſſato i quadri, & il ritratto; accōpagnato da vno de' ſuoi zii ſi conduſſe à Roma. doue hauendo il Datario veduti i quadri, e ſtimatigli quello, che erano, furono ſubito il giouane, & il zio introdotti à Papa Clemente, il quale vedute l'opere, e Franceſco coſi giouane, reſtò ſtupefatto, & con eſſo tutta la corte. appreſſo ſua Santità, dopo hauergli fatto molti fauori, diſſe che voleua da re à dipignere à Franceſco la Sala de' Pontefici, della quale haueua gia fatto gio vanni da Vdine di ſtucchi, e di pitture tutte le volte. coſi dunque hauendo donato Franceſco i quadri al Papa, & hauute, oltre alle promeſſe, alcune corteſie e doni; ſtimolato dalla gloria, dalle lodi, che ſi ſentiua dare, e dall'vtile, che poteua ſperare da tanto Pontefice, fece vn belliſſimo quadro d'una circonciſione; del quale fu tenuta coſa rariſſima la inuenzione, per tre lumi fantaſtichi, che à quella pittura ſeruiuano: perche le prime figure erano alluminate dalla vampa del volto di Chriſto, le ſeconde riceueuano lume da certi, che portando doni al ſacrifizio caminauano per certe ſcale con torce acceſe in mano, & l'vltime erano ſcoperte, & illuminate dall'aurora, che moſtraua vn leggidriſſimo paeſe con infiniti caſamenti. il quale quadro finito, lo donò al Papa, che non fece di queſto come degl'altri, perche hauendo donato il quadro di Noſtra Donna à Hipolito Cardinale de' Medici ſuo Nipote; & il ritratto nello

ſpecchio

FRANCESCO MAZZVOLI

specchio, à Messer Pietro Aretino Poeta, & suo seruitore; e quello della circoncisione ritenne per sè, e si stima, che poi col tempo l'hauesse l'Imperatore: ma il ritratto dello specchio, mi ricordo io essendo giouinetto hauer veduto in Arezzo nelle case di esso Messer Pietro Aretino, doue era veduto da i forestieri, che per quella citta passauano, come cosa rara. questo capitò poi, non so come, alle mani di Valerio Vicentino intagliatore di christallo, & hoggi è appresso Alessandro Vittoria, scultore in Vinezia, e creato di Iacopo Sansouino. ma tornando à Francesco, egli studiando in Roma volle vedere tutte le cose antiche, e moderne, cosi di scultura, come di pittura, che erano in quella citta: ma in somma uenerazzione hebbe particolarmente quelle di Michelagnolo Buonarroti, e di Raffaello da Vrbino: lo spirito del qual Raffaello si diceua poi esser passato nel corpo di Francesco, per vedersi quel giouane nell'arte raro, & ne'costumi gentile, e grazioso, come fu Raffaello; e che è piu, sentendosi quanto egli s'ingegnaua d'immitarlo in tutte le cose, ma sopra tutto nella pittura; ilquale studio non fu in vano, perche molti quadretti, che fece in Roma; la maggior parte de'quali vennero poi in mano del Cardinale Hipolito de'Medici, erano veramente marauigliosi, si come è vn tondo d'vna bellissima Nunziata, che egli fece à Messer Agnolo Cesis, ilquale è hoggi nelle case loro, come cosa rara stimato. dipinse similmente in vn quadro la Madona con Christo, alcuni Angioletti, & vn san Giuseppo che sono belli in estremo, per l'aria delle teste, pel colorito, e per la grazia, e diligenza, con che si vede esser stati dipinti, laquale opera era gia appresso Luigi Gaddi, & hoggi dee essere appresso gl'heredi. sentendo la fama di costui il signor Lorenzo Cibo, Capitano della guardia del Papa, e bellissimo huomo, si fece ritrarre da Francesco; ilquale, si puo dire, che non lo ritraesse, ma lo facesse di carne, e viuo. essendogli poi dato à fare per Madona Maria Busolina da citta di castello vna tauola, che doueua porsi in san Saluatore del Lauro in vna capella vicina alla porta, fece in essa Francesco vna Nostra Donna in aria, che legge, & ha vn fanciullo fra le gambe: & in terra con straordinaria, e bella attitudine ginocchioni con vn pie, fece vn san Giouanni, che torcendo il torso accenna Christo fanciullo; & in terra à giacere iscorto, e vn san Girolamo in penitenza, che dorme. ma quest'opera non gli lasciò condurre à persezzione la rouina, & il sacco di Roma del 1527. laquale non solo fu cagione, che all'arti per vn tempo si diede bando, ma ancora, che la vita à molti Artefici fu tolta. e mancò poco, che Francesco non la perdesse ancor egli: percioche in sul principio del sacco era egli si intento à lauorare, che quando i soldati entrauano per le case, e gia nella sua erano alcuni tedeschi, egli per rumore, che facessero non si moueua dal lauoro. perche sopragiugnendogli essi, e vedendolo lauorare, restarono in modo stupefatti di quell'opera, che come galant'huomini, che doueano essere, lo lasciarono seguitare. e cosi mentre, che l'impiissima crudelta di quelle genti barbare rouinaua la pouera citta, & parimente le profane, e sacre cose, senza hauer rispetto ne à Dio, ne à gl'huomini, egli fu da que Tedeschi proueduto, e grandemente stimato, e da ogni ingiuria difeso. quanto di lagio hebbe per allora, si fu; che essendo vn di loro molto amatore delle cose di pittura, fu forzato a fare vn numero infinito di disegni d'acquerello, e di penna, i quali furono il pagamento della sua taglia. ma nel mutarsi poi i sol-

Gg

soldati fu Francesco vicino à capitar male, perche andando a cercare d'alcuni amici, fu da altri soldati fatto prigione, o bisognò che pagasse certi pochi scudi, che haueua, di taglia. onde il zio dolendosi di ciò, e della speranza, che quella rouina haueua tronca a Francesco di acquistarsi scienza, honore, e roba, deliberò, vedendo Roma poco meno, che rouinata, & il Papa prigione degli spagnuoli, ricondurlo à Parma. e così inuiatolo verso la patria, si rimase egli p alcuni giorni in Roma, doue dipositò la tauola fatta per Madonna Maria Bufolina ne'frati della pace, nel refettorio de'quali, essendo stata molti anni, fu poi da Messer Giulio Bufolini condotta nella lor Chiesa a citta di Castello. arriuato Francesco a Bologna, e trattenendosi con molti amici, e particolarmente in casa d'vn sellaio Parmigiano suo amicissimo, dimorò, perche la stanza gli piaceua, alcuni mesi in quella citta; nel qual tempo fece intagliare alcune stampe di chiaro scuro, e fra l'altre, la Decollazione di san Piero, & s. Paulo: & vn Diogene grande. ne mise anco a ordine molte altre, per farle intagliare in rame, e stamparle, hauendo appresso di se per questo effetto vn maestro Antonio da Trento; ma non diede per allora a cotal pensiero effetto, perche gli fu forza metter mano a lauorare molti quadri, & altre opere per gentil'huomini Bolognesi. e la prima pittura, che fusse in Bologna veduta di sua mano, fu in san Petronio alla capella de'Monsignori vn san Roccho di molta grandezza, al quale diede bellissima aria, e fecelo in tutte le parti bellissimo, imaginandoselo alquanto solleuato dal dolore, che gli daua la peste nella coscia, ilche dimostra guardando con la testa alta il cielo in atto di ringraziarne Dio, come i buoni fanno, eziandio dell'auuersita, che loro adiuengono. laquale opera fece per vn Fabrizio da Milano, ilquale ritrasse dal mezzo in su in ql quadro, a man giunte, che par uiuo; come pare anche naturale vn cane, che vi è, e certi paesi, che sono bellissimi, essendo in ciò particolarmente Francesco eccellente. fece poi per l'Albio, medico Parmigiano vna conuersione di san Paulo con molte figure, & con vn paese, che fu cosa rarissima. & al suo amico sellaio ne fece vn'altro di straordinaria bellezza, dentroui vna Nostra Donna volta per fianco con bell'attitudine, e parecchi altre figure. dipinse al Conte Giorgio Manzuoli vn'altro quadro: e due tele à guazzo per Maestro Luca da i Leuti con certe figurette tutte ben fatte, e graziose. in questo tempo il detto Antonio da Trento, che staua seco per intagliare, vna mattina, che Francesco era ancora in letto, apertogli vn forzieri, gli furò tutte le stampe di Rame, e di legno, e quanti disegni haueua, & andatosene col Diauolo, non mai piu se ne seppe nuoua. tutta via rihebbe Francesco le stampe, hauendole colui lasciate in Bologna a' vn suo amico, con animo forse di rihauerle cò qualche comodo. ma i disegni non potè gia mai rihauere. perche mezzo disperato, tornando a dipignere, ritrasse per hauer danari, non so che Conte Bolognese. e dopo fece vn quadro di Nostra Donna con vn Christo, che tiene vna palla di Mappamondo. ha la Madonna bellissima aria, & il putto è similmente molto naturale, percioche egli vsò di far sempre nel volto de'putti vna viuacita propriamente puerile, che fa conoscere certi spiriti acuti, e maliziosi che hanno bene spesso i fanciulli. abbiglio ancora la Nostra Donna con modi straordinarii, vestendola d'vn habito, che haueua le maniche di veli gialletti, e quasi vergati d'oro, che nel vero haueua bellissima grazia, facendo parere

FRANCESCO MAZZVOLI

le carni vere, e delicatissime: oltra, che non si possono vedere capegli dipinti meglio lauorati. questo quadro fu dipinto per Messer Pietro Aretino, ma venendo in quel tempo Papa Clemente a Bologna, Francesco glielo donò: poi comunche s'andasse la cosa, egli capitò alle mani di Messer Dionigi Gianni, & hoggi l'ha Messer Bartolomeo suo figliuolo, che l'ha tanto accommodato, che ne sono state fatte (cotanto è stimato) cinquanta copie. fece il medesimo alle Monache di santa Margherita in Bologna in vna tauola vna Nostra Donna, santa Margherita, san Petronio, san Girolamo, e san Michele, tenuta in somma venerazione si come merita, per essere nell'aria delle teste, e in tutte l'altre parti, come le cose di questo pittore sono tutte quante. fece ancora molti disegni, e particolarmente alcuni per Girolamo del Lino, & à Girolamo Fagiuoli orefice, e intagliatore, che gli cercò per intagliargli in rame: i quali disegni sono tenuti graziosissimi. fece à Bonifazio Gozadino il suo ritratto di naturale, e quello della moglie, che rimase imperfetto. abbozzò anco vn quadro d'vna Madonna, ilquale fu poi venduto in Bologna à Giorgio Vasari Aretino, che l'ha in Arezzo nelle sue case nuoue, e da lui fabricate, con molte altre nobili pitture, sculture, e marmi antichi. quando l'Imperadore Carlo quinto fu a Bologna, perche l'incoronasse Clemente settimo, Francesco, andando talora à vederlo mangiare, fece senza ritrarlo l'imagine di esso Cesare a olio in vn quadro grandissimo: & in quello dipinse la fama, che lo coronaua di lauro: & vn fanciullo, in forma d'vn Hercole piccolino, che gli porgeua il mondo, quasi dandogliene il Dominio: laquale opera, finita che fu, la fece vedere a Papa Clemente, alquale piacque tanto, che mandò quella e Francesco insieme, accompagnati dal Vescouo di Vasona, allora Datario, all'Imperadore. onde essendo molto piaciuta a sua Maestà, fece intendere, che si lasciasse. ma Franc. come mal consigliato da vn suo poco fedele, o poco saputo amico, dicendo, che non era finita, non la volle lasciare: e così sua Maestà non l'hebbe, & egli non fu, come sarebbe stato senza dubbio premiato. questo quadro essendo poi capitato alle mani del Cardinale Hipolito de' Medici, fu donato da lui al Cardinale di Mantoa, & hoggi è in guardaroba di ql Duca, con molte altre belle, e nobilissime pitture.

Dopo essere stato Francesco come si e detto tanti anni fuor della patria, e molto esperimétatosi nell'arte, senza hauer fatto però acquisto nessuno di facultà, ma solo d'amici, se ne tornò finalmente, per sodisfare a molti amici, e parenti, a Parma: doue arriuato gli fu subito dato à lauorare à fresco nella chiesa di santa Maria della Steccata vna volta assai grande, ma perche inanzi alla volta era un'arco piano, che giraua secondo la volta a vso di faccia, si mise a lauorare prima quello, come più facile, e vi fece sei figure, due colorite, e quattro di chiaro scuro molto belle; e frà l'vna, & l'altra alcuni molto belli ornaméti, che metteuano i mezzo rosoni di rilieuo, i quali egli da se, come capriccioso si mise a lauorare di rame, facendo in essi grandissime fatiche. in questo medesimo tempo fece al Cavalier Baiardo, gentil'huomo Parmigiano, & suo molto familiare amico, in vn quadro vn Cupido, che fabrica di sua mano vn arco: a pie del quale fece due putti, che sedendo vno piglia l'altro per vn braccio, e ridendo vuol che tocchi Cupido con vn dito, e quegli, che non vuol toccarlo, piange mostrando hauer paura di non cuocersi al fuoco d'amore.

questa pittura che è vaga per colorito ingegnosa per inuétione, e graziosa per quella sua maniera, che è stata, ed è dagl'artefici, e da chi si diletta dell'arte imitata, & osseruata molto, è hoggi nello studio del signor Marcantonio Caualca, herede del Caualier Baiardo, con molti disegni, che ha raccolti di mano del medesimo, bellissimi, e ben finiti d'ogni sorte, sì come sono ancora quelli, che pur di mano di Francesco sono nel nostro libro in molte carte, e particolarmente quello della decollazione di san Piero, e san Paulo, che come si è detto, mandò poi fuori in stampe di legno, e di rame stando in Bologna. alla chiesa di santa Maria de'Serui fece in vna tauola la Nostra Donna col figliuolo in braccio, che dorme, e da vn lato certi Angeli, vno de'quali ha in braccio vn'vrna di christallo, dentro laquale riluce vna Croce contemplata dalla Nostra Donna: laquale opera, perche non se ne contentaua molto, rimase imperfetta: ma nondimeno è cosa molto lodata in quella sua maniera piena di grazia, e di bellezza. intanto comincio Francesco à dismettere l'opera della Steccata, ò almeno a fare tanto adagio, che si conosceua, che v'andaua di male gambe. e questo aueniua, perche hauendo cominciato à studiare le cose dell'Alchimia, haueua tralasciato del tutto le cose della pittura, pensando di douer tosto aricchire congelando Mercurio, perche stillandosi il ceruello, non con pensare belle inuenzioni, ne con i pennelli, ò mestiche, perdeua tutto il giorno in tramenare carboni, legne, boccie di vetro, & altre simili bazichature, che gli faceuano spendere più in vn giorno, che non guadagnaua à lauorare vna settimana alla capella della Stecca: & non hauendo altra entrata, e pur bisognandogli anco viuere, si veniua così consumando con questi suoi fornelli a poco a poco. e che fu peggio, gl'huomini della compagnia della Steccata, vedendo, che egli hauea del tutto tralasciato il lauoro; hauendolo per auentura, come si sa, soprapagato, gli messero lite: onde egli per lo migliore si ritirò, fuggendosi vna notte, con alcuni amici suoi a Casal maggiore, doue, vscitogli alquanto di capo l'Alchimie, fece per la chiesa di santo Stefano, in vna tauola la Nostra Donna in aria, e da basso san Giouambatista, e santo Stefano. e dopo fece (e questa fu l'ultima pittura, che facesse) vn quadro d'vna Lucrezia Romana, che fu cosa diuina e delle migliori che mai fusse veduta di sua mano; ma come si sia e stato trafugato, che non si sa doue sia.

E di sua mano anco vn quadro di certe Ninfe, che hoggi è in casa di Messer Niccolò Bussolini a città di Castello: & vna Culla di putti, che fu fatta p la signora Angola de' Rossi da Parma, moglie del signor Alessandro Vitelli, laquale è similmente in città di Castello. Francesco finalmente hauendo pur sempre l'animo à quella sua Alchimia, come gl'altri, che le impazzano dietro vna volta, & essendo di delicato, e gentile, fatto con la barba, e chiome lunghe, e mal conce, quasi vn'huomo saluatico, & vn'altro da quello che era stato, fu assalito, essendo mal condotto, e fatto malinconico, e strano, da vna febre graue, e da vn flusso crudele, che lo fecero in pochi giorni passare a miglior vita.

Et a questo modo pose fine a i trauagli di questo mondo, che non fu mai conosciuto da lui se non pieno di fastidii, e di noie. volle essere sepolto nella
chiesa

FRANCESCO MAZZVOLI

chiesa de frati de' Serui, chiamata la Fontana, lontana vn miglio da Casal maggiore: & come lasciò, fu sepolto nudo, con vna Croce d'Arcipresso sul petto in alto. finì il corso della sua vita adi 24. d'Agosto 1540. con gran perdita dell'arte per la singolar grazia, che le sue mani diedero alle pitture, che fece. si diletto Fran. di sonar di Liuto, & hebbe in cio tanto la mano, e l'ingegno accomodato, che non fu in quello manco eccellente che nella pittura, ma è ben vero, che se non hauesse lauorato à capriccio, & hauesse messo da canto le sciochezze degl'Alchimisti, sarebbe veramente stato dei piu rari, & eccellenti pittori dell'età nostra. non niego, che il lauorare à furori, & quando se n'ha voglia, non sia il miglior tempo, ma biasimo bene il non voler lauorare mai, o poco, & andar perdendo il tempo in considerazioni, atteso, che il voler truffare, & doue non si puo aggiugnere, peruenire, è spesso cagione, che si smarrisce quello, che si sa, per volere quello, che non si puo.

Se Francesco ilquale hebbe dalla natura bella, e graziosa maniera, e spirito viuacissimo, hauesse seguitato di fare giornalmente, harebbe acquistato di mano in mano tanto nell'arte, che si come diede bella, e graziosa aria alle teste, e molta leggiadria, cosi harebbe di perfezzione, di fondamento, e bonta nel disegno auanzato se stesso, egl'altri.

Rimase dopo lui Hieronimo Mazzuoli suo cugino, che imitò sempre la maniera di lui con suo molto honore, come ne dimostrano l'opere, che sono di sua mano in Parma. a Viandana ancora, doue egli si fuggi con Francesco per la guerra, fece in san Francesco luogo de zoccoli, cosi giouanetto, come era, in vna tauolina vna bellissima Nunziata. & vn'altra ne fece in santa Maria ne' Borghi. in Parma a i frati di san Francesco conuentuali fece la tauola dell'altar maggiore, dentroui Giouacchino cacciato del tempio, con molte figure. e in santo Alessandro monasterio di Monache in quella citta, fece in vna tauola, la Madonna in alto, con Christo fanciullo, che porge vna palma à santa Iustina, & alcuni Angeli, che scuoprono vn panno: & santo Alessandro papa, & san Benedetto. nella chiesa de' frati Carmelitani fece la tauola dell'altar maggiore che è molto bella. e in san Sepolcro vn'altra tauola assai grande. in san Giouanni Euangelista, chiesa di Monache nella detta citta sono due tauole di mano di Girolamo assai belle, ma non quanto i portegli dell'organo, ne quanto la tauola dell'altar maggiore, nellaquale e vna trasfigurazione bellissima, e lauorata con molta diligenza. ha dipinto il medesimo nel refettorio di queste donne vna prospettiua in fresco: & in vn quadro a olio la cena di Christo con gl'apostoli; & nel Duomo a fresco la capella dell'altar maggiore. ha ritratto per Madama Margherita d'Austria duchessa di Parma il principe Don Alessandro suo figliuolo tutto armato con la spada sopra vn'Appamondo, & vna Parma ginocchioni, & armata dinanzi a lui.

Alla Steccata di Parma ha fatto in vna capella a fresco gl'Apostoli, che riceuono lo spirito sáto: & in vn Arco simile a quello, che dipise Franc. suo parente ha fatto sei Sibille, due colorite, e quattro di chiaro scuro. & in vna Nicchia la
dirim

dirimpetto di detto arco dipinse, ma non restò del tutto perfetta la Natiuità di Christo, & i pastori, che l'adorano, che è molto bella pittura. alla Certosa, fuor di Parma ha fatto i tre Magi nella tauola dell'altar maggiore. et a Pauia in san Piero, Badia de' Monaci di san Bernardo vna tauola. & in Mantoa nel Duomo vn'altra al Cardinale, & in san Giouanni della Medesima citta vn' altra tauola, dentroui vn Christo in vno splendore, & in torno gl'Apostoli, e s. Giouani, del quale par che dica: Sic eú volo manere &c. & in torno a que sta tauola sono in sei quadri grandi, miracoli del detto s. Giouanni Euangelista, nella Chiesa de' frati zoccholati a man sinistra è di mano del medesimo in vna tauola grande la conuersione di san Paulo, opera bellissima. e in san Benedetto in Pollirone luogo lontano dodici miglia da mantoa, ha fatto nel la tauola dell'Altar maggiore Christo nel presepio adorato da i pastori. con Angeli che cantano. ha fatto ancora, ma non so gia in che tempo apunto, in vn quadro bellissimo cinque Amori, il primo de quali dorme, egl'altri lo spo gliano, togliendogli chi l'Arco, chi le saette, & altri la face. il qual quadro ha il signor Duca Ottauio, che lo tiene in gran conto, per la virtu di Hieronimo il quale non ha punto degenerato dal suo parente Francesco nell'essere eccel, pittore & cortese, e gentile oltre modo, e perche ancor viue si vedano anco vscire di lui altre opere bellissime, che ha tutta via fra mano. fu amicissimo del detto Francesco Messer Vincenzio Caccianimici gentil'huomo Bologne se, il quale dipinse, e s'ingegnò d'imitare quanto potè il piu la maniera di esso Franc. Mazzuoli, costui coloriua benissimo, onde quelle cose, che lauo rò per suo piacere, e per donare a diuersi signori, & amici suoi, so no in uero dignissime di lode, ma particolarmente vna tauo la a olio, che è in san Petronio alla capella della sua fa miglia, dentro laquale è la decollazione di san Giouanni Battista. morì questo virtuoso gentil'huomo, di mano del quale so no alcuni disegni nel nostro li bro, molto belli, l'anno 1542.

IACOMO PALMA PITTOR VINIZIANO.

Vita di Iacomo Palma e Lorenzo Lotto pittori Viniziani.

Evo tanto l'artifizio, e la bontà d'una sola, ò due opere, che perfette si facciano in quell'arte, che l'huomo esercita; che per piccole, che elle siano, sono sforzati gl'artefici, & intendenti a lodarle: & gli scrittori à celebrarle, e dar lode all'artefice, che l'ha fatte, nella maniera, che facciamo hor noi al Palma Viniziano, ilquale, se bene non fu eccellente, ne raro nella perfezzione della pittura: fu non di meno sì pulito, e diligente; e sommesso alle fatiche dell'arte, che le cose sue, se non tutte, almeno vna parte hanno del buono; perche contrafanno molto il viuo, & il naturale degl'huomini. fu il Palma molto piu ne icolori vnito, sfumato, e paziente; che gagliardo nel disegno: e quegli maneggiò cō

grazia

grazia, pulitezza grandissima, come si vede in Venegia in molti quadri, e ritratti, che fece a diuersi gentil'huomini: de' quali non dirò altro, perche uoglio, che mi basti far menzione di alcune tauole, e d'vna testa, che tenghiamo diuina, e marauigliosa. l'vna delle quali tauole dipinse in santo Antonio di Vinezia vicino à Castello, e l'altra in santa Elena presso al Lio, doue i Monaci di Monte Oliueto hanno il loro Monasterio. & in questa, che è all'altar maggiore di detta chiesa, fece i Magi, che offeriscono à christo, con buon numero di figure. fra le quali sono alcune teste veramente degne di lode, come anco sono i panni, che vestono le figure, condotti con bello andar di pieghe. fece ancó il Palma nella chiesa di santa Maria Formosa all'altare de' Bombardieri vna santa Barbara grande quanto il naturale con due minori figure dalle bande, cio è san Sebastiano, e santo Antonio. ma la santa Barbara è delle migliori figure, che mai facesse questo pittore: ilquale fece anco nella chiesa di san Moise appresso alla piazza di san Marco vn'altra tauola, nella quale è vna Nostra Donna in aria; e san Giouanni a piedi. fece oltre ciò, il Palma, per la stanza, doue si ragunano gl'huomini della scuola di san Marco, in sulla piazza di san Giouanni, e Paulo, a concorrenza di quelle, che già fecero Gian Bellino, Giouanni Mansuchi, & altri pittori, vna bellissima storia, nellaquale è dipinta vna Naue, che conduce il corpo di san Marco à Vinezia: nella qualle si vede finto dal Palma vna horribile tempesta di Mare, & alcune barche cóbattute dalla furia de venti, fatte con molto giudicio, & con belle considerazioni, si come è anco vn gruppo di figure in aria, e diuerse forme di Demoni, che soffiano à guisa di venti nelle barche, che andando à remi, e sforzandosi con varii modi di rompere l'inimiche, & altissime onde, stanno per somergersi. in somma quest'opera, per vero dire, è tale, e si bella per inuenzione, e per altro, che pare quasi impossibile, che colore ò pennello, adoperati da mani, anco eccellenti, possino esprimere alcuna cosa piu simile al vero, ò piu naturale: atteso, che in essa si vede la furia de' venti, la forza, e destrezza degl'huomini, il mouersi dell'onde, i lampi, e baleni del cielo, l'acqua rotta da i remi, e i remi piegati dall'onde, e dalla forza de' uogadori. che piu? Io per me non 'mi ricordò hauer mai veduto la piu horrenda pittura di quella: essendo talmente condotta, & con tanta osseruanza nel disegno, nell'inuenzione, e nel colorito; che pare, che tremi la tauola, come tutto quello, che vi è dipinto fusse vero. per laquale opera merita Iacopo Palma grandissima lode, e di essere annouerato fra quegli, che posseghono l'arte, & hanno in poter loro facultà desprimere nelle pitture le difficultà de i loro concetti. conciosia, che in simili cose difficili, à molti pittori vien fatto nel primo abbozzare l'opera come guidati da vn certo furore, qualche cosa di buono, & qualche fierezza, che vien poi leuata nel finire, e tolto via quel buono, che vi haueua posto il furore. e questo auuiene, perche molte volte, chi finisce, considera le parti, e non il tutto di quello, che fa; & va (raffreddandosi gli spiriti) perdendo la vena della fierezza. la doue costui stette sempre saldo nel medesimo proposito, & códusse a perfezzione il suo concetto, che gli fu allora, e sarà sempre infinitamente lodato. ma senza dubbio, come che molte siano, è molto stimate tutte l'opere di costui, quella di tutte l'altre è migliore, e certo stupendissima, doue ritrasse, guardandosi in vna spera, se stesso di naturale, con alcune pelli di ca-

FRANCESCO MAZZVOLI

nello intorno, & certi giusti di capegli, tanto viuamente, che non si può meglio immaginare, perche non stato lo spirito del Palma in questa sola particolare, che egli non si comunicasse a tutte le altre sue cose, di modo bella, come affermano ognuno, è quella, ouero quelle, che egli ha fatto ne la mostra dell'Ascensione, & in
vero non solo per essere celebrata, per disegno, per arietria, & per colorito,
& insieme per essere di tutta perfezzione, piu che qual si voglia altra opera
che da pittore Viniziano fusse stata insino à quel tempo lauorata, perche, oltre all'altre cose, vi si uede dentro un girar d'occhi si fatto, che Lionardo da
Vinci, e Michelagnolo Buonar. non haurebbono altrimenti operato, che d'meglio tacere. la gratia, la grauità, e l'altre parti, che in questo ritratto si veggono,
perche non si può tanto dire della sua perfezzione, che piu non meriti, e se la
sorte hauesse voluto, che il Palma, dopo questa opera si fusse morto, egli solo
portaua il vato d'hauer passato tutti coloro, che noi celebriamo per ingegni
rari, e diuini. la doue la vita, che durando lo fece operare, fu cagione, che nò
mantenendo il principio, che haue a preso, venne à diminuire tutto quello
che infiniti pensarono, che douesse accrescere. finalmente bastandogli, che
vna, o due opere perfette, gli leuassero il biasimo in passe, che gli hauerebbo-
no l'altre acquistato, si morì d'anni quarantotto in Vinezia. Fu compagno
& amico del Palma Lorenzo lotto pittor Veniziano, il quale hauendo imitato vn tempo la maniera de Bellini, s'appicò poi à quella di Giorgione, come
ne dimostrano molti quadri, e ritratti, che in Vinezia sono, per le case de gentil huomini, in casa d'Andrea Odoni è il suo ritratto di mano di Lorenzo,
che è molto bello, et in casa Tommaso da Empoli, Fiorentino è vn quadro
d'vna Natiuità di Christo finta in vna notte, che è bellissimo, massimamente,
perche vi si vede, che lo splendore di Christo con bella maniera, illumina quel
la pittura, doue è la Madonna ginocchioni, & in vna figura intera, che adora
Christo, ritratto Messer Marco Loredano. a frati Carmelitani fece il medesimo in vna tauola san Niccolo di Bari in aria, & in habito pontificale, con a-
tre Angeli, & a piedi santa Lucia, & san Giouanni, in alto certe nuuole, & abbasso vn paese bellissimo, con molte figurette, & animali in varij luoghi. da
vn lato è san Giorgio à cauallo, che amazza il serpente, e poco lontana la don-
zella con vna citta appresso, & vn pezzo di mare. in san Giouanni, e Paulo al
la capella di santo Antonio Arciuescouo di Firenze, fece Lorenzo in vna tauola esso santo à sedere con due ministri presi, e da basso molta gente. essendo anco questo pittore giouane, & imitando parte la maniera de Bellini, e par
te quella di Giorgione, fece in san Domenico di Ricanati la tauola dell'altar
maggiore, partita in sei quadri, in quello del mezzo è la Nostra Donna col figliuolo in braccio, che mette, per le mani d'un Angelo, l'habito a san Domenico, il quale sta ginocchioni dinanzi alla Vergine, & in questo sono anche
due putti, che suonano, vno vn Liuto, e l'altro vn Raberchino, in vn'altro quadro è san Gregorio, & sato Vrbano Papi, & nel terzo san Tommaso d'Aquino, & vn altro santo, che fu Vescouo di Ricanati. sopra questi sono gl'altri tre
quadri, nel mezzo sopra la Madonna, è Christo morto, sostenuto da vn Angelo, e la madre, che gli bacia vn braccio, e santa Madalena, sopra quello di
san Gregorio è santa Maria Madalena, e san Vincenzio: & nell'altro, cioè sopra san Tommaso d'Aquino, è san Gismondo, e santa Chaterina da Siena,

Hh

nella predella, che è di figure piccole, e cola fara, è nel mezzo, quando santa Maria di Loreto fu portata dagl'Angeli dalle parti di Schiauonia là, doue hora è posta. delle due storie, che la mettono in mezzo vn'è di san Domenico che predica, cò le più gratiose figurine che non dire, nell'altra è vn Christo che conferma à san Domenico la Regola, e di mano del medesimo Lorenzo à questa chiesa vn san Vincenzio frate lauorato à fresco. Et vna tauola à olio è nella chiesa di santa Maria di Castel nuouo con vna trasfiguratione di Christo, & con tre storie di figure piccole nella predella; quando Christo mena gl'Apostoli al Monte Tabor, quando ora nell'orto, e quando ascende in Cielo. dopo queste opere andando Lorenzo in Ancona, quando apunto Mariano da Perugia haueua fatto in santo Agostino la tauola dell'Altar maggiore con vn'ornamento grande, laquale non sodisfece molto: gli fu fatto rifare per la medesima Chiesa in vna tauola, che è posta a mezzo, la Nostra Donna col figliuolo in grembo, e due Angeli in aria, che scortando le figure incoronano la Vergine. finalmente essendo Lorenzo vecchio, & hauendo quasi perduta la voce, dopo hauer fatto alcune altre opere di non molta importanza in Ancona, se n'andò alla Madonna di Loreto, doue già haueua fatto vna tauola à olio, che è in vna capella a man ritta, entrando in chiesa, e quiui, tirato di voler finire la vita in seruigio della Madonna, & habitare quella santa casa, mise mano à fare historie di figure alte vn braccio, e minori intorno al choro sopra le siede de' Sacerdoti, fecevi il nascere di Giesu Christo in vna storia, & quando i Magi l'adorano in vn'altra; il presetarlo à Simeone seguitaua, & dopo questa quando, e batezzato da Giouanni nel giordano. erauui l'adultera condotta inanzi à Christo condotte cò gratia. cosi vi fece dua altre storie copiose di figure, vna era Dauit quando faceua sagrificare, & in l'altra san Michele Archangelo, che combatte con Lucifero hauendolo cacciato di Cielo. e qlle finite nò passò molto, che come era viuuto costumatamente, e buon christiano, cosi morì, rendendo l'anima al Signore Dio. i quali vltimi anni della sua vita prouò egli felicissimi, e pieni di tranquillità d'animo: & che è più, gli fecero, per quello, che si crede far acquisto de i beni di vita eterna. il che non gli sarebbe forse auenuto, se fusse stato nel fine della sua vita, oltre modo inuiluppato nelle cose del mondo, le quali come troppo graui à chi pone in loro il suo fine, non lasciano mai leuar la mente à i veri beni dell'altra vita, & alla somma beatitudine, e felicità.

Fiorì in questo tempo ancora in Romagna il Rondinello pittore eccellente, del quale nella vita di Giouan Bellino, per essere stato suo discepolo, & seruitosene assai nell'opere sue ne facemo vn poco di memoria, costui dopo che si partì da Giouan Bellino si affaticò nell'arte di maniera, che per esser diligentissimo fè molte opere degne di lode: come in Furli nel Duomo fa fede la tauola dello Altar maggiore, che egli vi dipinse di sua mano: doue Christo comunica gli apostoli che è molto ben condotta. fecevi sopra nel mezzo tondo di qlla vn Christo morto, & nella predella alcune storie di figure piccole cò i fatti di santa Elena madre di Costantino Imperadore quando ella ritruoua la Croce, condotte con gran diligenza. fecevi ancora vn san Bastiano che è molto bella figura sola in vn quadro, nella chiesa medesima. nel Duomo di Rauenna allo altar di santa Maria Madalena, dipinse vna tauola à olio dentrouila

figura

FRANCESCO MAZZVOLI

gura sola di quella santa, e sotto di fece di figure piccole in vna predella
solo gran Dottore morto, Christo che appare Maria Madalena in forma d'or
tolano, e simile quando san Pietro andando di sopra camina sopra lacque
che Christo gli porge, à gli el Battesimo di Giesu Christo molte belle:
fece san Giouanni Euangelista nella medesima città dua tauole in vna, e sa
Giouanni quando consacra la chiesa, nell'altra sono i martiri dentro san Can
do, & san Conciano, & santa Cancionia, bellissime figure. in santo Appol
linare nella medesima citta duo quadri con due figure in ciascuno la sua, sa
Giouanni Batista, & san Bastiano molto lodate. nella chiesa dello spirito san
to, e vna tauola pur di suo mano, dentroui la Nostra Donna in mezzo con sa
ta Caterina Vergine, & martire, & san Ieronimo. dipinse parimente in san
Francesco dua tauole, in vna la santa Caterina, & san Francesco, & nell'altra
dipinse la Nostra Donna con molte figure, & san Iacopo Apostolo, & s. Fra
cesco, du' altre tauole se medesimamente in san Domenico, che ne vna a ma
ninca dello altar maggiore dentroui la N. Donna con molte figure, e l'al
tra in vna facciata della chiesa assai bella. nella chiesa di san Niccolo Conue
to de' frati di santo Agostino, dipinse vn'altra tauola con san Lorenzo, & sa
Francesco, che ne fu commendato tanto di queste opere che mentre, che visse
fu tenuto non solo in Rauenna, ma per tutta la Romagna i gran conto. visse
Rondinello fino alla età di 60. anni, & fu sepolto in san Francesco di Rauen
na. costui doppo di lui lasso Francesco da Cotignuola pittore anch'egli stima
to in quella città, ilquale dipinse molte opere, & particolarmente, nella chie
sa della Badia di Classi dentro di Rauenna vna tauola allo altar maggiore as
sai grande, dentroui la Resurretione di Lazzaro, con molte figure, doue l'an
no 1548. Giorgio Vasari di rimpetto a questa fece per don Romualdo da Ve
rona abate di quel luogo, vn'altra tauola con Christo deposto di Croce dé
troui gran numero di figure. fece Francesco ancora vna tauola in san Nicco
lo con la natiuità di Christo che è vna gran tauola: in san Sebastiano parime
te dua tauole con varie figure. nello spedale di santa Caterina dipinse vna ta
uola con la nostra Donna, & santa Caterina con molte altre figure, & in san
ta Agata dipinse vna tauola con Christo in Croce, e la N. Donna a piedi con
altre figure assai, che ne fu lodato. dipinse in santo Apollinari di quella citta
tre tauole, vna allo altar maggiore, dentroui la N. Donna, san Giouanni Bati
sta, & santo Apollinari con san Ieronimo, & altri santi. nell'altra se pur la
Madonna con san Pieto & santa Caterina, nella terza, & vltima Giesu Chri
sto, quando è porta la croce laquale egli non potè finire interuenendo
la morte. colori assai vagamente ma non lebbe tanto disegno qua
to haueua Rondinello, ma ne fu tenuto da Rauennati con
to assai, costui volse essere doppo la morte sua sepol
to in santo Apollinari, doue egli haueua fatto
queste figure, contentandosi doue egli haueua faticato, & vissuto essere in ripo
so con l'ossa dopo la morte.

Hh

LIBERALE VERONESE PITTORE

Vite di fra Iocondo, & di Liberale, e d'altri Veronesi.

E gli scrittori delle storie vivessero qualche anno piu di quello, che è comunemente conceduto al corso dell'humana vita, io per me nô dubito punto, che harebbono per un pezzo, che aggiugnere alle passate cose, gia scritte da loro: percioche, come non è possibile, che un solo, per diligentissimo che sia sappia a un tratto cosi appunto il vero, e in picciol tempo, i particolari delle cose, che scriue; cosi è chiaro come il Sole, che il tempo, il quale si dice padre della verita, va giornalmête scoprendo a gli studiosi cose nuoue. Se quando io scrissi, gia molti anni sono, quelle vite de pittori, & altri che allora furono publicate, io hauesse hauuto quella piena notizia di fra Iocôdo Veronese huomo rarissimo, & uniuersale in tutte le piu lodate faculta, che n'ho hauuto poi, io h auerei senza dubbio fatta di lui quella honorata memoria, che m'apparecchio

FRA IOCONDO ET LIBERALE

quādi fin'ora a benefizio degl'artefici, anzi del mondo. e non solamente di lui, ma di molti altri Veronesi stati veramente eccellentissimi, non si marauigli alcuno, se io gli porrò tutti sotto l'effigie d'un solo di loro, perche non hauendo io potuto hauere il ritratto di tutti, sono forzato a cosi fare: ma nō per questo sarà defraudata, per quanto potrò io, la virtù di niuno, di quello, di che se ne, e che l'ordine de' tēpi, & i meriti cosi richieggiono, parlero prima di fra Iocondo, ilquale quando si vesti l'habito di san Domenico, non fu Iocondo semplicemente, ma fra Giouan Iocondo fu nominato. ma come gli rimase quel Giouanni nō lo, so bene: ilch'egli fu sempre fra Iocondo chiamato da ognuno. e se bene la sua principal professione furono le lettere, e sō do stato non pur Filosofo, e Teologo eccellente: ma boniſsimo greco, ilche in quel tempo era cosa rara, cōminciādo a punto allora à risorgere le buone lettere in Italia: egli nondimeno fu anco, come quello che di ciò si dilettò sempre sommamente, eccellētissimo architetto: si come raccōta lo Scaligero cōtra il Cardano, & il dottissimo Budeo ne suoi libri de Asse, & nell'osseruazioni, che fece sopra le Pandette. costui dunque essendo gran literato, intendente dell'architettura, e bonissimo prospettiuo, stette molti anni appresso Massimiliano Imperatore. e fu maestro nella lingua greca, e latina del dottissimo Scaligero, ilquale scriue hauer vdito dottamente disputar fra Iocondo in nanzi al detto Massimiliano di cose sottiliſsime. racōtano alcuni, che ancor viuōno, e che ciò benissimo ricordano, che rifacēdosi in Verona il ponte detto della pietra, nel tēpo, che quella città era sotto Massimiano Imperatore, e douendosi rifondare la pila di mezzo, laquale molte volte, per auanti era rouinata, fra Iocondo diede il modo di fondarla, e di cōseruarla ancora per si fatta maniera, che per l'auenire non rouinasse. il qual modo di cōseruarla fu questo, che egli ordinò, che detta pila si tenesse sempre fasciata intorno di doppie traui lunghe, & fitte nell'acqua d'ogn'intorno, accio la difendessino in modo, che il fiume nō da potesse cauare sotto: essendo, ch'in quel luogo, dou'è fondata il principal corso del fiume, che hà il fondo tāto molle, che nō vi si truoua sodezza di terreno da potere altrimenti fondarla; et in uero fu ottimo, per quello, che si è veduto, il cōsiglio di fra Iocondo: percioche da quel tēpo in qua è durata, e dura, senza hauere mai mostrato vn pelo; & si spera, osseruandosi quāto diede in ricordo quel buon padre, che durerà perpetuamēte. stette fra Iocondo in Roma nella sua giouanezza molti ani, e dādo opa alla cognitione delle cose antique, cio è nō solo alle fabriche, ma aco all'i scrizzioni antiche, che sono ne i sepolchri, & all'altre anticaglie, e nō solo i Roma, ma ne paesi all'itorno, & i tutti i luoghi d'Italia, raccolse i vn bellis. libro tutte le dette iscrizzioni, e memorie, e lo mādò à donare, secōdo ch'affermano i Veronesi medesimi al Magnifico Lorenzo vecchio de Medici, com'il quale come amicissimo, e faure di tutti virtuosi, egli, e Domizio Caliderino sub compagno, e della medesima patria, tenne sempre grandissima seruitu: e di questo libro fa menzione il Poliziano nelle sue Mugillane, nelle quali si serue d'alcune autorità del detto libro, chiamando fra Iocondo peritissimo in tutte l'antiquità. scrisse il medesimo sopra i comentarii di Cesare alcune osseruazioni, che sono in stampa. & fu il primo, che mise in disegno il pōte fatto da Cesare sopra il fiume Rodano, descritto da lui ne i detti suoi comētarii,

e male

e male inteso a i tempi di fra Iocondo, il quale confessa, il detto Budeo hauere hauuto per suo Maestro nelle cose d'Architettura, ringratiandone Dio d'hauere hauuto vn sì dotto, e sì diligente precettore sopra Vitruuio, come fu esso frate, il quale ricorresse in quello Autore infiniti errori, non stati infino allora conosciuti: e questo potè fare ageuolmente, per essere stato pratico in tutte le dottrine, e per la cognizione, ch'ebbe della lingua greca, e della latina. E queste, & altre cose afferma esso Budeo, lodando fra Iocondo per ottimo Architettore: aggiugnendo, che per opera del medesimo furono scritte sù la maggior parte delle pistole di Plinio in vna vecchia libreria in Parigi, le quali, non essendo state più in mano degli huomini, furono stampate da Aldo Manuzio, come si legge in vna sua pistola latina, stampata cole dette. Fece fra Iocondo, stando in Parigi al seruizio del Re Lodouico duodecimo, due superbissimi ponti sopra la Sonna, carichi di botteghe, opera degna veramente del grand'animo di quel Re, e del marauiglioso ingegno di fra Iocondo, onde meritò, oltre la inscrizione, che ancor hoggi si vede in quest'opere, in lode sua, che il Sanazaro Poeta rarissimo l'honorasse con questo bellissimo Distico.

Iocundus geminum imposuit tibi Sequana pontem.
Hunc tu iure potes dicere Pontificem.

Fece oltre ciò, altre infinite opere per quel Re in tutto il regno, ma essendo stato solamente fatto memoria di queste, come maggiori, non ne dirò altro. Trouandosi poi in Roma alla morte di Bramante, gli fu data la cura del tempio di san Pietro, in compagnia di Raffaello da Vrbino, & Giuliano da s. Gallo, acciò continuasse quella fabrica, cominciata da esso Bramante; perche minacciando ella rouina in molte parti, per essere stata lauorata in fretta, e per le cagioni dette in altro luogo, fu per consiglio di fra Iocondo, di Raf. e di Giuliano, p la maggior parte rifodata: nel che fare dicono alcuni, che ancor viuono, e furono presenti, si tenne questo modo. Furono causate, cō giusto spazio dall'vna all'altra, molte buche grandi a vso di pozzi, ma quadre, sotto i fondamenti, e quelle ripiene di muro fatto a mano, furono fra l'vno, e l'altro pilastro, ò vero ripieno di quelle, gettati archi fortissimi sopra il terreno. in modo, che tutta la fabrica venne a esser posta, senza, che si rouinasse, sopra nuoue fondamenta, e senza pericolo di fare mai più risentimento alcuno. ma quello, in che mi pare, che meriti somma lode fra Iocondo, si fu vn'opera, di che gli deueno hauere obligo eterno, nō pur i Viniziani, ma con essi tutto il mōdo: perche considerando egli, che l'eternità della Rep. di Vinezia pende in gran parte dal conseruarsi nel sito inespugnabile di quelle lagune, nelle quali è quasi miracolosamente edificata quella città: & che ogni volta, che le dette lagune atterrassero, ò sarebbe l'aria infetta, e pestilente, e per conseguente la città inhabitabile, ò che per lo meno, ella sarebbe sottoposta à tutti quei pericoli, a che sono le città di terra ferma: si mise a pensare in che modo si potesse prouedere alla conseruazione delle lagune, e del sito in che fu da principio la città edificata. e trouato il modo, disse fra Iocondo a que' signori, che se non si veniua a presta resoluzione di riparare a tanto danno, fra pochi anni, p quello, che si vedeua essere auenuto in parte, s'accorgerebbono dell'errore loro, senza essere a tempo a poterui rimediare. per lo quale auuertimento

suegliati

svegliati que' Signori, e vdite le viue ragioni di fra Iocondo, e fatta vna con-
gregatione de' piu rari ingegnieri, & Architetti, che fussero in Italia, furono
dati molti pareri, e fatti molti disegni, ma quello di fra Iocondo fu tenuto
il migliore, e messo in essecutione, e cosi diede principio à diuertire con vn
cauamento grande, i duoi terzi, almeno la metà dell'acque, che mena il fiume della Brenta, le quali acque con lungo giro condussero a sboccare nelle lagune di Chioggia, e cosi non mettendo quel fiume in quelle di Vinezia, non
vi ha portato terreno, che l'habbia potuto riempiere, come ha fatto a Chioggia, doue ha in modo munito, e ripieno, che si sono fatte, doue erano l'acque,
molte possessioni, e ville, con grande vtile della città di Venetia, onde affermano molti, & massimamente il Magnifico Messer Luigi Cornaro, gentilhuomo di Vinezia, e per lunga esperienza, e dottrina prudentissimo, che se
non fusse stato l'auertimento di fra Iocondo, tutto quello attestamento fatto nelle dette laghune di Chioggia, si sarebbe fatto, e forse maggiore in quelle di Vinezia, con incredibile danno, e quasi rouina di quella città. Afferma
ancora il medesimo, il quale fu amicissimo di fra Iocondo, come fu sempre, &
è di tutti i virtuosi, che la sua patria Vinezia haueua sempre, per cio obligo immortale alla memoria di fra Iocondo: & che egli si potrebbe in questa parte
ragioneuolmente chiamare, secondo edificatore di Vinezia: & che quasi merita piu lode, per hauere conseruata l'ampiezza, e nobilta di si marauigliosa,
e potente città, mediante questo riparo, che coloro che l'edificarono da principio debile, e di poca consideratione. perche questo benifizio, si come è stato, cosi sara eternamente d'incredibile giouamento, e vtile à Vinezia.

Essendosi, non molti anni dopo, che hebbe fatto questa sant'opera fra Iocondo, con molto danno de Vinitiani, abruciato il Rialto di Vinezia, nel quale luogo sono i ricetti delle piu preciose merci, & quasi il tesoro di quella città, essendo cio auenuto in tempo a punto che quella Republica, per lunghe,
e continue guerre, e perdita della maggior parte, anzi di quasi tutto lo stato
di terra ferma, era ridotta in stato trauagliatissimo, stauano i Signori del gouerno in dubbio, e sospesi di quello douessero fare. pure, essendo la riedificatione di quel luogo di grandissima importanza, fu risoluto, che a ogni modo si rifacesse. e per farla piu honoreuole, e secondo la grandezza, e magnificenza di quella Republica, hauendo prima conosciuto la virtu di fra Iocondo, e quanto valesse nell'Architettura, gli diedero ordine di fare vn disegno
di quella fabrica. la onde ne disegnò, vno di questa maniera. voleua occupare tutto lo spazio, che è fra il canale delle Beccherie di Rialto, & il Rio del fo-
daco delle farine, pigliando tanto terreno fra l'uno, e l'altro rio, che facesse
quadro perfetto: cio è che tanta fusse la lunghezza delle facciate di questa fabrica, quanto di spazio al presente si troua, caminando, dallo sbucare di questi due riui, nel Canal grande. disegnaua poi, che li detti due riui sboccassero
dall'altra parte in vn Canal comune, che andasse dall'vno all'altro: tal che q̃-
sta fabrica rimanesse d'ogni intorno cinta dall'acq, cio è che hauesse il Canal
grande da vna parte, li due riui da due, & il Rio, che s'haueua a far di nuouo
dalla quarta parte. voleua poi, che fra l'acqua, e la fabrica intorno intorno al
quadro fusse, ò vero rimanesse vna spiaggia, o fondamento assai largo che ser
uisse per piazza, e vi si vendessero, secondo che fusseno deputati i luoghi, her
baggi

baggi, frutte, pesci, & altre cose, che vengono da molti luoghi alla citta, era di parere appresso che si fabricassero intorno intorno dalla parte di fuori, botteghe, che riguardassero le dette piazze, le quali botteghe servissero solamente à cose da mangiare d'ogni sorte, in queste 4. facciate haueua il disegno di fra Iocondo quattro porte principali, cioè vna per facciata posta nel mezzo, e dirimpetto acorda all'altra ma prima, che sentrasse nella piazza di mezzo, entrando dentro, da ogni parte si trouaua a man destra, & a man sinistra vna strada, la quale girando intorno il quadro, haueua botteghe di qua, e di la, con fabriche sopra bellissime, e magazzini, per seruigio di dette botteghe, le quali tutte erano deputate alla drapperia, cioè panni di lana fini, & alla seta, le quali due sono le principali arti di quella citta, & in somma in questa entrauano tutte le bot. che sono dette de' tostari, e de setaiuoli, da qste strade doppie di bot. che sboccauano alle quattro porte, si doueua entrare nel mezzo di detta fab, cioè in vna grandissima piazza, con belle, e gran loggie intorno, intorno per commodo de' Mercanti, e seruizio de' popoli infiniti, che in quella citta, la quale, è la Dogana d'Italia, anzi d'Europa, per lor mercanzie, e traffichi concorrono. sotto le quali loggie doueua essere intorno intorno le botteghe de' Banchieri, Orefici, e gioielieri, e nel mezzo haueua a essere vn bellissimo tempio dedicato à san Matteo, nel quale potessero la mattina i gentil'huomini udire i diuini Vffizii, nondimeno dicono alcuni, che quanto a questo tempio, haueua fra Iocondo mutato proposito, e che voleua farne due, ma sotto le loggie, per che non impedissero la piazza. doueua, oltre ciò, questo superbissimo edizio hauere tanti altri comodi, & bellezze, & ornamenti particolari, che chi vede hoggi il bellissimo disegno, che di quello fece fra Iocondo, afferma, che non si puo imaginare, ne rappresentar da qual si voglia piu felice ingegno, ò eccellentissimo artefice, alcuna cosa nè piu bella, ne piu magnifica, ne piu ordinata di questa. si doueua anche col parere del medesimo, per compimento di quest'opera fare il ponte di Rialto di pietra, e carico di botteghe, che sarebbe stato cosa marauigliosa. ma che quest'opera non hauesse effetto, due furono le cagibni, l'una il trouarsi la Rep. per le grauissime spese fatte in quella guerra, esausta di danari; e l'altra, perche vn gentil'huomo si dice di ca Valerelo, grade in quel tempo, e di molta autorita, forse per qualche interesse particolar, tolse a fauorire, come huomo in questo di poco giudizio, vn maestro Zamfragnino, che, secondo mi vien detto, viue ancora, il quale l'haueua in sue particolari fabriche seruito, il quale Zamfragnino (degno, & conueniente nome dell'eccellenza del maestro) fece il disegno di quella marmaglia, che fu poi messo i opera, e laquale hoggi si vede. della quale stolta elezzione molti, che ancor viuono, e benissimo se ne ricordano, ancora si dogliono senza fine. fra Iocondo, veduto quanto piu possono molte volte appresso a i signori, e grandi huonini, i fauori, che i meriti, hebbe del veder preporre cosi sghaghetato disegno al suo bellissimo, tanto sdegno, che si parti di Vinezia, ne mai piu vi volle, ancor che molto ne fusse pregato, ritornare. questo con altri disegni di questo padre rimasero in casa i Bragadini rincontro a santa Marina, & a frate Angelo di detta famiglia, frate di san Domenico; che poi fu, secondo i molti meriti suoi, Vescouo di Vicenza. fu fra Iocondo uniuersale, e si dilettò, oltre le cose dette, de' semplici, e dell'agricoltura; onde racconta

Messer

FRA IOCONDO ET LIBERALE

esser Donnino di ———— fiorentino, che molti anni fu suo amicissimo. In fra che hauendo ———— alleuato vna volta vn Pesco in vn vaso di terra, mentre dimoraua in Francia, vide quel picolissimo Arbore, carico di tanti frutti, che era à guardarlo vna marauiglia, e che hauendolo, per consiglio d'alcuni amici, messo vna volta in luogo, doue hauendo, a passare il Re, potea vederlo certi cortigiani, che prima vi passarono, come vsano di fare cosi fatte genti, colsero, con gran dispiacere di fra Iocondo tutti i frutti di quel'Arbuscello, e quelli, che non mangiarono, scherzando fra loro, se le trassero dietro per tutta quella contrada. laquale cosa hauendo risaputa il Re, dopo essersi preso spasso della burla con i cortigiani, ringraziò il frate di quanto, per piacere à lui, hauea fatto, facendogli appresso si fatto dono, che restò consolato. fu huomo fra Iocondo di santa, e bonissima vita, e molto amato da tutti i grandi huomini di lettere dell'età sua, e particolarmente da Domizio Calderino, Matteo Bosso, & Paulo Emilio, che scrisse l'historie franzese, e tutti, e tre suoi compatrioti: fu similmente suo amicissimo il Sanazzaro, il Budeo, & Aldo Manuzio & tutta l'Accademia di Roma. e fu suo discepolo Iulio Cesare Scaligero huomo litteratissimo de'tempi nostri. morì finalmente vecchissimo, ma non si sa in che tempo apunto, ne in che luogo, e per conseguenza ne doue fusse sotterato.

Si come è vero, che la citta di Verona, per sito, costumi, & altre parti è molto simile a Firenze, cosi è vero, che in essa come in questa sono fioriti sempre bellissimi ingegni in tutte le profes. piu rare, e lodeuoli. e per non dire de i litterati non essendo questa mia cura, e seguitando il parlare degl'huomini dell'arti nostre, che hanno sempre hauuto in quella nobiliss. citta honorato albergo, dico, che Liberale veronese, discepolo di Vincenzio di Stefano della medesima patria del quale si è in altro luogo ragionato; & il quale fece l'anno 1463. a Mantoa nella chiesa d'ogni santi de'Monaci di s. Benedetto vna Madonna che fu secondo que'tempi molto lodata, immitò la maniera di Iacopo Bellini pche essendo giouanetto, mentre lauorò il detto Iacopo la capella di s. Nicolo di Verona, attese sotto di lui, p si fatta guisa, agli studij del disegno, che scordatosi quello, che imparato haueua da Vincenzio di Stefano, prese la maniera del Bellini, e quella si tenne sempre. le prime pitture di Liberale furono nella sua citta in s. Bernardino alla capella del Monte della pietà doue fece nel quadro principale vn deposto di croce, e certi Angeli, alcuni de'quali hanno in mano i misterij, come si dice, della passione, e tutti in uolto mostrano piato, e mestizia, p la morte del Saluatore, e nel vero hanno molto del viuo, si come hanno l'altre cose simili di costui, il quale volle mostrare in piu luoghi, che sapea fare piagere le figure. come che si vide in santa Nastasia pur di Verona, e chiesa de frati di s. Domenico, doue nel frontespizio della capella de'Buonaueri fece vn Christo morto, e piato dalle Marie. e della medesima maniera e pittura che è l'altra opa sopradetta, fece molti quadri, che sono sparsi p Verona in casa di diuersi gentil huomini. nel la medesima capella fece vn Dio Padre con molti Angeli attorno, che suonano, e cantano: e dagli lati fece tre figure per parte: da vna s. Piero, san Domenico, e san Tommaso d'Aquino, e dall'altra santa Lucia, santa Agnesa, & vn'altra santa: ma le prime tre son migliori, meglio condotte, & con piu rilieuo. nella facciata di detta capella fece la Nostra Donna, e Christo fanciullo, che sposa santa Chaterina Vergine, & martire; & in questa opera

I i

ritraſſe Meſſer Piero Buonanni, padrone della capella, & intorno ſono alcuni Angeli, che preſentano fiori, e certe teſte, che ridono, & hanno fatte allegre con tanta grazia, che moſtrò coſi ſapere fare il riſo come il pianto hauea fatto in altre figure. dipinſe nella tauola della detta capella ſanta Maria Madalena in aria, ſoſtenuta da certi Angeli, & a baſſo ſanta Chaterina, che fu tenuta bel l'opera. nella chieſa di ſanta Maria della ſcala de'frati de'Serui all'altare della Madonna fece la ſtoria de'Magi in due portegli, che chiugghono quella Madonna tenuta in detta citta in ſomma venerazione. ma non vi ſtettero molto, che eſſendo guaſti dal fumo delle candele, fu leuata, e poſta in ſagreſtia, doue è molto ſtimata da i pittori Veroneſi. dipinſe a freſco nella chieſa di ſa Bernardino ſopra la capella della compagnia della Madalena, nel tramezzo la ſtoria della purificazione, doue e aſſai lodata la figura di ſimeone, & il Chriſto puttino, che bacia con molto affetto quel vecchio, che lo tiene in braccio. è molto bello anco vn ſacerdote, che ui è da canto. il quale leuato il viſo al cielo, & aperte le braccia, pare, che ringrazii Dio della ſalute del mondo. a canto à q̃ſta capella è di mano del medeſimo Liberale la ſtoria de'Magi: e la morte della Madonna nel fronteſpizio della tauola, di figurine piccole molto lodate. e nel vero ſi dilettò molto di far coſe piccole, e vi miſe ſempre tanta diligenza, che paiono miniate non dipinte; come ſi puo vedere nel Duomo di quella citta, doue è in un quadro di ſua mano la ſtoria de'Magi, con vn numero infinito di figure piccole, e di Caualli, Cani, & altri diuerſi animali. & appreſſo un gruppo di cherubini di color roſſo, che fanno appoggiatoio alla madre di Gieſu. nella quale opera ſono le teſte finite, & ogni coſa condotta con tanta diligenza, che come ho detto, paiono miniate. fece ancora per la capella della detta Madona in Duomo in vna predelletta pure a uſo di minio ſtorie della Noſtra Donna. Ma queſta fu poi fatta leuar di quel luogo da Monſignor Meſſer Giouan Matteo Giberti Veſcouo di Verona, e poſta in veſcouado alla capella del palazzo, doue è la reſidenza de Veſcoui, e doue odono meſſa ogni mattina. laquale predella in detto luogo è accompagnata da vn Crucifiſſo di rilieuo belliſſimo, fatto da Giouanbatiſta ſcultore Veroneſe che hoggi habita in Mantoa. dipinſe Liberale vna tauola in ſan Vitale alla capella degl'Allegni, dentroui ſan Meſtro confeſſore, e Veroneſe huomo di molta ſantita, poſto in mezzo da un ſan Franceſco, e ſan Domenico. nella Vittoria chieſa, & conuento di certi frati Heremiti dipinſe nella capella di ſan Girolamo in vna tauola per la famiglia de'Scaltritegli, vn ſan Girolamo in habito di Cardinale, & vn ſan Franceſco, e ſan Paulo molto lodati. nel tramezzo della chieſa di ſan Giouanni in Monte dipinſe la circonciſione di Chriſto & altre coſe, che furono, non ha molto, rouinate, perche pareua, che quel tramezzo impediſſe la bellezza della Chieſa. eſſendo poi condotto Liberale dal Generale de'Monaci di Monte Oliueto à Siena miniò per quella relligione molti libri. i quali gli riuſcirono in modo ben fatti, che furono cagione, che egli ne finì di miniar alcuni rimaſi imperfetti, cio è ſolamente ſcritti, nella libreria de'Piccolomini. miniò anco per il Duomo di quella citta alcuni libri di canto fermo: & vi ſarebbe dimorato piu, e fatto molte opere, che haueua per le mani, ma cacciato dall'inuidie, e dalle perſecuzioni ſe ne partì, per tornare à Verona con ottocento ſcudi, che egli hauea guadagnati. i quali preſto
poi

poi ai monaci di santa maria in Organo, di Monte Oliueto, traendone alcune entrate, per viuere giornalmente. tornato dunque a Verona diede piu che ad altro opera al miniare, tutto il rimanente della sua vita. dipinse à Bardolino Castello sopra il lago di Garda vna tauola, che è nella pieue. & vn'altra p la chiesa di san Tommaso Apostolo. & vna similmente nella chiesa di s. Fermo conuento de'frati di san Francesco, alla capella di san Bernardo, il quale santo dipinse nella tauola, e nella predella fece alcune istorie della sua vita. fe ce à co nel medesimo luogo, & in altri, molti quadri da spose, de'quali nè vno in casa di messer Vincenzio de'Medici in Verona dentroui la Nostra Donna & il figliuolo in collo, che sposa santa Chaterina. dipinse à fresco in Verona vna Nostra Donna, e san Giuseppo sopra il cantone della casa de'Cartai, per andare dal ponte nuouo à santa Maria in Organo; la quale opera fu molto lodata. harebbe voluto Liberale dipignere in santa Eufemia la capella della famiglia de'Riui, laquale fu fatta per honorare la memoria di Giouanni Riua Capitano d'huomini d'arme nella giornata del Taro; ma non l'hebbe: per che essendo allogata ad alcuni forestieri, fu detto a lui, che per essere gia molto vecchio, non lo seruiua la vista. onde scoperta questa capella, nella quale erano infiniti errori, disse Liberale, che chi l'haueua allogata haueua hauuto peggior vista di lui. finalmente essendo Liberale d'anni ottantaquattro, ò meglio si lasciaua gouernare da i parenti, e particolarmente da vna sua figliuola maritata, laquale lo trattaua insieme con gl'altri malissimamente. perche sdegnatosi con esso lei, & con gl'altri parenti, e trouandosi sotto la sua custodia Francesco Torbido detto il Moro allora giouane, e suo affezionatissimo, e diligente pittore, lo instituì herede della casa, e giardino, che haueua a san Giouanni in valle, luogo in quella città amenissimo; & con lui si ridusse, dicendo volere, che anzi godesse il suo vno, che amasse la virtu, che chi disprezzaua il prossimo. ma non passò molto, che si morì nel di di santa Chiara l'anno 1536 e fu sepolto in san Giouanni in valle, d'anni 85. furono suoi discepoli Gioua Francesco, e Giouanni Caroti. Francesco Torbido, detto il Moro, e Paulo Cauazzuola: de quali, perche in vero sono bonissimi maestri, si farà menzione à suo luogo.

Giouanfrancesco Caroto nacque in Verona l'anno 1470. e dopo hauere apparato i primi principii delle lettere, essendo inclinato alla pittura, leuato si dagli studii della grammatica, si pose à imparare la pittura con Liberale Veronese, promettendogli ristorarlo delle sue fatiche. cosi giouinetto dunque attese Giouenfrancesco con tanto amore, e diligenza al disegno, che con esso & col colorito fu ne i primi anni di grande aiuto à Liberale. non molti anni dopo, essendo con gl'anni cresciuto il giudizio, uide in Verona l'opere d'Andrea Mantegna, e parendogli si come era in effetto, che elle fussero d'altra maniera, e migliori, che quelle del suo maestro, fece sì col padre, che gli fu conceduto con buona grazia di Liberale acconciarsi col Mantegna. & cosi andato à Mantoa, e postosi con esso lui acquistò in poco tempo tanto, che Andrea mandaua di fuori dell'opere di lui, per di sua mano. in somma non andarono molti anni, che riuscì valente huomo. le prime opere, che facesse, vscito che fu di sotto al Mantegna furono in Verona nella chiesa dello spedale di s.

Cosimo all'altare de'tre magi, cioè i portegli, che chiuggono il detto Altare, ne' quali fece la circoncisione di Christo, & il suo fuggire in Egitto, con al tre figure, nella chiesa de'frati Ingiesuati, doue a sã Girolamo, in due Angoli d'una capella fece la Madonna, e l'Angelo che l'annunzia, e'l Priore de'frati di sã Giorgio lauorò in vna tauola piccola vn presepio, nel quale si vede, che haueua assai migliorata la maniera, perche le teste de'pastori, e di tutte l'altre figure hanno così bella, e dolce aria, che questa opera gli fu molto, e merita mente lodata, e se non fusse, che il gesso di questa opera, per essere stato male temperato, si scrosta, e la pittura si va sfoglianndo, questa sola sarebbe ca gione di mantenerlo viuo sempre nella memoria de'suoi cittadini, essendo gli poi allogato dagl'huomini, che gouernauano la campagnia dell'Agnol Raffaello vna loro capella nella chiesa di santa Eufemia, ui fece dentro a fre sco due storie dell'Agnolo Raffaello, e nella tauola a olio tre Agnoli grandi, Raffaello in mezzo, & Gabriello, & Michele dagli lati e tutti con buon dise gno, e ben coloriti, ma nondimeno, le gambe di detti Angeli gli furono ripre se come troppo sottili, e poco morbide: à che egli con piaceuole grazia rispon dendo, diceua, che poi che si fanno gl'Angeli con l'Ale, & con i corpi quasi celesti, & a rei, si come fussero vccegli, che ben si può far loro le gambe sotti li, e lecche, accio possano volare, & andare in alto con più agenolezza. dipin se nella chiesa di san Giorgio all'altare, doue è vn Christo, che porta la Croce san Rocco, & san Bastiano, con alcune storie nella predella di figure piccole e bellissime. alla compagnia della Madonna in san Bernardino, dipinse nel la predella dell'altar di detta compagnia la Natiuita della Madonna, e gl'In nocenti, con varie attitudini negl'vcisori, e ne'gruppi de'putti difesi viuamen te dalle lor madri. laqual opera è tenuta in venerazione, e coperta, perche meglio si conserui. e questa fu cagione, che gl'huomini della fraternita di sãto Ste fano nel Duomo antico di Verona, gli facessero fare il loro altare in tre qua dri di figure simili, tre storiette della Nost. Donna, cioè lo sposalizio, la Natiui tà di Christo, e la storia de'Magi. dopo queste opere, parendogli essersi acqui stato assai credito in Verõa, disegnaua Gio. frãc. di partirsi, & cercare altri pae si, ma gli furono in modo addosso gl'amici, e parenti, che gli fecero pigliar p donna vna giouane nobile, e figliuola di messer Braliassarti Grandoni, laqua le poi che si hebbe menata l'anno 1505. & hauutone indi a non molto vn fi gliuolo ella si morì sopra parto, & così rimaso libero, si partì Gioua'france sco di Verona, & andossene a Milano, doue il S. Antonmaria Visconte, tira toselo in casa, gli fece molte opere per ornamento delle sue case lauorare. in tanto essendo portata da vn fiamingho in Milano vna testa d'un giouane ri tratta di naturale, e dipinta à olio, laquale era da ognuno in quella città am mirata, nel vederla Giouanfrancesco si meise dicendo à me basta l'animo di farne vna migliore, di che facendosi beffe il fiamingo, si vénero dopo molte paro le à questo che Giouãfranc. facesse la pruoua, e perdèndo perdesse il quadro fatto, e 25 scudi. & vincēdo guadagnasse la testa del fiamingho, e similmente 25 scudi. messosi dunq; giouãfranc. à lauorare, cō tutto il suo sapē ritrasse vn gentil'huo mo Vecchio, e raso cō vn sparuiere in mano, ma ancora, che molto somiglias se fu giudicata migliore la testa del fiamingo, ma Giouãfranc. nõ fece buona elezzione nel fare il suo ritratto, d'una testa, che gli potesse fare honore: pche

LIBERALE ET ALTRI

se pigliaua vn giouane bello, e l'hauesse bene immitato, come fece il vecchio, se nō hauesse passata la pittura dell'auuersario, l'harebbe al māco paragonata. ma nō gustò sù (se nō) lodata la testa di Giouāfrā nel qual il fiamingo fece cortesia, perche contentandosi della testa sola, del vecchio rasę nō volle altrimenti (come nobile, e gentile) i venticinque ducati. questo quadro venne poi col tēpo nelle mani di Madōna Isabella da Este Marchesana di Mantoa, che lo pagò benissi al fiamingo, e lo pose p cosa singolare nel suo studio, nel quale haueua infinite cose di marmo, di conio, di pittura, e di getto bellissime. dopo hauer seruito il Visconte, essendo Giouāfrā chiamato da Gu-glielmo Marchese di Monferrato, andò volentieri à seruirlo, essendo di ciò molto pregato dal Visconte, & così arriuato gli fu assegnata bonissima prouisione, & egli messo mano à lauorare, fece in Casale a quel signore in vna capella, doue egli vdiua messa, tanti quadri, quanti bisognarono à empirla, & adornarla da tutte le bande di storie del testamento vecchio, & nuouo, lauorate con estrema diligenza, si come anco fu la tauola principale lauorò poi p le camere di quel castello molte cose, che gli acquistarono grādissima fama, e dipinse in san Domenico, per ordine di detto Marchese, tutta la capella maggiore, per ornamento d'una sepoltura, doue douea essere posto, nella quale opera si portò talmente Giouanfrancesco, che meritò dalla liberalità del Marchese essere con honorati premi riconosciuto, il quale Marchese per priuilegio lo fece vno de suoi camerieri, come per vno instrumento, che è in Verona appresso gli heredi, si vede, fece il ritratto di detto signore, e della moglie, e molti quadri, che mandarono in Francia. & il ritratto parimente di Guglielmo lor primogenito ancor fanciullo, & così quegli delle figliuole, e di tutte le dame, che erano al seruigio della Marchesana. morto il Marchese Guglielmo, si parti Giouanfrancesco da Casale, hauendo prima venduto ciò che in quelle parti haueua, e si condusse a Verona, doue accomodò di maniera le cose sue, e del figliuolo, al quale diede moglie, che in poco tempo si trouò esser ricco di più di sette mila ducati, sma nō per questo abandonò la pittura, anzi ui attese piu che mai, hauendo l'animo quieto, e nō hauendo à stillarsi il ceruello, per guadagnarsi il pane. vero è che ò fusse per inuidia, ò per altra cagione, gli fu dato nome di pittore, che non sapesse fare se non figure piccole. perche egli nel fare la tauola della capella della Madōna in sā Fermo, cōuēto de' frati di san Francesco, per mostrare, che era calōniato a torto, fece le figure maggiori del viuo, e tanto bene, ch'elle furono le migliore, che hauesse mai fatto. in aria è la Nostra Donna, che siede in grembo a santa Anna con alcuni Angeli, che posano sopra le nuuole, e a piedi sono san Piero, san Giouan battista, san Rocho, e san Bastiano, & non lontano è in vn paese bellissimo san Francesco, che riceue le stimite, & in uero quest'opera non è tenuta dagl'artefici se non buona. fece in san Bernardino luogo de' frati Zoccholāti alla capella della Croce, Christo, che inginocchiato con vna gamba, chiede licenza alla madre. nella quale opera, per concorrenza di molte notabili pitture, che in quel luogo sono di mano d'altri maestri si sforzò di passargli tutti, onde certo si portò benissimo, perche fu lodato da chiunche la vide, eccetto, che dal guardiano di quel luogo.

Ilquale con parole mordaci, come sciocco, e goffo solenne, che egli era, biasimò

biasimò Giouanfrancesco con dire, che haueua fatto Christo si poco reueren
te alla madre, che non s'inginocchiaua, se non con vn ginocchio. a che rispó
dendo Giouanfrancesco disse, padre, fatemi prima grazia d'inginocchiarui, e
rizzarui, & io poi vi dirò, per quale cagione ho così dipinto Christo. il Guar
diano dopo molti preghi inginocchiandosi, mise prima in terra il ginocchio
destro, e poi il sinistro, & nel rizzarsi alzò prima il sinistro, e poi il destro. ilche
fatto disse Giouanfracesco, hauete voi visto padre Guardiano, che non ui sia
te mosso à vn tratto cò due ginocchi, ne così leuato? vi dico dunque, che que
sto mio Christo sta bene, perche si può dire, ò che s'inginocchi alla madre, ò
che essendo stato ginocchioni vn pezzo, cominciò leuar vna gamba per riz
zarsi, di che mostrò rimanere assai quieto il Guardiano, pure se n'andò in la
così borbottando sotto voce, fu Giouanfrancesco molto arguto nelle rispo
ste, onde si racconta ancora, che essendogli vna volta detto da vn prete che
troppo erano lasciue le sue figure degl'altari, rispose, uoi stato fresco, se le cose
dipinte ui commuouono, pensate come è da fidarsi di voi, doue siano persone
viue, e palpabili. a Isola, luogo in sul lago di garda dipinse due tauole nella
chiesa de'Zoccholanti, & in Malsessino, terra sopra il detto lago, fece sopra
la porta d'vna chiesa, vna Nostra Donna bellissima, & in chiesa alcuni santi
a requisizione del fra Castoro poeta faosissimo, del quale era amicissimo. al có
te Giouanfrancesco Giusti dipinse secondo la inuenzione di quel signore, vn
giouane tutto nudo, eccetto le parti vergognose, ilquale staua in frà due, &
in atto di leuarsi, ò non leuarsi, haueua da un lato, vna giouane bellissima, fin
ta per Minerua, che cò vna mano gli mostraua la fama in alto, & con l'altra lo
eccitaua à seguitarla: ma l'ozio, e la pigrizia, che erano dietro al giouane si affa
ticauano per ritenerlo, a basso era vna figura con viso mastin otto, e piu di ser
uo, e d'huomo plebeo, che di nobile, laquale haueua alle gomita attaccate
due lumache grosse, e si staua à sedere sopra vn Granchio, & appresso haueua vn'altra figura con le mani piene di papauere, in questa inuenzione nellaquale
sono altre belle fantasie, e particolari, e laquale fu condotta da Giouanfran.
con estremo amore, e diligenza serue per testiera d'vna lettiera di quel signo
re in vn suo amenissimo luogo detto santa maria stella, presso à Verona, dipin
se il medesimo al Conte Raimondo della torre tutto vn camerino di diuerse
storie in figure piccole, e perche si dilettò di far di rilieuo, e non solamente
modegli per quelle cose, che gli bisognauano, e per acconciar panni, addosso
ma altre cose ancora, per suo capriccio, se ne veggiono alcune in casa degl'he
redi suoi, e particolarmente vna storia di mezzo rilieuo, che non è se non ra
gioneuole. lauorò di ritratti in medaglie, & se ne veggiono ancora alcuni, co
me quello di Guglielmo Marchese di Monferrato, ilquale ha per rouescio vn
Hercole, che amazza . . . . con vn motto, che dice, monstra domat.
ritrasse di pittura il Conte Raimondo della torre, Messer giulio suo fratello
e Messer girolamo Fracastoro, ma fatto Giouanfrancesco vecchio, cominciò
à ire perdendo nelle cose dell'arte, come si può vedere in santa Maria della
Scala ne'portegli degl'organi, e nella tauola della famiglia de' Moni, doue è
vn deposto di Croce, & in santa Nastasia nella capella di san Martino. heb
be sempre Giouanfrancesco grande opinione di se, onde non harebbe mes
so in opera, per cosa del mondo, cosa ritratta da altri, perche volendogli il ve
scouo

LIBERALE ET ALTRI

scouo Giouan Matteo Giberti far dipignere in Duomo nella capella grande alcune storie della Madona, ne fece fare in Roma à Giulio Romano suo amicissimo i disegni, essendo Datario di Papa Clemente settimo. ma Giouanfrancesco, tornato il Vescouo à Verona non volle mai mettere que' disegni in opera. la doue il Vescouo sdegnato gli fece fare a Francesco detto il Moro. costui era d'openione, ne in ciò si discostaua dal vero, che il vernicare le tauole le guastasse, e le facesse più tosto, che non farieno, diuenir vecchie: e per ciò adoperaua, lauorando la vernice negli scuri, e certi olii purgati. e cosi fu il primo che in Verona facesse bene i paesi, perche se ne vede in quella citta di sua mano, che sono bellissimi. finalmente, essendo Giouanfrancesco di 76. anni, si mori come buon christiano, lasciando assai bene agiati i nipoti, e Giouanni Caroti suo fratello, ilquale, essendo stato vn tempo à Vinezia, dopo hauere atteso all'arte sotto di lui, se n'era apunto tornato à Verona quando Giouanfrancesco passò all'altra vita: e cosi si trouò con i nipoti à vedere le cose che loro rimasero dell'arte, fra le quali trouarono vn ritratto d'vn vecchio armato, benissimo fatto, e colorito; ilquale fu la miglior cosa, che mai fusse veduta di mano di Giouanfrancesco, & cosi vn quadretto, dentroui vn deposto di croce, che fu donato al signor Spitech, huomo di grande autorita appresso al Re di Pollonia, ilquale allora era venuto à certi bagni, che sono in sul Veronese. fu sepolto Giouanfrancesco nella sua capella di san Niccolò nella Madonna dell'Organo, che egli haueua delle sue pitture adornata.

Giouanni Caroti fratello del detto Giouanfrancesco, se bene seguitò la maniera del fratello, egli nondimeno esercitò la pittura con manco reputazione. dipinse costui la sudetta tauola della capella di san Niccolò, doue è la Madonna sopra le nuuole, e da basso fece il suo ritratto di naturale, e quello della Placida sua moglie. fece anco nella chiesa di san Bartolomeo, all'altare degli Schioppi, alcune figurette di sante, e vi fece il ritratto di Madonna Laura delli Schioppi, che fece fare quella capella, laquale fu non meno per le sue virtu, che per le bellezze celebrata molto da gli scrittori di que' tempi. fece anco Giouanni à canto al Duomo in san Giouanni in fonte, in vna tauoletta piccola vn san Martino, e fece il ritratto di Messer Marcantonino della Torre quando era giouane, ilquale riusci poi persona litterata, & hebbe publiche letture in Padoua, & in Pauia, & cosi anco Messer Giulio, lequali teste sono in Verona appresso degl'heredi loro. al priore di san giorgio dipinse vn quadro d'vna Nostra Dōna, che come buona pittura, è stato poi sempre, e sta nella camera de' priori. in vn quadro dipinse la trasformazione d'Ateone in ceruio, per Brunetto Maestro d'Organi, ilquale la donò poi à Girolamo Cicogna eccellente ricamatore, & ingeghiere del Vescouo Ghiberti, & hoggi l'ha Messer Vincenzio Cicogna suo figliuolo. disegno Giouanni tutte le piante dell'anticaglie di Verona, egl'archi trionfali, e il Coloseo, riuiste dal falconetto architettore Veronese, per adornarne il libro dell'antichita di Verona, il quale haueua scritte, & cauate da quelle proprie messer Torello Saraina, che poi mise in stampa il detto libro, che da Giouanni Caroto mi fu mandato à Bologna, doue io allora faceua l'opera del refetorio di san michele in Bosco, insieme col ritratto del Reuerendo Padre don Cipriano da Verona, che due
volte

volte fu gn̄ale de' monaci di mōte Oliueto, acciò io mene seruissi, come feci, in vna di quelle tauole: il quale ritratto mandatomi da Giouanni è hoggi in ca sa'mia in Fiorenza, con altre piu di mano di diuerfi maestri. Giouanni final mente d'anni sessanta in circa, essendo viuuto senza figliuoli, & senza ambi zione, & cō buone faculta, si morì, essendo molto lieto, p uedere alcuni suoi discepoli in buona reputazione, ciò è Anselmo Canneri, e Paulo Veronese, che hoggi lauora in Vinezia, & è tenuto buon maestro. Anselmo ha lauora to molte opere à olio, & in fresco, e particolarmente alla Soranza in sul Tesi no, & à Castel Franco nel palazzo de' Soranzi, & in altri molti luoghi. e piu che altroue in Vicenza. ma per tornare à Giouanni, fu sepolto in santa Maria dell'Organo, doue haueua dipinto di sua mano la capella.

Francesco Torbido, detto il Moro pittore Veronese imparo i primi prin cipii dell'arte essēdo ancor giouinetto, da Giorgione da Castel Franco, il qua le immito poi sempre nel colorito, e nella morbidezza. ma essendo il moro apunto in sull'acquistare, venuto à parole con non so chi, lo conciò di manie ra, che fu forzato partirsi di Vinezia, e tornare à Verona. doue dismessa la pit tura, per essere alquanto manesco, e praticare con giouani nobili, si come co lui, che era di bonissime creanze, stette senza essercitarsi vn tempo, e così pra ticando, fra gl'altri, con i Conti Sanbonifazii, & Conti giusti, famiglie illu stri di Verona, si fece tanto loro domestico, che non solo habitaua le case lo ro, come se in quelle fusse nato; ma non andò molto, che il Conte Zenoello Giusti gli diede vna sua naturale figliuola per moglie, dādogli nelle proprie case vn'apparamento commodo, per lui, per la mogiie, e per i figli, che gli nac quero. dicono, che Francesco stando a i seruigi di que' signori, portaua sem pre il lapis nella scarsella; & in ogni luogo doue andaua, pur che n'hauesse agio, dipignea qualche testa, o altro sopra le mura. perche il detto Conte Ze nonello, vedendolo tanto inclinato alla pittura, alleggeritolo d'altri negozii, fece come generoso signore, ch'egli si diede tutto all'arte, e perche egli li era poco meno, che scordato ogni cosa, si mise, col fauor di detto signore, sotto Liberale allora famoso dipintore, e miniatore. e così non lasciando mai di praticare col maestro, andò tanto di giorno in giorno acquistando, che non solo si risuegliarono in lui le cose dimenticate, ma n'hebbe in poco tempo ac quistate tanto dell'altre quante bastarono à farlo valent'huomo. ma è ben ve ro, che se bene tenne sempre la maniera di Liberale, immito nondimeno nel la morbidezza, & colorite sfumato Giorgione suo primo precettore, paren dogli, che le cose di Liberale, buone p altro, hauessero vn poco del secco. Li berale adunque, hauendo conosciuto il bello spirito di Francesco, gli pose tanto amore, che venendo a morte lo lascio herede del tutto, e l'amò sempre come figliuolo: e così morto Liberale, e rimaso Francesco nell'auiamento, fe ce molte cose, che sono per le case priuate. ma quelle che sopra l'altre merita no essere comendate, e sono in Verona, sono primieramente la capella mag giore del Duomo, colorita a fresco. nella volta della quale sono in quattro gran quadri, la Natiuita della Madonna, la presentazione al tempio. & in quello di mezzo, che pare, che sfondi, sono tre Angeli in aria, che scortano al l'insu, e tengono vna corona di stelle, per coronar la Madonna laquale è poi nella

LIBERALE ET ALTRI

nella Nicchia, accompagnata da molti Angeli mentre è asunta in cielo, egl'
Apostoli in diuerse maniere, e attitudini guardano in su. i quali Apostoli sono figure il doppio piu, che il naturale. e tutte queste pitture furono fatte dal
Moro col disegno di Giulio Romano, come volle il Vescouo Giouan Matteo Giberti, che fece far quest'opera, & fu come si è detto amicissimo del detto Giulio. appresso dipinse il Moro la facciata della casa de'Manuelli, fondata
sopra la spalla del pōte nuouo: e la facciata di Torello Seraina dottore, il quale fece il sopradetto libro dell'antichità di Verona. Nel Friuli dipinse similmēte a fresco la capella maggiore della Badia di Rosazzo per lo Vescouo Giouan
Matteo, che l'haueua in comenda, e riedificò, come signor dabene, e ueramēte relligioso, essendo stata empiamente lasciata, come le piu si ritrouano essere, in rouina da chi auanti a lui l'haueua tenuta in comēda, & atteso a trarne
l'entrate, senza spendere vn picciolo in seruigio di Dio, e della chiesa. a olio
poi dipinse il Moro in Verona, & Vinezia molte cose. & in santa Maria in Organo fece nella facciata prima le figure, che ui sono a fresco, eccetto l'Angelo
Michele, & l'Angiolo Raffaello, che sono di mano di Paulo Cauazzuola, &
à olio fece la tauola della detta capella, doue nella figura d'un san Iacopo ritrasse messer Iacopo Fontani, che la fece fare, oltre la Nostra Donna, & altre
bellissime figure. e sopra la detta tauola in vn semicirculo grande quanto il
sotto della capella, fece la trasfigurazione del signore, e gl'Apostoli à basso,
che furono tenute delle migliori figure, che mai facesse. in santa Eufemia alla capella de'Bombardieri fece in vna tauola santa Barbara in aria, e nel mezzo, e da basso vn santo Antonio con la mano alla barba, che è vna bellissima
testa, e dall'altro lato vn san Rocco similmente tenuto bonissima figura. onde meritamente e tenuta quest'opera, per lauorata con estrema diligenza, &
vnione di colori. nella Madonna della Scala all'altare della santificazione fece vn san Bastiano in vn quadro, à concorrenza di Paulo Cauazzuola, che in
vn'altro fece vn san Rocco. e dopo fece vna tauola, che fu portata à Bagolino, terra nelle montagne di Brescia. fece il Moro molti ritratti, e nel vero le
sue teste sono belle à marauiglia, e molto somigliano coloro, per cui son fatte. in Verona ritrasse il Conte Francesco san Bonifazio, detto per la grandezza del corpo, il Conte lungo: & vno de'Franchi, che fu vna testa stupenda. ritrasse anco messer Girolamo Verita, ma perche il Moro era anzi lungo nelle
sue cose, che no, questo si rimase imperfetto. ma nondimeno cosi imperfetto
è appresso i figliuoli di quel buon signore. ritrasse anco oltre molti altri,
Monsignor de'Martini Viniziano Caualier di Rodi: & al medesimo vende
vna testa marauigliosa per bellezza, & bontà, laquale haueua fatta molti anni prima, per ritratto d'vn gētil'huomo Viniziano, figliuolo d'uno allora Capitano in Verona. laquale testa, per auarizia di colui, che mai non la pagò, si
rimase in mano del Moro, che n'accomodò detto Monsignor Martini, il quale
fece quello del Viniziano mutare in habito di pecoraio, ò pastore, laquale testa, che è cosi rara, come qual si voglia, vscita da altro artefice; e hoggi in casa
gl'heredi di detto Monsignore, tenuta, e meritamente, in somma venerazione. ritrasse in Vinezia Messer Alessandro Contarino, procuratore di s. Marco, e prouediore dell'armata: e Messer Michele san Michele, per vn suo carissimo amico, che portò quel ritratto ad Oruieto: et vn altro si dice, che ne fe

KK

ce del medesimo messer Michele Architetto che è hora appresso messer Paulo Ramusio figliuolo di messer Giouambatista, ritrasse il Fracastoro celebratissimo poeta ad instanza di Monsignor Giberti, che lo mandò al Giouio, il quale lo pose nel suo Museo. fece il Moro molte altre cose, delle quali non accade far menzione, come che tutte sieno dignissime di memoria, per essere stato così diligéte coloritore quanto altro, che viuesse à tempi suoi, & per hauere messo nelle sue opere molto tempo, e fatica. anzi tanta diligenza era in lui, come si vede anco tal'ora in altri, che piu tosto gli daua biasimo, atteso, che tutte l'opere accettaua, e da ognuno l'arra, e poi le finiua quando Dio vo leua, e se così fece in giouanezza, pensi ogni huomo quello, che douette fare negl'vltimi anni, quando alla sua natural tardità, s'aggiunse quella, che porta seco la vecchiezza. per lo quale suo modo di fare, hebbe spesso con molti degl'impacci, & delle noie più che voluto non harebbe. onde mossosi à compassione di lui messer Michele san Michele, se lo tirò in casa in Vinezia, e lo trattò come amico, e uirtuoso. finalmente richiamato il Moro da i Conti Giusti, suoi vecchi padroni in Verona si morì appresso di loro ne i bellissimi palazzi di santa Maria in Stella, e fu sepolto nella chiesa di quella villa, essendo accompagnato da tutti quegli amoreuolissimi signori alla sepoltura; anzi riposto dalle loro proprie mani con affezzione incredibile, amandolo essi come padre, sì come quelli, che tutti erano nati, e cresciuti, mentre che egli staua in casa loro. fu il Moro nella sua giouanezza destro, e valoroso della persona, e maneggiò benissimo ogni sorte d'arme. fu fedelissimo agl'amici, & patroni suoi, & hebbe spirito in tutte le sue azzioni. hebbe amici particolari messer Michele san Michele Architetto, il Danese da Carrara scultore eccellente, & il molto Reuerendo, e dottissimo fra Marco de' Medici, ilquale dopoi suoi studii andaua spesso à starsi col Moro, per vederlo lauorare, e ragionar le co amicheuolmente, per ricrear l'animo, quando era stracco negli studi. fu di scepolo, & genero del Moro (hauendo egli hauuto due figliuole) Battista d'Agnolo, che fu poi detto Battista del Moro, ilquale, se bene hebbe che fare vn pezzo, per l'heredita, che gli lasciò molto intrigata il Moro, ha lauorato nondimeno molte cose, che non sono se non ragioneuoli. in Verona ha fatto vn san Giouambatista, nella chiesa delle Monache di san Giuseppo: & a fresco in santa Eufemia nel tramezzo sopra l'altare di san Paulo, l'historia di quel santo, quando conuertito da Christo, s'appresenta ad Anania. laquale opera se ben fece, essendo giouinetto è molto lodata. a i signori Conti Canossi dipinse due camere, et I vna sala due fregi di battaglie molto belli, e lodati da ognuno. in Vinezia dipinse la facciata d'vna casa vicina al Carmine, nó molto grande, ma ben molto lodata: doue fece vna Vinezia coronata, e sedente sopra vn Lione, insegna di quella Republica. Camillo Triuisano dipinse la facciata della sua casa à Murano, & insieme con Marco suo figliuolo dipinse il cortile di dentro, d'historie di chiaro scuro bellissime. & à concorrenza di Paulo Veronese dipinse nella medesima casa vn camerone, che riuscì tanto bello, che gl'acquistò molto honore, e vtile. ha lauorato il medesimo molte cose di Minio: & vltimamente in vna carta bellissima vn santo Eustachio, che adora Christo, apparitogli fra le corna d'vna Ceruia; e due cani appresso che non possono essere piu belli; oltre vn paese pieno d'alberi, che andando

pian

pian piano alontanandosi, e diminuendo, e cosa rarissima. questa carta è stata
lodata sommamente da infiniti, che l'hanno veduta, e particolarmente dal
Danese da Carrara, che la vide trouandosi in Verona à metter in opera la cappella de'signori Fregosi, che è cosa rarissima, fra quante ne sieno hoggi di in
Italia. il Danese adunque, ueduta questa carta, restò stupefatto per la sua bellezza, e persuase al sopradetto fra Marco de'Medici suo antico, e singolare amico, che per cosa del mondo non se la lasciasse vscir di mano, per metterla fra
l'altre sue cose rare, che ha in tutte le professioni. perche hauendo inteso Battista, che il detto padre n'haueua disiderio, per la stessa amicizia, laquale sapea, che haueua con il suo suocero tenuta, glie le diede, e quasi lo sforzò, presente il Danese, ad accettarla. ma nondimeno gli fu di pari cortesia quel buon
padre non ingrato. ma perche il detto Battista, e Marco suo figliuolo sono viui, e tutta via vanno operando, non si dira altro di loro alpresente.

Hebbe il moro vn'altro discepolo, chiamato Orlando Fiacco, ilquale e riuscito buon maestro, e molto pratico in far ritratti, come si uede in molti, che
n'ha fatti bellissimi, e molto simili al naturale. ritrasse il Cardinal Caraffa nel
suo ritorno di Germania, e lo rubo à lume di torchi mentre, che nel vesconado di Verona cenaua: e fu tanto simile al vero, che non si sarebbe potuto migliorare. ritrasse anco, e molto viuamente, il Cardinal Lorena quando venendo dal concilio di Trento passò per Verona nel ritornarsi a Roma: & così li
due Vescoui Lippomani di Verona, Luigi il zio, & Agostino il nipote, iquali
ha hora in vn suo camerino il Conte Giouambatista della Torre, ritrasse messer Adamo Fumani Canonico, e gentil'huomo literatissimo di Verona, messer Vincenzio de'Medici da Verona, e Madonna Isotta sua consorte in figura di santa Helena, e messer Niccolo lor nipote. parimente ha ritratto il Conte Antonio della Torre, il Conte Girolamo Canossi, & il Conte Lodouico, &
il Conte Paulo suoi fratelli, e il signor Astor Baglioni Capitano generale di
tutta la cauallaria leggiera di Vinezia, & gouernatore di Verona, armato d'arme bianche, e bellissimo, & la sua consorte, la signora Gineura Saluiati. similmente il Palladio Architetto rarissimo, & molti altri. e tutta via ua seguitando, per farsi veramente vn'Orlando nell'arte della pittura, come fu quel primo gran Paladino di Francia.

Vita di Francesco Monsignori pittore Veronese.

Essendosi sempre in Verona dopo la morte di fra Iocondo dato
straordinariamente opera al disegno, vi sono d'ogni tempo fioriti huomini eccellenti nella pittura, e nell'Architettura, come
oltre quello, che si è veduto adietro, si vedrà hora nelle vite di
Francesco Monsignori, di Domenico Moroni, e Francesco suo
figliuolo; di Paulo Cauazzuola, di Falconetto Architettore; e ultimamente
di Francesco, e Girolamo miniatori.

Francesco Monsignori adunque, figliuolo d'Alberto, nacque in Verona
l'anno 1455. e cresciuto che fu, dal padre ilquale si era sempre dilettato della
pittura, se bene non l'haueua esercitata se non per suo piacere, fu consigliato

TERZA PARTE

a dar'opera al disegno, perche andato a Mantoa à trouare il Mantegna, che allora i quella città lauoraua, si affaticò di maniera, spinto dalla fama del suo precettore, che non passò molto, che Francesco, secondo Marchese di Mantoa, dilettandosi oltre modo della pittura, lo tirò appresso di se; gli diede l'anno 1487, vna casa per suo habitare in Mantoa, & assegnò prouisione honorata. de i quali benefizii non fu Francesco ingrato, perche serui sempre quel signore, con somma fedeltà, & amoreuolezza; onde fu piu l'un giorno, che l'altro amato da lui, e beneficato. in tanto che non sapeua uscir della citta il Marchese, senza hauere Francesco dietro: e fu sentito dire vna volta, che Francesco gli era tanto grato quanto lo stato proprio. dipinse costui molte cose a ql signore nel palazzo di san Sebastiano in Mantoa: & fuori nel Castel di Gonzagha, e nel bellissimo palazzo di Marmitolo. & in questo hauendo, dopo molte altre infinite pitture, dipinto Francesco l'anno 1499. alcuni trionfi, e molti ritratti di gentil'huomini della corte, gli donò il Marchese, la vigilia di Natale, nel qual giorno diede fine à quell'opere, vna possessione di cento cāpi sul Mantoano, in luogo detto la Marzotta, con casa da signore, giardino, praterie, & altri commodi bellissimi. a costui, essendo eccellentissimo nel ritrarre di naturale, fece fare il Marchese molti ritratti, di se stesso, de'figliuoli, e d'altri molti signori di casa Gonzaga, i quali furono mandati in Francia, & in Germania a donare à diuersi Principi. & in Mantoa ne sono ancora molti come è il ritratto di Federigo Barbarossa Imperador'. del Barbarigo Doge di Vinezia, di Francesco Sforza Duca di Milano, di Massimiliano Duca pur di Milano, che morì in Francia. di Massimiliano Imperadore: del Signor Hercole Gonzaga, che fu poi Cardinale, del Duca Federigo suo fratello, essendo giouinetto: del Signor Giouanfrancesco Gonzaga, di messer Andrea Mantegna pittore, e di molti altri, de'quali si serbò copia Francesco in carte di chiaro scuro, le quali sono hoggi in Mantoa appresso gl'heredi suoi. nella qual citta fece in san Francesco de'Zoccholanti, sopra il pulpito, san Lodouico, e san Bernardino, che tengono in vn cerchio grande, vn Nome di Giesu. e nel refettorio di detti frati, è in vn quadro di tela grande quanto la facciata da capo, il Saluatore in mezzo a i dodici Apostoli in prospettiua, che son bellissimi, et fatti con molte considerazioni: infra i quali e Giuda traditore con viso tutto differéte dagl'altri, & cō attitudine strana: egl'altri tutti intéti a Giesu, che par la loro, e sédo vicino alla sua passione. dalla parte destra di quest'opa è vn san Franc. grāde quāto il naturale, che è figura bellis. e che rappresenta nel viso la santimonia stessa, e qlla, che fu propria di ql santissimo huomo. il quale sāto preséta à Christo il Marchese Francesco, che gli è a piedi inginocchioni ritratto di naturale cō vn saio lūgo, secōdo l'uso di q' tempi, saldato e crespo, & cō ricami a croci biāche, essendo forse egli allora Capitano de'Viniziani. auā ti al Marchese detto è ritratto il suo primogenito, che fu poi il Duca Federigo allora fanciullo bellis. cō le mani giūte. dall'altra parte è dipinto vn s. Bernardino simile in bōtà alla figura di s. Frāc. il quale similméte presenta a Christo il Cardinale Sigismōdo Gōzaga, fratello di detto Marchese, in habito di Cardinale, e ritratto āch'egli dal naturale, col rocchetto, e posto ginocchioni: & innāzi a detto Cardinale, che è bellis. figura, e ritratta la S. Leonora, figlia del detto Marchese allora giouinetta, che fu poi Duchessa d'Vrbino, la quale opa

tutta

LIBERALE ET ALTRI

tutta è tenuta da i piu ec. pittori cosa marauigliosa'. dipinse il medesimo vna tauola d'vn s. Sebastiano, che poi fu messa alla Mad. delle grazie fuor di Mantoa: & in questa pose ogni estrema diligēza, e vi ritrasse molte cose dal naturale. dicesi, che andādo il Marchese à vedere lauorare Franc. mētre faceua q̃st'opa (come spesso era vsato di fare) che gli disse; Franc. e si vuole in fare q̃sto santo pigliare l'essempio da vn bel corpo. a che rispondendo Franc, io vo immitando vn fachino, di bella piona, il qual lego a mio modo per fare l'opera naturale, soggiunse il Marchese. le membra di questo tuo santo non somigliano il vero, perche non mostrano essere tirate per forza, ne quel timore, che si deue imaginare in vn'huomo legato, e saettato: ma doue tu uoglia mi da il cuore di mostrarti q̃llo che tu dei fare, p cōpimēto di q̃sta figura. anzi ve ne prego Sig. disse Frá. & egli, come tu habbi qui il tuo fachino legato, fammi chiamare, & io ti mostrero q̃llo, che tu dei fare. quādo dunq; hebbe il seguēte giorno legato Franc. il fachino in q̃lla maniera, che lo volle, fece chiamare segretamēte il Marchese, nō però sapēdo q̃llo, che hauesse in animo di fare. il Marchese dunque vscito d'una stāza, tutto infuriato cō vna Balestra carica, corse alla volta del fachino, gridādo ad alta voce, traditore tu se morto, io t'hò pur colto doue io voleua, & altre simili parole. lequali vdēdo il cattiuello fachino, e tenendosi morto, nel volere rōpere le funi cō le quale era legato, nell'aggrauarsi sopra q̃lle, e tutto essendo sbigottito, rappresentò veramente vno, che hauesse ad essere saettato, mostrādo nel viso il timore, & l'horrore della morte, nelle mēbra stiracchiate, e storte, per cercar' di fuggire il pericolo. ciò fatto disse il Marchese à Franc. eccolo acconcio come ha da stare. il rimanēre sarai p te medesimo. il che tutto hauēdo q̃sto pittore cōsiderato, fece la sua figura di quella miglior psezzione, che si puo imaginare. dipinse Franc. oltre molte altre cose, nel palazzo di Gonzaga la creazione de primi Sig. di Mantoa, e le giostre, che furono fatte in sulla piazza di s. Piero, laquale ha quiui in prospettiua. hauēdo il gran Turcho, per vn suo huomo mandato a presentare al Machese vn bellissimo cane, vn'arco, & vn Turcasso, il Marchese fece ritrarre nel detto palazzo di Gonzaga il cane, il Turcho, che l'haueua cōdotto, e l'altre cose. & ciò fatto volēdo vedere se il cane dipinto veramente somigliaua, fece condurre vno de' subi cani di corte nimicissimo al cane Turcho, la doue era il dipinto, sopra vn basamēto finito di pietra. quiui dunque giunto il viuo, tosto che uide il dipinto, non altrimenti, che se uiuo stato fusse, e quello stesso, che odiata a morte, si lanciò con tāto impeto, sforzando chi lo teneua, p adentarlo: che percosto, il capo nel muro tutto se lo ruppe. si raccōta ancora da persone, che furono presenti, che hauēdo Benedetto Barōi nipote di Frāc. vn quadretto di sua mano, poco maggiore di 2. palmi, nel quale è dipita vna Mad. à olio dal petto in su quasi q̃uāto il naturale, & in cāto abasso il puttino, dalla spalla in su, che cō vn braccio steso in alto sta in atto di carezzare la madre; si raccōnta dico, che quando era l'Imperatore padrone di Verona, essendo in quella citta don Alonso di Castiglia, & Alarcone famosissimo Capitano, per sua Maestà, e per lo Re Catolico, che questi signori, essendo in casa del Conte Lodouico da Sesso Veronese, dissero hauere gran disiderio di ueder questo quadro; perche, mandato per esso, si stauano vna sera contēplandolo a buō lume, & amirando l'artificio dell' opera, quando la Signora Chaterina
moglie

moglie del Côte, andò doue erão que'signori, cõ vno de'suo figliuoli, il quale haueua in mano vno di quegli vccelli verdi, che à Verona si chiamano Terrazi, perche fanno il nido in terra, e si auezzano al pugno come gli sparuieri. auenne adunque, stando ella cogl'altri à contemplare il quadro, che quell'vccello, veduto il pugno, & il braccio disteso del bambino dipinto, volò per saltarui sopra: ma non si essendo potuto attaccare alla tauola dipinta, e percio caduto in terra, tornò due volte, per posarsi in sul pugno del detto bambino dipinto, non altrimenti, che se fusse stato vn di que'putti viui, che se lo teneuano sempre inpugno. di che stupefatti que'signori, vollono pagar quel quadro à Benedetto gran prezzo, perche lo desse loro: ma non fu possibile per niuna guisa canarglielo di mano. non molto dopo, essendo i medesimi dietro à farglielo rubar' vn di di san Biagio in san Nazzaro à vna festa, perche ne fu fatto auertito il padrone, non riusci loro il disegno. dipinse Francesco in san Polo di Verona vna tauola à guazzo, che è molto bella, & vn'altra in san Bernardino, alla capella de' Bandi bellissima. in Mantoa lauorò per Verona in vna tauola che è alla capella, doue è sepolto san Biagio, nella chiesa di san Nazaro de'Monaci neri, due bellissimi nudi, & vna Madonna in aria col figliuolo in braccio, & alcuni Angeli, che sono marauigliose figure. fu Francesco di santa vita, e nimico d'ogni vizio, in tanto, che non volle mai non che altro, di pignere opere lasciue, ancor che dal Marchese ne fusse molte volte pregato. e simili à lui furono in bontà i fratelli, come si dirà à suo luogo. finalmente Francesco, essendo vecchio, e patendo d'orina, con licenza del Marchese, e per cõsiglio di medici andò con la moglie, & con seruitori à pigliar l'acqua de'bagni di Caldero sul Veronese: la doue, hauendo vn giorno presa l'acqua, si lasciò uincere dal sonno, e dormi alquãto, hauendolo in cio, per compassione compiaciuto la moglie: onde soprauenutagli, mediante detto dormire, che è pestifero a chi piglia quell'acqua, vna gran febre, fini il corso della vita a due di di Luglio 1519 il che essendo significato al Marchese, ordinò subito, per vn corriere, che il corpo di Francesco fusse portato a Mantoa, & cosi fu fatto, quasi contra la volonta de' Veronesi. doue fu honoratissimamente sotterrato in Mantoa, nella sepoltura della compagnia segreta in san Francesco. visse Francesco anni 64. & vn suo ritratto, che ha messer Fermo, fu fatto quando era d'anni cinquanta. furono fatti in sua lode molti componimenti, & pianto da chiunche lo conobbe, come virtuoso, e santo huomo, che fu. hebbe per moglie madóna Francesca Gioachini Veronese, ma non hebbe figliuoli. il maggiore di tre fratelli, che egli hebbe, fu chiamato Monsignore, e perche era persona di belle lettere, hebbe in Mantoa uffizii dal Marchese, di buone rendite, per amor di Francesco. costui visse ottanta anni, e lasciò figliuoli, che tengono in Mantoa viua la famiglia de'Monsignori. l'altro fratello di Francesco hebbe nome al secolo Girolamo, e fra i Zoccolãti di san Frãcesco fra Cherubino, e fu bellissimo scrittore, e miniatore. il terzo, che fu frate di san Domenico, osseruante, e chiamato fra Girolamo, volle per humiltà esser conuerso, & fu non pur'di santa, e buona vita, ma anco ragioneuole dipintore, come si vede nel conuento di san Domenico in Mantoa, doue, oltre all'altre cose, fece nel refettorio vn bellissimo cenacolo, e la passione del Signore, che per la morte sua rimase imperfetta. dipinse il medesimo quel bellissimo Cenacolo che è che è nel rifettorio de'monaci di san Benedetto, nella ricchissima Badia, che hanno in sul Mantoano, i san Domenico fece l'altare del Rosaio: & in Verona nel conuento di santa Nastasia fece a fresco vna Madonna, san Remigio Vescouo, e santa Nastasia, nel secondo chiostro: e sopra la seconda porta del Martello, in vn'archetto vna Madonna, san Domenico, e san Tommaso d'Aquino, e tutti di pratica. fu fra Girolamo persona semplicissima, e tutto alieno dalle cose del mondo, e standosi in villa à vn podere del conuento, per fuggire ogni strepito, & inquietudine, teneua i danari, che gl'erano mandati del l'opere, de' quali si seruiua à comperare colori, & altre cose, in vna scatola senza coperchio appiccata al palco, nel mezzo della sua camera. di maniera, che ognuno, che volea, potea pigliarne. e per non si hauere à pigliar noia ogni giorno di quello, che hauesse à magiare, coceua il lunedi vn caldaio di fagiuoli, per tutta la settimana. venendo poi la peste in Mantoa, & essendo gl'infermi abbandonati da ognuno, come si fa in simili casi, fra Girolamo, non dà altro mosso, che da somma charità, non abbandonò mai i poueri padri ammorbati; anzi con le proprie mani gli seruì sempre: & cosi, non curando di perdere la vita per amore di Dio, s'infettò di quel male, e mori di sessanta anni, cō dolore di chiunche lo conobbe. ma tornando à Francesco Monsignori, egli ritrasse, ilche mi si era di sopra scordato, il Conte Hercole Giusti Veronese, grande di naturale con vna Roba d'oro indosso, come costumaua di portare, che è bellissimo ritratto, come si puo vedere in casa il Conte Giusto suo figliuolo.

Domenico Moroni, ilquale nacque in Verona circa l'anno 1430. imparò l'arte della pittura da alcuni, che furono discepoli di Stefano, e dall'opere, che egli vide, e ritrasse del detto Stefano, di Iacopo Bellini, di Pisano, & d'altri. e per tacere molti quadri, che fece, sicondo l'uso di que'tempi, che sono ne' monasteri, e nelle case di priuati, dico ch'egli dipise à chiaro scuro di terretta verde, la facciata d'una casa della comunità di Verona sopra la piazza detta de' Signori, doue si veggiono molte fregiature, & historie antiche, con figure, e habiti de' tempi adietro molto bene accomodati. ma il meglio, che si veggia di man di costui è in san Bernardino il Christo menato alla croce, con moltitudine di gente, e di caualli, che è nel muro sopra la capella del monte della pietà, doue fece Liberale la tauola del deposto con quegl'Angeli, che piangono. al medesimo fece dipignere dentro, e fuori la capella, che è vicina a q̄sta cō ricchezza d'oro, e molta spesa, m. Niccolo de' Medici Cauaiere, ilquale era in q̄ tempi stimato il maggior ricco di Verona; & ilquale spese molti danari in altre opere pie, si come quello, che era à ciò da natura inclinato. questo gentil' huomo, dopo hauer molti monasterii, e chiese edificato, ne lasciato quasi luogo in quella città, oue non facesse qualche segnalata spesa in honore di Dio, si elesse la sopradetta capella per sua sepoltura: negl'ornamenti della quale si serui di Domenico allora piu famoso d'altro pittore in quella citta, essendo Liberale a Siena. Domenico adunque dipinse nella parte di dentro di questa capella, Miracoli di santo Antonio da Padoa, a cui è dedicata, e ui ritrasse il detto Cauaiere in vn vecchio raso col capo bianco, & senza berretta, con veste lunga d'oro, come costumauano di portare i Cauaieri in que'tempi. la
quale

quale opera, per cosa infresco è molto ben disegnata, e condotta. nella volta poi di fuori, che è tutta messa à oro, dipinse in certi tondi i quattro Euangelisti. e nei pilastri dentro, e fuori fece varie figure di santi; e fra l'altre santa Elisabetta del terzo ordine di san Francesco, santa Helena, e santa Chaterina, che sono figure molto belle, e per disegno, grazia, e colorito molto lodate. quest'opera dunque può far fede della virtu di Domenico, e della magnificeza di quel Caualiere. morì Domenico molto vecchio, e fu sepolto in san Bernardino doue sono le dette opere di sua mano.

lasciādo herede delle faculta, e della virtu sua. Franc. Morone suo figliuolo, il quale hauendo i primi principii dell'arte apparati dal padre, s'affaticò poi di maniera, che in poco tempo riuscì molto miglior maestro, che il padre stato non era; come l'opere, che fece a concorrenza di quelle del padre chiaramente ne dimostrano. dipinse adunque Francesco sotto l'opera di suo padre all'altare del Monte nella chiesa detta di san Bernardino a olio le portelle, che chiuggono la tauola di Liberale. nelle quali dalla parte di dentro fece in vna la Vergine, e nell'altra san Giouanni Euangelista grandi quanto il naturale, e bellissime, nelle faccie, che piangono, ne i panni, e in tutte l'altre parti. nella medesima capella dipinse a basso nella facciata del muro; che fa capo al tramezzo, il miracolo, che fece il Signore de i cinque pani, e due Pesci, che saziarono le turbe: doue sono molte figure belle, e molti ritratti di naturale: ma sopra tutte è lodato vn san Giouanni Euangelista, che è tutto suelto, e volge le reni in parte al popolo. appresso fece nell'istesso luogo allato alla tauola, ne i vani del muro, laquale è appoggiata vn san Lodouico Vescouo, e frate di san Frācesco, & un'altra figura. e nella volta in vn tondo, che fora, certe teste, che scortano. e queste opere tutte sono molto lodate dai pittori Veronesi. dipinse nella medesima chiesa, fra questa capella, e quella de'Medici, all'altare della Croce, doue sono tanti quadri di pittura, vn quadro, che è nel mezzo sopra tutti, doue è Christo in Croce, la Madonna, e san Giouanni, che è molto bello. e dalla banda manca di detto altare, dipinse in vn'altro quadro, che è sopra quello del Carota, il Signore, che laua i piedi agl'Apostoli, che stanno in varie attitudini. nella quale opera, dicono, che ritrasse questo pittore se stesso in figura d'uno, che serue à Christo a portar l'acqua: lauorò Francesco alla capella degl'Emilii nel Duomo vn san Iacopo, e san Giouanni, che hanno in mezzo Christo, che porta la Croce: e sono queste due figure di tāta bellezza, e bontà quanto piu non si può disiderare. lauorò il medesimo molte cose à Lonico in vna Badia de'monaci di Monte Oliueto, doue concorrono molti popoli a vna figura della Madóna, che in quel luogo fa miracoli assai. essendo poi Francesco amicissimo, & come fratello di Girolamo da i libri, pittore, e miniatore, presero a lauorare insieme le portelle degl'Organi di santa Maria in Organo, de'frati di monte Oliueto. in vna delle quali fece Francesco nel difuori vn san Benedetto vestito di bianco, e san Giouanni Euangelista, e nel di dentro Daniello, & Isaia profeti, con due Angioletti in aria, & il campo tutto pieno di bellissimi paesi. e dopo dipinse l'Ancona dell'altare della Muletta, facendoui vn san Piero, & vn san Giouanni, che sono poco più d'un braccio d'altezza; ma lauorati tanto bene, & con tanta diligenza, che paiono miniati. e gl'intagli di quest'opera fece fra Giouanni da Verona maestro

DOMENICO MORONI

stro di Tarsie, e d'intaglio, nel medesimo luogo dipinse Franc. nella facciata del coro due storie a fresco, cio è quando il Signore va sopra l'Asina in Ierusalem, & quando fa orazione nell'orto, doue sono in disparte le turbe armate, che guidate da Giuda, vanno a prenderlo. ma sopra tutte è bellissima la sagrestia in volta, tutta dipinta dal medesimo; eccetto il santo Antonio battuto da i Demonii, il quale si dice essere di mano di Domenico suo padre. in questa sagrestia dunque, oltre il Christo, che è nella volta, & alcuni Angioletti, che scortano all'insù, fece nelle lunette diuersi Papi, a due a due per Nicchia, in habito pontificale, i quali sono stati dalla relligione di san Benedetto assunti al pontificato. intorno poi alla Sagrestia, sotto le dette lunette della volta, e tirato vn fregio alto quattro piedi, e diuiso in certi quadri, ne i quali sono in habito monastico dipinti alcuni Imperatori, Re, Duchi, & altri Principi, che lasciati gli stati, e principati, che haueuano, si sono fatti monaci. nellequale figure ritrasse Francesco dal naturale molti de i monaci, che mentre ui lauorò, habitarono ò furono per passaggio in quel monasterio. e fra essi vi sono ritratti molti nouizii, & altri monaci d'ogni sorte, che sono bellissime teste, e fatte con molta diligenza. e nel vero fu allora, per questo ornamento quella la piu bella Sagrestia che fusse in tutta Italia. perche, oltre alla bellezza del vaso ben proporzionato, e di ragioneuole grandezza, e le pitture dette, che sono bellissime: vi è anco da basso vna spalliera di banchi lauorati di Tarsie, e d'intaglio con belle prospettiue, così bene, che in que'tempi, e forse anche in questi nostri non si vede gran fatto, meglio. percioche fra Giouanni da Verona, che fece quell'opera, fu eccellentissimo in quell'arte, come si disse nella vita di Raffaello da Vrbino; & come ne dimostrano, oltre molte opere fatte nei luoghi della sua relligione, quelle, che sono a Roma nel palazzo del Papa, quelle di Monte Oliueto di Chiusuri in sul Sanese, & in altri luoghi. ma quelle di questa Sagrestia, sono di quante opere fece mai fra Giouanni le migliori: percioche si puo dire, che quanto nell'altre vinse gl'altri, tanto in queste auanzasse se stesso. intagliò fra giouanni, per questo luogo, fra l'altre cose vn candeliere alto piu di quattordici piedi, per lo cero pasquale, tutto di noce con incredibile diligenza: onde non credo, che per cosa simile si possa veder meglio. ma tornando a Francesco, dipinse nella medesima chiesa la tauola, che è alla capella de'Conti Giusti, nellaquale fece la madonna, & santo Agostino, e san Martino in habiti pontificali. e nel chiostro fece vn deposto di Croce con le Marie, & altri santi, che per cosa a fresco, in Verona sono molto lodate. nella Chiesa della Vettoria dipinse la capella de'Fumanelli, sotto il tramezzo, che sostiene il Choro, fatto edifi. da m. Niccolo de'Medici Caualiere. e nel Chiostro vna madonna a fresco. e dopo ritrasse di naturale messer Antonio Fumanelli medico famosissimo per l'opere da lui scritte, in quella professione. fece anco a fresco sopra vna casa, che si vede, quando si cala il ponte delle Naui, per andar'a san Polo, a man manca, vna Madonna con molti santi, che è tenuta per disegno, & per colorito opera molto bella. e in Brà, sopra la casa de'Sparuieri, di rimpetto all'orto de'frati di san Fermo, ne dipinse un'altra simile. altre cose assai dipinse Francesco, delle quali non accade far mézione, essendosi dette le migliori: basta, che egli diede alle sue pitture, grazia, disegno, vnione, e colorito vago, & acceso quanto alcun'altro. visse France-

c o anni cinquantacinque, & morì a dì fedici di Maggio 1529. e fu fepolto in
fan Demenico accanto a suo padre: e volle essere portato alla sepoltura vesti
to da frate di san Francesco. fu persona tanto dabene, & così relligiosa, e costu
mata, che mai s'vdi vscire di sua bocca parola, che meno fusse, che honesta. fu
discepolo di Francesco, e seppe molto piu che il maestro.

 P A V L O Cauazzuola Veronese, ilquale fece molte opere in Verona: dico
in Verona, perche in altro luogo non si sa, che mai lauorasse. in san Nazza-
rio, luogo de' Monaci neri in Verona dipinse molte cose a fresco, vicino a quel
le di Francesco suo maestro, che tutte sono andate per terra nel rifarsi quella
chiesa dalla pia magnanimità del Reuerendo padre don Mauro Lonichi nobile Veronese, e Abbate di quel Monasterio. dipinse similmente a fresco sopra la casa vecchia de' Fumanelli nella via del Paradiso, la Sibilla, che mostra
ad Augusto il signor nostro in aria nelle braccia della madre. laquale opera,
per delle prime, che Paulo facesse, è assai bella. alla capella de' Fontani in santa Maria in Organi dipinse, pure a fresco, due Angioli nel di fuori di detta ca
pella, cio è san Michele, e san Raffaello. in santa Eufemia nella strada, doue
risponde la capella dell' Angelo Raffaello, sopra vna finestra, che da lume a
vn ripostiglio della scala di detto Angelo, dipinse quello, & insieme con esso
Tobia, guidato da lui nel viaggio, che fu bellissima operina. a san Bernardino fece sopra la porta del Campanello vn san Bernardino a fresco in vn ton
do, e nel medesimo muro, piu a basso, sopra l'vscio d'vn confessionario, pur
in vn tondo, vn san Francesco, che è bello, e ben fatto si come è anco il s. Ber
nardino. e questo è quanto a i lauori, che si sa Paulo hauer fatto in fresco, a
olio poi nella chiesa della Madonna della Scala, all'altare della Santificazione dipinse in vn quadro vn san Roccho à concorrenza del san Bastiano, che
all'incontro dipinse nel medesimo luogo il Moro, il quale san Roccho è vna
bellissima figura. ma in san Bernardino e il meglio delle figure, che facesse
mai questo pittore. percioche tutti i quadri grandi, che sono all'altare della
Croce, intorno all' Ancona principale sono di sua mano, eccetto quello doue
è il Crocifisso, la Madonna, e san Giouanni, che è sopra tutti gl'altri, ilquale è
di mano di Francesco suo maestro. a lato à questo fece Paulo due quadri gran
di nella parte di sopra: in vno de' quali è Christo alla colonna battuto, e nel-
l'altro la sua coronazione dipinse con molte figure alquanto maggiori, che
il naturale. piu abasso nel primo ordine, cio è nel quadro pricipale, fece Chri
sto deposto di Croce, la Madonna, la Madalena, san Giouanni, Nicodemo, e
Giuseppo, & in vno di questi ritrasse se stesso tanto bene, che par viuissimo,
in vna figura che è vicina al legno della Croce, giouane, con barba rossa, &
con vno scuffiotto in capo, come allora si costumaua di portare. dal lato destro fece il Signore nell'orto, con i tre discepoli appresso. e dal sinistro dipin
se il medesimo con la Croce in spalla, condotto al monte Caluario. la bontà
delle quali opere, che fanno troppo paragone à quelle, che nel medesimo luo
go sono di mano del suo maestro, daranno sempre luogo à Paulo fra i miglio
ri artefici. nel basamento fece alcuni santi dal petto in su, che sopo tutti ritrat
ti di naturale. la prima figura con l'habito di san Francesco, fatta per vn Bea
to, e il ritratto di fra Girolamo Recchalchi nobile Veronese. la figura, che è a
canto a questa fatta per san Bonauentura, e il ritratto di fra Bonauentura
Riccalchi

Riccalchi, fratello del detto fra Girolamo, la testa del san Giuseppo è il ritratto d'vn Agente de' Marchesi Malespini, che all'ora haueua carico dalla compagnia della Croce, di far fare quell'opera, e tutte sono bellissime teste. nella medesima Chiesa fece Paulo la tauola della capella di san Francesco, nellaquale, che fu l'ultima, che facesse, superò se medesimo. sono in questa sei figure maggiori, che il naturale. santa Lisabetta del terzo ordine di san Francesco, che è bellissima figura, con aria ridente, & volto grazioso, & con il grembo pieno di rose. e pare, che gioisca, veggendo, per miracolo di Dio, che il pane, che ella stessa, gran signora, portaua a i poueri, fusse conuertito in rose: in segno, che molto era accetta à Dio quella sua humile charità di ministrare a i poueri cō le proprie mani. in questa figura è il ritratto d'vna gentildonna vedoua della famiglia de' Sacchi. l'altre figure sono san Bonauentura Cardinale, e san Lodouico Vescouo, e l'vno, e l'altro frate di san Francesco. appresso a questi è sā Lodouico Re di Francia, santo Eleazaro, in habito bigio, e santo Iuone in habito sacerdotale. la Madonna poi, che è di sopra in vna Nuuola con san Francesco, & altre figure d'intorno dicono non esser di mano di Paulo, ma d'vn suo amico, che gl'aiutò lauorare questa tauola: e ben si vede, che le dette figure non sono di quella bontà, che sono quelle da basso. e in questa tauola è ritratta di naturale Madonna Chaterina de' Sacchi, che fece fare quest'opera. Paulo dunque, essendosi messo in animo di farsi grande e famoso, e per ciò facendo fatiche intolerabili, infermò, e si morì giouane di 31. anno: quādo apunto cominciaua a dar saggio di quello, che si speraua da lui nell'età migliore. e certo se la fortuna non si attrauersaua al virtuoso operare di Paulo, sarebbe senza dubbio ariuato a quegl'honori supremi, che migliori, & maggiori si possono nella pittura disiderare. perche dolse la perdita di lui, non pure agl'amici, ma a tutti i virtuosi, e chiunche lo conobbe, e tanto piu essendo stato giouane d'ottimi costumi, e senza macchia d'alcun vizio. fu sepolto in san Polo, rimanendo imortale nelle bellissime opere che lasciò.

Vita di Falconetto Architetto Veronese.

STefano Veronese pittore rarissimo de' suoi tempi, come si e detto, hebbe vn fratello carnale chiamato Giouan'Antonio. il quale se bene imparò a dipignere dal detto Stefano, non però riuscì se non meno, che mezzano dipintore, come si vede nelle sue opere, dellequali non accade far menzione. di costui nacque vn figliuolo, che similmente fu dipintore di cose dozzinali, chiamato Iacopo. e di Iacopo nacquero Giouanmaria detto Falconetto, delquale scriuiamo la vita, & Gio. Antonio. questo vltimo attendēdo alla pittura dipinse molte cose in Roueretto, castello molto honorato nel Trentino: e molti quadri in Verona, che sono per le case de' priuati. similmente dipinse nella valle dell'Adice sopra Verona molte cose, & in Sacco, riscontro a Roueretto in vna tauola san Niccolo con molti animali, e molte altre, dopo lequali finalmente si morì à Roueretto, doue era andato ad habitare. costui fece sopra tutto begli animali, e frutti; de' quali molte carte miniate, e molto belle, furono portate in Francia dal Mondella Veronese: e molte ne furono date da Agnolo suo figliuolo a messer Girolamo Lioni in Vinezia, gentil'huomo di bellissimo spirito. ma venendo hoggimai a Giouanmaria, fratello di costui, egli imparò i principii della pittura dal padre, e gli aggrandi, e migliorò assai, ancorche nò fusse anch'egli pittore di molta reputazione, come si vede nel Duomo di Verona alle capelle de'Maffei, e de gl'Emili; & in san Nazzaro nella parte superiore della cupola, & in altri luoghi. hauendo dunque conosciuta costui la poca perfezzione del suo lauorare nella pittura, e dilettandosi sopra modo dell'architettura, si diede a osseruare, e ritrarre con molta diligenza tutte la tichità di Verona sua patria. risoltosi poi di voler veder Roma, e da quelle marauigliose reliquie, che sono il vero maestro, imparare l'architettura, la sen'andò, e vi stette dodici anni interi; il qual tempo spese, per la maggior parte, in vedere, e disegnare tutte quelle mirabili antichità, cauando in ogni luogo tãto, che potesse vedere le piante, e ritrouare tutte le misure. ne lasciò cosa in Roma, ò di fabrica, ò di membra, come sono cornici, colonne, e capitegli, di qual si voglia ordine, che tutto non disegnasse di sua mano, con tutte le misure. ritrasse anco tutte le sculture, che furono scoperte in que'tempi. di maniera, che dopo detti dodici anni, ritornò alla patria, richissimo di tutti i tesori di quest'arte. e non contento delle cose della città propria di Roma, ritrasse quanto era di bello, e buono in tutta la campagna di Roma infino nel regno di Napoli, nel Ducato di Spoleto, & in altri luoghi. e perche essendo pouero, non haueua Giouanmaria molto il modo da viuere, ne da trattenersi i Roma, dicono, che due, ò tre giorni della settimana aiutaua a qualcuno lauorare di pittura: e di quel guadagno; essendo allora i maestri ben pagati, e buon viuere; viuea gl'altri giorni della settimana attendendo a i suoi studii d'architettura. ritrasse dunque tutte le dette antichaglie, come fussero intere, e le rappresentò in disegno dalle parti, e dalle membra, cauando la verita, e l'integrità di tutto il resto del corpo di quelli edifizii; con si fatte misure, e proporzioni, che non potette errare in parte alcuna. ritornato dunque Giouanmaria à Verona, e non hauendo occasione di esercitare l'architettura, essendo la patria in trauaglio, per mutazione di stato, attese per allora, alla pittura, e fece molte opere. sopra la casa di que'della Torre lauorò vn'arme grande con certi Trofei sopra: e per certi signori Tedeschi consiglieri di Massimiliano Imperatore, lauorò a fresco in vna facciata della chiesa piccola di san Giorgio alcune cose della scrittura; e vi ritrasse que'due signoti Tedeschi grandi quanto il naturale, vno da vna, l'altro dall'altra parte ginocchioni. lauorò à Mantoa al signor Luigi Gonzagha cose assai: & a Osmo nella Marca d'Ancona alcun' altre. e mentre, che la città di Verona fu dell'Imperatore, dipinse sopra tutti gl'edifizii publici l'armi imperiali, & hebbe, per cio buona prouisione; & vn priuilegio dall'Imperatore, nel quale si vede, che gli concesse molte grazie, & essenzioni, si per lo suo ben seruire nelle cose dell'arte; e si perche era huomo di molto cuore, terribile, e brauo con l'arme in mano. nel che poteua anco aspettarsi da lui valorosa, e fedel seruitù: e massimamente tirandosi dietro, per lo gran credito, che haueua appresso i vicini, il concorso di tutto il popolo, che habitaua il borgo di san Zeno, che è parte della città molto popolosa, e nella quale era nato, e vi haueua preso moglie, nella famiglia de Prouali. per queste

queste cagioni adunque hauendo il seguito di tutti quelli della sua contrada, non era per altro nome nella città chiamato che il rosso di s. Zeno, pche mutato lo stato della città, e ritornata sotto gl'atichi suoi Signori Vinjziani, Giouanmaria, come colui, che haueà seguito la parte Imperiale, fu forzato, per sicurtà della vita, partir si. e così andato à Trento vi si trattenne, dipignédo alcune cose, certo tempo, ma finalmente rassettate le cose, se n'andò a Padoa doue fu prima conosciuto; e poi molto fauorito da Monsignor Reuerendissimo Bembo, che poco appresso lo fece conoscere al Magnifico m. Luigi Cornaro gentil'huomo Viniziano d'alto spirito, e d'animo veramente regio, come ne dimostrano tante sue honoratissime imprese. questi dunque dilettandosi, oltre all'altre sue nobilissime parti, delle cose d'architettura, la cognizione della quale e degna di qualunche gran principe, & hauendo per ciò vedute le cose di Vetruuio, di Leonbatista Alberti, e d'altri, che hanno scritto in questa professione:& volendo mettere le cose, che haueua imparato in pratica; veduti i disegni di Falconetto, & con quanto fondaméto parlaua di queste cose, & chiariua tutte le difficultà, che possono nascere nella varietà degli ordini dell'architettura, s'inamorò di lui per sì fatta maniera, che tiratoselo i casa, ve lo tenne honoratamente ven'un'anno, che tanto fu il rimanente della vita di Giouanmaria, il quale in detto tempo operò molte cose, con detto messer Luigi, il quale, disideroso di vedere l'antichaglie di Roma in fatto come l'haueua vedute ne i disegni di Giouanmaria, menandolo seco, se n'andò à roma, doue hauendo costui sempre in sua compagnia, volle vedere minutamente ogni cosa. dopo tornati a Padoa, si mise mano à fare col disegno, e modello di Falconetto la bellissima, & ornatissima loggia, che è in casa Cornara, vicina al santo; per far poi il palazzo secondo il modello fatto da messer Luigi stesso, nellaqual loggia è sculpito il nome di Giouanmaria in vn pilastro. fece il medesimo vna porta Dorica molto grande, e magnifica al palazzo del Capitano di detta terra, laqual porta, per opera schietta, e molto lodata da ognuno. fece anco due bellissime porte della città, l'una detta di sā Giouanni che va verso Vicenza, laquale è bella, & commoda per i soldati, che la guardano; e l'altra fu porta Sauonarola, che fu molto bene intesa: fece anco il disegno, e modello della chiesa di santa maria delle grazie de'frati di san Domenico, e la fondò: laquale opera, come si vede dal modello, è tanto ben fatta e bella che di tanta grandezza, non si e forse veduto, infino a hora vna pari in altro luogo. fu fatto dal medesimo il modello d'vn superbissimo palazzo al signor Girolamo Sauorgnano, nel fortissimo suo Castello d'Vsopo nel friuli, che allora fu fondato tutto, e tirato sopra terra, ma morto quel signore, si rimase in quel termine, senza andar piu oltre, ma se questa fabrica si fusse finita, sarebbe stata marauigliosa. nel medesimo tempo andò Falconetto a Pola d'Istria solaméte per disegnare, e vedere il Teatro Amfiteatro, & arco, che è in quella città antichissima, e fu questi il primo, che disegnasse Teatri, & Amfiteatri, e trouasse le piante loro, e quelli, che si veggono, e mas̄simamente quel di Verona, vennero da lui, e furono fatti stampare da altri sopra i suoi disegni. hebbe Giouanmaria animo grande, & come quello, che non haueua mai fatto altro, che disegnare cose grandi antiche, null'altro disideraua, se non che segli presentasse occasione di far cose simili à quelle in grandezza, e

 rallora

tallora ne faceua piante, e disegni con quella stessa diligenza, che haurebbe fatto se si hauessero hauuto à mettere in opera subitamente. & in questo, per modo di dire, tanto si perdeua, che non si degnaua di far disegni di case priua te di gentil'huomini, ne per villa, ne per le città, ancorche molto ne fusse pregato. fu molte volte Giouanmaria à Roma, oltre le dette di sopra; onde haueua tanto familiare quel viaggio, che per ogni leggieri occasione, quando era giouane, e gagliardo, si metteua a farlo. & alcuni, che ancor viuono, raccontano, che venédo egli vn giorno a contesa con vno Architetto forestiero, che a caso si trouò in Verona, sopra le misure di non so che cornicione antico di Roma, disse Giouanmaria dopo molte parole, io mi chiariro presto di questa cosa; & andatosene di lungo a casa, si mise in viaggio per Roma. fece costui due bellissimi disegni di sepolture per casa Cornara, lequali doueuano farsi in Vinezia in san Saluadore, l'vna per la Reina di Cipri di detta casa Cornara, e l'altra per Marco Cornaro Cardinale, che fu il primo, che di quella famiglia fusse di cotale dignita honorato. e per mettere in opera detti disegni furono cauati molti marmi a Carrara, e condotti à Vinezia, doue sono ancora così rozzi nelle case di detti Cornari. fu il primo Giouanmaria, che portasse il vero modo di fabricare, e la buona Architettura in Verona, Vinezia, & in tutte quelle parti: non essendo stato inanzi a lui, chi sapesse pur fare vna cornice, ò vn capitello, ne chi intendesse ne misura ne proporzione di colonna, ne di ordine alcuno; come si puo vedere nelle fabriche, che furono fatte innanzi a lui. laquale cognizione essendo poi molto stata aiutata da fra Iocondo, che fu ne'medesimi tempi, hebbe il suo compimento da messer Michele san Michele: di maniera, che quelle parti deono per cio essere perpetualmente obligate a i Veronesi: nella quale patria nacquero, & in vn medesimo tempo vissero questi tre eccellentissimi Architetti, alli quali poi succedette il San souino, che oltre alla Architettura, laquale gia trouò fundata, e stabilita dai tre sopradetti, vi portò anco la scultura, accio con essa venissero ad hauere le fabriche tutti quegl'ornamenti, che loro si conuengono. di che si ha obligo, se è così lecito dire, alla rouina di Roma. percioche essendosi i maestri sparsi in molti luoghi, furono le bellezze di queste arti comunicate a tutta l'Europa. fece Giouanmaria lauorare di stucchi alcune cose in Vinezia, & insegna mettergli in opera. & affermano alcuni, che essendo egli giouane fece di stucco lauorare la uolta della capella del santo in Padoa a Tiziano da Padoa, & a molti altri, e ne fece lauorare in casa Cornara, che sono assai belli. insegnò a lauorare a due suoi figliuoli, cio è ad Ottauiano, che fu anch'esso pittore, & à Pronolo. Alessandro suo terzo figliuolo attese a fare armature in sua giouentù, e dopo, datosi al mestier del soldo, fu tre volte vincitor' in stecchato; & finalmente essendo Capitano di fanteria, morì combattendo valorosamente, sotto Turino nel Piamonte, essendo stato ferito d'vna archibusata. similmente Giouanmaria, essendo storpiato dalle gotte, finì il corso della vita sua in Padoa in casa del detto messer Luigi Cornaro, che l'amò sempre come fratello, anzi quanto se stesso. e accioche non fussero i corpi di coloro in morte separati, i quali haueua congiunti insieme con gl'animi, l'amicizia, e la virtù in questo mondo, haueua disegnato esso messer Luigi, che nella sua stessa sepoltura, che si douea fare, fusse riposto insieme con esso seco Giouanmaria, & il

facetissimo

facetissimo Poeta Ruzzante, che fu suo familiarissimo, & visse, e morì in casa di lui. ma io non so se poi cotal disegno del Magnifico Cornaro hebbe effetto. fu Giouanmaria bel parlatore, e molto arguto, ne motti, e nella conuersazione affabile, o piaceuole; intanto, che il Cornaro affermaua che de motti di Giouanmaria si sarebbe fatto vn libro intero. e perche egli visse allegramente ancor che fusse storpiato delle gotte, gli durò la vita insino a 76. anni, e morì nel 1534. hebbe sei figliuole femine, delle quali cinque maritò egli stesso, e la sesta fu dopo lui maritata da i fratelli à Bartolomeo Ridolfi Veronese, il quale lauorò in compagnia loro molte cose di stucco, e fu molto migliore maestro, che essi non furono: come si puo vedere in molti luoghi, e particolarmente in Verona in casa Fiorio della Seta sopra il ponte nuouo, doue fece alcune camere bellissime. & alcune altre in casa de' signori Conti Canossi, che sono stupende, sì come anco sono quelle, che fece in casa de' Murati vicino a san Nazaro, al signor Giouanbatista della Torre, a Cosimo Moneta Bachiere Veronese alla sua bellissima villa; & a molti altri in diuersi luoghi, che tutte sono bellissime. afferma il Palladio Architetto rarissimo non conoscere persona, ne di piu bella inuenzione, ne che meglio sappia ornare cò bellissimi partimenti di stucco le stanze di quello, che fa questo Bartolomeo Ridolfi: il quale fu, non sono molti anni passati, da Spitech Giordan grandissimo Signore in Pollonia appresso al Re condotto, con honorati stipendii al detto Re di Pollonia, doue ha fatto, e fa molte opere di stucco, ritratti grandi, Medaglie, e molti disegni, di palazzi, & altre fabriche, con l'aiuto d'vn suo figliuolo, che non è punto inferiore al padre.

Vita di Francesco, e Girolamo da i libri pittori, e Miniatori Veronesi.

Francesco Vecchio da i libri Veronese, se bene non si sa in che tempo nascesse apunto, fu alquanto inanzi a Liberale: e fu chiamato da i libri, per l'arte, che fece di miniare libri, essendo egli viunto quando non era ancora stata trouata la stampa, e quasi do poi cominciò apunto a essere messa in vso. venendogli dunque da tutte le bandi libri a miniare, non era per altro cognome nominato, che da i libri, nel miniar de' quali era eccellentissimo. e ne lauorò assai, perciò che chi faceua la spesa dello scriuere, che era grandissima, gli voleua anco poi ornati piu che si poteua di miniature. miniò dunque costui molti libri di canto da choro, che sono in Verona, in san Giorgio, in santa Maria in Organi, et in san Nazaro, che tutti son belli, ma bellissimo è vn libretto, ciò, è due quadretti, che si serrano insieme a vso di libro; nel quale è da vn lato vn san Girolamo, d'opera minutissima, e lauorata con molta diligenza, e dall'altro vn san Giouanni finto nell'Isola di Pathmos, & in atto di voler scriuere il suo libro dell'Apocalissi. laquale opera, che fu lasciata al Conte Agostino Giusti da suo padre, e hoggi in san Lionardo de' Canonici regolari, nel qual conuento ha parte il padre don Timoteo Giusti, figliuolo di detto Conte. finalmente hauendo Francesco fatte infinite opere a diuersi signori si morì contento,
e felice,

è felice. perciochè, oltre la quiete d'animo, che gli daua la sua bontà, lasciò vn figliuolo chiamato Girolamo tanto grande nell'arte, che lo vide auanti la morte sua molto maggiore, che nò era egli. questo Girolamo adunque nacq in Verona l'anno 1472, ed'anni sedici fece in santa Maria in Organo la tauo la della capella de'Lischi, laquale fu scoperta, e messa al suo luogo con tanta marauiglia d'ogn'uno, che tutta la città corse ad abbracciare, e rallegrarsi con Francesco suo padre. e in questa tauola vn deposto di Croce con molte figu re, e fra molte teste dolenti molto belle, e di tutte migliori, vna Nostra Dóna, & vn san Benedetto molto commendati da tutti gl'artefici. vi fece poi vn pae se, & vna parte della città di Verona, ritratta assai bene di naturale. inanimi to poi Girolamo dalle lodi, che si sentiua dare, dipinse con buona pratica in san Polo, l'altare della Madonna: e nella chiesa della Scala il quadro della Madonna, con sant'Anna, che è posto fra il san Bastiano, & il sã Rocco del Moro, e del Cauazzuola. nella chiesa della Vettoria fece l'Ancona dell'altar maggiore della famiglia de'Zoccholi, & vicino a questa, la tauola di santo Honofrio della famiglia de'Cipolli, laquale e tenuta, per disegno, e colorito, la migliore opera, che mai facesse. dipinse anco in san Lionardo nel Monte vicino a Verona, la tauola dell'altar maggiore della famiglia de'Cartieri la quale è opera grande, con molte figure, e molto stimata da tutti, & sopra tut to vi è vn bellissimo paese. ma vna cosa accaduta molte volte a i giorni nostri ha fatto tenere quest'opera marauigliosa. & ciò è vn Arbore dipinto da Giro lamo in questa tauola, ilquale pare, che sia appoggiata vna gran seggiola, so pra cui posa la Nostra Donna. e perche il detto Arbore, che pare vn Lauro, auanza d'assai con i rami la detta sedia, seglì vede dietro, fra vn ramo, e l'altro che sono non molto spessi, vn'aria tanto chiara, e bella, che egli pare veramé te vn'Arbore viuo, suelto, e naturalissimo. onde sono stati veduti molte fiate vccelli, entrati per diuersi luoghi in chiesa, volare a questo Arbore, per posar uisi sopra, e masimamente Rondini, che haueuano i nidi nelle traui del tet to, & i loro Rondinini parimente. e questo affermano hauer veduto persone dignissime di fede, come fra gl'altri il padre don Giuseppo Mangiuoli Vero nese, stato due volte generale di quella relligione, e persona di santa vita, che non affermarebbe per cosa del mondo, così, che verissima non fusse; & il pa dre don Girolamo Volpini, similmente Veronese, e molti altri. dipinse an co Girolamo in santa Maria in Organi, doue fece la prima opera sua, in vna delle portelle dell'organo (hauendo l'altra dipinta Francesco Murone suo compagno) due sante dalla parte di fuori, e nel di dentro vn presepio. e dopo fece la tauola, che è riscontro alla sua prima, doue è vna Natiuità del Signore Pastori, & paesi, & alberi bellissimi. ma soprattutto sono viui, e naturali due conigli, lauorati con tanta diligenza, che si vede, non che altro, in loro la diui sione de peli. vn'altra tauola dipinse alla capella de Buonalini, cò vna Nostra Donna a sedere in mezzo, due altre figure, e certi Angeli a basso, che cantão. all'altare poi del sagramento, nell'ornamento fatto da fra Giouanni da Vero na, dipise il medesimo tre quadretti piccoli, che sono miniati. in quel di mez zo è vn deposto di Croce con due Angioletti: & in quei dalle bande sono di pinti sei Martiri, tre per ciascun quadro, ginocchioni verso il sagramento. i corpi de'quali santi sono riposti in quel proprio altare, & sono i primi tre Ca
nti

FRANCESCO E GIROLAMO

no, Cantiano, & Cancianello, i quali furono nipoti di Diocliziano Imperatore. gl'altri tre sono Proto, Grisogono, & Anastasio, martirizati ad q̈ual gradatas, appresso ad Aquileia. e sono tutte q̈ste figure miniate, e bellissime, per essere valuto in questa profesione Girolamo sopra tutti gl'altri dell'età sua in Lombardia, e nello stato di Vinezia. miniò Girolamo molti libri a i Monaci di Montescaglioso nel regno di Napoli, alcuni a sata Giustina di Padoa; & molti altri alla Badia di Praia sul Padoano; & alcuni ancora a Candiana, monasterio molto ricco de' Canonici regolari di san Saluatore. nel qual luogo andò in persona a lauorare, il che non volle mai fare in altro luogo; e stando quiui imparò allora i primi principii di miniare don Giulio Clorio, che era frate in quel luogo, il quale è poi riuscito il maggiore in questa arte, che hoggidi viua in Italia. miniò Girolamo a Candiana vna carta d'vn Chirie, che è cosa rarissima; & a i medesimi la prima charta d'vn Salterio da choro. & in Verona molte cose, per santa Maria in Organo; & a i frati di s. Giorgio. medesimamente a i Monaci negri di san Nazario, fece in Verona alcun' altri minii bellissimi. ma quella, che auanzò tutte l'altre opere di costui, che furono diuine, fu vna carta, doue è fatto di minio il Paradiso Terrestre co Adamo, & Eua, cacciati dall'Angelo, che è loro dietro con la spada in mano. ne si potria dire quanto sia grande, e bella la varietà degl'Alberi; che sono in quest'opera, i frutti, i fiori, gl'animali, gl'vccelli, e l'altre cose tutte. laquale stupenda opera fece fare don Giorgio Cacciamale Bergamasco, allora priore in san Giorgio di Verona. ilquale, oltre a molte altre cortesie, che vsò a Girolamo gli donò sessanta scudi d'oro. quest'opera, dal detto padre fu poi donata in Roma a vn Cardinale, allora protettore di quella Relligione, ilquale mostrandola in Roma a molti signori, fu tenuta la migliore opera di minio, che mai fusse insin'allora stata veduta. facea Girolamo i fiori con tanta diligenza, & cosi veri, belli, & naturali, che pareuano a i riguardanti veri. & contrafacea Camei piccoli, & altre pietre, e gioie itagliate di maniera, che nō si poteua veder cosa piu simile, ne piu minuta. e fra le figurine sue se ne veggiono alcune come i Camei, & altre pietre finte, che nō sono piu grādi, che vna piccola Formica, e si vede nondimeno in loro tutte le membra, e tutti i muscoli tanto bene, che apena si puo credere da chi non gli vede. diceua Girolamo nell'vltima sua vecchiezza, che allora sapea piu che mai hauesse saputo in quest'arte; e doue haueano ad andare tutte le botte, ma che poi nel maneggiar il pennello gl'andauano a contrario, perche non lo seruiua piu ne l'occhio, ne la mano. mori Girolamo l'anno 1555. a due di di Luglio d'età d'anni ottantatre, e fu sepolto in san Nazario nelle sepolture della Compagnia di san Biagio. fu costui persona molto da bene, ne mai hebbe lite ne trauaglio con persona alcuna, e fu di vita molto innocente. hebbe fra gl'altri vn figliuolo, chiamato Francesco, ilquale imparò l'arte da lui, e fece, essendo anco giouinetto miracoli nel miniare: intanto che Girolamo affermaua di quell'età non hauer saputo tanto, quanto il figliuolo sapeua. ma gli fu costui suiato da vn fratello della madre, ilquale, essendo assai ricco, e non hauendo figliuoli, se lo tirò appresso, facedolo attendere in Vicenza alla cura d'vna fornace di vetri, che facea fare. Nel che, hauēdo speso Frācesco i migliori anni, morta la moglie del zio, cascò da ogni speraza, e si trouò hauer perso il tempo, perche pri

Mm

sa colui vn'altra moglie n'hebbe figliuoli. & cosi non fu altrimenti Francesco, si come s'haueua pensato; herede del zio, perche rimessosi all'arte dopo sei anni, & imparato qualche cosa, si diede a lauorare, e fra l'altre cose, fece vna palla grande di diametro quattro piedi, vota dentro; & coperto il di fuori, che era di legno, con colla di nerui di bue, temperata in modo, che era fortissima, ne si poteua temere in parte alcuna di rottura, ò d'altro danno. dopo, essendo questa palla, laquale doueua seruire, per vna Sfera terrestre, benissimo compartita, e misurata, con ordine, e presenza del Fracastoro, e del Beroldi, Medici ambidue, e cosmografi, & Astrologi rarissimi, si doueua colorire da Francesco, per messer Andrea Nauagiero, gentil'huomo Viniziano, e dottissimo Poeta, & oratore; ilquale volea farne dono al Re Francesco di Francia, alquale doueua per la sua Republica andar'oratore. ma il Nauagiero, essendo apena arriuato in Francia in sulle poste, si mori, e quest'opera rimase imperfetta, laquale sarebbe stata cosa ratissima, come condotta da Francesco, & col consiglio, e parere di due si grand'huomini, rimase dunque imperfetta; e che fu peggio, quello, che era fatto, riceuette non so che guastamento in assenza di Francesco. tuttauia cosi guasta, la comperò messer Bartolomeo Lonichi, che non ha mai voluto compiacerne alcuno, ancorche ne sia stato ricerco cò grandissimi preghi, e prezzo. n'haueua fatto Francesco innanzi a questa, due altre minori; l'una delle quali è in mano del Mazzanti Arciprete del Duomo di Verona, e l'altra hebbe il Conte Raimondo dalla Torre, & hoggi l'ha il conte Giouambatista suo figliuolo, che la tiene carissima; perche anco questa fu fatta con le misure, & assistenza del Fracastoro, ilquale fu molto familiare amico del Conte Raimondo. Francesco finalmente increscendogli la tanta diligenza, che ricercano i minii, si diede alla pittura, & all'architettura, nel le quali riusci peritissimo, e fece molte cose in Vinezia, & in Padoa. era i quel tempo il Vescouo di Tornai fiamingo nobilissimo, e ricchissimo, venuto in Italia per dare opera alle lettere, uedere queste prouincie, & apparare le creanze, e modi di viuere di qua. perche trouandosi costui in Padoa, & dilettandosi molto di fabricare, come inuaghito del modo di fabricare in italiano, si risolue di portare nelle sue parti la maniera delle fabriche nostre. e per poter ciò fare piu comodamente, conosciuto il valore di Francesco, se lo tirò appresso con honorato stipendio, per condurlo in Fiandra, doue haueua in animo di voler fare molte cose honorate. ma venuto il tempo di partire, e gia hauendo fatto disegnare le maggiori, e migliori, e piu famose fabriche di qua, il po uerello Francesco si mori, essendo giouane, e di bonissima speranza, lasciando il suo padrone, per la sua morte, molto dolente. lasciò Francesco vn solo fratello, nelquale, essendo prete rimane estinta la famiglia da i libri, nellaquale sono stati sucessiuamente tre huomini in questa professione molto eccellenti. & altri discepoli non sono rimasi di loro, che tenghino viua quest'arte, eccetto don Giulio Clerico sopradetto, ilquale l'apprese come habbian detto da Girolamo, quando lauoraua a Candiana, essendo li state: & ilquale l'ha poi inalzata a quel supremo grado, alquale pochissimi sono arriuati, e niuno l'ha trapassato giamai.

Io sapeua bene alcune cose de i sopradetti ecccellenti, e nobili artefici Veronesi, ma tutto quello, che n'ho raccontato, non harei gia saputo interamente

FRANCESCO E GIROLAMO

te, se la molta bontà, e diligenza del Reuerendo, e dottissimo fra Marco de' Medici Veronese, & huomo pratichissimo in tutte le piu nobili arti, e sciétie, & insieme, il Danese Cataneo da Carrara, eccellentissimo scultore, & miei amicissimi, non me n'hauessero dato quell'intero, e perfetto ragguaglio, che disopra, come ho saputo il meglio, ho scritto a vtile, & commodo di chi leggerà queste nostre vite, nelle quali mi sono stati, e sono di grande aiuto le cortesie di molti amici, che per compiacermi, & giouare al mondo, si sono in ricercar'questa cosa affaticati. e questo sia il fine delle vite dei detti Veronesi, di ciascuno de'quali non ho potuto hauere i ritratti, essendomi questa piena notizia non prima venuta alle mani, che quando mi sono poco meno, che alla fine dell'opera ritrouato.

FRANC. GRANACCI PITTORE
FIORENTINO.

VITA DI FRANC. GRANACCI,
PITTORE FIORENTINO.

Randissima è la ventura di quegli artefici, che si accostano ò nel nascere, ò nelle compagnie che si fanno in fanciullezza, a quegl'huomini, che il cielo ha eletto per segnalati, e superiori agl'altri nelle nostre arti: atteso, che fuor di modo s'acquista, e bella, e buona maniera nel vedere i modi del fare, e l'opere degl'huomini eccellenti: senza che anco la concorrenza, e l'emulazione, ha, come in altro luogo si è detto, gran forza negl'animi nostri. Francesco Granacci adunque, delquale si è di sopra fauellato, fu vno di quegli, che dal Magnifico Lorenzo de'Medici fu messo a imparare nel suo giardino. onde auuenne, che conoscendo costui, ancor fanciullo il valore, e la virtù di Michelagnolo, e quanto crescendo, fusse per produrre grandissimi frutti, non sapeua mai leuarsegli dattorno anzi con sommessione, & osseruanza incredibile s'ingegnò sempre di andare secondando quel ceruello. di maniera, che Michelagnolo fu forzato a amarlo sopra tutti gl'altri amici, & a confidar tanto in lui, che à niuno più volentieri, che al Granaccio, conferì mai le cose ne comunicò tutto quello, che allora sapeua nell'arte. & così essendo ambidue stati insieme di compagnia, in bottega di Domenico Grilládai, auuennero perche il Granacci era tenuto dei giouani del Grillandai il migliore, e quegli che hauesse piu grazia nel colorire à tempera, & maggior disegno, che egli, aiutò a Dauitte, e Benedetto Grillandai, fratelli di Domenico, a finire la tauola dell'Altare maggiore di santa Maria Nouella, laquale per la morte di esso Domenico era rimasa imperfetta. Nel quale lauoro il Granaccio acquistò assai. e dopo fece della medesima maniera, che è detta tauola, molti quadri, che sono per le case de'Cittadini, & altri, che furono mandati di fuori, e perche era molto gentile, e valeua assai in certe galaterie, che per le feste di Carnouale si faceuano nella città, fu sempre in molte cose simili dal Magnifico Lorenzo de'Medici adoperato; ma particolarmente nella mascherata, che rappresentò il Trionfo di Paulo Emilio della vittoria, che egli hebbe di certe nazzioni stranieri. Nella quale mascherata, piena di bellissime inuenzioni, si adoperò talmente il Granacci, ancorche fusse giouinetto, che ne fu sommamente lodato, ne tacero qui, che il detto Lorenzo de'Medici fu primo inuentore, come altra volta è stato detto, di quelle mascherate, che rappresentano alcuna cosa, e sono detti a Firenze Canti, non si trouando, che prima ne fussero state fatte in altri tempi. fu similmente adoperato il Granacci l'anno 1513. negl'appatati, che si fecero magnifici, e sontuosissimi, per la venuta di Papa Leone decimo de'Medici, da Iacopo Nardi huomo dottissimo, e di bellissimo ingegno; il quale, hauendogli ordinato il Magistrato degl'Otto di pratica, che facesse vna bellissima mascherata, fece rapresentare il Trionfo di Camillo. laquale mascherata, per quanto apparteneua al pittore, fu dal Granacci tanto bene ordinata abbellezza, & adorna, che meglio non puo alcuno immaginarsi. e le parole della canzona, che fece Iacopo cominciauano:

Contempla

FRANCESCO GRANACCI

Contempla in quanta gloria sei salita,
Felice alma Fiorenza
Poi che dal Ciel discesa. e quello che segue.

Fece il Grāacci pel medesimo apparato, e prima, e poi molte prospettiue da Comedia, e stando col Grillandaio lauorò stendardi da Galea, bandiere, & insegne d'alcuni caualieri à sproni d'oro, nell'entrare publicamente in Firenze e tutto à spese de Capitani di parte Guelfa, come allora si costumaua, e fi è fatto anco, non ha molto, a tempi nostri. similmente quando si faceuano le potenze, e l'armegerie, sece molte belle inuenzioni d'abbigliamenti, & acconci mi. la quale maniera di feste che è propria de'Fiorentini, & è piaceuole molto vedendosi huomini quasi ritti del tutto à cauallo, in sulle staffe cortissime rompere, la lancia con quella facilita, che fanno i guerrieri ben serrati nell'arcione, si secero tutti per la detta venuta di Leone à Firenze. fece anco, oltre all'altre cose il Granacci vn bellissimo Arco Trionfale dirimpetto alla porta di Badia, pieno di storie di chiaro scuro con bellissime fantasie. ilquale arco fu molto lodato, e particolarmente per l'inuenzione dell'architettura, e per hauer finto per l'entrata della via del palagio il ritratto della medesima porta di Badia con le scale, & ogni altra cosa, che tirata in prospettiua non era dissimile la dipinta, e posticcia dalla vera, e propria. & per ornamento del medesimo arco fece di terra alcune figure di rilieuo di sua mano bellissime, & in cima al l'arco in vna grande inscrizione, queste parole, LEONI X. PONT. MAX. FIDEI CVLTORI. Ma per venir hoggimai ad alcune opere del Granacci, che sono in essere dico, che hauendo egli studiato il cartone di Michelagnolo, mentre che esso Buonarroto per la sala grande di palazzo il faceua, acquistò tanto, e di tanto giouamento gli sue, che essendo Michelagnolo chiamato a Roma da Papa Giulio secondo, perche dipignesse la volta della capella di palazzo, fu il Granacci de'primi, ricerchi da Michelagnolo, che gl'aiutassero colorire a fresco quell'opera, secondo i cartoni, che esso Michelagnolo haueua fatto. bene è vero, che non piacendogli poi la maniera, ne il modo di fare di nessuno, trouò via senza licenziarli, chiudendo la porta a tutti, & non si lasciādo vedere, che tutti se ne tornarono a Fiorenza: doue dipinse il Granacci a Pierfrancesco Borgherini nella sua casa di Borgo santo Apostolo in Fiorenza, in vna camera, doue Iacopo da Puntormo, Andrea del Sarto, e Frā cesco Vbertini haueuano fatto molte storie della vita di Ioseffo; sopra vn lettuccio vna storia a olio de'fatti del medesimo, in figure piccole, fatte con pulitissima diligenza, & cō vago, e bel colorito. & vna prospettiua, doue fece Giuseppo, che serue Faraone, che non può essere piu bella in tutte le parti. fece ancora al medesimo, pure a olio vna Trinità in vn tondo, cio è vn Dio padre, che sostiene vn Crucifisso. e nella chiesa di san Pier Maggiore è in vna tauola di sua mano vn'Assunta con molti Angeli, e con vn san Tommaso, alquale ella da la cintola, figura molto graziosa, & che suolta tanto bene, che pare di mano di Michelagnolo. e così fatta è anco la Nostra Donna, il disegno del lequali due figure di mano del Granacci, è nel nostro libro, con altri fatti similmente da lui. sono dalle bande di questa tauola s. Paulo, san Lorēzo, s. Iacopo, e s. Giouāni, che sono tutte così belle figure, che questa è tēuta la migliore opera, che Francesco facesse mai. e nel vero, questa sola, quando non

hauesse

TERZA PARTE

hauesse mai fatto altro, lo fara tenere sempre, come fu eccell. dipintore. fece ancora nella chiesa di san Gallo, luogo gia fuor della detta porta, de'frati Heremitani di santo Agostino, in vna tauola la Nostra Donna, e due putti, san Zanobi Vescouo di Fiorenza, e san Francesco. laquale tauola, che era alla capella de'Girolami, della quale famiglia fu detto san Zanobi, e hoggi In san Iacopo tra fossi in Firenze. hauendo Michelagnolo Buonarruoti vna sua nipote monaca in santa Apollonia di Firenze, & hauendo per cio fatto l'ornamento, & il disegno della tauola, & dell'altar maggiore, ui dipinse il Granaccio alcune storie di figurette piccole a olio, & alcune gradi, che allora sodisfecero molto alle Monache, & a i pittori ancora. nel medesimo luogo dipinse da basso vn'altra tauola, che per inauertenza di certi lumi lasciati all'altare abruciò vna notte, con alcuni paramenti di molto valore, che certo fu gran danno, percioche era quell'opera molto da gl'artefici lodata. alle Monache di s. Giorgio in sulla costa fece nella tauola dell'altar maggiore la Nostra Donna, santa Chaterina, san Giouanni Gualberto, san Bernardo Vberti Cardinale, e sa Fedele. lauorò similmente il Granacci molti quadri, e tondi sparsi per la città nelle case de gentil'huomini, e fece molti cartoni per far finestre di vetro, che furono poi messi in opera da i frati degl'Ingiesuati di Fiorenza. dilettossi molto di dipignere drappi, & solo, & in compagnia: onde, oltre le cose dette di sopra, fece molti drappelloni. e perche faceua l'arte piu per passar tempo, che per bisogno, lauoraua agiatamente, & voleua tutte le sue commodita, fuggedo a suo potere i disagi piu che altr'huomo, ma nondimeno coseruò sempre il suo, senza esser cupido di quel d'altri. e perche si diede pochi pensieri, fu piaceuole huomo, & attese à godere allegramente, visse anni sessanta sette. alla fine de'quali di malatia ordinaria, e di febre fini il corso della sua vita: & nella chiesa di santo Ambruogio di Firenze hebbe sepoltura nel giorno di santo Andrea Apostolo, nel
M.D.XLIIII.

BACCIO BAGNOLO
ARCHITETTORE.

Vita di Baccio d'Agnolo Architettore Fiorentino.

SOmmo piacere mi piglio alcuna volta nel vedere i principii degl'artefici nostri, per veder salire molto tallora di basso in alto, e specialmente nell'architettura: la scienza della quale nõ è stata esercitata da parecchi anni adietro, se non da intagliatori, ò da persone sofistiche, che faceuano professione, sanza saperne pure i termini, & i primi principii, d'intendere la prospettiua. e pur è vero, che non si puo esercitare l'architettura perfettamente, se non da coloro, che hanno ottimo giudizio, e buon disegno, ò che in pitture, sculture, ò cose di legname habbiano grandemente operato: conciosia, che in essa si misurano i corpi delle figure loro, che sono le colonne, le cornici, i basamenti, e tutti l'ordin di quella. i quali à ornamento delle figure son fatti, e non per altra cagione

gione. e per quello i legnaiuoli di continuo maneggiandogli, diuentano in ispazio di tempo, architetti. e gli scultori similmente, per lo situare le statue loro, e per fare ornamenti a sepolture, e altre cose tonde, col tempo l'intendono. et il pittore, per le prospettiue, e per la uarieta dell'inuezioni, e per i casamenti da esso tirati, non può fare, che le piante degl'edificii non faccia: atteso che non si pongono case ne scale ne' piani, doue le figure posano, che la prima cosa non si tiri l'ordine, & l'architettura. lauorando dunque di rimesi Baccio nella sua giouanezza eccellentemente, fece le spalliere del choro di santa Maria nouella nella capella maggiore: nella quale sono vn san Giouanni Battista, & vn san Lorenzo bellissimi. d'intaglio lauorò l'ornamento della medesima capella, & quello dell'altar maggiore della Nunziata, l'ornamento dell'organo di santa Maria Nouella, & altre infinite cose, e publiche, e priuate nella sua patria Fiorenza. della quale partendosi, andò a Roma, doue attese con molto studio alle cose d'architettura, e tornato, fece per la venuta di Papa Leone decimo, in diuersi luoghi Archi trionfali di legname. ma per tutto ciò non lasciando mai la bottega, vi dimorauano assai con esso lui, oltre a molti cittadini, i migliori, & primi artefici dell'arte nostre: onde vi si faceuano, massimamente la vernata, bellissimi discorsi, & dispute d'importanza. il primo di costoro era Raffaello da Vrbino, allora giouane; e dopo, Andrea Sansouino; Filippino; il Maiano; il Cronaca; Antonio, & Giuliano Sangalli; il Granaccio; & alcuna volta, ma però di sado, Michelagnolo; & molti giouani Fioren. e forest. hauendo adunq; p si fatta maniera atteso Baccio all'architettura, & hauendo fatto di se alcuno esperimento, cominciò a essere a Firenze intanto credito, che le piu magnifiche fabriche, che al suo tempo si facessero, furono allogate a lui, & egli fattone capo. essendo gonfaloniere Piero Soderini, Baccio insieme col Cronaca, & altri, come si è detto di sopra, si trouò alle deliberazzioni, che si fecero della sala grande di palazzo: e di sua mano lauorò di legname l'ornamento della tauola grande, che abbozzò fra Bartolomeo, disegnato da Filippino. in compagnia de' medesimi fece la scala, che va in detta sala, con ornamento di pietra molto bello: & di mischio le colonne, e porte di marmo della sala, che hoggi si chiama de' dugento. fece in sulla piazza di santa Trinita vn palazzo a Giouanni Bartolini, ilquale è dentro molto adornato: & molti disegni per lo giardino del medesimo in Gualfonda. e perche fu il primo edifizio quel palazzo, che fusse fatto con ornamento di finestre quadre, con frontispizii, & con porta, le cui colonne reggessino architraue, fregio, & cornice, furono queste cose tanto biasimate da i Fioré. có parole, có sonetti, & con appiccarui filze di frasche, come si fa alle chiese per le feste dicendosi, che haueua piu forma di facciata di tempio, che di palazzo, che Baccio fu per vscir di ceruello. tuttauia sapendo egli, che haueua imitato il buono, & che l'opera staua bene se ne passò. vero è, che la cornice di tutto il palazzo riuscì, come si è detto in altro luogo, troppo grande. tuttauia l'opera è stata per altro, sempre molto lodata. a Lanfredino Lanfredini fece fabricare lungo arno la casa loro, che è fra il Ponte a santa Trinita, & il Ponte alla Carraia. & su la piazza de Mozzi cominciò ma non fini la casa de' Nasi, che risponde in sul renaio d'arno. fece ancora la casa de' Taddei, a Taddeo di quella famiglia, che fu tenuta commodissima, e bella. diede a Pierfrancesco Borgherini i disegni

BACCIO D'AGNOLO

gni della casa, che fece in Borgo santo Apostolo: & in quella con molta spesa fece far gl'ornamenti delle porte, camini bellissimi. e particolarmente fece per ornamento d'vna camera cassoni di noce pieni di putti intagliati con sōma diligenza. laquale opera sarebbe hoggi impossibile a condurre à tāta perfezzione, con quanta la condusse egli. diedegli il disegno della villa, che è fece fare sul poggio di bello sguardo, che fu di bellezza, & di comodita grande & di spesa infinita. a Giouanmaria Benintendi fece vn'anticamera, & vn ricētto d'un'ornamento, per alcune storie fatte da eccell. maestri, che fu cosa rara. fece il medesimo il modello della chiesa di s. Giuseppo da sāto Nofri, & fece fabricare la porta, che fu l'ultima opera sua. fece condurre di fabrica il campanile di santo Spirito in Fiorenza, che rimase imperfetto. hoggi per ordine del Duca Cosimo si finisce col medesimo disegno di Baccio. e similmente qllo di san Miniato di Monte dall'artiglieria del campo battuto, non pero fu mai rouinato. per lo che non minor fama s'acquistò per l'offesa che fece a nemici, che per la bonta, e bellezza con che Baccio l'haueua fatto lauorare, & cō durre. essendo poi Baccio, per la sua bontà, e per essere molto amato da i cittadini nell'opera di santa Maria del Fiore per architetto, diede il disegno di fare il ballatoio, che cigne intorno la cupola: ilquale Pippo Brunelleschi, sopragiunto dalla morte haueua lasciato adietro. e benche egli hauesse anco di questo fatto il disegno, per la poca diligenza de'ministri dell'opera erano andati male, e perduti. Baccio adunque, hauendo fatto il disegno, e modello di questo ballatoio, mise in opera tutta la banda, che si vede verso il canto de' Bischeri. ma Michelagnolo Buonarroti, nel suo ritorno da Roma, veggendo che nel farsi quest'opera si tagliauano le morse, che haueua lasciato fuori non senza proposito, Filippo Brunelleschi, fece tanto rumore, che si restò di lauorare, dicendo esso, che gli pareua, che Baccio hauesse fatto vna gabbia da grilli, & che quella machina si grande richiedeua maggior cosa, & fatta con altro disegno, arte, e grazia, che non gli pareua, che hauesse il disegno di Baccio, & che mostrarebbe egli come s'haueua da fare. hauendo dunque fatto Michelagnolo vn Modello, fu la cosa lungamente disputata fra molti artefici, e cittadini intendenti dauanti al Cardinale Giulio de'Medici. e finalmente non fu, ne l'vn modello, ne l'altro messo in opera. fu biasimato il disegno di Baccio in molte parti, non che di misura in quel grado non stesse bene: ma perche troppo diminuiua a comparazzione di tanta machina. e per queste cagioni non ha mai hauuto questo ballatoio il suo fine. attese poi Baccio a fare i pauimenti di santa Maria del Fiore, & altre sue fabriche, che non erano poche, tenendo egli cura particolare di tutti i principali Monasterii, & conuēti di Firenze, e di molte case di cittadini dentro, e fuori della città. finalmente vicino à 83. anni, essendo anco di saldo, e buon giudizzio, andò à miglior vita nel 1543. lasciando Giuliano, Filippo, e Domenico suoi figliuoli, da i quali fu fatto sepellire in san Lorenzo.

De' quali suoi figliuoli, che tutti dopo Baccio atteser all'arte dell'intaglio, e falegname; Giuliano che era il secondo, fu quegli, che con maggiore studio viuendo il padre, e dopo, attese all'architettura. onde col fauore del Duca Cosimo succedette nel luogo del padre all'opera di sāta Maria del Fiore, & seguitò non pure in quel tempio quello, che il padre haueua cominciato, ma tutte

Nn

l'altre muraglie ancora, lequali per la morte di lui erano rimase imperfette. & hauendo in quel tempo messer Baldassarre Turini da Pescia à collocare vna tauola di mano di Raffaello da Vrbino nella principale chiesa di Pescia, di cui era Proposto, e fatle vn'ornamento di pietra intorno, anzi vna capella intera, & vna sepoltura, conduslle il tutto con suoi disegni, & modelli, Giuliano, ilquale rassettò al medesimo la sua casa di Pescia con molte belle, & vtili commodità. fuor di Fiorenza a Montughi fece il medesimo à messer Francesco Campana, gia primo segretario del Duca Alessandro; e poi del Duca Cosimo de'Medici, una casetta piccola à canto alla chiesa, ma ornatissima, e tanto ben posta, che vagheggia, essendo alquanto rileuata, tutta la città di Firenze, & il piano intorno. & à Colle patria del medesimo Campana, fu murata vna commodissima, & bella casa, col disegno del detto Giuliano: ilquale poco appresso cominciò, per messer Vgolino Grifoni, Monsignor d'Altopascio vn palazzo a san Miniato al Tedesco, che fu cosa magnifica. & à ser Giouanni Conti, vno de'segretarii del detto Signor Duca Cosimo acconciò, con molti belli, & commodi ornamenti, la casa di Firenze: ma ben'è vero, che nel fare le due finestre inginocchiate, lequali rispondono in sulla strada, vscì Giuliano del modo suo ordinario, e le tritò tanto con risalti, mensoline, e rotti, ch'elle tengono piu della maniera Tedesca, che dell'antica, e moderna, vera, e buona. e nel vero le cose d'architettura vogliono essere maschie, sode, et semplici, & arricchite poi dalla grazia del disegno, & da vn suggetto vario nella composizione, che nó alteri col poco, o col troppo, ne l'ordine dell'architettura, ne la vista di chi intende. intanto, essendo tornato Baccio Bandinelli da Roma doue haueua finito le sepolture di Leone, & Clemente, persuase al Signor Duca Cosimo allora giouinetto, che facesse nella sala grande del palazzo Ducale vna facciata in testa tutta piena di colonne, & nicchie, con vn ordine di ricche statue di marmo: laqual facciata rispondesse con finestre di marmo, & macigni in piazza. a che fare risoluto il Duca, mise mano il Bandinello à fare il disegno: ma trouato, come si è detto nella vita del Cronaca, che la detta sala era fuor di squadra; e non hauendo mai dato opera all'architettura il Bandinello, come quello, che la stimaua arte di poco valore, e si faceua marauiglia, e rideua di chi le daua opera, veduta la difficultà di quest'opera, fu forzato conferire il suo disegno con Giuliano, e pregarlo, che come architettore gli guidasse quell'opera. & cosi, messi in opera tutti gli Scarpellini, & intagliatori di santa Maria del Fiore, si diede principio alla fabrica, risoluto il Bandinello col consiglio di Giuliano, di far che quell'opera andasse fuor di squadra, secondando in parte la muraglia. onde auenne, che gli bisognò fare tutte le pietre con le quadrature bieche, & con molta fatica condurle col pifferello, ch'è vno strumento d'vna squadra zoppa. il che diede tanto disgrazia all'opera, che, come si dirà nella vita del Bandinello, è stato difficile ridurla in modo, che ella accompagni l'altre cose. laqual cosa non sarebbe auenuta, se il Bandinello hauesse posseduto le cose d'architettura, come egli possedeua quelle della scultura: per non dir nulla, che le Nicchie grandi, doue sono dentro nelle riuolte verso le facciate, riusciuano nane; e non senza difetto quella del mezzo, come si dirà nella vita di detto Bandinello. quest'opera, dopo essersi lauorato dieci anni, fu messa da canto, & cosi si è stata qualche tempo. vero

e, che

BACCIO DAGNOLO

è, che le pietre fcorniciate, e le colónne cofi di pietra del foſſato, come quelle di marmo, furono condotte con diligenza grandiſſima dagli ſcarpellini, & in tagliatori, per cura di Giuliano; e dopo, tanto ben murate, che non è poſſibile vedere le piu belle commettiture, e quadre tutte. nel che fare ſi può Giuliano celebrare, per eccellentiſſimo. e queſt'opera, come ſi dirà a ſuo luogo, fu finita in cinque meſi, con vna aggiunta, da Giorgio Vaſari Aretino. Giuliano in tanto, non laſciando la bottega attendeua inſieme con i fratelli a fare di molte opere di quadro, e d'intaglio; & a far tirare inanzi il pauimento di ſanta Maria del Fiore. nel qual luogo perche ſi trouaua capomaeſtro, & architettore, fu ricerco dal medeſimo Bandinello di far piantare in diſegno, e modelli di legno ſopra alcune fantaſie di figure, & altri ornamenti, per condurre di marmo l'Altar maggiore di detta ſanta Maria del Fiore. il che Giuliano fece volentieri, come buona, ria perſona, e dabene, & come quello, che tanto ſi dilettaua dell'architettura, quanto la ſpregiaua il Bandinello: eſſendo anco a ciò tirato dalle promeſſe d'vtili, e d'honori, che eſſo Bandinello largamente faceua. Giuliano dunque, meſſo mano al detto modello, lo riduſſe aſſai conforme a quello, che giacra ſemplicemente ſtato ordinato dal Brunelleſco, ſaluo che Giuliano lo fece più ricco, raddoppiando con le colonne, l'arco di ſopra, il quale conduſſe a fine. eſſendo poi queſto modello, & inſieme molti diſegni portato dal Bandinello al Duca Coſimo, ſua Eccellentia Illuſtriſſima ſi riſoluè con animo regio à fare non pure l'Altare, ma ancora l'ornamento di marmo, che va intorno al choro ſecondo, che faceua l'ordine vecchio à otto faccie, con quegli ornamenti ricchi, con i quali è ſtato poi condotto, conforme alla grandezza, e magnificéza di quel tempio. onde Giuliano con l'interuento del Bandinello diede principio a detto choro; ſenza alterar altro, che l'entrata principale di quello, la qual è dirimpetto al detto Altare, e laquale egli volle, che fuſſe appunto, & haueſſe il medeſimo arco, & ornamento, che il proprio Altare, e fece parimente due altri archi ſimili, che vengono, cò l'entrata, e l'Altar a croce; e queſti per due pergami come haueua anco il vecchio, per la muſica, & altri biſogni del choro, e dell'altare. fece in queſto choro Giuliano vn'ordine Ionico attorno all'otto faccie: & in ogni Angolo poſe un pilaſtro, che ſi ripiega la metà; e in ogni faccia vno. e perche diminuiua al punto ogni pilaſtro, che voltaua al centro, veniua di dentro ſtrettiſſimo, e ripiegato, e dalla banda di fuori acuto, e largo. laquale inuentione non fu molto lodata, nè approuata per coſa bella da chi ha giudizio. atteſo, che in vn'opera di tanta ſpeſa, & in luogo coſi celebre, doueua il Bandinello, ſe non apprezzaua egli l'architettura, ò non l'intendeua, ſeruirſi di chi allora era viuo, & harebbe ſaputo, e potuto far meglio. & in queſto Giuliano merita ſcuſa perche fece quello, che ſeppe, che nò fu poco, ſe bene e più che vero, che chi non ha diſegno, e grande inuenzione da ſe, ſara ſempre pouero di grazia, di perfezione, e di giudizio ne componimenti grandi d'Architettura. fece Giuliano vn lettuccio di noce per Filippo Strozzi, che è hoggi à città di Caſtello in caſa degl'heredi del ſignor Aleſſandro Vitelli. & vn molto ricco, e bel fornimento a vna tauola, che fece Giorgio Vaſari all'Altare maggiore della Badia di Camaldoli in Caſentino col diſegno di detto Giorgio. e nella chieſa di ſanto Agoſtino del monte ſan Sauino. fece vn'altro or

TERZA PARTE

namento intagliato, per vna tauola grande, che fece il detto Giorgio. in Rauenna nella Badia di Clafsi, de' Monaci di Camaldoli fece il medefimo Giuliano, pure à vn'altra tauola di mano del Vafari, vn'altro bell'ornamento. & a i Monaci della Badia di santa Fiore in Arezzo fece nel Refettorio il fornimento delle pitture, che vi fono di mano di detto Giorgio Aretino. nel Vefcouado della medefima città dietro all'Altare maggiore, fece vn choro di noce belliffimo, col difegno del detto, doue fi haueua a tirare inanzi l'Altare. e finalmente poco anzi, che fi moriffe fece fopra l'Altare maggiore della Nunziata il bello, e richiffimo ciborio del fantiffimo fagramento, & li due Angeli di legno, di tondo rilieuo, che lo mettono in mezzo. & quefta fu l'vltima opera, che faceffe, effendo andato a miglior vita l'anno 1555.

Ne fu di minor giudizzio Domenico fratello di detto Giuliano, perche, oltre, che intagliaua molto meglio di legname, fu anco molto ingegnofo nelle cofe d'architettura, come fi vede nella cafa, che fece fare col difegno di coftui Baftiano da Montaguto nella via de ferui, doue fono anco di legname molte cofe di propria mano di Domenico: il quale fece per Agoftino del Nero in fulla piazza de' Mozzi le cantonate, & vn belliffimo terrazzo a ql le cafe de' Nafi gia cöinciate da Baccio fuo padre. e fe coftui non fuffe morto co fi prefto, ha urebbe, fi crede, di gran lunga auanzato fuo pa dre, e Giuliano fuo fratello.

VALERIO ET ALTRI

VALERIO VICENTINO
INTAGLIATORE.

*Vite di Valerio Vicentino, di Giouanni da castel Bo-
lognese, di Matteo dal Nasaro Veronese, e dal-
tri Ecc. intagliatori di Camei, & gioie.*

A che i Greci ne gl'intagli delle pietre orientali furono cosi di-
uini; e ne Camei perfettamente lauorarono: per certo mi pa-
rebbe fare non piccolo errore, se io passassi con silenzio coloro, che quei marauigliosi ingegni hanno nell'eta nostra imitato. conciosia, che niuno è stato fra i moderni passati, secondo
che si dice, che habbia passato i detti antichi di finezza, e di disegno in questa presente è felice eta; se nò questi che qui di sotto conteremo. ma prima,
che io dia principio, mi conuien fare un discorso breue sopra questa arte
dello

dell'intagliar le pietre dure, & le gioie: la quale doppo le rouine di Grecia, e di Roma ancora loro si perderono insieme con l'altre arti del disegno. Queste opere dello intagliare in cauo, & di rilieuo, se ne visto giornalméte in Roma trouarsi spesso fra le rouine, Cammei, & Corgniole, Sardoni, & altri eccellentissimi intagli, e molti, e molti anni stette persa, che non si trouaua chi vi attendesse; & se bene si faceua qualche cosa, non erono di maniera, che se ne douessi far conto, & per quanto se n'ha cognizione non si troua, che si cominciasse a far bene, & dar nel buono, se non nel tempo di papa Martino v. & di Paolo II. & andò crescendo di mano in mano per fino, che'l Mag. Lorenzo de' Medici, il quale si dilettò assai degli intagli de' Cammei antichi, & fra lui, & Piero suo figliuolo ne ragunarono gran quantità, & massimamente Calcidoni, corgniuole, & altra sorte di pietre intagliate rarissime, le quali erano con diuerse fantasie dentro, che furono cagione, che per metter l'arte nella loro città e conducesino di diuersi paesi maestri, che oltra al rasettar loro queste pietre gli condussono dell'altre cose rare in quel tempo. Imparò da questi per mezzo del Mag. Lorenzo questa virtù dell'intaglio in cauo vn giouane Fiorentino chiamato Giouanni delle corgniuole, il quale hebbe questo cognome, perche le intagliò eccellentemente, come fa testimonio infinite, che se ne veggono di suo grandi, & piccole; ma particolarmente vna grande, doue egli fece dentro il ritratto di fra Girolamo Sauonarola nel suo tempo adorato in Fiorenza, per le sue predicazioni; ch'era rarissimo itaglio. Fu suo concorrente Domenico de' Cammei Milanese, che allora viuendo il Duca Lodouico, il Moro, lo ritrasse in cauo in vn balascio, della grandezza piu d'un giulio, che fu cosa rara, e de migliori intagli, che si fusse visto de maestri moderni. accrebbe poi in maggiore eccellenza questa arte nel pontificato di papa Leone decimo, per la virtù, & opere di Piermaria da Pescia, che fu grandissimo imitatore delle cose antiche. Et gli fu concorrente Michelino, che valse non meno di lui nelle cose piccole, & grandi, & fu tenuto vn grazioso maestro. Costoro apersono la via a quest'arte tanto difficile, poi che in tagliando in cauo, che è proprio vn lauorare al buio, da che non serue ad altro, che la cera per occhiali a vedere di mano in mano quel che si fa, ridussono finalmente, che giouanni da Castel Bolognese, & Valerio Vicentino, & Matteo dal Nasaro, & altri facesino tante bell'opere, che noi faremmo memoria: Et per dar principio, dico che Giouani Bernardi da Castel Bologne se, il quale nella sua giouanezza stando appresso il Duca Alfonso di Ferrara, gli fece in tre annj, che vi stette honoratamente, molte cose minute, delle quali non accade far menzione. Ma di cose maggiori la prima fu, che egli fece in vn pezzo di cristallo incauato, tutto il fatto d'arme della Bastia, che fu bellissimo: & poi in vn'incauo d'acciaio il ritratto di quel Duca, per far medaglie; & nel riuerso, Giesu Christo preso dalle turbe. Dopo andato à Roma, stimolato dal giouio, per mezzo d'Hipolito Cardinale de' Medici, & di Giouanni Saluiati Cardinale, hebbe commodità di ritrarre Clemente settimo onde ne fece vn'incauo per medaglie, che fu bellissimo; & nel rouescio quando Ioseffo si manifestò a' suoi fratelli. Di che fu da S. S. rimunerato col dono d'vna mazza, che è vn'vffizio, del quale cauò poi al tempo di Paolo terzo, vendendolo, dugento scudi. Al medesimo Clemente fece in quattro tó
di

di di cristallo i quattro Euangelisti, che furono molto lodati; & gl'acquistarono la grazia, & l'amicizia di molti Reuerendissimi; Ma particolarmente quella del Saluiati, & del detto Hippolito Cardinale de' Medici, vnico rifugio de' Vertuosi; ilquale ritrasse in medaglie d'acciaio; & al quale fece di cristallo, quando ad Alessandro Magno è presentata la figliuola di Dario. Et dopo, venuto Carlo V. à Bologna a incoronarsi, fece il suo ritratto in vn' Acciaio. Et improntata vna medaglia d'oro, la portò subito all' Imperatore, ilquale gli donò cento doble d'oro, facendolo ricercare se voleua andar seco in Ispagna. Ilche Giouanni ricusò, con dire, che non potea partirsi dal seruizio di Clemente, & d'Hippolito Cardinale, per i quali hauea alcuna opera cominciata, che ancora era imperfetta. Tornato Giouanni a Roma, fece al detto Cardinale de' Medici il Ratto delle Sabine, che fu bellissimo. per lequali cose conoscendosi di lui molto debitore il Cardinale, gli fece infiniti doni, & cortesie: ma quello fu di tutti maggiore, quando partendo il Cardinale p Francia, accompagnato da molti signori, & gentil'huomini, si voltò a Giouā ni, che vi era fra gl'altri : Eleuatasi dal collo vn picciola collana, alla quale era appiccato vn Cammeo, che valeua oltre sei cento scudi gliele diede, dicendogli, che lo tenesse insino al suo ritorno: cō animo di sodisfarlo poi di quāto conosceua, che era degna la virtu di Giouanni. Il quale Cardinale morto, venne il detto Cammeo in mano del Cardinal Farnese. per lo quale lauorò poi Giouanni molte cose di cristallo, & particolarmente, per vna croce, vn crucifisso: & vn Dio padre di sopra: & dagli lati la nostra Donna, e san Giouanni; & la Maddalena a piedi. Et in vn triangolo a piè della croce fece tre storie della passione di Cristo, cioè vna p. Angolo. Et per due Candelieri d'argento fece in cristallo sei tondi. Nel primo è il Centurione, che prega Cristo, che sani il figliuolo. Nel secondo la probatica piscina; Nel terzo la trasfigurazione in sul monte Tabor. Nel quarto è il miracolo de' cinque pani, & due pesci: Nel quinto quando cacciò i venditori del tempio; & nell'ultimo la Resurrezzione di Lazzaro; che tutti furono rarissimi. Volendo poi fare il medesimo Cardinal Farnese vna cassetta d'argento ricchissima, fattone fare l'opera a Marino orefice Fiorentino, che altroue sene ragionerà. Diede a fare a Giouanni tutti i vani de cristalli, iquali gli condusse tutti pieni di storie, & di marmo di mezzo rilieuo, fece le figure d'argento, & gli ornamenti tondi con tanta diligenza, che non fu mai fatta altra opera con tanta, e simile pfezzione. Sono di mano di Giouanni nel corpo di questa cassa intagliate in ouati questi storie con arte marauigliosa la caccia di Meleagro, & del porco Calidonio; le Bacchanti, & vna battaglia naual e, & similmente quādo Hercole combattè con l'Amazzone, e altre bellissime fantasie del cardinale ne fece fare i disegni finiti a Perino del Vaga, & a altri maestri. Fece appresso in vn cristallo il successo della presa della Goletta; & in vn'altro la guerra di Tunisi. Al medesimo cardinale intagliò, pur in cristallo, la nascita di Christo; Quando era nell'orto; Quando è preso da Giudei; Quando è menato ad Anna, Herode, & Pilato; Quando è battuto, & poi coronato di spine; Quando porta la croce; Quando è confitto, & leuato in alto; & vltimamente la sua santissima, & gloriosa resurrezzione. Le quali opere tutte furono nō solamente bellissime, ma fatte anco con tanta prestezza, che ne restò ogni huomo mo marauigliato. Et hauendo Michelagnolo fatto vn diſegno (ilche mi ſi è rà ſcordato diſopra) al detto Cardinale de' Medici, d'un Tizio, a cui mangia vn'Auoltoio il cuore, giouanni intagliò beniſimo in criſtallo; ſi come anco fece con vn diſegno del medeſimo Buonarroto vn Fetonte, che per nó ſapere guidare il carro del Sole cadè in Po, doue piangendo le ſorelle, ſono conuertite in Alberi. Ritraſſe giouanni Madama Margherita d'Auſtria figliuola di Carlo quinto Imperadore, ſtata moglie del Duca Aleſſandro de' Medici, & allora Donna del Duca Ottauio Farneſe; & queſto fece a concorrenza di Valerio Vicentino; per le quali opere fatte al Cardinale Farneſe, hebbe da quel ſignore in premio vn'vffizio d'un Giannizzero, del quale traſſe buona ſomma di danari. Et oltre cio, fu dal detto ſignor tanto amato, che n'hebbe infiniti altri fauori. Ne paſsò mai il Cardinale da Faenza, doue Giouanni haueua fabricato vna commodiſſima caſa, che non andaſſe ad alloggiare con eſſolui. Fermatoſi dunque giouanni in Faenza, per quietarſi, dopo hauer molto trauagliato il modo, vi ſi dimorò ſempre: & eſſendogli morta la prima moglie, dellaquale non haueua hauuto figliuoli, preſe la ſecóda, di cui hebbe due maſchi, & vna femina, con iquali, eſſendo agiato di poſſeſſioni, & d'altre entrate, che gli rendeuano meglio di quattrocento ſcudi, viſſe contento infino a ſeſſanta anni. Alla quale età peruenuto, rendè l'anima à Dio il giorno della Pentecoſte l'anno 1555.

MATTEO del Naſſaro eſſendo nato in Verona d'un Iacopo dal Naſſaro calzaiuolo, atteſe molto nella ſua prima fanciullezza, non ſolamente al diſegno, ma alla muſica ancora, nella quale fu eccellente, hauendo in quella per maeſtri hauuto Marco Carrà, & il Tromboncino Veroneſi, che allora ſtauano col Marcheſe di Mantoa. Nelle coſe dell'intaglio gli furono di molto giouamento due Veroneſi d'honorate famiglie, con iquali hebbe cótinua pratica. L'vno fu Niccolò Auanzi, il quale lauorò in Roma priuatamente, Camei, Corniuole, & altre pietre, che furono portate a diuerſi principi. Et hacci di quegli, che ſi ricordano hauer veduto vn Lapis Lazaro largo tre dita di ſua mano la natiuità di Chriſto con molte figure; Il quale fu venduto alla Ducheſſa d'Vrbino, come coſa ſingolare. L'altro fu Galeazzo Mondella; ilquale, oltre all'intagliar le gioie, diſegnò beniſſimo. Da queſti due adunque hauendo Matteo tutto quello, che ſapeuano apparato; venutogli vn bel pezzo di diaſpro alle mani verde, e macchiato di gocciole roſſe, come ſono i buoni, v'intagliò dentro vn Depoſto di croce con tanta diligenza, che fece venire le piaghe in quelle parti del diaſpro, che erano macchiate di ſangue; ilche fece eſſere quell'opera rariſſima, & egli commendatone molto. Il quale diaſpro fu venduto da Matteo alla Marcheſana Iſabella da Eſte. Andatoſene poi in Francia, doue portò ſeco molte coſe di ſua mano, perche gli faceſſero luogo in corte del Re Franceſco primo; fu introdotto a quel ſignore, che ſempre tenne in conto tutte le maniere de' virtuoſi; il quale Re, hauédo preſo molte delle pietre da coſtui intagliate, toltolo al ſeruigio ſuo, & ordinatogli buona prouiſione; non l'hebbe men caro per eſſere ecc. ſonatore di Liuto, & ottimo muſico, che per il meſtiere dell'intagliar le pietre. E di vero niuna coſa accende maggiormente gl'animi alle virtu, che il veder quelle eſſere

apprez-

DI DIVERSI

apprezzate, e premiate da i Principi, & Signori, in quella maniera, che ha sèpre fatto per l'adietro l'Illustrissima casa de' Medici, & hora fa piu che mai; e nella maniera, che fece il detto Re Francesco veramente magnanimo. Matteo dunque stando al seruigio di questo Re, fece non pure per sua Maestà molte cose, rare ma quasi à tutti i piu nobili Sig. e baroni di quella corte; non essendoui quasi niuno, che non hauesse (vsandosi molto allora di portare Camei, & altre simili gioie al collo, e nelle berette) dell'opere sue. fece al detto Re vna tauola per l'altare della capella di sua Maestà, che si faceua portare in viaggio: tutta piena di figure d'oro, parte tonde, e parte di mezzo riliuo, cõ molte gioie intagliate, sparse per le membra delle dette figure. incauò parimenti molti cristalli, gl'esempi de quali in solfo, & gesso, si veggiono in molti luoghi: ma particolarmente in Verona, doue sono tutti i pianeti bellissimi & vna Verene con vn Cupido, che volta le spalle, ilquale non puo esser piu bello. in vn bellissimo Calcidonio, stato trouato in vn fiume intagliò diuinamente Matteo la testa d'vna Deanira quasi tutta tonda con la spoglia del Leone in testa, e con la superficie lionata: & in vn filo di color rosso, che era in quella pietra, accomodò Matteo nel fine della testa del Lione il rouescio di quella pelle, tanto bene, che pareua scorticata di fresco. in vn'altra macchia accomodò i capegli; & nel biãco la faccia, & il petto e tutto con mirabile magisterio. laquale testa hebbe isieme cõ l'altre cose il detto Re Fracesco. & vn'ipronta ne ha hoggi in Verona il Zoppo orefice, che fu suo discepolo. fu Matteo liberalissimo, e di grande animo; in tanto, che piu tosto harebbe donato l'opere sue, che vendutele per vilissimo prezzo. perche hauendo fatto à vn barone vn Cammeo d'importãza, e volendo colui pagarlo vna miseria, lo pregò strettamente Matteo, che volesse accettarlo in cortesia: ma colui, non lo volendo in dono, e pur volendolo pagare piccolissimo prezzo: venne in collora Matteo, & in presenza di lui con vn martello lo stiacciò. fece Matteo per lo medesimo Re molti cartoni per panni d'arazzo, & con essi, come volle il Re, bisognò che andasse in fiandra, e tanto vi dimorasse, che fussono tessuti di seta, e d'oro. i quali finiti, & condotti in Francia, furono tenuti cosa bellissima. finalmente, come quasi tutti gl'Huomini fanno, se ne tornò Matteo alla patria, portando seco molte cose rare di que'paesi, e particolarmente alcune tele di paesi fatte in Fiandra à olio, & à guazzo, e lauorati da bonissime mani; lequali sono ancora per memoria di lui tenute in Verona molto care dal signor Luigi, & signor Girolamo Stoppi. tornato Matteo à Verona si accomodò di stanza in vna grotta cauata sotto vn sasso, alquale è sopra il giardino de frati Giesuati; luogo, che oltre all'esser caldissimo il verno, e molto fresco la state, ha vna bellissima veduta. ma non potè goderſi Matteo qsta stãza fatta à suo capriccio, quãto harebbe voluto; pche liberato che fu della sua prigionia il Re Francesco, mandò subito, per vno, à posta à richiamar Matteo in Francia, e pagargli la prouisione, eziãdio del tempo, che era stato in Verona. e giunto la, lo fece maestro de conij della Zeccha. onde Matteo, presa moglie in Francia, s'accomodò, poi che così piacque al Re suo signore, a viuete in que' paesi. Della qual moglie hebbe alcuni figliuoli, ma à lui tanto dissimili, che n'hebbe poca contentezza. fu Matteo tõsi gentile, & cortese, che chiunche capitaua in Francia, non pure della sua

Oo

patria Verona, ma Lombardo carezzaua straordinariamente, fu suo amicis simo in quelle parti, Paulo Emilio Veronese, che scriſſe l'historie franzesi in lingua latina. fece Matteo molti discepoli, e fra gl'altri vn suo Veronese fratello di Domenico Bruscia sorzi, due suoi nipoti, che andarono in Fiâdra, et altri molti Italiani, e Franzesi, de quali non accade far menzione, e finalmente si mori non molto dopo la morte del Re Francesco di Francia. Ma peruenire oramai all'ecc. virtu di Valerio Vicétino del quale si ragionera, egli có duſſe tante cose grande, et piccole dintaglio encauo, & di riliuo ancora có vna pulitezza, & facilità, che e cosa da non credere: & se la natura haueſſe fatto cosi buon maeſtro Valerio di diſegno, come ella lo fece eccellentiſſimo nello intaglio, e diligente, & pazientiſſimo, nel condur lopere sue da che fù tanto, e spedito, harebbe paſſato di gran lunga gli antichi come gli paragono, & con tutto cio ebbe tâto ingegno, che si valſe sempre ò de diſegni da lui ò degli intagli antichi nelle sue cose, conduſſe Valerio a Papa Clemente VII. vna caſſetta tutta di criſtalli condotta con mirabil magiſterio, che nebbe da quel pontefice per sua fattura scudi duo mila d'oro, doue Valerio intagliò in que criſtalli tutta la paſſione di Gieſu Chriſto col diſegno d'altri, la quale caſſetta fu poi donata da Papa clemente al Re Francesco a Nizza quâdo andò a marito la sua nipote al Duca d'Oljens che fu poi il Re Arrigo: fece Valerio per il medeſimo Papa alcune paci belliſſime, & vna Croce di criſtallo diuina, & ſimilméte conij da inprotar medaglie doue ra il ritratto di Papa Clemente con roueſci belliſſimi, & fu cagione che nel tempo suo queſt'arte si acrebbe di tanti maeſtri, che innanzi al ſacho di Roma che da Milano, & di altri paeſi n'era creſciuto si gran numero, che era vna marauiglia fece Valerio le medaglie de dodici Imperatori co lor roueſci cauate dallo antico piu belle, & gran numero di medaglie greche: intagliò tante altre cose di criſtallo che non si vede altro che pieno le botteghe degli orefici, & il mó do che delle cose sua formate, ò di geſſo ò di zolfo, o d'altre meſture da e caui doue e fece ſtorie o figure o teſte. coſtui aueua vna pratica tâto terribile, che nó fu mai neſſuno del suo meſtiero che faceſſe piu ope di lui, côduſſe ancora a Papa Clemente molti vaſi di criſtalli quale parte donò à diuerſi Principi, e parte fur poſti in Fiorenza nella chieſa di san Lorenzo inſieme con molti vaſi che erano in caſa medici gia del Magnifico Lorenzo vecchio, & d'altri di quella Illuſtriſſima caſa per conſeruare le Reliquie di molti ſanti, che quel pontefice donò per memoria sua a quella chieſa che non e poſſibile veder la varieta de garbi di que vaſi, che ſon parte di Sardoni Agate Amatiſti Lapis Lazzari, & parte Plaſme, & Elitropie, & Diaſpri, Criſtalli Corniuole, che per la valuta, & bellezza loro non si puo deſiderar piu. fece a Papa Paulo terzo vna Croce, & dua candellieri pur di criſtallo intagliatoui dentro ſtorie della paſſione di Gieſu Chriſto in varij ſpartimenti di quell'opera, & infinito numero di pietre piccole, & grâdi che troppo lungo ſaria il volerne far memoria: trouaſi appreſſo il Cardinal Farneſe molte cose di man di Valerio il quale nô laſcio mâco cose lauorate, che faceſſe Giouanni ſopradetto, & d'anni ſettantotto ha fatto con l'occhio, & con le mani miracoli ſtupendiſſimi, & ha inſegnato l'arte a una sua figliuola, che lauora beniſſimo. Valerio tâto vago di procacciare antiquita di marmi, & impronte di geſſo antiche

DI DIVERSI

che e moderne, e difegni, e pitture di mano di rari huomini, che non guardaua a fpefa niuna. Onde la fuo cafa in Vicenza e piena, e di tante varie cofe adorna che e vno ftupore, e nel uero fi conofcie che quando vno porta amore alla virtù, egli non refta mai infino alla foffa; onde n'ha merito, & lode in vita, & fi fa doppo la morte inmortale fu Valerio molto premiato delle fati che fue, & hebbe vfizij, & benefizij affai da que' principi, che egli ferui. onde poffono quegli che fono rimafi doppo lui, mercie deffo, mantenerfi in grado honorato. coftui quando non pote piu per li faftidi che porta feco la vecchiezza attendere all'arte ne viuere, refe la nima a Dio l'anno 1546.

Fu ne tempi adietro in Parma il Marmita ilquale vn tempo attefe alla pittura poi fi voltò allo intaglio, & fu grandiffimo imitatore degli antichi. Di coftui fi vedde molte cofe belliffime. infegnò l'arte a vn fuo figliuolo chiamato Lodouico, che ftette in Roma gran tépo col Cardinal Giouanni de Saluiati; e fece per quefto fignore quattro ouati intagliati di figure nel criftallo molto eccellenti, che fur meffi in vna caffetta d'argento belliffima che fu donata poi alla Illuftriffima fignora Leonora di Tolledo Ducheffa di Fiorenza. coftui fece fra molte fue opere vn Cammeo con vna tefta di Socrate molto bella, e fu gran maeftro di contrafar medaglie antiche delle quali ne cauò grandiffima vtilità. feguitò in Fiorenza Domenico di Polo Fiorentino eccellente Maeftro di ncauo il quale fu difcepolo di Giouanni delle Corghole di che fe ragionato; ilqual Domenico a' noftri giorni, ritraffe diuinamente il Duca Aleffandro de Medici, & ne fe coni in acciaio, & belliffime medaglie co vn rouefcio dentroui vna Fiorenza. ritraffe ancora il Duca Cofimo il primo anno, che fu eletto al gouerno di Fiorenza, & nel rouefcio fecie il fegno del Capricorno, & molti altri intagli di cofe piccole che non fcade farne memoria, & mori d'età d'anni 65. morto Domenico, Valerio el Marmita, & Giouanni da Caftel Bolognefe, rimafono molti, che gli anno di gran lunga auazati come in Venetia Luigi Anichini Ferrarefe ilquale di fottigliezza d'intaglio, & di acutezza di fine, ha le fuo cofe fatto apparire mirabili: ma molto piu ha paffato innanzi a tutti in gratia bontà, & in perfetione, & nel l'effere vniuerfale, Aleffandro Cefari cognominato il Greco, ilquale ne Câmei, & nelle ruote a fatto intagli di cauo, & di rilieuo con tanta bella maniera, & cofi i coni d'acciaio in cauo con i bulini ha condotte le minutezze del latte có quell'aftema diligétia che maggior nó fi puo imaginare, & chi vuo le ftupire dé miracoli fuoi, miri vna medaglia fatta a papa Pauolo terzo del ritratto fuo che par viuo col fuo rouefcio doue Aleffandro Magno che get tato a piedi del gran facerdote di Ierofolima lo adora che fon figure da ftupire, & che non e poffibile far meglio; & Michelagnolo Buonarroti fteffo guardandole prefente Giorgio Vafari diffe che era venuto l'hora della morte nell'arte percioche non fi potena veder meglio. Coftui fe per Papa Iulio terzo la fua medaglia l'anno Santo 1550. con vn rouefcio di que prigioni che al tempo degli antichi erano nel or Giubilei liberati, che fu belliffima, & rara medaglia cò molti altri conij, & ritratti p le zecche di Roma laquale a têu ta efercitata molti anni. ritraffe Pierluigi Farnefe Duca di Caftro il duca Ottauio fuo figliuolo, e al Cardinale Farnefe fece, i vna medaglia il fuo ritratto cofa rariffima che la tefta fu d'oro el campo d'argento, coftui conduffe la te-

TERZA PARTE

sta del Re Arrigo di Fracia p il Cardinale Farnese della gradezza piu d'un giulio in vna corniola, scauò d'intaglio in cauo, che e stato vno de piu begli intagli moderni, che si sia veduto mai, per disegno gratia bontà, & diligenza. vedesi ancora molti altri intagli di suo man, in Cammei, & perfettissima vna femina ignuda fatta cō grāde arte, & così vn alto, doue è vn Leone & parimēte vn putto, & molti piccoli, che non scade ragionarne ma quello che passò tutti, fu la testa di Fotione atēniese che e miracolosa, & il piu bello Cameo che si possa vedere.

Si adopera ancora oggi ne Cammei Giouanantonio de Rossi Milanese bonissimo maestro, il quale oltra alle belle opere che a fatto di rilieuo, & di cauo in varij intagli ha per lo Illustrissimo Duca Cosimo de Medici condotto vn Cāmeo grandiss. cioè vn terzo di braccio alto, & largho parimente: nel quale ha cauato dal mezzo in su due figure; cioè sua Eccellentia; & la Illustrissima Duchessa Leonora suo consorte, che ambi due tengano vn tondo cō le mani dētroui vna Fiorēza: sono appresso a questi ritratti di naturale il Principe don Francesco con don Giouanni Cardinale don Gratia, & don Arnando, & don Pietro insieme con Donna Isabella, & Donna Lucretia tutti lor figliuoli, che non è possibile vedere la piu stupenda opera di Cammeo ne la maggior di quella, & perch'ella supera tutti i Cammei, & opere piccole, che egli ha fatti, non ne farò altra mentione potendosi veder lopere.

Cosimo da terzio, ancora ha fatto molte opere degne di quēsta professione il quale ha meritato p le rare qualita sue che il gran Re Filippo Cattolico di Spagna lo tēngha appresso di se con premiallo, & onorallo, per le virtu sue nello intaglio in cauo, & di rilieuo della medesima professione, che non a p a ri per far ritratti di naturale nel quale egli vale infinitamente, & nell'altre cose. Di Filippo negrolo Milanese intagliatore di cesello in arme di ferro con fogliami, & figure non mi distenderò auendo operato come si vede in rame cose che si veggono fuor di suo che gli hanno dato fama grandissima. Et Gasparo, & Girolamo misuroni Milanesi intagliatori di quali se visto va si, & tazze di cristallo bellissime, & particolarmente nanno condotti per il Duca Cosimo dua che son miracolosi oltre, che a fatto in vno pezzo di Elitropia vn vaso di marauigliosa grandezza, & di mirabile intaglio, così vn vaso grande di lapis lazaij, che ne merita lode infinita, & Iacopo da trezzo sta in Milano il medesimo che nel vero anno rēduta questa arte molto bella, & facile. molti sarebbano che io potrei raccontare che nello intaglio di cauo per le medaglie teste, & rouesci che hanno paragonato, & passato gli antichi come Benuenuto Cellini, che al tempo che egli esercito l'arte dello Orefice in Roma sotto Papa Clemente fecie dua medaglie doue oltra alla testa di Papa Clemente che somigliò che par viua, se in vn rouescio la pace che a legato il furore, & brusciā l'armi, & nell'altra Moise che hauendo percosso la pietra ne caua l'acqua per il suo popolo assetato, che non si può farpiu in quell'arte così poi nelle monete, & medaglie che fece per il Duca Alessandro in Fiorenza. Del Caualier Lione Aretino che a in questo fatto il medesimo altroue sene fara memoria e delle opere che a fatto, & che egli fa tuttauia.

Pietropauolo Galeotto Romano, fece ancor lui, & sa appresso il Duca Cosimo

DI DIVERSI

Cofimo medaglie de fuoi ritratti, & conij di monete, & opere di tarfia imitando glandari di maeftro Saluestro, che in tale profeſſione fecie in Roma cofe marauigliofe eccellentiſſimo maeſtro.

Paſtorino da Siena a fatto il medeſimo nelle teſte di naturale che ſi puo dire, che abbi ritratto tutto il modo di perſone, e ſignori grandi, & virtuoſi & altre baſſe genti: coſtui trouo vno ſtucho ſodo da fare i ritratti che veniſſino coloriti a guiſa de naturali con le tinte delle barbe, capelli, & color di carni che là fatte parer viue: ma ſi debbe molto piu lodare negli acciai, di che a fatto conij di medaglie eccellenti, troppo ſarei lungo ſe io haueſſi di queſti, che fanno ritratti di medaglie di cera a ragionare perche hoggi ogni oreſice fa, & gentil'huomini aſſai vſi ſon dati, & vi atendano come Giouanbatiſta Sozini a Siena, & il Roſſo de Giugni a Fiorenza, & infiniti altri, che non vo ora piu ragionare, & per dar fine a queſti tornerò agli intagliatori di acciaio come Girolamo Fagiuoli Bologneſe
intagliatore di ceſello, & di rame, & in Fiorenza
Domenico Poggini, che a fatto, & fa conij per la Zeccha con le medaglie
del Duca Coſimo, & la-
uora di marmo
ſtatue:
imitando in quel che puoi i piu rari et eccellenti
huomini che abbin fatto mai coſe
rare in queſte pro
feſſioni.

MARCANTONIO BOLOGNESE
INTAGLIATORE.

Vita di Marcantonio Bolognese, e d'altri intagliatori di Stampe.

PER che nelle teoriche della pittura si ragionò poco delle stápe di rame, bastando p allora mostrare il modo dell'intagliar l'argéto col Bulino, che è vn ferro quadro, tagliato a sghembo, & che à il taglio sottile; sene dita hora, cõ l'occasione di q̃sta vita quanto giudicheremo douere essere à bastanza. Il principio dunque dell'intagliare le stampe venne da Maso finiguerra fiorentino, cir ca gl'anni di nostra salute 1460. perche costui tutte le cose, che intagliò in argento, per empierle di Niello, le improntò con terra: & gittatoui sopra sol fo liquifatto, vennero improntate, e ripiene di fumo. onde à olio mostraua no il medesimo, che l'argento. Et cio fece ancora con carta humida, & con

la

la medesima tinta aggrauandoui sopra con vn rullo tondo, ma piano per tutto. Ilche non solo le faceua apparire stampato, ma veniuano come disegnate di penna: fu seguitato costui da Baccio Baldini orefice fiorentino, ilquale non hauendo molto disegno, tutto quello, che fece, fu con inuenzione, e disegno di Sandro Botticello. Questa cosa, venuta à notizia d'Andrea Mantegna in Roma, fu cagione, che egli diede principio à intagliare molte sue opere, come si disse nella sua vita. Passata poi questa inuenzione in Fiandra vn Martino, che allora era tenuto in Anuersa eccellente pittore se ce molte cose, & mandò in Italia gran numero di disegni stampati, i quali tutti erano contrasegnati in questo modo. M. C. Et i primi furono le cinque Vergini stolte con le lampade spente; & le cinque prudenti con le lampade accese: & vn Christo in croce con sa Giouanni, & la Madonna à piedi: ilquale fu tanto buono intaglio, che Gherardo Miniatore fiorentino si mise a contrafarlo di Bulino, e gli riusci benissimo. Ma non seguitò piu oltre, per che non visse molto. Dopo mandò fuora Martino in quattro tondi i quattro Euangelisti: & in carte piccole Giesu Christo con i dodici Apostoli: & Veronica con sei santi della medesima grandezza: & alcune Arme di signori Tedeschi sostenute da huomini nudi, e vestiti, e da donne, mandò fuori similmente vn san Giorgio, che amazza il serpente; vn Christo, che sta innanzi a Pilato, mentre si laua le mani; & vn transito di nostra Donna assai grande, doue sono tutti gl'Apostoli. Et questa fu delle migliori carte, che mai intagliasse costui. In vn'altra fece santo Antonio battuto da i diauoli, & portato in aria da vna infinità di loro: In le piu varie, e bizzarre forme, che si possino imaginare, laquale carta tanto piacque a Michelagnolo, essendo giouinetto, che si mise à colorirla. Dopo questo Martino, comincio Alberto duro in Anuersa, con piu disegno, e miglior giudizio, & con piu belle inuenzioni à dare opera alle medesime stampe, cercando d'imitar il viuo, e d'accostarsi alle maniere italiane, lequali egli sempre apprezzò assai. Et cosi, essendo giouanetto fece molte cose, che furono tenute belle, quanto quelle di Martino, e le intagliaua di sua man propria, segnandole col suo nome. E l'anno 1503. mandò fuori vna Nostra Donna piccola, nellaquale superò Martino, e se stesso; & appresso in molte altre carte, cauali, à due caualli per carta ritratti dal naturale, e bellissi. et in vn'altra il figliuol prodigo, ilquale stando à vso di villano ginocchioni con le mani incrocicchiate, guarda il cielo, mentre certi porci mangiano in vn trogolo: & in questa sono capanne à vso di ville Tedesche, bellissime. fece vn san Bastiano piccolo, legato con le braccia in alto; & vna Nostra Donna, che siede col figliuolo in collo, & vn lume di finestra gli da addosso, che per cosa piccola, non si puo vedere meglio. fece vna femine alla fiaminga à cauallo, con vno staffieri à piedi. Et in vn rame maggiore intagliò vna Ninfa portata via da vn Mostro Marino, mentre alcun'altre Ninfe si bagnano. Della medesima grandezza intagliò con sottilissmo magisterio trouando la perfezzione, & il fine di quest'arte; vna Diana, che bastona vna Ninfa, laquale si è messa per essere difesa in grembo à vn Satiro. Nellaquale carta volle Alberto mostrare, che sapeua fare gl'ignudi. Ma ancora, che que sti maestri fussero allora in que' paesi lodati; ne' nostri le cose loro sono per la diligenza solo dell'intaglio, l'opere loro comendate. E voglio credere, che

Alberto

Alberto non potesse per auentura far meglio; come quello, che non hauendo commodità d'altri, ritraeua, quando haueua a fare ignudi, alcuno de'suoi garzoni, che doueuano hauere come hanno, per lo più, i tedeschi cattiuo ignudo; se bene vestiti si veggiono molti begl'huomini di que'paesi. fece molti habiti diuersi alla fiaminga in diuerse carte stampate piccole: di Villane, & Villane, che suonano la cornamusa, e ballano, alcuni, che vendono polli, & altre cose: & d'altre maniere assai. Fece vno, che dormendo in vna stufa ha intorno Venere, che l'induce à tentazione in sogno; mentre, che Amore salendo sopra due zanche si trastulla; & il diauolo con vn soffione, ò vero mantice lo gonfia per l'orecchie. Intagliò anco due san Christofani diuersi, che portano Christo fanciullo, bellissimi, & condotti con molta diligenza ne'capegli sfilati, & in tutte l'altre. Dopo lequali opere, vedendo con quanta larghezza di tempo intagliaua in rame, e trouandosi hauere gran copia d'inuenzioni, diuersamente disegnate, si mise à intagliare in legno. Nel qual modo di fare coloro che hanno maggior disegno hanno più largo campo da poter mostrare la loro perfezzione. E di questa maniera mandò fuori l'anno 1510. due stampe piccole: in vna delle quali è la decollazione di san Giouanni, & nell'altra quando la testa del medesimo è presentata in vn Bacino à Herode, che siede à mensa. Et in altre carte, san Christofano, san Sisto Papa, santo Stefano, e san Lorenzo. perche veduto questo modo di fare essere molto più facile, che l'intagliare in rame, seguitadolo, fece vn san Gregorio, che canta la messa, accompagnato dal Diacono, e sodiacono. e cresciuto gli l'animo fece in vn foglio reale l'anno 1510. parte della passione di Christo, cioè ne condusse, con animo di fare il rimanente, quattro pezzi; la cena; l'esser preso di notte nell'orto; quando va al limbo à trarne i santi Padri, & la sua gloriosa resurrezzione. E la detta seconda parte fece anco in vn quadretto à olio molto bello, che è hoggi in Firenze appresso al signor Bernardetto de'Medici. E se bene sono poi state fatte l'altre otto parti, che furono stampate col segno d'Alberto, a noi non pare verisimile, che sieno opera di lui, atteso, che sono mala cosa, e non somigliano, ne le teste ne i panni, ne altra cosa la sua maniera. onde si crede, che siano state fatte da altri dopo la morte sua per guadagnare, senza curarsi di dar questo carico ad Alberto. Et che ciò sia vero, l'anno 1511. egli fece della medesima grandezza in venti carte tutta la vita di Nostra Donna tanto bene, che non è possibile, per inuenzione, componimenti di prospettiua, casameti, habiti, e teste di vecchi, e giouani, far meglio. E nel vero, se quest'huomo sì raro, sì diligente, e sì vniuersale hauesse hauuto per patria la Toscana, come egli hebbe la Fiandra; & hauesse potuto studiare le cose di Roma, come habbiam fatto noi, sarebbe stato il miglior pittore de'paesi nostri, sì come fu il più raro, e più celebrato, che habbiano mai hauuto i Fiaminghi. l'anno medesimo, seguitando di sfogare i suoi capricci, cercò Alberto di fare della medesima grandezza xv. forme, intagliate in legno, della terribile visione, che san Giouanni Euangelista scrisse nell'Isola di Patmos nel suo Apocalisse. Et così messo mano all'opera con quella sua imaginatiua strauagante, e molto a proposito à cotal suggetto, figurò tutte quelle cose, così celesti, come terrene, tanto bene, che fu vna marauiglia. Et con tanta varietà di fare in quegli Animali, e mostri, che fu gran lume

DI DIVERSI

lume à molti de'nostri artefici, che si son seruiti poi dell'abondanza, & copia delle belle fantasie, & inuenzioni di costui. Vedesi ancora di mano del medesimo in legno vn Christo ignudo, che ha intorno i misterij della sua passione, & piange con le mani al viso i peccati nostri, che per cosa piccola, non è se non lodeuole. Dopo, cresciuto Alberto in faculta, & in animo, vedendo le sue cose essere in pregio, fece in rame alcune carte, che fecino stupire il mondo. Si mise anco ad intagliare, per vna carta d'vn mezzo foglio la Malinconia con tutti gl'instrumenti, che riducono l'huomo, & chiunche gl'adopera, à essere malinconico: & la ridusse tanto bene, che non è possibile col Bulino intagliare piu sottilmente. fece in carte piccole tre Nostre Donne varia tel'vna dall'altre, e d'vn sottilissimo intaglio. Ma troppo sarei lungo, se io volessi tutte l'opere raccontare, che vscirono di mano ad Alberto. per hora basti sapere, che hauendo disegnato, per vna passione di Christo 36. pezzi, & poi intagliatigli, si coûenne con Marcantonio Bolognese di mandar fuori insieme queste carte. E cosi capitando in Vinezia, fu quest'opera cagione, che si sono poi fatte in Italia cose marauigliose in queste stâpe, come di sotto si dira. Métre, che in Bologna Frâc. Fracia attédeua alla pittura frà molti suoi discepoli, fu tirato inanzi, come piu ingegnoso degl'altri, vn giouane chiamato Marcantonio, ilquale, per essere stato molti anni col Francia, e da lui molto amato, s'acquistò il cognome de Franci. Costui dunque, ilquale haueua miglior disegno, che il suo maestro, maneggiando il Bulino con facilita, & con grazia, fece, perche allora erano molto in vso, cinture, & altre molte cose niellate, che furono bellissime, percioche era in quel mestiero veramente eccellentissimo. Venutogli poi disiderio, come à molti auiene, d'andare pel mondo, & vedere diuerse cose, & i modi di fare degl'altri artefici, con buona grazia del Francia se n'andò a Vinezia, doue hebbe buon ricapito fra gl'artefici di quella città. Intanto capitando in Vinezia alcuni fiaminghi con molte carte intagliate, & stampate in legno, & in rame da Alberto duro, vennero vedute a Marcantonio in sulla piazza di san Marco. perche stupefatto della maniera del lauoro, & del modo di fare d'Alberto, spese in dette carte quasi quanti danari haueua portati da Bologna, & fra l'altre cose comperò la passione di Giesu Christo intagliata in 36. pezzi di legno in quarto foglio, stata stampata di poco dal detto Alberto. Laquale opera cominciaua dal peccare d'Adamo, & essere cacciato di paradiso dall'Angelo, insino al mandare dello spirito santo. & considerato Marcantonio quanto honore, & vtile si haurebbe potuto acquistare, chi si fusse dato à quell'arte in Italia, si dispose di volerui attendere cô ogni accuratezza, e diligenza; & cosi cominciò a contrafare di quegli intagli d'Alberto, studiando il modo de tratti, e il tutto delle stampe, che haueua comperate: lequal per la nouita, e bellezza loro, erano in tanta riputazzione, che ognuno cercaua d'hauerne. Hauendo dunque contrafatto in rame d'intaglio grosso, come era il legno, che haueua intagliato Alberto, tutta la detta passione, & vita di Christo in 36. carte, e fattoui il segno, che Alberto faceua nelle sue opere, cioè questo AE, riusci tanto simile di maniera, che non sapendo nessuno, ch'elle fussero fatte da Marcantonio erano credute d'Alberto, & per opere di lui vendute, & comperate. La qual cosa, essendo scritta in Fiandra ad Alberto, & mandatogli vna di dette passio

Pp

ni contrafatte da Marcantonio, venne Alberto in tanta collora, che partitofi di Fiandra, fe ne venne à Vinezia, & ricorfo alla Signoria, fi querelò di Marcantonio. Ma però non ottenne altro, fe non che Marcantonio non faceffe piu il nome, & ne il fegno fopradetto d'Alberto nelle fue ope. Dopo le quali cofe, andatofene Marcantonio à Roma, fi diede tutto al difegno. Et Alberto tornato in Fiandra, trouò vn'altro Emulo, che gia haueua cominciato à fare di molti intagli fottiliffimi à fua concorrenza: e quefti fu Luca d'olanda, il quale, fe bene non haueua tanto difegno quanto Alberto: in molte cofe non dimeno lo paragonaua col Bulino. Fra le molte cofe, che coftui fece, e grandi, e belle, furono le prime l'anno 1509., due tondi: in vno de' quali Chrifto porta la Croce, & nell'altro è la fua crucififfione. Dopo mandò fuori vn San Ione; vn Dauit à cauallo; & vn san Pietro martire con i fuoi percuffori. fece poi in vna carta in rame vn Saul à federe, & Dauit giouinetto, che gli fuona intorno. Ne molto dopo, hauendo acquiftato affai, fece in vn grandiffimo quadro di fottiliffimo intaglio, Virgilio spenzolato dalla fineftra nel ceftone, con alcune tefte, e figure tanto marauigliofe, che elle furono cagione, che affottigliando Alberto, per quefta concorrenza, l'ingegno, mandaffe fuori alcune carte ftampate tanto eccellenti, che non fi puo far meglio, Nelle quali volendo moftrare quanto fapeua; fece vn' huomo armato à cauallo, per la fortezza humana, tanto ben finito, che vi fi vede il luftrare dell'arme, e del pelo d'vn cauallo nero: ilche fare è difficile in difegno. Haueua quefto huomo forfe la morte vicina, il tempo in mano, & il diauolo dietro. Euui fimilmente vn can pelofo, fatto con le piu difficili fottigliezze, che fi poffino fare nell'intaglio. L'anno 1512. vfcirono fuori di mano del medefimo fedici ftorie piccole in rame della paffione di Giefu Chrifto, tanto ben fatte, che non fi poffono vedere le piu belle, dolci, e graziofe figurine, ne che habbiano maggior rilieuo. Da quefta medefima concorrenza moffo il detto Luca d'olanda, fece dodici pezzi fimili, & molto begli ma non gia cofi perfetti nell'intaglio, e nel difegno. & oltre à quefti, vn s. Giorgio, il quale conforta la fanciulla, che piagne, p hauer a effere dal ferpente deuorata, vn Salamone, che adora gli Idoli, il Battefimo di Chrifto; Piramo, e Tisbe, Afuero, & la Regina Efter ginocchioni. Dall'altro cãto Alberto nõ volẽdo effere da Luca fupato, ne in quãtità ne in bontà d'opere, intagliò vna figura nuda fopra certe Nuuole; e la temperanza con certe ale mirabili, con vna coppa d'oro in mano, & vna briglia, & vn paefe minutiffimo. E appreffo vn santo Euftachio inginocchiato dinãzi al ceruio, che ha il Crucififfo fra le corna: la quale carta è mirabile, e maffimamente per la bellezza d'alcuni cani in varie attitudini, che non poffono effere piu belli. E fra i molti putti, che egli fece in diuerfe maniere, per ornamenti d'armi, e d'imprefe, ne fece alcuni, che tengono vno fcudo, dentro al quale è vna morte con vn gallo per cimieri le cui penne fono in modo sfilate che non è poffibile fare col Bulino cofa di maggior finezza. Et vltimamente mandò fuori la carta del san Hieronimo, che fcriue, & è in habito di Cardinale, col Lione à piedi, che dorme. Et in quefta finfe Alberto vna ftanza con fineftre di vetri, nellaquale, percotendo il Sole ribatte i razzi la doue il santo fcriue, tanto viuamente, che è vna marauiglia; oltre, che ui fono libri, horiuoli, fcritture, e tante altre cofe, che non fi puo in q̃fta profeffione far piu ne meglio

glio,fece poco dopo, e fu quasi dell'ultime cose sue, un Christo con i dodi
ci Apostoli piccoli, l'anno 1523. Si veggiono anco di suo molte teste di ritratti naturali in istampa, come Erasmo Roterodamo, il Cardinale Alberto di
brandinburgo, elettore dell'Imperio, & similmente quello di lui stesso. Nè
con tutto, che intagliasse assai, abbandonò mai la pittura; anzi di continuo
fece tauole, tele, & altre dipinture tutte rare; &, che è piu, lasciò molti scritti
di cose attenenti all'intaglio, alla pittura, alla prospettiua, & all'architettura.
Ma per tornare ag l'intagli delle stampe, l'opere di costui furono cagione,
che Luca d'olanda seguitò quanto potè le vestigia d'Alberto, e dopo le cose
dette, fece quattro storie intagliate in rame de'fatti di Ioseffo: i quattro euan
gelisti: i tre Angeli, che appareuero ad Abraam nella ualle mambre: Susanna
nel bagno. Dauit, che ora: Mardocheo, che triomfa a cauallo: Lotto innebr-
briato dalle figliuole; la creazzione d'Adamo, e d'Eua; il comandar loro
Dio, che non mangino del pomo d'un albero, che egli mostra; Caino, che
amazza Abel suo fratello. lequali tutte carte uscirono fuori l'anno 1529. Ma
quello, che piu che altro diede nome e fama à Luca, fu una carta grande, nella
quale fece la crucifissione di Giesu Christo, & un'altra doue Pilato lo mostra
al popolo dicendo: Ecce homo, lequali carte, che sono grande, e con gran
numero di figure, sono tenute rare; si, come è anco una conuersione di san
Paolo, & l'essere menato così cieco in Damasco. E queste opere bastino a mo
strare, che Luca si puo fra coloro annouerare, che con eccellenza hanno ma-
neggiato il Bulino. Sono le composizioni delle storie di Luca molto proprie
e fatte con tanta chiarezza, & in modo senza confusione, che par proprio,
che il fatto che egli esprime, non douesse essere altrimenti: sono piu osseruate, secondo l'ordine dell'arte, che quelle d'Alberto. Oltre ciò, si vede, che
egli usò una discrezione ingegnosa nell'intagliare le sue cose; conciosia, che
tutte l'opere, che di mano in mano si vanno allontanando, sono manco tocche, perche elle si perdono di veduta, come si perdono dall'occhio le natura
li, che vede da lontano. E però le fece con queste considerazzioni, e sfumate,
e tanto dolci, che col colore non si farebbe altrimenti. lequali auertenze ha
no aperto gl'occhi à molti pittori. Fece il medesimo molte stampe piccole,
diuerse Nostre Donne, i dodici Apostoli con Christo, e molti santi, e sante;
& arme, & cimieri, & altre cosi simili. Et è molto bello un Villano, che facen
dosi cauare un dente, sente si gran dolore, che non s'accorge, che in tanto una
donna gli vota la borsa: lequali tutte opere d'Alberto, e di Luca sono state
cagione, che dopo loro molti altri fiaminghi, e tedeschi hanno stampato o-
pere simili bellissime.

Ma tornando a Marcantonio, ariuato in Roma, intagliò in rame una bellissima carta di Raffaello da Vrbino, nellaquale era una Lucrezia Romana,
che si uccideua, con tanta diligenza, e bella maniera, che essendo subito por
tata da alcuni amici suoi à Raffaello, egli si dispose à mettere fuori in istampa
alcuni disegni di cose sue, & appresso un disegno, che gia haueua fatto, del giu
zio di Paris: nelquale Raffaello per capriccio haueua disegnato il Carro del
Sole, le Ninfe de'boschi, quelle delle fonti, e quelle de'fiumi, co vasi, timoni,
& altre belle fantasie attorno. Et cosi risoluto furono di maniera intagliate
da Marcantonio, che ne stupi tutta Roma. Dopo queste fu intagliata la car

ta degl'Innocenti, con belliſsimi nudi, femine, e putti, che fu coſa rara: & il Nettuno con hiſtorie piccole d'Enea intorno: il belliſsimo Ratto d'Helena, pur diſegnato da Raffaello; & vn'altra carta doue ſi vede morire ſanta Felicita, bollendo nell'olio, & i figliuoli eſſere decapitati. lequali opere acquiſtarono à Marcantonio tanta fama, che erano molto piu ſtimate le coſe ſue, pel buō diſegno, che le fiaminghe; e ne faceuano i mercāti boniſsimo guadagno. Haueua Raffaello tenuto molt'anni à macinar colori vn garzone chiamato il Bauiera; e perche ſapea pur qual che coſa, ordinò, che Marcantonio intagliaſſe, & il Bauiera attendeſſe a ſtampare: per coſi finire tutte le ſtorie ſue, vendendole, & ingroſſo, & a minuto à chiunche ne voleſſe. Et coſi meſſo mano all'opera ſtamparono vna infinità di coſe, che gli furono di grandiſsimo guadagno. E tutte le carte furono da Marcantonio ſegnate con queſti ſegni, per lo nome di Raffaello, Sanzio da Vrbino. SR. e per quello di Marc̄tonio. MF. l'opere furono queſte: vna Venere, che amore l'Abbraccia, diſegnata da Raffaello: vna ſtoria, nellaquale Dio padre benediſce il ſeme ad Abraam, doue è l'ancilla con due putti. Appreſſo furono intagliati tutti i tōdi, che Raffaello haueua fatto nelle camere del palazzo Papale, doue ſa la cognizione delle coſe: Caliope col ſuono in mano: la prouidenza, e la iuſtizia: dopo in vn diſegno piccolo la ſtoria, che dipinſe Raffaello nella medeſima camera, del Monte Parnaſo, con Appollo, le Muſe, e Poeti: Et appreſſo Enea che porta in collo Anchiſe, mentre, che arde Troia, ilquale diſegno haueua fatto Raffaello, per farne vn quadretto. Meſſero dopo queſto in ſtampa la Galatea pur di Raffaello, ſopra vn carro tirato in mare da i Dalfini, con alcuni Tritoni, che rapiſcano vna Ninfa. E queſte finite fece pure in rame molte figure ſpezzate diſegnate ſimilmente da Raffaello: vn'Apollo con vn ſuono in mano: vna pace, allaquale porge Amore vn ramo d'Vliuo: le tre virtù Teologiche, e le quattro morali. E della medeſima grandezza vn Ieſu Chriſto cō i dodici Apoſtoli. et in vn mezzo foglio la Noſtra Donna, che Raffaello haueua dipinta nella tauola d'Araceli. E parimente quella, che andò à Napoli in ſan Domenico, con la Noſtra Donna, ſan Ieronimo, & l'Angelo Raffaello con Tobia. Et in vna carta piccola, vna Noſtra Donna, che abbraccia, ſedendo ſopra vna ſeggiola, Chriſto fanciulletto, mezzo veſtito. Et coſi molte altre Madōne ritratte da i quadri, che Raffaello haueua fatto di pittura à diuerſi. intagliò dopo queſte vn ſan Giouanni Battiſta giouinetto à ſedere nel diſerto; & appreſſo la tauola, che Raffaello fece per ſan Giouanni in Monte, della ſanta Cecilia, con altri ſanti, che fu tenuta belliſsima carta. Et hauendo Raffaello fatto, per la capella del papa tutti i cartoni de i panni d'arazzo, che furono poi teſſuti di ſeta, e d'oro, con hiſtorie di ſan Piero, ſ. Paulo, e ſ. Stefano; Marcantonio intagliò la predicazzione di ſan Paulo, la lapidazione di ſanto Stefano, & il rendere il lume al cieco. lequali ſtampe furono tanto belle per l'inuenzione di Raffaello, per la grazia del diſegno, e per la diligenza, & intaglio di Marcantonio, che non era poſsibile veder meglio. intagliò appreſſo vn belliſsimo depōſto di croce, con inuenzione dello ſteſſo Raffaello, con vna Noſtra Donna ſuenuta, che è marauiglioſa. E non molto dopo, la tauola di Raffaello, che andò in Palermo, d'un Chriſto, che porta la Croce, che è vna ſtampa molto bella. Et vn diſegno, che Raffaello haueua fatto

d'un

d'un Christo in aria, cō la N. Dōna, s. Gio. Battista: & sāta Chaterina in terra ginocchioni, e s. Paulo Apostolo ritto, laquale fu vna grāde, e bellis. stāpa. & q̄ sta, si come l'altre, essēdo gia quasi cōsumate p̄ troppo essere state adoperate, andarono male, e furono portate via da i Thedeschi, & altri nel sacco di Roma. Il medesimo intagliò in profilo il ritratto di Papa Clemente VII. à vso di medaglia col volto raso: & dopo, Carlo v. Imp. che allora era gioua ne: & poi vn altra volta, di piu eta. E similmēte Ferdinando Re de'Romani, che poi sucedette nell'Imperio al detto Carlo v. Ritrasse āche in Roma di naturale Messer Pietro Aretino Poeta famosissimo, ilquale ritratto fu il piu bello, che mai Marcantonio facesse. E non molto dopo i dodici Imperadori antichi in medaglie. Dellequali carte mandò alcune Raffaello in Fiandra ad Alberto duro, ilquale lodò molto Marcantonio, & all'incontro mandò à Raff. oltre molte altre carte, il suo ritratto, che fu tenuto bello affatto. Cresciuta dunque la fama di Marcantonio, e venuta in pregio, e riputazione la cosa delle stampe, molti si erono acconci con esso lui, per imparare. Ma tra gl'altri fecero gran profitto Marco da'Rauenna, che segnò le sue stampe col segno di Raffaello. SR. Et Agostino Viniziano, che segnò le sue opere in questa maniera. A. V. I quali due misero in stampa molti disegni di Raffaello, cioè vna Nostra Donna con Christo morto à giacere, e disteso: & à pie di san Giouanni, la Madalena, Niccodemo, & l'altre Marie. E di maggior grādezza intagliarono vn'altra carta, doue è la Nostra Donna con le braccia aperte, & con gl'occhi riuolti al cielo in atto pietosissimo, & Christo similmente disteso, e morto. Fece poi Agostino in una carta grande vna Natiuità con i pastori, & Angeli, & Dio padre sopra; & in torno alla capanna fece molti vasi così antichi come moderni. Et così un profumiere: cioè due femine con vn vaso in capo traforato. Intagliò vna carta d'vno, conuerso in lupo, ilquale ua ad vn letto per amazzare vno, che dorme. Fece ancora Alessandro con Rosana à cui egli presenta vna corona reale mentre alcuni amori le uolano intorno, & le acconciano il capo; & altri si trastullano con l'armi di esso Alessandro. Intagliarono i medesimi la cena di Christo con i dodici Apostoli, in vna carta assai grande, & vna Nunziata; tutti con disegno di Raffaello. E dopo due storie delle nozze di Psiche, state dipinte da Raffaello non molto inanzi. E finalmente fra Agostino, & Marco sopradetto furono intagliate quasi tutte le cose, che disegnò mai, ò dipinse Raffaello; e poste in istampa. E molte ancora delle cose state dipinte da Giulio Romano, e poi ritratte da quelle; E perche delle cose del detto Raffaello quasi niuna ne rimanesse, che stampata non fusse da loro, intagliarono in ultimo le storie, che esso Giulio haueua dipinto nelle loggie col disegno di Raffaello. Veggionsi ancora alcune delle prime carte col segno M. R. cioè Marco Rauignano; & altre col segno. A. V. cioè Agostino Viniziano, essere state rintagliate sopra le loro; da altri come la creazione del mondo, e quando Dio fa gl'animali; il sacrificio di Caino, e di Abel, e la sua morte. Abraam, che sacrifica Isac: L'arca di Noe, & il diluuio, & quando poi n'escono gl'animali. Il passare del mare rosso: La tradozzione della legge dal Monte Sinai, per Moise; la Manna, Dauid, che amazza Golia, gia stato intagliato da Marcantonio; Salamone, che edifica il tempio; il giudizio delle femmine del medesimo; la visita della Reina Saba. E del te
stamen

stamento nuouo la Natiuità, la ressurezzione di Christo, e la missione dello Spirito Santo. E tutte queste furono stampate viuente Raffaello. Dopo la morte del quale, essendosi Marco, & Agostino diuisi; Agostino fu trattenuto da Baccio Bandinelli scultore Fiorentino, che gli fece intagliare col suo disegno vna notomia, che hauea fatta d'ignudi secchi, e d'ossame di morti, & appresso vna Cleopatra; che amendue furono tenute molto buone carte, perche cresciutogli l'animo, disegnò Baccio, e fece intagliare vna carta grande, delle maggiori, che ancora fussero state intagliate infino allora, piena di femmine vestite, e di nudi, che amazzano, per comandamento d'Herode, i piccoli fanciulli innocenti. Marcantonio in tanto seguitando d'intagliare, fece in alcune carte i dodici Apostoli piccoli, in diuerse maniere; e molti santi, e sante; accio i poueri pittori, che non hanno molto disegno, se ne potessero ne loro bisogni seruire. Intagliò anco vn nudo, che ha vn Lione à piedi, e vuole fermare vna bandiera grande, gonfiata dal vento, che è contrario al volere del giouane. Vn'altro che porta vna Basa addosso: Et vn san Hieronimo piccolo, che considera la morte, mettédo vn dito nel cauo d'un teschio, che ha in mano. ilche fu inuenzione, e disegno di Raffaello. E dopo vna Iustizia, la quale ritrasse da i panni di capella. Et appresso l'Aurora tirata da due caualli, a i quali l'hore mettono la briglia. E dall'antico ritrasse le tre grazie, & vna storia di Nostra Donna, che saglie i gradi del tempio. Dopo queste cose, Giulio Romano, il quale, viuente Raffaello suo maestro, non volle mai p modestia far'alcuna delle sue cose stampare, per non parere di volere competere con esso lui: fece dopo, che egli fu morto, intagliare a Marcantonio due battaglie di caualli bellissime in carte assai grandi: e tutte le storie di Venere, d'Apollo, & di Iacinto, che egli hauea fatto di pittura nella stufa, che è alla vigna di Messer Baldassarre Turrini da Pescia. E parimente le quattro storie della Madalena, & i quattro Euangelisti, che sono nella volta della capella della Trinità, fatte per vna meretrice, ancor che hoggi sia di Messer Agnolo Massimi. fu ritratto ancora, e messo in istampa dal medesimo vn bellissimo pilo antico, che fu di Maiano, & è hoggi nel cortile di san Pietro: nel quale è vna caccia d'un Lione: e dopo una delle storie di Marino, antiche, che sono sotto l'arco di Gostantino, e finalmente molte storie, che Raffaello hauea disegnate, per il corridore, & loggie di palazzo; le quali sono state poi rintagliate da Tommaso Barlacchi insieme con le storie de'panni, che Raffaello fece pel concistoro publico. fece dopo queste cose Giulio Romano in venti fogli intagliare da Marcantonio, in quanti diuersi modi, attitudini, e positure giacciono i disonesti huomini con le donne, & che fu peggio, à ciascun modo fece Messer Pietro Aretino vn disonestissimo sonetto, in tanto, che io non so qual fusse piu, o brutto lo spettacolo de i disegni di Giulio all'occhio, ò le parole dell'Aretino agl'orecchi. laquale opera fu da Papa Clemente molto biasimata. E se quando ella fu publicata Giulio non fusse gia partito per Mantoa, ne sarebbe stato dallo sdegno del Papa aspramente castigato. e poi che ne furono trouati di questi disegni in luoghi doue meno si sarebbe pensato, furono non solamente prohibiti, ma preso Marcantonio, & messo in prigione. e n'harebbe hauuto il malanno, se il Cardinale de'Medici, & Baccio Bandinelli, che in Roma seruiua il Papa, non l'hauessono scampato. E nel vero nó si douerebbono i doni di Dio adoperare, come molte uolte si fa, in vituperio del mondo, & in cose abomineuoli del tutto. Marcantonio vscito di prigione fini d'intagliare per esso Baccio Bandinelli, vna carta grande, che gia haueua cominciata, tutta piena d'ignudi, che arostiuano in sulla graticola san Lorenzo, laquale fu tenuta veramente bella & stata intagliata con incredibile diligenza, ancor che il Bandinello, dolendosi col Papa a torto di Marcantonio, dicesse, mentre Marcantonio l'intagliaua, che gli faceua molti errori. Ma ne riportò il Bandinello di questa cosi fatta gratitudine quel merito, di che la sua poca cortesia era degna. percioche, hauendo finita Marcantonio la carta, prima che Baccio lo sapesse andò, essendo del tutto auisato, al Papa, che infinitamente si dilettaua delle cose del disegno; & gli mostrò l'originale stato disegnato dal Bandinello, e poi la carta stampata onde il Papa conobbe; che Marcantonio con molto giudizio haueua: non solo non fatto errori ma correttone molti fatti dal Bandinello, e di non piccola importanza, & che piu haueua saputo, & operato egli coll'intaglio, che Baccio col disegno. Et cosi il Papa lo commendò molto, e lo vide poi sempre volentieri: e si crede gl'hauerebbe fatto del bene, ma succedendo il sacco di Roma, diuenne Marcantonio poco meno che mendico, perche oltre al perdere ogni cosa, se volle vscire delle mani degli spagnuoli gli bisognò sborsare vna buona taglia, ilche fatto si parti di Roma, ne ui tornò mai poi. La doue poche cose si veggiono fatte da lui da quel tempo inqua. E molto l'arte nostra obligata à Marcantonio, per hauere egli in Italia dato principio alle stampe, con molto giouamento, e vtile dell'arte, e commodo di tutti i virtuosi: onde altri hanno poi fatte l'opere, che disotto si diranno. Agostino Viniziano adunque, del quale si è di sopra ragionato, venne dopo le cose dette à Fioréza, con animo d'accostarsi ad Andrea del Sarto, ilquale dopo Raffaello era tenuto de' migliori dipintori d'Italia. et cosi da costui persuaso Andrea à mettere in istampa l'opere sue, disegnò vn Christo morto, sostenuto da tre Angeli. Ma perche ad Andrea non riusci la cosa cosi apunto, secondo la fantasia sua, nõ volle mai piu mettere alcuna sua opera in istampa. Ma alcuni, dopo la morte sua hanno mandato fuori la visitazione di santa Helisabetta, e quando san Gio. battezza alcuni popoli, tolti dalla storia di chiaro scuro, che esso Andrea dipinse nello Scalzo di Firenze. Marco da Rauenna parimente, oltre le cose, che si sono dette, lequali lauorò in compagnia d'Agostino; fece molte cose da per se, che si conoscono al suo gia detto segno, & sono tutte, e buone, e lodeuoli. Molti altri ancora sono stati dopo costoro, che hanno benissimo lauorato d'intagli, e fatto si che ogni prouincia ha potuto godere, & vedere l'honorate fatiche degl'huomini eccellenti. Ne è mancato à chi sia bastato l'animo di fare con le stampe di legno carte, che paiono fatte col pennello à guisa di chiaro scuro, il che è stato cosa ingegnosa, e difficile. E questi fu Vgho da carpi, ilquale, se bene fu mediocre pittore, fu nondimeno in altre fantasticherie d'acutissimo ingegno. Costui dico, come si è detto nelle Teoriche al trentesimo capitolo, fu quegli, che primo si prouò, e gli riusci felicemente à fare con due stampe, vna delle quali à vso di rame gli seruiua à tratteggiare l'ombre; & con l'altra faceua la tinta del colore: perche graffiata in dentro con l'intaglio, lasciaua i lumi della carta in modo bianchi, che pareua, quan-

do

do era stampata, lumeggiata di biaccha. conduſſe Vgho in queſta maniera con vn diſegno di Raffaello, fatto di chiaro ſcuro, vna carta, nellaquale è vna Sibilla à ſedere, che legge, & vn fanciullo veſtito, che gli fa lume, con vna torcia. laqual coſa, eſſendogli riuſcita, preſo animo, tentò Vgho di far carte có ſtampe di legno di tre tinte. la prima faceua l'ombra; l'altra che era vna tinta di colore piu dolce, faceua vn mezzo; & la terza graffiata faceua la tinta del campo piu chiara, & i lumi della carta bianchi. egli riuſci in modo anco queſta che conduſſe vna carta doue Enea porta addoſſo Anchiſe, mentre che arde Troia. fece appreſſo vn depoſto di Croce, e la ſtoria di Simon Mago, che gia fece Raffaello ne i panni d'arazzo della gia detta capella. e ſimilmente Dauitte, che amazza Golia, e la fuga de Filiſtei, di che haueua fatto Raffaello il diſegno, per dipignerla nelle loggie Papali. e dopo molte altre coſe di chiaro ſcuro, fece nel medeſimo modo vna Venere có molti amori, che ſcherzano. E perche, come ho detto, fu coſtui dipintore, non tacerò, che gli dipinſe à olio, ſenza adoperare pennello, ma con le dita, e parte con ſuoi altri inſtrumenti capriccioſi vna tauola, che è in Roma all'altare del volto ſanto. laquale tauola, eſſendo io vna mattina con Michelagnolo à vdir meſſa al detto altare, e veggendo in eſſa ſcritto, che l'haueua fatta Vgho da Carpi ſenza pennello, moſtrai ridendo cotale inſcrizione à Michelagnolo. ilquale ridendo anch'eſſo riſpoſe, ſarebbe meglio, che haueſſe adoperato il pennello, & l'haueſſe fatta di miglior maniera. il modo adunque di fare le ſtampe in legno di due ſorti, & fingere il chiaro ſcuro, trouato da Vgo, fu cagione, che ſeguitando molti le coſtui veſtigie, ſi ſono códotte da altri molte belliſsime carte. perche dopo lui Baldaſſarre Peruzzi pittore Saneſe fece di chiaro ſcuro ſimile vna carta d'Hercole, che caccia l'auarizia, carica di vaſi d'oro, e d'argento, dal Monte di Parnaſo, doue ſono le Muſe in diuerſe belle attitudini, che fu belliſsima. e Franceſco Parmigiano intagliò in vn foglio reale aperto vn Diogene, che fu piu bella ſtampa, che alcuna che mai faceſſe Vgho. il medeſimo Parmigiano hauendo moſtrato queſto modo di fare le ſtampe con tre forme ad Antonio da Trento, gli fece condurre in vna carta grande la decollazione di ſan Pietro, e ſan Paulo di chiato ſcuro. e dopo in vn'altra fece con due ſtampe ſole la Sibilla Tiburtina, che moſtra ad Ottauiano Imperadore Chriſto nato in grembo alla Vergine: & vno ignudo, che ſedendo volta le ſpalle in bella maniera, e ſimilmente in vn ouato vna Noſtra Donna à giacere, & molte altre, che ſi veggiono fuori di ſuo ſtampate dopo la morte di lui da Ioannicolo Vicentino. ma le piu belle poi ſono ſtate fatte da Domenico Beccafumi Saneſe, dopo la morte del detto Parmigiano, come ſi dirà largamente nella vita di eſſo Domenico. non è anco ſtata ſe non lodeuole inuenzione l'eſſere ſtato trouato il modo da intagliare le ſtampe piu facilmente, che col Bulino, ſe bene non vengono coſi nette, cioè con l'acqua forte, dando prima in ſul rame vna couerta di cera, ò di vernice, ò colore à olio e diſegnando poi con vn ferro, che habbia la punta ſottile, che ſgraffi la cera ò la vernice, ò il colore, che ſia. perche meſſaui poi ſopra l'acqua da partire rode il rame di maniera, che lo fa cauo, e ui ſi puo ſtampare ſopra. e di queſta ſorte fece Franceſco Parmigiano molte coſe piccole; che ſono molto grazioſe, ſi come vna Natiuita di Chriſto, quando è morto, e pianto dalle Marie vno de'pani di cappella fatti col disegno di Raff. e molte altre cose. Dopo costoro ha fatto cinquanta carte di paesi varij, e belli Batista pittore Vicentino; e Battista del Moro Veronese. & in Fiandra ha fatto Hieronimo Coca l'arti liberali. et in Roma fra Bastiano Viniziano la Visitazione della pace; e quella di Francesco Saluiati della Misericordia; la festa di Testaccio, ol tre a molte opere, che ha fatto in Vinezia Battista Franco pittore, e molti altri Maestri. ma per tornare alle stampe semplici di rame · dopo, che Marcantonio hebbe fatto tante opere, quanto si è detto di sopra, capitando in Roma il Rosso, gli persuase il Bauiera, che facesse stapare alcuna delle cose sue, onde egli fece intagliare a Giam Iacopo del Caraglio Veronese, che allora haueua bonissima mano, & cercaua con ogni industria d'imitare Marcatonio, vna sua figura di notomia seccha, che ha vna testa di morte in mano, e siede sopra vn serpente, mentre vn cigno canta. laquale carta riuscì di maniera, che il medesimo fece poi intagliare in carte di ragioneuole grandezza, alcuna delle forze d'Hercole: l'ammazzar dell'Idra, il combatter col cerbero, quando vccide Caccho: il rompere le corna al Toro, la battaglia de' Centauri, & quando Nesso cetauro mena via Deianira. lequali carte riuscirono tanto belle, e di buono intaglio, che il medesimo Iacopo coduce, pure col disegno del Rosso, la storia delle Piche, lequali p voler cotedere, & catare a pruoua è a gara con le Muse furono couertite in cornacchie: hauedo poi il Bauiera fatto disegnare al Rosso, p vn libro, veti Dei posti in certe nicchie co i loro instrumeti, furono da G. Iacopo Caraglio intagliati con bella grazia, & maniera. e nõ molto dopo le loro trasformazioni. ma di quste nõ fece il disegno il Rosso se nõ di due, pche uenuto col Bauiera in differeza, esso Bauiera, ne fece fare dieci à Perino del Vaga. le due del Rosso furono il ratto di Proserpina, e Fillire trasformato in cauallo. e tutte furono dal Caraglio intagliate cõ tata diligeza, che sepre sono state in pgio. dopo cominciò il Caraglio per il Rosso il ratto delle sabine, che sarebbe stato cosa molto rara; ma sopraueneđo il saccho di Roma non si potè finire, perche il Rosso andò via, e le stampe tutte si perderono. e se bene questa è venuta poi col tempo in mano degli stampatori, e stata cattiua cosa, per hauere fatto l'intaglio chi non se ne intendeua, e tutto per cauar danari. intagliò appresso il Caraglio, per Francesco Parmigiano in vna carta lo sposalizio di nostra Dõna, & altre cose del medesimo e dopo per Tiziano Vecellio in vn'altra carta vna Natiuita, che gia haueua esso Tiziano dipinta, che fu bellissima. questo Gian Iacomo Caraglio dopo hauer fatto molte stampe di rame, come ingegnoso si diede à intagliare Cammei, e christalli, in che essendo riuscito non meno eccellente, che in fare le stampe di rame; ha atteso poi appresso al Re di Pollonia, non piu alle stampe di rame, come cosa bassa; ma alle cose delle gioie, a lauorare d'incauo, & all'Architettura. perche essendo stato largamente premiato dalla liberalita di quel Re, ha speso, & rinuestito molti danari in sul Parmigiano per ridursi in vecchiezza à godere la patria, & gli amici, e discepoli suoi, e le sue fatiche di molti anni. dopo costoro è stato eccellente negli intagli di rame Lamberto Suaue, di mano del quale si veggiono in tredici carte Christo con i dodici Apostoli, condotti quanto all'intaglio, sottilmente a perfezzione. & se egli hauesse hauuto nel disegno piu fondamento, come si conosce

Q 4

fatica, ſtudio, e diligenza nel reſto, coſi ſarebbe ſtato in ogni coſa marauigliofo, come apertamente ſi vede in vna carta piccola d'un ſan Paulo, che ſcriue, & in una carta maggiore vna ſtoria della reſurreſſione di Lazzaro, nellaquale ſi veggiono coſe belliſſime, e particolarmente è da conſiderare il foro d'un ſaſſo nella tauerna, doue finge, che Lazzaro fia ſepolto, & il lume, che da addoſſo ad alcune figure, perche è fatto con bella, e capricciofa in uenzione. ha ſimilmente moſtrato di valere aſſai in queſto eſercizio Giouā batiſta Mantoano, diſcepolo di Giulio Romano, fra l'altre coſe in vna Noſtra Donna, che ha la Luna ſotto i piedi, & il figliuolo in braccio, & in alcune teſte cō cimieri all'antica molto belle. & in due carte, nelle quali è vn capitan' di badiera à pie, & uno à cauallo; & in vna carta pariméte, doue è vn Marte armato, che ſiede ſopra vn letto, métre Venere mira vn Cupido allattato da lei che ha molto del buono. ſon'anco molto capricioſe di mano del medeſimo due carte grandi, nelle quali è l'incendio di Troia fatto con inuenzione, diſegno, e grazia ſtraordinaria. lequali, e molte altre carte di man di coſtui ſon ſegnate con queſte lettere. I. B. M. ne è ſtato meno eccellente d'alcuno de i ſopradetti, Enea Vico da Parma, ilquale, come ſi vede, intagliò in rame il ratto d'Helena del Roſſo; & coſi col diſegno del medeſimo in vn' altra carta Vulcano con alcuni amori, che alla ſua fucina fabbricano ſaette, mentre anco i Ciclopi lauorano, che certo fu belliſſima carta. et in un' altra fece la Leda di Michelagnolo: & una Nunziata col diſegno di Tiziano. la ſtoria di Iuditta, che Michelagnolo dipinſe nella capella. & il ritratto del Duca Coſimo de' Medici, quando era giouane, tutto armato, col diſegno del Bandinello: & il ritratto ancora d'eſſo Bandinello. e dopo la zuffa di Cupido, ed'Apollo, preſenti tutti gli Dei: ſe Enea fuſſe ſtato trattenuto dal Bandinello, e riconoſciuto delle ſue fatiche, gli haurebbe intagliato molte altre carte belliſſime. dopo eſſendo in Fiorenza Franceſco allieuo de' Saluiati, pittore eccellente, fece à Enea intagliare, aiutato dalla liberalità del Duca Coſimo, quella gran carta della conuerſione di ſan Paulo, piena di caualgi, e di ſoldati, che fu tenuta belliſſima, e diede gran nome ad Enea, ilquale fece poi il ritratto del Signor Giouanni de' Medici padre del Duca Coſimo, con vno ornamento pieno di figure. parimente intagliò il ritratto di Carlo quinto Imperadore, con vn' ornamento pieno di vittorie, e di ſpoglie fatte à propoſito; di che fu premiato da ſua Maeſtà, e lodato da ognuno. Et in vn' altra carta molto ben condotta, fece la Vittoria, che ſua Maeſtà hebbe in ſu l'Albio. & al Doni fece à vſo di medaglie alcune teſte di naturale cō belli ornaméti, Arrigo Re di Francia, il Cardinal Bembo. M. Lodouico Arioſto. il Gello Fiorentino, meſſer Lodouico Domenichi, la Signora Laura Terracina, Meſſer Cipriano Moroſino, & il Doni. fece ancora per don Giulio Clorio tariſſimo miniatore, in vna carta ſan Giorgio a cauallo, che amazza il ſerpente; nella quale, ancor che fuſſe, ſi puo dire, delle prime coſe, che intagliaſſe, ſi portò molto bene. appreſſo perche Enea haueua l'ingegno eleuato, e diſideroſo di paſſare à maggiori, e piu lodate impreſe, ſi diede agli ſtudij dell'antichita, e particolarmente delle medaglie antiche: dellequali ha mandato fuori piu libri ſtampati, doue ſono l'effigie vere di molti Imperadori, e le loro mogli, con l'inſcrizioni, e riuerſi di tutte le ſorti, che poſſono arecare a chi ſe ne diletta

letta cognizione, & chiarezza delle storie. di che ha meritato, & merita gran lode, e chi l'ha tassato ne'libri delle medaglie, ha hauuto il torto: perciòche chi considererà le satiche, che ha fatto, e quanto siano vtili, e belle, lo scuserà se in qualche cosa di non molta importanza hauesse sallato; e quelli errori, che non si fanno, se nō per male informazioni, ò per troppo credere, ò hauere, con qualche ragione diuersa openione dagl'altri, sono degni di esser scusati: perche di cosi fatti errori hanno fatto Aristotile, Plinio, & molti altri. disegnò anco Enea a commune sodissazione, & vtile degl'huomini cinquāta habiti di diuerse nazzioni, cioè come costumano di vestire in Italia, in Francia, in Ispagna, in Portogallo, in Inghilterra, in Fiandra, & in altre parti del mondo, cosi gl'huomini, come le donne, & cosi i contadini, come i cittadini. ilche su cosa d'ingegno, e bella, & capricciosa. fece ancora vn'Albero di tutti gl'Imperadori, che fu molto bello. et vltimamente dopo molti trauagli, e satiche, si riposa hoggi sotto l'ombra d'Alfonso secondo, Duca di Ferrara: alquale ha satto vn'Albero della geneologia de' Marchesi, e Duchi Estensi, per le quali tutte cose, e molte altre, che ha fatto, e sa tutta via; ho di lui voluto fare questa honorata memoria fra tanti virtuosi. Si sono adoperati intorno agl'intagli di rame molti altri, i quali se bene non hanno hauuto tanta perfezzione, hanno nondimeno con le loro fatiche giouato al mōdo, & mandato in luce molte storie, & opere di maestri eccellenti, e dato cōmodita di vedere le diuerse inuenzioni, e maniere de'pittori à coloro, che non possono andare in que'luoghi doue sono l'opere principali: & fatto hauere cognizione agl'oltramontani di molte cose, che non sapeuano, e ancor chemolte carte siano state mal condotte dall'ingordigia degli stampatori, tirati piu dal guadagno, che dall'honore, pur si vede, oltre quelle, che si son dette; in qualcun'altra essere del buono, come nel disegno grande della facciata della capella del Papa, del Giudizio di Michelagnolo Buonarruoti, stato intagliato da Giorgio Mantoano; e come nella crucifissione di san Pietro e nella conuersione di san Paulo dipinte nella capella Paulina di Roma, & intagliate da Giouambatista de Caualieri; il quale ha poi con altri disegni messo in istampe di rame la meditazione di san Giouanni Battista, il deposto di croce, della capella, che Daniello Ricciarelli da Volterra dipinse nella Trinita di Roma; & vna Nostra Donna con molti Angeli; & altre opere infinite. sono poi da altri state intagliate molte cose cauate da' Michelagnolo à requisizzione d'Antonio Lanferri, che ha tenuto stampatori per simile essarcizio, i quali hanno mandato fuori libri con pesci d'ogni sorte. & appresso il Faetonte il Tizio, il Ganimede, i Saettatori, la Bacchanaria; il Sogno; e la Pietà, e il Crocifisso fatti da Michelagnolo alla Marchesana di Pescara. & oltre cio, i quattro Profeti della capella, & altre storie, e disegni stati intagliati, & mandati fuori tanto malamente, che io giudico ben fatto tacere il nome di detti intagliatori, & stampatori. ma non debbo gia tacere il detto Antonio Lanferri, e Tommaso Barlacchi, perche costoro, & altri hanno tenuto molti giouani a intagliare stampe con i veri disegni di mano di tanti maestri, che è bene tacergli per non essere lungo: essendo stati in questa maniera mandati fuori, non che altre, grottesche, tempi antichi, cornici, base, capitegli, & molte altre cose simili con tutte le misure. la doue vedendo ridurre ogni cosa in pessima maniera Sebastian'Serlio Bolognese Architettore, mosso da pietà ha intagliato in legno, & in Rame duo Libri d'Architettura, doue son fra l'altre cose trenta porte rustiche, & uenti delicate. Il qual libro è intitolato al Re Arrigo di Francia, parimente Antonio Abbaco, ha mandato fuori con bella maniera tutte le cose di Roma antiche, e notabili, con le lor misure fatte con intaglio sottile, e molto ben condotto da Perugino. Ne meno ha in cio operato Iacopo Barazzo da Vignola Architettore, il quale in vn libro intagliato in Rame ha con vna facile regola insegnato ad aggrandire, & sminuire secondo gli spazii de cinque ordini d'Architettura; la qual opera è stata vtilissima all'arte, e si gli deue hauere obligo, sì come anco per i suoi intagli, e scritti d'Architettura si deue à Giouāni Cugini da Parigi. In Roma, oltre à i sopradetti ha talmēte dato opera à questi intagli di Bulino Niccolò Beatricio, Loteringo, che ha fatto molte carte degne di lode: come sono due pezzi di Pili con battaglie di Caualli, stampati in Rame, & altre carte tutte piene di diuersi animali ben fatti, & vna storia della figliuola della vedoua resuscitata da Giesu Christo, condotta fieramente col disegno di Girolamo Mosciano Pittore da Brescia. Ha intagliato il medesimo da vn disegno di mano di Michelagnolo vnà Nuntiata, & messo in stampa la Naue di Musaico, che fe Giotto nel portico di S. Piero. Da Vinetia similmente son venute molte carte in legno, & in rame bellissime. da Tiziano in legno molti paesi, vna Natiuità di Christo, vn Sā Hieronimo, e vn san Francesco, & in Rame il Tantalo, l'Adone, & altre molte carte, le quali da Iulio Buonasona Bolognese sono state intagliate, con alcune altre di Raffaello, di Giulio Romano, del Parmigiano: e di tanti altri maestri, di quanti ha potuto hauer disegni. E Battista Franco pittor Viniziano, ha intagliato parte col Bulino, e parte con acqua da partir molte opere di mano di diuersi maestri, la Natiuità di Christo, l'Adorazione de Magi, & la predicazione di San Piero, alcune carte degl'atti degl'Apostoli, con molte cose del Testamento vecchio. E dè tant'oltre proceduto quest'uso, è modo di stampare, che coloro, che ne fanno arte tengano disegnatori in opera continuamente, i quali ritraendo cio che si fa di bello, lo mettono in istampa. onde si vede che di Francia son venute stampate dopo la morte del Rosso, tutto quello, che s'è potuto trouare di sua mano, come Clelia, con le sabine, che passano il fiume, alcune maschere fatte per lo Re Francesco, simili alle parche: vna Nunziata bizzarra, vn ballo di dieci femine, è il Re Francesco, che passa solo al tempio di Gioue, lasciandosi dietro l'ignoranza, & altre figure simili. E queste furono condotte da Renato intagliatore di Rame viuente il Rosso. E molte piu ne sono state disegnate, & intagliate doppo la morte di lui, & oltre molte altre cose, tutte l'istorie d'Vlisse, & non che altro, vasi, lumiere, candelieri, saliere, & altre cose simili infinite state lauorate d'Argento con disegno del Rosso. E Luca Perini ha mandato fuori due satiri, che danno bere à vn Baccho, & una Leda, che caua le freccie del Turcasso à Cupido: Susanna nel bagno, e molte altre carte cauate da i disegni del detto, e di Francesco Bologna Primaticcio, hoggi Abbate di san Martino in Francia. E fra questi sono il Giudizio di Paris, Abraam che sacrifica Isac. Vna. N. donna: Christo che sposa santa Chaterina: Gioue, che conuerte Calisto in Orsa, il Concilio degli

gli Dei, Penelope, ch'e tesse con altre sue donne, & altre cose infinite stampate in legno, e fatte la maggior parte col Bulino; le quali sono state cagione, che si sono di maniera assotigliati gl'ingegni, che si son intagliate figure picoline tanto bene, che non è possibile condurle à maggior finezza. E chi nò vede senza marauiglia l'opere di Francesco Marcolini da Forlì, il qual oltre all'altre cose, stampò il libro del giardino de pensieri in legno, ponendo nel principio una sfera d'Astrologi, e la sua testa col disegno di Giuseppo porta da Castelnuouo della Garfagnana, nel qual libro sono figurate uarie fantasie, il Fato, l'Inuidia, la Calamità, la Timidità, la Laude, & molte altre cose simili, che furono tenute bellissime. Non furono anco se non lodeuoli le figure, che Gabriel'Giolito, stampatore de libri, mise negl'Orlandi Furiosi, percio che furono condotte con bella maniera d'intagli. Come furono anco gl'undici pezzi di carte grandi di Notomia, che furono fatte da Andrea Vesallio, e disegnate da Giouanni di Calcare Fiamingo, pittore Eccellentissimo, le quali furono poi titrate in minor foglio, & intagliate in Rame dal Valuerde, che scrisse della Notomia dopo il Vesallio. Fra molte carte poi, che sono uscite di mano à i Fiaminghi da dieci anni in qua, sono molto belle alcune disegnate da un Michele pittore, il quale lauorò molti anni in Roma in due capelle, che sono nella Chiesa de'Tedeschi, le quali carte sono la storia delle serpi di Moisè, e trentadue storie di Psiche, e d'amore, che sono tenute bellissime. Ieronimo Cocca similmente Fiamingho ha intagliato col disegno, & inuenzione di Martino Ems K Y C R, in una carta grande Dalida, che tagliando i capezli à Sansone ha non lontano il Tempio de Filistei, nel quale, rouinate le torri, si vede la Stragie, & rouina de morti; la paura de'uiui, che fuggono. Il medesimo in tre carte minori ha fatto la creazione d'Adamo, & Eua. Il mangiar del pomo; et quando l'Angelo gli caccia di Paradiso; Et in quattro altre carte della medesima grandezza, il Diauolo, che nel cuore dell'huomo dipigne l'auarizia, e l'ambitione, & nell'altre tutti gl'affetti, che i sopradetti seguono. si veggiono anco di sua mano. 27. storie della medesima grandezza, di cose del Testamento, dopo la cacciata d'Adamo del Paradiso, disegnate da Martino con fierezza, & pratica molto risoluta, et molto simile alla maniera Italiana. Intagliò appresso Hieronimo in sei rò di i fatti di Susanna, & altre. 23. storie del Testamento vecchio simili alle prime di Abraam, cioè in sei carte i fatti di Dauit; in otto pezzi, quegli di Salamone; in quattro quegli di Balaam; & in cinque quegli di Iudit, & susanna. E del Testamento nuouo intagliò. 29. carte, cominciando dall'anunziazione della Vergine insino a tutte la passione, e morte di Giesu Christo. fece anco col disegno del medesimo Martino le sette opere vella misericordia; e la storia di Lazzero ricco, & Lazzero pouero. Et in quattro carte la parabola del Samaritano ferito da'Ladroni. Et in altre quattro carte quella, che scriue. S. Matteo à. 18. Capitoli de i Talenti; & mètre che Liè F R Y N C H à sua concorrenza fece in dieci carte la uita, e morte di san Giouanni Battista, egli fece le dodici Tribu in altre tàte carte, figurado p la Lussuria Ruben in sul porco; Simeon con la spada per l'homicidio, & similmente gl'altri capi delle Tribu, con altri segni, e proprietà della natura loro. Fece poi d'inta-

glio più gentile in dieci carte le storie, & i fatti di Dauit, da che Samuel l'un-
se, fino a che se n'andò di panzi à Saulo. Et in sei altre carte fece l'inamoramē
to d'Amon col Taman sua sorella, e lo stupro, e morte del medesimo Amon.
E nō molto dopo fece della medesima grādezza dieci storie de'fatti di Iobbe,
& cauò da tredici Capitoli de'prouerbij di Salamone, cinque carte della sorte medesima. fece ancora i Magi, e dopo in. 6. pezzi; la parabola, che è in san
Matteo à dodici, di coloro, che per diuerse cagioni recusarono d'andar'al cō-
uito del Re, & colui, che u'andò non hauendo la ueste Nuziale. e della medesima grandezza in sei carte alcuni degl'atti degl'Apostoli: & in otto carte
simili figurò in uarij habiti, otto donne di perfetta bontà: 6. del Testamento
vecchio Iubil, Ruth, Abigail, Iudith, Esther, e Susana: e del nuouo Maria vergine madre di Giesu Christo, & Maria Madalena. E dopo queste fece intagliare in. 6. carte i trionfi della pacienza, con varie fantasie. Nella prima è
sopra un'carro la Pacienza, che ha in mano uno stendardo, dentro al quale è
una Rosa fra le spine. Nell'altra si vede sopra un'Ancudine un cuor che arde, percosso da tre martella; & il carro di questa secōda carta è tirato da due
figure: cioè dal disiderio, che ha l'ale sopra gl'homeri, & dalla speranza che
ha in mano vn'Ancora, e si mena dietro, come prigiona, la Fortuna, che ha
rotto la ruota. Nell'altra carta è Christo in sul carro con lo stendardo della
Croce, e della sua passione, Et in su i canti sono gl'Euangelisti in forma d'a-
nimali: e questo carro è tirato da dua Agnelli: e dietro ha quattro prigioni; il Diauolo, il mondo, ò uero la carne, il peccato, e la morte. Nell'altro trionfo è Isaac nudo sopra vn Camello, e nella bandiera, che tiene in mano è
vn paio di ferri da prigiōe, e si tira dietro l'altare col Mōtone, il Coltello, &
il fuoco. In vn'altra carta fece Iosef, che trionfa sopra vn'Bue coronato di spighe, e di frutti, con uno stendardo, dentro al quale è vna cassa di pecchie, &
i prigioni, che si trae dietro sono Zefira, e l'Inuidia, che si mangiano vn cuore. Intagliò in un'altro trionfo Dauit, sopra vn Lione, con la cethara, & con
uno stendardo in mano, dentro al quale è vn freno, & dietro a lui è Saul prigione, & i Semei con la lingua fuora. In un'altra è Tobia, che trionfa sopra
l'Asino, & ha in mano uno stendardo dentroui una fonte: e si trae dietro legati come prigioni la Pouertà, e la Cecità. L'ultimo de sei trionfi è santo Stefano protomartire, il quale trionfa sopra vn Elefante, & ha nello stendardo
la Charità; & i prigioni sono i suoi persecutori. le quali tutte sono state fantasie capricciose, e piene d'ingegno: e tutte furono intagliate da Hieronimo
Coch, la cui mano è fiera, sicura & gagliarda molto. intagliò il medesimo
con bel capriccio in una carta la fraude, e l'Auarizia, & in un'altra bellissima
una bachanaria con putti, che ballano. In un'altra fece Moise, che passa il mare rosso, secondo che l'haueua dipinta Agnolo Bronzino, pittore Fiorentino nel palagio del Duca di Fiorenza, nella capella di sopra. A concorrenza
del quale pur col disegno del Bronzino intagliò Giorgio Mantouan'una Na
tiuità di Giesu Christo, che fu molto bella. e dopo queste cose intagliò Hieronimo p colui, che ne fu inuentore, dodici carte delle vittorie, battaglie, e fatti d'arme di Carlo quinto. Et al Verese pittore, e gran maestro in quelle parti
di Prospettiua, in vēti carte diuersi casamēti, & à Hieronimo Bos una carta
di san Martino con una Barca piena di Diauoli in Bizarrissime forme: et in
un'altra

vn'altra un'Alchimista, che in diuersi modi consumando il suo, e stillandosi il ceruello getta uia ogni suo hauere, tanto, che al fine si coduce allo speda
le con la moglie, & con i figliuoli. la qual carta gli fu disegnata da vn pittore
che gli fece intagliare i sette peccati mortali, con diuerse forme di demoni,
che furono cosa fantastica, e da ridere. Il Giudizio uniuersale; & vn vecchio,
il quale con una lanterna cerca della quiete fra le mercierie del mondo, e nó
la truoua, e similméte un'pesce gráde, che si mangia alcuni pesci minuti, & vn
Carnouale che godendosi con molti à tauola, caccia uia la Quaresima. & in
vn'altra poi la Quaresima, che caccia via il Carnouale, e tanțe altre fantastiche, e capricciose inuenzioni; ch e sarebbe cosa fastidiosa à uolere di tutte ragionare. Molti altri Fiaminghi hanno con sottilissimo studio imitata la ma
niera d'Alberto Duro, come si vede nelle loro stampe; e particolarmente in
quelle di   che con intaglio di figure piccole ha fatto quattro storie della creazione d'Adamo: quattro de i fatti di Abraam, e di Lotto, & altre
quattro di Susanna, che sono bellissime. parimente. G. P. ha intagliato in
sette tondi piccioli, le sette opere della misericordia : otto storie tratte dà i li
bri de' Re. Vn Regolo messo nella botte piena di chiodi; & Artemisia, che è
una carta bellissima. Et I. B. ha fatto i quattro Euangelisti tanto piccoli, che
è quasi impossibile à condurli: & appresso cinque altre carte molto belle:
nella prima delle quali è una vergine condotta dalla morte cosi giouinetta
alla fossa; Nella seconda Adamo, nella terza vn Villano; nella quarta un'Ve
scouo; & nella quinta vn Cardinale, tirato ciascuo come la vergine dalla mor
te all'ultimo giorno. Et in alcun'altre molti Tedeschi che uanno con loro
donne à piaceri, & alcuni satiri belli, & capricciosi. et da   si ueggono intagliati con diligenza i quattro Euangelisti, non men belli, che si siano dodici storie del Figliuol prodigo, di mano di M. con molta diligenza. Ultimamente Francesco Flori, Pittore in quelle parti famoso, ha fatto gran numero
di disegni, & d'opere, che poi sono state intagliate per la maggior parte da
Hieronimo Coch, come sono i dieci carte le forze d'Hercole: & in una gran
de tutte l'azzioni dell'humana vita. in un'altra gl'Orazij, & i Curiazij, che
combattono in uno stecchato. Il Giudizio di Salomone, & vn combattimen
to fra i Pigmei, & Hercole. & ultimamente ha intagliato vn Caino, che ha
occiso Abel, e sopra gli sono Adamo, & Eua, che lo piangono. similmente
vn'Abraam, che sopra l'altare vuol sacrificare Isaac, co infinite altre carte pie
ne di tante uarie fantasie, che è uno stupore, & una marauiglia considerare,
che sia stato fatto nelle stampe di Rame, e di legno. per vltimo basti uedere
gl'intagli di questo nostro libro de i ritratti de pittori, scultori, & Architetti
disegnati da Giorgio Vasari, e da i suoi creati, & state intagliate da Maestro
Christofano   che ha operato, & opera di continuo in Vinezia, in
finite cose degne di memoria. E per ultimo di tutto il giouamento, che han
no gl'oltramontani hauuto dal uedere, mediante le stampe, le maniere d'Ita
lia, & gl'Italiani dall'hauer veduto quelle degli stranieri, & oltramontani, si
deue hauere, per la maggior parte, obligo à Marcantonio Bolognese, perche
oltre all'hauer egli aiutato i principij di questa professione quanto si è detto,
non è anco stato per ancora chi l'habbia gran fatto superato, si bene pochi
in alcune cose gl'hanno fatto paragone. Il qual Marcantonio non molto dopo lla

TERZA PARTE

po la sua partita di Roma si morì in Bologa. E nel nostro libro sono di sua mano alcuni disegni d'Angeli fatti di penna; & altre carte molto belle, ritratte dalle camere, che dipinse Raffaello da Vrbino. Nelle quali camere fu Marcoantonio, essendo giouane, ritratto da Raffaello in uno di que' Palafrenieri, che portano Papa Iulio secondo, in quella parte doue Enea sacerdote fa l'orazione. E questo sia il fine della vita di marcoantonio Bolognese, e degl'altri sopradetti intagliatori di stampe; de quali ho voluto fare questo lungo si, ma necessario discorso, per sodisfare non solo agli studiosi delle nostre arti, ma tutti coloro ancora che di cosi fatte opere si dilettano.

ANTONIO DA SANGALLO
ARCHITETTO

VITA D'ANTONIO DA SANGALLO
ARCHITETTORE FIORENTINO

Vanti Principi Illustri, e grandi, e d'infinite ricchezze abbondantissimi, lasciarebbono chiara fama del nome loro, se con la copia de'beni della fortuna hauessero l'animo grande, & à quelle cose uolto, che non pure abbelliscono il mondo, ma sono d'infinito vtile, e giouamento, vniuersalmente a tutti gl'huomini? E quali cose possono, ò deurebbono fare i Principi, e grandi huomini, che maggiormente, e nel farsi, per le molte maniere d'huomini, che s'adoperano & satte, perche durano quasi in perpetuo, che le grande, & Magnifiche fabriche, e edifizij? E di tante spese, che fecero gl'antichi Romani, allora, che furono nel maggior colmo della grandezza loro, che altro n'è rimaso à noi, con eterna gloria del nome Romano, che quelle reliquie di edifizij, che noi come cosa santa, honoriamo, & come sole bellissime, c'ingegniamo d'imitare. Allequali cose quanto han esser to l'animo uolto alcuni Principi, che furono al tempo d'Antonio Sangallo Architettore Fiorentino, si uedrà hora chiaramente nella vita, che di lui scriuiamo.

Fu dunque figliuolo Antonio di Bartolomeo Piccioni di Mugello bottaio & hauendo nella sua fanciullezza imparato l'arte del legnaiuolo, si partì di Fiorenza, sentendo, che Giuliano da san Gallo suo Zio, era in facende à Roma insieme con Anton suo fratello. Perche da bonissimo animo, uolto a le facende dell'arte dell'Architettura, e seguitado quegli, prometteua di sè qu' segni, che nella maturità cumulatamente veggiamo per tutta Italia, in tante cose fatte da lui, hora auuenne, che essendo Giuliano, per lo impedimento che hebbe di quel suo male di pietra, sforzato ritornare à Fiorenza, Antonio venne in cognizione di Bramante da Castel durante architetto, che cominciò per esso, che era vecchio, & dal parletico impedito le mani, non poteua come prima operare, à porgergli aiuto ne'disegni, che si faceuano: doue Antonio tanto nettamente, & con pulitezza conduceua, che Bramante trouandogli di parita misuratamente corrispondenti, fu sforzato lasciagli la cura d'infinite fatiche, che egli haueua à condurre, dàdogli Bramante l'ordine, che voleua, & tutte le inuenzioni, & componimenti, che per ogni opera s'haueuano a fare. Nelle quali con tanto giudizio, espedizione & diligenza, si trouò seruito da Antonio, che l'anno M.D.X.I.I. Bramante gli diede la cura del corridore, che andaua à fossi di Castel Sato Agnolo, Dellaquale opera cominciò auere una prouisione di x. scudi il mese, ma seguendo poi la morte di Giulio II. l'opera rimase imperfetta, ma in hauersi acquistato Antonio, già nome di persona ingegnosa nella architettura, & che nelle cose delle muraglie auesse bonissima maniera, fu cagione, che Alessandro primo Cardinal Farnese, poi Papa Paulo III. venne in capriccio di far restaurare il suo palazzo vecchio, ch'egli in Campo di Fiore con la sua famiglia abitaua, per laquale opera disiderando Antonio venire in grado, fece piu disegni in variate maniere, fra i quali uno che ue n'era accomodato, con due appartameti, fu quel

lo che a sua S. Reuerendissima piacque, auendo egli il Signor Pier Luigi, e'l Signor Ranuccio suoi figliuoli, i quali pensò douergli lasciare di tal fabbrica accomodati. Et dato a tale opera principio, ordinatamente ogni anno si fabbricaua vn tanto. In questo tempo al Macello de Corbi a Roma, vicino alla colonna Traiana, fabbridandosi vna Chiesa col titolo di santa Maria da Loreto, ella da Antonio fu ridotta a perfezzione, con ornamento bellissimo; dopo questo messer Marchionne Baldassini vicino a santo Agostino, fece condurre co'l modello, & reggimento di Antonio, vn Palazzo, il quale è in tal modo ordinato, che per piccolo che egli sia, è tenuto per quello ch'egli è il piu commodo, & il primo alloggiamento di Roma: nel quale le scale, il cortile, le loggie, le porte, & i camini con somma grazia sono lauorati. Di che rimanendo M. Marchionne sodisfattissimo, deliberò, che Perino del Vaga pittor Fiorentino vi facesse vna sala di coloriti, & storie, & altre figure, donde si dira nella vita sua; quali ornamenti gli hanno recato grazia, & bellezza infinita. Accanto a torre di Nóna ordinò, & fini la casa de Cetelli, la quale è piccola, ma molto comoda. Et non passò molto tempo, che andò a Gradoli luogo su lo stato del reuerendissimo Cardinal Farnese, doue fece fabbricare per quello vn bellissimo, & vtile palazzo. Nella quale andata fece grandissime vtilità, nel restaurare la rocca di capo di monte, con ricinto di mura basse, & ben foggiate, & fece all'ora il disegno della fortezza di Caprarvola. trouandosi monsignor reuerendissimo Farnese con tanta sodisfazione seruito in tante opere di Antonio, fu costretto a volergli bene, & di continuo gli accrebbe amore, & sempre che potè farlo, gli fece fauore in ogni sua impresa. Appresso, volendo il Cardinale Alborense lasciar memoria di sè nella chiesa della sua nazione: fece fabbricare da Antonio, & condurre a fine, in san Iacopo de gli Spagnuoli vna cappella di marmi, & vna sepoltura per esso, la quale cappella fra vani di pilastri, fu da Pellegrino da Modana come si è detto tutta dipinta, et su lo altare, da Iacopo del Sansouino, fatto vn san Iacopo di marmo bellissimo. La quale opera di architettura è certamente tenuta lodatissima, per esserui la volta di marmo con vno spartimento di ottangoli bellissimo. Ne passò molto, che M. Bartolomeo Ferratino per comodità di sè, & beneficio de gli amici, & ancora per lasciare memoria onorata, & perpetua, fece fabbricare da Antonio su la piazza d'Amelia vn palazzo, il quale è cosa honoratiss. & bella: doue Antonio acquistò fama, & vtile non mediocre. essendo in questo tempo in Roma Antonio di Monte Cardinale di santa Prassedia, volle che il medesimo gli facesse il palazzo, doue poi habitò, che risponde in Agone, doue è la statua di maestro Pasquino; nel mezzo risponde nella piazza, doue fabbricò vna torre: la quale con bellissimo componimento di pilastri, & finestre dal primo ordine fino al terzo con grazia, & con disegno, gli fu da Antonio ordinata, & finita, & per Francesco dell'Indaco lauorata di terretta a figure, & storie dalla banda di dentro, & di fuora. Intanto hauendo fatta Antonio stretta seruitu col Cardinal d'Arimini, gli fece fare quel signore in Zolentino della Marca vn palazzo, oltra lo esser Antonio stato premiato, gli hebbe il Cardinale di continuo obligazione. mentre che queste cose girauano: & la fama d'Antonio crescendo si spargeua, auenne che la vecchiezza di Bramante, & alcuni suoi impedimenti, lo fecero cittadino dell'altro mondo. perche da papa Leone fu
bito

ANTONIO DA S. GALLO

bito furono constituiti tre architetti sopra la fabbrica di san Pietro, Raffaello da Vrbino, Giuliano da san Gallo zio d'Antonio, & fra Giocondo da Verona. Et non andò molto, che Fra Giocondo si partì di Roma: & Giuliano essendo vecchio hebbe licenza di poter ritornare a Fiorenza. La onde Antonio hauendo seruito co'l Reuerendissimo Farnese, strettissimamente lo pregò, che volesse supplicare a Papa Leone: che il luogo di Giuliano suo zio gli concedesse. La qual cosa fu facilissima a ottenere: prima p le virtu di Antonio, che erano degne di quel luogo; poi per lo interesso della beniuolenza fra il Papa e'l Reuerendissimo Farnese: così in compagnia di Raffaello da Vrbino si cōtinuò quella fabbrica assai freddamente. Andando poi il Papa a Ciuita vecchia per fortificarla: & in compagnia di esso infiniti signori: & fra gli altri Giouan Paulo Baglioni e'l Signor Vitello: e similmente di persone ingegnose Pietro Nauarra, & Antonio Marchisi architetto, allora di fortificationi, il quale per commessione del Papa era venuto da Napoli. Et ragionandosi di fortificare detto luogo, infinite, & varie, circa ciò furono le opinioni: e chi vn disegno, & chi vn'altro facendo, Antonio, fra tanti ne spiegò loro vno, il quale fu confermato dal Papa, & da quei signori, & architetti, come di tutti migliore, p bellezza, e fortezza, e bellis. e vtili cōsiderazioni. Onde Antonio ne venè in grandissimo credito appresso la corte: dopo q̄sto riparò la virtu d'Antonio à vn gran disordine per questa cagione. hauendo Raffaello da Vrbino nel fare le loggie papali, e le stanze, che sono sopra i fondamenti, per compiacere ad alcuni, lasciati molti vani, con graue danno del tutto, per lo peso, che sopra quelli si haueua à reggere: già cominciaua quell'edifizio à minacciare rouina, pel troppo gran peso, che haueua sopra: e sarebbe certamente rouinato se la virtu d'Antonio, con aiuto di puntelli, e trauate non hauesse ripieno di dentro quelle stanzerelle, e risondando, per tutto, non l'hauesse ridotte ferme, e saldissimo, come elle furono mai da principio. Hauendo in tanto la Nazione Fiorentina, col disegno di Iacopo Sansouino, cominciata in strada Giulia dietro à Banchi la chiesa loro, si era nel porla, messa troppo dentro nel fiume, perche, essendo à ciò stretti dalla necessita, spesono dodici mila scudi in vn fondamento in acqua, che fu da Antonio con bellissimo modo, e fortezza condotto, laquale via non potendo essere trouata da Iacopo, si trouò per Antonio, e fu murata sopra l'acqua parecchie braccia. & Antonio ne fece vn modello così raro, che se l'opera si conduceua à fine, sarebbe stata stupendissima: tutta via fu gran disordine, e poco giudizio quello di chi allora era capo in Roma di quella Nazione: perche non doueuano mai permettere, che gl'architetti fondassono vna chiesa sì grande in vn fiume tanto terribile, per acquistare venti braccia di lunghezza, e gittare in vn fondamento tante migliaia di scudi; per hauere à combattere con quel fiume in eterno: potendo massimamente far venire sopra terra quella chiesa col tirarsi innanzi, & col darle vn'altra forma. & che è più, potendo quasi con la medesima spesa darle fine? E si consideraro nelle ricchezze de'Mercanti di quella Nazione; si è poi veduto col tempo, quanto fusse cotal speranza fallace, perche in tanti anni, che tennero il papato Leone, & Clemente de'Medici, e Giulio terzo, e Marcello, ancor che viuesse pochissimo; i quali furono del Dominio Fiorentino; con la grandezza di tanti Cardinali, & con le ricchezze di tanti Mercatanti, si è ri-

uuiſo,e ſiſta hora nel medeſimo termine, che dal noſtro Sangallo fu laſciato, e perciò deuono, o gl'architetti, & chi fa fare le fabriche, penſare molto bene al fine, & ad ogni coſa, prima, che all'opere d'importanza mettano le mani, ma per tornare ad Antonio, egli per commeſſione del Papa, che vn'a ſtate lo meno ſeco in quelle parti, reſtaurò la Rocca di Monte Fiaſcone, gia ſtata edifi cata da Papa Vrbano, & nell'Iſola Viſentina, per volere del Cardinal Farne ſe, fece nel lago di Bolſena due Tempietti piccoli, vno de'quali era condotto di fuori à otto faccie, e dentro tondo, e l'altro era di fuori quadro, e dentro a otto faccie, e nelle faccie de'cantoni, erano quattro nicchie, vna per ciaſcuno, i quali due Tempietti condotti con bell'ordine, fecero teſtimonianza quan to ſapeſſe Antonio vſare la varietà ne'termini dell'architettura. Mentre che queſti Tempij ſi fabricauano, tornò Antonio in Roma, doue diede principio in ſul canto di ſanta Lucia, la doue è la nuoua Zecca, al palazzo del Veſcouo di Ceruia, che poi non fu finito. vicino a corte Sauella fece la chieſa di ſanta Maria di Monſerrato, la quale è tenuta belliſſima. e ſimilmente la caſa d'un Marrano, che è dietro al palazzo di cibò, vicina alle caſe de'Maſſimi. intan to morendo Leone, & con eſſo lui tutte le belle, e buone arti, tornate in vita da eſſo, & da Giulio ſecondo ſuo Anteceſſore, ſuccedette Adriano ſeſto nel pontificato, del quale furono talmente tutte l'arti, e tutte le virtù battute, che ſe il gouerno della ſede Apoſtolica fuſſe lungamente durato nelle ſue mani, interueniua a Roma nel ſuo pontificato, quello che interuenne altra volta, quando tutte le ſtatue, auanzate alle Rouine de Gotti (coſi le buone, come le ree) furono condennate al fuoco. e gia haueua cominciato Adriano (forſe p imitare i pontefici de'gia detti tempi) à ragionare di volere gettare per terra la capella del diuino Michelagnolo, dicendo, ch'ell'era vna ſtufa d'ignudi. E ſprezzando tutte le buone pitture, e le ſtatue, le chiamaua laſciuie del mon do, & coſe obbribrioſe, et abomineuoli. laqual coſa fù cagione, che non pure Antonio, ma tutti gl'altri begl'ingegni ſi fermarono in tanto, che a tempo di queſto pontefice non ſi lauorò, non che altro, quaſi punto alla fabbrica di s. Pietro. alla quale doueua pur al meno eſſere affezionato poi che dell'altre co ſe mondane ſi volle tanto moſtrare nimico: per cio dunque, attendendo An tonio à coſe di non molta importanza, reſtaurò ſotto queſto pontefice le na ui piccole della chieſa di s. Iacopo degl'ſpagnuoli, & accomodò la facciata di nanzi con belliſſimi lumi. fece lauorare il Tabernacolo dell'imagine di pon te di triuertino, il quale, benche piccolo ſia, ha però molta grazia. Nel quale poi lauorò Perino del Vaga à freſco vna bella operetta. erano gia le pouere virtu, per lo viuere d'Adriano mal condotte, quando il cielo, moſſo à pietà di quelle, volle con la morte d'uno, farne riſuſcitar mille: onde lo leuò del mon do egli fece dar luogo a chi meglio doueua tenere tal grado; & con altro ani mo gouernare le coſe del mondo. perche creato papa Clemente ſettimo, pie no di generoſità, ſeguitando le veſtigie di Leone, e degl'altri anteceſſori del la ſua illuſtriſſima famiglia, ſi penſò, che hauendo nel Cardinalato fatto bel le memorie, doueſſe nel papato auanzare tutti gl'altri di rinouamenti di fab briche, e adornamenti. Quella elezzione adunque fu di refrigerio a molti virtuoſi, & ai timidi, & ingegnoſi animi, che ſi erano auiliti grandiſſimo fia to, e diſideratiſſima vita. i quali per cio riſurgédo, fecero poi quell'ope belliſ
ſimle

ANTONIO DA S. GALLO

belliſsime, che al preſente veggiamo: e primieramente Antonio, per comeſsione di ſua ſantità meſſo in opera, ſubito rifece vn cortile in palazzo dinanzi alle loggie, che gia furon dipinte cō ordine di Raffaello; il quale cortile fu di grandiſsimo comodo, e bellezza perche doue ſi andaua prima, per certe vie ſtorte, e ſtrette allargandole Antonio, e dando loro miglior forma, le fece comode, e belle: ma queſto luogo, non iſta hoggi in quel modo, che lo fece Antonio: perche Papa Giulio terzo ne leuò le colone, che vi erano di granito per ornarne la ſua vigna, & alterò ogni coſa. fece Antonio in bachi la facciata della Zecoha vecchia di Roma, cō belliſsima grazia, in quello angolo girato in tondo; che è tenuto coſa difficile, e miracoloſa: e in quell'opera miſe l'arme del Papa. riſondò il reſto delle loggie papali, che per la morte di Leone non s'erano finite, e per la poca cura d'Adriano, non s'erano continuate, ne tocche: & coſi ſecondo il volere di Clemente furono condotte à vltimo fine. dopo, volendo ſua Santità fortificare Parma, e Piacenza. Dopo molti diſegni, & modelli, che da diuerſi furono fatti, fu mandato Antonio in que' luoghi, & ſeco Giulian Leno ſollecitatore di quelle fortificazioni.
E là ariuati, eſſendo cō Antonio l'Abbaco ſuo creato; Pierfranceſco da Viterbo ingegnere valentiſsimo, & Michiele da ſan michele architetto Veroneſe, tutti inſieme conduſſero à perfezzione i diſegni di quelle fortificazioni. ilche fatto, rimanendo gl'altri, ſe ne tornò Antonio à Roma, doue eſſendo poca commodità di ſtanze in palazzo, ordinò Papa Clemente, che Antonio ſopra la ferraria cominciaſſe quelle doue ſi fanno i conciſtori poblici, lequali furono in modo condotte, che il Pontefice ne rimaſe ſodisfatto, e fece fare i poi ſopra le ſtanze de' camerieri di ſua ſantità. Similmente fece Antonio ſopra, il tetto di queſte ſtanze, altre ſtanze comodiſsime, laquale operà fu pericoloſa molto, per tanto rifondare. E nel vero in queſto Antonio valſe aſſai; atteſo, che le ſue fabbriche mai non moſtrarono vn pelo. Neſu mai fra i moderni altro architetto piu ſicuro, ne piu accorto in cōgiugnere mura.

Eſſendoſi al tempo di Papa Paulo ſecondo, la Chieſa della Madonna di Loreto, che era piccola, & col tetto in ſu i pilaſtri di mattoni alla ſaluatica; riſondata, & fatta di quella grandezza, che ella eſſere hoggi ſi vede. mediante l'ingegno, & virtu di Giuliano da Maiano: & eſſendoſi poi, ſeguitata dal cordone di fuori in ſu, da Siſto Quarto, e da altri: come ſi è detto; finalmente al tempo di Clemente, non hauendo prima fatto mai pur un minimo ſegno di rouina, s'aperſe l'anno 1526. di maniera, che non ſolamente, erano in pericolo gl'archi della Tribuna, ma tutta la chieſa in molti luoghi, per eſſere ſtato il fondamento debole, e poco adetro. perche, eſſendo da detto Papa Clemente mandato Antonio à riparare à tanto diſordine, giuto che egli fu à Loreto, puntellando gl'archi, & armando il tutto con animo riſolutiſsimo, e di giudizioſo architetto, la rifondò tutta. & ringroſſando le mura, & i pilaſtri fuori, e dentro, gli diede bella forma nel tutto, & nella proporzione de' membri: & la fece gagliarda da poter reggere ogni gran peſo; continuando vn medeſimo ordine nelle crociere, e Nauate della chieſa, con ſuperbe mudanature d'Architraui ſopra gl'Archi, fregi, & cornicioni. E rendè ſopramodo bello, & ben fatto l'imbaſamento de' quattro pilaſtri grandi, che vanno intorno all'otto faccie della Tribuna, che reggono

i quattro

i quattro archi, cioè i tre delle crociere, doue sono le cappelle, e ǫllo maggiore della naue del mezzo. laquale opera merita certo di essere celebrata, per la migliore, che Antonio facesse già mai, e non senza ragioneuole cagione: perciò che coloro, che fanno di nuouo alcun'opera, ò la leuano dai fondamenti hanno facultà di potere alzarsi, abbassarsi, & condurla a quella perfezzione, che uogliono, e fanno migliore, senza essere da alcuna cosa impediti. ilche non auiene a chi ha da regolare, ò restaurare le cose cominciate da altri: e mal condotte, ò dall'artefice, ò dagl'auenimenti della fortuna: onde si puo dire, che Antonio risuscitasse vn morto, e facesse quello, che quasi non era possibile. e fatte queste cose, ordinò, ch'ella si coprisse di piombo, e diede ordine, come si hauesse a condurre quello, che restaua da farsi, & cosi per opera di lui hebbe quel famoso Tempio miglior forma, & miglior grazia, che prima non haueua, e speranza di lunghissima vita. tornato poi à Roma, dopo che quella città era stata messa a sacco, hauendosi il papa in Oruieto, vi patiua la corte grandissimo disagio d'acqua. onde, come volle il pontefice, murò Antonio vn pozzo tutto di pietra in quella città, largo 25. braccia, con due scale à chiocciola intagliate nel tufo, l'una sopra l'altra secondo, che il pozzo giraua. nel fondo del qual pozzo si scende, per le dette due scale à lumaca in tal maniera; che le bestie, che vanno per l'acqua entrano per vna porta, & calano per vna delle due scale, & arriuate in sul ponte, doue si carica l'acqua sanza tornare indietro, passano all'altro ramo della Lumaca, che gira sopra quella della scesa: e per vn'altra porta diuersa, e contraria alla prima riescono fuori del pozzo. laqual'opera che fu cosa ingegnosa comoda, e di marauigliosa bellezza, fu condotta quasi a fine inanzi, che Clemente morisse. E perche restaua solo a farsi la bocca di esso pozzo, la fece finire Papa Paulo terzo; ma non come haueua ordinato Clemente col consiglio d'Antonio, che fu molto per cosi bell'opera comendato. E certo, che gl'antichi non fecero mai edifizio pari à questo ne d'industria, ne d'artifizio, essendo in quello cosi fatto il tondo del mezzo, che infino al fondo da lume, per alcune finestre alle due scale sopradette. mentre si faceua quest'opera ordinò l'istesso Antonio la fortezza d'Ancona, laquale fu col tempo condotta al suo fine. deliberando poi Papa Clemente al tempo che alessandro de' Medici suo nipote era Duca di Fiorenza, di fare in quella città vna fortezza inespugnabile; il signor Alessandro Vitelli, Pierfrancesco da Viterbo, & Antonio ordinarono, e fecero condurre con tanta prestezza quel castello, ò uero fortezza che è tra la porta il Prato e san Gallo, che mai niuna fabbrica simile antica ò moderna fu condotta si tosto al suo termine: & in vn Torrione, che fu il primo à fondarsi, chiamato il Toso, furono messi molti epigrammi, & medaglie, con cirimonie, e solennissima pompa. laquale opera è celebrata hoggi per tutto il mondo e tenuta inespugnabile. Fu per ordine d'Antonio, condotto à Loreto il Tribolo scultore, Raffaello da monte Lupo, Francesco di san Gallo allora giouane, e Simon Cioli, i quali finirono le storie di marmo, cominciate per Andrea Sansouino. nel medesimo luogo condusse Antonio il Mosca Fiorentino intagliatore di marmi eccellentiss. ilquale allora lauoraua, come si dirà nella sua vita vn camino di pietra a gl'heredi di Pellegrino da Fossombrone, che per cosa d'intaglio riusci opera diuina. costui dico a'preghi d'Antonio si condusse

ANTONIO DA S. GALLO

se a Loreto, doue fece festoni, che sono diuinissimi. onde con prestezza, e diligenza restò l'ornamento di quella camera di Nostra Donna del tutto finito ancor che Antonio in vn medesimo tempo allora hauesse alle mani cinque opere d'importanza. Alle quali tutte, benche fussero in diuersi luoghi, & lontane l'una dall'altra: di maniera suppliua, che non mancò mai da fare a niuna: pche doue egli alcuna uolta nõ poteua così tosto essere, seruiua l'aiuto di Batista suo fratello: le quali cinque opere erano, la detta fortezza di Fiorenza, quella d'Ancona, l'opera di Loreto, il palazzo Apostolico, & il pozzo d'Oruieto. morto poi Clemente, & creato sommo Pontefice Paulo terzo Farnese, venne Antonio, essendo stato amico del Papa, mentre era Cardinale, in maggior credito. perche hauendo sua santita fatto Duca di Castro il signor Pierluigi suo figliuolo, mandò Antonio a fare il disegno della fortezza, che quel Duca vi fece fondare, e del palazzo, che è in sulla piazza, chiamato l'hosteria, e della Zeccha, che è nel medesimo luogo murata di Treuertino a similitudine di quella di Roma. ne questi disegni solamente fece Antonio in quella città, ma ancora molti altri di palazzi, & altre fabbriche a diuerse persone terrazzane, e forestiere, che edificarono con tanta spesa, che a chi non le vede pare incredibile, così sono tutte fatte senza risparmio, ornate, & agiatissime. il che non ha dubbio fu fatto da molti per far piacere al Papa, essendo che anco con questi mezzi, secondo l'humore de' Principi, si vanno molti procacciando fauori. il che non è se non cosa lodeuole, venendone commodo, vtile e piacere all'vniuersale. l'anno poi che Carlo Quinto Imperadore tornò vittorioso da Tunizi; essendogli stati fatti in Messina, in Puglia, & in Napoli honoratissimi Archi, pel trionfo di tanta vettoria, e douendo venire a Roma fece Antonio al palazzo di san Marco, di comessione del Papa, un Arco trionfale di legname, in sotto squadra, accioche potesse seruire a due strade, tanto bello, che per opera di legname, non s'è mai veduto il piu superbo, ne il piu proporzionato. e se in cotale opera fusse stata la superbia, e la spesa de marmi come vi fu studio, artifizio, e diligenza nell'ordine, & nel condurlo, si sarebbe potuto meritamente, per le statue, & storie dipinte, & altri ornamenti, fra le sette Muli del mondo annouerare. era questo Arco posto in sullultimo canto che volgie alla piazza principale d'opera Corinta con quattro colonne tõde per banda messe d'argento, & i capitegli intagliati cõ bellissime foglie tutti messi d'oro da ogni banda, erano bellissimi architraui, fregij, & cornicioni posati con risalti sopra ciascuna colonna, fra le quali erano dua storie dipinte per ciascuna, tal che faceua vno spartimento di quattro storie per banda, che erano fra tutte dua le bande otto storie dentroui come si dira. altroue da chi le dipinse. i fatti dello Imperadore, eraui ancora per piu richezza, per finimento del frontespizio da ogni banda sopra detto Arco, dua figure di rilieuo di braccia quattro e mezzo l'una fatte per una Roma, & le metteuano in mezzo dua Imperatori di casa Daustria, che dinanzi era Alberto, & Massimiliano, & da l'altra parte Federigo, & Ridolfo, & così da ogni parte in sũ cã toni erano quattro prigioni dua per banda con gran numero di Trofei, pur di rilieuo, & l'arme di sua sãtita, & di s. Maesta tutte fatte cõdurre cõ l'ordine di Antonio, da scultori Ec. & da i miglior pittori che fussino all'hora a Roma. & non solo questo Arco fu da Antonio ordinato, ma tutto l'apparato della festa, che si fece, per riceuere vn si grande, & inuittissimo Imperadore. seguitò poi il medesimo, per lo detto Duca di Castro la fortezza di Nepi, & la fortificazione di tutta la città, che è inespugnabile, e bella. Dirizzò nella medesima città molte strade, & per i cittadini di quella fece disegni di molte case, e palazzi facendo poi fare sua santità i bastioni di Roma, che sono fortissimi, & venendo fra quelli compresa la porta di santo Spirito, ella fu fatta con ordine, e disegno d'Antonio con ornaméto rustico di treuertini, in maniera molto soda, & molto rara, con tanta magnificenza, ch'ella pareggia le cose antiche. laquale opera, dopo la morte d'Antonio fu chi cercò, piu da inuidia mosso, che da alcuna ragioneuole cagione, per vie straordinarie di farla rouinare ma non fu permesso da chi poteua. fu con ordine del medesimo, risondato quasi tutto il palazzo Apostolico, che oltre quello, che si è detto in altri luoghi molti, minacciaua rouina; & in vn fianco particolarmente la cappella di Sisto, doue sono l'opere di Michelagnolo, & similmente la facciata dinanzi, sé za, che mettesse vn minimo pelo: cosa piu di pericolo, che d'honore. Accrebbe la sala grande della detta cappella di Sisto, facendoui in due Lunette in testa quelle finestrone terribili, con si marauigliosi lumi: & con que' partimenti buttati nella volta; & fatti di stucco tanto bene, & có tata spesa, che questa si può mettere per la piu bella, e ricca sala, che infino allora fusse nel mondo. & in su quella accompagnò, per potere andare in san Pietro, alcune scale cosi comode, e ben fatte, che fra l'antiche, e moderne non si è veduto ancor meglio e similmente la cappella Paulina, doue si ha da mettere il sacramento, che è cosa vezzosissima, e tanto bella, e si bene misurata, e partita, che per la grazia, che si vede, pare, che ridendo, e festeggiando ti s'appresenti; Fece Antonio la fortezza di Perugia, nelle discordie, che furono tra i Perugini, & il Papa. laquale opera (nellaquale andarono per terra le case de Baglioni) fu finita con prestezza marauigliosa, è riusci molto bella, fece ancora la fortezza d'Ascoli: & quella in pochi giorni condusse à tal termine, ch'ella si poteua guardare. Ilche gl'Ascolani, & altri non pensauano, che si douesse poter fare in molti anni; Onde auenne nel metterui cosi tosto la guardia, che que' popoli restarono stupefatti, e quasi nol credeuano. Risondò ancora in Roma, per difendersi dalle piene, quádo il Teuere ingrossa, la casa sua in strada Giulia. e non solo diede principio, ma condusse à buon termine il palazzo, che egli habitaua vicino à san Biagio: che hoggi è del Cardinale Riccio, da monte Pulciano, che l'ha finito con grandissima spesa, & con ornatissime stanze, oltre quelle, che Antonio vi haueua speso, che erano state migliaja di scudi. ma tutto quello, che Antonio fece di giouamento, e d'utilità al mondo è nulla à paragone del modello della venerandissima, e stupendissima fabbrica di san Pietro di Roma. laquale, essendo stata à principio ordinata da Bramante: egli con ordine nuouo, e modo straordinario, l'aggrandi, & riordinò, dádole proporzionata composizione, e decoro, cosi nel tutto come ne' membri: come si puo vedere nel modello fatto per mano d'Antonio d'Abaco suo creato, di legname, & interamente finito. ilquale modello, che diede ad Antonio nome grandissimo, có la pianta di tutto l'edifizio sono stati dopo la morte d'Antonio Sangallo messi in istápa, dal detto Antonio d'Abaco, ilquale ha voluto per cio mostrare quáta fusse la virtu del Sangallo, e che si conosca

da

ANTONIO DA S. GALLO.

do ogni huomo il parere di quell'Architetto; essendo stati dati nuoui ordini in contrario da Michelagnolo Buonarroti, p laquale riordinatione sono poi nate molte contese, come si dirà a suo luogo. Pareua à Michelagnolo, & à molti altri ancora, che hanno veduto il modello del Sangallo, & quello, che da lui fu messo in opera, che il componimēto d'Antonio venisse troppo sminuzzato da i risalti, e da i membri, che sono piccoli, si come anco sono le colonne, archi sopra archi, & cornici sopra cornici. Oltre cio pare, che nō piaccia, che i due campanili, che vi faceua, le quattro Tribune piccole, e la cupola maggiore, hauessino quel finimento, ò vero ghirlanda di colonne, molte e piccole: e parimente non piaceuano molto, e non piacciono quelle tante Aguglie, che vi sono per finimento, parendo, che in cio detto modello immiti piu la maniera, & opera Tedesca, che l'antica, e buona, che hoggi osseruano gl'architetti migliori. finiti dall'Abaco tutti i detti modelli, poco dopo la morte d'Antonio, si trouò, che detto modello di san Pietro costò (quāto apartiene solamente all'opere de'legnaiuoli, e legname) scudi quattro mila cento ottantaquattro. Nel che fare Antonio Abaco, che n'hebbe cura si portò molto bene, essendo molto intēdente delle cose d'Architettura, come ne dimostra il suo libro stampato delle cose di Roma, che è bellissimo. il qual modello, che si trueua hoggi in sā Piero nella cappella maggiore, è lungo palmi trentacinque, e largo 26. e alto palmi venti e mezzo. onde sarebbe venuta l'opera, secondo questo modello, lunga palmi 1040. cioè canne 104. & larga palmi 360. che sono canne 63. percioche secondo la misura, de'muratori la canna, che corre à Roma, è dieci palmi. fu donato ad Antonio, per la fatica di questo suo modello, e molti disegni fatti, da i deputati sopra la fabbrica di s. Pietro, scudi mille cinquecento. de'quali n'hebbe contanti mille, & il restante non riscosse, essendo poco dopo tal'opera passato all'altra vita. ringrossò i pilastri della detta chiesa di s. Pietro, accio il peso di quella tribuna posasse gagliardamente: e tutti i fondamenti sparsi empiè di soda materia e fece in modo forti, che non è da dubitare, che quella fabrica sia per fare piu peli, ò minacciare rouina, come fece al tempo di Bramante. ilqual magisterio'se fusse sopra la terra, come è noscoso sotto, sarebbe sbigottire ogni terribile ingegno. per le quali cose la fama, & il nome di questo mirabile artefice douera hauer sempre luogo fra i piu rari intelletti. Trouasi, che infino al tēpo degl'antichi romani sono stati, e sono ancora gl'huomini di Terni, e quelli di Riete inimicissimi fra loro; percioche il lago delle marmora, alcuna volta tenendo in collo, faceua violenza all'vno de'detti popoli: onde quando quei di Riete lo voleuano aprire, i Ternani in niun modo cio voleuano acconsentire. per lo che è sempre stato differenza fra loro, ò habbiano gouernato Roma i Pontefici, ò sia stata soggetta agl'Imperatori. & al tempo di Cicerone fu egli mandato dal senato à comporre tal differenza, ma si rimase non risoluta. la onde essendo per questa medesima cagione l'anno 1546. mā dati Ambasciadori à Papa Paulo terzo: egli mandò loro Antonio à terminar quella lite. e cosi per giudizio di lui fu risoluto, che il detto lago da quella bā da, doue è il muro douesse sboccare. e lo fece Antonio con grandissima difficultà tagliare: onde auenne per lo caldo che era grande, & altri disagi, essēdo Antonio pur vecchio, & cagioneuole, che si ammalò di febre in Terni, &

Ss

non molto dopo rendè l'anima. Di che sentirono gl'amici, e parenti suoi infinito dolore, e ne patirono molte fabriche, ma particolarmente il palazzo de'Farnesi, vicino à campo di Fiore. Haueua Papa Paulo terzo, quando era Alessandro Cardinal Farnese, condotto il detto palazzo à bonissimo termine, e nella facciata dinanzi fatto parte del primo finestrato, la sala di dentro, & auiata vna banda del cortile: ma non però era tanto innanzi questa fabbrica, che si vedesse la sua perfezzione; quando essendo creato Pontefice, Antonio alterò tutto il primo disegno, parendogli hauere à fare vn palazzo nō piu da Cardinale, ma da Pontefice. Rouinate dunque alcune case, che gli erano intorno, & le scale vecchie, le rifece di nuouo, e piu dolci, accrebbe il cortile per ogni verso, e parimente tutto il palazzo; facēdo maggior corpi di sale, e maggior numero di stanze, e piu magnifiche, con palchi d'intaglio bellissimi, & altri molti ornamenti. et hauendo gia ridotta la facciata dinanzi, col secondo finestrato al suo fine, si haueua solamente à mettere il cornicione, che reggesse il tutto intorno intorno. e perche il Papa, che haueua l'animo grande, & era d'ottimo giudicio, voleua vn cornicione il piu bello, & piu ricco, che mai fusse stato à qual si voglia altro palazzo: volle, oltre quelli, che haueua fatto Antonio, che tutti i migliori architetti di Roma facessino ciascuno il suo, per appiccarsi al migliore; e farlo nondimeno mettere in opera da Antonio. et cosi vna mattina, che desinaua in Beluedere gli furono portati inanzi tutti i detti disegni, presente Antonio. i maestri de'quali furono Perino del Vaga, fra Bastiano del Piombo, Michelagnolo Buonarruoti, & Giorgio Vasari che allora era giouane, e seruiua il Cardinal Farnese, di commessione del quale, & del papa haueua pel detto cornicione fatto, non vn solo, ma due disegni variati. ben'è vero, che il Buonarroto non portò il suo da per se, ma lo mandò per detto Giorgio Vasari: al quale, essendo egli andato à mostrargli i suoi disegni, perche gli dicesse l'animo suo, come amico, diede Michelagnolo il suo, accio lo portasse al Papa, e facesse sua scusa, che non andaua in persona, per sentirsi indisposto. Presentati dunque tutti i disegni al Papa sua santità gli considerò lungamente, & gli lodò tutti per ingegnosi, e bellissimi: ma quello del diuino Michelagnolo sopra tutti. le quali cose nó passauano, senó con mal'animo d'Antonio; alquale non piaceua molto questo modo di fare del Papa, & hauerebbe voluto far egli, di suo capo ogni cosa. ma piu gli dispiaceua ancora il vedere, che il Papa teneua gia conto d'vn Iacopo Melighino Ferrarese, & sene seruiua nella fabbrica di San Piero per architetto, ancor che non hauesse ne disegno, ne molto giudizio nelle sue cose, cō la medesima prouisione, che haueua Antonio, alquale toccauano tutte le fatiche. e ciò aueniua, perche questo Melighino essendo stato familiare seruitore del Papa molti anni senza premio, à sua santita piaceua di rimunerarlo per quella via; oltre, che haueua cura di Bel'vedere, e d'alcun'altre fabriche del papa. poi dunque, che il Papa hebbe veduti tutti i sopradetti disegni, disse; e forse per tentare Antonio, tutti questi son belli, ma non sara male, che noi veggiamo ancora vno, che n'ha fatto il nostro Melighino. perche Antonio, risentendosi vn poco, & parendogli, che il Papa lo burlasse, disse; Padre santo il Melighino è vn'architettore da motteggio. il che vdendo il Papa, che sedeua, si voltò verso Antonio, egli rispose, chinan-
dosi

dofi con la tefta quafi infino in terra, Antonio noi vogliamo, che Melighino fia un'architettore da douero, & vedetelo alla prouifione. e ciò detto fi partì licenziandoci tutti. et in ciò volle moftrare, che i principi molte volte, piu che i meriti conducono gl'huomini a quelle grandeze, che vogliono. Quefta cornice fu poi fatta da Michelagnolo, come fi dira nella vita di lui, che rifece quafi in altra forma tutto quel palazzo. Rimafe dopo la morte d'Antonio Batifta Gobbo fuo fratello, perfona ingegnofa, che fpefe tutto il tempo nelle fabbriche d'Antonio, che non fi portò molto bene uerfo lui. ilquale Batifta non viffe molti anni dopo la morte d'Antonio; & morendo lafciò ogni fuo hauere alla compagnia della Mifericordia de'Fiorentini in Roma, con carico, che gl'huomini di quella faceffino ftampare vn fuo libro d'offeruazioni fopra Vitruuio. ilquale libro non è mai venuto in luce, & è openione, che fia buon'opera; perche intendeua molto bene le cofe dell'arte, & era d'ottimo giudizio, e fincero, e dabene. Ma tornando ad Antonio, effendo egli morto in Terni fu condotto à Roma con pompa grandiffima portato alla fepoltura: accompagnandolo tutti gl'artefici del difegno, & molti altri. e dopo fu da i fopraftati di san Pietro fatto mettere il corpo fuo in vn dipofito vicino alla capella di Papa Sifto in s. Pietro, cò l'infrafcritto epitaffio.
Antonio Sancti Galli Florentino, urbe munienda, ac Pub. operibus, præcipueq́; D. Petri Templo ornan. architectorum facile principi, Dum Velini Lacus emiſsionem parat, Paulo Pont. Max. auctore, inter amnæ intempeſtiuè extincto, Iſabella Deta uxor Mœſtiſs. poſuit 1546. iii. Calen. Octobris.

    Et per vero dire, effendo ftato Antonio eccellétiffimo Architet
    tore, merita non méno di effere lodato, e celebrato;
    come le fue opere ne dimoftrano, che qual
    fi voglia altro architettore anti
    co, ò moderno.

GIVLIO ROMANO
PITTORE.

Vita di Giulio Romano Pittore.

RA i molti, &zi infiniti, discepoli di Raffaello da Vrbino, dei quali la maggior parte riuscirono valenti, niuno ve n'hebbe, che piu lo immitasse nella maniera, inuenzione, disegno, & colorito di Giulio Romano: ne chi fra loro fusse di lui piu fondato, fiero, sicuro, capriccioso, vano, abondante, & vniuersale: per non dire al presente, che egli fu dolcissimo nella conuersazione, iouiale, affabile, grazioso, e tutto pieno d'ottimi costumi. lequali parti furono cagione, che egli fu di maniera amato da Raffaello, che se gli fusse stato figliuolo, non piu l'harebbe potuto amare. onde auuène, che si seruì sempre di lui nel l'opere di maggiore importanza, e particolarmente nel lauorare le loggie papali per Leone decimo. perche hauendo esso Raffaello fatto i disegni dell'architettu

GIVLIO ROMANO

chitettura, degl'ornamenti, e delle storie, fece condurre à Giulio molte di ql
le pitture, e fra l'altre la creazione di Adamo, & Eua, quella degl'animali, il fa
bricare dell'Arca di Noè, il sacrifizio, & molte altre opere, che si conoscono
alla maniera, come è quella, doue la figliuola di Faraone con le sue donne,
troua Moise nella cassetta gettato nel fiume dagl'Ebrei; laquale opera è ma
rauigliosa, per vn paese molto ben condotto. aiutò anco a Raffaello colorire molte cose nella camera di Torre Borgia, doue è l'incédio di Borgo, e par
ticolarmente l'imbasamento fatto di colore di Bronzo, la Cótessa Matilda, il
Re Pipino, Carlo Magno, Gottifredi Buglioni Re di Ierusalem con altri be
nefattori della chiesa, che sono tutte bonissime figure. parte della quale sto
ria uscì fuori in istápa non è molto, tolta da vn disegno di mano di esso Giulio: ilquale lauorò anco la maggior parte delle storie, che sono in fresco nella loggia di Agostin Chigi, & a olio lauorò sopra vn bellissimo quadro d'v-
na santa Lisabetta, che fu fatto da Raffaello, & mandato al Re Francesco di
Francia insieme con vn'altro quadro d'una santa Margherita, fatto quasi interamente da Giulio col disegno di Raffaello, ilquale mandò al medesimo Re
il rittratto della Vicereina di Napoli, ilquale non fece Raffaello altro, che il ri
tratto della testa di naturale, & il rimanente finì Giulio. lequali opere, che a
quel Re furono gratissime, sono ancora in Francia a Fótanableo nella cappel
la del Re. adoperandosi dunque in questa maniera Giulio in seruigio di Raf
faello suo maestro, & imparando le piu difficili cose dell'arte, che da esso Raf
faello gl'erano con incredibile amoreuolezza insegnate, non andò molto,
che seppe benissimo tirare in prospettiua, misurare gl'edifizij, e lauorar pian
te. e disegnando alcuna volta Raffaello, e schizzando a modo suo l'inuenzio
ni, le faceua poi tirar' misurate, e grandi a Giulio, per seruirsene nelle cose
d'architettura. Della quale cominciando a dilettarsi Giulio, vi attese di maniera, che poi esercitandola venne eccellentissimo maestro. Morto Raffael
lo, e rimasi heredi di lui Giulio, & Giouanfrancesco detto il Fattore, con cari
co di finire l'opere da esso Raffaello incominciate, condussero honoratamé-
te la maggior parte a perfezzione. Dopo hauendo Giulio Cardinale de'Me
dici, ilqual fu poi Clemente settimo, preso vn sito in Roma sotto Móte Mario, doue oltre vna bella veduta, erano acque viue, alcune boscaglie in ispiag
gia, & vn bel piano, che andando lungo il Teuere per fino a ponte Molle ha
ueua da vna banda, & dall'altra vna largura di prati, che si estendeua quasi fi
no alla porta di San Piero; disegnò nella sommità della spiaggia sopra vn pia
no, che vi era, fare vn palazzo con tutti gl'agi, & commodi di stanze, loggie,
giardini, fontane, boschi, & altri, che si possono piu belli, e migliori desidera
re: & diede di tutto il carico a Giulio, ilquale, presolo volentieri, & messoui
mano, condusse quel palagio, che allora si chiamò la vigna de'Medici, & hog
gi di Madama, a quella perfezzione, che di sotto si dirà. Accommodandosi
dunque alla qualità del sito, & alla voglia del Cardinale, fece la facciata dinanzi di quello in forma di mezzo circolo a vso di teatro con vno sparimé-
to di nicchie, & finestre d'opera Ionica, tanto lodato, che molti credono, che
ne facesse Raffaello il primo schizzo, e poi fusse l'opera seguitata, & condotta a perfezzione da Giulio ilquale vi fece molte pitture nelle camere, & altroue: & particolarmente, passato il primo ricetto dell'entrata, in vna loggia
bellissi-

bellissima, ornata di nicchie grandi, e piccole intorno, nelle quali è gran quantità di statue antiche: & fra l'altre v'era vn Gioue colossale, che fu poi dai Farnesi mandato al Rè Francesco di Francia, con molte altre statue bellissime. oltre alle quali nicchi ha la detta loggia lauorata di stucchi, e di tutte dipinte le parieti, e le volte, con molte grottesche di mano di Giouanni da Vdine. In testa di questa loggia fece Giulio in fresco vn Polifemo grandissimo, con infinito numero di fanciulli, e satirini, che gli giuocano intorno. di che riportò Giulio molta lode, sì come fece ancora di tutte l'opere, e disegni, che per quel luogo, il quale adornò di peschiere, pauimenti, fontane rustiche, boschi, & altre cose simili tutte bellissime, & fatte con bell'ordine, & giudizio, Ben è vero, che sopraueniendo la morte di Leone, non fu per allora altrimenti seguitata quest'opera; perche creato nuouo pontefice Adriano, e tornatosene il Cardinal de'Medici a Fiorenza, restarono indietro, insieme con questa, tutte l'opere publiche, cominciate dal suo antecessore. Giulio in tanto, e Giouanfrancesco diedero fine a molte cose di Raffaello, ch'erano rimase imperfette, & s'apparecchiauano a mettere in opera parte de'cartoni, che egli haueua fatto per le pitture della sala grande del palazzo, nella quale haueua Raffaello cominciato a dipignere quattro storie de'fatti di Gostantino Imperatore: & haueua, quando morì, coperta vna facciata di mistura per lauorarui sopra a olio; quando s'auuidero, Adriano, come quello, che nè di pitture, ò sculture, ne d'altra cosa buona si dilettaua, non si curare, ch'ella si finisse altrimenti. Disperati adunque Giulio, & Giouanfrancesco, & insieme co esso loro Perino del Vaga, Giouanni da Vdine, Bastiano Viniziano, & gli altri artefici eccellenti; furono poco meno (viuente Adriano) che per morirsi di fame. Ma come volle Dio, mentre che la corte auezza nelle grandezze di Leone, era tutta sbigottita, & che tutti i migliori artefici andauano pensando doue ricouerarsi, vedendo niuna virtu essere piu in pregio, morì Adriano, & fu creato sommo pontefice Giulio Cardinale de'Medici, che fu chiamato Clemente settimo: col quale risuscitarono in vn giorno, insieme con l'altre virtu, tutte l'arti del disegno. E Giulio, & Giouanfrancesco si misero subito d'ordine del Papa, a finire tutti lieti, la detta sala di Gostantino, & gettarono per terra tutta la facciata coperta di mistura, per douere essere lauorata a olio; lasciando però nel suo essere due figure, ch'egl'ino haueuano prima dipinte a olio, che sono per ornamento intorno a certi Papi: et cio furono vna Iustizia, & vn'altra figura simile. Era il partimento di questa sala, e che era bassa, stato con molto giudizio disegnato da Raffaello, il quale haueua messo ne'canti di quella sopra tutte le porte alcune nicchie grandi, con ornaméto di certi putti, che teneuano diuerse imprese di Leone, Gigli, Diamanti, penne, & altre imprese di casa Medici. & dentro alle nicchie sedeuano alcuni Papi in pontificale con vn'ombra per ciascuno dentro alla nicchia. Et intorno a i detti Papi erano alcuni putti a vso d'Angioletti, che teneuano libri, & altre cose a proposito in mano. Et ciascun Papa haueua dalle bande due virtu, che lo metteuano in mezzo, secondo, che piu haueua meritato: & come Pietro Apostolo haueua da vn lato la Religione, dall'altro la Carità, ò vero Pietà, così tutti gli altri haueuano altre simili virtu, & i detti papi erano Damaso primo, Alessandro primo, Leon terzo, Gregorio, Saluestro, & alcuni ni'altri; i quali tutti furono tanto bene accommodati, & condotti da Giulio, il quale in quest'opera a fresco fece i migliori, che si conosce, che vi durò fatica, & pose diligenza, come si può vedere in vna carta d'vn san Saluestro, che fu da lui proprio molto ben disegnata, & ha forse molto piu grazia, che non ha la pittura di quello. Ben che si può affermare, che Giulio esprimesse sempre meglio i suoi concetti ne'disegni, che nell'operare, ò nelle pitture: vedendosi in quelli piu viuacità, fierezza, & affetto. Et ciò potette forse auuenire, perche vn disegno lo faceua in vn'hora, tutto fiero, & acceso nell'opera, doue nelle pitture consumaua i mesi, & gl'anni. Onde venendogli a fastidio, e mancando quel viuo, & ardente amore, che si ha, quádo si comincia alcuna cosa, non è marauiglia, se non daua loro quell'intera perfezzione, che si vede ne'suo' disegni. Ma tornando alle storie, dipinse Giulio in vna delle faccie vn parlamento, che Gostátino fa à' soldati, doue in aria appare il segno della croce in vno splédore cō certi putti, e lettere, che dicono IN HOC SIGNO VINCES. Et vn Nano, che a piedi di Gostantino si mette vna celata in capo è fatto con molta arte. Nella maggior facciata poi, è vna battaglia di caualli, fatta vicino a ponte Molle, doue Costantino mise in rotta Massenzio. La quale opera per i feriti, & morti, che vi si veggiono, & per le diuerse, e strane attitudini d'e' pedoni, & caualieri, che combattono, aggruppati, fatti fieramente, è lodatissima, senza che vi sono molti ritratti di naturale. E se questa storia non fusse troppo tinta, & cacciata di neri, di che Giulio si dilettò sempre ne' suoi coloriti, sarebbe del tutto perfetta; ma questo le toglie molta grazia, & bellezza. Nella medesima fece tutto il paese di Monte Mario; & nel fiume del Teuere Massenzio, che sopra vn cauallo, tutto terribile; & fiero aniega. In somma si portò di maniera Giulio in quest'opera, che per cosi fatta sorte di battaglia, ell'è stata gran lume a chi ha fatto cose simili doppo lui, il quale imparò tanto dalle colonne antiche di Traiano, & d'Antonino, che sono in Roma, che se ne valse molto ne gl'habiti de' soldati, nell'armadure, insegne, bastioni, steccati, arieti, & in tutte l'altre cose da guerra, che sono dipinte per tutta quella sala. Et sotto queste storie dipinse di color di bronzo intorno intorno molte cose, che tutte son belle, & lodeuoli. Nell'altra facciata fece san Saluestro papa, che battezza Gostantino, figurando il proprio bagno, che è hoggi a san Giouanni Laterano, fatto da esso Gostantino, & vi ritrasse papa Clemente di naturale, nel san Saluestro, che battezza, con alcuni asistenti parati, & molti popoli. E fra molti familiari del papa, che vi ritrasse similmente di naturale, vi ritrasse il Caualierino, che allora gouernaua sua Santità, M. Niccolò Vespucci Caualiere di Rodi. E sotto questa nel basamento fece in figure finte di bronzo, Gostantino, che fa murare la Chiesa di san Piero di Roma; alludendo a papa Clemente; & in queste ritrasse Bramante Architetto, & Giulian Lemi, col disegno in mano della pianta di detta Chiesa, che è molto bella storia. Nella quarta faccia, sopra il camino di detta sala figurò in prospettiua la Chiesa di S. Piero di Roma; con la residenza del papa in quella maniera, che stà quando il papa canta la messa pontificale, con l'ordine de'Cardinali, & altri prelati di tutta la corte, & la capella de'Cantori, & musici; & il papa a sedere, figurato per San Saluestro, che ha Gostantino a' piedi ginocchioni, il quale gli presenta vna Roma d'oro fatta ta, come quelle, che sono nelle medaglie antiche. Volendo per ciò dimostrare la dote, che esso Gostantino diede alla Chiesa Romana, fece Giulio in questa storia molte femine, che ginocchioni stano a vedere cotale cerimonia, le quali sono bellissime; & vn pouero, che chiede la limosina. Vn putto sopra vn cane, che scherza, & i Lanzi della guardia del papa, che fanno far largo, e star in dietro il popolo, come si costuma: Et fra i molti ritratti, che in questa opera sono, vi si vede di naturale esso Giulio pittore, & il Cõte Baldassarre Castiglioni formator del Cortigiano, & suo amicissimo. Il Pontano, il Marullo, & molti altri letterati, & cortigiani. Intorno, & fra le finestre dipinse Giulio molte imprese, & poesie, che furono vaghe, & capricciose; onde piacque molto ogni cosa al papa, il quale lo premiò di cotale fatiche largamente. Mentre, che questa sala si dipigneua, non potendo essi sodisfar anco in parte agl'amici, fecero Giulio, & giouanfrancesco in vna tauola vna Assunzione di nostra Donna, che fu bellissima, la quale fu mandata a Perugia, & posta nel monasterio delle monache di Montelucci. E dopo, Giulio ritiratosi da se solo, fece in vn quadro vna nostra Donna con vna gatta dentroui tanto naturale, che pareua viuissima: onde fu quel quadro chiamato il quadro della Gatta. In vn'altro quadro grande fece vn Christo battuto alla colóna, che fu posto sopra l'altare della Chiesa di santa Prassedia in Roma. Ne molto dopo, M. Giouanmatteo Giberti, che fu poi Vescouo di Verona, che allora era Datario di papa Clemente, fece far'a Giulio, che era molto suo dimestico amico, il disegno d'alcune stanze, che si muratono di mattoni vicino alla porta del palazzo del papa, le quali rispondono sopra la piazza di san Piero, doue stanno a sonare i Trombetti, quando i Cardinali vanno a Cõcistoro: con vna salita di commodissime scale, che si possono salire a cauallo, & a piedi. Al medesimo M. Gio. Matteo fece in vna tauola vna lapidazione di santo Stefano; la quale mandò a vn suo benefizio in Genoua, intitolato S. Stefano. Nella qual tauola, che è per inuenzione, grazia, & componimento bellissima, si vede, mentre i giudei lapidano S. Stefano, il giouane Saulo sedere sopra i pãni di quello. In somma non fece mai Giulio la piu bell'opera di questa, per le fiere attitudini de'lapidatori, & per la bene espressa pacienza di Stefano. Il quale pare, che veramente veggia sedere Giesu Christo alla destra del padre in vn cielo dipinto diuinamente. La quale opera insieme col benefizio diede M. Gio. Matteo a' Monaci di monte Oliueto, che n'hanno fatto vn monasterio. Fece il medesimo Giulio a Iacopo Fuccheri Tedesco, p vna cappella, che è in santa Maria de anima in Roma vna bellissima tauola a olio, nella quale è la nostra Donna, s. Anna, san Giuseppo, san Iacopo, san Giouanni putto, et ginocchioni, e san Marco Euang. che ha vn Leone a piedi; il quale stãdosi a giacere cõ vn libro, ha i peli, che vãno girãdo, secõdo, ch'egli è posto, il che fu difficile, & bella considerazione, senza, che il medesimo Leone ha corte Ale sopra le spalle, con le penne cosi piumose, e morbide, che non pare quasi da credere, che la mano d'un Artefice possa cotanto imitare la natura. Vi fece oltre ciò vn casamento, che gira a vso di teatro in tondo, cõ alcune statue cosi belle, & bene accommodate, che non si puo veder meglio. E fra l'altre, vi è vna femina, che filando guarda vna sua chioccia, e alcuni pulcini, che nõ puo esser cosa piu naturale. E sopra la nostra Donna sono alcuni putti, che

sosten-

GIVLIO ROMANO

sostengono vn padiglione molto ben fatti, & gratiosi. Et se anco questa Tauola non fusse stata tanto tinta di nero, onde è diuentata scurissima, certo sarebbe stata molto migliore. Ma questo nero fa perdere, o smarrire la maggior parte delle fatiche, che vi sono dentro; conciosia, che il nero ancora, che sia vernicato, fa perdere il buono; hauendo in se sempre dell'alido, o sia carbone, o auorio abruciato, o nero di fumo, o carta arsa. Fra molti discepoli, c'hebbe Giulio, mentre lauorò queste cose, iquali furono Bartolomeo da Castiglioni, Tommaso Paperello Cottonese, Benedetto Pagni da Pescia, quegli di cui piu familiarmente si seruiua fu Giouanni da Lione, & Raffaello dal Colle del Borgo Sansepolcro, l'uno, & l'altro de'quali nella sala di Gostantino, & nell'altre opere, dellequali si è ragionato, haueuano molte cose aiutato a lauorare. Onde non mi par da tacere, che essendo essi molto destri nel dipignere, & molto osseruando la maniera di Giulio nel mettere in opera le cose, che disegnaua loro; eglino colorirono col disegno di lui vicino alla Zecca vecchia in banchi vn'Arme di papa Clemente settimo, cioè la metà ciascuno di loro, con due figure a vso di termini, che mettono la detta arme in mezzo. Et il detto Raffaello, non molto doppo, col disegno d'un cartone di Giulio dipinse a fresco dentro la porta del palazzo del Cardinale della Valle, in vn mezzo tondo, vna nostra Donna, che con vn panno cuopre vn fanciullo, che dorme: & da vna banda sono S. Andrea Apostolo, & dall'altra S. Niccolò: che fu tenuta, con verità, pittura eccellente. Giulio in tanto essendo molto domestico di M Baldassarri Turrini da Pescia: fatto il disegno, & modello; gli condusse sopra il Mõte Ianicolo, doue sono alcune Vigne, che hanno bellissima veduta, vn palazzo con tanta gratia, & tanto commodo, e tutti queg l'agi, che si possono in vn sì fatto luogo disiderare, che piu non si puo dire. & oltre cio, furono le stanze non solo adornate di stucchi, ma di pittura ancora; hauendoui egli stesso dipinto alcune storie di Numa Pompilio, che hebbe in quel luogo il suo sepolcro. Nella stufa di questo palazzo dipinse Giulio alcune storie di Venere, e d'Amore, e d'Apollo, & di Iacinto, con l'aiuto de'suoi giouani, che tutti sono in istampa. Et essendosi del tutto diuiso da Giouanfrancesco, fece in Roma diuerse opere d'Architettura, come fu il disegno della casa degli Alberini in Banchi, se bene alcuni credono, che quell'ordine venisse da Raffaello: & cosi vn palazzo, che hoggi si vede sopra la piazza della Dogana di Roma, che è stato per essere di bello ordine, posto in istampa. Et per sè fece sopra vn canto del Macello de Corbi, doue era la sua casa, nella quale egli nacque, vn Bel principio di finestre, il quale p poca cosa; che sia è molto gratioso. per lequali sue ottime qualità, essendo Giulio dopo la morte di Raffaello, per lo migliore artefice d'Italia celebrato, il Conte Baldassarre Castiglioni, che allora era in Roma Ambasciadore di Federigo Gonzaga, Marchese di Mantoua, & amicissimo, come s'è detto di Giulio: essendogli dal Marchese suo Signore comãdato, che procacciasse di mã dargli vn'Architettore, per seruirsene ne'bisogni del suo palagio, & della città, & particolarmente, che harebbe hauuto carissimo Giulio: tanto adoperò il Conte con prieghi, & con promesse, che Giulio disse, che andrebbe ogni volta, pur che ciò fusse con licenza di papa Clemente. La quale licenza ottenuta, nell'andare il Conte a Mantoua, per quindi poi andare, mandato dal

Tt

papa, all'Imperadore, menò Giulio seco. Et arriuato, lo presentò al Marchese, che dopo molte carezze, gli fece dar una casa fornita honoreuolmente, e gl' ordinò prouisione, & il piatto per lui, per Benedetto Pagni suo creato, & per vn'altro giouane, che lo seruiua. Et che è piu gli mādo il Marchese parecchie canne di veluto, & raso, altri drappi, & panni per vestirsi. Et dopo intendendo, che non haueua caualcatura, fattosi venire vn suo fauorito cauallo chiamato Luggieri glie lo donò, & montato, che Giulio vi fu sopra, se n'andarono fuor della porta di S. Bastiano, lontano vn tiro di balestra, doue Sua Eccel. haueua vn luogo, & certe stalle chiamato il T. in mezzo a vna prateria, doue teneua la razza de'suoi cauali, & caualle. Et quiui arriuati, disse il Marchese, che harebbe voluto, senza guastare la muraglia vecchia accomodare vn poco di luogo da poterui andare, & riduruisi tal volta a desinare, ò a cena per ispasso. Giulio vdita la volontà del Marchese, veduto il tutto, e leuata la pianta di quel sito, mise mano all'opera; & seruēdosi delle mura vecchie fece in vna parte maggiore la prima sala, che si vede hoggi all'entrare col seguito delle camere, che la mettono in mezzo. Et perche il luogo nō ha pietre viue, ne commodi di caue da potere far conci, e pietre intagliate, come si vsa nelle muraglie da chi puo farlo; si serui di mattoni, & pietre cotte, lauorandole poi di stucco. Et di questa materia fece colōne, base, capitegli, cornici, porte, finestre, & altri lauori, con bellissime proporzioni: & con nuoua & strauagante maniera gl'ornamenti delle volte, con spartimēti dentro bellissimi, e con ricetti riccamente ornati: Il che fu cagione, che da vn basso principio, si risoluesse il Marchese di far poi tutto quello edifizio a guisa d'vn gra palazzo: perche Giulio fatto vn bellissimo modello, tutto fuori, e dētro nel cortile d'opera rustica, piacque tāto a quel Signore, che ordinata buona prouisione di danari, & da Giulio condotti molti maestri: fu condotta l'opera con breuità al suo fine. La forma del quale palazzo è cosi fatta. E questo edifizio quadro, & ha nel mezzo vn cortile scoperto a vso di prato, o vero piazza, nella quale sboccano in croce quattro entrate: La prima delle quali, in prima vista trafora, ouero passa in vna grādissima loggia, che sbocca per vn' altra nel giardino; e due altre vanno a diuersi appartamenti, & queste sono ornate di stucchi, & di pitture. E nella sala, alla quale dà entrata la prima, è dipinta in fresco la volta fatta in varij spartimenti: & nelle facciate sono ritratti di naturale tutti i caualli piu belli, & piu fauoriti della razza del Marchese, & insieme con essi i cani di quello stesso mantello, o macchie, che sono i caualli, co'nomi loro: che tutti furono disegnati da Giulio, e coloriti sopra la calcina a fresco da Benedetto Pagni, & da Rinaldo Mantouano, pittori, e suoi creati; & nel vero cosi bene, che paiono viui. Da questa si cammina in vna stanza, che è in sul canto del palazzo; laquale ha la volta fatta cō spartimento bellissimo di stucchi, & con variate cornici, in alcuni luoghi tocche d'oro. E queste fanno vn partimento con quattro ottangoli, che leuano nel piu alto della uolta con quadro, nel quale è cupido, che nel cospetto di Gioue (che è abbagliato nel piu alto da una luce celeste.) sposa alla presenza di tutti gli Dei Psiche. Della quale storia non è possibile ueder cosa fatta cō piu grazia, & disegno; hauendo Giulio fatto scortare quelle figure con la ueduta al disotto in su, tanto bene, & alcune di quelle non sono affatica lunghe

un

GIVLIO ROMANO

vn braccio, & si mostrano nella vista da terra di tre braccia nell'altezza. Et nel vero sono fatte con mirabile arte, & ingegno, hauendo Giulio saputo far sì, che oltre al parer viue (cosi hanno rilieuo) ingannano con piaceuole vedu ta l'occhio humano. Sono poi ne gl'ottangoli tutte l'altre prime storie di Psi che, dell'auuersità, che le auuennero, per lo sdegno di Venere, condotte cõ la medesima bellezza, & perfezzione. Et in altri angoli sono molti Amori, co me ancora nelle finestre, che secondo gli spazij fanno varij effetti: & questa volta è tutta colorita a olio, di mano di Benedetto, & Rinaldo sopradetti. Il restante adunque delle storie di Psiche sono nelle faccie da basso, che sono le maggiori, cioè in vna à fresco quando Psiche è nel bagno, & gl'Amori la la uano, & appresso con bellissimi gesti la rasciugano. In vn'altra parte s'appres sa il conuito da Mercurio, mentre ella si laua, con le Bacchanti, che suonano: Doue sono le grazie, che con bellissima maniera fioriscono la Tauola. E Sile no sostenuto da'Satiri col suo Asino sopra vna capra sedere, ha due putti, che gli suggono le poppe, mentre si stà in compagnia di Bacco, che ha a piedi due Tigri, & sta con vn braccio appoggiato alla credeza. Dall'vno de'lati del la quale è vn Camello, & dall'altro vn Liofante. La qual credenza, che è a me zo tondo in botte, è ricoperta di festoni di verzure, & fiori, & tutta piena di Viti, cariche di grappoli d'vue, e di pampani, sotto iquali sono tre ordini di vasi bizarri, bacini, boccali, tazze, coppe, & altri cosi fatti, con diuerse forme, & modi fantastichi, e tanto lustranti, che paiono di vero argento, & d'oro, e fendo contrafatti con vn semplice colore di giallo, & d'altro, cosi bene, che mostrano l'ingegno, la virtu, & l'arte di Giulio, il quale in questa parte mo strò esser vario, ricco, & copicso d'inuenzione, & d'artifizio. Poco lontano si vede Psiche, che mentre ha intorno molte femine, che la seruono, & la pre sentano, vede nel lontano fra i poggi spuntar Febo col suo carro solare, gui dato da quattro caualli, mentre sopra certe nuuole si stà Zefiro tutto nudo a giacere, che soffia per vn corno, che ha in bocca, suauissime aure, che fanno gioconda, & placida l'aria, che è d'intorno a Psiche. lequali storie furono, nõ sono molti anni, stampate col disegno di Batista Franco Viniziano, che le ri trasse in quel modo appunto, che elle furono dipinte, con i cartoni gradi di Giulio, da Benedetto da Pescia, & da Rinaldo Mantouano, iquali misero in opera tutte queste storie, eccetto, che il Bacco, il Sileno, & i due putti, che pop pano la capra. Ben'è vero, che l'opera fu poi quasi tutta ritocca da Giulio, on de è, come fusse tutta stata fatta da lui. Il qual modo, che egli imparò da Raf faello suo precettore, & molto vtile per i giouani, che in esso si esercitano, p che riescono, per lo piu eccellenti maestri. E se bene alcuni si persuadono es sere da piu di chi gli fa operare, conoscono questi cotali, mancata la guida lo ro, prima che siano al fine, ò mancando loro il disegno, & l'ordine d'opera te; che per hauer perduta anzi tèpo, ò lasciata la guida, si trouano, come cie chi in vn mare d'infiniti errori. Ma tornando alle stanze del T. si passa da q sta camera di Psiche in vn'altra stanza tutta piena di fregi doppi di figure di basso rilieuo, lauorate di stucco col disegno di Giulio; da Francesco Primaticcio Bolognese, allora giouane, e da Giouambatista Mantouano. Ne'quali fre gi è tutto l'ordine de'soldati, che sono a Roma nella colonna Traiana, lauo rati con bella maniera. E in vn palco, ò vero soffittato d'una anticamera è di

Tt 2

pinto a olio quando Icaro, ammaestrato dal padre Dedalo, per volere troppo alzarsi volando, veduto il segno del Cancro, il carro del Sole tirato da quattro cauallli in iscorto, vicino al segno del Leone, rimane senz'ali, essendo dal calore del Sole distrutta la cera. Et appresso il medesimo precipitando si vede in aria quasi cascato addosso a chi lo mira tutto tinto nel volto di color di morte. La quale inuenzione fu tanto bene considerata, & immaginata da Giulio, ch'ella par proprio vera: perciocche vi si vede il calore del Sole, friggendo abruciar l'ali del misero giouane, il fuoco acceso far fumo, & quasi si sente lo scoppiare delle penne, che abruciano, métre si vede scolpita la morte nel volto d'Icaro: & in Dedalo la passione, & il dolore viuissimo. Et nel nostro libro de' disegni di diuersi pittori, è il proprio disegno di questa bellissima storia di mano di esso Giulio: il quale fece nel medesimo luogo le storie de' dodici mesi dell'anno, & quello, che in ciascuno d'essi fanno l'arti piu da gl'huomini esercitate; la quale pittura non è meno capricciosa, & di bella inuenzione, & diletteuole, che fatta con giudizio, & diligenza. Passata quella loggia grande lauorata di stucchi, & con molte armi, & altri varij ornaménti bizarri, s'arriua in certe stanze piene di tante varie fantasie, che vi s'abaglia l'intelletto: perche Giulio, che era capricciosissimo, & ingegnoso, per mostrare quanto valeua, in vn canto del palazzo, che faceua vna cantonata simile alla sopradetta stanza di Psiche, disegnò di fare vna stanza, la cui muraglia hauesse corrispondéza con la pittura, per ingannare quanto piu potesse gl'huomini, che doueuano vederla. Fatto dunque fondare quel cátone, che era in luogo paduloso, con fondamenti alti, & doppi, fece tirare sopra la cantonata, vna gran stanza tonda, & di grossissime mura, accioche i quattro cantoni di quella muraglia dalla banda di fuori venissero piu gagliardi, & potessino regger vna volta doppia, & tonda a uso di forno. Et cio fatto, hauendo quella camera cantoni, ui fece per lo girare di quella a suoi luoghi murare le porte, le finestre, & il camino di pietre rustiche a caso scantonate, & quasi in modo scommesse, e torte, che parea proprio pendessero in su'un lato, & rouinassero veramente. E murata questa stanza cosi stranamente, si mise a dipignere in quella la piu capricciosa inuenzione, che si potesse trouare, cioè, Gioue, che fulmina i giganti. Et cosi figurato il cielo nel piu alto della volta ui fece il trono di Gioue, facendolo in iscorto al disotto in su, & in faccia; & dentro a un Tempio tondo sopra le colonne trasforato di componiméto Ionico; & con l'ombrella nel mezzo sopra il seggio, con l'Aquila sua, & tutto posto sopra le nuuole. & piu a basso fece Gioue irato, che fulmina i superbi giganti, & piu a basso è Giunone, che gli aiuta; & intorno i Venti, che con certi uisi strani soffiano uerso la terra: mentre la Dea Opis si uolge con i suoi Leoni al terribile rumor de' fulmini, si come ancor fanno gl'altri Dei, e Dee, & massimamente Venere, che è a cáto a Marte: e Momo, che con le braccia aperte pare che dubiti, che non rouini il Cielo, e non di meno stà immobile. Similmente le grazie si stanno tutte piene di timore, & l'hore appresso quelle nella medesima maniera. Et in somma ciascuna Deità si mette cò i suoi carri in fuga. La Luna con Saturno, & Iano uanno uerso il piu chiaro de' nuuoli, per allontanarsi da quell'horribile spauento, & furore: & il medesimo fa Nettunno: percioche con i suoi Delfini pare, che cerchi fermarsi sopra il tri-

den-

GIVLIO ROMANO

gente. Et Pallade con le noue muse sta guardando, che cosa horribile sia qlla. Et Pan, abbracciata vna Ninfa, che trema di paura, pare voglia scamparla da quello incendio, & lampi de'fulmini, di che è pieno il Cielo. Apollo si sta sopra il carro solare, & alcune dell'hore pare, che voglino ritenere il corso de' caualli. Bacco, & Sileno con satiri, & Ninfe mostrano hauer grandisimia paura. Et Vulcano col ponderoso martello sopra vna spalla guarda verso Hercole, che parla di quel caso con Mercurio, il quale si stà allato a Pomona tutta paurosa, come stà anche Vertunno con tutti gl'altri Dei sparsi per quel cielo, doue sono tanto bene sparsi tutti gl'affetti della paura, cosi in coloro, che stanno, come in quelli, che fuggono, che non è possibile, nó che vedere, ima ginarsi piu bella fantasia di questa in pittura. Nelle parti da basso, cioè nelle facciate, che stanno per ritto, sotto il resto del girare della volta sono i Giganti, alcuni de'quali sotto Gioue, hanno sopra di loro Monti, & addosso gradissimi salsi, iquali reggono con le forti spalle, per fare altezza, & salita al cielo, quando s'apparecchia la rouina loro. perche Gioue fulminando, & tutto il cielo adirato contra di loro, pare, che non solo spauenti il temerario ardire de'Giganti, rouinando loro i Monti addosso, ma che sia tutto il mondo sotto sopra, & quasi al suo vltimo fine. Et in questa parte fece Giulio Briareo in vna cauerna oscura quasi ricoperto da pezzi altissimi di Monti; & gli altri giganti tutti infranti, & alcuni morti sotto le rouine delle mótagne. oltre ciò si vede per vn straforo nello scuro d'vna grotta, che mostra vn lontano fatto con bel giudizio, molti Giganti fuggire, tutti percossi da fulmini di Gioue, e quasi per douere allora essere oppressi dalle rouine de'monti, come gl'altri. In vn'altra parte figurò Giulio altri giganti, a' quali rouinano sopra tempij, colonne, & altri pezzi di muraglie, facendo di quei superbi grandiss. strage, & mortalità. Et in questo luogo è posto fra queste muraglie, che rouinano, il camino della stanza, il quale mostra, quando vi si fa fuoco, che i gigáti ardono; per esserui dipinto Plutone, che col suo carro tirato da cauagli secchi, & accompagnato dalle furie infernali, si fugge nel centro. Et cosi non si partendo Giulio con questa inuenzione del fuoco, dal proposito della storia fa ornamento bellissimo al camino. Fece oltre ciò Giulio in quest'opera, per farla piu spauenteuole, & terribile, che i giganti grandi, & di strana statura (essendo in diuersi modi da i lampi, & da fulgori percossi) rouinano a terra: il quale inanzi, & quale a dietro si stanno; chi morto, chi ferito, & chi da monti, & rouine di edifizij ricoperto. Onde non si pensi alcuno vedere mai opera di pennello piu horribile, & spauentosa, ne piu naturale di questa. Et chi entra in quella stanza, vedendo le finestre, le porte, & altre cosi fatte cose torcersi, & quasi per rouinare, & i monti, & gl'edifizij cadere, non puo non temere, che ogni cosa non gli ruini addosso, vedendo massimamente in quel cielo tutti gli Dij andare chi quà, & chi là fuggendo. Et quello, che è in questa opera marauiglioso, è il veder tutta quella pittura non hauere principio ne fine, & attaccata tutta, & tanto bene continuata insieme, senza termine, ò tramezzo di ornaméto, che le cose, che sono appresso de'casaméti paiono grá dissime, & quelle, che allontanano, doue sono paesi, vanno perdendo in infinito. Onde quella stanza, che non è lunga piu di quindi braccia, pare vna cápagna di paese: senza, che essendo il pauimento di salsi tondi, picciol mura

ti per

ti per colti lo, & il cominciare delle mute, che vanno per di sotto dipinte de'
medesimi sassi, non, ma pare certo vivo, & vien ciò parere quel primo grandissima cosa. Il che fu fatto con molto giudizio, & bell'arte da Giulio, il quale per così fatte inuenzioni deueno molto gl'artefici nostri. Diuentò in que
st'opera perfetto coloritore il sopradetto Rinaldo Mantoano, perche lauorando con i cartoni di Giulio, conduſſe tutta quest'opera à perfezione, & insieme l'altre stanze. Et se costui non fuſſe stato tolto al mondo così giouane
come fece honore à Giulio mentre visse, così harebbe fatto dopo morte. Oltre a questo palazzo, nel quale fece Giulio molte cose degne di essere lodate:
lo quale si vede oggi, si per fuggire la troppa lunghezza, rifece di muraglia molte stanze del castello, doue in Mantoua habita il Duca, & due scale à lumaca
grandissime, con apartamenti ricchissimi, & ornati di stucco per tutto. Et in
vna sala fece dipignere tutta la storia, & guerra Troiana. E similmente in v-
na anticamera dodici storie à olio, sotto le teste de'dodici Imperadori, state
prima dipinte da Tiziano vcellio, che sono tenute rare. Parimente a Marmi
ruolo, luogo lontano da Mantoua cinque miglia fu fatta con ordine, & disegno di Giulio vna commodissima fabbrica, è grandi pitture, non men belle,
che quelle del castello, & del palazzo del T. fece il medesimo in Santo Andrea di Mantoua, alla cappella della signora Isabella Buſchetta in vna tauola à olio, vna Nostra Donna in atto di adorare il puttino Giesù, che giace in
terra, & Giuſeppo, & l'Asino, & il Bue, vicini à vn presepio. Et da vna banda san giouanni Euangelista, & dall'altra san Longino, figure grandi quanto
il naturale. Nelle facciate poi di detta cappella, fece colorire a Rinaldo con
suoi disegni, due storie bellissime; cioè in vna la crocifissione di Giesù Christo, con i ladroni, & alcuni angeli in aria; & da baſſo i crocifissori con le Marie, e molti caualli, de'quali si dilettò sempre, e gli fece bellissimi à marauiglia, & molti soldati in varie attitudini. Nell'altra fece quando al tempo
della Conteſſa Matilda si trouò il sangue di Christo, che fu opera bellissima.
E doppò fece Giulio al Duca Federigo in vn quadro di sua propria mano vna
nostra donna, che laua Giesù Christo fanciulletto, che sta in piedi dentro a
vn bacino, mentre san Giouannino getta l'acqua fuor d'un vaso, le quali ame-
due figure, che sono grandi quanto il naturale, sono bellissime. & dal mezo
in su nel lontano sono di figure piccole alcune gentildonne, che vanno à visitarla. Il qual quadro fui poi donato dal Duca alla signora Isabella Buſchetta. Della quale Signora fece poi Giulio il ritratto, e bellissimo in vn quadretto piccolo d'una natiuità di Christo, alto vn braccio: che è hoggi appreſſo al
signor Vespasiano Gonzaga, con vn'altro quadro donatogli dal Duca Federigo pur di mano di Giulio, nel quale è un giouane, & vna giouane abbracciati insieme sopra vn letto, in atto di farsi carezze, mentre vna vecchia dietro a vn'vscio naſcoſamente gli guarda. le quali figure sono poco meno, che
il naturale, e molto graziose. Et in casa il medesimo, è vn'altro quadro molto eccellente vn San Hieronimo bellissimo di mano pur di Giulio. Et appreſ-
so del Conte Nicola Maffei è vn quadro d'uno Aleſſandro Magno, con vna
vettoria in mano, grande quanto il naturale, ritratto da vna medaglia antica, che è cosa molto bella. Dopo queste opere, dipinse Giulio a fresco, per M.
Girolamo organista del Duomo di Mantoua suo amicissimo, sopra vn camino,

GIVLIO ROMANO

so, a fresco vn Vulcano, che mena con una mano i mantici, e con l'altra, che ha vn paio di molle, tiene il ferro d'una freccia, che fabrica; mentre Venere ne tempera in un vaso alcune gia fatte, & le mette nel turcasso di Cupido. Et questa è una delle belle opere, che mai facesse Giulio, & poco altro in fresco si uede di sua mano. In san Domenico fece per M. Lodouico da Fermo in vna tauola vn Christo morto, ilquale s'apparecchiano Giuseppo, & Nicodemo di porlo nel sepolcro, & appresso la madre, & l'altre Marie, & S. Giouanni euangelista. Et un quadretto, nel quale fece similmente un Christo morto, è in Vinezia in casa Tommaso da Empoli Fiorentino. In quel medesimo tempo, che egli queste, & altre pitture lauoraua, auenne, che il S. Giouanni de Medici, essendo ferito da un moschetto fù portato a Mantoua, doue egli si morì, perche M. Pietro Aretino, affezzionatissimo seruitore di quel Signore, e amicissimo di Giulio, volle, che così morto esso Giulio lo formasse di sua mano. Onde egli fattone vn cauo in sul morto, ne fece un ritratto, che stette poi molti anni appresso il detto Aretino. Nella venuta di Carlo quinto Imperatore a Mantoua, per ordine del Duca, fe Giulio molti bellissimi apparati d'archi, prospettiue per comedie, & molte altre cose nelle quali inuenzioni, non haueua Giulio pari, & non fu mai il piu capriccioso nelle mascharate, & nel fare strauaganti habiti per giostre, feste, & torneamenti; come allora si vide con stupore, & marauiglia di Carlo Imperadore, & di quanti v'interuennero. Diede oltre cio per tutta quella città di Mantoua in diuersi tempi tanti disegni di cappelle, case, giardini, & facciate; & talmente si dilettò d'abellirla, & ornarla, che la ridusse in modo, che doue era prima sotto posta al fango, & piena d'acqua, brutta a certi tempi, & quasi inhabitale, ell'è hoggi, per industria di lui asciutta, sana, & tutta vaga, & piaceuole. Mentre Giulio seruiua quel Duca, rompendo un'anno il Po gl'argini suoi, allagò in modo Mantoua, che in certi luoghi bassi della città s'alzò l'acqua presso a quattro braccia: Onde per molto tempo vi stauano quasi tutto l'anno le ranochie: perche pensando Giulio in che modo si potesse a cio rimediare, adoperò di maniera, che ella ritornò per allora nel suo primo essere. Et accio altra volta non auenisse il medesimo fece, che le strade, per comandamento del Duca si alzarono tanto da quella banda, che superata l'altezza dell'acque, i casamenti rimasero al disopra. E perche da quella parte stano casuccie piccole, & deboli, & di non molta importanza, diede ordine, che si riducessero a migliore termine rouinando quelle per alzare le strade, & riedificandone sopra delle maggiori, & piu belle per vtile, & commodo della città. Alla qual cosa opponendosi molti con dire al Duca, & che Giulio faceua troppo gran danno egli non uolle udire alcuno: anzi facendo allora Giulio maestro delle strade, ordinò, che nò potesse niuno in quella città murare senza ordine di Giulio per laqual cosa, molti dolendosi, & alcuni minacciando Giulio, vène cio all'orecchie del Duca. Il qual usò parole sì fatte in fauore di Giulio, che fe conoscere, che quanto si facesse in disfattore, ò danno di quello, lo reputarebbe fatto a se stesso, & ne farebbe dimostrazione. Amò quel Duca di maniera la virtu di Giulio, che non sapea viuere senza lui. Et all'incontro Giulio hebbe a quel signore tanta reuerenza, che piu non è possibile imaginarsi. Onde non dimandò mai per se, ò per altri grazia, che non l'ottenesse, et si trouaua

quan

quando morì, per le cose hauute da quel Duca, hauere d'entrata più di mille ducati. Fabbricò Giulio per sè vna casa in Mantoua dirimpetto à san Barnaba, alla quale fece di fuori vna facciata fantastica tutta lauorata di stucchi
coloriti; & dentro la fece tutta dipignere, & lauorare similmente di stucchi,
accomodandoui molte anticaglie condotte da Roma: & hauute dal Duca,
alquale ne diede molte delle sue. Disegnaua tanto Giulio, & per fuori, e per
Mantoua, che è cosa da non credere: perche, come si è detto, non si poteua
edificare, massimamente nella città palagi, ò altre cose d'importanza, se non
con disegni di lui. Rifece sopra le mura vecchie la Chiesa di san Benedetto
di Mantoua, vicina al Po; luogo grandissimo, & ricco de' Monaci neri, e con
suoi disegni fu abbellita tutta la Chiesa di pitture, & tauole bellissime. Et p
che erano in sommo pregio in Lombardia le cose sue, volle Già Matteo Giberti Vescouo di quella città che la tribuna del Duomo di Verona, come s'è
detto altroue, fusse tutta dipinta dal moro Veronese con i disegni di Giulio;
Ilquale fece al Duca di Ferrara molti disegni per panni d'Arazzo, che furono poi condotti di seta, & d'oro da maestro Niccolò, & Gioua Batista Rosso
Fiaminghi; che ne sono fuori disegni in istampa, stati intagliati da Gio. Batista Mantouano, ilquale intagliò infinite cose disegnate da Giulio, & particolarmente; oltre a tre carte di battaglie intagliate da altri; vn Medico, ch'
apicca le coppette sopra le spalle a vna femina. Vna nostra Donna, che va in
Egitto, & Giuseppo ha a mano l'Asino per la cauezza, & alcuni Angeli fanno piegare vn Dattero, perche Christo ne colga de' frutti. Intagliò similme-
te il medesimo col disegno di Giulio vna Lupa in sul Teuere, che allatta Re-
mo, & Romulo; & quattro storie di Plutone, Gioue, & Nettunno, che si di-
uidono per sorte il Cielo, la terra, & il mare. Similmente la Capra Alfea, che
tenuta da Melissa nutrisce Gioue: Et in vna carta grande molti huomini in
vna prigione con varij tormenti cruciati. Fù anche stampato con inuentione di Giulio il parlamento, che fecero alle riue del fiume, con l'esercito Sci-
pione, & Annibale: la natiuità di san Giouanni Batista intagliata da Sebastiano da Reggio; & molte altre state intagliate, & stampate in Italia. In Fia-
dra parimente, & in Francia sono state stampate infinite carte con i disegni
di Giulio, delle quali, come che bellissimi sieno, non accade far memoria: come ne anche di tutti i suoi disegni, hauendone egli fatto, per modo di dire,
le some. E basti, che gli fu tanto facile ogni cosa dell'arte, & particolarmente
il disegnare, che non ci è memoria di chi habbia fatto più di lui. Seppe ragionare Giulio, ilquale fu molto vniuersale, d'ogni cosa, ma sopra tutto delle
medaglie, nelle quali spese assai danari, & molto tempo, per hauerne cognizione. Et se bene fu adoperato quasi sempre in cose grandi, non è però, che
egli non mettesse anco talhor mano a cose menomissime, per seruigio del
suo signore, & degl'amici. Ne haueua sì tosto vno aperto la bocca, per aprir-
gli vn suo concetto, che l'haueua inteso, & disegnato. Fra le molte cose rare,
che haueua in casa sua, vi era in vna tela di rensa sottile il ritratto naturale
d'Alberto Duro, di mano di esso Alberto, che lo mandò, come altroue si è
detto, a donare a Raffaello da Vrbino: Il qual ritratto era cosa rara: perche
essendo colorito a guazzo con molta diligenza, e fatto d'acquerelli, l'haueua
finito Alberto senza adoperare biacca, & in quel cambio si era seruito del
bianco

GIVLIO ROMANO

bianco della tela; delle fila della quale, sottilissime, haueua tanto ben fatti i peli della barba, che era cosa da non poterſi imaginare, non che fare. & al lume traspareua da ogni lato. Il quale ritratto, che a Giulio era cariſsimo, mi moſtrò egli steſſo, per miracolo, quando viuendo lui, andai, per mie biſogne a Mantoua. Morto il Duca Federigo, dal quale piu, che non ſi puo credere, era ſtato amato Giulio, ſe ne trauagliò di maniera, che ſi sarebbe partito di Mantoua, ſe il Cardinale fratello del Duca, a cui era rimaſo il gouerno dello ſtato, per eſſere i figliuoli di Federigo piccoliſsimi, non l'haueſſe ritenuto in quella città, doue haueua moglie, figliuoli, caſe, villaggi, & tutti altri comodi, che ad agiato gentilhuomo sono richieſti. Et ciò fece il Cardinale, oltre alle dette cagioni, per seruirſi del conſiglio, & aiuto di Giulio in rinouare, e quaſi far di nuouo tutto il Duomo di quella città. A che meſſo mano Giulio, lo conduſſe aſſai inanzi con belliſsima forma. In queſto tempo Giorgio Vaſari, che era amiciſsimo di Giulio, ſe bene non ſi conoſceuano ſe non per fama, & per lettere, nell'andare a Vinezia, fece la via per Mantoua, per vedere Giulio, & l'opere ſue. Et coſi arriuato in quella città, andando per trouar l'amico, senza eſſerſi mai veduti, ſcontrandoſi l'un l'altro ſi conobbono non altrimenti, che ſe mille volte fuſſero ſtati inſieme preſenzialmente. Di che hebbe Giulio tanto contento, & allegrezza, che per quattro giorni non lo ſtaccò mai, moſtrandogli tutte l'opere ſue, & particolarmente tutte le piante degli edifizij antichi di Roma, di Napoli, di Pozzuolo, di Campagna, e di tutte l'altre migliori antichità, di che ſi ha memoria, diſegnate parte da lui, e parte da altri. Di poi, aperto vn grandiſsimo Armario, gli moſtrò le piāte di tutti gl'edifizij, che erano ſtati fatti con ſuoi diſegni, & ordine, non ſolo in Mantoua, & in Roma, ma per tutta la Lombardia: & tanto belli, che io per me non credo, che ſi poſſano vedere ne le piu nuoue, ne le piu belle fantaſie di fabbriche, ne meglio accommodate. Dimandādo poi il Cardinale a Giorgio quello, che gli pareſſe dell'opere di Giulio, gli riſpoſe (eſſo Giulio preſente) che elle erano tali, che ad ogni canto di quella città meritaua, che fuſſe poſta la ſtatua di lui; & che per hauerle egli rinouata la metà di quello ſtato, non sarebbe ſtata baſtante a rimunerar le fatiche, & virtu di Giulio. A che ri ſpoſe il Cardinale: Giulio eſſere piu padrone di quello ſtato, che non era egli: Et perche era Giulio amoreuoliſsimo, & ſpecialmente degli amici, non è alcuno ſegno d'amore, & di carezze, che Giorgio non riceueſſe da lui. Il qual Vaſari partito di Mantoua, & andato a Vinezia: di là tornato a Roma, in quel tempo apunto, che Michelagnolo haueua ſcoperto nella cappella il ſuo Giudizio, mandò a Giulio, per M. Nino Nini da Cortona, ſegretario del detto Cardinale di Mātoua, tre carte de' ſette peccati mortali, ritratti dal detto Giudizio di Michelagnolo, che a Giulio furono oltre modo cariſſimi, ſi p eſſere quello, ch'egli erano, e ſi perche hauendo allora a fare al Cardinale vna cappella in palazzo, ciò fu vn deſtargli l'animo a maggior coſe, che quelle non erano, che haueua in penſiero. Mettendo dunque ogni eſtrema diligenza in fare vn cartone belliſsimo, vi fece dentro con bel capriccio, quādo Pietro, & Andrea, chiamati da Chriſto laſciano le reti, per ſeguitarlo, e di peſcatori di peſci, diuenire peſcatori d'huomini. Il quale cartone, che riuſci il piu bello, che mai haueſſe fatto Giulio, fu poi meſſo in opera da Fermo Gui-

V v

soni pittore, & creato di Giulio, hoggi eccellente maestro. Essendo non molto dopo i sopraſtanti della fabbrica di san Petronio di Bologna deſideroſi di dar principio alla facciata dinanzi di quella Chieſa, con grandiſsima fatica vi conduſſono Giulio in compagnia d'uno Architetto Milaneſe, chiamato Tofano Lombardino, huomo allora molto ſtimato in Lombardia, per molte fabbriche, che ſi vedeuano di ſua mano. Coſtoro dunque hauendo fatti piu diſegni, & eſſendoſi quegli di Baldaſſarre Peruzzi Saneſe pduti, fu ſi bello, & bene ordinato vno, che fra gli altri ne fece Giulio, che meritò riceuerne da ql popolo lode grandiſsima, & con liberaliſsimi doni eſſer riconoſciuto nel ſuo ritornarſene a Mantoua. In tāto, eſſendo di que' giorni morto Antonio Sangallo in Roma, e rimaſi percio in non piccolo trauaglio i deputati della fabbrica di san Piero, non ſapendo eſsi a cui voltarſi per dargli carico di douere con l'ordine cominciato condurre ſi gran fabbrica a fine: penſarono niuno potere eſſer piu atto a cio, che Giulio Romano, del quale ſapeuano tutti quanta l'eccellenza fuſſe, & il valore: & coſi auiſando, che douè ſe tal carico accettare piu che volentieri, per rimpatriarſi honoratamente, et con groſſa prouiſione, lo fecioro tentare per mezzo d'alcuni amici ſuoi, ma in vano: però che, ſe bene di boniſsima voglia ſarebbe andato, due coſe lo ritennero: il Cardinale, che per niun modo volle, che ſi partiſsi, e la moglie con gl'amici, & parenti, che per tutte le vie lo ſconfortarono: ma nō haureb be per auuentura potuto in lui niuna di queſte due coſe, ſe non ſi fuſſe in ql tēpo trouato non molto ben ſano: pche conſiderādo egli di quāto honore, e vtile ſarebbe potuto eſſere a ſe, & a ſuoi figliuoli accettar ſi honorato partito, era del tutto volto, quando cominciò a ire peggiorando del male, a voler fare ogni sforzo, che il cio fare non gli fuſſe dal Cardinale impedito. Ma per che era di ſopra ſtabilito, che non andaſſe piu a Roma, e che quello fuſſe l'ultimo termine della ſua vita: fra il diſpiacere, & il male ſi morì in pochi giorni in Mantoua, la quale poteua pur concedergli, che come haueua abbellita lei: coſi ornaſſe, & honoraſſe la ſua patria Roma. Morì Giulio d'anni 54. laſciādo vn ſolo figliuol maſchio, al quale, per la memoria, che teneua del ſuo maeſtro, haueua poſto nome Raffaello. Il qual giouinetto hauendo affatica appreſo i primi principij dell'arte, con ſperanza di douere riuſcir' valet'huomo, ſi morì anch'egli, non dopo molti anni inſieme cō ſua madre moglie di Giulio. Onde non rimaſe di lui altri, che vna figliuola, chiamata Virginia, che ancor viue in Mantoua, maritata a Hercole Malateſta. A Giulio, ilquale in finitamente dolſe a chiunque lo conobbe, fu dato ſepoltura in san Barnaba con propoſito di fargli qualche honorata memoria. Ma i figliuoli, & la moglie, mandando la coſa d'hoggi in domani, ſono anch'eglino per lo piu mancati ſenza farne altro. E pure è ſtato vn peccato, che di quell'huomo, che tanto honorò quella città, non è ſtato chi n'habbi tenuto conto neſſuno, ſaluo coloro, che ſe ne ſeruiuano, iquali ſene ſono ſpeſſo ricordati ne' biſogni loro. Ma la propria virtu ſua, che tanto l'honorò in vita, gli ha fatto mediante l'opere ſue, eterna ſepoltura doppo la morte, che ne il tempo, ne gl'anni conſumeranno. Fu Giulio di ſtatura ne grande, ne piccolo, piu preſto compreſſo, che leggieri di carne, di pel nero; di bella faccia, con occhio nero, & allegro; amoreuoliſsimo, coſtumato in tutte le ſue azzioni, parco nel mangiare

&

GIVLIO ROMANO

& vago di vestire, & viuete honoratamente. Hebbe discepoli assai, ma i migliori furono Gian dal Lione, Raffaello dal Colle Borghese, Benedetto Pagni da Pescia, Figurino da Faenza, Rinaldo, & Giouanbatista Mantouani, & Fermo Guisoni, che si stà in Mantoua, & gli fa honore, essendo pittore eccel. sì come ha fatto ancora Benedetto, il quale ha molte cose lauorato in Pescia sua patria; & nel duomo di Pisa vna tauola, che è nell'opera. Et parimente vn quadro di nostra Donna con bella, & gentile poesia, hauendo in quello fatta vna Fiorenza, che le preseta le dignità di casa Medici. Il qual quadro è hoggi appresso il S. Mondragone Spagnuolo, fauoritissimo dell'Illustriss. S. Principe di Fiorenza. Morì Giulio l'anno 1546. il giorno di tutti i Santi. E sopra la sua sepoltura fu posto questo Epitaffio.

Romanus moriens secum tres Iulius arteis
Abstulit (haud mirum) quatuor vnus erat.

SEBASTIANO VINIZIANO
PITTORE.

VITA DI SEBASTIAN VINIZIANO FRATE DEL PIOMBO, E PITTORE.

NON fu, secódo, che molti affermano, la prima pfessione di Sebastiano la pittura; ma la musica: pche oltre al cantare si dilettò molto di sonar varie sorti di suoni, ma sopra il tut to il Liuto, per sonarsi in su quello stromento tutte le par ti senz'altra compagnia. Ilquale esercizio fece costui esse re vn tempo gratissimo a'gentil'huomini di Vinezia, con iquali, come virtuoso, praticò sempre dimesticamente.
Venutagli poi voglia, essendo anco giouane, d'attendere alla pittura apparò a primi principij da Giouan Bellino allora vecchio. Et doppo lui, hauendo Giorgione da Castel Franco messi in quella città i modi della maniera mo derna, piu vniti, & con certo fiammeggiare di colori. Sebastiano si partì da Giouanni, & si acconciò con Giorgione, col quale stette tanto, che prese in gran parte quella maniera. Onde fece alcuni ritratti in Vinegia di naturale molto simili, & fra gl'altri quello di Verdelotto Franzese musico eccellentis simo, che era allora maestro di cappella in san Marco; & nel medesimo qua dro quello di Vbretto suo compagno cantore. Il qual quadro recò a Fioren za Verdelotto, quando venne maestro di cappella in san Giouanni, & hog gi l'ha nelle sue case Francesco Sangallo scultore. Fece anco in que'tempi in san Giouanni Grisostomo di Vinezia vna tauola con alcune figure, che ten gono tato della maniera di Giorgione, ch'elle sono state alcuna volta, da chi non ha molta cognizione delle cose dell'arte tenute per di mano di esso gior gione. La qual tauola è molto bella, e fatta con vna maniera di colorito, ch' ha gran rilieuo. perche spargendosi la fama delle virtu di Sebastiano, Ago stino Chigi Sanese, ricchissimo mercante, ilquale in Vinegia hauea molti negozij, sentendo in Roma molto lodarlo, cercò di condurlo a Roma; pia cendogli, oltre la pittura, che sapesi così ben sonare di Liuto, & fosse dolce, & piaceuole nel conuersare. Ne fu gran fatica condurre Bastiano a Roma, perche sapendo egli quanto quella patria comune sia sempre stata aiutatri ce de'bez'l'ingegni, vi andò piu, che volentieri. Andatosene dunque a Ro ma, Agostino lo mise in opera, e la prima cosa, che gli facesse fare, furono gl' archetti, che sono in su la loggia, laquale risponde in sul giardino, doue Bal dassarre Sanese haueua nel palazzo d'Agostino in Trasteuere, tutta la volta dipinta. Ne iquali archetti Sebastiano fece alcune poesie di quella maniera, ch'haueua recato da Vinegia, molto disforme da quella, che vsauano in Ro ma i valenti pittori di que'tempi. Dopo quest'opera, hauendo Raffaello fat to in quel medesimo luogo vna storia di Galatea, vi fece Bastiano, come volle Agostino vn Polifemo in fresco allato a quella; nel quale, comunche gli riu scisse, cercò d'auanzarsi piu che poteua, spronato dalla concorreza di Baldas sarre Sanese, e poi di Raffaello. Colorì similmente alcune cose a olio: delle quali fu tenuto, per hauer egli da Giorgione iparato vn modo di colorire as sai morbido, in Roma grandissimo conto. Mentre, che lauoraua costui que ste cose in Roma, era venuto in tanto credito Raffaello da Vrbino nella pittu

SEBASTIANO VINIZIANO

ra,che gl'amici, & aderenti suoi diceuano,che le pitture di lui, erano secondo l'ordine della pittura, piu che quelle di Michelagnolo, vaghe di colorito, belle d'inuenzioni, e d'arte piu vezzose, & di corrispondente disegno: & che quelle del Buonarroti non haueuano dal disegno in fuori niuna di queste parti. E per queste cagioni giudicauano questi cotali, Raffaello essere nella pittura, se non piu eccellente di lui, almeno pari, ma nel colorito voleuano, che ad ogni modo lo passasse. questi humori seminati per molti artefici, che piu aderiuano alla grazia di Raffaello, che alla profondità di Michelagnolo, erano diuenuti, per diuersi interessi piu fauoreuoli nel giudizio a Raffaello, che a Michelagnolo. Ma non gia era de' seguaci di costoro Sebastiano, perche essendo di squisito giudizio, conosceua apunto il valore di ciascuno. Destatosi dunque l'animo di Michelagnolo verso Sebastiano, perche molto gli piaceua il colorito, & la grazia di lui, lo prese in protezzione; pensando, che se egli vsasse l'aiuto del disegno in Sebastiano, si potrebbe con questo mezzo, senza, che egli operasse, battere coloro, che haueuano si fatta openione, & egli sotto ombra di terzo giudice, quale di loro fusse meglio. Stando le cose in questi termini, & essendo molto, anzi in infinito, inalzate, e lodate alcune cose, che fece Sebastiano, per le lodi, che a quelle daua Michelagnolo, oltre che erano per sè belle, & lodeuoli. Vn messer non so chi da Viterbo, molto riputato appresso al Papa, fece fare a Sebastiano, per vna cappella, che haueua fatta fare in san Francesco di Viterbo, vn Christo morto, con vna nostra Donna, che lo piagne. Ma perche, se bene fu con molta diligenza finito da Sebastiano, che vi fece vn paese tenebroso, molto lodato, l'inuenzione però, & il cartone fu di Michelagnolo; fu quell'opera tenuta da chiunque la vide veramente bellissima. onde acquistò Sebastiano grandissimo credito, & confermò il dire di coloro, che lo fauoriuano. Perche, hauendo Pierfrancesco Borgherini mercante Fiorentino, preso vna cappella in san Pietro in Montorio, entrando in chiesa a man ritta, ella fu col fauor di Michelagnolo allogata a Sebastiano, perche il Borgherino pensò, come fu vero, che Michelagnolo douesse far egli il disegno di tutta l'opera. Messoui dunque mano, la condusse con tanta diligenza, e studio Sebastiano, ch'ella fu tenuta, & è bellissima pittura. E perche dal piccolo disegno di Michelagnolo, ne fece per suo comodo, alcun'altri maggiori, vno fra gl'altri, che ne fece molto bello è di man sua nel nostro libro. & perche si credeua Sebastiano hauere trouato il modo di colorire a olio in muro, acconciò l'arricciato di questa cappella con vna incrostatura, che a cio gli parue douere essere a proposito: & quella parte doue Christo è battuto alla colonna tutta lauorò a olio nel muro. Ne tacerò, che molti credono Michelagnolo hauere non solo fatto il picciol disegno di quest'opera, ma che il Christo detto, che è battuto alla colonna fusse contornato da lui, per essere grandissima differenza fra la bontà di questa, e quella dell'altre figure. Et quando sebastiano nō hauesse fatto altra opera, che questa, per lei sola meriterebbe esser lodato in eterno. Perche oltre alle teste, che son molto ben fatte, sono in questo lauoro alcune mani, & piedi bellissimi. E ancora, che la sua maniera fusse vn poco dura, per la fatica, che duraua nelle cose, che contrafaceua, egli si puo non di meno fra i buoni, & lodati artefici annouerare. Fece sopra questa storia in fresco due Profeti, & nella volta la

trasfigu

trasfigurazione. Et i due santi, cioè san Piero, & san Francesco, che mettono in mezzo la storia di sotto, sono viuissime, & pronte figure. Et se bene penò sei anni a far questa piccola cosa, quando l'opere sono condotte perfettamente, non si dee guardare se piu presto, ò piu tardi sono state finite, se ben'è piu lodato chi presto, e bene conduce le sue opere a perfezzione. Et chi si scusa, quando l'opere non sodisfanno, se non è stato a ciò forzato, in cambio di scusarsi, s'accusa. Nello scoprirsi quest'opera, Sebastiano, ancor che hauesse penato assai a farla, hauendo fatto bene, le male lingue si tacquero, e pochi furono coloro, che lo mordessero. Dopo, facédo Raffaello, per lo cardinale de' Medici, per mandarla in Francia, quella tauola, che dopo la morte sua fu posta all'Altare principale di san Piero a Montorio, dentroui la trasfigurazione di Christo: Sebastiano in quel medesimo tempo, fece anch'egli in vn'altra tauola della medesima gradezza, quasi a côcorrenza di Raffaello, vn Lazaro quattriduano, & la sua resurrezzione. La quale fu contrafatta, & dipinta con diligenza grandissima: sotto ordine, e disegno in alcune parti di Michelagnolo. le quali tauole finite, furono amendue publicamente in Concistoro poste in paragone, & l'vna, & l'altra lodata infinitamente. Et benche le cose di Raffaello, per l'estrema gratia, e bellezza loro, non hauessero parisuro, no non di meno anche le fatiche di Sebastiano vniuersalmente lodate da ognuno. L'una di queste mandò Giulio Cardinale de' Medici in Fracia a Nerbona al suo Vescouado: E l'altra fu posta nella cancelleria, doue stette insino a che fu portata a san Piero a Montorio, con l'ornamento, che vi lauorò Giouan Barile. Mediante quest'opera hauendo fatto gran seruitu col Cardinale meritò Sebastiano d'esserne honoratamente rimunerato, nel pontificato di quello. Non molto doppo, essendo mancato Raffaello; & essendo il primo luogo nell'arte della pittura conceduto vniuersalmente da ognuno a Sebastiano, mediante il fauore di Michelagnolo, Giulio Romano, Giouanfrancesco Fiorentino, Perino del Vaga, Polidoro, Maturino, Baldassarre Sanese, & gl'altri rimasero tutti adietro. Onde Agostin Chigi, che con ordine di Raffaello faceua fare la sua sepoltura, & cappella, in santa Maria del popolo con uenne con Bastiano, che egli tutta glie la dipignesse. E così fatta la turata, si stette coperta, senza che mai fusse veduta, insino all'anno 1554. Nel qual tempo si risoluette Luigi figliuolo d'Agostino, poi che il padre non l'haueua potuta veder finita, voler vederla egli. Et così allogata a Francesco Saluiati la tauola, & la cappella, egli la condusse in poco tempo a quella perfezzione, che mai non le potè dare la tardità, & l'irresoluzione di Sebastiano, il quale, per quello, che si vede, vi fece poco lauoro, se bene si troua, ch'egli hebbe dalla liberalità d'Agostino, & degli heredi molto piu, che non se gli sarebbe douuto, quando l'hauesse finita del tutto: Ilche non fece, ò come stanco dalle fatiche dell'arte, o come troppo inuolto nelle commodità, & in piaceri. Il medesimo fece a M. Filippo da Siena, cherico di camera, per lo quale nella pace di Roma, sopra l'altare maggiore cominciò vna storia a olio sul muro, & nó la finì mai. Onde i frati, di ciò disperati, furono constretti leuare il ponte, che impediua loro la Chiesa, & coprire quell'opera con vna tela, & hauere paciéza, quanto durò la vita di Sebastiano. Il quale morto, scoprendo i frati l'opera, si è veduto, che quello, che è fatto, è bellissima pittura: percioche doue ha

fatto

fatto la nostra Donna, che visita santa Lisabetta, vi sono molte femmine ritratte dal viuo, che sono molto belle, & fatte con somma grazia. Ma vi si conosce, che quest'huomo duraua grandissima fatica in tutte le cose, che operaua, & ch'elle non gli veniuano fatte con vna certa facilità, che suole tal volta dar la natura, & lo studio a chi si compiace nel lauorare, & si esercita continouamente. E che cio sia vero nella medesima pace, nella cappella d'Agostin Chigi, doue Raffaello haueua fatte le Sibille, & i Profeti; voleua nella nicchia, che di sotto rimase dipignere Bastiano, per passare Raffaello, alcune cose sopra la pietra, & percio l'haueua fatta incrostare di peperigni, & le commettiture saldate con stucco a fuoco: ma se n'andò tanto in consideratione, che la lasciò solamente murata: perche essendo stata così dieci anni, si morì. Bene è vero, che da Sebastiano si cauaua, & facilmente qualche ritratto di naturale, perche gli veniuano con piu ageuolezza, & piu presto finiti: ma il contrario aueniua delle storie, & altre figure. E per vero dire il ritrarre di naturale era suo proprio, come si puo vedere nel ritratto di Marc' Antonio Colonna, tanto ben fatto, che par viuo. Et in quello ancora di Ferdinando Marchese di Pescara: & in quello della S. Vettoria Colonna, che sono bellissimi. Ritrasse similmente Adriano Sesto, quando venne a Roma, & il Cardinale Nincofort; il quale volle, che Sebastiano gli facesse vna cappella in santa Maria de Anima in Roma. Ma trattenendolo d'hoggi in domani, il Cardinale la fece finalméte dipignere a Michele Fiamingo suo paesano, che vi dipinse storie della vita di santa Barbara in fresco, imitando molto bene la maniera nostra d'Italia: & nella tauola fece il ritratto di detto Cardinale. Ma tornando a Sebastiano, egli ritrasse ancora il S. Federigo da Bozzolo; & vn non sò che capitano armato, che è in Fiorenza appresso Giulio de' Nobili, & vna femmina con habito Romano, che è in casa di Luca Torrigiani. & vna testa di mano del medesimo ha Gio. Batista Caualcanti, che non è del tutto finita. In vn quadro fece vna nostra Donna, che con vn panno cuopre vn putto, che fu cosa rara, & l'ha hoggi nella sua guardaroba il Cardinal Farnese. Abbozzò, ma non condusse a fine, vna tauola molto bella, d'un San Michele, che è sopra vn Diauolo grande, la quale doueua andare in Francia al Re; che prima haueua hauuto vn quadro di mano del medesimo. Essendo poi creato sommo pontefice Giulio Cardinal de' Medici, che fu chiamato Clemente settimo, fece intendere a Sebastiano, per il Vescouo di Vasona, ch'era venuto il tempo di fargli bene, e che se n'auedrebbe all'occasioni. Sebastiano intanto, essendo vnico nel far ritratti, mentre si staua con queste speranze, fece molti di naturale, ma fra gli altri Papa Clemente, che allora non portaua barba: ne fece, dico, due, vno n'hebbe il Vescouo di Vasona, e l'altro, che era molto maggiore, cioè infino alle ginocchia, & a sedere, è in Roma nelle case di Sebastiano. Ritrasse anche Antonfrancesco degli Albizi Fiorentino, che allora per sue facende si trouaua in Roma: & lo fece tale, che non pareua dipinto, ma viuissimo. Onde egli, come vna preziosissima gioia se lo mandò a Fiorenza. Erano la testa, e le mani di questo ritratto cosa certo marauigliosa, per tacere quanto erano ben fatti i velluti, le fodere, i rasi, & l'altre parti tutte di questa pittura. Et perche era veramente Sebastiano, nel fare i ritratti di tutta finezza, & bontà a tutti gli altri superiore, tutta Fiorenza stupì di questo ritratto d'Antonfrancesco. Ritrasse ancora in questo medesimo tempo M. Pietro Aretino, & lo fece, si fatto, ch'oltre al somigliarlo, è pittura stupendissima, per vederuisi la differenza di cinque, o sei sorti di neri, che egli ha addosso, velluto, raso, ermisino, damasco, & panno: & vna barba nerissima sopra quei neri, sfilata tanto bene, che piu non puo essere il viuo, & naturale. Ha in mano questo ritratto vn ramo di lauro, & vna carta dentroui scritto il nome di Clemente settimo: & due maschere inanzi, vna bella per virtu & l'altra brutta per il vizio. La quale pittura m. Pietro donò alla patria sua, e i suoi cittadini l'hanno messa nella sala publica del loro consiglio, dando cosi honore alla memoria di quel loro ingegnoso cittadino, & riceuédone da lui non meno. Dopo ritrasse sebastiano Andrea Doria, che fu nel medesimo modo cosa mirabile: & la testa di Baccio Valori Fiorentino, che fu anch'essa bella quanto piu non si puo credere. In questo mentre, morédo frate Mariano Fetti, frate del Piombo, Sebastiano ricordandosi delle promesse fatte gli dal detto Vescouo di Vasona maestro di casa di sua santità, chiese l'uffi-cio del Piombo: onde se bene anco Giouanni da Vdine, che tanto anchor'egli haueua seruito sua santità in minoribus, e tuttauia la seruiua, chiese il medesimo vfficio, il Papa, per i prieghi del Vescouo. & perche cosi la virtu di sebastiano meritaua, ordinò, che esso Bastiano hauesse l'uficio, e sopra quello pagasse a Giouanni da Vdine vna pensione di trecento scudi. La onde sebastiano prese l'habito del frate, e subito, per quello si sentì variare l'animo, perche vedendosi hauere il modo di potere sodisfare alle sue voglie, senza colpo di pennello, se ne staua riposando: e le male spese notti, & i giorni affati-cati ristoraua con gli agi, & con l'entrate. Et quando pure haueua a fare vna cosa, si riduceua al lauoro con vna passione, che pareua andasse alla morte. Da che si puo conoscere quanto s'inganni il discorso nostro, & la poca prudenza humana, che bene spesso, anzi il piu delle volte brama il contrario di cio che piu ci fa di mestiero, e credendo segnarsi (come suona il prouerbio Tosco) con un dito, si dà nell'occhio. E comune opinione degl'huomini, che i premij, & gl'honori accendino gl'animi de'mortali agli studij di quell'arti, che piu veggiono essere rimunerate; & che per contrario gli faccia stracu-ratle, & abbandonarle il vedere, che coloro, i quali in esse s'affaticano, non siano da gl'huomini, che possono, riconosciuti. Et per questo gl'antichi, & moderni insieme biasimano quanto piu sanno, & possono que' principi, che non solleuano i virtuosi di tutte le sorti, e non danno i debiti premij, & honori a chi virtuosamente s'affatica. E come che questa regola per lo piu sia vera, si vede pur tuttauia, che alcuna volta la liberalità de' giusti, & magnanimi principi operare contrario effetto, poi che molti sono di piu vtile, & giouamen-to al mondo in bassa, & mediocre fortuna, che nelle grandezze, & abbondan-ze di tutti i beni non sono. E a proposito nostro, la magnificenza, & liberalità di Clemente settimo, a cui seruiua sebastiano Viniziano eccellentissimo pittore, rimunerandolo troppo altamente, fu cagione, che egli di sollecito, et industrioso, diuenisse infingardo, & negligentissimo. E che doue, mentre du-rò la gara fra lui, & Raffaello da Vrbino, & visse in pouera fortuna, si affaticò di continuo: fece tutto il contrario, poi che egli hebbe da contentarsi. Ma comunche sia, lasciando nel giudizio de'prudenti principi, il considerare, come

mo, quando, a cúi, & in che maniera, & có che regola deono la liberalità ver
so gl'artefici, & virtuosi huomini vsare, dico tornando a Sebastiano, che egli
condusse con gran fatica, poi che fu fatto frate del Piombo, al Patriarca d'A
quilea vn Christo, che porta la croce, dipinto in pietra dal mezzo in su, che
fu cosa molto lodata; & massimamente nella testa, & nelle mani : nelle quali parti era Bastiano veramente eccellentissimo. Non molto dopo, essendo
venuta a Roma la nipote del Papa, che fu poi, & è ancora Reina di Francia,
fra Sebastiano la cominció a ritrarre, ma non finita si rimase nella guardaro
ba del Papa. E poco appresso, essendo il Cardinale Ippolito de' Medici innamorato della Signora Giulia Gonzaga, la quale allora si dimoraua a Fondi,
mandò il detto Cardinale in quel luogo Sebastiano, accompagnato da quat
tro caual leggieri, a ritrarla. Et egli in termine d'un mese fece quel ritratto,
il quale venendo dalle celesti bellezze di quella Signora, & da cosi dotta ma
no riuscì vna pittura diuina. Onde portata a Roma furono grandemente ri
conosciute le fatiche di quell'artefice dal Cardinale, che conobbe questo ritratto, come veramente era, passar di gran lunga quanti mai n'haueua fatto
Sebastiano insino à quel giorno. Il qual ritratto fu poi mandato al Re Frace
sco in Francia, che lo fe porre nel suo luogo di Fontanableo. Hauendo poi
cominciato questo pittore vn nuouo modo di colorire in pietra, ció piaceua
molto a popoli; parendo, che in quel modo le pitture diuentassero eterne, et
che nè il fuoco, nè i tarli potessero lor nuocere. Onde cominciò a fare in que
ste pietre molte pitture, ricignendole con ornamenti d'altre pietre mischie,
che fatte lustranti faceuano accompagnatura bellissima. Ben'è vero, che fini
te, non si poteuano ne le pitture, ne l'ornamento, per lo troppo peso, nè muo
uere, ne trasportare, se non con grandissima difficultà. Molti dunque tirati
dalla nouità della cosa, & della vaghezza dell'arte, gli dauano arre di danari,
perche lauorasse per loro; ma egli, che più si dilettaua di ragionarne, che di
farle, mandaua tutte le cose per la lunga. Fece non di meno vn Christo morto, & la nostra Donna in vna pietra, per Don Ferrante Gonzaga, il quale lo
mandò in Ispagna con vn'ornamento di pietra, che tutto fu tenuto opa mol
to bella, & a Sebastiano fu pagata quella pittura cinquecento scudi da Mi Nic
colo da Cortona agente in Roma del Cardinale di Mantoua. Ma in questo
fu Bastiano veramente da lodare: percioche, doue Domenico suo compatriota, il quale fu il primo, che colorisse a olio in muro; & dopo lui Andrea
dal Castagno; Antonio, & Piero del Pollaiuolo, non seppero trouar modo,
che le loro figure a questo modo fatte non diuentassino nere, ne inuecchias-
sero cosi presto, lo seppe trouar Bastiano. Onde il Christo alla colonna, che
fece in san Piero a montorio infino ad hora non ha mai mosso; & ha la mede
sima viuezza, & colore, che il primo giorno: perche vsaua costui questa così
fatta diligenza, che faceua l'arricciato grosso della calcina con mistura di ma
stice, e pece greca; e quelle insieme fondate al fuoco, e date nelle mura, faceua poi spianare con vna mescola da calcina fatta rossa, o vero rouente al fuo
co. Onde hanno potuto le sue cose reggere all'humido, & conseruate benis
simo il colore senza farli far mutazione. Et con la medesima mestura ha lauo
rato sopra le pietre di peperigni, di marmi, di mischi, di porfidi, e lastre duris
sime, nelle quali possono lunghissimo tempo durare le pitture; oltre che ciò

X x

ha moſtrato, come ſi poſſa dipignere ſopra l'argento, rame, ſtagno, e altri metalli. Queſt'huomo haueua tanto piacere in ſtare ghiribizzando, & ragionare, che ſi tratteneua i giorni interi per non lauorare. Et quando pur'vi ſi riduceua, ſi vedea, che patiua dell'animo infinitamente. Da che veniua in gra parte, che egli haueua openione, che le coſe ſue non ſi poteſsino con veruno prezzo pagare. Fece per il Cardinale d'Aragona in vn quadro, vna belliſs. S. Agata ignuda, e martirizata nelle poppe, che fu coſa rara. Il qual quadro è hoggi nella guardaroba del ſignor Guidobaldo Duca d'Vrbino, e non è punto inferiore a molti altri quadri belliſsimi, che vi ſono di mano di Raffaello da Vrbino, di Tiziano, & d'altri. Ritraſſe anche di naturale il ſignor Pietro Gonzaga in vna pietra, colorito a olio, che fu vn belliſsimo ritratto, ma penò tre anni a finirlo. Hora eſſendo in Firenze al tempo di Papa Clemente Michelagnolo, il quale attendeua all'opera della nuoua ſagreſtia di san Lorenzo, voleua Giuliano Bugiardini fare a Baccio Valori in vn quadro la teſta di papa Clemète, & eſſo Baccio: & in vn'altro, per meſſer Ottauiano de' Medici, il medeſimo Papa, & l'arciueſcouo di Capua: perche Michelagnolo mandando a chiedere a fra ſebaſtiano, che di ſua mano gli mandaſſe da Roma di pinta a olio la teſta del Papa, egli ne fece vna, & ghela mandò, che riuſcì belliſsima. Della quale poi che ſi fu ſeruito Giuliano, & che hebbe i ſuoi quadri finiti, Michelagnolo, che era compare di detto meſſer Ottauiano, gliene fece vn preſente. E certo di quante ne fece fra ſebaſtiano, che furono molte, questa è la piu bella teſta di tutte, e la piu ſimigliante, come ſi puo vedere in caſa gli heredi del detto meſſer Ottauiano. Ritraſſe il medeſimo, Papa Paolo Farneſe ſubito, che fu fatto ſommo Pontefice; e cominciò il Duca di Caſtro ſuo figliuolo, ma non lo finì, come non fece anche molte altre coſe, alle quali ha uea dato principio. Haueua fra Sebaſtiano vicino al popolo vna aſſai buona caſa, laquale egli ſi haueua murata, & in quella con grandiſsima contentezza ſi viueua, ſenza piu curarſi di dipignere, ò lauorare, vſando ſpeſſo dire, che è vna grandiſsima fatica hauere nella vecchiezza a raffrenare i furori, a'quali nella giouanezza gli artefici per vtilità, p honore, e per gara ſi ſogliono mettere. E che non era men prudenza cercare di viuere quieto, che viuere con le fatiche inquieto, per laſciare di ſe nome dopo la morte; dopo la quale hanno anco quelle fatiche, e l'opere tutte ad hauere, quando che ſia, fine, & morte. E come egli queſte coſe diceua, coſi a ſuo potere le metteua in eſſecuzione; percioche i miglior vini, & le piu prezioſe coſe, che hauere ſi poteſſero, cercò ſempre d'hauere per lo vitto ſuo, tenendo piu conto della vita, che dell' arte. E perche era amiciſsimo di tutti gli huomini virtuoſi, ſpeſſo haueua ſeco a cena il Molza, & M. Gandolfo, facendo boniſsima cera. Fu ancora ſuo gran diſsimo amico meſſer Franceſco Berni Fiorentino, che gli ſcriſſe vn capitolo, al quale riſpoſe fra Sebaſtiano, con vn'altro aſſai bello, come quelli, che eſſendo vniuerſale ſeppe anco a far verſi Toſcani, & burleuoli accommodarſi. Eſſendo fra ſebaſtiano morſo da alcuni, i quali diceuano, che pure era vna vergogna, che poi che egli haueua il modo da viuere, non voleſſe piu lauorare, riſpondeua a queſto modo. Hora, che io ho il modo da viuere, non vò far nulla, perche ſono hoggi al mondo ingegni, che fanno in due meſi quello, che io ſoleua fare in due anni: & credo, s'io viuo molto, che non andrà

troppo

SEBASTIANO VINIZIANO

troppo, si vedrà dipinto ogni cosa. E da che questi tali fanno tanto, è bene an
cora, che ci sia chi non faccia nulla, accioche egli no habbino quel piu, che fa
re. Et con simili, & altre piaceuolezze, si andaua fra Sebastiano, come quello
che era tutto faceto & piaceuole, trattenendosi: & nel vero non fu mai il miglior compagno di lui. Fu, come si è detto, Bastiano molto amato da Michel
agnolo. Ma è ben vero, che hauendosi a dipigner la faccia della cappella del
Papa, doue hoggi è il giudizio di esso Buonarroto, fu fra loro alquáto di sdegno, hauendo persuaso fra Sebastiano al Papa, che la facesse fare a Michelagnolo a olio, là doue esso non voleua farla senon a fresco. Non dicendo dunque Michelagnolo ne si, ne nò, & acconciandosi la faccia a modo di fra Seba
stiano, si stette cosi Michelagnolo, senza metter mano all'opera alcuni mesi;
ma essendo pur sollecitato, egli finalmente disse, che non voleua farla senon
a fresco; & che il colorire a olio era arte da Donna, & da persone agiate, &
infingarde, come fra Bastiano. & cosi gettata a terra l'incrostatura fatta con
ordine del frate, & fatto arricciar ogni cosa in modo da poter lauorare a fre
sco, Michelagnolo mise mano all'opera, non si scordàdo però l'ingiuria, che
gli pareua hauer riceuuto da fra Sebastiano, al quale tenne odio quasi fin'
alla morte di lui. Essendo finalmente fra Sebastiano ridotto in termine, che
nè lauorare, nè fare altra cosa voleua piu, che attendere all'esercizio
del frate, cioè di quello vfizio, e fare buona vita, d'età d'anni sessantadue
si ammalò di acutissima febbre, che per essere egli rubicondo, e di natura sa
guigna, gl'infiammò talmente gli spiriti, che in pochi giorni rendè l'anima
a Dio: hauendo fatto testamento, e lasciato, che il corpo suo fusse portato alla sepoltura senza cerimonie di preti, o di frati, o spese di lumi: e che quel tá
to, che in ciò fare si sarebbe speso, fusse distribuito à pouere persone p amor
di Dio: & cosi fu fatto. Fu sepolto nella chiesa del Popolo del mese di Giu-
gno l'anno 1547. Non fece molta perdita l'arte per la morte sua: perche su
bito, che fu vestito frate del piombo si poteua egli annouerare fra i perduti:
Vero è, che per la sua dolce conuersatione dolse a molti amici, & artefici an
cora. Stettono con Sebastiano in diuersi tempi molti giouani, per imparare
l'arte, ma vi feciono poco profitto, perche dall'essempio di lui impararono
poco altro, che a viuere: eccetto però Tommaso Laurati Ciciliano, il quale,
oltre a molte altre cose ha in Bologna con grazia condotto in vn quadro v-
na molto bella Venere, & Amore, che l'abbraccia, & bacia. Ilqual quadro è in casa M. Francesco Bolognetti. Ha
fatto parimente vn ritratto del Signor Bernardino Sauelli, che è molto
lodato, & alcune al-
tre opere,
del-
le quali non accade far menzione.

Xx 2

PERIN DEL VAGA PITT.
FIORENTINO.

Vita di Perino del Vaga, Pittor Fiorentino.

R Andissimo è certo il dono della virtù, la quale non guardando a grandezza di roba, nè a dominio di stati, o nobiltà di sangue; il piu delle volte cigne, & abbraccia, & solleua da terra vno spirito pouero, assai piu che non fa vn bene agiato di ricchezze. Et questo lo fa il cielo, per mostrarci quanto possa in noi l'influsso delle stelle, & de' segni suoi, compartendo a chi piu, & a chi meno delle gratie sue: Le quali sono il piu delle volte cagione, che nelle complessioni di noi medesimi ci fanno nascere piu furiosi, o lenti: piu deboli, o forti: piu saluatichi, o domestici: fortunati, o sfortunati: & di minore, e di maggior virtu. E chi di questo dubitasse punto, lo sgannerà al presente la vita di Perino del Vaga eccellentissimo pittore, & molto ingegnoso. Il quale nato di padre

PERINO DEL VAGA

dre pouero, & rimaso piccol fanciullo, abbandonato da' suoi parenti, fu dalla virtù sola guidato, & gouernato. La quale egli, come sua legitima madre, co nobbe sempre, e ella nodrì del continuo. E l'osseruazione dell'arte della pittura fu talmente seguita da lui, con ogni studio, che fu cagione di fare nel tempo suo quegli ornamenti tanto eggregij, & lodati, che hanno accresciuto nome a Genoua, & al Principe Doria. La onde si può senza dubbio credere, che il cielo solo sia quello, che conduca gli huomini da quella infima bassezza doue nascono, al sommo della grandezza, doue eglino ascendono, quando con l'opere loro affaticandosi, mostrano essere seguitatori delle scienze, che pigliano à imparare, come pigliò, & seguitò per sua Perino l'arte del disegno, nella quale mostrò eccellentissimamente, & con grazia, somma perfezzione: Et nelli stuchi non solo paragonò gli antichi, ma tutti gli artefici mo derni, in quel che abbraccia tutto il genere della pittura, co tutta quella bontà, che può maggiore desiderarsi da ingegno humano, che voglia far conoscere nelle difficultà di quell'arte, la bellezza, la bontà, & la vaghezza, et leggiadria, ne' colori, & negli altri ornamenti. Ma veniamo più particolarmente al origene sua. Fu nella città di Fiorenza vn Giouanni Buonaccorsi, che nelle guerre di Carlo ottauo Re di Francia, come giouane, & animoso, & liberale, si seruì con quel principe delle tutte le faculta sue nel soldo, & nel giuoco, & in vltimo ci lasciò la vita. A costui nacque vn figliuolo, il cui nome fu Piero, che rimaso piccolo di due mesi, per la madre morta di peste, fu con grandissima miseria allattato da vna Capra in vna villa, infino, che il padre andato a Bologna ripresé vna seconda donna, alla quale erano morti di peste i figliuoli, & il marito. Costei con il latte appestato finì di nutrire Piero, chiamato Pierino per vezzi, come ordinariamente per li più si costuma chiamare i fanciulli, il qual nome se gli mantenne poi tuttauia. Costui condotto dal padre in Fiorenza, & nel suo ritornarsene in Francia, lasciatolo ad alcuni suoi parenti, quelli o per non hauere il modo, o per non voler quella briga di tenerlo, & farli insegnare qualche mestiero ingegnoso, l'acconciaro no allo speziale del Pinadoro, acciò che egli imparasse quel mestiero. Ma nò piacendogli quell'arte fu preso per fattorino da Andrea de' Ceri pittore, piacendogli, e l'aria, & i modi di Perino, e parendoli vedere in esso vn nō so che d'ingegno, & di viuacità da sperare che qualche buon frutto douesse, col tempo vscir di lui. Era Andrea non molto buon pittore, anzi ordinario, & di q sti che stanno a bottega aperta, publicamente a lauorare ogni cosa mecchanica. Et era consueto dipignere ogni anno per la festa di san Giouanni, certi ceri, che andauano, & vanno ad offerirsi, insieme con gli altri tributi della città, & per questo si chiamaua Andrea de' Ceri; dal cognome del quale fu poi detto vn pezzo, Perino de' Ceri. Custodì dunque Andrea Perino qualche anno, & insegnatili i principij dell'arte il meglio che sapeua, fu forzato nel tempo dell'età di lui d'vndici anni acconciarlo con miglior maestro di lui. Perche hauendo Andrea stretta dimestichezza con Ridolfo figliuolo di Domenico Ghirlandaio, che era venuto nella pittura molto pratico, & valente, come si dirà. Con costui acconciò Andrea de' Ceri Perino, acciò che egli atte desse al disegno: & cercasse di fare quell'acquisto in quell'arte, che mostraua l'ingegno, che egli haueua grandissimo, con quella voglia, & amore, che

più

piu poteua. Et così seguitando, fra molti giouani che egli haueua in bottega, che attendeuano all'arte, in poco tempo venne a passar a tutti gl'altri innanzi, con lo studio, & con la sollecitudine. Er aui fra gli altri vno, il quale gli fu vno sprone, che del continuo lo pugneua, il quale fu nominato, Toto del Nuntiata, il quale ancor'egli aggiugnendo col tempo a paragone con i begli ingegni, partì di Fiorenza, & con alcuni mercanti Fiorentini, condottosi in Inghilterra, quiui ha fatto tutte l'opere sue, & dal Re di quella prouincia, il quale ha anco seruito nell'Archit. & fatto particolarméte, il principale palazzo, è stato riconosciuto grandissimamente. Costui adunque & Perino esercitandosi à gara l'uno, e l'altro, & seguitando nell'arte con sommo studio, non andò molto tempo, diuennero eccellenti. Et Perino disegnando in compagnia di altri giouani, & Fiorentini, & forestieri al cartone di Michelagnolo Buonarroti, vinse, & tenne il primo grado fra tutti gl'altri. Di maniera, che si stauà in quella aspettazione di lui, che succedette dipoi nelle belle opere sue, condotte con tanta arte, & eccellenza. Venne in quel tempo in Fiorenza il Vaga pittor Fiorentino, il quale lauoraua in Toscanella in quel di Roma cò se grosse, per non essere egli maestro eccellente, & soprabondatogli lauoro, haueua di bisogno d'aiuti, & desideraua menar seco vn compagno, & vn giouanetto che gli seruisse al disegno, che non haueua, & all'altre cose dell'arte, perche vedendo costui Perino, disegnare in bottega di Ridolfo, insieme con gli altri giouani, & tanto superiore a quegli, che ne stupì: & che più piaceu dogli l'aspetto, & i modi suoi, atteso che Perino era vn bellissimo giouanetto, cortesissimo, modesto, & gentile, & haueua tutte le parti del corpo corrispondenti alla virtù dell'animo: se n'inuaghi, di maniera, che lo domandò se egli volesse andar seco a Roma, che non mancherebbe aiutarlo negli studij, & farli que'benefizij, & patti, che egli stesso volesse. Era tanta la voglia c'haueua Perino di venire a qualche grado eccellente della professione sua, che quando sentì ricordar Roma, per la voglia, che egli ne haueua, tutto si tinse nerì; & gli disse, che egli parlasse con Andrea de'Ceri, che non voleua abbandonarlo, hauendolo aiutato per fino allora. Cosi il Vaga, persuaso Ridolfo suo maestro, & Andrea che lo teneua, tanto fece, che alla fine, condusse Perino, & il compagno in Toscanella. Doue cominciando a lauorare, & aiutando loro Perino, non finirono solamente quell'opera, che il Vaga haueua presa, ma molte ancora, che pigliarono dipoi. Ma dolendosi Perino, che le promesse, con le quali fu condotto pa Roma, erano mandate in lunga, per colpa del vtile, & commodità, che ne traheua il Vaga; & risoluendosi andarci da p sè, fu cagione, che il Vaga lasciato tutte l'opere lo condusse a Roma. Doue egli p l'amore, che portaua all'arte, ritornò al solito suo disegno, & continuando molte settimane, più ogni giorno si accendeua. Ma volendo il Vaga far ritorno a Toscanella, & per questo fatto conoscere a molti pittori ordinari Perino per cosa sua, lo raccomandò a tutti quegli amici, che là haueua, accio l'aiutassino, & fauorissino in assenza sua. Et da questa origine, da indi innanzi si chiamò sempre Perin del Vaga. Rimaso costui in Roma, & vedendo le opere antiche nelle sculture, & le mirabilissime machine degli edifizi, gran parte rimase nelle rouine, staua in se ammiratissimo del valore di tanti chiari, et illustri, che haueuano fatte quelle opere. Et così accendendosi tuttauia più,

PERINO DEL VAGA

in maggior desiderio dell'arte, ardeua continuamente di peruenire in qualche grado vicino a quelli, si che con le opere, desse nome a se, & vtile, come l'haueuano dato coloro, di chi egli si stupiua, vedendo le bellissime opere loro. Et mentre, che egli consideraua alla grandezza loro, & alla infinita bassezza, & pouertà sua, & che altro che la voglia non haueua, di volere aggiugnerli: & che senza hauere chi lo intratenesse, che potesse campar la vita, gli conueniua, volendo viuere, lauorare a opere per quelle botteghe, hoggi cō vno dipintore, e domane cō vn'altro, nella maniera che fanno i Zappatoti a giornate: e quanto fusse disconueniente allo studio suo questa maniera di vita: egli medesimo per dolore se ne daua infinita passione non potendo far que' frutti, & così presto: che l'animo, & la volontà, & il bisogno suo gli promettevano. Fece adunque proponimento di diuidere il tempo, la metà della settimana lauorando a giornate: & il restante attendendo al disegno. Aggiugnendo a questo vltimo, tutti i giorni festiui, insieme con vna gran parte delle notti, & rubando al tempo il tempo, per diuenire famoso, & fuggir dalle mani d'altrui, piu che gli fusse possibile. Messo in esecuzione questo pensiero, cominciò a disegnare nella cappella di Papa Giulio, doue la volta di Michelagnolo Buonarroti era dipinta da lui, seguitando gli andari, & la maniera di Raffaello da Vrbino. Et così continuando a le cose antiche di marmo, & sotto terra a le grotte, per la nouità delle grottesche, imparò i modi del lauorare di stucco, & mendicando il pane con ogni stento, sopportò ogni miseria per venir eccellente in questa professione. Ne vi corse molto tempo, ch'egli diuenne frà quegli, che disegnauano in Roma il piu bello, e miglior disegnatore, che ci fusse: Atteso che meglio intendeua i muscoli, & le difficultà dell'arte ne gli ignudi, che forse molti altri, tenuti maestri allora de' migliori. La qual cosa fu cagione, che non solo fra gli huomini della professione, ma ancora fra molti signori, e prelati, e fosse conosciuto, & massimamente, che Giulio romano, & Giouan Francesco detto il Fattore discepoli di Raffaello da Vrbino, lodatolo al maestro pur assai, fecero che lo volle conoscere, e vedere l'opere sue ne' disegni. I quali piaciutili, & insieme col fare la maniera, e lo spirito, & i modi della vita: giudicò lui fra tanti quanti ne haueua conosciuti, douer venire in gran perfezzione in quell'arte. Essendo in tanto state fabbricate da Raffaello da Vrbino le logge Papali, che Leon decimo gli haueua ordinate: ordinò il medesimo, che esso Raffaello le facesse lauorare di stucco & dipignere, & metter d'oro, come meglio a lui pareua. Et così Raffaello fece capo di quell'opera per gli stucchi, & per le grottesche Giouanni da Vdine, rarissimo, & vnico in quelli, ma piu negli animali, & frutti, & altre cose minute: & perche egli haueua scelto per Roma, e fatto venir di fuori molti maestri: haueua raccolto vna compagnia di persone valenti ciascuno nel lauorare, chi stucchi, chi grottesche, altri fogliami, altri festoni, e storie, & altri altre cose: & così secondo che eglino miglorauano, erano tirati innanzi, & fatto loro maggior salari. La onde, gareggiando in quell'opera si condussono a perfezzione molti giouani, che furon poi tenuti eccellenti nelle opere loro. In questa compagnia fu consegnato Perino a Giouanni da Vdine da Raffaello, per douere con gli altri lauorare, & grottesche, & storie, con dirgli che secondo che egli si porterebbe sarebbe da Giouanni adoperato. Lauorando dunque

que Perino, per la concorrenza, & per far proua, & acquisto di se, non viando molti mesi, che egli sufrà tutti coloro, che ci lauorauano, tenuto il primo; & di disegno, & di colorito; Anzi il migliore, & il piu vago, & pulito, & quegli che con piu leggiadra & bella maniera conducesse grottesche, & figure, come ne rendono testimonio, & chiara fede le grottesche, & i festoni, & le storie di sua mano, che in quell'opera sono, le quali oltre l'auanzar le altre, son da i disegni, & schizzi, che faceua lor Raffaello, condotte le sue molto meglio, & osseruate molto, come si puo vedere in vna parte di quelle storie nel mezzo della detta loggia nelle volte, doue sono figurati gli Hebrei quando passano il Giordano con l'arca santa, & quando girando le mura di Gerico quelle rouinano: & le altre che seguono dopo, come quando combattendo Iosuè con quegli Amorrei fa fermar il Sole. E finte di bronzo sono nel basamento le migliore similmente quelle di mano di Perino, cioè quando Abraam sacrifica il figliuolo, Iacob fa alla lotta con l'Angelo, Iosef, che raccoglie i dodici fratelli, & il fuoco, che scendendo dal cielo abbraccia i figliuoli di Leui: & molte altre che non fa mestiero, per la moltitudine loro nominarle, che si conoscono infra le altre. Fece ancora nel principio, doue si entra nella loggia del testamento nuouo la natiuità, & battesimo di Christo, & la cena degli Apostoli con Christo, che sono bellissime: senza che sotto le finestre sono, come si è detto, le migliori storie colorite di bronzo, che siano in tutta quell'opera; Le quali cose fanno stupire ognuno, & per le pitture, & per molti stucchi, che egli vi lauorò di sua mano. Oltra che il colorito suo è molto piu vago, & meglio finito, che tutti gli altri. La quale opera fu cagione, che egli diuenne oltre ogni credenza famoso, ne per cio cotali lode furono cagione di addormentarlo; anzi perche la virtu lodata cresce, di accenderlo a maggior studio, & quasi certissimo, seguitandola di douer correre que' frutti, & quegli honori, ch'egli vedeua tutto il giorno in Raffaello da Vrbino, & in Michelagnolo Buonarroti. Et in tanto piu lo faceua volentieri, quanto da Giouanni da Vdine, & da Raffaello, vedeua esser tenuto conto di lui, & essere adoperato in cose importanti. Vsò sempre vna sommessione & vn'obedienza certo grandissima verso Raffaello, osseruandolo di maniera, che da esso Raffaello era amato come proprio figliuolo. Fecesi in questo tempo per ordine di papa Leone, la volta della sala de'Pontefici, che è quella per la quale si entra in sulle logge, e le stanze di Papa Alessandro sesto dipinte gia dal Pinturicchio: Onde quella volta fu dipinta da Giouan da Vdine, & da Perino. Et in compagnia fecionò, & gli stucchi, & tutti quegli ornamenti, & grottesche, & animali, che vi si veggono: oltra le belle, & varie inuenzioni, che da essi furono fatte nello spartimento: hauendo diuiso quella in certi tondi, & ouati per sette pianeti del Cielo, tirati da i loro animali: come Gioue dall'Aquile, Venere dalle Colombe, la Luna dalle femmine, Marte dai Lupi, Mercurio da' Galli, il Sole da Caualli, & Saturno da' Serpenti: oltre i dodici segni del Zodiaco, & alcune figure delle settantadue imagini del Cielo: come l'Orsa maggiore, la Canicola, & molte altre, che per la lunghezza loro, le taceremo, senza raccontarle per ordine, potendosi l'opera vedere: le quali tutte figure sono per la maggior parte di mano di Perino. Nel mezzo della volta è vn tondo con quattro figure finte per vittorie, che tengono il regno
del

del Papa, & le chiaui, scortando al disotto in su; lauorate con maestreuol arte, & molto bene intese. Oltra la leggiadria, che egli vsò negli habiti loro, vesando l'ignudo con alcuni pannicini sottili, che in parte scuoprono le gambe ignude, & le braccia, certo con vna graziosissima bellezza. La quale opera fu veramente tenuta, & hoggi ancora si tiene, per cosa molto honorata, et ricca di lauoro: & cosa allegra, vaga, & degna veramente di quel Pontefice: ilquale non mancò riconoscere le lor fatiche, degne certo di grandissima remunerazione. Fece Perino vna facciata di chiaro oscuro, allora messasi in vso per ordine di Polidoro, e Maturino, laquale è dirimpetto alla casa della Marchesa di Massa, vicino a maestro Pasquino, condotta molto gagliardamente di disegno, & con somma diligenza. Venendo poi il terzo anno del suo pontificato, Papa Leone à Fiorenza: perche in quella città si fecero molti trionfi: Perino, parte per vedere la pompa di quella città, & parte per riuedere la patria, venne inanzi alla Corte, & fece in vn'arco trionfale a S. Trinita, vna figura grande di sette braccia bellissima: hauendone vn'altra a sua concorrēza fatta Toto del Nunziata, gia nella età puerile suo concorrente. Ma parendo a Perino ogni hora mille anni di ritornarsene a Roma: giudicando molto differente la misura, & i modi degli artefici, da quegli, che in Roma si vsauano, si partì di Firenze, & là se ne ritornò, doue ripreso l'ordine del solito suo lauorare, fece in S. Eustachio da la Dogana, vn san Piero in fresco, ilquale è vna figura, che à rilieuo grandissimo, fatto cō semplice andate di pieghe, ma molto con disegno, & giudizio lauorato. Essendo in questo tempo l'Arciuescouo di Cipri in Roma, huomo molto amatore delle virtù, ma particolarmente della pittura. Et hauendo egli vna casa vicina alla Chiauica; nella quale haueua acconcio vn giardinetto con alcune statue, & altre anticaglie, certo honoratissime, & belle. Et desiderando accompagnarle con qualche ornamento honorato, fece chiamare Perino, che era suo amicissimo; & insieme consultarono, che e' douesse fare intorno alle mura di quel giardino, molte storie di Baccanti, di Satiri, & di Fauni, & di cose seluagge: alludendo ad vna statua d'un Bacco, che egli ci haueua, antico, che sedeua vicino a vna Tigre. E così adornò quel luogo di diuerse poesie: vi fece fra l'altre cose vna loggetta di figure piccole, & varie grottesche, & molti quadri di paesi, coloriti con vna grazia, & diligenza grandissima. La quale opera è stata tenuta, & sarà sempre dagli artefici, cosa molto lodeuole: onde fu cagione di farlo conoscere a Fucheri mercanti Tedeschi, iquali hauendo visto l'opera di Perino, e piaciutali: perche haueuano murato vicino a Banchi vna casa, che è quando si và ala Chiesa de' Fiorentini, vi secero fare da lui vn cortile, & vna loggia, e molte figure, degne di quelle lodi, che son l'altre cose di sua mano; nelle qua li si vede vna bellissima maniera, & vna grazia molto leggiadra. Ne medesimi tempi hauendo M. Marchionne Baldassini, fatto murare vna casa, molto bene intesa, come s'è detto, da Antonio da Sangallo, vicino a S. Agostino; & desiderando, che vna sala, che egli vi haueua fatta fusse dipinta tutta, esaminati molti di que' giouani accioche ella fusse, & bella; & ben fatta: si risoluè dopo molti, darla a Perino, con ilquale conuenutosi del prezzo, vi messe egli mano: ne da quella leuò per altri l'animo, che egli felicissimamente la conduss se a fresco. Nella quale sala fece vno spartimēto a' pilastri, che mettono in me-

Y y

zò nicchie grandi,& nicchie piccole,& nelle grandi sono varie sorti di filosofi due per nicchia:& in qualcuna vn solo:Et nelle minori,sono putti ignudi,& parte vestiti di velo,con certe teste di femmine, finte di marmo sopra alle nicchie piccole.Et sopra la cornice,che fa fine a pilastri,seguiua vn'altro ordine,partito sopra il primo ordine con istorie di figure non molto grandi de'fatti de'Romani:cominciando da Romulo per fino a Numa Pompilio. Sonoui similmente varij ornamenti,contrafatti di varie pietre di marmi:e sopra il cammino di pietre bellissimo,vna Pace la quale abbraccia armi,& tro fei,che è molto viua. Della quale opera fu tenuto conto, métre visse,M. Marchionne:& di poi da tutti quelli che operano in pittura,oltra quelli,che nò sono della professione,che la lodano straordinariamente. Fece nel monasterio delle monache di santa Anna,vna cappella in fresco,con molte figure,la tiorata da lui con la solita diligenzia. Et in san Stefano del Cacco,ad vn'altare,dipinse in fresco per vna gentil donna Romana,vna Pietà con vn Christo morto,in grembo alla nostra Donna:& ritrasse di naturale quella gentildonna,che par'ancor viua. La quale opera è condotta con vna destrezza molto facile,& molto bella.Haueua in questo tempo Antonio da Sangallo fatto in Roma,in su vna cantonata di casa,che si dice l'immagine di ponte,vn Tabernacolo molto ornato di treuertino,& molto honoreuole,per farui dentro di pitture qualcosa di bello:e così hebbe comessione dal padrone di quella casa,che lo dessi a fare a chi li paresse, che fusse atto a farui qualche honorata pittura.Onde Antonio,che conosceua Perino di quei giouani , che vi erano per il migliore,a lui la allogò. Et egli messoui mano, vi fece dentro Christo quando incorona la nostra Donna:& nel campo fece vno splendore,con vn coro di serafini,& angeli che hanno certi panni sottili,che spargono fiori,e altri putti molto belli , & varij, & così nelle due facce del Tabernacolo fece nell'una san Bastiano,& nell'altra Santo Antonio,opera certo ben fatta,e simile alle altre sue,che sempre furono,& vaghe,& graziose. Haueua finito nella Minerua vn protonotario vna cappella di marmo,in su quattro colonne:& come quello che desideraua lassarui vna memoria d'una tauola, ancora che non fusse molto grande,sentendo la fama di Perino, conuenne seco: & glie la fece lauorare a olio.Et in quella volle a sua elezzione vn Christo sceso di croce:il quale,Perino con ogni studio, & fatica si messe a condurre. Doue egli lo figurò esser gia in terra deposto, & insieme le Marie intorno, che lo piangono; fingendo vn dolore, & compassioneuole affetto nelle attitudini,& gesti loro. Oltra che vi sono que'Niccodemi, & le altre figure ammiratissime,meste,& afflitte,nel vedere l'innocenza di Christo morto. Ma quel, che egli fece diuinissimamente,furono i duoi ladroni, rimasti confitti in sul la Croce,che sono oltra al pater morti,& veri,molto ben ricerchi di muscoli,& di nerui:hauendo egli occasione di farlo:onde si rappresentano a gl'occhi di chi li vede,le membra loro in quella morte violenta tirate da i nerui,e i muscoli da chiqui, & dalle corde.Euui oltre ciò un paese nelle tenebre,con trafatto con molta discrezione, & arte.Et se a questa opera non hauesse la inondazione del diluuio,che venne a Roma doppo il sacco, fatto dispiacere, coprendola piu di mezza,si vedrebbe la sua bontà : ma l'acqua rinteneri di maniera il gesso, & fece gonfiare il legname di sorte,che tanto quanto se ne
bagnò

bagnò da piè si è scortecciato in modo, che se ne gode poco: anzi fa compassione il guardarla, & grandissimo dispiacere, perche ella sarebbe certo de le pregiate cose, che hauesse Roma. Faceuasi in questo tempo per ordine di Iacopo Sansouino rifar la Chiesa di S. Marcello di Roma, conuento de' frati de' Serui, che hoggi è rimasa imperfetta: onde hauendo eglino tirate a fine di muraglia alcune cappelle, & coperte di sopra; ordinaron que' frati che Perino facesse in vna di quelle per ornamento d'vna Nostra donna, deuozione in quella Chiesa, due figure in due nicchie, che la mettesino in mezzo, San Giuseppo, & san Filippo frate de' Serui, e autore di quella Religione. E quelli finiti fece loro sopra alcuni putti perfettissimamente: e ne messe in mezo della facciata vno ritto insu vn dado, che tiene sulle spalle il fine di due festoni, che esso manda verso le cantonate della cappella, doue sono due altri putti, che gli reggono, a sedere in su quelli, facendo con le gambe attitudini bellissime. Et questo lauorò con tant'arte, con tanta grazia, con tanta bella maniera, dandoli nel colorito vna tinta di carne, & fresca, e morbida, che si può dire, che sia carne vera, piu che dipinta. Et certo si possono tenere per i piu begli, che in fresco facesse mai artefice nessuno, la cagione è che nel guardo, viuono: nell'attitudine, si muouono, & ti fan segno con la bocca voler isnodar la parola: & che l'arte vince la Natura, anzi che ella confessa non potere far in quella piu di questo. Fu questo lauoro di tanta bontà nel conspetto di chi intendeua l'arte, che ne acquistò gran nome: ancora che egli hauesse fatto molte opere: & si sapesse certo quello, che si sapeua del grande ingegno suo in quel mestiero: & se ne tenne molto piu conto, & maggiore stima, che prima non si era fatto. Et per questa cagione Lorenzo Pucci Cardinale Santiquattro hauendo preso alla Trinità, conuento de' frati Calauresi, & Fracio si, che vestono l'habito di San Francesco di Paula, vna cappella a man manca allato alla cappella maggiore, la allogò a Perino, accio che in fresco vi dipignesse la vita della nostra Donna. La quale cominciata da lui finì tutta la volta, & vna facciata sotto vn'arco: & così fuor di quella, sopra vn'arco della cappella fece due Profeti grandi di quattro braccia, & mezo; figurando Isaia, & Daniel: i quali nella grandezza loro mostrano quell'arte, e bontà di disegno, & vaghezza di colore, che puo perfettamente mostrare vna pittura fatta da artefice grande. Come apertamente vedrà chi considererà lo Esaia, che mentre legge si conosce la maninconia, che rende in se lo studio; & il desiderio nella nouità del leggere, perche affisato lo sguardo a vn libro, con vna mano alla testa mostra come l'huomo stà qualche volta, quando egli studia. Similmente il Daniel immoto alza la testa alle contemplazioni celesti, per isnodare i dubbi a suoi popoli. Sono nel mezo di questi due putti, che tengono l'arme del Cardinale, con bella foggia di scudo, i quali oltre l'essere dipinti, che paion di carne, mostrano ancor esser di rilieuo. Sono sotto spartite nella volta quattro storie: diuidendole la Crociera, cioè gli spigoli delle volte. Nella prima è la concezzione di essa nostra Dōna. Nella seconda è la natiuità sua. nella terza è quando ella saglie i gradi del tempio: & nella quarta quando sā Giuseppo la sposa. In vna faccia quanto tiene l'arco della volta, è la sua visitazione, nella quale sono molte belle figure, & massimamente alcune, che son salite in su certi basamenti: che per veder meglio le cerimonie di quelle don

ne, stanno con prontezza molto naturale. Oltra che i casamenti, & l'altre figure hanno del buono, & del bello in ogni loro atto. Non seguito piu giu,
venendoli male:& guarito cominciò l'anno 1523. la peste, la quale fu di si
fatta sorte in Roma che se egli volle campar la vita, gli conuenne far propo
sito partirsi. Era in questo tempo in detta città il Piloto, orefice, amicissimo,
& molto familiare di Perino: il quale haueua volontà partirsi; & così de
sinando vna mattina insieme, persuase Perino ad allontanarsi, & venire
a Fiorenza: atteso che egli era molti anni, che egli non ci era stato; & che nō
sarebbe se non grandissimo honor suo farsi conoscere; & lasciare in quella
qualche segno della eccellenza sua. Et ancora che Andrea de' Ceri, & la moglie, che l'haueuano alleuato fussino morti, non di meno egli, come nato in
quel paese, ancor che non ci hauesse niente, ci haueua amore. Onde non pas
sò molto, che egli, & il Piloto vna mattina partirono, & in verso Fiorenza
ne vennero. Et arriuati in quella, hebbe grandissimo piacere, riueder le cose
vecchie dipinti da' maestri passati, che già gli furono studio nella sua età pue
rile; e così ancora quelle di que' maestri, che viueuano allora de' più celebra
ti, & tenuti migliori in quella città, nella quale per opera de gl'amici, gli fu
allogato un lauoro, come di sotto si dirà. Auenne che trouandosi un giorno
seco per fargli honore, molti artefici, pittori, scultori, architetti, orefici, & in
tagliatori di marmi, & di legnami, che secondo il costume antico si erano ra
gunati insieme, chi per uedere, & accompagnare Perino, & udire quello, che
e' diceua. Et molti per ueder che differenza fusse fra gli artefici di Roma, & q
gli di Fiorenza nella pratica. Et i piu u'erano per udire i biasimi, e le lode che
sogliono spesso dire gli artefici l'un de l'altro. Auuenne, dico, che così ragionando insieme d'una cosa in altra, peruennero, guardando l'opere, & uec-
chie, & moderne per le Chiese, in quella del Carmine, per ueder la cappella
di Masaccio. Doue guardando ognuno fisamente, & moltiplicando in uarij
ragionamenti in lode di quel maestro, tutti affermarono marauigliarsi, che
egli hauesse hauuto tanto di giudizio, che egli in quel tempo, non vedendo
altro, che l'opere di Giotto, hauesse lauorato cō vna maniera si moderna nel
disegno, nella imitazione, & nel colorito: che egli hauesse hauuto forza, di
mostrare nella facilità di quella maniera, la difficultà di quest'arte. Oltre che
nel rilieuo, & nella resoluzione, & nella pratica non ci era stato nessuno di
quegli, che haueuano operato, che ancora lo hauesse raggiunto. Piacque as
sai questo ragionamento a Perino; & rispose a tutti quegli artefici, che ciò
diceuano, queste parole. Io non niego quel che voi dite, che non sia; e molto piu ancora; ma che questa maniera non ci sia chi la paragoni, negherò io
sempre; anzi dirò, se si può dire, con sopportazione di molti: non per dispre
gio, ma per il vero, che molti conosco, & più risoluti, & più graziati; le cose
de' quali, non sono manco viue in pittura, di queste: anzi molto più belle. Et
mi duole in seruigio vostro, io che non sono il primo dell'arte, che non ci sia
luogo qui vicino da poterui fare vna figura; che innanzi, che io mi partisse
di Fiorenza, farei vna proua, allato a vna di queste in fresco medesimamēte:
accio che voi col paragone vedeste se ci è nessuno fra i moderni, che l'habbia
paragonato. Era fra costoro vn maestro tenuto il primo in Fiorenza nella pit
tura; & come curioso di veder l'opere di Perino: & forse per abbassarli lo ar
dire;

dire; messe inpanzi vn suo pensiero, che fu questo. Se bene egli è pieno (dis-
s'egli) costì ogni cosa, hauendo voi cotesta fantasia, che è certo buona, & da
lodare; egli è quà al dirimpetto doue è il San Paolo di sua mano, non meno
buona, & bella figura, che si sia ciascuna di queste della cappella; vno spazio ageuolmente potrete mostrarci quello, che voi dite; faccendo vn'altro
Apostolo allato, o volete a quel San Piero di Masolino: o allato al San Pao
lo di Masaccio. Era il san Piero piu vicino alla finestra, & eraci migliore spazio, & miglior lume: & oltre a questo non era manco bella figura, che il san
Paolo. Adunque ogni vno confortauano Perino a fare, perche haueuano caro veder questa maniera di Roma; oltre che molti diceuano, che egli sarebbe cagione di leuar loro del capo questa fantasia, tenuta nel ceruello tāte de-
cine d'anni: e che s'ella fusse meglio, tutti correrebbono a le cose moderne.
Per ilche persuaso Perino da quel maestro, che gli disse in ultimo, che nō doueua mancarne, per la persuasione, e piacere di tanti begli ingegni: oltre che
elle erano due settimane di tempo, quelle che a fresco conduceuano vna figura: & che loro non mancherebbono spender gli anni in lodare le sue fati
che. Si risoluette di fare, se bene colui, che diceua così, era d'animo cōtrario:
persuadendosi che egli non douesse fare però cosa molto miglior di quello,
che faceuano allora quegli artefici, che teneuano il grado de' piu eccellenti.
Accettò Perino di far questa proua: & chiamato di concordia M. Giouanni
da Pisa priore del cunuento, gli dimandarono licenzia del luogo per far tal'
opera: che in vero di grazia, e cortesemente lo concedette loro: & così preso
vna misura del vano, cō le altezze, e larghezze si partirono. Fu dunque fatto
da Perino in vn cartone vn'Apostolo in persona di S. Andrea, e finito diligen
tissimamente: Onde era gia Perino risoluto voler dipignerlo: & haueua fatto
fare l'armadura per cominciarlo. Ma inanzi a questo nella venuta sua molti
amici suoi, che haueuano visto in Roma eccellentissime opere sue, gli haue
uano fatto allogare quell'opera a fresco, ch'io dissi, accio lasciasse di se in Fio
renza, qualche memoria di sua mano, che hauesse a mostrare la bellezza, &
la viuacità dell'ingegno, che egli haueua nella pittura; & accio che' fusse co
gnosciuto: & forse da chi gouernaua allora, messo in opera in qualche lauoro d'importanza. Erano in Camaldoli di Fiorenza allora huomini artefici,
che si ragunauano a vna compagnia, nominata de' Martiri, i quali haueuano
hauuto uoglia piu uolte, di far dipignere una facciata, che era in quella, drē-
troui la storia di essi Martiri, quando e' sono condennati alla morte dinanzi
a'due Imperadori Romani, che dopo la battaglia, & presa loro, gli fanno
in quel bosco crocifiggere, e sospender a quegli alberi. La quale storia fu mes
sa per le mani a Perino, & ancora che il luogo fusse discosto, & il prezzo piccolo: fu di tanto potere l'inuenzione della storia: & la facciata che era assai
grande: che egli si dispose a farla: oltre che egli ne fu assai confortato da
chi gli era amico; atteso che questa opera lo metterebbe in quella considerazione, che meritaua la sua virtu fra i Cittadini, che non lo conosceuano, et
fra gli artefici suoi in Fiorenza, doue non era conosciuto se non per fama.
Deliberatosi dunque a lauorare, prese questa cura, e fattone un disegno pic
colo, che fu tenuta cosa diuina: & messo mano a fare un cartone grande quā
to l'opera, lo condusse (nō si partendo d'intorno a quello) a un termine, che
tutte

tutte le figure principali erano finite del tutto. Et così l'Apostolo, si rimase in dietro, senza farui altro. Haueua Perino disegnato questo cartone in sul foglio bianco, sfumato, & tratteggiato, lasciando i lumi della propria carta, & condotto tutto con vna diligenza mirabile; nella quale erano i due Imperadori nel tribunale, che sentenziano a la Croce tutti i prigioni, i quali erano volti verso il tribunale, chi ginocchioni, chi ritto, & altro chinato, tutti ignudi legati per diuerse vie, in attitudini varie, storcendosi con atti di pietà, e conoscendo il tremar delle membra, per hauersi a disgiugner l'anima nella passione, & tormento della crocifissione. oltre che vi era accennato in quelle teste, la constanzia della fede ne' vecchi, il timore della morte ne' giouani, in altri il dolore delle torture nello stringerli le legature, il torso, & le braccia. Vedeuasi appresso il gonfiar de' muscoli, & fino al sudor freddo della morte, accennato in quel disegno. Appresso si vedeua ne' soldati che gli guidauano vna fierezza terribile, impiissima, & crudele nel presentargli al tribunale per la sentenza, & nel guidargli a le croci. Haueuano indosso gli Imperadori, & soldati, corazze all'antica, & abbigliamenti, molto ornati, & bizarri, & i calzari, le scarpe, le celate, le targhe, & le altre armadure fatte con tutta quella copia di bellissimi ornamenti, che piu si possa fare, & imitare, & aggiugnere all'antico, disegnate con quell'amore, & artifizio, & fine, che può far tutti gli estremi dell'arte. Il quale cartone, vistosi per gli artefici, & per altri intendenti ingegni, giudicarono non hauer visto pari bellezza, & bontà in disegno, dopo quello di Michelagnolo Buonarroti, fatto in Fiorenza per la sala del consiglio. La onde acquistato Perino quella maggior fama, che egli piu poteua acquistare nell'arte, mentre che egli andaua finendo tal cartone, per passar tempo, fece mettere in ordine, & macinare colori a olio, per fare al Pi loto orefice suo amicissimo un quadretto non molto grande; il quale conducesse a fine quasi piu di mezzo, dentroui vna nostra Donna. Era gia molti anni stato domestico di Perino vn ser Raffaello di Sandro prete zoppo, cappellano di san Lorenzo: il quale portò sempre amore a gli artefici di disegno: costui dunque persuase Perino a tornar seco in compagnia, non hauendo egli ne chi gli cucinasse, ne chi lo tenesse in casa: essendo stato il tempo, che ci era stato, hoggi con vn'amico, & domani con vn'altro. La onde Perino andò alloggiare seco, e vi stette molte settimane. Intanto la peste cominciata a scoprirsi in certi luoghi in Fiorenza, messe a Perino paura di non infettarsi: per il che deliberato partirsi, volle prima sodisfare a ser Raffaello tanti dì, ch'era stato seco a mangiare; ma non volle mai ser Raffaello acconsentire di pigliare niente: anzi disse, e' mi basta vn tratto hauere vn straccio di carta di tua mano. Per il che visto questo Perino tolse circa a quattro braccia di tela grossa, & fattola appiccare ad vn muro, che era fra dua vsci della sua saletta, vi fece vn'istoria contrafatta di color di bronzo, in vn giorno, & in vna notte. Nella quale tela, che seruiua per ispalliera, fece l'historia di Mose, quando passa il Mar Rosso; & che Faraone si sommerge in quello co' suoi caualli, & co' suoi carri. Doue Perino fece attitudini bellissime di figure, chi nuota armato, & chi ignudo; altri abbracciando il collo a caualli, bagnati le barbe, & i capelli, nuotano, & gridano per la paura della morte, cercando il piu che possono di scampare. Da l'altra parte del mare vi è Mose, Aron, & gli altri Hebrei,

maschi,

maschi,& femmine,che ringraziano Iddio.Et vn numero di vasi, ch'egli fingè,che habbino spogliato l'Egitto,con bellissimi garbi,& varie forme; & femine con acconciature di testa molto varie,laquale finita, lasciò per amoreuolezza a ser Raffaello:alquale fu cara tanto, quanto se gli hauesse lassato il priorato di San Lorenzo. La qual tela fu tenuta dipoi in pregio,& lodata,& dopo la morte di ser Raffaello,rimase con le altre sue robe, a Domenico di Sandro Pizzicagniolo,suo fratello. Partendo dunque di Firenze Perino lasciò in abbandono l'opera de'Martiri,della quale rincrebbe grandemente. & certo,se ella fusse stata in altro luogo,che in Camaldoli, l'harebbe egli finita:ma considerato che gli vffiziali della sanità haueuano preso per gli appestati lo stesso conuento di Camaldoli, volle più tosto saluare se,che lasciar fama in Fiorenza; bastandoli hauer mostrato quanto e'valeua nel disegno: Rimase il cartone,& l'altre sue robe a Giouanni di Goro orefice suo amico, che si morì nella peste:& dopo lui peruenne nelle mani del Piloto, che lo tenne molti anni spiegato in casa sua,mostrandolo volentieri a ogni persona d'ingegno,come cosa rarissima. ma non so gia doue e'si capitasse dopo la morte del Piloto. Stette fuggiasco molti mesi dalla peste Perino in più luoghi nè per questo spese mai il tempo indarno, che egli continuamente non disegnasse,& studiasse cose dell'arte.& cessata la peste tornò a Roma:& attese a far cose piccole,lequali io non narrerò altrimenti.Fu l'anno 1523. creato Papa Clemente settimo, che fu vn grandissimo refrigerio all'arte della pittura,& della scultura; state da Adriano sesto,mentre che e'visse, tenute tanto basse, che non solo non si era lauorato per lui niente; ma non se ne dilettando,anzi più tosto hauédole in odio, era stato cagione, che nessuno altro sene dilettasse,o spendesse,o trattenesse nessuno artefice, come si è detto altre volte.Perilche Perino allora fece molte cose nella creazione del nuouo Potefice.Deliberandosi poi di far capo dell'arte in cambio di Raffaello da Vrbino già morto,Giulio Romano,& Giouan Francesco detto il Fattore, accioche scompartissino, i lauori a gli altri secondo l'usato di prima. Perino, che aueua lauorato vn'arme del Papa in fresco,col cartone di Giulio Romano sopra la porta del Cardinal Ceserino,si portò tanto egregiaméte, che dubitarono non egli fusse anteposto a loro, perche, anchora che egli hauessino nome di discepoli di Raffaello,& d'hauere heredato le cose sue;non haueuano interamente l'arte,& la grazia,che egli co'i colori daua alle sue figure heredato. Presono partito adunque Giulio, & Gio Francesco d'intrattenere Perino:& così l'anno santo,del Giubileo 1525.diedero la Caterina sorella di Gio.Francesco,a Perino per donna,accioche fra loro fusse quella intera amicizia,che tanto tempo haueuono contratta,conuertita in parentado. La onde continouando l'opere, che faceua, non vi andò troppo tempo, che per le lode dategli nella prima opera fatta in San Marcello fu deliberato dal priore di quel conuento, & da certi capi della compagnia del Crocifisso, laquale ci ha vna cappella fabbricata da gli huomini suoi per ragunaruisi, che ella si douesse dipignere:& così allogarono a Perino questa opera,con speranza di hauere qualche cosa eccellente di suo. Perino fattoui fare i ponti, cominciò l'opera:& fece nella volta a mezza botte,nel mezzo vn'istoria quando Dio fatto Adamo, caua della costa sua Eua sua donna, nella quale storia, si vede

Adamo

Adamo ignudo bellissimo,& artifizioso,che oppresso dal sonno giace,mentre che Eua viuissima a man giunte si leua in piedi, & riceue la benedizzione dal suo fattore: la figura del quale è fatta di aspetto ricchissimo,& graue, in maestà,diritta con molti panni attorno,che vanno girando con i lembi l'ignudo: E da vna banda a man ritta due Euangelisti; de quali finì tutto il S. Marco,& il San Giouanni,eccetto la testa,& vn braccio ignudo. Fece ui in mezo fra l'uno & l'altro,due puttini,che abracciano per ornamento vn cādelliere,che veramente son di carne viuissimi,e similmente i Vangelisti molto belli,nelle teste,& ne'panni,& braccia,e tutto quel che lor fece di sua mano. Laquale opera mentre,che egli fece,hebbe molti impedimenti, & di malattie, & d'altri infortuni,che accaggiono giornalmente a chi ci viue. Oltra che dicono,che mancarono danari ancora a quelli della compagnia: & talmente andò,in lungo questa pratica,che l'anno 1527. venne la rouina di Roma,che fu messa quella città a sacco,& spento molti artefici,e distrutto,e portato via molte opere. Onde Perino trouandosi in tal frangente, & hauendo Donna, & vna puttina, con la quale corse in collo per Roma per camparla di luogo in luogo,fu in ultimo miserisimamente fatto prigione,doue si condusse a pagar taglia con tanta sua disauuentura, che fu per dar la volta al ceruello. Passato le furie del sacco era sbattuto talméte per la paura, che egli haueua ancora, che le cose dell'arte si erano allontanate da lui; ma nientedimeno fece per alcuni soldati Spagnuoli tele a guazzo, & altre fantasie,& rimessosi in assetto, viueua come gli altri, poueramente. Solo fra tanti il Bauiera, che teneua le stampe di Raffaello, non haueua perso molto: onde per l'amicizia, ch'egli haueua con Perino, per intrattenerlo gli fece disegnare vna parte d'istorie, quando gli Dei si trasformano,per conseguire i fini de'loro amori. I quali furono intagliati in rame da Iacopo Caralgio eccellente intagliatore di stampe. Et in uero in questi disegni si portò tanto bene, che riseruando i dintorni, & la maniera di Perino; & tratteggiando quegli con vn modo facilissimo; cercò ancora dar loro quella leggiadria, & quella grazia, che haueua dato Perino a suoi disegni. Mentre che le rouine del sacco haueuano distrutta Roma, & fatto partir di quella gli habitatori, & il Papa stesso, che si staua in Oruieto, non essendoui rimasti molti, & non si facēdo faccenda di nessuna sorte: capitò a Roma Niccola Viniziano raro, & vnico maestro di ricami, seruitore del prencipe Doria; il quale & per l'amicizia vecchia, che haueua con Perino, & per che egli ha sempre fauorito, e voluto bene a gli huomini del'arte, persuase a Perino, a partirsi di quella miseria, & inuiarsi a Genoua: pmettendogli, che egli farebbe opera con quel prencipe, che era amatore, e si dilettaua della pittura, che gli farebbe fare opere grosse. Et massimamente che sua eccellēza, gli haueua molte uolte ragionato, che harebbe hauuto uoglia di far vn'appartamento di stanze, con bellissimi ornamenti. Non bisognò molto persuader Perino, perche essendo dal bisogno oppresso, & dalla voglia di vscir di Roma appassionato,deliberò con Niccola partire. Et dato ordine di lasciar la sua donna, & la figliuola bene accompagnata a suoi parēti in Roma,& assettato il tutto se ne andò a Genoua. Doue arriuato, & per mezzo di Niccola fattosi noto a quel prencipe, fu tanto grato a sua eccellenza la sua venuta,quanto cosa,che in sua vita, per trattenimento hauesse mai hauuta.

PERINO DEL VAGA

hauuta. Fattogli dunque accoglienze, & carezze infinite, doppo molti rag'o namenti, & discorsi, alla fine diedero ordine di cominciare il lauoro: & conchiusono douere fare vn palazzo ornato di stucchi, & di pitture a fresco, a olio, & d'ogni sorte, il quale piu breuemente, che io potrò m'ingegnerò di descriuere con le stanze, & le pitture, & ordine di quello: lasciando stare doue cominciò prima Perino a lauorar accio non cófonda il dire quest'opera, che di tutte le sue è la migliori. Dico adunque che all'entrata del palazzo del principe è vna porta di marmo, di componimento, & ordine dorico, fatta secondo i disegni, & modelli di man di Perino, con sue appartenenze di piedistalli, base, fuso, capitelli, architraue, fregio, cornicione, & frontispizio, e con alcune bellissime femmine, a sedere, che reggono vn'arme. La quale opera, & lauoro, intagliò di quadro maestro Giouanni da Fiesole, & le figure conduse a perfezzione Siluio scultore da Fiesole, fiero & viuo maestro. Entrando dentro alla porta è sopra il ricetto vna volta piena di stucchi cō istorie varie, & grottesche, con suoi archetti, ne quali è dentro per ciascuno cose armigere, chi combatte appiè, chi a cauallo, & battaglie varie lauorate con vna diligenza, & arte certo grandissima. Truouansi le scale a man manca, lequali non possono hauere il piu bello, & ricco ornamento di grotteschi ne all'antica, con varie storie, & figurine piccole, maschere, putti, animali, & altre fantasie, fatte con quella inuenzione, & giudizio, che soleuano esser le cose sue; che in questo genere veramente si possono chiamare diuine. Salita la scala, si giugne in vna bellissima loggia, laquale ha nelle teste, per ciascuna vna porta di pietra bellissima, sopra le quali, ne' frontispizij di ciascuna, sono dipinte due figure vn maschio, & vna femmina, volte l'una al contrario dell' altra per l'attitudine; mostrando vna la veduta dinanzi, l'altra quella di dietro. Euui la volta con cinque archi, lauorata di stucco superbamente; & cosi tramezzata di pitture con alcuni ouati, dentroui storie fatte con quella somma bellezza, che piu si può fare; & le facciate son lauorate fino in terra, dentroui molti capitani a sedere armati; parte ritratti di naturale; & parte imaginati, fatti per tutti i capitani antichi, & moderni di casa Doria: & di sopra loro, son queste lettere d'oro grandi, che dicono *Magni uiri, maximi Duces, optima fecere pro Patria.* Nella prima sala, che risponde in su la loggia doue s'entra per vna delle due porte a man manca, nella volta sono ornamenti di stucchi bellissimi: in su gli spigoli, & nel mezzo è vna storia grande di vn naufragio d'Enea in Mare, nel quale sono ignudi viui, & morti, in diuerse, & varie attitudini: oltre vn buon numero di galee, & naui chi salue, & chi fracassate dalla tempesta del mare, non senza bellissime considerazioni delle figure vi ue, che si adoprano a difendersi, senza gli horribili aspetti, che mostrano nelle cere il trauaglio dell'onde; il pericolo della vita, & tutte le passioni, che dā no le fortune marittime. Questa fu la prima storia, & il primo principio, che Perino cominciasse per il Prencipe: & dicesi, che nella sua giunta in Genoua era gia comparso inanzi a lui per dipignere alcune cose Girolamo da Treuisi, ilquale dipigneua vna facciata, che guardaua verso il giardino, & mentre, che Perino cominciò a fare il cartone della storia, che di sopra s'è ragionato del naufragio; & mentre che egli a bell'agio andaua trattenendosi, & vedendo Genoua, continouaua o poco, o assai al cartone, di maniera, che gia n'era

Z z

finito gran parte in diuerse foggie, & disegnati quegli ignudi, altri di chiaro, e scuro:altri di carbone, & di lapis nero:altri gradinati:altri tratteggiati, e dintornati solamente. Mentre, dico, che Perino staua cosi; & non cominciaua, Girolamo da Treuisi mormoraua di lui, dicendo, che cartoni, e non cartoni io;io ho l'arte su la punta del pennello, & sparlando piu volte in questa, o si mil maniera, peruenne a gli orecchi di Perino:ilquale presone sdegno, subito fece conficcare nella volta, doue haueua andare la storia dipinta, il suo cartone, e leuato in molti luoghi le tauole del palco accio si potesse veder' di forto, aperse la sala. Ilche sentendosi corse tutta Genoua a vederlo, & stupiti del gran disegno di Perino, lo celebrarono immortalmente. Andouui fra gli altri Girolamo da Treuisi, il quale vide quello, che egli mai non pensò vedere di Perino:onde spauentato dalla bellezza sua, si partì di Genoua, senza chieder licenza al prencipe Doria, tornadosene in Bologna, doue egli habitaua. Restò adunque Perino a seruire il prencipe, e finì questa sala colorita in muro a olio, che fu tenuta, & è cosa singularissima nella sua bellezza: essendo, (come dissi) in mezzo della volta, & dattorno, e fin sotto le lunette, lauori di stucchi bellissimi. Nell'altra sala, doue si entra per la porta della loggia a mã ritta, fece medesimamente nella volta pitture a fresco, & lauorò di stucco in vn'ordine quasi simile, quando Gioue fulmina i giganti: doue sono molti ignudi, maggiori del naturale, molto begli. Similmente in cielo tutti gli Dei, i quali nella tremenda horribilità de'tuoni, fanno atti viuacissimi, & molto proprij, secondo le nature loro. Oltra che gli stucchi sono lauorati con somma diligenza: & il colorito in fresco non puo essere piu bello; atteso che Perino ne fu maestro perfetto, & molto valse in quello. Feceui quattro camere, nelle quali tutte le volte sono lauorate di stucco in fresco: & scompartiteui dentro le piu belle fauole d'Ouidio, che paiono vere, ne si puo imaginare la bellezza, la copia, & il vario, & gran numero, che sono per quelle, di figurine, fogliami, animali, & grottesche, fatte con grande inuentione. Similmente da l'altra banda dell'altra sala, fece altre quattro camere, guidate da lui: & fatte condurre da suoi garzoni dando loro però i disegni cosi degli stucchi, come delle storie, figure, & grottesche:che infinito numero, chi poco, & chi assai vi lauorarono. Come Luzio Romano, che vi fece molte opere di grottesche, & di stucchi: & molti Lombardi. Basta che non vi è stanza, che non habbia fatto qualche cosa: & non sia piena di fregiature, per fino sotto le volte di vari componimenti pieni di puttini, maschere bizarre, & animali: che è vno stupore. Oltre che gli studioli, le anticamere, i destri, ogni cosa è dipinto, & fatto bello. Entrasi dal palazzo al giardino, in vna muraglia terragniola, che in tutte le stanze, & fin sotto le volte, ha fregiature molto ornate, & cosi le sale, & le camere, & le anticamere, fatte dalla medesima mano. Et in quest'opera lauorò ancora il Pordenone, come dissi nella sua vita. Et cosi Domenico Beccafumi Sanese rarissimo pittore, che mostrò non essere inferiore a nessuno degl'altri:quantunque l'opere che sono in Siena di sua mano, siano le piu eccellenti, che egli habbia fatto in fra tante sue. Ma per tornare all'opere, che fece Perino doppo quelle che egli lauorò nel palazzo del prencipe; egli fece vn fregio in vna stanza di casa Giannettin Doria, dentroui femmine bellissime;e per la città fece molti lauori a molti gentilhuomini, in fresco, &

coloriti

PERINO DEL VAGA

coloriti a olio, come vna tauola in San Francesco molto bella, con bellissimo disegno: & similmente in vna chiesa dimandata santa Maria de Consolazione, ad vn gentilhuomo di casa Baciadonne; nella qual tauola fece vna natiuità di Christo, opera lodatissima, ma messa in luogo oscuro talmente, che per colpa del non hauer buon lume, non si puo conoscer la sua perfezzione; & tanto piu che Perino cercò di dipignerla con vna maniera oscura: onde haurebbe bisogno di gran lume. Senza i disegni, che e' fece de la maggior parte della Eneide, con le storie di Didone, che se ne fece panni d'Arazzi: & similmente i begli ornamenti disegnati da lui nelle poppe delle Galee, intagliati, & condotti a perfezzione dal Carota, & dal Tasso intagliatori di legname Fiorentini, iquali eccellentemente mostrarono, quanto e' valessino in quell'arte. Oltre tutte queste cose, dico, fece ancora vn numero grandiss. di drapperie, per le galee del Prencipe: & i maggiori stendardi che si potessi fare per ornamento, & bellezza di quelle. La onde fu, per le sue buone qualità, tanto amato da quel Prencipe, che se egli hauesse atteso a seruirlo, harebbe gradamente conosciuta la virtu sua. Mentre che egli lauorò in Genoua, gli venne fantasia di leuar la moglie di Roma, & cosi comperò in Pisa vna casa, piacendoli quella città; & quasi pensaua inuecchiando, elegger quella per sua habitazione. Essendo dunque in quel tempo operaio del Duomo di Pisa M. Antonio di Vrbano, il quale haueua desiderio grandissimo d'abbellir quel tempio, haueua fatto fare vn principio d'ornamenti di marmo molto belli, per le cappelle della Chiesa, leuando alcune vecchie, & goffe, che v'erano, & senza proporzione. lequali haueua condotte di sua mano Stagio da Pietra Santa intagliatore di marmi molto pratico, & valente. Et cosi dato principio, l'Operaio pensò di riempier dentro i detti ornamenti di tauole a olio, & fuora se guitare a fresco storie, e partimenti di stucchi, & di mano de'migliori, & piu eccellenti maestri, che egli trouasse, senza perdonare a spesa, che ci fussi potuta interuenire: perche egli haueua gia dato principio alla sagrestia, & l'haueua fatta nella nicchia principale dietro a l'altar maggior, doue era finito gia l'ornamento di marmo: & fatti molti quadri da Giouann'Antonio Sogliani pittore Fiorentino: il resto de'quali insieme con le tauole, & cappelle, che mancauano: fu poi, doppo molti anni fatto finire da M. Sebastiano della Seta operaio di quel duomo. Venne in questo tempo in Pisa tornando da Genoua Perino: & visto questo principio, per mezzo di Batista del Ceruelliera persona intendente nell'arte, & maestro di legname, in prospettiue, & in rimessi ingegnosissimo: fu condotto all'Operaio, & discorso insieme delle cose del l'opera del duomo, fu ricerco, che a vn primo ornamento dentro alla porta ordinaria, che s'entra, douessi farui vna tauola, che gia era finito l'ornamento. Et sopra quella vna storia, quando san Giorgio ammazzando il serpente libera la figliuola di quel Re. Cosi fatto Perino vn disegno bellissimo, che faceua in fresco vn'ordine di putti, & d'altri ornamenti fra l'vna cappella, & l'altra: & nicchie con profeti, & storie in piu maniere: piacque tal cosa all'Operaio. Et cosi fatto il cartone d'vna di quelle: cominciò a colorir quella prima, dirimpetto alla porta detta di sopra: & finì sei putti, i quali sono molto bene condotti. Et cosi doueua seguitare intorno intorno; che certo era ornamento molto ricco, & molto bello: & sarebbe riuscita tutta insieme vn'opera mol

Zz 2

ro honorata; ma venutagli voglia di ritornare a Genoua, doue il di leua pre
so, & pratiche amorose, & altri suoi piaceri, a' quali egli era inclinato a certi
tempi, Nella sua partita diede vna tauoletta dipinta a olio, ch'egli haueua fat
ta loro, alle monache di san Matteo, che è dentro nel munistero sta loro. Arriuato poi in Genoua, dimorò in quella molti mesi, facendo per il Prencipe
altri lauori ancora. Dispiacque molto all'Operaio di Pisa la partita sua; ma
molto piu il rimanere quell'opera imperfetta. onde non restaua di scriuergli
ogni giorno, che tornasse; ne di domandarne la moglie d'esso Perino, laqua
le egli haueua lasciata in Pisa; ma veduto finalmente, che questa era cosa
lunghissima, non rispondendo, o tornádo, allogò la tauola di quella cappella a Giouann'Antonio Sogliani, che la finì, & la mise al suo luogo. Ritornato
non molto dopo Perino in Pisa, vedendo l'opera del Sogliano, si sdegnò, nè
volle altrimenti seguitare quello, che haueua cominciato, dicendo non vole
re, che le sue pitture seruissino per fare ornamento ad altri maestri. La onde
si rimase per lui imperfetta quell'opera, & Giouan Antonio la seguitò tanto
che egli vi fece quattro tauole, lequali parendo poi a Sebastiano della Seta,
nuouo Operaio, tutte in vna medesima maniera, & piu tosto maco belle del
la prima, ne allogò a Domenico Beccafumi Sanese, dopo la proua di certi qua
dri, che egli fece intorno alla Sagrestia, che son molto belli, vna tauola, ch'e-
gli fece in Pisa. La quale non sodisfacendoli, come i quadri primi, ne secero
fare due vltime, che vi mancauano a Giorgio Vasari Aretino, le quali furono poste alle due porte accanto alle mura delle cantonate nella facciata dina
zi della Chiesa. De lequali insieme con le altre molte opere grandi, & picco
le, sparse per Italia, & fuora in piu luoghi, non conuiene, che io parli altramé
ti; ma ne lascerò il giudizio libero a chi le ha vedute, o vedrà. Dolse veramen
te quest'opera a Perino, hauendo gia fatti i disegni, che erano per riuscire co
sa degna di lui, & da far nominar quel tempio oltre all'antichità sue, molto
maggiormente, & da fare immortale Perino ancora. Era a Perino nel suo di
morare tanti anni in Genoua, ancora che egli ne cauasse vtilità, & piacere, ve
nutagli a fastidio, ricordandosi di Roma nella felicità di Leone. Et quantun
que egli nella vita del Cardinale Ippolito de' Medici, hauesse hauuto lettere
di seruirlo; & si susse disposto a farlo, la morte di quel Signore fu cagione,
che cosi presto egli non si rimpaniassi. Stando dunque le cose in questo termine, e molti suoi amici procurando il suo ritorno: & egli infinitaméte piu
di loro: Andarono piu lettere in volta, & in vltimo vna mattina gli toccò il ca
priccio, & senza far motto, partì di Pisa, & a Roma si condusse, Doue fattosi
conoscere al Reuerédissimo Cardinale Farnese, & poi a Papa Paolo: stè mol
ti mesi, che egli non fece niente: prima, perche era trattenuto d'hoggi in do
mane: & poi, perche gli venne male in vn braccio, di sorte che egli spese parecchi centinaia di scudi, senza il disagio, inanzi che ne potesse guarire: per il
che non hauendo chi lo trattenesse, fu tentato per la poca carità della corte,
partirsi molte volte; pure il Molza, & molti altri suoi amici lo confortauano ad hauer pacienza, con dirgli, che Roma non era piu quella; & che hora
ella vuole, che vn sia stracco, & infastidito da lei, innanzi ch'ella l'elegga, &
accarezzi per suo. Et massimamente chi seguita l'orme di qualche bella virtu. Comperò in questo tempo M. Pietro de Massimi vna cappella alla Trinità,

PERINO DEL VAGA

nità, dipinta la volta, & le lunette con ornamenti di stucco, & così la tauola a olio, da Giulio Romano, & da Gio. Francesco suo cognato. perche desideroso quel gentilhuomo di farla finire, doue nelle lunette erano quattro istorie a fresco di santa Maria Maddalena: & nella tauola a olio, vn Christo, che appare a Maria Maddalena in forma d'hortolano; fece far prima vn'ornamento di legno dorato alla tauola, che n'haueua vn pouero di stucco; e poi allogò le facciate a Perino. Il quale fatto fare i ponti, & la turata, mise mano: e dopo molti mesi a fine la condusse. Feceui vno spartimento di grottesche bizare, & belle; parte di basso rilieuo, & parte dipinte: & ricinse due storiette non molto grandi con vn'ornamento di stucchi molto varii, in ciascuna facciata la sua; nell'una era la probatica piscina, con quegli rattratti, & malati, & l'angelo che viene a commouer l'acque: con le vedute di que'portici, che scortono in prospettiua benissimo; & gl'andamenti, & gl'habiti de' sacerdoti, fatti con vna grazia molto pronta, anchora che le figure non sieno molto grandi. Nell'altra fece la resurressione di Lazero quattriduano, che si mostra nel suo rihauer la vita molto ripieno della palidezza, & paura della morte. Et intorno a esso sono molti che lo sciolgono, & pure assai che si marauigliano: & altri che stupiscono, senza che la storia è adorna d'alcuni tempietti che sfuggono nel loro allontanarsi, lauorati con grandissimo amore, & il simile sono tutte le cose dattorno di stucco. Sonui quattro storiettine minori, due p faccia, che mettono in mezzo quella grande; nelle quali sono in vna quādo il Centurione dice a Christo, che liberi con vna parola il figliuolo che muore: nell'altra quando caccia i venditori del Tempio: la trasfigurazione, & vn'altra simile. Feceui ne'risalti de'pilastri di dentro, quattro figure in habito di profeti, che sono veramente nella lor bellezza quanto eglino possino essere di bontà, & di proporzione ben fatti, & finiti: & è similmente quell'opera cō dotta sì diligentemente, che piu tosto alle cose miniate, che dipinte per la sua finezza somiglia. Vedeuisi vna vaghezza di colorito molto viua: & vna gran pacienza vsata in condurla, mostrando quel vero amore, che si debbe hauere all'arte. Et questa opera dipinse egli tutta di sua man propria, ancor che gran parte di quegli stucchi facesse condurre co'suoi disegni a Guglielmo Milanese stato gia seco a Genoua, & molto amato da lui, hauendogli gia voluto dare la sua figliuola per donna. Hoggi costui per restaurar le anticaglie di casa Farnese, è fatto frate del Piombo, in luogo di fra Bastian Viniziano. Non tacerò, che in questa cappella era in vna faccia vna bellissima sepoltura di marmo: & sopra la cassa vna femmina morta di marmo, stata eccellentemente lauorata dal Bologna scultore: e due putti ignudi dalle bande: nel volto della qual femina era il ritratto, e l'effigie d'una famosissima cortigiana di Roma, che lasciò quella memoria, laquale fu leuata da que'frati, che si faceuano scrupulo, che vna sì fatta femmina fusse quiui stata riposta con tanto honore.

Quest'opera con molti disegni, che egli fece, fu cagione, che il Reuerendissimo Cardinale Farnese gli cominciasse a dar prouisione, & seruirsene in molte cose. Fu fatto leuare per ordine di Papa Paolo vn cammino, ch'era nella camera del fuoco: & metterlo in quella della segnatura, doue erano le spalliere di legno in prospettiua, fatte di mano di fra Giouanni intagliatore per Papa Giulio; Onde hauendo nell'una, & nell'altra camera dipinto Raffaello da

Vrbino.

Vrbino, bisognò rifare tutto il basaméto alle storie della camera della segnatura: che è quella, doue è dipinto il monte Parnaso: per il che fu dipinto da Pe rino vn'ordine finto di marmo con termini varii, & festoni, maschere, & altri ornamenti; & in certi vani, storie contrafatte di color di bronzo, che per cose in fresco sono bellissime. Nelle storie era, come di sopra trattando i Filo sofi della filosofia: i Teologi della Teologia; & i poeti del medesimo, tutti i fatti di coloro, che erano stati periti in quelle professioni. Et ancora, che egli non le conducesse tutte di sua mano, egli le ritoccaua in secco di sorte, oltra il fare i cartoni del tutto finiti, che poco meno sono, che s'elle fussino di sua mano. Et cio fece egli, perche sendo infermo d'vn catarro, non poteua tanta fatica. La onde visto il Papa, che egli meritaua, & per l'età, e per ogni cosa sen dosi raccomandato, gli fece vna prouisione di ducati véticinque il mese, che gli durò infino alla morte. con questo, che hauesse cura di seruire il palazzo, & cosi casa Farnese. Haueua scoperto gia Michelagnolo Buonarruoti, nella cappella del Papa, la facciata del giudizio. & vi mancaua di sotto a dipignere il basamento, doue si haueua appiccare vna spalliera d'arazzi, tessuta di seta, & d'oro, come i panni, che parano la cappella. Onde hauendo ordinato il Pa pa, che si mandasse a tessere in Fiandra, col consenso di Michelagnolo, fecero, che Perino cominciò vna tela dipinta, della medesima grandezza, dentro ui femmine, & putti, & termini, che teneuono festoni, molto viui, con bizar rissime fantasie. Laquale rimase imperfetta in alcune stanze di Beluedere do po la morte sua, opera certo degna di lui, & dell' ornamento di si diuina pittura. Dopo questo hauendo fatto finire di murare Anton da Sangallo, in pa lazzo del papa, la sala grande de'Re, dinanzi alla cappella di Sisto quarto, fece Perino nel cielo vno spartimento grande d'otto facce, & croce, & ouati nel rilieuo, & sfondato di quella Ilche fatto la diedero a Perino, che la lauorasse di stucco, e facesse quegli ornamenti piu ricchi, & piu begli, che si potesse fare, nella difficultà di quell'arte. Cosi cominciò, & fece negli ottangoli, in cam bio d'vna rosa, quattro putti tondi, di rilieuo, che puntano i piedi al mezzo, & con le braccia girando, fanno vna rosa bellissima. Et nel resto dello spartimento sono tutte l'imprese di casa Farnese, & nel mezzo della volta, l'arme del papa. Onde veramente si puo dire questa opera, di stucco, di bellezza, & di finezza, & di difficultà hauer passato quante ne fecero mai gli antichi, e i moderni, & degna veramente d'un capo della religione Christiana. Cosi fu rono con disegno del medesimo le finestre di vetro dal Pastorin da Siena, va lente in quel mestiero, & sotto fece fare Perino le facciate, per farui le storie di sua mano, in ornamenti di stucchi bellissimi: che furò poi seguitati da Da niello Riciarelli da Volterra pittore. La quale, se la morte non gli hauesse im pedito quel buono animo, ch'haueua, harebbe fatto conoscere quanto i mo derni haueßino hauuto cuore non solo in paragonare con gli antichi l'opere loro; ma forse in passarle di gran lunga. Mentre che lo stucco di questa vol ta si faceua, & che egli pensaua a'disegni delle storie, in san Pietro di Roma, rouinandosi le mura vecchie di quella Chiesa, per risar le nuoue della fabrica, peruennero i muratori a vna pariete doue era vna nostra donna, & altre pitture di man di Giotto: ilche veduto Perino, che era in compagnia di Messer Niccolò Acciaiuoli dottor Fiorentino, & suo amicissimo: mosso l'uno, & l'altro

PERINO DEL VAGA

l'altro a pietà di quella pittura, non la lasciarono rouinare, anzi fatto tagliare attorno il muro, la fecero allacciare con ferri, & traui, & collocarla sotto l'organo di san Piero in vn luogo doue non era ne altare, ne cosa ordinata. Et in nanzi, che fusse rouinato il muro, che era intorno alla Madonna, Perino tirasse Orso dell'Anguillara senator Romano, ilquale coronò in Campidoglio M. Francesco Petrarca; che era a piedi di detta Madonna. Intorno alla quale hauendosi a far certi ornamenti di stucchi, e di pitture, & insieme metterui la memoria di vn Niccolò Acciaiuoli, che gia fu senator di Roma. Fece ne Perino i disegni, & vi messe mano subito, & aiutato da suoi giouani, & da Marcello Mantouano suo creato, l'opera fu fatta con molta diligenza. Staua nel medesimo san Pietro, il Sacramento, per rispetto della muraglia, molto honorato. La onde fatti sopra la compagnia di quello huomini deputati; or dinorono, che si facesse in mezzo la chiesa vecchia vna cappella, da Antonio da Sangallo, parte di spoglie di colonne di marmo antiche, & parte d'altri or namenti, & di marmi, & di bronzi, & di stucchi, mettendo vn Tabernacolo in mezzo di mano di Donatello, per piu ornamento: onde vi fece Perino vn sopra cielo bellissimo, molte storie minute delle figure del testamento vecchio, figuratiue del sacramento. Fecesi ancora in mezzo a quella vna storia vn po maggiore, dentroui la cena di Christo con gli Apostoli, & sotto duoi profeti, che mettono in mezzo il corpo di Christo. Fece far anco il medesimo alla chiesa di san Giuseppo vicino a Ripetta da que' suoi giouani la cappella di quella chiesa; che fu poi ritocca, & finita da lui. ilquale fece similmente fa re vna cappella nella chiesa di san Bartolomeo in isola, con tuoi disegni: la quale medesimamente ritoccò; & in san Saluatore del Lauro fece dipignere all'altar maggiore alcune storie, & nella volta alcune grottesche. Cosi di suo ri nella facciata vna Annunziata, condotta da Girolamo sermoneta suo crea to. Cosi adunque parte per non potere, & parte perche gl'incresceua, piacè doli piu il disegnare, che il condur l'opere; andaua seguitando quel medesimo ordine, che gia tenne Raffaello da Vrbino nell'vltimo della sua vita. Ilquale quanto sia dannoso, & di biasimo ne fanno segno l'opere de Chigi, & quelle, che son condotte da altri: come ancora mostrano queste che fece con durre Perino. Oltra che elle non hāno arrecato molto honore a Giulio Romano ancora quelle, che non sono fatte di sua mano. Et ancora, che si faccia piacere a'prencipi, per dar loro l'opere presto; & forse benefizio a gli artefici, che vi lauorono: se fusino i piu valenti del mondo, non hanno mai quello amore alle cose d'altri, ilche altri vi ha da se stesso. Ne mai per ben disegna ti, che siano i cartoni, si imita appunto, & propriamente, come fa la mano del primo autore. Ilquale vedendo andare in rouina l'opera, disperandosi la lascia precipitare affatto: onde che chi ha sete d'honore debbe far da se solo. Et questo lo posso io dir per proua, che hauendo faticato con grande studio ne'cartoni della Sala della cancellaria nel palazzo di san Giorgio di Roma, che per hauersi a fare con gran prestezza in cento di vi si messe tanti pittori a colorirla, che diuiarono talmente da'contorni, e bontà di quelli, che feci pro posito, & cosi ho osseruato, che d'allora in quà nessuno ha messo mano in sul l'opere mie. La onde chi vuol conseruare i nomi, & l'opere, ne faccia meno: & tutte di man sua, se e'vuol conseguire quell'intero honore, che cerca ac-

quista-

quiſtare vn belliſsimo ingegno. Dico adunque che Perino per le tante cure commeſſeli, era forzato mettere molte perſone in opera: & haueua'ſete piu di guadagno, che di gloria, parendoli hauer gittato via, & non auanzato nié te nella ſua giouentu. Et tanto faſtidio gli daua il veder venir giouani sù, che faceſsino, che cercaua metterli ſotto di ſe, a cio non gli haueſsino a impedire il luogo. Venendo poi l'anno 1546. Tiziano da Cador pittor Viniziano, cele bratiſsimo per far ritratti a Roma, & hauendo prima ritratto Papa Paolo, quando ſua ſantità andò a Buſſè: & non hauendo remuneratione di quello ne d'alcuni altri, che haueua fatti al Cardinale Farneſe, & a Santa Fiore, da eſ ſi fu riceuuto honoratiſsimamente in Belüedere: perche leuatoſi vna voce in Corte, & poi per Roma, qualmente egli era venuto per fare iſtorie di ſua ma no nella ſala de' Rè in palazzo, doue Perino doueua farle egli, & vi ſi laura ua di gia i ſtucchi. Diſpiacque molto queſta venuta a Perino, & ſenedo!ſe con molti amici ſuoi: non perche credeſſe, 'che nell'iſtoria Tiziano haueſſe a paſſarlo lauorando in freſco; ma perche deſideraua trattenerſi con queſt' o pera pacificamente, & honoratamente fino alla morte. Et ſe pur ne haueua a fare, farla ſenza concorrenza. Baſtandoli pur troppo la volta, e la facciata del la cappella di Michelagnolo a paragone, quiui vicina. Queſta ſuſpizione fu cagione che mentre Tiziano ſtè in Roma, egli lo sfuggì ſempre: e ſempre ſtet te di mala voglia fino alla partita ſua. Eſſendo Caſtellano di Caſtel Sant' A gnolo, Tiberio Criſpo, che fu poi fatto Cardinale, come perſona, che ſi dilet taua delle noſtre arti, ſi meſſe in animo d'abbellire il Caſtello: & in quello ri fece logge, camere, & ſale, & apparamenti belliſsimi, per poter riceuere me glio ſua ſantità, quando ella vi andaua, & coſi fatte molte ſtanze, & altri or namenti, con ordine & diſegni di Raffaello da Montelupo, & poi in vltimo di Antonio da Sangallo. Fecevi far di ſtucco Raffaello vna loggia: & egli vi ſe ce l'angelo di marmo, figura di ſei braccia, poſta in cima al Caſtello ſu l'ulti mo torrione, & coſi fece dipigner detta loggia a Girolamo Sermoneta, ch'è quella che volta verſo i prati, che finita, fu poi il reſto delle ſtanze date par te a Luzio Romano. Et in ultimo le ſale, & altre camere importanti, fece Peri no parte di ſua mano, & parte fu fatto da altri, có ſuoi cartoni. La ſala è mol to vaga, & bella, lauorata di ſtucchi, & tutta piena d'iſtorie Romane, fatte da ſuoi giouani: & aſſai di mano di Marco da Siena diſcepolo di Domenico Bec caſumi, & in certe ſtanze ſono fregiature belliſsime. Vſaua Perino, quando poteua hauere giouani valenti, ſeruirſene volentieri nell'opere ſue: non re ſtando per queſto egli di lauorare ogni coſa meccanica. Fece molte voltei pennoni delle trombe, le bandiere del Caſtello, & quelle dell' armata della Religione. Lauorò drappelloni, ſopraueſte, portiere, & ogni minima coſa dell'arte. Cominciò alcune tele per far panni d'arazzi per il prencipe Doria. E fece per il Reuerendiſsimo Cardinal Farneſe vna cappella, & coſi vno ſcrit toio all'Eccellentiſsima Madama Margherita d'Auſtria. A ſanta Maria del Pianto fece fare vn'ornamento intorno alla Madonna; & coſi in piazza Giu dea alla Madonna, pure vn'altro ornamento. Et molte altre opere, delleqva li per eſſer molte non farò al preſente altra memoria; hauendo egli maſsima mente coſtumato di pigliare a far ogni lauoro, che gli veniua per le mani. La qual ſua coſi fatta natura, perche era conoſciuta dagl'Vffiziali di palazzo, era

cagio

PERINO DEL VAGA

cagione, che egli haueua sempre, che fare per alcuni di loro: & lo faceua volentieri, per trattenerfegli, onde hauessero cagione di seruirlo ne pagamenti delle prouisioni, & altre sue bisogne. Haueuasi oltre cio acquistata Perino vn'auttorità, che a lui si allogauano tutti i lauori di Roma: percioche, oltre che parea, che in vn certo modo se gli douessimo, faceua alcuna volta le cose per vilissimo prezzo. Nel che faceua a lei, & all'arte poco vtile, anzi molto danno. Et che cio sia vero, se egli hauesse preso a far sopra di se la sala de' Re in palazzo, & lauoratoui insieme con i suoi garzoni, vi harebbe auanzato parecchi centinaia di scudi, che tutti furono de' ministri, che haueuano cura del l'opera, & pagauano le giornate a chi vi lauoraua. La onde, hauendo egli preso vn carico si grande, & con tante fatiche; & essendo catarroso, & infermo, non potè sopportar tanti disagi; hauendo il giorno, & la notte a disegnare, & sodisfare a' bisogni di palazzo, & fare non che altro, i disegni di ricami, d'intagli a banderai, & a tutti i capricci di molti ornamenti di Farnese, & d'altri Cardinali, & signori. Et in somma, hauendo sempre l'animo occupatissimo, & intorno scultori, maestri di stucchi, intagliatori di legname, sarti, ricamatori, pittori, mettitori d'oro, & altri simili artefici, non haueua mai vn'hora di riposo. Et quanto di bene, & contento sentiua in questa vita, era ritrouarsi tal volta con alcuni amici suoi all'hosteria, la quale egli continuamente frequentò in tutti i luoghi, doue gl'occorse habitare, parendoli, che quella fusse la vera beatitudine, la requie del mondo, & il riposo de' suoi trauagli. Dalle fatiche adunque dell'arte, & da' disordini di Venere, & della bocca, guastatasi la complessione, gli venne vn'asima, che andandolo a poco a poco consumando, finalmente lo fece cadere nel tisico: & cosi vna sera, parlando con vn suo amico, vicino a casa sua, di mal di gocciola cascò morto d'età d'anni 47. Di che si dolsero infinitamente molti artefici, come d'vna gran perdita, che fece veramente la pittura. Et da M. Iosefo Cincio medico di Madama, suo genero, & dalla sua donna gli fu nella Ritonda di Roma, & nella cappella di san Giuseppo dato honorata sepoltura, con questo Epitaffio.

Perino Bonaccursio Vagæ Florentino, qui ingenio, & arte singulari egregios cum Pictores permultos, tum plastas facile omnes superauit Catherina Perini, coniugi, Lauina Bonaccursia parenti, Iosephus Cincius socero charissimo, & optimo fecere. Vixit ann. 46. men. 3. dies 21. Mortuus est. 14. Calen. Nouemb. Ann. Christ. 1547.

Rimase nel luogo di Perino Daniello Volterrano, che molto lauorò seco, & finì gl'altri due profeti, che sono alla cappella del Crucifisso in san Marcello. Et nella Trinità ha fatto vna cappella bellissima di stucchi, & di pittura alla signora Elena Orsina, & molte altre opere, delle quali si farà a suo luogo memoria. Perino dunque, come si vede per cose dette, & molte, che si potrebbono dire, è stato vno de' piu vniuersali pittori de' tempi nostri, hauendo aiutato gli artefici a fare eccellentemente gli stucchi, & lauorato grottesche, paesi, animali, & tutte l'altre cose, che puo sapere un pittore: & colorito in fresco, a olio, & a tempera. Onde si puo dire, che sia stato il padre di queste nobilissime arti, viuendo le virtu di lui in coloro, che le vanno imitando in ogni effetto honorato dell'arte. Sono state dopo la morte di Perino stampate molte cose ri=

tratte da i suoi disegni, la Fulminatione de' Giganti fatta a Genoua: otto storie di san Piero, tratte degli atti degli Apostoli, le quali fece in disegno, perche ne fusse ricamato per Papa Paolo Terzo vn piuiale: & molte altre cose, che si conoscono alla maniera. Si seruì Perino di molti giouani, & insegnò le cose dell'arte a molti discepoli: ma il migliore di tutti, & quegli, di cui egli si seruì piu che di tutti gli altri, fu Girolamo Siciolante da Sermoneta, del quale si ragionerà a suo luogo. similmente fu suo discepolo Marcello Mantouano, il quale sotto di lui condusse in Castel sant'Angelo all'entrata, col disegno di Perino in vna facciata vna Nostra Donna con molti santi a fresco, che fu opera molto bella: ma anco delle opere di costui si farà mentione altroue. Lasciò Perino molti disegni alla sua morte, & di sua mano, & d'altri parimente: ma fra gli altri tutta la cappella di Michel'Agnolo Buonarroti, disegnata di mano di Lionardo Cungi dal Borgo san sepolcro, che era cosa eccellente. I quali tutti disegni con altre cose, furono da gli heredi suoi venduti. Et nel nostro libro sono molte carte fatte da lui di penna, che sono molto belle.

Il fine della Vita di Perino del Vaga Pittore Fiorentino, & Del Primo Volume della Terza Parte.

Errori seguiti in questo Primo Volume della Terza Parte.

67	a di 9. d'Agosto	leggi a di 17. Nouembre
68	le cose uecchie	uecchie
94	in muro & in freico	fresco
292	Cosimo da Terzio	da Trezzo
308	Luca Perini	Luca Penni
311	Terni & quelli di Rieti	quelli di Narni
352	{ dal cielo abraccia { delle 72 imagini del cielo	abrugia delle 48

REGISTRO.

* ** *** **** ***** abcdefghiklmnopqr ſtuxyz
Aa Bb Cc Dd Ee Ff Gg Hh Ii Kk Ll Mm Nn Oo Pp Qq Rr Sſ
Tt Vu Xx Yy Zz   Aaa

Tutti son Quaderni, eccetto Aaa, che è Duerno.

IN FIORENZA,
Appresso i Giunti,
1568.

www.ingramcontent.com/pod-product-compliance
Lightning Source LLC
Chambersburg PA
CBHW052132230426
43671CB00009B/1211